Manet

Galeries nationales du Grand Palais, Paris
22 avril-1er août 1983

Metropolitan Museum of Art, New York
10 septembre-27 novembre 1983

Manet

1832-1883

Ministère de la Culture
Éditions de la Réunion des musées nationaux

Cette exposition a été organisée
par la Réunion des musées nationaux et le Metropolitan Museum of Art de New York
avec l'aide du Federal Council on the Arts and Humanities
et, pour la présentation parisienne, le concours des services techniques
du Musée du Louvre et des Galeries nationales du Grand Palais.

Ce catalogue a été réalisé avec l'aide de Warner Communications

Couverture :
Le balcon (détail)
cat. 115

Frontispice :
Nadar, *Édouard Manet,* vers 1865
Caisse nationale des monuments historiques, Archives photographiques
(plaque déposée au musée d'Orsay)

ISBN 2-7118-0230-2

Que toutes les personnalités qui ont permis par leur généreux concours la réalisation de cette exposition trouvent ici l'expression de notre gratitude et tout particulièrement :

M. Charles Durand-Ruel
M. et Mme Kahn-Sriber
M. et Mme Alexander Lewyt
Mme John Hay Whitney

ainsi que toutes celles qui ont préféré garder l'anonymat.

Nos remerciements s'adressent également aux responsables des collections suivantes :

Argentine
Buenos-Aires   Museo nacional de Bellas Artes

Belgique
Tournai   Musée des Beaux-Arts

Brésil
São Paulo   Museu de Arte

Danemark
Copenhague   Statens Museum for Kunst

États-Unis d'Amérique
Baltimore   The Walters Art Gallery
Boston   Museum of Fine Arts
Cambridge   Fogg Art Museum, Harvard University
Chicago   The Art Institute of Chicago
Dallas   Dallas Museum of Fine Arts
Fort Worth   Kimbell Art Museum
New Haven   Yale University Art Gallery
New York   The Metropolitan Museum of Art
                      The New York Public Library
                      The Solomon R. Guggenheim Museum
Philadelphie   The John G. Johnson Collection, Philadelphia
                      Museum of Art
Princeton   The Art Museum, Princeton University

Providence	Museum of Art, Rhode Island School of Design
San Francisco	The Fine Arts Museums of San Francisco
Shelburne	Shelburne Museum
Toledo	The Toledo Museum of Art
Washington D.C.	National Gallery of Art
Williamstown	Sterling and Francine Clark Art Institute

The Henry and Rose Pearlman Foundation

France

Dijon	Musée des Beaux-Arts
Le Havre	Musée des Beaux-Arts André Malraux
Lyon	Musée des Beaux-Arts
Paris	Bibliothèque littéraire Jacques Doucet
	Bibliothèque nationale
	Musée Marmottan
	Musée du Louvre (Cabinet des dessins)
	Musée d'Orsay (Galeries du Jeu de Paume)
	Musée du Petit Palais
Nancy	Musée des Beaux-Arts

Grande-Bretagne

Cambridge	The Fitzwilliam Museum
Londres	National Gallery
	Courtauld Institute Galleries, University of London
Oxford	The Ashmolean Museum

Hongrie

Budapest	Szépmüvészeti Múzeum

Norvège

Oslo	Nasjonalgalleriet

Pays-Bas

Amsterdam	Stedelijk Museum
Rotterdam	Museum Boymans-van Beuningen

Portugal

Lisbonne	Museu Calouste Gulbenkian

République fédérale allemande

Berlin	Staatliche Museen Preussischer Kulturbesitz - Nationalgalerie
Brême	Kunsthalle Bremen
Hambourg	Hamburger Kunsthalle
Munich	Bayerische Staatsgemäldesammlungen

Suède

Stockholm	Nationalmuseum

Suisse

Zürich	Kunsthaus

Les organisateurs de l'exposition tiennent à remercier tous ceux et celles qui les ont aidés, par des conseils, interventions ou une amicale collaboration :

L'Association Française d'Action Artistique, Mmes et MM. Pierre Alechinsky, Sylvie Bacot, Madeleine Barbin, Jeannine Baticle, Marie-Noëlle Becam, Huguette Berès, Ségolène Bergeon, Stella Blum, Michel Bouille, Jean-Paul Bouillon, John M. Brealy, Herbert Cahoon, Stephanie Carroll, Jacques Chavy, Ute Collinet, Sophie Crouvezier, Andrea Czére, France Daguet, Guy-Patrice Dauberville, Yolande Davreu, Roxanne Debuisson, Douglas Druick, Pauline Dupont-Brodin, Charles Durand-Ruel, Adrian Eeles, Lola Faillant, Beatrice Farwell, Claire Filhos-Petit, Hanne Finsen, Françoise Gardey, Teréz Gerszi, Nigel Glendinning, Caroline Godefroix, Dominique Godineau, Gilles Gratte, Antony Griffiths, Andrée Grivel, George Heard Hamilton, Jean-Jacques Hautefeuille, Gisela V. Helmkampf, Madeleine Hours, John House, Ay Wang Hsia, Geneviève Innes, Colta F. Ives, Lee Johnson, Yvan Kayser, Gabrielle Kopelman, Brigitte Labat, Patricia Lefébure, Mark Leonard, Georges Liebert, Walter Liedtke, Nancy Little, Chantal Martinet, Marie-Noëlle Meunier, Henri Mitterand, Gilbert Mondin, Stéphane Nicolaou, Barbara Paulsen, Robert Payne, Patricia Pellegrini, Sylvie Poujade, Hubert Prouté, James Purcell, Marguerite Rebois, Theodore Reff, Jean-François Revel, John Rewald, Antoine Salomon, Barbara S. Shapiro, Henri Simonet, Véronique Stedman, Philippe Thiébaut, R. Van Spitael, Haydée Venegas, Frances Weitzenhoffer, André et Georges Wormser.

Nous exprimons notre gratitude à M. Jean-Claude Le Blond-Zola d'avoir bien voulu accepter la publication dans ce catalogue, par les soins de Mme Colette Becker, de la correspondance en partie inédite de Manet à Zola.

Toute notre reconnaissance pour leur collaboration efficace et compétente va également à Jean-Paul Ameline, conservateur stagiaire, à Isabelle Cahn, secrétaire de documentation, et à Elisabeth Salvan, du musée d'Orsay, ainsi qu'à Lucy Oakley, documentaliste, Susan Alyson Stein, assistante au Department of European Paintings, et Emily Walter, assistant editor, du Metropolitan Museum.

Nous devons une reconnaissance particulière à Charles F. Stuckey qui a mis à notre disposition sa remarquable connaissance de l'œuvre de Manet, tout au long de l'élaboration du catalogue, et à Juliet Wilson Bareau qui a assuré la coordination technique de l'édition ; pour l'énergie et l'enthousiasme dont ils ont fait preuve, nous leur exprimons nos remerciements les plus chaleureux et les plus amicaux.

Sommaire

Avant-propos

La Réunion des musées nationaux français et le Metropolitan Museum of Art de New York se sont associés pour organiser, avec la collaboration de la Bibliothèque nationale, cette rétrospective de l'œuvre d'Édouard Manet (1832-1883). Il s'agit de la plus importante exposition consacrée depuis un demi-siècle à l'artiste, à l'occasion du centenaire de sa mort. Les efforts conjoints de ces trois institutions ont permis de rassembler un grand nombre de peintures, dessins et estampes, provenant de collections publiques et privées des deux côtés de l'Atlantique.

L'œuvre de Manet, qui paraît aujourd'hui souveraine, fut régulièrement contestée de son vivant, pendant les vingt ans de sa courte carrière, du Second Empire aux débuts de la IIIe République. Mais dès la fin du siècle dernier, apprécié aux États-Unis, Manet y fut le premier ambassadeur de la peinture française moderne. Un hommage particulier est rendu, dans ce catalogue, à tous les collectionneurs passés qui, en Europe et outre-Atlantique, ont su goûter un art jugé alors si déroutant dans sa nouveauté, et la plupart du temps devenir de grands donateurs des musées de leurs pays : cette exposition est dédiée à leur mémoire, en particulier à Étienne Moreau-Nélaton pour les Musées nationaux et la Bibliothèque nationale, et à Mrs. H.O. Havemeyer, pour le Metropolitan Museum of Art.

Les organisateurs de l'exposition expriment leur reconnaissance à tous leurs collaborateurs, à tous ceux qui ont contribué, d'une façon ou d'une autre, au succès de l'entreprise et, tout particulièrement, aux prêteurs et aux responsables des collections publiques qui ont permis de réunir cet ensemble exceptionnel, destiné à rendre hommage à l'un des plus prestigieux peintres français, à la fois le dernier d'une grande tradition, et l'un des maîtres de la modernité.

Hubert Landais

Directeur
des musées de France

Philippe de Montebello

Directeur
du Metropolitan Museum of Art

Introduction

fig. a. Ex-libris d'Édouard Manet, gravé par Bracquemond, 1874.

Manet et Manebit[1]

Le charmant, l'éclatant Manet demeure encore un des artistes les plus mystérieux, les plus inclassables de l'histoire de la peinture. De son temps, sa séduction même lui a nui : on l'a cru frivole, parce qu'il ne posait pas au « cher maître », n'était ni pompeux ni péremptoire, préférait le commerce des jolies femmes aux discussions esthétiques. Degas eut, à sa mort, un mot qui résume tout : « Il était plus grand que nous le pensions ».[2] Tout se passe, de son vivant, comme si l'homme avait caché le peintre.

Tous s'accordent à le trouver délicieux. De Baudelaire à Mallarmé, il retient les meilleurs esprits de son temps. Grand bourgeois parisien par excellence, avec ce que cela comporte d'apparente désinvolture, de goût du bon mot, de civilité, de respect des valeurs et d'insolence mêlés, de scepticisme et de gouaille, de libéralisme éclairé, Manet n'était heureux qu'à Paris, son univers : « du reste il n'est pas possible de vivre ailleurs »[3]. Il détestait la campagne — comme Baudelaire — et entraînait avec lui comme une atmosphère de boulevard et de gaieté que la maladie n'atteignit qu'à peine dans les dernières années.

Son image, telle que l'a transmise Fantin (fig. b), a souvent été évoquée : « Celui que le bourgeois se représente sous les traits d'un rapin farouche est presque un gandin irréprochable. Ce tribun féroce de la peinture est l'esclave docile de la mode. Marat - Brummel »[4], et l'on connaît les vers de Théodore de Banville :

> Ce riant, ce blond Manet
> De qui la grâce émanait
> Gai, subtil, charmant en somme,
> Sous sa barbe d'Apollon
> Eut de la nuque au talon
> Un bel air de gentilhomme.[5]

Ses contemporains l'ont souvent décrit : jeune homme, Antonin Proust, son ami d'enfance : « De taille moyenne, fortement musclé [...] Quelque effort qu'il fît [...] en affectant le parler trainard du gamin de Paris, il ne pouvait parvenir à être vulgaire. On le sentait de race. Sous un front large, le nez dessinait franchement sa ligne droite. L'œil était petit, mais d'une grande mobilité [...] Peu d'hommes ont été aussi séduisants. »[6]. Zola le montre vers trente-cinq ans : « Les cheveux et la barbe sont d'un châtain pâle ; les yeux, étroits et profonds, ont une vivacité et une flamme juvéniles ; la bouche est caractéristique, mince, mobile, un peu moqueuse dans les coins »[7], et Jeanniot à la quarantaine : « Un soir d'octobre 1878, je descendais la rue Pigalle, lorsque je vis venir à moi un homme d'aspect jeune, d'allure fort distinguée, mis avec une simplicité pleine d'élégance. Un blond portant une fine barbe soyeuse [...] l'œil

1. Ex-libris de Manet, imaginé par Poulet-Malassis et gravé par Bracquemond, qui signifie en latin, avec un jeu de mot sur le nom de l'artiste, « Il reste et restera » (fig. a). Paris, Bibliothèque d'art et d'archéologie : Poulet-Malassis à Manet, 24 décembre 1874. Cité Courthion 1953, I, pp. 173-74.
2. Souvent cité, en particulier par Blanche 1924, p. 57.
3. Morisot 1950, p. 59.
4. P. Véron, *Le Panthéon de poche* 1975, p. 194.
5. Th. de Banville, *Nous tous*, 1884, p. 91.
6. Proust 1897, p. 125.
7. Zola 1867, *Revue* p. 46 ; (Dentu) p. 14.

gris , le nez droit, les narines mobiles ; mains gantées, pieds alertes et nerveux. C'était Manet. »[8]. Elliptique et pénétrant, Mallarmé va du boulevardier au peintre : « Mais, parmi le déboire, une ingénuité virile de chèvre-pied au pardessus mastic, barbe et blond cheveu rare, grisonnant avec esprit. Bref, railleur à Tortoni, élégant ; en l'atelier, la furie qui le ruait sur la toile vide, confusément, comme si jamais il n'avait peint. »[9].

Amie, modèle et l'un des plus proches témoins, Berthe Morisot saisit un vif instantané au vernissage du Salon de 1869 : « J'y ai trouvé Manet, le chapeau sur la tête en soleil, l'air ahuri ; il m'a priée d'aller voir sa peinture parce qu'il n'osait s'avancer. Jamais je n'ai vu une physionomie si expressive ; il riait, avait un air inquiet, assurant tout à la fois que son tableau était très mauvais et qu'il aurait beaucoup de succès »[10]. Et si Berthe se plaisait à « causer avec M. Degas [...] philosopher avec Puvis », on la voit « rire avec Manet »[11] ; un Manet gai et tonique, « franc [et] excessif en tout »[12].

On sait aussi qu'il était emporté, — l'affaire du duel en 1870 avec Duranty le montre bien (voir cat. 90) — et tout à la fois sûr de sa souveraineté de peintre, concentré, et inquiet, comme le révèlent les photographies de Nadar (fig. c). Dès ses débuts, la confiance alterne avec le doute ; au moment du scandale de l'*Olympia,* par exemple : « Je voudrais bien vous avoir ici, mon cher Baudelaire », écrit-il, « les injures pleuvent sur moi comme grêle [...] il est évident qu'il y a quelqu'un qui se trompe... »[13]. La réponse du poète, qui lui reproche de ne pas être au-dessus des attaques, en lui citant en exemple Chateaubriand et Wagner, pour conclure sur la fameuse formule ambiguë : « [...] *vous n'êtes que le premier dans la décrépitude de votre art* »[14], est destinée à fortifier son orgueil au détriment des vanités. On sait bien d'ailleurs ce que Baudelaire pensait au même moment de Manet : « les peintres veulent toujours des succès immédiats ; mais, vraiment, Manet a des facultés si brillantes et si légères qu'il serait malheureux qu'il se décourageât. Jamais il ne comblera absolument les lacunes de son tempérament. Mais il a *un tempérament,* c'est l'important. »[15]. Et : « Manet a un fort talent, un talent qui résistera. Mais il a un caractère faible. Il me paraît désolé et étourdi du choc. »[16].

Le Manet évoqué est au début de sa carrière : la suite prouvera qu'il n'avait en rien le « caractère faible ». Mais, même plus tard, plus serein, on décelait en lui « un fond de neurasthénie qu'il couvait malgré ses apparences gavroches »[17], et cela même avant la maladie des dernières années qui ne fit, évidemment, que développer le côté sombre de sa personnalité. On le voyait alors s'isoler parfois comme un chat malade, selon ses propres mots, mais « chose curieuse, la présence d'une femme, n'importe laquelle, le remettait d'aplomb »[18].

Cet homme aimable, entouré, respecté des meilleurs jeunes artistes de son temps — Bazille, Monet et Renoir en particulier — n'eut pourtant pas de témoin très proche qui nous livre plus de sa personnalité que ce que nous révèle Antonin Proust, dont les *Souvenirs* prouvent des rapports, tout compte fait, assez superficiels. Les jeunes gens qui l'approchèrent à la fin de sa vie, comme George Moore, Jacques-Emile Blanche ou Georges Jeanniot, permettent parfois d'entrevoir quelque chose de ce rayonnement qui attirait une brillante société d'écrivains, d'artistes, de gens du monde et du demi-monde dans son atelier après cinq heures du soir ; quelques éclats nous sont parvenus de sa conversation réputée brillante et caustique : « Très généreux et très bon, il était volontiers ironique dans le discours et souvent cruel. Il avait le mot à l'emporte-pièce, coupant et déchiquetant d'un coup. Mais quel bonheur dans l'expression, et souvent quelle justesse dans l'idée ! »[19].

fig. b. Fantin-Latour
Dessin d'après son portrait de Manet (1867).
Art Institute of Chicago.

8. Jeanniot 1907, p. 847.
9. Mallarmé 1945, p. 532.
10. Morisot 1950, p. 26
11. *Ibid.,* p. 31.
12. *Ibid.,* p. 35.
13. Baudelaire, Lettres à , 1973, pp. 233-34 : Manet, mai 1865.
14. Baudelaire 1973, II, p. 497 : à Manet, 11 mai 1865 ; p. 914 ; v. aussi Georgel 1975, p. 68.
15. Baudelaire 1973, II, p. 501 : à Mme Paul Meurice, 24 mai 1865.
16. *Ibid.,* p. 502 : à Champfleury, 25 mai 1865.
17. Prins 1949, p. 40.
18. *Ibid.,* p. 51.
19. Silvestre 1887, p. 161.
20. Une partie de sa bibliothèque est aujourd'hui à la Morgan Library de New York.
21. Mauner 1975.
22. Blanche 1912, p. 164.
23. Lettre de Jeanniot, 14 mars 1907, citée Courthion 1953, II, p. 230.
24. Musée du Louvre, Cabinet des Dessins (RF 11.169).

Pourtant, on sait peu de choses de son intimité. Par exemple, qui furent vraiment ses amis ? Les relations avec Degas et Fantin furent souvent orageuses. Baudelaire eut pour lui beaucoup d'affection et d'estime, mais la Belgique, la maladie et la mort vont les séparer dès 1864 ; de toute façon, une demi-génération les sépare, et Manet n'était pas pour Baudelaire un nouveau Delacroix. Entre Manet, déjà célèbre dans un cénacle, et des écrivains plus jeunes qui vont le défendre avec éclat, comme Zola à partir de 1866, et Mallarmé à partir de 1873, la relation est différente (voir cat. 106 et 149). Pourtant ce dernier, sans doute l'ami le plus proche des dernières années, ne livrera que peu de souvenirs.

En général, la correspondance n'apporte rien d'essentiel à la connaissance de Manet, si ce n'est de confirmer sa fidélité amicale, sa curiosité, son humour (voir par exemple ses lettres illustrées, cat. 191 à 205) et sa générosité (Manet est un grand prêteur, à Baudelaire, Villiers, Zola, Monet). Donc peu de lettres révélatrices, pas de Journal, et Manet mourut trop jeune pour qu'on vienne l'interroger, comme le vieux Cézanne. Quant à sa bibliothèque, assez pauvre, et surtout constituée d'envois d'amis écrivains[20], elle éclaire peu sur ses lectures. Bref, cultivé et intelligent, mais plus un homme d'échanges et de conversations qu'un spéculatif, et certainement pas le « peintre-philosophe » que certains historiens veulent nous présenter aujourd'hui[21]. Plus juste nous paraît le jugement de J.E. Blanche : « Il ne fut pas théoricien. Ses phrases coutumières sur son art étaient des enfantillages aimables. Il en parlait comme un 'communard amateur' de la Révolution »[22], sans doute moins par innocence que pour décourager toute discussion inutile ; à ses yeux, manifestement, l'art ne s'expliquait pas plus qu'il ne s'apprenait : « L'art c'est un cercle », disait-il, « on est dedans ou dehors, au hasard de la naissance »[23].

Qui Manet était-il vraiment sous ce masque aimable tout compte fait assez banal ?

Peintre avant tout, ce sont parfois de petites notations impulsives sur un calepin, d'une orthographe fantaisiste, entre deux croquis, qui nous en disent le plus long. Ainsi, celles qui nous restituent l'instantané de ses intérêts, peut-être au cours d'une soirée, écoutant de la musique, jetant l'idée d'un tableau, notant une adresse gourmande et celle d'un modèle :

> fantaisie tacato
> List walse de Schubert
> cromathique Bach
> élévation - le soir
> pièces romantiques Schumann
> Scène de boxe
> Pâtés de bécassines
> Mme Godet
> Montreuil sur mer
> rue de Rivoli 222
> Mlle Zoche Lichat
> très belle brune
> grande[24]

Avant toute chose, l'essentiel se passe dans la solitude de l'atelier, où Manet concentre cette modernité dont il est un élément notoire. Ce Paris scintillant, celui des fêtes et des spectacles, de *La musique aux Tuileries* à *Lola de Valence* et au *Bal masqué à l'Opéra* (cat 38, 50 et 138), celui de la galanterie avec l'*Olympia* et *Nana* (cat. 64, 157), on le retrouve avec émotion au terme de son œuvre et de sa vie, dans le jeu subtil du miroir du *Bar aux Folies-Bergère* (cat. 211).

Ne l'oublions pas, cet œuvre qui se déploie si souverainement du *Déjeuner sur l'herbe* au *Bar,* se déroule sur à peine plus de vingt ans. La véritable tragédie de Manet ne fut pas d'être l'objet de scandales qui, après tout, le rendirent célèbre, ou victime de l'incompréhension répétée d'une critique officielle qu'il savait fort médiocre — « Faire vrai et laisser dire » proclamait-il[25] — ou même de l'indifférence de la plupart des amateurs de son temps qui lui préféraient Bouguereau, Meissonier ou Chaplin. Elle fut, après des débuts relativement peu précoces, de mourir à cinquante-et-un ans, en pleine maturité, au moment où son œuvre dépasse ses ambitions de jeunesse dans la conquête d'une nouvelle liberté picturale.

Degas,
Manet assis, dessin, vers 1864,
New York, Metropolitan Museum.

Degas
Manet, dessin, vers 1864.
Coll. particulière.

25. En tête de l'invitation de Manet pour voir ses tableaux refusés, en avril 1876.
26. Malraux 1951 ; Bataille 1955 ; Picon 1974.
27. Boime 1982.
28. Nittis 1895, p. 188.
29. J. Renoir, *Pierre-Auguste Renoir mon père,* (1962) 1981, p. 117.
30. Moreau-Nélaton 1926, II, p. 88 : Renoir à Manet, 28 décembre 1881.

L'histoire de l'art récente s'est concentrée sur quelques années de sa carrière — le début des années 1860 — et a négligé son œuvre postérieure, hâtivement baptisée impressionniste après 1870. Ces travaux, souvent cités dans le catalogue, dont N.G. Sandblad a été le pionnier, ont quelque peu dérivé dans la pure recherche iconologique, que les premières dix années de la production rendent plus aisée. Étudier l'iconographie d'une œuvre encore fortement reliée — dans le respect comme dans l'insolence — à l'art du passé, encourage en effet le jeu de piste des sources et des interprêtations « cachées ».

Dans le sillage lointain de Zola, pour qui le sujet comptait moins qu'un « jeu de taches » cernant la vérité et le « tempérament » de plus près, la France a connu, surtout durant nos années cinquante, une interprêtation plus formaliste, plus sensible au pictural qu'à la signification, à la rupture qu'à la continuité[26]. Les savantes études « manetiennes », qui se sont développées surtout outre-atlantique, ont récemment basculé dans l'excès inverse. Cette exposition devrait permettre une interprêtation plus équilibrée.

En effet, s'agit-il du dernier des grands peintres classiques ou du premier des « révolutionnaires » ? Fut-il l'enfant terrible du « grand art » persistant, l'élève un peu espiègle des maîtres, le restaurateur de la vraie tradition au-delà de celle qu'on enseignait à l'École des Beaux-Arts ? — ou bien, le grand précurseur, l'initiateur de la « peinture pure » ? Bien évidemment, tout cela à la fois, et dans des proportions dont seules les alternances du goût sont juges.

Sa position vis-à-vis de l'art officiel de son temps, elle-même assez ambigüe, complique la vision qu'on peut avoir de Manet. Un destin ironique annonce sa mort au vernissage du Salon de 1883, après l'avoir fait naître, en 1832, en face de cette École des Beaux-Arts où sera organisée son exposition posthume, dans les lieux-mêmes où enseignaient ses adversaires.

Tout jeune homme, le choix de son maître, Couture, formé par la tradition sans pour autant préparer ses élèves au concours du prix de Rome, donne le ton de son attitude[27]. Lié aux impressionnistes, Manet aurait pu exposer avec eux à partir de 1874 ; mais c'est en indépendant, sur le propre terrain des valeurs établies, qu'il persistait à vouloir triompher : au Salon. Lui, si sensible aux honneurs, c'est « en s'attaquant à toutes les conventions du moment » qu'il aspire au succès. A Degas, persiflant un ami commun d'avoir reçu la Légion d'honneur, il répondait : « Il faut avoir de tout ce qui vous sort du nombre [...] Dans cette chienne de vie toute de lutte, qui est la nôtre, on n'est jamais trop armé. [...] — Naturellement, interrompit Degas [...], ce n'est pas d'aujourd'hui que je sais à quel point vous êtes bourgeois. »[28]

L'éclat était bien injuste ; à l'exception peut-être du *Bon bock,* Manet ne fit jamais rien pour amadouer un succès qu'il n'aurait pas méprisé, et son œuvre se déroule avec une grande fermeté, sans concession ni complaisance envers le jury ou les modèles. Cette énergie morale, on la sent dans sa peinture même, si vigoureuse, si franche de geste, si résolument personnelle, même à travers les influences. Ce « bourgeois » tranquille était aussi le maître d'une nouvelle manière de voir, le porte-étendard de l'avant garde. « Manet était aussi important pour nous [impressionnistes] que Cimabue ou Giotto pour les italiens de la Renaissance », dira Renoir[29], qui lui écrira un jour : « Vous êtes le lutteur joyeux, sans haine pour personne, comme un vieux Gaulois ; et je vous aime à cause de cette gaieté même dans l'injustice. »[30]

Il serait vain de tenter de décrire en quelques lignes ce que Manet avait de si neuf et de si singulier, pour aimanter, dans l'hostilité ou l'enthousiasme, la vie artistique de son temps. Replacé dans le goût eclectique et conservateur du Second Empire et des débuts de la IIIe République, son art ne pouvait qu'être inclassable, constamment déroutant. Un « métier » issu de la tradition, une incontestable virtuosité, soutenaient une vision simplifiée, des œuvres où les images sont souvent des abréviations, des allusions à l'art des musées, restituant leur grandeur en termes modernes, mais sans respect pour la perspective, le modelé, le fini, et dont toute éloquence est bannie : l'art de Manet sous toutes ses formes, est celui de la litote. Même si c'était pour la rejeter, la critique conservatrice de Second Empire en avait senti l'extrême nouveauté : « Le système, le parti pris de M. Manet consistent à procéder par grandes masses, par taches juxtaposées les unes à côté des autres, dans des valeurs différentes, le tout en pleine lumière pâle et blanche [...] Il ne peut être question d'esthétique, de beauté et d'émotion morale, de séduction pour l'esprit. A ses yeux la peinture n'est pas faite pour s'occuper de tout cela. »[31] ; ou: « Admettons qu'il s'agit d'une combinaison de couleurs, et regardons le comme nous regarderions les folles arabesques d'une faïence persane, l'harmonie d'un bouquet, l'éclat décoratif d'une tenture de papier peint »[32]. Bref, ce n'était plus le Beau ou la Peinture comme l'entendait l'époque, même si — et là résidait toute l'ambiguïté de Manet — son art se réclama longtemps ouvertement des chefs d'œuvre du passé. Mais c'est précisément ce « rapport aux maîtres », dont on lui a souvent fait grief d'être de dépendance, qui a encouragé la liberté qu'il a prise à l'égard de la peinture de son temps. On a parlé plus tard de « compilation picturale », en le comparant à Picasso[33]. C'est là, en effet, une nouveauté dans l'histoire de l'art : peindre ouvertement d'après la peinture — jusqu'à la parodier — c'est faire de la peinture elle-même l'unique objet de ses préoccupations ; l'*Olympia,* fille du Titien, d'Ingres et de Goya, lance un défi aux maîtres, mais en termes contemporains.

Dans les années 1860, refusant l' « idéal » et le « sentiment », puis dans les années 1870, l' « effusion » impressionniste, Manet fut toujours un solitaire. Peintre de la vie contemporaine, mais dont le spectacle recréé en atelier, devient celui de la peinture même.

On lui a reproché sans cesse — on le verra au fil de ce catalogue — un « faire » esquissé, un réalisme invraisemblable, qui, en concentrant l'intérêt sur la peinture elle-même, annoncent l'art moderne : « c'est lui » dit Renoir, en parlant de sa propre formation, « qui rendait le mieux, dans ses tableaux, cette formule simple que nous cherchions tous à acquérir en attendant mieux »[34], et Matisse, en écho : « Il a été le premier à *agir par réflexes* et à simplifier ainsi le métier du peintre [...] Manet a été le plus direct possible. [...] Un grand peintre est celui qui trouve des signes personnels et durables pour exprimer plastiquement l'objet de sa vision. Manet a trouvé les siens. »[35]

Ces « signes personnels » sont souvent dus à une appréhension très singulière de la réalité, une vision synthétique que sa technique énergique et son élégance dans le maniement de la couleur rendent absolument neufs, un découpage de ses compositions dans un espace très géométriquement structuré, une organisation généreuse des contrastes en larges à plats et des noirs éblouissants — autant de constantes dans l'œuvre, comme l'absence de toute attitude sentimentale propre à la peinture dite « de genre » pour des scènes qui auraient pu s'en rapprocher. La peinture de Manet se passe d'éloquence ou de commentaire. Les portraits sont à cet égard révélateurs : les visages, — de Zola à Mallarmé (cat. 106, 149), de Suzanne Manet à la serveuse du *Bar* (cat. 97, 212), — sont saisis dans leur singularité psychologique, malgré une apparente inexpression, par des moyens purement plastiques. Enfin, bien peu de tableaux sont exempts de quelque bizarrerie — de perspective, de situation, ou de proportion — sans laquelle point de Beauté, selon Baudelaire : l'*Espada* déguisée devant son taureau-joujou (cat. 33), le chat noir, plus farceur que démoniaque, et le disproportionné et délectable bouquet de l'*Olympia* (cat. 64), l'audace de la main d'*Astruc* (cat. 94), de piquants détails comme la cravate bleue ou la balle du *Balcon* (cat. 115), les oranges de la *Jeune femme couchée* (cat. 29) et le reflet invraisemblable de la femme du *Bar* sont autant de traits d'humour poétiques, que l'on prit à l'époque pour des maladresses ou des provocations, et d'effets de surprise dans un univers de fougue maîtrisée, d'invention constamment renouvelée.

Manet est en effet le moins monotone des peintres, celui qu'une rétrospective risque le moins de diminuer, déroulant pour notre délectation les images les plus diverses de la vie contemporaine, avec la grandeur de la peinture classique et la liberté de l'art moderne. Toute la singularité de Manet est dans cette double nature qui fait de lui le peintre de XIXe siècle sans doute le plus fidèle aux grandes traditions, et pourtant le plus proche de nous.

Cette exposition, commémorant le centenaire de sa mort, est la première depuis plus d'un demi-siècle qui offre un panorama à peu près complet de son œuvre. Le déroulement en est chronologique, et montre, autour des toiles, les dessins et les estampes qui s'y relient. Les auteurs du catalogue se sont attachés à évoquer non seulement la conception ou la fortune critique des œuvres, mais leur destinée après le départ de l'atelier, le plus souvent à la mort de l'artiste, en traçant leur diffusion, en évoquant la personnalité des collectionneurs à qui l'on doit aujourd'hui de pouvoir connaître Manet — de façon si dispersée — dans les musées du monde. L'essentiel de sa production est ici rassemblé[36], conformément à son souhait : « il faut me voir tout entier », disait-il à Antonin Proust, « [...] ne me laisse pas entrer dans les collections publiques par morceau ; on me jugerait mal »[37].

Un dernier mot de lui encore, sous forme de conseil à un jeune peintre : « La concision en art est une nécessité et une élégance [...] Dans une figure, cherchez la grande lumière et la grande ombre, le reste viendra naturellement [...] Et puis, cultivez votre mémoire ; car la nature ne vous donnera jamais que des renseignements — c'est comme un garde-fou qui vous empêche de tomber dans la banalité. Il faut tout le temps rester le maître et faire ce qui vous amuse. Pas de pensum ! Ah, non, pas de pensum ! »[38].

Françoise Cachin

31. Spuller 1867.
32. Mantz 1869.
33. A. Lhote *in Nouvelle Revue Française,* août 1932, p. 285.
34. Vollard 1938, p. 175.
35. H. Matisse in *L'Intransigeant,* 25 janvier 1932, cité Florisoone 1947, p. 122 ; Cogniat et Hoog 1982, pp. 35-36.
36. Sauf quelques toiles dont les conditions de don ou l'extrême fragilité empêchent le transport : *Le buveur d'absinthe* (RW 19), de la Ny Carlsberg Glyptotek de Copenhague, *Le vieux musicien* (RW 52), de la National Gallery of Art, Washington, D.C., *L'exécution de Maximilien* (RW 127) du musée de Mannheim, *Le bon bock* (RW 186) du musée de Philadelphie, et *Le linge* (RW 237) de la Barnes Foundation.
37. Cité par Proust in *Le Studio,* 15 janvier 1901, p. 76.
38. Propos rapportés par Jeanniot 1907, p. 854.

La technique de Manet

*« Quel peintre ! Il a tout, la cervelle intelligente,
l'œil impeccable, et quelle patte ! »*

Paul Signac[1]

De nombreux auteurs ont partagé l'admiration de Signac pour les qualités de la
main d'Édouard Manet, et cependant sa technique n'a été décrite qu'en termes
superficiels et parfois en passant à côté de l'évidence[2]. Pour la plupart des
critiques contemporains de Manet, ce domaine n'était pas de leur compétence
ou de leur intérêt, et ne concernait que les peintres. Mais il est évident, comme
l'affirme Castagnary, que « La peinture n'est pas plus faite pour les peintres,
que la brioche pour les pâtissiers. Brioches, tableaux et le reste, tout s'adresse au
public »[3]. Néanmoins, Manet parvint à une maîtrise technique que même ses
détracteurs ne pouvaient ignorer, et il en vint à changer à tout jamais la
pratique de la peinture à l'huile. Il transforma les procédés traditionnels de
l'application de la couleur — les couches de pâte « grasse », plus longue à sécher,
par-dessus la peinture « maigre », diluée — pour en arriver non pas à la seule
représentation des objets mais aussi à l'élaboration d'un nouveau langage
symbolique qui exprimerait les idées et les émotions.

La virtuosité technique de Manet semble l'avoir desservi en faisant
naître l'idée que le sujet l'intéressait peu. Cette opinion a pu favoriser une
analyse formaliste de son art, mais n'entraîna pas pour autant un examen
attentif de sa technique. Plus récemment on a étudié, jusqu'à l'obsession, les
sources de l'œuvre de Manet, son contexte politique et social, et ses implications
psychologiques ; à tel point que les œuvres paraissent parfois subordonnées à
l'importance des commentaires. Par contre, on a ignoré tout ce que les
peintures elles-mêmes peuvent nous révéler du processus de leur création, et
donc de la pensée du peintre, car la surface même du tableau joue son rôle en
soulignant les effets de la composition, du sujet et du contexte de l'œuvre
d'art.

Une grande exposition rétrospective est une excellente occasion de
revenir sur les idées fausses répandues sur la technique de Manet. On pense en
général qu'il imitait tout simplement ce qu'il voyait, qu'il peignait « plat » et
rapidement, souvent en une séance, en appliquant une seule couche de peinture
fluide[4]. L'étude de ses œuvres suggère, au contraire, qu'il a mis au point un
système remarquable de signes ou de marques pour traduire ce qu'il voyait et
qu'il maintenait en équilibre, dans une tension active, la surface plane du
tableau et la sensation de volume des objets représentés ; et enfin, qu'il réussit
grâce à un processus lent et réfléchi : percevant, réagissant, dessinant encore et
encore, jusqu'à la réalisation d'une expression picturale efficace.

D'après Zola, Manet peignait simplement ce qu'il avait devant lui :
« Ne lui demandez rien autre chose qu'une traduction d'une justesse littérale ».[5] Ce qui amène à se poser la question suivante : traduction d'une justesse
littérale de quoi ? Qu'est-ce qui, dans l'espace, nous arrive par l'intermédiaire
de nos faibles sens ? Quelles images préconçues l'esprit peut-il déjà renfermer ?
Quoi que fasse un peintre pour traduire, sur les deux dimensions de la toile, la

nature telle qu'il la perçoit, il a besoin d'un système de signes pour traduire la sensation en symbole plastique. Or, il est clair que le travail de transposition n'était, chez Manet, ni littéral ni direct.

On sait peu de choses sur la perception rétinienne de la lumière. Même si l'on imagine une sorte de pellicule de points de couleur dans l'œil, reproduire ces particules infimes sur une toile plane ne parviendrait pas à refléter l'expérience visuelle d'un monde toujours en mouvement. Manet ne tenta jamais, c'est évident, une telle transcription de la vision. Par sa façon d'assembler les formes sombres ou claires dans des zones déterminées, comme par son insistance sur l'emplacement précis des lignes, il se distingue nettement des impressionnistes. Sa carrière débute par des œuvres apparemment proches du Réalisme du milieu du siècle, dans la mesure où la surface est plus unie et les détails plus précis. Cependant, dans ses premières œuvres, la simplification de la forme et les juxtapositions abruptes de la couleur qui gênèrent alors les critiques, étaient précisément les éléments que l'on retrouve ensuite dans ses œuvres postérieures, peintes plus librement.

Zola fut un des rares critiques contemporains à saisir ces qualités. Il comprit que les tableaux de Manet étaient construits d'après un système bien précis : « un ensemble de taches justes et délicates qui, à quelques pas, donne au tableau un relief saisissant ». Il convint des accusations selon lesquelles les œuvres de Manet paraissaient plates comme « les gravures d'Épinal », mais expliqua que les imagiers d'Épinal utilisaient des couleurs pures, sans se soucier des valeurs, tandis que Manet choisissait des rapports de couleurs bien précis[6]. Ces rapports de tons très proches jouent souvent, cependant, contre d'autres indications qui évoquent le volume au contour des formes. Ceci explique le manque de profondeur apparente des reproductions photographiques de ses peintures. En présence du tableau, toutefois, les qualités de la surface entrent en jeu et créent, avec le maniement de la couleur, une certaine tension. Aux endroits précis — bras, visage, torse — qui semblent manquer de volume parce qu'ils manquent d'ombre, ce sont les touches de peinture elles-mêmes qui suggèrent les volumes, comme si l'artiste avait découvert un moyen d'associer à la fois le toucher et la vue. Dans un détail d'une photographie normale (fig. 1) du *Portrait de Zola* (cat. 106), le visage paraît plat, non structuré. Par contraste,

1. J. Rewald, « Extraits du journal inédit de Paul Signac », *Gazette des Beaux-Arts,* VI, 1949, p. 112.
2. V. Hanson 1977, 3ᵉ partie.
3. Castagnary 1892, I, p. 272.
4. Voir les descriptions de Bazire 1884, p. 82 ; Duret 1902, pp. 71-73 ; Moore 1893, pp. 32, 41 ; Proust 1913, pp. 100-01 ; Hanson 1977, pp. 138, 160-61.
5. Zola 1867 *Revue* p. 53 ; (Dentu) p. 26.
6. *Ibid., Revue* pp. 51-52 ; (Dentu) p. 24.

fig. 1. Portrait de Zola (cat. 106).
Détail de la tête.

fig. 2. Portrait de Zola.
Détail de la tête en lumière rasante.

21

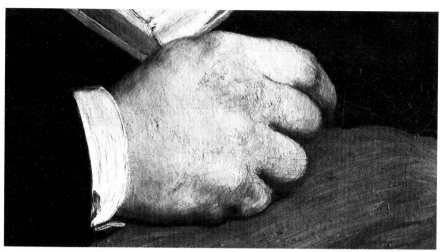

fig. 3. Portrait de Zola.
Détail de la main en lumière rasante.

un détail d'une excellente photographie prise en lumière rasante (fig. 2)[7] indique les différentes matières de l'orbite sombre de l'œil, peinte dans une pâte fluide, le tracé ferme du profil du nez et les coups de pinceau qui correspondent à l'arrondi des joues et du front. De même, en peignant la main de Zola (fig. 3), le pinceau suivit les contours des articulations et traça la manchette amidonnée qui tourne autour du poignet, en laissant deviner la forme solide en-dessous.

Si l'on regarde de près les nus de l'*Olympia* (cat. 64) et du *Déjeuner sur l'herbe* (cat. 62), on voit les mêmes coups de pinceau qui caressent et suivent les volumes arrondis des bras, des jambes, des torses et la radiographie révèle un modelé semblable dans les couches préparatoires. Madeleine Hours, dans une étude faite à partir de rayons X de certains tableaux de Manet et d'impressionnistes, remarque que les arrondis tracés au pinceau et les ombres qui vont du sombre au clair dans les premières couches, ont dû donner au corps de l'*Olympia* un effet de rondeur, de volume même, qui manque dans l'état définitif[8].

La *Jeune femme couchée en costume espagnol* (cat. 29) fut peinte à peu près à la même époque que l'*Olympia*. On retrouve un modelé semblable avec

fig. 4. Jeune femme couchée en costume espagnol (cat. 29).
Détail de la main gauche.

fig. 5. Jeune femme couchée en costume espagnol.
Détail de la main gauche aux rayons X.

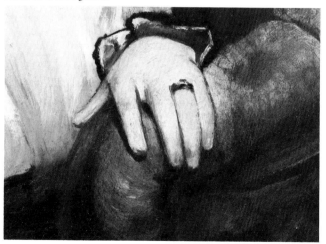

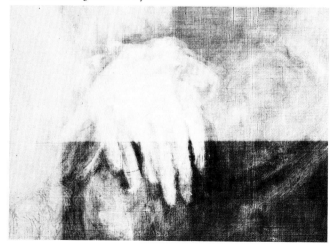

des touches plus accentuées dans le costume rose et la courbe de l'appui du divan. Les rayons X révèlent le modelé également apparent dans ces premières couches (fig. 4, 5), et sont aussi la preuve que Manet ne peignait pas ses tableaux en une seule fois. Les mains du modèle ont trop de doigts, témoignant ainsi des nombreuses modifications apportées par l'artiste avant de définir leur emplacement précis dans un geste à la fois séducteur et enfantin. On retrouve ces traces de la démarche de Manet dans les premières couches de tous ses tableaux. En général, il s'agit de remaniements mineurs, accompagnant un raffinement plus poussé : les contours de la cravate dans *Le bon bock* (RW 186 ; fig. 6) ou le manche de la guitare dans *Le chanteur espagnol* (cat. 10, fig. b). Parfois il s'agit de modifications plus importantes : le buveur du *Bon bock* portait à l'origine son bock plus haut, et on peut même deviner, sur la surface du tableau, que le canotier de *En bateau* (cat. 140) tenait une corde reliée à la voile[9]. Les transformations radicales sont rares et n'apparaissent que dans des

fig. 6. Le bon bock.
Détail (2/3 de la toile) aux rayons X.

œuvres entièrement repensées. Dans *Les gitanos* (voir cat. 48) et *Épisode d'un combat de taureaux* (voir cat. 73), Manet changea ou élimina les figures principales lorsqu'il découpa les toiles [10].

Une description des modifications apportées par le peintre à son œuvre peut être très révélatrice. *Le balcon* (cat. 115) en est un bon exemple. En tant que portrait de groupe, chaque personne devrait avoir la même importance. Il accentue, au contraire, le portrait psychologique du personnage principal, Berthe Morisot. La couche picturale relativement épaisse sur toute la surface de la toile, témoigne des nombreuses modifications apportées par Manet en cours de travail, qui sont d'ailleurs confirmées par les rayons X. Berthe Morisot, penchée en avant sur la rembarde du balcon, plonge son regard perçant dans notre espace. La douceur blanche de sa robe, de forme pyramidale à l'origine, est devenue, par le jeu des contours, plus agitée, comme pour mieux refléter sa vivacité un instant contenue. Ses traits marqués, presque durs, lui confèrent

7. Je tiens à remercier Mme Madeleine Hours, Conservateur en Chef des Musées Nationaux, pour m'avoir autorisée à utiliser plusieurs photographies faites au Laboratoire de Recherche des Musées de France (fig. 2, 3, 7, 8, 13, 17). Je suis aussi reconnaissante à Mme Lola Faillant de m'y avoir montré les dossiers Manet et fourni des renseignements complémentaires.

8. M. Hours, « Manière et matière des Impressionnistes », *Annales,* Laboratoire de Recherche des Musées de France, Paris, 1974, pp. 7-9.

9. Hanson 1977, pp. 165-66 et n. 153. V. aussi Th. Siegl, « The Treatment of Edouard Manet's *Le Bon bock* », *Philadelphia Museum of Art Bulletin,* LXII, 1966, pp. 133-41.

10. Hanson 1970. V. aussi Reff 1982, nos 67, 77.

fig. 7. Le balcon (cat. 115).
Détail de la tête de Berthe Morisot.

fig. 8. Le balcon.
Détail de la tête de Fanny Claus.

une sorte de force intellectuelle qui lui faisait dire : « Je suis plus étrange que laide »[11] (fig. 7).

Fanny Claus, qui se tient derrière Berthe, est vêtue des mêmes couleurs très contrastées. Les rayons X montrent que, dans un premier temps, une forme sombre, peut-être l'encadrement de la porte-fenêtre, coupait la partie droite de sa silhouette, l'inscrivant alors dans l'espace intérieur. Par contre, la forme originale, plus vivante, de sa tête l'aurait attirée vers le spectateur. A l'origine son visage était plus plein, ses yeux plus écartés et mieux définis, et son élégant chapeau rond avait des contours plus amples et moins précis. L'état final[12] (fig. 8) est très différent ; la figure a une certaine retenue, physique et morale, à cause des courbes presque symétriques qui descendent de la tête aux bras, jusqu'au léger arrondi de sa jupe. Les détails du visage furent très simplifiés, les yeux à peine indiqués, et la peinture uniformément appliquée. Manet semble avoir voulu effacer sa personnalité au profit du portrait presque violent de Berthe, qui révèle son caractère à la fois complexe et direct.

Antoine Guillemet est représenté à l'intérieur de la pièce ; sa tête plus petite et plus sombre le situe clairement derrière les deux femmes et renforce la prédominance de Berthe. Le jeune garçon qui traverse la pièce, dans le fond, n'apparaît pas aux rayons X : il a pu être rajouté à la fin, comme les tableaux et la céramique, pour animer la pièce.

D'habitude, Manet ne peignait pas sur une surface épaisse et déjà sombre, mais plaçait les figures et les objets sur une toile blanche ou sur des couches légères et transparentes, en ajoutant le fond après coup. Cette méthode explique en partie les grands contrastes dans les plages de couleurs — évidents

11. Morisot 1950, p. 27 : Lettre à sa sœur, Edma, 2 mai 1869.
12. L. Faillant, « L'Écriture picturale et la photographie », *Annales,* Laboratoire de Recherche des Musées de France, Paris 1974, pp. 43-44.
13. V. Hours, *op. cit.* pp. 18-21, 24-29.
14. Hanson 1977, pp. 163-65.
15. Voir les effets de grattage derrière le chat noir dans l'*Olympia* (cat. 64) et entre les jambes des victimes dans *L'exécution de l'empereur Maximilien* (cat. 104).

24

fig. 9. La lecture (cat. 97).
Détail de Léon Leenhoff.

fig. 10. Étude de femme.
Art Institute of Chicago.

dans les trois figures principales du *Balcon* que les critiques trouvaient si étranges à l'époque. Un autre exemple d'une peinture claire sur une couche sombre est fourni par le visage de Léon Leenhoff dans *La lecture* (cat. 97 ; fig. 9). A l'exception de la petite surface de mur derrière lui, tout le tableau a été peint dans des tons clairs sur une surface claire, diffusant un extraordinaire effet de lumière blonde. Si l'on examine de près la surface du tableau, on voit encore de nombreuses zones de peinture très mince qui laissent apparaître la toile claire en dessous. Seules les feuilles foncées et vibrantes de la plante, coupée à gauche, contrastent avec cette transparence lumineuse. Aussi belles que soient ses plages claires, la toile avait besoin de l'accent des zones sombres en haut à droite. La figure ajoutée de Léon explique l'attitude attentive de Mme Manet et s'équilibre avec la plante à gauche, en serrant sa forme paisible entre la parenthèse de deux formes sombres. Quelques touches vives ont servi à évoquer la figure de Léon, et le fond, selon la pratique traditionnelle, a été réservé pour créer les ombres du nez et du menton.

A toutes les époques de sa carrière artistique, les tableaux de Manet sont rythmés par la présence de zones contrastées de lumière et d'ombre. Dans la peinture impressionniste de Monet, Renoir et Pissarro, les touches vives ont tendance à être réparties plus uniformément, absorbant détails et lignes, et créant une texture régulière[13]. Pour eux, l'élaboration d'une surface dense et rugueuse correspondant à un moyen efficace pour refléter une vision globale de la nature. Par contraste, la touche de Manet est moins systématique et plus librement répartie sur la surface de la toile. Plutôt qu'un moyen d'exprimer les perceptions, elle joue un rôle de correspondance des perceptions du monde réel.

Les révélations apportées par un examen approfondi de la surface de la toile ou par des études de laboratoire, sont confirmées par une série de toiles de la fin de l'œuvre de Manet. Mort au sommet de sa carrière, il laissa de nombreuses toiles inachevées, qui permettent une démonstration de sa méthode [14]. Le tableau le moins élaboré (quoique achevé sur le plan de l'unité esthétique) est le portrait de *George Moore au café* (cat. 175). Quelques coups de pinceau rapides mettent en place la composition toute entière et la personnalité du modèle. Même dans ce dessin préliminaire fait sur la toile nue, Manet utilisa un bleu foncé et un brun plus clair, établissant d'emblée ses rapports de couleurs. L'étape suivante, après ce premier dessin, était l'harmonisation des grandes surfaces avec une peinture légère. Manet procéda de diverses façons, inventant au fur et à mesure qu'il travaillait. L'*Étude de femme* (RW 308 ; fig. 10) montre des lavis de peinture diluée à la térébenthine et appliquée sur le dessin pour créer une première base de couleur. Ici le fond reste vierge. Plus souvent, Manet établissait en même temps le ton du fond par des lavis semblables, en appliquant largement la couleur sur toute la surface, ou en appliquant des couches épaisses, grattées ensuite pour ne laisser qu'un ton semi-transparent. Souvent ces diverses méthodes sont combinées[15].

Le dessin préliminaire, coloré ensuite, devait être repris afin de donner plus de vigueur aux contours. Dans le portrait d'*Isabelle Lemonnier au manchon* (cat. 190), la démarche de Manet est claire. Les retouches successives des bords du manchon écartent peu à peu cette forme du bord de la toile et resserrent les grandes lignes de sa silhouette. Ici, et autour du col et du chapeau, il redéfinit les contours en y amenant la couleur du fond, et établit la pose à ce stade, par la courbe accusée du dos. Manet a répété cette méthode nombre de fois. Dans *L'exécution de l'empereur Maximilien* (cat. 104 ; fig. 11), on voit le même mouvement du pinceau sur les formes peintes, redéfinissant et redistribuant

fig. 11. L'exécution de l'empereur Maximilien (cat. 104).
Détail du peloton.

certains contours. L'emploi de la couleur du fond pour contenir les formes et obtenir des bords expressifs apparaît dans des œuvres de périodes et de styles différents : par exemple, le pied du *Chiffonnier* (RW 137 ; fig. 12), ou la petite surface colorée derrière la *Liseuse* (cat. 174), qui définit les contours de son épaule, son col et son chapeau. C'est également dans ces œuvres qu'on peut voir à son meilleur la touche vive et sûre de Manet. C'est le cas dans la nature morte du *Portrait de Zola* (fig. 13) ou, de façon plus élaborée, dans les détails du *Déjeuner sur l'herbe,* où la fusion d'une forme tangible et d'un effet vibrant ne pouvait être réalisée que par un solide travail aboutissant à la spontanéité de la surface. Il ne s'agit plus du procédé traditionnel qui consiste à recouvrir une

fig. 12 Le chiffonnier. Norton Simon Inc. Foundation.
Détail du pied et des déchets.

fig. 13. Portrait de Zola (cat. 106).
Détail de la nature morte en lumière rasante.

fig. 14. Clemenceau en buste.
Photographie dans l'album de Manet.
Paris, Bibliothèque nationale.

fig. 15. Clemenceau en pied.
Photographie par Benque.
Paris, Musée Clemenceau.

ébauche largement peinte avec des touches de plus en plus détaillées et maîtrisées. Au contraire, chaque couche reste une esquisse, souvent visible à travers celle qui la recouvre, mais elles forment ensemble une image composée qui évite la simple facilité grâce à la richesse de sa conception.

Manet peignit deux portraits de Clemenceau (cat. 185, 186) qui, Président du Conseil municipal de Paris, était sans doute très occupé ; modèle probablement impatient, il n'a pas dû apprécier les nombreuses séances de pose exigées par Manet. Bien que nous sachions, en effet, qu'il posa plusieurs fois, il est facile de démontrer que Manet travailla aussi à partir d'au moins deux photographies, dont l'une, qui se trouve dans son propre album (Bibliothèque Nationale, Estampes ; fig. 14), donne la position tournée de la tête ; l'autre (Musée Clemenceau ; fig. 15) donne la pose aux bras agressivement croisés. Malgré ces sources évidentes, on se rend compte dans les deux tableaux que Manet eut du mal à saisir plus qu'une simple ressemblance physique. Les deux toiles montrent nettement qu'il a dessiné, peint, puis redessiné, afin d'obtenir des contours expressifs. Dans chaque version, il peignit le fond jusqu'aux bords de la figure et, dans la version du Louvre, redéfinit la silhouette en grattant les contours au couteau.

Ces peintures ne sont pas montées en couleurs, mais dans un sens moins littéral, elles sont cependant puissamment colorées par la vision que Manet a de son modèle. Par une très légère modification de la tête, la suppression des détails dans les manches froissées, et l'accentuation du contour du dos, ce qui est geste simple dans les photographies est devenu posture et personnalité d'une puissante figure politique.

Puisque chaque tableau fut apparemment peint d'après nature et à partir de photographies, il importe peu, sans doute, de savoir quelle toile fut peinte en premier (Manet les a peut-être travaillées simultanément). Dans le tableau de Fort Worth, les contours de la tête plus fragmentés et la matière moins lisse (fig. 16) rappellent les empâtements du *Portrait de Rochefort*

fig. 16. Portrait de Clemenceau (cat. 185).
Détail de la tête.

fig. 17. Portrait de Clemenceau (cat. 186).
Détail de la tête en lumière rasante.

(cat. 206). Dans la version de Paris, la tête semble plus simplifiée, même si des photographies prises en lumière rasante montrent l'animation de sa surface (fig. 17). Ici, l'aspect plus direct suggère qu'il s'agirait de la seconde version, plus achevée, même si, plus que l'autre, elle montre les efforts successifs de Manet pour perfectionner son tableau. Si les circonstances avaient été différentes, chaque œuvre aurait pu être davantage travaillée et l'effet obtenu aurait pu être plus traditionnel. Puisque les rayons X indiquent qu'il existe des changements semblables dans les couches picturales inférieures d'œuvres plus travaillées, on peut se demander ce que Manet aurait pu encore réaliser s'il avait persévéré. Lui-même ne l'aurait probablement pas su. Il ne pouvait plus revenir en arrière vers des idées préconçues d'un effet désiré et nombre de ses tableaux dits « inachevés » produisent l'effet de tableaux terminés. Par sa touche miraculeuse, Manet a inventé un moyen d'expression trop puissant pour être soumis à l'exigence d'un traitement constant de la surface peinte. Il a réussi à saisir, à partir de sa perception du monde tri-dimensionnel, les formes qui en expriment sa vie essentielle.

La plupart des tableaux de Manet garde l'empreinte de la main de l'artiste. Ces signes de sa présence, alliés à l'invention de sa composition et à la force de son sujet, donnent une signification à sa virtuosité et autorisent aux générations d'admirateurs de répéter : « Quel peintre ! Il a tout.»

Anne Coffin Hanson

Manet et l'impressionnisme

On considère généralement Manet comme un authentique impressionniste. Ainsi, son œuvre figurait largement dans l'exposition organisée par le Louvre et le Metropolitan Museum, pour commémorer le centième anniversaire de la première des huit expositions appelées impressionnistes, qui se tinrent de 1874 à 1886[1]. Mais, la plupart des auteurs ne tiennent pas compte de ce qu'implique le refus de Manet de participer aux manifestations du groupe, connues sous le nom d'expositions impressionnistes. En effet, pendant plus d'un siècle, les critiques et experts de l'impressionnisme ont parlé de Manet comme d'un impressionniste, et souvent cité pour preuve des œuvres peintes l'été de 1874 (voir cat. 139-141). Cependant, classer Manet parmi les impressionnistes ne va pas sans soulever des problèmes importants. Le terme d'impressionnisme qu'ironiquement a forgé Louis Leroy, dans son compte rendu de la première exposition du groupe en 1874, s'adresse essentiellement à la facture libre et franche des tableaux de plein air de Monet, Renoir, Pissarro et Sisley, du début des années 1870. Un certain nombre de peintures de Manet (voir cat. 99, 122, 132, 139-141, 174) montrent qu'il avait des préoccupations communes avec Monet, Degas, ou d'autres artistes participant aux expositions impressionnistes, mais son œuvre s'en distingue clairement.

La plupart des impressionnistes orthodoxes étaient des paysagistes, peintres de plein air, transcrivant objectivement leur expérience réelle de la couleur et de la lumière. En revanche, Manet était avant tout un peintre de figures, fasciné par les thèmes de la vie urbaine contemporaine. Les manifestations connues désormais sous le titre d'expositions du groupe impressionniste comprenaient en fait, aussi bien des œuvres d'un certain nombre d'artistes proches du grand courant impressionniste, que ceux d'artistes orientés vers d'autres intérêts. Étant donné la diversité des œuvres présentées dans ces expositions, celles de Manet auraient fort bien pu y figurer, mais elles auraient couru le danger d'être noyées dans un pot-pourri de styles d'avant-garde. D'ailleurs, la grande différence de qualité des œuvres exposées n'aurait sûrement pas enchanté Manet, qui avait déjà commencé à connaître un certain succès au Salon. La critique avait particulièrement bien accueilli *Le bon bock* (RW186) au Salon de 1873, de sorte que participer à l'exposition indépendante, organisée l'année suivante dans l'atelier de Nadar, boulevard des Capucines, aurait pu nuire à sa réputation d'artiste.

On sait peu de choses des raisons précises qui ont empêché Manet de se joindre à ses amis. Degas attribuait son refus à la vanité : « Le mouvement réaliste n'a plus besoin de lutter avec d'autres. Il *est,* il *existe,* il doit *se montrer à part.* Il faut un salon réaliste. Manet ne comprend pas ça. Je le crois décidément beaucoup plus vaniteux qu'intelligent. »[2] Ce n'était un secret pour personne que bien que son succès se soit limité jusque-là à une mention honorable, en 1861 (voir cat. 10), Manet avait toujours convoité un succès officiel que seul pouvait accorder le jury du Salon. Manet ne se serait, sans doute, associé publiquement qu'à contre-cœur avec des artistes de réputation médiocre ou

1. *Le Centenaire de l'Impressionnisme,* Paris (Le Grand Palais), 1974 ; *Impressionism : A Centenary Exhibition,* The Metropolitan Museum of Art, New York, 1974-1975.
2. Lettre de Degas à Tissot, datée « Vendredi [février ou mars] 1874 » (Paris, Bibliothèque Nationale). Texte intégral publié uniquement en trad. angl. in Edgar Germain Hilaire Degas, *Letters,* réd. Marcel Guérin, trad. Marguerite Kay, Oxford, n.d., pp. 38-40 (lettre n° 12).

nulle. Par ailleurs, il n'a pas dû être convaincu par l'argument de Degas selon lequel cette exposition constituait un Salon réaliste, en particulier parce que le groupe affrontait le problème du réalisme de manière contradictoire et que la qualité des tableaux était des plus variables. Aujourd'hui on se souvient seulement des tableaux de Monet, Renoir, Sisley, Pissarro, Morisot, Cézanne, Boudin et Degas, qui ont figuré à cette exposition, mais s'y trouvaient aussi des toiles de peintres mineurs comme Attendu, Béliard, Brandon, Bureau, Colin, Debras, Latouche, Meyer, Mulot-Durivage et Léopold Robert. Le groupe ne peut, d'ailleurs, s'entendre sur le nom de leur association ; Degas avait proposé *La Capucine,* qui était un titre neutre, et Renoir voulait éviter toute appellation qui aurait pu faire penser qu'il s'agissait d'une nouvelle école[3]. Finalement, on opta pour *Société anonyme des artistes peintres, sculpteurs, graveurs, etc.*

Lors de la troisième exposition, en 1877, la Société anonyme adopta l'appellation de groupe impressionniste[4], mais pour la quatrième, en 1879, les peintres se baptisèrent Indépendants[5], alors que Degas, sensible à la diversité du mouvement, avait proposé « un groupe d'artistes indépendants, réalistes et impressionnistes »[6]. Pour ajouter à la confusion, la composition du groupe changeait à chaque exposition, et quelques artistes firent défection pour exposer au Salon. Par exemple, le portrait de *Mme Charpentier et ses enfants* de Renoir (New York, Metropolitan Museum) figura au Salon de 1879, et Monet exposa *Lavacourt* (Dallas, Museum of Fine Arts) au Salon de 1880. Les conflits internes et les désarrois du groupe ont pu jouer un rôle dans la répugnance de Manet à se joindre à ces expositions ; il n'en a pas moins soutenu quelques-uns de ses confrères et tenté de favoriser l'accueil de leurs œuvres. Par exemple, au printemps de 1877, il écrivait au critique d'art Albert Wolff pour recommander les œuvres de ses « amis Mrs Monet, Sisley, Renoir et Mme Berthe Morisot », en ajoutant : « Vous n'aimez pas encore cette peinture-là, peut-être ; mais vous l'aimerez. En attendant, vous seriez bien aimable d'en parler un peu dans *Le Figaro.* »[7]

Cette lettre de Manet à Wolff n'est guère surprenante, car bon nombre des artistes que nous appelons impressionnistes ont été pendant longtemps ses amis. En particulier, il connaissait bien Degas depuis le milieu des années 1860, et leurs chemins se croisèrent parfois chez les Morisot, rue Franklin. On sait, aussi, qu'il était fort lié à Monet, qu'il encourageait dans son travail et, éventuellement, aidait financièrement. Manet était le personnage clé aux réunions du lundi soir au café Guerbois, à la fin des années 1860. Ce cercle comprenait des hommes de la génération précédente, comme Guys et Nadar, et des écrivains comme Zola, Duranty, Silvestre et Duret, ainsi que le groupe d'artistes d'avant-garde, où l'on trouvait Degas, Fantin-Latour, Desboutin, Bazille, Renoir, Cézanne, Sisley, Monet et Pissarro[8]. Les discussions du Guerbois étaient particulièrement stimulantes comme Monet le rappela : « Rien de plus intéressant que ces causeries, avec leur choc d'opinions perpétuel. On s'y tenait l'esprit en haleine, on s'y encourageait à la recherche désintéressée et sincère, on y faisait des provisions d'enthousiasme qui, pendant des semaines et des semaines, vous soutenaient jusqu'à la mise en forme définitive de l'idée. On en sortait toujours mieux trempé, la volonté plus ferme, la pensée plus nette et plus claire. »[9]

D'autres nous apprennent que Manet était souvent au centre des causeries. Quand Armand Silvestre, en 1887, évoque les souvenirs du café Guerbois des années 1860, il décrit l'artiste comme la figure la plus éminente du groupe, même si : « Manet ne fut pas un chef d'école, — personne n'en avait moins que lui le tempérament, car je n'ai pas connu de nature plus exempte de solennité ; — mais, sans apprécier son influence, il est certain qu'elle fut considérable. [...] Moins magistral, moins intense, et surtout d'un goût moins sûr que Baudelaire, il affirma, cependant, en peinture, comme celui-ci en poésie, un sens de la modernité, qui pouvait être dans les aspirations générales, mais qui ne s'était pas fait encore jour [...] »[10]

Pourtant, onze ans plus tard, Silvestre se réfère à « la petite école des intransigeants, dont on le considère comme le chef... »[11], ce qui était en effet le cas. En 1873, Duvergier de Hauranne rappelait que Manet « a fait école »[12], et deux ans plus tard, Castagnary parlait de lui dans les mêmes termes et notait son influence sur un certain groupe de peintres[13], tandis que Mallarmé, en 1876, en faisait le personnage clé du mouvement impressionniste[14]. Les auteurs pouvaient ne pas être d'accord sur les buts et la définition de l'impressionnisme, mais se rencontraient sur le choix de Manet comme figure essentielle, jouant le rôle incontesté, bien que non officiel, de « leader ». En fait, dans son ouvrage de 1876 sur l'exposition de groupe chez Durand-Ruel — dont Degas, Monet, Morisot, Pissarro, Renoir, Bazille, Sisley et d'autres — Duranty parlait de Manet sans le nommer, comme de la « tête du mouvement », bien qu'il ne figurât pas à cette exposition :

« Un autre, enfin, a multiplié les affirmations les plus audacieuses, a soutenu la lutte la plus acharnée, a ouvert non plus seulement un jour, mais des fenêtres toutes grandes, mais des brèches, sur le *plein air* et le *vrai soleil,* a pris la tête du mouvement et a maintes fois livré au public, avec une candeur et un courage qui le rapprochent des hommes de génie, les œuvres les plus neuves, les plus entachées de défauts, les mieux ceinturées de qualités, œuvres pleines d'ampleur et d'accent, criant à part de toutes les autres, et où l'expression la plus forte heurte nécessairement les hésitations d'un sentiment qui, presque entièrement neuf, n'a pas encore tous ses moyens de prendre corps et réalisation. »[15]

Lorsque, au milieu des années 1870, les artistes et les écrivains qui fréquentaient le café Guerbois émigrèrent au café de la Nouvelle-Athènes, Manet resta un personnage central. Tout en continuant de refuser d'exposer avec ses confrères, il participait toujours à leurs réunions et exerçait une grande influence dans leurs discussions. Le 9 août 1878, Paul Alexis écrivait à Zola : « Le soir, quelquefois, à *la N^lle Athènes,* je vois Manet, Duranty, etc. L'autre fois, grande discussion à propos du congrès artistique qu'on annonce. Manet déclarait vouloir y aller, prendre la parole et tomber l'école des Beaux-Arts. Pissarro qui écoutait cela était vaguement inquiet. Duranty, en sage Nestor, le rappelait aux moyens pratiques. »[16]

Sans nul doute, son importance au sein du groupe était renforcée par les polémiques que ses tableaux présentés au Salon semblent avoir toujours provoquées, en particulier dans la presse. Au milieu des années 1870, il a encore plus attiré l'attention lorsque, malgré le succès du *Bon bock* au Salon de 1873, il rencontra une résistance renouvelée de la part du jury. En 1874, deux des quatre toiles présentées lui furent refusées ; en 1876, le jury rejeta ses deux tableaux, *L'artiste* (cat. 146) et *Le linge* (RW 237 ; fig. a). Les problèmes rencontrés par Manet avec le jury de l'Exposition Universelle, en 1878, le découragèrent de se présenter au Salon[17]. Ce fut, néanmoins, au cours de cette période que d'importants critiques, auparavant sceptiques, commencèrent à prendre sa défense : « [...] sa place est marquée dans l'histoire de l'art contemporain. Le jour où l'on voudra écrire les évolutions ou déviations de la peinture française au XIXe siècle, on pourra négliger M. Cabanel, on devra tenir compte de M. Manet. Une telle situation devait frapper le jury. »[18] Manet

3. Rewald 1955, p. 203.
4. *Ibid.,* p. 242.
5. *Ibid.,* p. 263.
6. *Ibid.*
7. Moreau-Nélaton 1926, II, p. 41.
8. Rewald 1955, p. 141.
9. Thiébault-Sisson, « Claude Monet, les années d'épreuves », *Le Temps,* 26 nov. 1900, p. 3.
10. Silvestre 1887, pp. 160-161.
11. Silvestre 1876 ; cité Tabarant 1947, p. 285.
12. Duvergier de Hauranne 1873 ; cité Tabarant 1947, p. 210.
13. Castagnary 1875.
14. Mallarmé 1876, pp. 117-121 ; v. aussi Harris 1964, pp. 559-563.
15. Duranty 1876, p. 17.
16. *« Naturalisme pas mort » Lettres inédites de Paul Alexis à Émile Zola, 1871-1900* (annotées B.H. Bakker), Toronto 1971, p. 118 : 9 août 1878, selon Bakker ; 9 août 1879, selon Rewald 1973, p. 435.
17. Hamilton 1969, p. 208.
18. Castagnary 1892, II, p. 178.

commençait à atteindre une reconnaissance que les autres peintres de la Nouvelle-Athènes ne pouvaient qu'imaginer. Il n'est donc pas surprenant qu'il n'ait pas abandonné le Salon officiel pour les expositions indépendantes organisées par ses amis. Par ailleurs, abandonner le Salon pour les expositions d'une avant-garde rebelle aurait très probablement pu justifier les insinuations de nombreux critiques hostiles.

Parlant de son style, Hamilton remarque qu'il y a autant d'importantes similitudes que de différences fondamentales entre l'œuvre de Manet et celle des artistes aujourd'hui considérés comme des impressionnistes orthodoxes. Il note qu'à Boulogne, en 1868 et 1869, à Arcachon et à Bordeaux, au printemps de 1871, et à Berck-sur-Mer, en 1873, Manet a poursuivi ses recherches sur la transcription de la lumière et du mouvement dans une manière, sinon tout à fait dans une technique, analogue aux expériences de Monet et de Renoir à Bougival, durant la même période, et qu'avec eux, Manet a contribué à expliciter le souci essentiel des impressionnistes : saisir un moment et un lieu révélés par la lumière. Cependant, les termes de Hamilton : « dans une manière, sinon tout à fait dans une technique » et l'emploi du mot « analogue » soulignent le problème[19]. Bien que Manet ait commencé à peindre en plein air vers 1870 (voir cat. 122) et que sa palette se soit considérablement éclaircie au cours des années suivantes (voir cat. 139-141), il ne s'est pas concentré sur les sujets caractéristiques de l'impressionnisme classique du début et du milieu des années 1870, il s'est peu soucié des problèmes de couleur et de lumière qui dominent l'œuvre de nombre de ses confrères, et il a continué à faire des compositions qui, dans certains cas seulement, sont apparentées à celles de Degas, l'« impressionniste » qui se considérait lui-même comme un « réaliste ». Bref, Manet a gardé une vision indépendante, s'est forgé une technique personnelle, facilement identifiable et a poursuivi ses propres notions de structure et d'espace pictural. De surcroît, et c'est la conclusion de Hamilton, jusqu'à la fin de sa vie, Manet a conservé cette tendance à faire de ses compositions des transpositions, plutôt que des traductions littérales de cette nature tant admirée des impressionnistes[20].

Vers la fin des années 1870, les différences entre l'œuvre de Manet et celle des artistes participant aux expositions du groupe sont si évidentes que Zola et Huysmans y voient la preuve d'une avant-garde dépassant Manet. Dans un article paru à Saint-Pétersbourg, en 1879, Zola décrivait Manet comme l'*ancien* chef des peintres impressionnistes et il mettait en doute ses dons techniques[21]. Huysmans adopta un point de vue semblable l'année suivante : « Somme toute, M. Manet est aujourd'hui distancé par la plupart des peintres qui ont pu le considérer jadis, et à bon droit, comme un maître. »[22] Et Wolff concluait ainsi son compte rendu du Salon de 1882 : « [...] mais enfin, c'est un tempérament personnel. Ce n'est pas cette peinture, celle de tout le monde ; c'est l'art d'un artiste incomplet, mais d'un artiste [...] il n'y a pas à dire, l'art de M. Manet est bien à lui. »[23]

L'indépendance de Manet dans le contexte de l'avant-garde de son temps le rend inclassable. La meilleure définition qu'on pourrait donner de lui serait celle d'un peintre aux tendances avancées, faisant partie d'un groupe informel d'écrivains et de peintres réunis par un même intérêt et qui se rencontraient d'abord au café Guerbois, puis à celui de la Nouvelle-Athènes. Manet n'est impressionniste que dans le sens très large d'un terme qui couvrirait l'ensemble de l'avant-garde des années 1870 au début des années 1880. Le terme d'impressionnisme se réfère essentiellement à un style particulier à ces quelques peintres qui ont participé aux expositions du groupe ;

néanmoins, ce terme était et continue d'être utilisé pour désigner toute l'avant-garde parisienne de cette époque. Cette appellation était fausse dès le début, comme Zola l'a bien vu, en 1879 : « Je crois avoir déjà parlé du petit groupe de peintres qui ont pris le nom d'impressionnistes. Cette appellation me paraît malheureuse ; mais il n'en est pas moins indéniable que ces impressionnistes — puisqu'ils tiennent à ce nom — sont en tête du mouvement moderne. »[24]

Il est clair que, dans cette révolution artistique qui a commencé dans les années 1860 et s'est poursuivie jusque dans les années 1880, Manet a été une figure clé du processus qui a changé la perception de l'art et posé les bases du modernisme. Le fait que Manet n'ait pas participé aux expositions dites impressionnistes semble montrer que, pour des raisons variées, il a *choisi* de ne pas être impliqué dans une manifestation partielle et peu claire du mouvement.

De toute façon, l'art d'avant-garde n'aurait sans doute pas suivi une trajectoire différente ; le mouvement moderne s'était constitué de même, il avait sa force vive et aurait surgi sous une forme ou sous une autre, avec ou sans la participation de Manet aux expositions du groupe. En outre, Manet croyait peut-être qu'il y avait plus à gagner, sur tous les plans, en continuant à s'attaquer de front aux valeurs en place en soumettant ses œuvres au Salon. Les expositions impressionnistes sporadiques étaient importantes en tant que preuve tangible de l'existence du mouvement moderne et point de ralliement à l'avant-garde, mais les escarmouches régulières de Manet, avec le jury et la critique, étaient tout aussi importantes. La décade de 1870 ne se passe pas sans polémique annuelle (sauf en 1878) provoquée par les « Manet » du Salon. La notoriété de son œuvre faisait de lui, qu'il l'ait voulu ou non, le hérault de l'avant-garde. Finalement au Salon de 1881 (voir cat. 206 et 208), il reçut une seconde médaille, récompense personnelle et en même temps reconnaissance implicite de ses compagnons de l'art moderne, dont il avait longtemps été le chef tacite.

Depuis qu'on avait commencé à critiquer les œuvres de Manet, dans les années 1860, son nom était synonyme de modernisme et il restait la figure centrale parmi les peintres d'avant-garde à la Nouvelle-Athènes. Les récits de Duranty, de Moore, de Monet et d'autres encore, montrent une personnalité charismatique, écoutée, et les artistes de la Nouvelle-Athènes qui participaient aux expositions impressionnistes ne semblent pas lui avoir tenu rigueur de sa décision de ne pas participer à leurs manifestations, Manet et les « impressionnistes » ont continué à fréquenter le café qui paraît avoir été le lieu de réconciliation et d'unité, permettant de dépasser tout esprit de faction. Au cours des années 1870, la Nouvelle-Athènes est demeurée un point d'attache pour tout artiste d'avant-garde à Paris. Ceux qui fréquentaient ce café ne se sont jamais présentés comme un groupe organisé et n'ont jamais élaboré de manifeste ; leur importance collective a, sans doute, été sous-estimée. Cependant, le groupe de la Nouvelle-Athènes nous offre, à coup sûr, une image plus exacte de la révolution artistique des années 1870, que le groupe « impressionniste » qui exposait sous des noms divers — Société anonyme, Indépendants, ou autre — et dont l'appartenance était en constante fluctuation.

L'impressionnisme est simplement un mot, peu satisfaisant à vrai dire, pour décrire le mouvement qui se développa à Paris dans les années 1870 et le début des années 1880. Le terme convient particulièrement mal à la peinture de Manet, car il sous-entend que son œuvre se situe à la suite, plutôt qu'à la naissance, du mouvement moderne. Néanmoins, par commodité, nous

19. Hamilton 1969, p. 177.
20. *Ibid.*
21. Zola 1959, p. 227 ; trad. franç. de l'article de Zola paru en russe dans *Viestnik Europi (Le Messager de l'Europe),* pp. 225-230.
22. Huysmans 1883, p. 158.
23. Wolff 1882 ; cité Tabarant 1947, p. 439.
24. Zola 1959, p. 226 ; trad. franç. de l'article dans *Viestnik Europi* (v. note 21).

conserverons ce terme admis, tout en sachant que cela risque de ne pas rendre justice à sa véritable position dans l'histoire de l'art. Les historiens vont continuer à vouloir l'excuser de ne pas avoir exposé avec ses amis et collègues et à trouver pourtant des formules qui justifient son identification au groupe impressionniste. Mais, en dépit de ce jeu des catégories, de ces classements arbitraires des critiques et des historiens d'art depuis près d'un siècle, l'œuvre de Manet résiste et s'affirme bien au-delà des formules selon la fameuse inscription de son ex-libris : « Manet et Manebit »[25].

Charles S. Moffett

25. Devise latine *(Il reste et restera)* trouvée par l'éditeur Poulet-Malassis ; voir p. 13, fig. a.

Manet et l'estampe

L'œuvre gravé de Manet date, presque dans sa totalité, du début de sa carrière, entre 1862 et 1868. Bien qu'environ une moitié de cette centaine d'estampes soient demeurées inédites de son vivant, toutes, sans doute, ont été exécutées en vue d'une édition, et la plupart d'après des tableaux. Ce ne sont plus des estampes de reproduction au sens où on l'entendait au XVIIIe siècle, ce ne sont pas encore des estampes originales au sens où l'entendront les Impressionnistes. Nous sommes entre deux mondes. Ce n'est plus l'Ancien Régime, ce n'est pas encore la République. Le capitalisme français fournit un nouveau public. La peinture de Manet, vers 1868, traduit de nouvelles valeurs. A cette époque, en revanche, il cesse pour ainsi dire de graver : c'est qu'il existait pour l'estampe d'autres obstacles que les efforts de Manet ébranlèrent mais ne suffirent pas à lever.

Sa pratique de l'estampe est, comme toute la première partie de son œuvre, modelée par l'enseignement traditionnel quand bien même elle apparaît comme une lutte pour s'en dégager. L'estampe est encore pour Manet le dérivé d'une peinture ou d'un dessin, l'image d'une image et un objet qui, le plus souvent doit, aux yeux d'un plus large public, dans un souci de vulgarisation de l'art, représenter l'idée exprimée d'abord par le tableau, sur un mode majeur. Manet utilise l'estampe — l'exemple du thème de Marc Antoine Raimondi utilisé pour le *Déjeuner sur l'herbe* (voir cat. 62) est célèbre — comme un répertoire de modèles et à son tour fait des estampes pour proposer son propre modèle. Ses attaches à l'Ancien Régime ne viennent donc pas tant du fait qu'il emprunte à Tiepolo et à Goya — vieux maîtres de l'eau-forte « libre » — une écriture vive qui convienne au peintre de la modernité, que la constante référence de l'estampe à un « motto » dont elle est l'application ou la variante.

Cette référence obligée qui justifie la gravure se trouve d'abord dans la peinture, et d'abord celle des maîtres, Fra Angelico (*Silentium*) ou Vélasquez (*Philippe IV, Les petits cavaliers,* cat. 36, 37). Puis, dans la sienne propre, par l'intermédiaire d'un dessin préparatoire qu'on inverse, ou qu'on décalque par les moyens les plus mécaniques : stylet qui découpe le papier pour reporter les contours sur la plaque de cuivre (*Lola de Valence,* cat. 51), photographie du tableau ramenée aux dimensions de l'estampe et travaillée (*Jeanne,* cat. 214). L'usage de la photographie dans ce cas, qui semble avoir été fréquent, comme dans le rôle de modèle direct (*Edgar Poe* d'après un daguérréotype ; *Baudelaire* d'après Nadar, cat. 56-58, 60), n'est que la modernisation des moyens utilisés par les graveurs de reproduction du XVIIIe siècle, une prolongation qui ne change pas la nature du processus.

Mais surtout, plus que dans le recours aux techniques intermédiaires qui fait de l'estampe une œuvre de seconde ou de troisième génération, la référence de la gravure demeure, comme en peinture, du domaine iconographique ou, plus largement, d'ordre littéraire. Manet grave ce qui doit être gravé : portraits de personnages célèbres, types, scènes de genre encore situées sur le théâtre conventionnel qui a déjà fourni au courant de l'eau-forte réaliste du XVIIe siècle l'essentiel de son répertoire, celui des Mendiants philosophes, des Gueux et des Acteurs, dont on reconnaît les ancêtres sous la défroque à la mode espagnole. L'estampe alors, loin d'être une œuvre totalement originale, se trouve encore enserrée dans les ficelles du grand art et de sa littérature, même si le manipulateur cherche à se faire léger. C'est pourquoi ce moment précis de l'histoire de l'estampe doit se regarder dans les rapports complexes qui se dénouent alors entre tableaux, dessins et gravures, sans oublier le rôle encore occulte de la photographie et celui, naissant, des procédés photomécaniques.

On constate combien l'histoire de l'œuvre gravé de Manet est liée, comme celle des Romantiques, à l'histoire littéraire, c'est-à-dire aux écrivains (Baudelaire, Poe, Mallarmé, Banville, Cros) et à « l'illustration » au sens large du terme. L'estampe est objet de publication. Elle est d'abord, comme le texte, un imprimé. Mais de ce langage prisonnier, il est tout aussi clair que Manet cherche l'issue. En estampe comme en peinture il veut trouver le langage de la « modernité » — « le transitoire, le fugitif, le contingent », tel que le définit Baudelaire — et les ruptures qu'il opère pour y parvenir ne sont pas minces. C'est d'abord la pratique de ce que l'on pourrait appeler la « reproduction autographe » où l'artiste se copie lui-même, est son propre interprète, ce qui l'autorise, sans quitter le champ de l'estampe de reproduction, à prendre des libertés par lesquelles s'infiltre ce nouveau langage, un genre nouveau qui n'est plus l'image spéculaire du tableau mais « représentation expressive ». C'est aussi la condamnation des hiérarchies des techniques, de la séparation entre techniques nobles et techniques vulgaires. Mécontent de son eau-forte, il donne un dessin au photograveur (*Jeanne,* cat. 214), exécute des couvertures de romances en lithographie (*Lola de Valence,* cat. 53 ; *Plainte moresque,* cat. 95), utilise le papier report (*Le Corbeau,* cat. 151, *Au café,* cat. 168), participe à des albums de reproductions par des procédés industriels (« L'autographe au Salon », « L'Art à Paris »), et illustre des journaux (« La Semaine de Paris », « La Chronique illustrée », « La Vie moderne », cat. 114, 142, 168).

Mais cette ouverture demeure malgré tout dans la plus pure ligne de la conception traditionnelle de l'estampe, dont l'auteur fournit le modèle, donné ensuite à un technicien. On sait que Manet dépendit largement des praticiens de son temps, Legros (cat. 15), Bracquemond (cat. 69), Guérard (cat. 214), à qui il confie ce qu'il pense être la partie « mécanique » de la gravure (pose du grain d'aquatinte, morsure, tirage), preuve qu'il ne s'est pas encore approprié ces parties comme de nouveaux moyens d'expression spécifiques à l'estampe que d'autres graveurs, Whistler, Degas, jugeront inaliénables. En fait la position de Manet doit être très proche de celle de Baudelaire : l'estampe est à la mode parce qu'elle est un objet de promotion de l'artiste, une résonnance de son œuvre dans un public élargi, un rejeton charmant de l'œuvre d'art, œuvre d'art elle-même si l'on veut, lorsque l'esthète, par jeu, s'encanaille.

Mais le public futur en a décidé tout autrement. C'est l'estampe comme œuvre d'art qui l'intéressera. Et il trouvera alors dans l'œuvre de Manet, particulièrement dans les épreuves d'artiste, les prémisses de cette promotion, de cette valorisation de l'estampe comme œuvre d'art alternative et non plus subordonnée à la peinture. Déjà la reprise à l'eau-forte de peintures comme *Le guitarero* (cat. 11) donne bien lieu à une nouvelle réflexion sur les moyens propres de l'estampe. Il y a transfiguration, transposition et non traduction minutieuse et littérale du tableau. Le fait que l'estampe soit ainsi conçue et reçue comme douée d'une valeur esthétique autonome, conduit à des recherches sur la valeur expressive, signifiante de toute la « rhétorique » de l'estampe qui n'était jusqu'alors considérée généralement que comme raffinement de technicien : la considération apportée aux différents états, aux différents encrages, aux différents papiers. Il s'agit bien là de la mise en évidence de nouveaux critères d'appréciation d'un objet de façon à en faire un objet d'art. Ces critères ne sont pas nouveaux et on pourrait en retracer l'histoire fort loin, mais ils sont, au moment où Manet les utilise, sur le point de devenir déterminants pour susciter un public d'amateurs. Ainsi voit-on Manet tenter de changer de terrain en gravure comme il l'a fait en peinture : la reprise des cuivres après leur publication pour en faire une version nouvelle (*Le buveur d'absinthe, Philippe IV*, cat. 36), la reprise d'un thème en série (*L'enfant à l'épée*, cat. 15 à 18), dans différentes techniques (*Lola de Valence*, cat. 52, 53), la recherche de tirages sur papiers divers (son édition personnelle faite sur chine en 1863, des tirages sur japon, etc.) et mieux encore, les essais de divers encrages comme le montre une épreuve de *La toilette* avec un voile d'encre contraire aux habitudes des tireurs soumis aux règles d'une publication (voir cat. 25). Voilà de nouveaux sujets de plaisir esthétique, par les distinctions de qualité qu'on peut y opérer, affirmant l'aptitude de l'estampe à devenir un nouvel objet d'art convenable à un nouveau type d'amateur intellectuel ou simplement modeste, dont le fonctionnaire Fioupou fut peut-être le prototype.

Mais ce public reste limité à quelques artistes amis, quelques critiques ou écrivains et l'effort de Manet pour lever l'ancre en gravure ne fut pas mené à son terme. Sans doute les attaches avec la tradition étaient plus solides que dans le domaine de la peinture, car il n'y avait en peinture, si l'on peut dire, qu'à changer de style : le champ de la peinture lui-même, son statut, son réseau, n'étaient pas radicalement remis en cause, alors que la gravure devait subir une mutation, elle devait cesser de n'être qu'un multiple indéfini, elle devait cesser d'être une œuvre de collaboration dont la réalisation peut être laissée à un praticien, elle devait cesser d'être un imprimé pour devenir l'œuvre unique d'un artiste unique, seule investie du pouvoir de simuler la création. Un paramètre important de ce glissement n'apparaît pas chez Manet, ni chez son éditeur Cadart : la rareté, voire l'unicité de l'œuvre. Lorsque, tardivement, en 1874, la couverture du portefeuille d'estampes de Manet publié par Cadart porte : « Tiré à 50 ex. N^{és} », il ne s'agit que de l'album, pas des gravures elles-mêmes qui ont connu d'autres tirages.

Cette mutation, le public du Second Empire ne l'a pas encore acceptée. Si on peut dire que, en 1868, la peinture de Manet « lève l'ancre », son œuvre gravé cesse, si ce n'est pour des œuvres épisodiques, circonstancielles et pour des livres. Il faut constater que c'est précisément à cette date que Cadart, l'éditeur des peintres-aquafortistes, animateur du renouveau de l'eau-forte d'artiste, cesse ses publications : son voyage aux États-Unis a été un fiasco. C'est l'époque aussi où, en revanche, l'avenir des procédés photomécaniques devient moins incertain avec la réussite du Concours lancé par le duc de Luynes. L'incertitude se reporte sur la gravure d'artiste. Le redéploiement du marché de l'art — tel que le décrit avec précision Charles Blanc dans le premier numéro de la *Gazette des Beaux-Arts* en 1859 — n'a pas atteint l'estampe originale. La demande d'originalité apparaît pourtant : dans les gravures « autographes » que publient ces revues (*La Gazette des Beaux-Arts, L'Artiste*, puis, avec des procédés mécaniques, « L'Autographe au Salon » qui parut précisément entre 1865 et 1868, ou « L'Art à Paris » où Manet publia en 1867) et enfin, elle apparaît peut-être, de façon exceptionnelle, dans l'œuvre de Manet même avec *La queue devant la boucherie* (cat. 123), qui semble bien n'être reliée à aucune

Manet, La queue devant la boucherie (eau-forte, 1870-1871).

LA QUEUE AUX BOUCHERIES PENDANT LE SIÈGE DE PARIS.
La neige tombe ; il fait très froid ; des femmes, des hommes, des enfants font
queue devant une boucherie ; ils attendent longtemps avant de recevoir une
ration de viande. Des gardes nationaux surveillent cette foule pour empêcher les
bousculades et les querelles.

La queue aux boucheries...
Gravure illustrant le manuel
d'Histoire de France de Lavisse,
cours élémentaire, 1912.

autre œuvre dessinée ou peinte, gravure qui semble s'être autorisée d'elle-même. Mais pour que la gravure devienne ainsi objet d'expérience personnelle, il fallait rompre avec la conception de l'estampe comme objet d'un savoir-faire. Manet fut sur cette brèche, refusant le savoir-faire mais aussi la rupture.

En 1882, Manet exécuta sa dernière eau-forte : il s'agissait toujours de reproduire à des fins de publication (dans la *Gazette des Beaux-Arts*) son tableau *Jeanne* ou *Le Printemps* (cat. 214) qui avait eu du succès au Salon. Cette année-là, il est « Hors-Concours » au Salon. En décembre il a été décoré de la Légion d'honneur par son ami Antonin Proust, ministre des Beaux-Arts de l'éphémère gouvernement Gambetta. Proust publie un article sur Manet dans la *Gazette des Beaux-Arts,* mais c'est grâce à un cliché-trait exécuté mécaniquement à partir d'un dessin à l'encre que *Jeanne* est reproduite finalement. Un autre supporter de Manet, le directeur de grands magasins Hoschedé publie une plaquette sur le Salon de 1882 : en couverture on voit une reproduction en couleurs du tableau de *Jeanne.* C'est la première photogravure en couleurs imprimée grâce au procédé de Charles Cros. A cette date Pissarro et Degas commencent à faire de curieuses estampes, chacune différente de l'autre, encrées comme des monotypes, signées au crayon, aux états multiples soigneusement numérotés. Whistler a publié son premier « Venice Set » qui scandalise son éditeur. Manet abandonne chez Guérard le cuivre sur lequel il a travaillé l'eau-forte de *Jeanne* et lui écrit : « Décidément, l'eau-forte n'est plus mon affaire. »

Pendant les années qui suivirent sa mort, l'estampe fut appréciée par de plus nombreux amateurs et pratiquée par de plus nombreux artistes, comme une œuvre ayant les mêmes droits et les mêmes pouvoirs que la peinture, entretenant avec elle des rapports d'égale à égale, telle que nous avons voulu la montrer dans cette exposition et telle qu'elle est à nouveau aujourd'hui considérée. Le goût pour l'estampe renouvelé, ces vingt dernières années, a conforté l'intérêt porté à l'œuvre de Manet. L'assaut d'érudition dont elle est l'objet, l'importance même qui lui est accordée dans cette exposition le prouvent. Les études iconographiques en particulier abondent. On en vient à se demander, devant telle vignette d'un manuel scolaire si Manet n'en est pas responsable ou s'il ne serait pas intéressant de chercher plutôt un prototype commun qui viendrait ruiner l'hypothèse selon laquelle Manet aurait exécuté ce motif d'après nature. Pas plus pourtant que ces deux œuvres ne peuvent être expliquées l'une par l'autre et pas plus que Manet n'est l'auteur de leur ressemblance, l'analyse, si minutieuse soit-elle, de l'œuvre entier de Manet ne suffira à expliquer son moderne succès ; ses ruptures n'ont de sens que du jour où le public et les artistes les ont rendues fécondes, mais il s'agit bien là d'une autre histoire : Manet n'y est pour rien.

Michel Melot

Catalogue

rédigé par

Françoise Cachin
Charles S. Moffett
Juliet Wilson Bareau

Avertissement

Titre Les titres de Manet (d'après les catalogues — Salons, expositions — son carnet, correspondance, etc.) sont utilisés de préférence. Dans ce cas, le titre alternatif usuel est donné entre parenthèses.

Dimensions En centimètres, hauteur par largeur.
Pour les dessins : dimensions de la feuille de papier.
Pour les eaux-fortes : dimensions du cuivre.
Pour les lithographies et autographies : dimension du sujet (ou du chine collé).

Prêts P   : exposé à Paris seulement.
NY   : exposé à New York seulement.
P/NY : épreuve de l'estampe exposée dans chaque lieu.

Signature Signature posthume : ajoutée par Suzanne Manet sur certains tableaux ou pastels, probablement au moment de leur vente.
Pour les estampes : gravée ou dessinée par l'artiste sur le cuivre ou la pierre.
Cachet de l'atelier : initiales *EM,* apposé au moment de l'inventaire après décès sur les œuvres sur papier non signées.

Publications Ne sont citées dans ce catalogue que les publications des estampes faites du vivant de l'artiste et le tirage posthume des lithographies en 1884.
Pour les abréviations, voir la liste chronologique des publications, p. 532.

Expositions Sont citées dans ce catalogue toutes les expositions auxquelles Manet a participé de son vivant, puis, après 1883, les expositions à caractère monographique.
Pour les abréviations, voir la liste chronologique des expositions, p. 533.

Catalogues	D	Duret 1902
	M-N	Moreau-Nélaton 1906, 1926 et cat. ms.
	T	Tabarant 1931 et 1947
	JW	Jamot et Wildenstein 1932
	G	Guérin 1944
	L	Leiris 1969
	H	Harris 1970
	RO	Rouart et Orienti 1970
	LM	Leymarie et Melot 1971
	RW	Rouart et Wildenstein 1975
	W	Wilson 1977 et 1978

Voir la Bibliographie, p. 536.

États des estampes Les états sont signalés d'après les travaux les plus récents (Harris 1970, et Wilson 1977 et 1978).

Historique Les noms sont cités à l'historique de chaque œuvre avec un renvoi à la mention principale. Voir l'Index des noms, p. 542.

Références Pour les ouvrages cités en abrégé, voir la Bibliographie (à auteurs, Manet [documents], ventes). La référence entière est donnée en note pour un ouvrage cité une seule fois.

Collections Les abréviations généralement utilisées sont :

Londres BM : British Museum.
Paris BN : Bibliothèque nationale.
Voir l'Index des collections, p. 544.

Documents Les principales sources documentaires, citées dans les notes, sont :

New York, Pierpont Morgan Library, archives Tabarant : lettres et documents divers, albums de photographies par Godet et Lochard.
Paris, Archives Nationales : registres du dépôt légal, lettre autographe.
Paris, Bibliothèque d'art et d'archéologie : lettres autographes.
Paris, Bibliothèque littéraire Jacques Doucet : lettres autographes.
Paris, Bibliothèque nationale, Département des estampes, fonds Moreau-Nélaton : cahiers manuscrits (voir Bibliographie : Manet), albums de photographies par Godet et Lochard et album de famille.
Paris, musée du Louvre, Archives et Cabinet des dessins : lettres autographes, carnets.

Auteurs	F.C.	Françoise Cachin
	C.S.M.	Charles S. Moffett
	J.W.B.	Juliet Wilson Bareau

1   La barque de Dante, d'après Delacroix

1854 ?
Huile sur toile
38 × 46

P   Lyon, Musée des Beaux-Arts

Catalogues
D 1902 (non mentionné) ; M-N 1926 I 157 ;
T 1931, 19 (Dante et Virgile aux enfers) ;
JW 1932, 2 ; T 1947, 6 ; RO 1970, 4a ;
RW 1975, 4.

fig. a. La barque de Dante, d'après Delacroix.
New York, Metropolitan Museum of Art

Antonin Proust raconte comment, après une visite avec Raffet et Devéria au Louvre, puis au Musée du Luxembourg, où *La naissance d'Henri IV* de Devéria était exposé, Manet s'était écrié : « ' C'est très bien tout cela, [...] mais il y a au Luxembourg une maîtresse toile, c'est la *Barque de Dante*. Si nous allions voir Delacroix, nous prendrions pour prétexte de notre visite de lui demander l'autorisation de faire une copie de la *Barque* '. ' Prenez garde, nous avait dit Murger, à qui Manet avait fait part de son projet en déjeunant, Delacroix est froid '. Delacroix nous reçut au contraire dans son atelier de la rue Notre-Dame de Lorette, avec une grâce parfaite, nous questionna sur nos préférences et nous indiqua les siennes. ' Il fallait voir Rubens, s'inspirer de Rubens, copier Rubens, Rubens était le dieu '. [...] Quand [la] porte fut refermée, Manet me dit : ' Ce n'est pas Delacroix qui est froid : c'est sa doctrine qui est glaciale. Malgré tout, copions la *Barque*. C'est un morceau ' »[1].

On sait peu de choses, en dehors du témoignage d'Antonin Proust, sur les relations de Manet et de l'auteur de la *Barque de Dante*. Cette sage copie serait le seul exemple connu d'une œuvre exécutée par Manet d'après un artiste vivant. Il existe une deuxième copie, légèrement plus petite, du même tableau qui était dans l'atelier à la mort de Manet (RW 3 ; fig. a). Les copies diffèrent par leur touche ; celle de New York étant plus libre, plus colorée, annonce plus la

1

touche ultérieure de Manet. Elles ne semblent pas dater de la même époque et l'hypothèse de la date de 1859 pour cette deuxième copie est celle qui est retenue dans l'annotation des albums Lochard[2]. La version de Lyon, également photographiée par Lochard, serait bien la première, plus sage, plus littérale, faite vers 1855, date où le tableau de Delacroix était exposé (pavillon de l'Exposition Universelle). Ce serait un rare témoignage de l'activité de Manet dans les premières années de sa vie artistique, dont il reste curieusement si peu d'exemples, et qui permet de supposer qu'il a, postérieurement, détruit beaucoup d'œuvres des années cinquante.

Les biographes de Manet ont probablement sous-estimé le rôle de Delacroix dans la formation de Manet. Antonin Proust n'aimait pas Delacroix et l'a sans doute minimisé dans ses *Souvenirs* sur Manet. Une copie comme celle-ci montre, dès 1854-1855, dans la touche et la couleur, des éléments que Manet fera siens. L'amitié avec Baudelaire, dans les années soixante, dut raviver cette admiration, — on sait que les deux amis avaient tenus à être présents à l'enterrement de Delacroix[3]. Et ce n'est tout de même pas un hasard si, en 1864, Fantin a placé Manet tout près de Baudelaire, dans son *Hommage à Delacroix* (Musée d'Orsay - Jeu de Paume).

1. Proust 1897, p. 129.
2. Photographies de Lochard. Paris, BN Estampes, fonds Moreau-Nélaton.
3. Tabarant 1963, p. 320.
4. New York, Morgan Library, archives Tabarant.
5. J. Meier-Graefe et E. Klossowsky, *La Collection Chéramy,* Munich 1907, n° 247.
6. Vente Chéramy, Paris, Georges Petit, 5-7 mai 1908, n° 217.

Historique

Cette étude apparaît à la vente BODINIER en 1903. Elle entre dans la fameuse collection PAUL CHÉRAMY, avoué — en particulier de la famille Manet (lettre de Chéramy à Manet, 1868[4]) — collectionneur d'œuvres du dix-neuvième siècle et ami des impressionnistes avec un curieux goût particulier pour les copies d'artistes anciens[5]. Le Musée de Lyon l'acquiert à la vente Chéramy, en 1908[6] et peut donc s'honorer d'avoir été le premier musée français à acheter un tableau de Manet (inv. B 830). Ceux du Louvre à l'époque étaient entrés par don *(Olympia)* ou par le legs de Caillebotte (v. Hist., cat. 115).

F.C.

2 Cavaliers espagnols

1859
Huile sur toile
45 × 26
Signé b.g. avec l'initiale *M*

Lyon, Musée des Beaux-Arts

Manet reprend ici, comme dans la *Scène d'atelier espagnol* (RW 25), des éléments pris dans sa copie (RW 21) d'après *Les petits cavaliers* de Vélasquez (attribution de l'époque du tableau au musée du Louvre, voir cat. 37, fig. a)[1]. Le personnage du fond, tourné vers la porte et vêtu d'une cape rose, est le cinquième personnage à partir de la droite du tableau du Louvre, mais inversé, ce qui laisse supposer qu'il l'a copié d'après une gravure. Il a repris la porte entrouverte des *Ménines,* qu'il n'avait pas encore vu sur place au Prado ; les deux personnages sont repris des *Petits cavaliers.*

Quant à l'enfant tenant un plateau, sa ressemblance avec *L'enfant à l'épée* laisse supposer qu'il est peint d'après Léon Leenhoff (voir cat. 14) déguisé, alors âgé de sept ou huit ans. On le retrouve dans une aquarelle (RW II 454) et dans une gravure (H 28) sans doute exécutées après le tableau. Il le réutilise enfin dans le clair-obscur de l'arrière-plan du *Balcon* (cat. 115) huit ans plus tard.

Expositions
Paris, Salon d'Automne 1905 n° 6 ; Marseille 1961 n° 7.

Catalogues
D 1902, 28 ; M-N cat. ms. 9 ; T 1931, 37 ; JW 1932, 10 ; T 1947, 31 ; RO 1970, 25 ; RW 1975, 26.

2

On peut discuter de la date de 1860-1861 généralement attribuée dans les catalogues. Deux raisons font pencher pour une date un peu antérieure : cette œuvre, comme la *Scène d'atelier espagnol,* a pu être peinte en 1859, peu après la copie des *Petits cavaliers,* ce qui serait plus logique que l'année du *Guitarero* (cat. 10).

Manet, comme tous les artistes de son temps, fit de nombreuses copies au Louvre ou au Luxembourg fort avant dans sa carrière. Reff a publié des documents d'archives du Louvre provenant des entrées et des demandes d'autorisation de copies, jusqu'en 1865, date à partir de laquelle les registres manquent[2], et le premier enregistrement de Manet au Louvre date de janvier 1850, tout au début de son séjour chez Couture. En 1852 on trouve trace d'une copie disparue de la *Diane au bain* de Boucher (Louvre, voir cat. 19, fig. a), ce qui est intéressant par rapport à ses futurs tableaux de la *Nymphe surprise* (cat. 19) et du *Déjeuner sur l'herbe* (cat. 62). En 1859 on trouve la demande d'exécution de deux copies d'après Vélasquez, les *Petits cavaliers* (RW 21) et *L'infante Marguerite* (disparue, voir RW II 69)[3].

La version de Lyon serait donc une fantaisie faite en atelier. Farwell a émis l'hypothèse ingénieuse que notre tableau et la *Scène d'atelier espagnol* faisaient partie à l'origine d'une même œuvre, que Manet aurait découpée ensuite, dont le tableau de Lyon serait un fragment[4].

En dehors d'une trace, s'il en était besoin, de l'admiration grandissante pour Vélasquez, dès avant le voyage en Espagne, ce tableau fait sentir la façon de travailler de Manet, son utilisation simultanée d'éléments pris tels quels dans l'art des musées, ou dans la vie quotidienne mais « moulés » dans une imagerie muséale.

Léon Leenhoff, outre son plateau, porte en effet le poids de souvenirs visuels de Murillo et même de Vélasquez : l'enfant qui prend un verre d'eau dans *Le marchand d'eau de Séville,* reproduit dans le chapitre Vélasquez de *L'Histoire des peintres* de Charles Blanc[5], est sans doute à l'origine de la petite silhouette. Seule la touche allusive, sans modelé, déjà très personnelle, évite l'impression de pastiche.

1. *Catalogue sommaire du Louvre* 1981, p. 124, Vélasquez ? INV. 943.
2. Reff 1964, p. 556.
3. *Op. cit.* n. 1, p. 124, Vélasquez INV. 941 ; voir RW II 69.
4. Farwell 1973, p. 58-59.
5. Blanc 1869, « Vélasquez » p. 3.
6. Paris, BN Estampes, fonds Moreau-Nélaton.
7. Meier-Graefe et Klossowsky, *op. cit.* cat. 1, n. 5 : n° 248.
8. Vente Chéramy, *op. cit.* cat. 1, n. 6 : n° 219.

Historique
Sans doute acheté directement à la famille du peintre (le nom et l'adresse de Chéramy, avoué de la famille Manet, 24 rue Saint-Augustin, figurent dans le carnet d'adresses de Manet[6], ce tableau faisait partie de la collection CHÉRAMY (v. Hist., cat. 1)[7].

A la vente Chéramy en mai 1908[8], il est acheté par le Dr RAYMOND TRIPIER qui le lègue au Musée de Lyon en 1917.
Les catalogues Wildenstein mentionnent Paul Guillaume parmi les possesseurs du tableau, ce qui paraît invraisemblable, puisqu'il est né en 1893.

F.C.

3   Portrait de M. et Mme Auguste Manet

1860
Huile sur toile
111,5 × 91
Signé et daté h.g. *édouard Manet 1860*

P   Paris, Musée d'Orsay (Galeries du Jeu de Paume)

Dans ses souvenirs, Antonin Proust rapporte un propos qu'aurait tenu Manet sur le portrait de M. Bertin par Ingres : « Le père Bertin a été le type de la bourgeoisie de 1830 — Quel chef-d'œuvre que ce portrait ! M. Ingres a choisi le père Bertin pour styliser une époque [...]. Moi je n'ai pas fait la femme du Second Empire, mais celle de depuis. »[1]. Manet oubliait qu'il avait sans doute lui aussi « créé un type », avec le portrait de ses parents, couple exemplaire d'une certaine grande bourgeoisie austère du Second Empire. C'est à la fois l'image d'un type social, et l'instantané révélateur d'une sévère intimité, où le temps a imprimé chez le père une amertume digne, et chez la mère, une sérénité mélancolique. Ils sont proches, mais solitaires ; lui assis, et elle debout, derrière ; il ne semble y avoir entre eux d'autres liens que le noir de leurs vêtements et ce point, hors du champ du tableau, en bas à gauche, qu'ils regardent, peut-être la palette de leur fils ? En tout cas rien qui leur inspire autre chose qu'une sombre résignation.

Auguste Manet (1797-1862), magistrat important, chef du personnel au ministère de la Justice, puis juge au tribunal de la Seine et enfin Conseiller à la Cour, avait alors soixante-trois ans. Mme Manet, née Eugénie Désirée Fournier, (1812-1885) en avait cinquante. Elle était la fille d'un agent diplomatique à Stockholm et filleule de Charles Bernadotte, roi de Suède. Ils posent ici dans leur appartement, 69 rue de Clichy, en vêtements d'intérieur[2]. L'attitude familière n'exclut pas une certaine tension — la main droite du père est un peu crispée sur son fauteuil Louis-Philippe, l'autre cachée sous la veste ornée du ruban de la Légion d'Honneur. La barbe évoque celle de son fils dix ans plus tard, dans les portraits qu'en fera Fantin-Latour.

Expositions
Paris, Salon de 1861 n° 2099 (Portrait de M. et Mme M.) ; Alma 1867 n° 8 [id.] ; Beaux-Arts 1883 n° 303 ; Beaux-Arts 1884 n° 6 ; Salon d'Automne 1905 n° 4 ; Orangerie 1932 n° 5.

Catalogues
D 1902, 22 ; M-N 1926, p. 31 ; cat. ms. 26 ; T 1931, 33 ; T 1947, 37 ; RO 1970, 28 ; RW 1975, 30.

3

La très intéressante analyse radiographique faite de ce tableau en juillet 1982, montre qu'à l'origine le père était fort différent (fig. a). Le visage paraissait plus jeune, orné seulement d'une légère barbe en colerette, dégageant une bouche avenante. Il portait un béret rond et non cette haute coiffure, ainsi qu'on le voit dans le dessin préparatoire (cat. 4). La main était détendue sur le bras du fauteuil.

Que s'est-il passé ? Il est difficile d'en tirer des conclusions hâtives. Il n'est pas impossible que Manet ait commencé son tableau plus tôt qu'on ne le pense, en 1859 ou même avant, et l'ait retouché pour des raisons de vérité ; mais le tableau exposé au Salon de 1861 était-il celui que révèle la radiographie ou l'état actuel ? En l'absence de descriptions précises au moment de l'exposition, on ne peut que constater qu'il l'a retravaillé, avant d'en faire une gravure (H6), qui reproduit l'état actuel du tableau, quand son père était déjà plus atteint, et qui est datée 1860 (fig. b). On ne sait de quoi il est mort, mais Philippe Burty, dans sa nécrologie de Manet en 1883, note qu'Édouard est mort « de la même maladie que son père »[3].

Quoi qu'il en soit, dans l'état actuel, toute la vitalité semble s'être concentrée dans le luxuriant morceau de peinture que sont la corbeille de pelotes, le linge blanc et le satin bleu de la bride du bonnet. Mme Manet plonge sa main dans la corbeille, peut-être pour choisir la laine pour la broderie en cours posée sur une table un peu désaxée, où l'on a vu[4] une de ces fameuses erreurs de perspective de Manet, volontaires ou non. La boîte d'écaille posée de biais est-elle une tabatière, une boîte d'aiguilles ou de médicaments ? Si l'on retient l'hypothèse de l'image d'un homme malade, c'est en tout cas celle d'un père plus douloureux que terrible, qui n'a, tout compte fait, que peu de temps contrecarré la carrière artistique de son fils. D'ailleurs, bien qu'il ne s'agisse pas d'un portrait flatteur et apprêté, les modèles en furent, dit-on, extrêmement satisfaits[5]. La fermeté de l'exécution et le réalisme des expressions leur prouvèrent au moins que leur fils avait du métier, que les années passées dans l'atelier de Couture ne l'avaient pas été en pure perte. D'autre part, ils n'ont pas l'air de gens soucieux de l'apparence : le goût et le courage de la vérité était, après tout, même en peinture, de solides vertus bourgeoises qu'ils ont su apprécier.

Et pourtant, ce tableau fut ressenti à l'époque comme une œuvre vulgaire. Le compte rendu du Salon de 1861 par L. Lagrange[6] le charge des méfaits du réalisme : « Mais quel fléau dans la société qu'un peintre réaliste ! Pour lui, rien de sacré : M. Manet foule aux pieds des affections plus saintes encore. M. et Madame M... ont dû maudire plus d'une fois le jour qui a mis un pinceau aux mains de ce portraitiste sans entrailles ».

Jacques-Émile Blanche rapporte un propos révélateur de l'impression produite par le tableau au Salon : « [une] vieille amie de Madame Manet mère [...] me montrait une photographie : la Charlotte Corday [également au Salon de 1861] de Tony Robert-Fleury, fils d'une autre de ses camarades d'enfance : [...] « Regarde cela ; au moins, cela c'est distingué. Ce n'est pas comme ce pauvre Édouard ! Il est bien gentil garçon, Édouard ; mais ce qu'il fait est si commun ; [...] voilà le portrait de ses parents, [...] on dirait deux concierges ! »[7].

On a pensé reconnaître diverses sources dans ce double portrait : *Le repas de paysans* de Le Nain[8], interprétation justement contestée par Reff qui suggère plutôt, pour le visage du père, l'influence d'une estampe de Rembrandt[9], *Homme barbu au bonnet de fourrure,* encore plus justifiée dans la gravure de Manet. L'austérité des visages et la touche grasse et large font plutôt

fig. a. Détail de la tête de Manet père - radiographie. Laboratoire des Musées nationaux

fig. b. Manet père. Eau-forte datée 1860. Stockholm, Nationalmuseum

penser à Frans Hals, que Manet admirait particulièrement. Il est vrai que Manet ne visita le musée Hals à Haarlem qu'en 1872, mais il avait déjà eu maintes fois l'occasion de voir des œuvres de l'artiste, à Amsterdam où les registres d'entrée au Rijksmuseum déterminent formellement qu'il était allé dès 1852[10], et sans doute depuis, au cours de son voyage en Allemagne en 1856, ou bien sûr tout simplement au Louvre.

Manet fit un nouveau portrait de sa mère après ce tableau, en deuil récent de son époux (RW 62). Le visage est cette fois de face, le regard moins inquiet ; l'œuvre est plus conventionnelle et moins saisissante que ce double portrait.

Vingt-deux ans plus tard, ce tableau si contesté au Salon de 1861 paraît déjà classique, alors que le nom de Manet sent encore le soufre : d'Océanie, Gauguin rappelle à son ami Fontainas en août 1899 un souvenir de l'exposition des *Portraits du siècle* qu'il a vue seize ans auparavant, en 1883 : « Lors de cette exposition j'allai visiter avec un ennemi de Manet Renoir et impressionnistes : celui-ci devant ce portrait [*Jeanne Samary* par Renoir] criait à l'abomination. Pour l'en détourner, je lui fis voir un grand portrait — *père et mère dans une salle à manger* — La signature toute petite était invisible : — « à la bonne heure, s'écria-t-il, voilà de la peinture. » Mais c'est de Manet lui dis-je. Et lui furieux... »[11]. Quant à Huysmans, dans le catalogue de cette exposition qu'il annote furieusement (New York, Morgan Library), il écrit en marge des *Parents* : « Le Vieux Jeu Manet ; Couture, Ingrisé ».

1. Proust 1897, p. 206.
2. Tabarant 1931, p. 57, d'après les notes de Léon Leenhoff (New York, Morgan Library).
3. Ph. Burty, *La République Française,* 3 mai 1883.
4. Howard 1977, p. 15-16.
5. Tabarant 1947, p. 41.
6. Lagrange 1861.
7. Blanche 1912, p. 153.
8. Fried 1969, p. 45-46.
9. Reff 1969, pp. 42 et 48, n. 7.
10 Ten Doesschate Chu 1974, p. 43.
11. P. Gauguin, *Lettres à sa femme et à ses amis,* Paris 1946, p. 295.
12. J. Manet 1979.

Historique

Ce tableau n'a jamais quitté la famille de l'artiste. Il ne figure ni à l'inventaire ni à la vente de l'atelier et a dû être donné par Manet à ses parents. MME MANET MÈRE l'a sans doute donné ou légué à son fils EUGÈNE MANET (1833-1892). A sa mort, il reste chez son épouse, BERTHE MORISOT (1841-1895) qui fut non seulement l'artiste que l'on sait, le modèle et l'amie, bientôt parente de Manet, mais qui constitua une remarquable collection d'œuvres de son beau-frère, surtout après la mort de celui-ci, en en achetant dans des ventes ou, quand elle le pouvait, à sa belle-sœur Suzanne. A sa mort, l'œuvre revint à sa fille JULIE MANET (1879-1967) également peintre, et auteur dans sa jeunesse d'un journal précieux en indications sur les œuvres de Manet à la fin du siècle[12]. En 1900 elle épousa l'artiste Ernest Rouart (1874-1942), fils d'Henri Rouart (v. Hist., cat. 129), ami intime de Degas et collectionneur comme son père. Le tableau ne quitte pas la collection ROUART jusqu'à son acquisition par le Louvre, grâce à l'aide de la famille Rouart, de Mme J. Weil-Picard et d'un donateur anonyme étranger en 1977 (Inv. RF 1977.12).

F.C.

4   *Étude pour le* Portrait de M. et Mme Auguste Manet

1860
Sanguine
31 × 25

P   Paris, Musée du Louvre - Orsay, Cabinet des Dessins

Catalogues
L 1969, 150 ; RW 1975 II 344.

Étude et mise au carreau pour le tableau. Il existe une autre étude pour la tête du père (RW II 345) qui a servi de modèle à la deuxième planche gravée (H 7). La mise en place des personnages est conservée dans le tableau, sauf le visage du père qui semble dans cette première pensée regarder droit devant lui, et dans le tableau (cat. 3) être plongé, les yeux baissés, dans d'austères songeries. D'ailleurs, bien que le dessin soit très esquissé, le visage ressemble plus à la

4

première version révélée par la radiographie, où le père paraît plus jeune, ne porte pas de moustache, et porte le gros béret qui sera remplacé par la toque définitive. Quant à la mère, elle se rapprochera du père dans le tableau, et son visage prendra beaucoup plus d'importance plastique et psychologique dans la composition, que dans le dessin.

Historique
Ce dessin demeura longtemps dans la collection ROUART (v. Hist., cat. 3) ; il a été acquis par les

Musées nationaux (inv. RF 37088), avec les fonds du musée d'Orsay, deux ans après l'entrée du tableau au musée du Jeu de Paume.

F.C.

5 Portrait de Mme Brunet

1860 ?
Huile sur toile
130 × 98
Signé b.g. *Manet*

NY   New York, Collection particulière

Expositions
Paris, Martinet 1863 (?) ; Alma 1867 n° 20
(Portrait de Mme B.) ; Orangerie 1932 n° 6 ;
New York, Wildenstein 1948 n° 8.

Catalogues
D 1902, 20 ; M-N 1926, I, p. 44-47 ; cat. ms. 38 ;
T 1931, 58 ; JW 1932, 39 ; T 1947, 60 ; RO 1970,
55 ; RW 1975, 31.

Manet intitula ce tableau *Portrait de Mme B...* dans le catalogue de son exposition de 1867. Moreau-Nélaton identifie le modèle comme étant Mme Brunet, mais se réfère au tableau comme étant *La Parisienne de 1862*[1]. Tabarant affirme que le modèle est « Madame Brunet, née de Penne », mais appelle la peinture *La Femme au gant*[2] tout en reconnaissant que Duret emploie le titre de *Jeune dame en 1860*[3], qui avait été utilisé à la vente Manet en 1884. D'autre part, Tabarant note que Jacques-Émile Blanche, à qui appartenait la peinture, l'appelait *Portrait de Mme de Cheverrier*. Si le nom de jeune fille du modèle était en fait Penne, celle-ci avait peut-être un rapport avec cette Mme Penne dont Baudelaire, le commandant Lejosne et d'autres parlaient dans leur correspondance pendant les années 1860. Lee Johnson suggère qu'elle appartenait sans doute à la même famille et que c'était peut-être une belle-sœur du lieutenant Jules Brunet, officier d'artillerie dans le corps expéditionnaire du Mexique ; auteur du dessin de l'exécution d'un mercenaire mexicain, gravé par C. Maurano et paru dans *Le Monde illustré* du 3 octobre 1863, une des sources possibles de *L'Exécution de Maximilien,* 1867[4] (voir cat. 104-105).

L'époux de Mme Brunet était peut-être le sculpteur Eugène-Cyrille Brunet ou encore l'écrivain et traducteur Pierre-Gustave Brunet. Manet et Eugène-Cyrille Brunet, étudiants, avaient travaillé ensemble en 1857, à Florence ; ils demandèrent tous deux à l'Académie de Florence la permission — qui leur fut accordée — de faire des copies des peintures du cloître de l'Annunziata[5]. Courthion a affirmé, sans preuves à l'appui, que la Mme Brunet qui figure dans l'album de photographies de la famille et des amis de Manet[6], est la femme d'« un sculpteur de bustes et de médaillons »[7]. Cependant, Pierre-Gustave Brunet est un postulant tout aussi plausible, parce que Manet partageait avec lui le même goût prononcé pour la peinture espagnole ; en 1861, l'écrivain fait paraître une *Étude sur Francisco Goya, sa vie et ses travaux,* et traduisit en français en 1865 le livre de William Stirling sur Vélasquez, avec une introduction par W. Bürger (Théophile Thoré), un des premiers défenseurs de l'œuvre de Manet.

En 1863, lors de l'exposition de quatorze peintures de Manet à la galerie de Louis Martinet, le Cercle artistique, un visiteur inconnu réalisa un dessin satirique (autrefois collection Burty, Paris) du *Portrait de Mme Brunet* avec l'énigmatique légende : « La ... femme de son ami !!! » (fig. a). Si le mari de Mme Brunet était un des amis de Manet, celui-ci et l'artiste ont dû éprouver un certain malaise au moment où le modèle vit son portrait terminé dans l'atelier. Selon Duret : « Un de ses premiers portraits, en 1860, fut celui d'une jeune dame, amie de sa famille. Il l'avait peint debout, de grandeur naturelle. Elle n'était pas jolie, paraît-il. Il avait dû, se laissant aller à sa pente, accentuer les particularités de son visage. Toujours est-il que, lorsqu'elle se vit sur la toile, telle qu'elle y figurait, elle se mit à pleurer — c'est Manet lui-même qui me l'a dit — et qu'elle sortit de l'atelier, avec son mari, sans vouloir jamais revoir le

fig. a. Caricature anonyme. 1863. Paris, BN Estampes, fonds Moreau-Nélaton

portrait. »[8]. Apparemment la réaction de Mme Brunet ne troubla pas Manet qui présenta le tableau dans des expositions en 1863 et 1867.

Il se peut que Manet ait modifié le portrait après l'exposition Martinet en 1863. La caricature indique un portrait en pied sur un fond uni. Si par la suite, la peinture fut coupée dans le bas, le changement de composition donne l'impression que le sujet est plus proche du spectateur, créant ainsi une présence directe caractéristique des œuvres postérieures, dans lesquelles les figures ou les éléments de la composition sont coupés par le bord du tableau. La façon dont Manet traite la composition reflète peut-être aussi l'influence des portraits de femmes par Courbet, comme *L'Amazone,* 1856 (New York, Metropolitan Museum of Art) et le *Portrait de Mme Charles Maquet,* 1856 (Stuttgart, Staatsgalerie).

Même si le fond était à l'origine uni, la peinture aurait ressemblé à beaucoup d'autres compositions avec des personnages en pied des années soixante. Le feuillage et le paysage du fond étaient sans doute inspirés du *Philippe IV en chasseur,* acheté par le Louvre pour un Vélasquez en 1862, dont Manet fit un dessin (RW II 68) une eau-forte (cat. 36). Le dessin a dû être exécuté après l'acquisition du tableau par le Louvre, ce qui permet de penser que le fond du *Portrait de Mme Brunet* fut peint après mai 1862. De plus, si la caricature faite en 1863 en reproduit la composition, la peinture fut donc coupée et le fond ajouté entre l'exposition à la galerie Martinet et celle qu'organisa Manet en 1867. Une caricature par G. Randon, parue dans *Le Journal amusant* le 19 juin 1867 (fig. b), montre la composition telle qu'elle est de nos jours. La peinture est datée, tantôt de 1860[9], tantôt de 1862[10]. Seul Meier-Graefe pense que le tableau a peut-être été peint plus tard — vers 1864 — et remarque qu'il semble avoir été coupé dans le bas[11].

Sandblad parle d'affinités avec des estampes japonaises et un portrait de Charles I par van Dyck[12]. Toutefois, lorsque Leiris commente l'opinion de Sandblad, il remarque que les portraits de Vélasquez, et en particulier le *Philippe IV,* sont des sources plus évidentes[13].

Une telle variété d'opinions sur les sources possibles du *Portrait de Mme Brunet* et leur influence est caractéristique des commentaires faits à propos d'un grand nombre de peintures de Manet (voir, par exemple, cat. 10 et 33). Souvent Manet assimila et simplifia tellement sa source d'inspiration qu'on ne peut l'identifier avec certitude. Le fait que le format de la toile ait probablement été modifié et le fond ajouté plus tard, est bien conforme à sa façon de travailler comme on le verra dans plusieurs cas (voir cat. 73, 99, 171).

PORTRAIT DE MADAME B...

Je ne dis pas que ce ne soit pas ressemblant, mais cette pauvre dame, comme son amour-propre doit souffrir de se voir afficher ainsi!

fig. b. Caricature de Randon dans *Le Journal amusant,* 29 juin 1867

1. Moreau-Nelaton 1926, I, p. 44.
2. Tabarant 1931, p. 89.
3. Duret 1902, p. 196.
4. Johnson 1977, p. 564, note 11.
5. Wilson 1978, n° 2.
6. Paris, BN Estampes, fonds Moreau-Nélaton
7. Courthion 1961, p. 24.
8. Duret 1918, p. 149-150.
9. Vente Manet 1884, D 1902, RW 1975.
10. M-N 1926, T 1931, RO 1967.
11. Meier-Graefe 1912, p. 112, n. 1.
12. Sandblad 1954, p. 83.
13. Leiris 1959, p. 200, n. 11.
14. Rouart et Wildenstein 1975 I, p. 27. Voir cat. 12 et Historique.
15. Vente Manet 1884, n° 15 ; Bodelsen 1968, p. 343.
16. Blanche 1919, p. 148.
17. Tabarant 1947, p. 58.

Historique

Ce tableau, apparemment refusé par le modèle, se trouvait dans l'atelier de Manet à sa mort. On le trouve au n° 14 sur la liste d'inventaire : « Femme au gant, mode de mil huit cent cinquante », estimé à 300 Frs[14]. Il figure à la vente Manet en 1884, sous le titre « Jeune dame en 1860 »[15]. Son acquéreur, pour la faible somme de 120 Frs, fut THÉODORE DURET (v. cat. 108) qui, semble-t-il, a servi d'enchérisseur à DURAND-RUEL (v. Hist., cat. 118). Quelques temps après la vente, en 1884, Durand-Ruel vendit le tableau 500 Frs au peintre JACQUES-ÉMILE BLANCHE[16] (1861-1942) ; celui-ci avait été présenté à Manet par son père, le

Dr Émile Blanche, célèbre aliéniste, qui était en étroites relations avec les impressionnistes, en particulier Renoir. Les diverses mémoires publiées par Jacques-Émile Blanche, constituent une source importante de renseignements directs concernant les dernières années de Manet. Le collectionneur se défit de ce tableau peu après 1930[17]. En novembre 1933, la galerie KNOEDLER de Paris le vendit à MRS CHARLES S. PAYSON (née Joan Whitney, 1903-1975), New Yorkaise, qui ajouta à la collection de maîtres anciens, impressionnistes et post-impressionnistes, héritée de ses parents, Mr et Mrs Payne Whitney, plusieurs œuvres, dont celle-ci et *La famille Monet au jardin* (cat. 141).

C.S.M.

5

6   Le gamin au chien

1860-1861
Huile sur toile
92 × 72
Signé b.g. *éd. Manet*

Paris, Collection particulière

« Mi-partie Murillo pour le ciel, mi-partie Vélasquez pour la tête, *Le gamin au chien* est l'éternel pouilleux de l'École espagnole, et quand Manet copie, ce n'est jamais le sujet, dont il se moque, c'est le ton et les valeurs. Il y a une difficulté et une fatigue véritable à suivre l'entrecroisement des influences » pourra écrire, non sans justesse, en 1884 le critique symboliste Péladan[1].

Le tableau représente une étape intermédiaire entre la simple copie des maîtres et le « sujet moderne » et réaliste que Manet voulait peindre. Pendant plusieurs années encore l'Espagne lui servira de relais. Ici, la source est évidente, reconnue avec précision dès les années 1930[2]. C'est un tableau de Murillo, peintre que Manet n'estime pourtant pas particulièrement — « Je ne parle pas de Murillo, je ne l'aime pas, excepté dans certaines études de pouilleux »[3] — *L'Enfant au chien* du Musée de l'Ermitage, qui tient également un couffin à la main, et regarde un chien à la tête levée vers lui dans le coin en bas et à gauche. Manet connut donc ce tableau par une gravure, qui en inverse la composition, peut-être celle qui avait paru dans le chapitre « Murillo » de *L'Histoire des peintres* de Charles Blanc (fig. a), dont Reff a montré de façon convaincante que de nombreuses illustrations lui ont servi de modèle[4], et une estampe qui reproduit le tableau à l'originale, est relevée par Hanson[5].

Si le motif du tableau est analogue, l'esprit en est pourtant très différent. Manet a tout à fait abandonné la connotation picaresque, le mouvement expressif, le visage un peu grimaçant, il s'agit déjà comme dans toutes ses figures, non pas d'un personnage actif, pris sur le vif, mais d'un garçon qui pose, presque de face, une de ses premières figures frontales dont *Le fifre* (cat. 93) sera l'archétype. Le ciel reste assez respectueux du modèle de Murillo, mais le traitement pictural, — en particulier du panier et de la tête de chien —, affirme déjà sa propre manière.

Moreau-Nélaton pensait qu'il s'agissait peut-être du même modèle que pour *L'enfant aux cerises* (RW 18). En fait, cette tête d'enfant d'une douzaine d'années est très proche de celle du jeune garçon du *Marchand d'eau de Séville*, de Vélasquez, qui était également gravé dans le volume espagnol de *L'Histoire*

Expositions
Paris, Martinet 1863 ? ; Alma 1867 n° 23 ;
(Le Gamin 81 × 65) ; Beaux-Arts 1884 n° 7 ;
Salon d'Automne 1905 n° 3 ;
Berlin, Matthiesen 1928 n° 7.

Catalogues
D 1902, 21 ; M-N 1926, I, p. 38 ; cat. ms. 35 ;
T 1931, 38 ; JW 1932, 73 ; T 1947, 32 ; RO 1970,
29 ; RW 47.

fig. a. Gravure d'après Murillo, Le petit mendiant,
dans l'*Histoire des peintres*

fig. b. Vélasquez, Le marchand d'eau de Séville
(détail). Londres, Apsley House

6

des peintres de Ch. Blanc, précisément paru en 1859 (fig. b)[6]. Même chevelure, même expression un peu lointaine, même col blanc. Quant au chien, il serait peut-être déjà le griffon de la famille Manet, celui-là même qu'on retrouve, promené par Léon, au premier plan dans la *Vue de l'Exposition Universelle,* 1867 (RW 123)[7].

Cette juxtaposition du passé et du présent, encore assez littérale, le traitement du ciel, le modelé du visage respecté, suggèrent une date précoce, plutôt 1860 que l'année 1861 retenue par Rouart et Wildenstein.

1. Péladan 1884.
2. Bazin 1932, pp. 156-157.
3. Proust 1913, p. 37.
4. Blanc 1859, « Murillo », p. 1 ; Reff 1970, pp. 456-458.
5. Hanson 1977, pp. 59-63.
6. *Op. cit.* n. 4, « Vélasquez », p. 3.
7. Wilson 1978, n° 30.

Historique
Les dimensions différentes du catalogue de 1867 font supposer que le tableau a été agrandi. Nous n'avons malheureusement pas pu l'examiner avant l'exposition.
Acheté avec tout un lot de peintures par DURAND-RUEL (v. Hist., cat. 118) pour 1.500 Frs, le même prix que le *Fifre* (cat. 93) et la *Femme au perroquet* (cat. 96). Il passe ensuite dans les collections LAMBERT à Nice, et YDAROFF DE YTURBE à Paris ; puis dans la Galerie ALEXANDRE ROSENBERG vers 1925 ; on le retrouve à la fin des années vingt en Allemagne chez Mme BOHRINGER à Mannheim, chez le Dr G.F. REBER, à Barmen. Un moment à New York dans la collection du chef d'orchestre JOSEF STRANSKY, il retourne à Berlin pour quelque temps dans les années trente, chez la Baronne de GOLDSCHMIDT-ROTHSCHILD.

F.C.

7

7 Le gamin

1862
Eau-forte
20,9 × 14,8
Signé h.g. *éd. Manet* (2e état)

Paris, Bibliothèque Nationale

8 Le gamin

1868-1874
Lithographie
28,9 × 22,8 (trait carré)
Signé h.g. *Manet*

P   Paris, Bibliothèque Nationale
NY New York, The New York Public Library

9 Le garçon et le chien

1862
Eau-forte et aquatinte
20,5 × 14,5
Signé b.g. *éd. M.*

NY New York, The New York Public Library (1er état)
P   Paris, Bibliothèque Nationale (3e état)

7
Publications
8 Gravures à l'eau-forte Cadart 1862 n° 8 ;
(*Eaux-fortes par Édouard Manet* 1863?) ;
Édouard Manet. Eaux-fortes Cadart 1874.

Expositions
Paris, Beaux-Arts 1884 n° 155 ;
Philadelphie-Chicago 1966-1967 n° 28 ;
Ann Arbor 1969 n° 7 ; Ingelheim 1977 n° 15 ;
Paris, Berès 1978 n° 38.

Catalogues
M-N 1906, 11 ; G 1944, 27 ; H 1970, 31 ;
LM 1971, 26 ; W 1977, 15 ; W 1978, 38.

2e état (définitif). Avec la signature. Épreuve avec
le « bon à tirer » de Manet pour l'édition de 1862.
Coll. Allard du Chollet.

8
Publication
Lemercier 1874.

Expositions
Paris, Beaux-Arts 1884 n° 163 ;
Philadelphie-Chicago 1966-1967 n° 29 ;

En septembre 1862, l'éditeur-marchand d'estampes Alfred Cadart, et son associé, le photographe Félix Chevalier, annoncèrent la publication d'une collection de huit gravures à l'eau-forte, « sujets divers », d'Édouard Manet. Cet album faisait suite à toute une série dans laquelle avaient déjà été publiées des eaux-fortes de Jongkind, de Legros et d'autres peintres-aquafortistes qui avaient adhéré, comme Manet, à la Société des Aquafortistes, constituée le 31 mai 1862[1]. Comme l'écrivait Baudelaire le 15 avril dans la *Revue anecdotique,* l'eau-forte devenait à la mode.

L'album de Manet s'inscrit dans cette mode comme une nouvelle tentative de publier des « cahiers » d'eaux-fortes, qui semble avoir été reprise au XIXe siècle par Paul Huet (six planches chez Rittner et Goupil en 1835), puis par Daubigny en 1851. Au verso de la couverture de la première livraison de la Société des Aquafortistes, Cadart annonce des suites d'eaux-fortes, entre autres, de Jongkind, Legros, Bonvin, Millet et Manet. D'autres suivront dans ses catalogues sous la rubrique « Albums et collections ».

Le cahier intitulé *8 Gravures à l'eau-forte par Édouard Manet,* qui devait paraître sous une couverture illustrée (voir cat. 45), contenait neuf estampes dont les deux dernières étaient imprimées sur la même feuille : *Le Gamin,*

8

7 (détail)

8 (détail)

d'après la toile de 1860 (cat. 6) et *La Petite fille* (H 19), tirée du grand tableau *Le vieux musicien* (RW 52), réunies sous le numéro 8 de la liste, en bas du titre du recueil (voir cat. 45). Cette association des deux images souligne leur commune appartenance au genre des « types », issu de la tradition réaliste de l'art classique, souvent traités en série, et particulièrement par l'estampe (voir cat. 48, fig. b et c).

Par rapport aux tout premiers essais de Manet dans la pratique de l'eau-forte (cat. 15), cette estampe témoigne déjà d'une certaine aisance dans le maniement de la pointe et traite avec liberté le sujet à reproduire. Une douzaine d'années plus tard, Manet réinterpréta sa peinture, vendue à Durand-Ruel en 1871, dans une lithographie qui est la reproduction fidèle du tableau (si ce n'est que le ciel nuageux en a été éliminé).

Cette lithographie (cat. 8) coïncide, à quelques millimètres près, avec la reproduction photographique du tableau dont les tirages sont conservés dans les albums dits « de Manet » ou « des photos Godet »[2]. Il est donc très vraisemblable que Manet ait exécuté la lithographie à l'aide d'un calque d'après l'un des tirages de la photographie de son tableau. Quant aux raisons qui auraient pu l'inciter à reproduire son tableau et à faire publier la lithographie en même temps que celle de *Guerre civile* (voir cat. 125, fig. b), on ne peut que faire des hypothèses. En septembre 1873 Manet écrit à Duret qu'il a besoin d'argent[3] ; au cours de cet hiver il vend plusieurs tableaux, à Henri Rouart (cat. 135) et surtout au chanteur Faure (cat. 50 et 109). La publication à cent

Ann Arbor 1969 n° 8 ; Ingelheim 1977 n° 45 ; Paris, Berès 1978 n° 75.

Catalogues
M-N 1906, 86 ; G 1944, 71 ; H 1970, 30 ; LM 1971, 70 ; W 1977, 45 ; W 1978, 75.

Épreuves du *2e état* (définitif) avec le titre lithographié au bas du sujet, le nom de l'imprimeur Lemercier et l'indication du tirage à cent exemplaires.
L'épreuve de la Bibliothèque Nationale porte le cachet du Dépôt légal, enregistré le 20 février 1874.
L'épreuve de New York. Coll. Avery.

9
Publications
8 Gravures à l'eau-forte Cadart 1862 n° 7 ; (*Eaux-fortes par Édouard Manet* 1863 ? L'enfant et le chien).

Expositions
Philadelphie-Chicago 1966-1967 n° 20 ; Paris, BN 1974 n° 124 ; Ingelheim 1977 n° 25 ; Paris, Berès 1978 n° 30.

Catalogues
M-N 1906, 10 ; G 1944, 17 ; H 1970, 11 ; LM 1971, 11 ; W 1977, 25 ; W 1978, 30.

épreuves en février 1874 du *Gamin* et de *Guerre civile* — l'un étant un sujet « agréable », l'autre le souvenir d'un événement dramatique de l'histoire récente —, pouvait donc correspondre à une nouvelle tentative de redressement financier.

La sagesse et la fidélité de l'image lithographique par rapport au tableau, contrastent avec la facture relativement libre et les modifications apportées à la composition qui se manifestent dans l'eau-forte du *Gamin,* en 1862. Ces modifications introduisent en particulier un rapport plus réaliste et spontané, moins « posé », entre le garçon et son chien.

Cette spontanéité est encore plus marquée dans une autre estampe au sujet semblable, *Le garçon et le chien* (cat. 9), qui parut également dans le cahier de 1862. Il s'agit ici d'une eau-forte sans aucun rapport avec une peinture. Faite

9 (1er état)

d'après un dessin très esquissé (RW II 455), cette estampe représente le petit Alexandre qui fréquenta l'atelier de Manet dans les années 1858-1860 et s'y est pendu — événement tragique qui bouleversa Manet et dont Baudelaire tira un conte[4]. La ligne brisée, les silhouettes confondues du jeune garçon pieds nus et du gros chien, et la douceur de l'aquatinte du premier état, traduisent l'émotion de l'artiste devant ce sujet, peut-être croqué sur le vif dans le dessin, mais réinterprété dans l'eau-forte bien après la mort du jeune garçon. Dans l'état définitif, le tirage pour le cahier de 1862 est un peu dur et un peu trop encré, selon la coutume des tirages effectués par l'imprimeur Auguste Delâtre. Le sujet, cerné ici par une bordure, y gagne en force mais perd un peu de son charme initial.

Cette planche, retirée sur chine pour le cahier présumé que l'artiste dut offrir à des amis en 1863 (voir cat. 47), ne fut plus rééditée du vivant de l'artiste, alors que celle du *Gamin* fut reprise dans le recueil de 1874. La satisfaction de Manet à l'égard de celle-ci se traduit dans une lettre, sans doute écrite en 1867 (un « Lundi 10 », donc au mois de juin), à un correspondant non identifié mais qui pourrait être Arsène Houssaye, directeur de la revue *L'Artiste* (cf. la lettre de Zola du 9 juin 1867 à Henri Houssaye[5]) :

« Lundi 10
Monsieur
je ne puis vous donner la planche des *petits cavaliers* il est arrivé un accident au cuivre et il faut un assez long temps pour le réparer mais je m'empresse de vous engager [?] à choisir entre deux autres gravures faites d'après des tableaux qui figurent à mon exposition le Chanteur Espagnol [*écrit par dessus* joueur de guitare] *Le gamin*. — pour moi le gamin est préférable comme spécimen de gravure. faites cependant, je vous prie, à votre goût et veuillez m'avertir de votre choix une fois fait pour que j'envoie la planche chez Delâtre, 303 rue St Jacques. Veuillez agréer Monsieur mes meilleurs compliments

Édouard Manet
49 rue St Pétersbourg »[6]

Si la planche des *Petits cavaliers* (cat. 37) ne peut être rééditée à cette occasion, le choix se porta, malgré l'avis de Manet, sur la planche du *Guitarero* (cat. 11) qui parut dans *L'Artiste* un peu plus tard.

1. Bailly-Herzberg 1972, I, pp. 14-21 ; II, p. 144.
2. New York, Morgan Library, archives Tabarant ; Paris, BN Estampes, fonds Moreau-Nélaton.
3. Tabarant 1931, p. 76.
4. Baudelaire 1975, p. 328.
5. J. Adhémar 1965, p. 231.
6. Paris, BN Manuscrits, coll. Guérin, n.a.f. 24839, ff. 393-394 ; Adhémar 1965, p. 231.
7. Lugt 1956, 1823 a.
8. Guérin 1944, p. 21, n. 3.
9. Baudelaire, Lettres à, 1973, pp. 210-211, n. 6.

Historique

7. L'épreuve de l'eau-forte, qui porte le « bon à tirer » de la main de Manet, est imprimée sur le papier utilisé pour le cahier édité par Cadart en 1862. Elle est sans doute restée entre les mains de Cadart, ou de l'imprimeur Delâtre. Elle se trouvait parmi les 8.000 pièces de la collection d'autographes du comte MAURICE ALLARD DU CHOLLET, donnée à la Bibliothèque Nationale en 1936 (D 04649) laquelle contient également deux lettres de Manet (Manuscrits, n.a.f. 24022, fol. 83-84). Cf. cat. 11, Historique du cuivre du *Guitarero*.

8. L'épreuve de la lithographie à la Bibliothèque Nationale porte le cachet rouge du DÉPÔT LÉGAL et la date estampillée 1874. C'est l'une des deux épreuves du Dépôt qui furent transférées à la Bibliothèque Nationale suivant la loi (voir cat. 11). Pour l'épreuve de la New York Public Library, dans la Coll. AVERY, v. Hist., cat. 17.

9. *1er état*. L'épreuve unique à la New York Public Library, fait partie de la collection AVERY (v. Hist., cat. 17).
3e état. L'épreuve du tirage Cadart de 1862 à la Bibliothèque Nationale fait partie du don Moreau-Nélaton, mais on ignore sa provenance antérieure.
ÉTIENNE MOREAU-NÉLATON (v. Hist., cat. 62) a légué ses collections à l'État.[7] C'est ainsi qu'en 1927 le cabinet des Estampes reçut la donation (D 2905) exceptionnelle d'estampes et de dessins du XIXe siècle, qui comprenait, dans le seul cas de Manet, une vingtaine de dessins et nombre d'estampes uniques ou rarissimes décrites, souvent pour la première fois, dans son catalogue de l'œuvre gravé de Manet, édité en 1906.
Marcel Guérin rapporte dans son propre catalogue que la collection de Moreau-Nélaton comprenait « des pièces et des états rares provenant en majeure partie des collections Leenhoff et Fioupou ; cette dernière, réunie par un passionné

de l'estampe qui avait ses entrées chez Manet, s'enrichit d'épreuves de choix au fur et à mesure qu'elles sortaient de la presse. Au dire de Mme Manet, Fioupou partagea avec Baudelaire la primeur des eaux-fortes de son mari à l'époque de sa production la plus féconde. »[8]. JOSEPH FIOUPOU (1814-), employé au ministère des Finances, critique à ses heures, ami de Manet et des impressionnistes, fut un collectionneur acharné de livres, de dessins et d'estampes ; en 1865, Lejosne remarque : « Fioupou collectionne de plus en plus [...] ».[9]
En dehors de l'épreuve du *Chapeau et guitare* (cat. 47) dédicacée « à mon ami Fioupou », il n'y a aucun moyen pour s'assurer de la provenance antérieure des estampes de Moreau-Nélaton : celles de FIOUPOU ou de LÉON LEENHOFF (v. Hist., cat. 12), ou d'autres collections encore, à part le petit nombre d'estampes et surtout les dessins qui portent la marque de la collection BARRION (v. Hist., cat. 40).

J.W.B.

10 Le chanteur espagnol ou Le guitarero

1860
Huile sur toile
147,3 × 114,3
Signé et daté (à droite, sur le banc) *éd. Manet 1860*

New York, The Metropolitan Museum of Art

Expositions
Paris, Salon de 1861 n° 2098 (Espagnol jouant de la guitare) ; Alma 1867 n° 3 (Le Chanteur espagnol) ; Paris, Beaux-Arts 1884 n° 8 ; Exposition Universelle 1889 n° 486 ; New York, Wildenstein 1937 n° 3 ; Wildenstein 1948 n° 5.

Catalogues
D 1902, 23 ; M-N 1926, I, p. 31 ; cat. ms. 27 ; T 1931, 34 ; JW 1932, 40 ; T 1947, 38 ; RO 1970, 32 ; RW 1975, 32.

Le sujet et le style de cette peinture suggèrent que Manet voulait réussir là où il avait échoué en proposant le *Buveur d'absinthe* (RW 19) au Salon de 1859. Selon Antonin Proust, après le refus de cette dernière toile, Manet fit le commentaire suivant : « J'ai fait, dit-il, un type de Paris, étudié à Paris ; en mettant dans l'exécution la naïveté du métier que j'ai retrouvée dans le tableau de Vélasquez. On ne comprend pas. On comprendra peut-être mieux si je fais un type espagnol. »[1]

De toute évidence, Manet avait vu juste, car le *Chanteur espagnol* lui valut son premier succès. Il le proposa au Salon de 1861, avec le portrait de ses parents (cat. 3), et les deux toiles furent agréées. Le *Chanteur espagnol* fut d'abord accroché trop haut, mais le vif intérêt qu'il suscita incita les officiels du Salon à lui donner une position plus avantageuse. Selon Laran et Le Bas, Delacroix et Ingres admirèrent le tableau[2]. Il reçut une mention honorable à la fin du Salon, peut-être grâce à l'intervention de Delacroix[3], et Théophile Gautier écrivit dans le *Moniteur universel* du 3 juillet :

« Caramba ! voilà un *Guitarero* qui ne vient pas de l'Opéra-Comique, et qui ferait mauvaise figure sur une lithographie de romance ; mais Vélasquez le saluerait d'un petit clignement d'œil amical, et Goya lui demanderait du feu pour allumer son papelito. — Comme il braille de bon courage en râclant le jambon ! — Il nous semble l'entendre. — Ce brave Espagnol au *sombrero calañes,* à la veste marseillaise, a un pantalon. Hélas ! la culotte courte de Figaro n'est plus portée que par les *espadas* et les *banderilleros*. Mais cette concession aux modes civilisées, les alpargates la rachètent. Il y a beaucoup de talent dans cette figure de grandeur naturelle, peinte en pleine pâte, d'une brosse vaillante et d'une couleur très — vraie. »[4]

Néanmoins, le tableau fut critiqué. Hector de Callias condamna à la fois le style de Manet et le choix de son sujet : « Quelle poésie dans la personne idiote de ce muletier, dans ce mur nu, dans cet oignon et ce bout de cigarette, dont les parfums réunis viennent embaumer la salle ! Les beaux coups de brosse qu'on distingue chacun à part, plaqués et plâtrés, mortier sur mortier ! »[5]

Dans la *Gazette des Beaux-Arts* de juillet, Léon Lagrange fit une critique assez semblable : « [...] par le choix du sujet, autant que par la façon dont il est rendu, l'Espagnol jouant de la guitare rappelle les errements de l'école de Séville. Mais quel fléau dans la société qu'un peintre réaliste ! »[6]

En dépit de ces remarques, le sujet et le style du *Chanteur espagnol,* touchèrent le public, qui portait un intérêt croissant à l'art et à la culture espagnols depuis 1840. Le costume, pourtant, n'est pas tout à fait espagnol, et les éléments qui le composent ne proviennent pas tous de la même région. Comme Lambert l'a fait remarquer, Gautier avait identifié le costume comme un assemblage composite dont le mouchoir serre-tête sous le chapeau et les espadrilles l'avaient enchanté, mais il avait, en même temps, finement noté la

« veste marseillaise » et le « pantalon de ce *guitarrero* de Montmartre. »[7]. Bref, malgré un air illusoire d'authenticité réaliste, le personnage représenté dans le *Chanteur espagnol* est en fait une pittoresque invention d'atelier. Zola lui-même connaissait la collection de costumes et d'accessoires conservée dans l'atelier de Manet : « [...] le public en lui voyant peindre des scènes et des costumes d'Espagne, aura décidé qu'il prenait ses modèles au delà des Pyrénées [...] il est bon de faire savoir [...] qu'il avait dans son atelier des costumes espagnols et qu'il les trouvait beaux de couleur. »[8]. Certains éléments du costume du guitariste apparaissent dans *Mlle Victorine en costume d'espada* (cat. 33), *Jeune homme en costume de majo* (cat. 72), *Le torero mort* (cat. 73) et *Guitare et chapeau,* 1862 (RW 60), ainsi que dans deux eaux-fortes (cat. 45-47).

Il est peu probable que le modèle ait été un vrai musicien. Duret affirme que c'était un chanteur faisant partie d'une troupe de musiciens et danseurs espagnols[9], mais en fait, le groupe auquel il fait allusion n'était pas encore venu à Paris. Tabarant soutient que le tableau a été inspiré par le fameux guitariste andalou Huerta, et que pour peindre le *Chanteur espagnol,* Manet s'est procuré un modèle sévillan[10]. D'autres ont suggéré que Manet avait fait appel au musicien appelé Bosch, mais la comparaison du tableau avec deux portraits de Bosch, par Manet (cat. 95) et par Bracquemond[11] ne soutient pas cette hypothèse[12]. De toute façon, Manet a l'air de nous montrer un musicien gaucher tenant un instrument accordé pour jouer de la main droite. Les gauchers peuvent jouer ainsi, mais l'accord indiqué par la main droite laisse penser que le modèle ignorait la musique. Il semble que son rôle de guitariste soit comparable au rôle de torero tenu par Victorine Meurent dans *Mlle Victorine en costume d'espada* (cat. 33). Apparemment Manet n'a pas attaché d'importance à l'exactitude de la position, car, selon Antonin Proust, l'erreur lui ayant été signalée par un visiteur à son atelier, l'observation lui parut sans intérêt : « Hier, Renaud de Vilbac est venu. Il n'a vu qu'une chose. C'est que mon Guitarero joue de la main gauche une guitare accordée pour être jouée de la main droite. Qu'en dis-tu ? » Par contre, ce qui pour Manet importait dans l'exécution, étaient la rapidité et les exigences de composition : « Figure-toi que la tête je l'ai peinte du premier coup. Après deux heures de travail j'ai regardé dans ma petite glace noire, ça se tenait, je n'y ai pas donné un coup de brosse de plus. »[13]

Les rayons X et les examens techniques de la tête semblent confirmer les dires de Manet, mais dans une interview publiée en 1884, Jean-Baptiste Faure affirme que la position de la guitare est une erreur qui ne fut remarquée que longtemps après que la toile ait été achevée : « Le *Guitariste* s'appelle aujourd'hui le *Gaucher*, parce que le personnage joue de la main gauche, bizarrerie dont Manet et ses amis ne se sont aperçus que longtemps après. »[14]

La question des sources et des influences possibles sur la composition a également engendré de nombreuses discussions. D'après Antonin Proust, Manet lui-même déclara : « En peignant cette figure, je pensais aux maîtres de Madrid et aussi à Hals. »[15]. On a décelé des traces de l'influence de Goya, Murillo, Vélasquez, ainsi que de « l'attitude de Courbet envers le réalisme. »[16]. De multiples sources ont été évoquées par les historiens, qu'il s'agisse du *Joueur de mandoline* de Greuze (Varsovie, Musée national ; fig. a)[17], ou, comme le note Hanson, d'un certain nombre de tableaux de Téniers, qui lui avaient fourni sous diverses combinaisons, la figure du chanteur, le banc, et la cruche en céramique[18]. En parlant de l'eau-forte du *Chanteur espagnol* (cat. 11), Isaacson fait le point des sources, aussi bien générales que plus spécifiques, et cite, en plus

fig. a. Greuze, Joueur de mandoline. Varsovie, Musée national

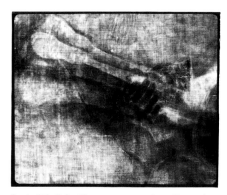

fig. b. Détail du Chanteur espagnol - radiographie

1. Proust 1901, p.72.
2. Laran et Le Bas [1911], p. 21.
3. Sterling et Salinger 1967, p. 27.
4. Gautier 1861, pp. 264-265 ; cité Tabarant 1931, p. 59.
5. Callias 1861, p. 7.
6. Lagrange 1861, p. 51.
7. Lambert 1933, pp. 374-375.
8. Zola 1959, p. 93.
9. Duret 1902, p. 17.
10. Tabarant 1947, p. 41.
11. Beraldi 1885, p. 21, n° 18.
12. Sterling et Salinger 1967, p. 27 ; Wilson 1978, n° 74.
13. Proust 1897, p. 170.
14. Tabarant 1947, p. 42.
15. Proust 1887, p. 170.
16. Wright 1915, p. 67.
17. Richardson 1958, p. 118, n° 4 ; Vallery-Radot 1959, p. 215 ; Hanson 1966, pp. 67-69.
18. Hanson 1979, pp. 59-60.
19. Richardson 1958, p. 118, n° 4 ; T. Harris 1964, n° 35.
20. Isaacson 1969, pp. 27-28.
21. Desnoyers 1863, pp. 40-41.
22. *Ibid.*, p. 41.
23. Tabarant 1947, p. 41.
24. Moreau-Nélaton 1926, I, pp. 132-133 ; Venturi 1939, II, pp. 189-192.
25. Callen 1974, pp. 161-162 ; 176 n. 25 ; Venturi 1939, II, p. 190 (indique 4.000 Frs).
26. Callen 1974, pp. 157-178.
27. Venturi 1939, p. 190 ; Callen 1974, pp. 173-178, n. 105 ; lettre de Charles Durand-Ruel, 6 janvier 1959 (New York, Metropolitan Museum, archives).
28. Callen 1974, p. 171.
29. Howe 1946, II, p. 58 ; Tomkins 1970, pp. 219, 364, 367.

de celles déjà mentionnées, des œuvres d'Armand Leleux, de Courbet et de Legros, en même temps qu'une autre source éventuelle, encore plus probante que l'eau-forte de Goya dont avait parlé Richardson (le *Chanteur aveugle*)[19], la gravure par Marcantoine du guitariste *Jean-Philotée Achillini*[20].

Néanmoins, fait plus important, le tableau fut admiré par un groupe de jeunes artistes : « MM. Legros, Fantin, Karolus Durand [sic] et autres, se regardèrent avec étonnement, interrogeant leurs souvenirs et se demandant, comme dans les féeries à trappes, d'où pouvait sortir M. Manet ? Le musicien espagnol était peint d'une certaine façon, *étrange,* nouvelle, dont les jeunes peintres étonnés croyaient avoir seuls le secret, peinture qui tient le milieu entre celle dite réaliste et celle dite romantique. Quelques paysagistes, qui jouent un rôle muet dans cette nouvelle école, exprimaient par une pantomime significative leur stupéfaction. M. Legros, qui avait fait lui-même quelques tentatives audacieuses contre les espagnols, mais qui n'avait pas dépassé le Tage, considérait le musicien comme une conquête des Espagnes, au moins jusqu'au Guadalquivir. Il fut décrété séance tenante, par le dit groupe de jeunes peintres, qu'on se porterait en masse chez M. Manet. Cette manifestation éclatante de la nouvelle école eut lieu. »[21].

Manet accueillit les jeunes peintres et répondit à leurs questions concernant le *Chanteur espagnol* et lui-même. Cette rencontre fut décisive, car elle désigna Manet comme chef de file effectif de l'avant-garde, et elle donna au groupe une identité qui lui manquait encore. Cette rencontre fut, en effet, le prélude à bien d'autres dont l'influence devait se faire profondément sentir sur la suite des événements artistiques des années 1860 : « On ne s'en tint pas à cette première visite. Les peintres même amenèrent un poète et plusieurs critiques d'art à M. Manet. »[22].

Rayons X et repentirs indiquent que la technique du *Chanteur espagnol* est caractéristique d'une grande partie de l'œuvre de Manet. Il y a plusieurs petites reprises dans les contours et dans certains morceaux comme les pieds, mais d'autres parties du tableau sont retravaillées de manière plus importante. Ainsi, la cruche, en bas à droite, fut entièrement repeinte, et sa forme modifiée, peut-être pour lui donner un caractère espagnol plus marqué, en accord avec le tableau. Tabarant identifie la cruche comme une *alcaraza* espagnole[23]. Le manche de la guitare fut repeint deux ou trois fois, et la main droite du modèle a été modifiée en conséquence, pour les remonter légèrement par rapport à leurs positions d'origine (fig. b).

Historique

Cette œuvre faisait partie du lot acquis en janvier 1872 par DURAND-RUEL (v. Hist., cat. 118), pour 3.000 Frs[24]. Le fait que seuls deux autres tableaux aient dépassé ce prix (cat. 33 et 74) témoigne de l'importance que Manet accordait à cette œuvre. Un an plus tard, DURAND-RUEL la revendit 7.000 Frs[25] au célèbre baryton JEAN-BAPTISTE FAURE (1830-1914), qui avait rassemblé une collection impressionnante de tableaux de l'École de Barbizon, dont il se défit vers 1870, pour s'intéresser désormais à Manet et aux impressionnistes. Faure devint en fait le plus important collectionneur de tableaux de Manet, puisqu'il alla jusqu'à posséder à une certaine époque soixante-sept toiles de l'artiste[26]. Durand-Ruel lui racheta ce tableau le 4 avril 1906, pour la somme de 20.000 Frs, et le revendit très rapidement, le 2 mai, 150.000 Frs[27]. Étant donné que Faure agissait souvent en associé commanditaire de Durand-Ruel,[28] les valeurs d'achat et de revente enregistrées peuvent ne pas rendre compte de tous les détails de la transaction. Le tableau devint la propriété de WILLIAM CHURCH OSBORN (1862-1951), personnalité en vue par sa fortune et son rôle dans la politique, trustee (1904-1951) puis président (1941-1947) du conseil d'administration du Metropolitan Museum, responsable en partie de la décision d'achat de la toile de Renoir, *Madame Charpentier et ses enfants,* en 1907[29].

Parmi les œuvres de la très belle collection d'impressionnistes et post-impressionnistes français réunie par Osborn, se trouvaient les *Deux tahitiennes* de Gauguin, *Le mont Jallais à Pontoise* de Pissarro, *La plage de Sainte-Adresse* et *La Manne-porte à Étretat, I,* de Monet (tous conservés à New York, au Metropolitan Museum of Art). Il fit don du *Chanteur espagnol* au musée en 1949 (inv. 49.58.2).

C.S.M.

11 Le chanteur espagnol
ou Le guitarero

1861-1862
Eau-forte
31 × 24,7 (états 1 et 2) ; 30,2 × 24,7

Signé et daté h.d. *éd. Manet 1861* (2ᵉ état) ;
signé à nouveau (5ᵉ état)

P   Paris, Bibliothèque Nationale (2ᵉ et 5ᵉ états)
NY New York, The Metropolitan Museum of Art (2ᵉ état)
NY Chicago, The Art Institute of Chicago (5ᵉ état)
    Paris, Bibliothèque Nationale (cuivre)

Manet travailla sans doute pendant plusieurs mois à cette eau-forte exécutée d'après sa toile de 1860, exposée au Salon de mai 1861 (cat. 10). Le cuivre, dans les épreuves du deuxième état, est daté de 1861, mais Manet a ensuite effacé à la fois la signature et la date, puis regravé la signature seule, avec la mention, au bas de la planche, de son imprimeur Delâtre. Peut-être déjà remarquée par Baudelaire dans la devanture de la boutique de Cadart au printemps 1862 (voir cat. 37), cette planche fit partie du cahier des *8 Gravures à l'eau-forte* dont Cadart annonça la publication en septembre 1862 (voir cat. 7 à 9 et 45).

L'estampe est un exemple parfait de la « reproduction autographe », en vogue à cette époque, qui se situe entre la gravure de reproduction, exécutée par

Publications
8 Gravures à l'eau-forte Cadart 1862 nº 1
(Le guitarero) ; (*Eaux-fortes par Édouard Manet*
1863 ?) ; *L'Artiste,* juillet 1867 ; *Édouard Manet.
Eaux-fortes* Cadart 1874 ;

Expositions
Paris, Beaux-Arts 1884 nº 161 ;
Philadelphie-Chicago 1966-67 nº 47 ; Ann Arbor
1969 nº 9 ; Paris, B.N. 1974 nºˢ 12-14 ; Ingelheim
1977 nº 13 ; Paris, Berès 1978 nº 29.

Catalogues
M-N 1906, 4 ; G 1944, 16 ; H 1970, 12 ;
LM 1971, 12 ; W 1977, 13 ; W 1978, 29.

11 (2ᵉ état)

11 (5ᵉ état)

2e état (sur 6). Avec signature et date. Épreuves sur papier vergé, dédicacées au crayon :
P   à Jules Vibert (coll. Vibert, Moreau-Nélaton).
NY   à l'abbé Hurel (coll. Hurel, Delteil, Le Garrec, H. Thomas).

5e état. Composition achevée, signature regravée et mention de l'imprimeur Delâtre.
P   Épreuve sur papier vergé (filigrane HALLINES) de l'édition de 1862 (coll. Moreau-Nélaton).
NY   Épreuve sur chine, à petites marges, peut-être du présumé tirage de 1863.

Cuivre. Percé d'un trou en haut et en bas. Marque du planeur Godard au dos. Coll. Mme Manet, Dumont, Strölin.

fig. a. Gravure de Courtry, d'après Manet, dans *La galerie Durand-Ruel,* 1874

un praticien, et l'estampe originale d'un peintre-graveur. Que Manet se soit appliqué à ce travail, deux dessins en témoignent : un calque sans doute destiné à diriger la mise en place de la composition sur le cuivre, et une aquarelle qui a peut-être servi à l'élaboration de l'eau-forte (RW II 458 et 459), ainsi que les épreuves montrant cinq états différents de son travail d'aquafortiste. Son but était sans doute, très traditionnellement, l'édition pour le grand public de la reproduction d'un tableau dont plusieurs critiques du Salon avaient fait l'éloge (voir cat. 10). Cependant Manet n'a pas traduit mot à mot la peinture, comme l'aurait fait un artisan spécialisé et comme le fit, par exemple, Charles Courtry, un des derniers grands graveurs de reproduction, pour la *Galerie Durand-Ruel* en 1874 (fig. a)[1].

Il n'essaya même pas d'inverser la composition sur le cuivre pour que l'estampe imprimée reprenne exactement celle du tableau, mais chercha plutôt une transposition directe de sa toile par des accents propres au trait gravé et à l'impression. Cette ambiguïté entre les deux systèmes se manifeste par la signature de l'artiste qui apparaît, disparaît, puis réapparaît dans le cuivre, finalement accompagnée de la traditionnelle mention de l'imprimeur, comme dans les cas du *Philippe IV* et des *Petits cavaliers* d'après Vélasquez (cat. 36 et 37).

L'estampe fut publiée plusieurs fois du vivant de l'artiste. D'abord par l'éditeur Cadart en tête du cahier des *8 Gravures à l'eau-forte,* paru en septembre 1862 (voir cat. 45), puis dans le présumé tirage privé de 1863, où elle est annoncée en tête d'une des colonnes de titres, à la fois sur le dessin et sur la couverture (cat. 46 et 47) ; plus tard, en 1867, dans le journal *L'Artiste.* Dans une lettre du 9 juin 1867 à Henri Houssaye, Zola se déclare sensible à l'envie d'Arsène Houssaye de publier une eau-forte de Manet[2] et il faut sans doute mettre cette lettre en rapport avec une autre, datée du « Lundi 10 », où il est question du choix entre le *Chanteur espagnol* et le *Gamin* (voir cat. 7). Manet préconisa le *Gamin,* mais le choix se porta sur le *Chanteur espagnol* qui reçut l'autorisation du Dépôt légal le 6 juillet, et dont on reconnaît les épreuves pliées même si on ne retrouve plus d'exemplaires insérés dans *L'Artiste.*

Après une dernière publication du vivant de Manet, dans le recueil édité par Cadart en 1874, des éditions posthumes furent faites par la famille de Manet en 1890, puis par les éditeurs Louis Dumont en 1894 et son successeur Alfred Strölin en 1905. Strölin troua la planche une fois le tirage fait, et elle fut remise parmi les vingt-deux cuivres de Manet à la Bibliothèque Nationale en 1923 (voir Historique).

Historique
2e état. Les deux épreuves en deuxième état, où l'estampe est datée 1861, sont dédicacées à deux amis très proches de Manet. JULES VIBERT (1815-1879) devint le beau-frère de Manet par son mariage avec la sœur de Suzanne Leenhoff (v. cat.12). Vibert fut peintre, ainsi que son second fils, Édouard (1867-1899), qui devint plus tard copiste et imitateur de Manet (v. Hist. cat. 122)[3]. Les liens de famille font supposer que LÉON LEENHOFF aurait été l'intermédiaire entre les Vibert-Leenhoff et MOREAU-NÉLATON (v. Hist., cat. 9), qui acquit cette épreuve pour sa collection. L'ABBÉ HUREL, à qui fut dédicacée l'autre épreuve, était lié à la famille Manet dès 1860, devint vicaire à la Madeleine et assista aux dernières heures de Manet avant sa mort. Manet lui donna plusieurs œuvres, dont une version de la tête du *Christ*

insulté (cat. 87) et un portrait fait en 1875 (RW 238). L'épreuve dédicacée du *Chanteur espagnol* fut acquise par LOYS DELTEIL (1869-1927), graveur, expert et historien d'art, auteur des 31 volumes du *Peintre-Graveur Illustré,* qui forma à partir de 1890 une magnifique collection d'estampes modernes[4]. Sa collection fut dispersée en vente publique en 1928[5] et l'épreuve du *Guitarero* fut vendue 17.100 Frs au marchand-amateur LE GARREC. Elle passa dans la collection de HENRI THOMAS, homme d'affaires qui forma une très belle collection d'estampes anciennes et modernes[6]. Vendue le 18 juin 1952 à Drouot[7], la collection d'estampes modernes vit passer l'épreuve du *Guitarero* (n° 129) au prix de 130.000 Frs, achetée pour le Metropolitan Museum à New York.

5e état. L'épreuve sur chine de l'Art Institute de Chicago, sans doute destinée au tirage de 1863 (voir cat. 47), fit partie de la collection JULIUS LOEWENTHAL, acquise par l'Art Institute en 1921 (inv. 21.282).
L'épreuve du DÉPÔT LÉGAL porte le cachet rouge avec la date 1867 et, au crayon, le numéro correspondant à son enregistrement dans les registres du Ministère de l'Intérieur le 6 juillet. L'une des trois épreuves exigées par le Dépôt, elle fut transférée par la suite à la Bibliothèque Nationale où elle demeura dans les albums de l'œuvre public au Cabinet des Estampes jusqu'à son transfert récent à la Réserve.

Cuivre. L'inventaire après décès, dressé à la mort de Manet (v. Hist., cat. 12), recensa parmi les objets divers provenant de son atelier « Trente planches cuivre gravé "[8]. Dans un procès-verbal daté du 27 septembre 1892, il est dit de ces planches : « Elles existent encore et sont en la possession de Mme Manet »[9]. Ces planches comportaient d'une part celles qui avaient été éditées du vivant de Manet et que celui-ci réclama à Cadart à une date inconnue, vraisemblablement au moment où l'entreprise de Cadart commençait

à faire faillite[10] ; d'autre part, la plupart des planches restées inédites et dont Manet n'avait fait tirer que quelques épreuves d'essai. Après un tirage de vingt-trois de ces planches (dont treize « inédites ») fait pour SUZANNE MANET et édité à Gennevilliers en 1890, le marchand-éditeur LOUIS DUMONT acheta les trente cuivres dont il fit un tirage en 1894 (comportant sept nouvelles « inédites »). ALFRED STRÖLIN, grand marchand, éditeur et collectionneur, d'origine allemande, prit la succession de Dumont et fit tirer une dernière édition à cent épreuves, en 1905, avant de trouer les planches pour annoncer la fin des tirages. Toutefois, deux planches furent réimprimées pour illustrer les éditions allemande et anglaise d'un ouvrage de Théodore Duret[11] (cat. 54 et H 75). Ces deux planches ainsi que six autres (dont cat. 37, 48 et 69) manquaient à l'appel quand, en 1923, vingt-deux planches faisant partie des biens sequestrés de Strölin furent transférées à la Réserve du Cabinet des Estampes. En 1976, la Bibliothèque Nationale fit faire un petit tirage d'après trois cuivres (cat. 25, 53 et 123). A part celle du Guitarero, deux autres cuivres figurent à l'exposition (cat. 123 et 214).

J.W.B.

1. La Galerie Durand-Ruel, Paris 1874, p. 19 ; Ingelheim 1977, p. 16.
2. Adhémar 1965, p. 231.
3. Lugt 1956, p. 248.
4. Lugt 1921, nº 773 ; 1956, p. 111.
5. Vente Loys Delteil, Paris 13-15 juin 1928, nº 301, repr.
6. Lugt 1921, nº 1378 ; 1956, p. 194-196.
7. Vente H.T [homas], Paris 18 juin 1952.
8. Rouart et Wildenstein, 1975, I, p. 27 v.
9. Ibid. p. 28.
10. Paris, BN Manuscrits, Coll. Allard du Chollet, n.a.f. 24022, fol. 83 ; J. Adhémar 1965, p. 232.
11. Duret 1910 et 1912.

12 La pêche

1861-1863
Huile sur toile
76,8 × 123,2
Signé et daté b.g. éd. Manet

New York, The Metropolitan Museum of Art

Selon Tabarant. qui tient ses renseignements, dans une large mesure, d'une inscription de la main de Léon sur une photographie du tableau par Lochard[1] : « Ce tableau, simplement appelé d'abord Paysage, connu aussi sous le nom de l'Ile Saint-Ouen, fut peint, d'après des croquis pris devant le motif, à l'atelier que Manet, en 1861, vint occuper 81, rue Guyot. Le monsieur et la dame dont les atours archaïques détonnent singulièrement ici, ne sont autres qu'Édouard Manet lui-même et son amie, Mlle Suzanne Leenhoff, la jeune pianiste hollandaise qu'il allait bientôt épouser. Le garçonnet est le fils de Suzanne, Léon Koëlla-Leenhoff, alors dans sa dixième année — né le 29 janvier 1852 — et qui apparaît là pour la première fois dans l'œuvre du maître, dont il sera souvent le modèle familier »[2] (voir cat. 14, 97 et 109).

Bien que ce tableau soit sans doute le résultat des « croquis pris devant le motif », probablement sur les rives de la Seine à l'Ile Saint-Ouen, près de Gennevilliers, où la famille de Manet y avait une propriété[3], la composition est dans une large mesure un mélange d'éléments tirés des paysages d'Annibale Carrache et de Rubens. Sterling et Salinger l'ont résumé ainsi : « Deux œuvres d'Annibale Carrache, La Chasse et La Pêche, au Louvre (nº 1233, La Chasse ; nº 1232, La Pêche), ont fourni les principaux éléments. Il y a aussi des emprunts directs faits à Rubens : l'arc-en-ciel, le chien et les arbustes dont les branches s'entrecroisent, viennent du Paysage à l'arc-en-ciel du Louvre. Comme ces

Expositions
Paris, Alma 1867 nº 50 ? (Paysage, 90 × 117) ; Berlin, Matthiesen 1928 nº 5 ; Paris, Orangerie 1932 nº 14 ; Philadelphie-Chicago 1966-67 nº 11.

Catalogues
D 1902, 33 ; M-N 1926, I, pp. 29-30 ; cat. ms. 22 ; T 1931, 35 ; JW 1932, 30 ; T 1947, 29 ; RO 1970, 33 ; RW 1975, 36.

fig. a. Gravure d'après Rubens, Le Château de Steen, dans l'Histoire des peintres

12

motifs apparaissent inversés dans notre tableau, c'est peut-être parce que Manet consultait la gravure du tableau de Rubens par Bolswert plutôt que le tableau lui-même. Les deux personnages en bas à droite ont un rapport, par le costume et la pose, avec les portraits que fit Rubens de lui-même et de sa femme, Hélène Fourment, dans son tableau du *Parc du château de Steen* du Kunsthistorisches Museum à Vienne (n° 326). Dans l'adaptation que Manet fit de ce couple, il donna à l'homme ses propres traits et à la femme ceux de sa fiancée, Suzanne Leenhoff, qu'il devait épouser en 1863. »[4].

Par rapport au tableau de Rubens, les figures de Manet et de Suzanne sont inversées, preuve que l'artiste s'est inspiré d'une gravure[5]. Reff a remarqué cependant que « bien qu'il existe des gravures du dix-septième siècle par Bolswert [...] nous pouvons nous demander où et comment Manet les étudia avec autant de précision dans les détails. Sans doute la réponse se trouve-t-elle dans le chapitre consacré à Rubens dans [...] l'*Histoire des peintres* de Charles Blanc, car précisément ces paysages, le *Parc du château de Steen* du musée de Vienne et le *Paysage à l'arc-en-ciel* du Louvre ont été reproduits, inversés, par des gravures sur bois »[6] (fig. a et b). Il semble évident que Manet utilisa une gravure, que ce soit une gravure de Bolswert ou une illustration du livre de Blanc, mais Sandblad a remarqué que l'artiste connaissait si bien l'original de Rubens du Louvre que, tout en préservant la répartition de la lumière et de l'ombre de la gravure, il s'est efforcé de reproduire le dessin du chien avec la souplesse de ligne qu'on voit chez Rubens, mais que le graveur n'a pas vraiment réussi à reproduire[7].

fig. b. Gravure d'après Rubens, Paysage à l'arc-en-ciel, dans l'*Histoire des peintres*

Malgré tout ce que l'on sait des sources de Manet pour *La pêche,* la signification du tableau reste énigmatique. Manet savait très certainement que les figures du *Parc du château de Steen* étaient Rubens et Hélène Fourment. Sandblad en déduit que cette peinture est un hommage courtois à la fiancée de Manet qui, en fait, était originaire des Pays-Bas, et il suggère que le tableau correspond à la tendance qu'avait Manet à s'identifier aux maîtres qu'il admirait : « Si l'on osait établir un début [à cette tendance] avec la copie des *Petits cavaliers* [RW 21 ; voir cat. 2 et 37], son développement commencerait avec l'auto-identification inavouée dans ce tableau, puis continuerait par l'autoportrait d'inspiration ouvertement déclarée dans *La pêche,* pour aboutir à un parallélisme [...] conscient mais caché, dans *La Musique aux Tuileries.* »[8] (cat. 38).

Par ailleurs, ce tableau est peut-être une variation sur un portrait de mariage. Manet et Suzanne se marièrent en octobre 1863, un peu plus d'un an après la mort du père de Manet. D'après Reff « [...] Suzanne Leenhoff était sa maîtresse depuis 1850 environ et avait eu un fils de lui deux ans plus tard. Celui-ci portait un autre nom et était considéré vis-à-vis du monde comme le frère cadet de Suzanne ; évidemment on cacha au père de Manet, dont la position élevée au Ministère de la Justice et à la Cour de Napoléon III aurait pu être compromise, l'existence de cet enfant. »[9]. Si la peinture fut exécutée avant la mort du père, cela nous renseigne indirectement sur les rapports de Manet avec Suzanne et explique la présence de Léon dans le fond. La discrétion dont faisaient preuve Manet et Suzanne à l'égard des liens de parenté de Léon, serait symbolisée, dans le tableau, par l'éloignement de l'enfant qui pêche sur l'autre rive de la Seine. De plus, le rôle important des pêcheurs dans le tableau évoque peut-être un jeu de mots qui ferait allusion aux rapports de Manet et Suzanne. D'autres éléments du tableau sont évidemment des attributs iconographiques se rapportant au mariage : l'arc-en-ciel, symbole d'union, le chien, symbole de fidélité, et l'église dans le fond.

En tant qu'allégorie sur les rapports de Manet et Suzanne, ce tableau pourrait remonter à 1859, comme l'affirment Duret et Jamot[10] ; en tant que portrait de mariage, l'œuvre se situerait entre la mort du père de Manet et son mariage avec Suzanne, c'est-à-dire entre septembre 1862 et octobre 1863, époque où Manet acheva *Le déjeuner sur l'herbe* (cat. 62).
On a rapproché le paysage dans ces deux tableaux, et le rapport passe peut-être par une étude peinte, avec un pêcheur dans sa barque (RW 65), liée également à l'aquarelle faite vers la même époque (voir cat. 13, et fig. a). Quant aux « portraits » de Manet et de Suzanne, alias Rubens et Hélène Fourment, on y découvre un Manet jeune et frais, plus détendu que dans l'autoportrait de *La musique aux Tuileries* (cat. 38). Il s'agit là, d'ailleurs, des seuls autoportraits connus de cette époque, avant les toiles des années 1878-1879 (cat. 164), et de l'unique représentation du peintre avec Suzanne.

1. Rouart et Wildenstein 1975, I, p. 52 n° 36.
2. Tabarant 1931, p. 61.
3. Livre de comptes de Mme Manet, février 1897 (New York, Morgan Library archives Tabarant) : « Saint-Ouen vendu 3 mille cinq cent francs ».
4. Sterling et Salinger 1967, p. 26.
5. Sandblad 1954, p. 43.
6. Reff 1970, p. 456-57.
7. Sandblad 1954, p. 43-44.
8. *Ibid.* p. 45.
9. Reff 1962, p. 185.
10. Duret 1902, p. 100 ; Jamot *Gazette* 1927.
11. Jamot et Wildenstein 1932, pp. 105-108 ; Rouart et Wildenstein 1975, I pp. 25-27.
12. Vente Manet 1884.
13. Paris, Beaux-Arts 1884.
14. Rouart et Wildenstein 1975 I, p. 27.
15. *Ibid.* p. 26 ; Tabarant 1947, p. 34.
16. Tabarant 1931, p. 61.
17. Livre de comptes de Mme Manet (New York, Morgan Library, archives Tabarant).
18. Tabarant 1947, p. 35.

Historique

SUZANNE MANET, légataire universelle de son époux, posséda toutes les œuvres comprises dans l'*Inventaire après décès,* dressé en juin et septembre 1883 et qui comprenait le mobilier, et les œuvres d'art par Manet ou d'autres artistes qui, au moment de la mort du peintre, se trouvaient soit chez Manet, soit chez sa mère, ainsi que le contenu de son atelier[11], qui, selon les termes de son testament, fut dispersé en vente publique en février 1884[12], à la suite de la grande exposition posthume[13]. Les nombreuses peintures rachetées à la vente, ainsi que les dessins et les estampes restés dans les cartons de l'atelier, furent peu à peu dispersés, vendus par Suzanne ou son fils Léon (v. cat. 14), sur les conseils d'Antonin Proust (v. cat. 187) ou d'Henri Guérard (v. Hist., cat. 16).

La pêche est probablement la peinture qui figure dans l'inventaire posthume de l'atelier sous la désignation « Esquisse de M. Manet et sa femme » dans la catégorie des « études peintes » (œuvres inachevées)[14]. Tabarant toutefois suppose qu'il peut également s'agir de la toile « Paysage, rivière avec barque par Manet, prisé 300 Frs » faisant partie du même inventaire, parmi les œuvres se trouvant chez la mère de l'artiste[15]. Sans préciser les sources de son information, Tabarant affirme, ailleurs, que le tableau aurait appartenu au frère

cadet de Manet, EUGÈNE (v. Hist., cat. 3) qui l'aurait échangé contre un portrait de sa mère (RW 346) avec la veuve de Manet[16]. Selon cette hypothèse, Eugène aurait choisi cette peinture conformément aux termes du testament, comme souvenir. Tabarant émet l'opinion vraisemblable qu'il s'agit de l'œuvre qui figure dans le livre de comptes de Mme Manet sous le nom de « St Ouen », tableau qu'elle vendit en 1897 pour la somme de 3.500 Frs, bien que le prix semble assez élevé, par rapport aux prix qu'elle obtenait pour des œuvres plus importantes, de plus grandes dimensions[17]. Néanmoins, CAMENTRON, (v. Hist., cat. 20) qui s'était porté acquéreur d'autres

toiles auprès de la veuve de l'artiste en février de cette année-là, vendit celle-ci à DURAND-RUEL (v. Hist., cat. 118) le 4 avril. Elle resta en sa possession jusqu'en 1950, date à laquelle la galerie la fit transférer à la Société Artistique Georges V, dirigée par le beau-frère de Durand-Ruel, JEAN d'ALAYER d'ARC. Par la suite l'œuvre passa entre les mains du marchand new-yorkais SAM SALZ, (v. Hist., cat. 188), et de là fut acquise grâce au don généreux de Mr et Mrs Richard J. Bernhard par le Metropolitan Museum en 1957 (inv. 57.10). Une autre version de *La pêche* se trouvait dans la chambre à coucher de Suzanne Manet à sa mort en 1906. Son fils, Léon Leenhoff, la présenta plus tard comme une réplique peinte par Manet, mais les marchands Durand-Ruel, Vollard et Joyant le jugèrent une mauvaise copie faite pour Mme Manet, sans doute par son neveu, Edouard Vibert (v. Hist., cat. 122), en souvenir du tableau original vendu par elle en 1897[18].

C.S.M.

13

fig. a. La pêche, vers 1861-1863. Wuppertal, Von der Heydt Museum

13   La pêche

1860-1862
Aquarelle avec traces de crayon
21 × 29

Rotterdam, Museum Boymans-van Beuningen

On a souvent rapproché cette œuvre à la fois de *La pêche* (cat. 12) et du *Déjeuner sur l'herbe* (cat. 62)[1], mais le seul élément commun est la figure penchée au premier plan. Dans la première toile, la silhouette d'un pêcheur est assez semblable mais orientée de l'autre côté ; si la femme penchée en avant dans le fond du *Déjeuner sur l'herbe* a pris une pose analogue, la ressemblance s'arrête là. Bref, les apparentes coïncidences sont peut-être purement fortuites, d'autant plus que le reste de la composition de l'aquarelle est entièrement différent. Il existe une étude peinte (RW 65 ; fig. a) qui évoque à la fois la barque de *La pêche* et le sous-bois du *Déjeuner sur l'herbe*.

Ce dessin est un exemple précoce de la technique du lavis que Manet utilisa tout au long de sa carrière. Comme Leiris le fait remarquer, sa touche sert à la fois l'expression abstraite et la description[2]. C'est la technique même des aquarelles charmantes dont Manet illustra plus tard les lettres à ses amis (cat. 191-205) ; on en trouve la forme peut-être la plus parfaite dans les dessins au pinceau et à l'encre autographique illustrant *Le corbeau,* d'Edgar Poe, traduit par Mallarmé (cat. 151).

Expositions
Berlin, Cassirer 1929-30 n° 83 ;
Philadelphie-Chicago 1966-67 n° 13.

Catalogues
T 1931, 46 (aquarelles) ; T 1947, 595 ; L 1969, 143 ; RW 1975, II 214.

1. Hanson 1966, p. 47-49 ; Hoetink 1968, pp. 122-123, n° 186 ; Rouart et Wildenstein 1975, II, n° 214 ; Hanson 1979, p. 94.
2. Leiris 1969, p. 55.
3. Vente Pissarro, Paris. Georges Petit, 3 déc. 1928, n° 68.
4. P. Cabanne, *The Great Collectors,* Londres 1963, pp. 147-148 ; *Meesterwerken uit de Verzameling D.G. van Beuningen,* Museum Boymans, Rotterdam 1949, s.p.

14   L'enfant à l'épée

1861
Huile sur toile
131,1 × 93,3
Signé b.g. *Manet*

New York, The Metropolitan Museum of Art

Cette œuvre fut peinte fin 1861 dans l'atelier de Manet, rue Guyot. Selon Bazire[1] et Tabarant[2], le modèle est Léon Koëlla-Leenhoff (1852-1927), qui a été identifié tour à tour comme étant le fils de Manet, son beau-fils et son beau-frère (le frère cadet de sa femme). On ne sait s'il était vraiment le fils de Manet, mais des preuves indirectes et son rôle dans la composition de *La pêche* (cat. 12) laissent supposer que oui. De toute façon, Léon apparaît dans ses tableaux plus souvent que tout autre membre de la famille proche de Manet ; parmi ces exemples significatifs figurent les *Cavaliers espagnols* (cat. 2), *La pêche* (cat. 12), *La lecture* (cat. 97), *Les bulles de savon* (cat. 102) et *Le déjeuner dans l'atelier* (cat. 109).

L'enfant à l'épée fut montré au public pour la première fois à la galerie Martinet, lors de l'exposition qui ouvrit le 1er mars 1863, un mois avant la première réunion du jury du Salon de cette année-là. Le critique Ernest Chesneau vit l'exposition et, malgré les réserves que suscitait en général le dessin de Manet, il fut particulièrement impressionné par cette peinture : « J'ajouterai encore qu'auprès de nombreuses figures, où il y a trop à reprendre au point de vue du dessin, il en a donné une très bonne et d'un sentiment de couleur et de sincérité fort rare, je parle de l'Enfant à l'épée. »[3]

Quatre ans plus tard, Zola critiqua le côté trop anodin et conventionnel de ce tableau qui apparemment attirait le grand public : « Ensuite viennent le *Joueur de guitare* et l'*Enfant à l'épée* [...]. Ces peintures sont fermes et solides, très délicates d'ailleurs et ne blessant en rien la vue faible de la foule. On dit qu'Édouard Manet a quelque parenté avec les maîtres espagnols, et il ne l'a jamais avoué autant que dans l'*Enfant à l'épée*. La tête de ce petit garçon est une merveille de modelé et de vigueur adoucie. Si l'artiste avait toujours peint de pareilles têtes, il aurait été choyé du public, accablé d'éloges et d'argent ; il est vrai qu'il serait resté un reflet, et que nous n'aurions jamais connu cette simplicité sincère et âpre qui constitue tout son talent. Pour moi, je l'avoue, mes sympathies sont ailleurs parmi les œuvres du peintre ; je préfère les raideurs franches, les taches justes et puissantes d'*Olympia* aux délicatesses cherchées et étroites de l'*Enfant à l'épée*. »[4]. Paul Mantz adopta le point de vue opposé, même si lui aussi avait remarqué l'influence de la peinture espagnole du dix-septième siècle : « Le Joueur de Guitare (1861) et l'Enfant à l'épée rappelaient par la franchise du ton et la bravoure du pinceau les maîtres espagnols du dix-septième siècle. Depuis lors, M. Manet s'est fort éloigné de ces saines pratiques ; coloriste, il a moins de courage ; exécutant, il est moins original. Il a pris pour les tons noirs un goût singulier, et son idéal consiste à les opposer à des blancheurs crayeuses, de façon à présenter sur sa toile une série de taches plus ou moins contrastées. »[5]

Armand Silvestre admira l'*Enfant à l'épée*, « superbe morceau de peinture »[6] et œuvre rivalisant avec les plus beaux portraits de Vélasquez. Comme de nombreux autres critiques, il semble avoir subi l'influence du point de vue formaliste de Zola, qui écrivit dans son article sur Manet en 1867 : « Les peintres, surtout Édouard Manet qui est un peintre analyste, n'ont pas cette préoccupation du sujet qui tourmente la foule avant tout ; le sujet pour eux est un prétexte à peindre, tandis que pour la foule le sujet seul existe. »[7]

Le sujet semble, au premier abord, n'être qu'une « espagnolade ». Selon Hanson « [...] l'*Enfant à l'épée* montre le jeune Léon Leenhoff vêtu d'un costume du XVIIᵉ comme un infant. A la fois portrait d'un membre de la famille et hommage aux maîtres espagnols que Manet vénérait, ce tableau allie de façon admirable le réalisme et l'imagination. »[8]. Comme l'affirme Reff, le tableau était conforme à la tendance qu'avait Manet à s'identifier aux peintres qu'il admirait : « Certainement inspiré par Vélasquez, en particulier *Les petits cavaliers* qu'il avait copié au Louvre deux ans plus tôt, ce tableau représente un jeune garçon habillé en page de l'aristocratie de cette époque [...]. Le maître qu'il regarde et dont il porte l'épée est bien sûr son père, qui s'était identifié à l'homme de cour raffiné qu'était Vélasquez, dans deux variations sur *Les petits cavaliers,* et qui devait en faire de même l'année suivante dans *La musique aux Tuileries* »[9] (cat. 38). Si le style et la composition du tableau témoignent des goûts esthétiques de Manet et de son intérêt pour l'histoire de l'art, l'épée que porte Léon, empruntée au peintre Charles Monginot, fait peut-être allusion aux talents de l'artiste dans le maniement de l'épée. Bref, le tableau semble révéler, discrètement, les goûts personnels et artistiques de Manet.

On cite souvent l'influence évidente sur le style et le sujet de *L'enfant à l'épée*, de l'œuvre de Vélasquez, mais les portraits en pied d'enfants de Goya ont peut-être autant d'importance. Par exemple, *Manuel Osorio,* 1784, et *Pepito Costa* (fig. a), tous deux au Metropolitan Museum of Art, sont de dimensions semblables et dans chacun l'enfant est entouré d'attributs qui sont le reflet de valeurs adultes. L'expression naïve de Léon n'est pas, en fait, si différente de celle de Pepito Costa qui, lui aussi, fixe tout droit le spectateur. Boime a remarqué un rapport analogue entre les enfants de Manet et ceux de son maître Couture : chez l'un et chez l'autre, les gamins doivent assumer des rôles d'adultes dans lesquels il perdent leur spontanéité et manient gauchement leurs accessoires ; dans *Le fauconnier* et *Le jeune tambour* de Couture, comme dans *L'enfant à l'épée* et *Le fifre* (cat. 93) de Manet, l'enfant est placé dans un contexte qui comporte un élément de risque, par son association avec l'armée ou un sport brutal ; il joue innocemment son rôle et semble ignorer le potentiel destructeur des circonstances pour l'adulte[10].

fig. a. Goya, Pepito Costa y Bonells, vers 1813. New York, Metropolitan Museum of Art

1. Bazire 1884, p. 139.
2. Tabarant 1931, p. 69.
3. Chesneau 1863, p. 14.
4. Zola 1867, *Revue* p. 55 ; (Dentu) p. 30
5. Mantz 1868, p. 120.
6. Silvestre 1872, 179.
7. Zola 1867, *Revue* p. 57 ; (Dentu) p. 33.
8. Hanson 1979, p. 79.
9. Reff 1962, p. 185.
10. Boime 1980, p. 460.
11. Moreau-Nélaton 1926, I, p. 45.
12. *Ibid.*
13. Lettre de Charles Durand-Ruel, 6 janvier 1959, New York, Métropolitan Museum, archives.
14. Meier-Graefe 1912, p. 313 ; Venturi 1939, II, p. 192.
15. Silvestre 1872, p. 179.
16. Venturi 1939, II, p. 210.
17. Vente Coll. d'un amateur, Paris 24 fév. 1881, n° 39, repr. (eau-forte de Bracquemond), Rewald 1973, p. 452.
18. Lettre de Charles Durand-Ruel, citée n° 13.
19. Weitzenhoffer 1981, pp. 125-129.
20. Jamot et Wildenstein 1932, n° 43. Tabarant 1947, p. 45.
21. New York, Morgan Library, archives Tabarant.

Historique

Quand le tableau fut exposé chez Martinet en 1863, Manet en voulait 1.000 Frs ou pas moins de 800 Frs[11]. Une mention sans date, dans le carnet où Manet consigna les détails de sa transaction avec Durand-Ruel début 1872, indique : « Vendu à Fèvre l'enfant à l'épée 1.200 Frs »[12].

Il s'agit du marchand FEBVRE, spécialiste des maîtres anciens, qui a dû acheter cette œuvre quelque temps auparavant car DURAND-RUEL (v. Hist., cat. 118), selon ses livres de stock, acheta le tableau à Fèbvre en janvier 1872, au moment même de sa grande transaction avec Manet[13]. Meier-Graefe affirma, en 1912, sur la foi d'informations communiquées par Durand-Ruel,

que celui-ci acheta *L'enfant à l'épée* pour 1.500 Frs, dans l'atelier de Manet au cours de la deuxième transaction, toujours au mois de janvier 1872 ; affirmation confirmée plus tard par Durand-Ruel lui-même[14]. Si les circonstances exactes de son acquisition restent à clarifier, le tableau figura dans les annonces du fonds de Durand-Ruel[15] au mois de septembre suivant.

14

L'enfant à l'épée est l'une des œuvres laissées en dépôt de garantie accessoire d'un emprunt effectué par le marchand auprès d'Edwards[16]. Fils d'un homme d'affaires anglo-turc, ALFRED EDWARDS (1856-1914) était banquier, journaliste, collectionneur ; il remplaça Thadée Natanson pour devenir le deuxième mari de Misia Godebska, pianiste émérite et centre d'un cercle artistique et littéraire à la fin du siècle.
En 1881, Durand-Ruel, sur autorisation d'Edwards, organisa une vente anonyme pour rembourser la dette ; le banquier Feder acheta le tableau 9.100 Frs pour le compte du marchand auquel il servit de commanditaire[17]. Le 28 juin 1881, Durand-Ruel revendit l'œuvre pour 10.000 Frs au peintre américain J. Alden Weir[18], installé à Paris et conseiller de ERWIN DAVIS, hommes d'affaires new-yorkais qui forma, dès 1880, une collection de tableaux français et américains du XIXe siècle. Acheteur de Manet, Monet et Degas, il fut l'un des tout premiers américains à soutenir l'art impressionniste. Davis organisa la vente d'une partie de sa collection à New York, les 19 et 20 mars 1889, et *L'Enfant à l'épée* fut acheté — ou plutôt racheté — pour la somme de $ 6.700 par un enchérisseur chargé par Davis de faire monter les prix. La même année, Davis fit don du tableau, ainsi que de la *Femme au perroquet* (cat. 96), au Metropolitain Museum of Art[19]. Ces deux tableaux étaient les premiers Manet à entrer dans une collection publique aux États-Unis.
Une version réduite du même sujet, sur bois, parue dans le catalogue raisonné de Duret (1902, n° 42), est considérée depuis comme une copie[20]. On trouve dans les notes de Léon Leenhoff la mention d'une étrange transaction effectuée vers 1900 : « L'Enfant à l'épée, Le Balcon, Vase de fleurs — 5000 à Gérard »[21].

C.S.M.

15-18 L'enfant à l'épée

Ensemble de trois planches à l'eau-forte, représentant *L'enfant à l'épée* (cat. 12) tourné à gauche — c'est-à-dire inversées par rapport au tableau. S'y ajoute un calque à la plume ayant servi à la gravure de la deuxième planche (cat. 15).

15 L'enfant à l'épée tourné à gauche I

Première planche
1861
Eau-forte
27,5 × 21,7

Stockholm, Nationalmuseum

16 L'enfant à l'épée

1861-1862
Plume et encre brune
25,4 × 18,2

P Collection particulière

17 L'enfant à l'épée tourné à gauche II

Deuxième planche
1861-1862
Eau-forte
28,2 × 22,3

New York, The New York Public Library

fig. a. L'enfant à l'épée tourné à droite. Eau-forte et aquatinte. Paris, BN Estampes

15

16

17

18 (3ᵉ état)

18 (4ᵉ état)

18   L'enfant à l'épée tourné à gauche III

Troisième planche
1862
Eau-forte et aquatinte
32 × 23,8 ; sujet 26,4 × 17,4 (états 1 à 3) 26,8 × 17,9 (4ᵉ état)
Signé b.g. *éd. Manet*

P   Paris, Bibliothèque Nationale (états 3 et 4)
NY   New York, The Metropolitan Museum of Art (3ᵉ état)
NY   New York, The New York Public Library (4ᵉ état)

Manet n'exécuta pas moins de quatre eaux-fortes différentes d'après le tableau qui représente le jeune Léon Leenhoff portant une grande épée (cat. 14). L'une des versions, sans doute la dernière (connue par l'unique épreuve de la Bibliothèque Nationale, fig. a) montre le sujet dans le même sens que le tableau, alors qu'il est inversé dans les trois autres planches (comme souvent, d'ailleurs, dans les estampes de Manet qui sont des reproductions de tableaux). Pour arriver à obtenir une image qui paraît, à l'impression, dans le même sens que l'original, il faut dessiner ou graver l'image, sur le cuivre ou la pierre lithographique, dans le sens inverse. Pour peu que l'artiste néglige le travail

15
Expositions
Ingelheim 1977 n° 20 ; Paris, Berès 1978 n° 26
Catalogues
M-N 1906, 53 ; G 1944, 11 ; H 1970, 24 ;
LM 1971, 21 ; W 1977, 20 ; W 1978, 26.

Seule épreuve connue, sur papier japon très
mince. Coll. Burty, Degas, Schotte.

80

16

Expositions
Paris, Berès 1978 n° 6

Catalogues
L 1969, 156 ; RW 1975 II 456.

Dessin à la plume et à l'encre brune, sur papier transparent (collé sur carton). Coll. Guérard.

17

Expositions
Paris, Beaux-Arts 1884 n° 160 (contre-épreuve) ; Ingelheim 1977 n° 21.

Catalogues
M-N 1906, 54 ; G 1944, 12 ; H 1970, 25 ; LM 1971, 22 ; W 1977, 21.

L'une des deux épreuves connues (l'autre se trouvant à Londres, British Museum). Coll. Burty, Degas, Avery.

18

Publications
(Cadart 1862-63 ?) ; *(Eaux-fortes par Edouard Manet 1863 ?)*

Expositions
Paris, Beaux-Arts 1884 n° 160 ;
Philadelphie-Chicago 1966-67 n° 27 ; Ann Arbor 1969 n° 6 ; Ingelheim 1977 n° 22 ; Paris, Berès 1978, n° 27.

Catalogues
M-N 1906, 52 ; G 1944, 13 ; H 1970, 26 ; LM 1971, 23 ; W 1977, 22 ; W 1978, 27.

3ᵉ état (sur 4). Avec les hachures sur le fond et une aquatinte légère.
Épreuves sur papier vergé (filigrane Hudelist : New York), du tirage présumé, à 25 épreuves (voir texte).
P   Coll. Blondel
NY   Provenance ancienne inconnue

4ᵉ état. Avec aquatinte renforcée. Les deux seules épreuves connues. Sur papier japon pelure (Paris) et chine (New York).
P   Coll. Bracquemond, Degas ?, Sagot, Le Garrec
NY   Coll. Degas ?, Avery

1. Moreau-Nélaton 1906, n° 53.
2. Bailly-Herzberg 1972, II, p. 144.
3. Tabarant 1947, p. 518.

nécessaire à l'inversion de la composition (calque et décalque d'après un dessin ou une photographie, tirage photographique inversé, par exemple), il lui sera trop difficile de dessiner sa composition « de chic », dans le sens contraire. Manet, impatient ou plutôt impulsif dans son travail, ne fera les travaux préparatoires nécessaires que dans le cas de quelques estampes apparemment très importantes pour lui : en particulier pour la quatrième version de *L'enfant à l'épée,* déjà citée (qu'il n'arrivera toutefois pas à publier), et, par exemple, des *Petits cavaliers* (cat. 37), de *Lola de Valence* (cat. 50, 51 et 53) et de *L'exécution de Maximilien,* restée inédite (cat. 105).

Moreau-Nélaton rapporte, au sujet de la planche qui est sans aucun doute la première version de *L'enfant à l'épée* (cat. 15) : « Cette pièce fut exécutée sous la direction de M. Alphonse Legros, qui y a même collaboré. Celui-ci, interrogé par nous, nous écrit à ce sujet : ‹ Je me rappelle avoir fait quelques traits sur la planche ; mais ce n'étaient que quelques traits, pour lui montrer comment procéder ; en réalité l'eau-forte est de Manet ›. Malgré tout, l'œuvre, un des premiers essais de Manet à coup sûr, est empreinte du caractère particulier du talent de M. Legros. »[1].

Cette eau-forte, un des premiers, sinon le tout premier essai de Manet sur une planche de cuivre, est exécutée en hachures raides, parallèles, et au contour plutôt lourd, et paraît la plus maladroite, la moins libre, de toutes les estampes connues de Manet. Elle ne donne qu'une idée très approximative de la merveilleuse peinture qui lui servit de modèle et n'est connue que par une seule épreuve, Manet ayant abandonné le cuivre pour commencer une deuxième fois la reproduction de sa toile.

La deuxième version (cat. 17) fut préparée, semble-t-il, par un calque fait d'après une photographie de la toile (et qui la montre dans le même sens). Tracé à la plume et à l'encre brune, puis décalqué sur le cuivre, le dessin (cat. 16) présente une version déjà plus largement campée, plus libre que l'image étriquée de la première planche. L'eau-forte suit les contours du calque et ajoute un fond qui tente, par des hachures griffonnées, entrecroisées, de suggérer à la fois le fond neutre et l'air qui circule autour de l'enfant. Mais cette deuxième version, qui s'apparente par sa facture aux épreuves du deuxième état du *Guitarero* (cat. 11), fut également délaissée (on n'en connaît que deux épreuves) et Manet recommença sur un troisième cuivre (cat. 18).

Cette fois, il débuta par une esquisse très légère qu'il travailla progressivement sur le cuivre jusqu'à l'achèvement du dessin à l'eau-forte et l'addition d'un léger grain d'aquatinte. Sans doute destinée au recueil de *8 Gravures* annoncé par Cadart en septembre 1862 (voir cat. 7 à 9 et 45), l'estampe n'en fit pas partie. Toutefois, il existe une épreuve (à la New York Public Library) tirée sur un papier vergé avec le filigrane Hudelist et portant l'indication manuscrite *Bon à tirer 25 épreuves sur papier pareil* et la signature de Manet. Cette indication d'un tirage déterminé semble être confirmée par le nombre des épreuves tirées sur le même papier portant les mêmes filigranes (Hudelist ou Hallines) que l'on retrouve dans les estampes publiées par la Société des Aquafortistes entre 1862 et février 1863. L'insuccès du tirage semble attesté par le fait que Cadart offrait encore des épreuves de cette planche dans un catalogue paru en 1878[2]. Le titre de cette planche apparaît également dans la liste gravée des « quatorze eaux-fortes », sur la couverture pour le tirage présumé de 1863 (voir cat. 47), et quelques épreuves sur chine, toujours dans le même état, sont sans doute à identifier avec ce tirage.

Plus tard, Manet retravailla la planche à l'eau-forte et y ajouta un fort ton d'aquatinte. Deux épreuves seulement attestent cette dernière étape d'une planche que Manet a sans doute abandonnée sans pouvoir la rééditer. Dans les albums dits des « photos Lochard », constitués après la mort de l'artiste, on trouve la reproduction de cette estampe en troisième état avec la mention manuscrite *Portrait de Léon Leenhoff. Planche non retrouvée*[4].

Manet tenta une quatrième fois de reproduire son tableau, en faisant en sorte que l'estampe apparaisse dans le même sens. Mais une fois de plus le résultat l'a déçu et l'unique épreuve connue (fig. a) nous montre la planche noircie par des morsures défectueuses. Même avec l'aide de Bracquemond (qui garda certaines des épreuves les plus rares de cette série de planches et qui exécuta lui-même une estampe d'après le tableau pour le catalogue de la vente Edwards en 1881 — voir Historique, cat. 14), Manet n'arriva pas à maîtriser la technique des morsures, et l'utilisation de l'aquatinte devait continuer à lui causer des problèmes, même quand il en confiait la morsure à des praticiens comme Bracquemond et, plus tard, Guérard (voir cat. 214).

4. Paris, BN Estampes (DC 300 g, t. VIII).
5. Beraldi 1889, t. VIII, p. 208.
6. Lugt 1921, p. 117-118.
7. 2e Vente Collection Degas 1918, n° 263.
8. Communication de l'étude Ader Picard Tajan.
9. Ingelheim 1977, p. 25 ; Paris, Berès 1978, passim.
10. Moreau-Nélaton 1906, intr. ; rééd. Guérin 1944, pp. 15-16 ; Paris, BN 1974, p. 73.
11. Lettres de Suzanne Manet à Guérard. Paris, Berès 1978 n° 109.
12. Rouart et Wildenstein 1975, I, p. 27.
13. Lugt 1921, pp. 9-10 : Avery ; 1956, p. 236 : Lucas ; *The Diaries 1871-1882 of Samuel P. Avery*, New York 1979 ; *The Diary of George A. Lucas*, Princeton 1979.
14. 2e Vente Collection Degas 1918 n° 264.
15. Paris 1930 n° 45.
16. Moreau-Nélaton 1906, intr. ; rééd. Guérin 1944, p. 20.

Historique

15 STOCKHOLM, NATIONALMUSEUM

L'unique épreuve connue de la première planche de *L'enfant à l'épée* fut ignorée par Beraldi, auteur du premier catalogue de l'œuvre gravée de Manet[5]. Elle ne semble pas être restée dans l'atelier de l'artiste, mais si elle a pu se glisser dans les cartons de BRACQUEMOND, qui posséda des épreuves d'autres planches de cette série (voir plus bas, cat. 18), elle apparaît pour la première fois à la vente de la collection DEGAS. EDGAR DEGAS (v. Hist., cat. 23) réussit à réunir, en peintre-graveur passionné, une remarquable collection d'estampes anciennes et surtout modernes, qui fut dispersée après sa mort[6]. Sur les soixante-huit épreuves des estampes de Manet qui figuraient dans sa vente, au moins soixante provenaient de la collection de PH. BURTY (v. Hist., cat. 42). Toutefois, cette première planche de *L'enfant à l'épée* ne semble pas avoir appartenu à Burty et ne figure pas dans le catalogue de sa vente. Elle fait donc son apparition à la 2e vente de la Collection Degas[7], décrite sous le numéro 263 : « *Superbe épreuve sur japon. Seule épreuve connue* ». Le procès-verbal de la vente ayant disparu[8], il est impossible de confirmer que l'acheteur direct de cette pièce unique, ainsi que de tout un ensemble des épreuves les plus rares, fut un collectionneur suédois nommé SCHOTTE. Toujours est-il que sur l'ensemble des soixante-deux lots d'eaux-fortes et de lithographies de Manet qui figurent au catalogue de la vente, vingt-deux, dont presque toutes les pièces les plus rares, se retrouvent dans cette collection suédoise et passèrent, dans des circonstances encore obscures, d'abord dans les réserves du Nationalmuseum à Stockholm, pour être finalement intégrés aux collections du musée en 1924. Inventoriée mais jamais exposée, la collection resta inconnue de tous les spécialistes jusqu'à sa « redécouverte » et l'exposition de nombre de ses épreuves à Ingelheim en 1977, puis à Paris en 1978[9].

16 HENRI GUÉRARD (1876-1897), graveur et « tireur d'épreuves » habile, devint l'ami et l'assistant technique de Manet dans les années 1870[10]. En 1879 il épousa Eva Gonzalès, élève de Manet, qui devait mourir quelques jours après lui. Guérard restait en rapport étroit avec MME MANET (v. Hist., cat. 12) qui lui donna, en cadeau ou à vendre, de nombreuses épreuves rares, restées dans les cartons de l'atelier ou encadrées pour l'exposition à l'École des Beaux-Arts en 1884[11]. Beaucoup de celles-ci furent vendues par Guérard au marchand-amateur

GEORGE LUCAS (v. Hist., cat. 17) qui les acheta en partie pour lui-même, et en partie pour le compte de SAMUEL P. AVERY (v. Hist., cat. 17), alors que Guérard en garda d'autres pour sa propre collection. Ce calque qui servit à la deuxième planche de *L'enfant à l'épée*, n'a figuré ni à l'exposition ni à la vente de 1884 et a dû passer des portefeuilles de l'artiste décrites dans l'inventaire après décès[12], en don ou par vente, directement de Mme Manet à Guérard.

17 NEW YORK PUBLIC LIBRARY.

L'étonnante collection d'estampes modernes de la grande Bibliothèque Municipale de New York provient du don en 1900 d'un des plus importants marchands-collectionneurs de la deuxième moitié du dix-neuvième siècle aux États-Unis. SAMUEL PUTNAM AVERY (1822-1904), qui débuta comme graveur professionnel, s'associa en 1864 avec William T. Walters, de Baltimore, un riche collectionneur devenu marchand d'art. Leur agent européen fut GEORGE A. LUCAS (1824-1909), comme Walters, un gentleman de Baltimore, qui s'installa à Paris. Entre 1865 et 1885, l'année où Avery prit sa retraite, Lucas dépensa plus de deux millions et demi de francs en achats, surtout de peinture, pour le compte de Avery. Quant aux estampes que collectionna Avery et qu'il donna par la suite à la Public Library de sa ville, les carnets de Lucas montrent à quel point celui-ci les poursuivait dans tout Paris — chez les marchands, les collectionneurs, à l'hôtel Drouot — pour Avery et pour lui-même (puisque sa très belle collection fut léguée au fils de son associé à Baltimore, pour ensuite donnée au Maryland Institute dans cette ville).

On voit d'après les carnets, que Avery a dû constituer sa collection d'estampes de Manet à partir de la mort de l'artiste et presque au moment où il prit sa retraite. La première mention qui concerne Manet est celle de la visite que fait Lucas, le 2 février 1884, à l'exposition de la vente Manet à l'hôtel Drouot. Par la suite, ce sont, à partir du 4 décembre de la même année, quand il alla « chez Dumont et acheta un lot d'eaux-fortes de Manet et d'autres pour SPA » (Samuel Putnam Avery), d'innombrables références à des visites ou des achats chez Rouart (v. Hist., cat. 129), chez Guérard (v. Hist., cat. 16), chez les marchands Dumont (v. Hist., cat. 11), Portier (v. Hist., cat. 122), Gosselin, et à « HD » — l'hôtel Drouot. Lucas semble avoir compté sur Guérard non seulement comme source d'achats (voir plus haut l'Historique du cat. 16) mais aussi pour des conseils et des indications concernant les estampes de Manet achetées pour Avery. La

dernière mention de Manet dans son journal, le 19 février 1907, concerne l'achat de trois livres par Moreau-Nélaton dont un « Manet » — sans doute le catalogue de son œuvre gravé qui venait de paraître[13].

L'épreuve de la deuxième planche de *L'enfant à l'épée* ne serait pas passée par Guérard mais, selon Guérin, de la collection de Burty à celle de Degas où elle fut vendue en 1918[14], quatorze ans après la mort d'Avery. Il paraît plus vraisemblable que l'épreuve d'AVERY fut trouvée par LUCAS, peut-être toujours en provenance de MME MANET et par l'intermédiaire de GUÉRARD. (L'épreuve de Degas est certainement celle acquise par Campbell Dodgson et léguée au British Museum en 1949, comme le confirme la comparaison de l'estampe avec la reproduction de l'épreuve de Degas par Moreau-Nélaton).

18 *3e état*. L'épreuve de la Bibliothèque Nationale fut achetée le 20 février 1914 (A 8025) à un collectionneur remarquable. PAUL BLONDEL (1855-1924), petit employé de banque toute sa vie, fut un passionné de l'iconographie et de la gravure et — tout comme Fioupou (v. Hist., cat. 9) — consacra ses modestes revenus à l'acquisition d'immenses collections qu'il légua principalement à la Bibliothèque Nationale. L'épreuve du Metropolitan Museum, achetée en 1980, fait partie de la Elisha Whittelsey Collection (inv. 1980.1077.1). Sa provenance antérieure est inconnue.

4e état. Des deux épreuves connues, celle de la Bibliothèque Nationale, sur japon ancien, donnée en 1979 (D01. 1979), appartenait aux marchands SAGOT (chez qui elle fut exposée en 1930[15]) et LE GARREC, et provient de la collection de Bracquemond. FÉLIX BRACQUEMOND (1833-1914), graveur, lithographe, peintre et décorateur, devint le plus célèbre technicien de l'eau-forte des années 1850-1870 et aida nombre d'aquafortistes (membres de la Société ou non) à graver leurs planches, poser les grains d'aquatinte et tirer les épreuves d'essai. Il amassa ainsi une belle collection d'estampes en tirages rares, collection qui fut convoitée et même spoliée à l'occasion par un amateur acharné comme Ph. Burty (v. Hist., cat. 42). Moreau-Nélaton a reproduit dans son catalogue de l'œuvre gravée de Manet plusieurs pièces rares de la collection de Bracquemond qui lui raconta « ses souvenirs sur l'homme dont la vie fut pendant plusieurs années intimement mêlée à la sienne et qui, comme graveur, profita tant de son expérience professionnelle »[16].

L'autre épreuve, sur chine, à la New York Public Library, serait celle que Moreau-Nélaton signale dans la collection de Degas. Toutefois, l'épreuve qui a figuré au numéro 262 de la vente de la Collection Degas en 1918 (sans description de l'état), ne peut guère correspondre avec celle qui fut acquise par AVERY et donnée à la New York Public Library en 1900 (voir les remarques à l'Historique du cat. 17).

J.W.B.

19 La nymphe surprise

1859-1861
Huile sur toile
146 × 114
Signé et daté b. g. *1861. éd. Manet*

Buenos Aires, Museo Nacional de Bellas Artes

Expositions
Saint-Pétersbourg 1861 (Nymphe et Satyre) ; Paris, Alma 1867 n° 30 (La Nymphe surprise) ; Beaux-Arts 1884 n° 13.

Catalogues
D 1902, 24 ; M-N 1926, I, p. 33, T 1931, 39 ; T 1947, 42 ; RO 1970, 38a ; RW 1975, 40.

fig. a. Boucher, Diane au bain (détail). Paris, Musée du Louvre

fig. b. Rembrandt, Bethsabée. Paris, Musée du Louvre

Cette *Nymphe surprise* est, dans l'œuvre de Manet, un véritable tableau-laboratoire, qu'il a transformé plusieurs fois. L'œuvre fait le trait d'union entre les copies de maîtres anciens des années 1850, et les toiles majeures de 1862 et 1863. Elle a posé aux historiens de nombreux problèmes, que son éloignement géographique depuis plus de soixante-dix ans (voir Historique) et le fait que les catalogues aient reproduit une photographie antérieure à l'état actuel, n'ont pas contribué à éclaircir ; de surcroît, les travaux récents se complètent mais se contredisent parfois. Farwell a semble-t-il permis de faire le point sur la question[1].

Ce tableau a toujours paru surchargé d'influences de l'art des maîtres. Pour le premier historiographe de Manet, Bazire, l'inspiration vénitienne est flagrante, ainsi que l'influence de Lagrenée : « C'est un morceau d'étude, fort remarquable incontestablement, mais qui n'annonce qu'un virtuose de premier ordre. »[2]. Il aurait pu aussi bien citer des œuvres visibles à Paris dont Manet a pu s'inspirer, la fameuse *Diane au bain* de Boucher (Louvre ; fig. a) qu'il avait copiée en 1852 (voir cat. 2), ou la *Bethsabée* de Rembrandt, alors dans la collection La Caze (Louvre ; fig. b). Antonin Proust, dans la première et généralement la plus sûre version de ses *Souvenirs,* nous dit que le tableau a été commencé rue Lavoisier — atelier que Manet a quitté fin 1859 pour la rue de la Victoire — donc il y travaille dès cette année : « Manet avait commencé rue Lavoisier un grand tableau, *Moïse sauvé des eaux,* qu'il n'a jamais achevé, et dont il ne reste qu'une figure qu'il a découpée dans la toile, et qu'il a intitulé *La Nymphe surprise.* »[3]. Or les photographies prises à l'époque (d'abord par Godet, et plus tard, en 1883 ou 1884, par Lochard) montrent en haut et à droite une figure de satyre dans les branches — satyre qui a disparu depuis. On sait que le tableau a été envoyé à Saint-Pétersbourg à l'automne 1861 sous le titre de *Nymphe et satyre*[4]. (On trouve dans les carnets de Manet, conservés à la Morgan Library, l'indication d'un certain Beggrow, commissionnaire de l'Académie Impériale de Saint-Pétersbourg. Deux artistes y exposèrent avec lui : Monginot et A. Gauthier). Pour compliquer l'iconographie, on a montré dès 1932[5] que le nu était repris d'un Rubens disparu, *Suzanne et les vieillards,* connu du temps de Manet par une gravure de Vorstermann ; ou, comme l'a montré Reff, tout simplement par la reproduction de cette gravure dans *L'Histoire des peintres* de Charles Blanc[6]. D'autres sources possibles ont été relevées par Krauss[7], la *Suzanne* de Rembrandt du Musée de La Haye ; par Farwell, une gravure de Marc-Antoine (nymphe et satyre), ainsi qu'une gravure d'après Van Dyck[8]. On sait, d'autre part, que le nu a été posé par celle qui n'était encore que la compagne de Manet, Suzanne Leenhoff (renseignement de Léon Koëlla, cité pour la première fois par Meier-Graefe)[9]. En réalité, une des sources les plus vraisemblables serait la Bethsabée d'une décoration de Jules Romain, au Palais du Té à Mantoue, peut-être vue par Manet sur place, ou connue par une gravure (fig. c, voir cat. 21).

Ce foisonnement un peu accablant de sources possibles, ces changements successifs, permettent de saisir de très près l'élaboration d'une idée chez Manet, celle de peindre un nu en plein air en rivalisant avec les maîtres anciens — idée dont le développement conduira l'année suivante au *Déjeuner sur l'herbe* (cat. 62). On n'a peut-être pas assez insisté, d'ailleurs, sur les ressemblances entre les deux nus, assis dans une position assez proche, comme si la même femme, saisie de l'autre côté, s'est redressée et, abandonnant sa pudeur et son regard craintif, de l'état de brouillon, en un an, atteint le mythe. Le passage de Suzanne à Victorine, de la compagne au modèle professionnel, est celui du nu caché au nu offert.

Au départ, à partir d'une image tirée de Rubens, le sujet biblique permettait, en observant de très près le texte de la trouvaille de Moïse par la fille du Pharaon (cat. 20), de montrer un nu dans les frondaisons au bord de l'eau, selon une idée exprimée à Antonin Proust. Celui-ci associe dans ses souvenirs cette intention au projet du *Déjeuner sur l'herbe,* mais on peut aussi bien la rattacher à cette première approche du sujet. En effet, en se promenant à Argenteuil : « Des femmes se baignaient. Manet avait l'œil fixé sur la chair des femmes qui sortaient de l'eau. 'Il paraît, me dit-il, qu'il faut que je fasse un nu. Eh bien je vais leur en faire, un nu ! ' »[10]. Pourquoi aurait-il dit ceci alors qu'il avait déjà peint un nu, celui-ci même ?

Mais son personnage passe par de nombreux avatars. Mécontent de sa composition originale, il la découpe pour n'en garder que le nu, et efface une des servantes derrière celle qui était jusqu'alors fille du Pharaon, et dont l'attitude pudique, empruntée à Rubens et Rembrandt, n'avait en effet guère de sens dans le contexte biblique. La Suzanne au bain, transformée en égyptienne, se métamorphose en nymphe quand le tableau est coupé. Cette nymphe devient nymphe *surprise,* quand Manet décide d'envoyer le tableau à Saint-Pétersbourg, et adjoint hâtivement un satyre sous les frondaisons, en le rendant plus « commercial » sous le titre de *Nymphe et Satyre*[11]. L'opération fut en effet si hâtivement et légèrement faite — c'est l'interprétation plausible de Farwell — que le satyre n'apparaît même pas aux rayons X, alors que la servante initiale ressurgit nettement[12]. On a interprété[13] la suppression de ce satyre comme le signe d'une étape décisive dans l'évolution de Manet et de toute la peinture moderne, l'accession à une nouvelle conception du sujet qui deviendrait la peinture elle-même, et une relation radicalement neuve du spectateur au tableau, puisque le satyre ou le voyeur de cette femme effarouchée, serait désormais celui qui regarde la toile, tel l'« hypocrite lecteur, mon semblable, mon frère » de Baudelaire.

L'hypothèse est audacieuse, mais c'est projeter sur Manet une démarche intellectuelle qui est plus le fait de l'historien d'art des années 1960, celle de l'apparition de l'art conceptuel, que du peintre de 1860. D'ailleurs tout démontre en effet (les photographies de Godet et de Lochard, la description de Bazire pour le catalogue de l'exposition posthume de l'École des Beaux-Arts)[14] que Manet n'a jamais ôté lui-même ce satyre, qui lui a survécu dans les frondaisons, et a été effacé et retouché à une date ultérieure, pour des raisons ignorées.

fig. c. Corneille le Jeune, d'après Jules Romain, Bethsabée (Mantoue, Palais du Té). Paris, BN Estampes

19

S'il est abusif de prêter à Manet l'intention révolutionnaire de faire passer le voyeur de l'autre côté de la toile, il y a certainement chez lui une part de jeu dans les transformations mythologiques qu'il fait subir à son épouse-modèle : elle est Hollandaise et a le corps de l'emploi, elle s'appelle Suzanne, et il dut avoir une part d'amusement à la mouler dans le motif d'une « Suzanne et les vieillards » de Rubens ou de Rembrandt, quitte à la transformer en quelques coups de chiffon à effacer, ou quelques coups de pinceau, en fille de Pharaon ou en nymphe. Manet sans doute joue lui-même de son identification désinvolte aux maîtres. Il a peint sa compagne nue comme l'avaient fait Rubens et Rembrandt, et, comme eux, sous un léger déguisement mythologique, même s'il passe avec désinvolture d'une mythologie à l'autre. Mais il y a double déguisement, car c'est Suzanne Leenhoff en Bethsabée, ou Suzanne au bain travestie en fille de Pharaon, puis en nymphe, mais toujours investie du rôle de modèle-épouse des grands peintres auxquels Manet se confronte. A la même époque, il se peint auprès d'elle dans *La pêche* (cat. 12), pastiche de Rubens, où tous deux sont déguisés en Rubens et Hélène Fourment, en costumes du dix-septième siècle.

Techniquement, ce tableau est également un champ de recherches, et on peut à juste titre le juger laborieux. La très intéressante analyse radiographique de G. Corradini[15] révèle toutes les hésitations iconographiques, mais aussi le travail de simplification technique qui est en train de s'opérer chez Manet : le visage et l'épaule étaient beaucoup plus modelés par des ombres et des demis-tons, qui disparaissent dans la peinture définitive, au profit d'un faire plus lisse, plus lumineux, plus cru aussi, qui annonce les grands nus de 1863, du *Déjeuner sur l'herbe* et de l'*Olympia* (cat. 62 et 64).

1. Farwell 1975, pp. 225-229.
2. Bazire 1884, p. 12.
3. Proust 1897, p. 168.
4. Photographies Godard et Lochard : Paris, BN Estampes, fonds Moreau-Nélaton ; New York, Morgan Library, archives Tabarant. D.G. Barskaya in *Omagiu lui George Oprescu*, Bucarest 1961, p. 7.
5. Ch. Sterling in *L'amour de l'Art*, sept.-oct. 1932, p. 290.
6. Reff 1970, p. 457.
7. Krauss 1967, p. 22.
8. Farwell 1973, pp. 75-76.
9. Meier-Graefe 1912, p. 38.
10. Proust 1897, p. 171.
11. Krauss 1967, p. 624.
12. Farwell 1975, p. 229.
13. Krauss 1967, p. 624.
14. Copie des notes de Bazire, Paris, BN Estampes, fonds Moreau-Nélaton.
15. G. Corradini in *Gazette des Beaux-Arts*, LVI, 1959, pp. 149-254.
16. Rouart et Wildenstein 1975, I, p. 17.
17. Vente Manet 1884 n° 14 ; Bodelsen 1968, p. 344.

Historique

Le tableau est resté de son vivant dans l'atelier de l'artiste, qui l'avait estimé 18.000 Frs dans son inventaire de 1871-72[16], le même prix que *Le vieux musicien* (RW 52), montrant par là le cas qu'il en faisait. La toile est estimée 12.000 Frs à l'inventaire après décès en 1884 (n° 11). Elle est achetée à la vente Manet par M. LE MEILLEUR, n° 14, pour 1.250 Frs sur une estimation de 1.500 Frs. Elle passe ensuite chez le marchand MICHEL MANZI (1849-1915), l'ami italien de Manet, Degas et Toulouse-Lautrec, qui, à partir de 1881, était directeur technique des ateliers de gravure de Boussod et Valadon (v. Hist., cat. 27) et plus tard fondateur avec Maurice Joyant (v. Hist., cat. 181) d'une galerie. GEORGES BERNHEIM (v. Hist., cat. 20) l'expose ensuite avec d'autres tableaux français à Buenos-Aires en 1914, où elle est achetée par le Musée national. Le tableau n'avait pas bougé d'Amérique du Sud depuis.

F.C.

20   *Étude pour* La nymphe surprise

1860-1861
Huile sur bois
35,5 × 46
Signature apocryphe b.d.

Oslo, Nasjonalgalleriet

Cette esquisse brillante de couleurs, sent encore la main entraînée à l'atelier de Couture. Elle permet d'imaginer la composition originale du tableau précédent. On voit au-dessus du nu, la servante penchée avec sollicitude, celle-là même que les rayons X ont fait réapparaître dans le tableau de Buenos-Aires, et qui préfigure la servante noire de l'*Olympia* (cat. 64). A gauche, en bleu, une

Expositions
Berlin, Matthiessen 1928 n° 2 ; Paris, Orangerie 1932 n° 13.

Catalogues
D 1902, 25 ; M-N 1926, p. 33 ; cat. ms. 29 ; T 1931, 40 ; JW 1932, 54 ; T 1947, 40 ; RW 1975, 39.

20

autre servante penchée sur l'eau, dont un mouvement du bras indiquerait le berceau de Moïse.

Tabarant doute de l'identification du sujet original de la *Nymphe surprise* (cité notice précédente) et reproche à Proust une mémoire fantaisiste, en notant que le passage concerné a disparu dans la version définitive du livre de Proust, paru en 1913. C'est en réalité un argument supplémentaire en faveur de l'ami de jeunesse de Manet, dont la première version, publiée par *La Revue Blanche* en 1897, et non réécrite par un tiers, est plus spontanée et plus fiable. De surcroît, cette esquisse où l'on retrouve le même nu, donne définitivement raison à Proust, et la scène peinte ici est apparemment celle de la découverte de Moïse par la servante, quand la fille du Pharaon est descendue au bord du Nil prendre son bain.

Si on se réfère aux proportions de cette esquisse, le tableau original devait avoir près de deux mètres cinquante de long, et aurait été, avant *Le vieux musicien* (RW 52), la première grande composition peinte de Manet. Il est certainement significatif qu'il n'ait gardé que la partie la plus réaliste du tableau, le nu, en éliminant ce qui, dans le sujet, sacrifiait aux thèmes académiques traditionnellement choisis dans l'histoire ancienne ou la Bible.

Historique
Cette étude, signée après la mort du peintre, sans doute par SUZANNE MANET (v. Hist., cat. 12), fit partie de la vente de 1884, sous le n° 18, et fut rachetée par LÉON LEENHOFF (v. cat. 14) pour 130 F. Celui-ci la vendit à l'ami de Marcel Proust, le PRINCE DE WAGRAM, qui eut le temps en quelques années, avant d'être tué pendant la guerre de 1914, de se constituer une remarquable collection d'œuvres impressionnistes. Il possédait plusieurs Manet, dont le très important *Vieux musicien* de Washington (RW 52) et la *Tête de la négresse* (RW 68) qui servit de modèle à l'*Olympia*. Cette étude pour *La Nymphe surprise, ou Moïse sauvé des eaux* lui fut achetée par GEORGES BERNHEIM, un cousin des Bernheim-Jeune (v. Hist., cat. 31), et marchand établi depuis 1878, et dont le critique Félix Fénéon était le conseiller artistique pour l'art moderne à l'époque de cette transaction. Le tableau fut acquis pour la Galerie Nationale en 1918 par la Société des Amis du Musée d'Oslo (inv. n° 1182).

F.C.

21 Femme nue assise

1857-1860
Crayon noir
17,5 × 13,3
Cachet de l'atelier *E.M.* b.d.

NY   Paris, Musée du Louvre, Cabinet des Dessins

Ce dessin est à mettre en relation avec *La nymphe surprise* (cat. 19). Il provient certainement d'une page de carnet de croquis ; jusqu'à présent la source n'en avait pas été identifiée : il s'agit en réalité d'un détail d'une peinture de Jules Romain, au Palais du Té à Mantoue. Manet aurait pu le faire sur place, au cours de son deuxième voyage en Italie, en 1857 ; ou plus tard, d'après une estampe de reproduction[1] (voir cat. 19, fig. c). Il est fort intéressant de savoir que dans la composition gravée, octogonale, il s'agit précisément d'une Bethsabée au bain observée par David, et que l'on trouve à droite une servante enlevant un linge des épaules de la femme, placée de la même façon et au même endroit que dans *la Nymphe surprise,* avant d'avoir été effacée. On est donc tout à fait en droit de penser que lorsque Manet passa d'un épisode de Moïse, à une baigneuse surprise, le modèle de Jules Romain eut autant d'importance que les modèles nordiques de Rubens ou de Rembrandt.

Historique
Acquis de M. PAUL BENOIT, Alger, pour 600 Frs
par le Cabinet des Dessins en 1928 (RF 11.970).
                                                F.C.

Catalogues
L 1969, 127 ; RW 1975 II 71.

1. Corneille le Jeune d'après Giulio Romano (Paris BN, Estampes) ou une estampe du XIXe siècle, non identifiée.

22 Baigneuse

1860
Crayon noir et sanguine, mise au carreau
43 × 25,5
Cachet de l'atelier *E.M.* b.d.

NY   Paris, Bibliothèque Nationale

Ici, Manet fait pivoter son modèle vers le profil gauche, et lui fait prendre une position qui se rapproche peu à peu de celle de la composition finale (cat. 19). La mise au carreau permet de penser qu'il s'agirait d'une première idée du tableau.

Pour diverses raisons, d'ordre biographique — par exemple, le fait que Suzanne soit trop reconnaissable — ou stylistique, qui ont trait à l'élaboration lente de sa personnalité artistique, le relais de sa composition va se faire par Rubens et Rembrandt, et peut-être aussi par l'Italie, comme en témoigne le croquis d'après Jules Romain (cat. 21). Un important dessin, à l'Institut Courtauld (voir cat. 25, fig. a), montre une autre étape, où la jeune femme ramène sur sa poitrine un linge, et tourne vers le spectateur un visage qui a perdu toute ressemblance avec Suzanne Leenhoff.

Exposition
Paris, Orangerie 1932 n° 107.

Catalogues
L 1969, 184 ; RW 1975 II 361.

Historique
Entré à une date indéterminée dans la collection de MOREAU-NÉLATON, il fait partie de son important legs de dessins et de gravures à la Bibliothèque Nationale en 1927 (v. Hist., cat. 9).
                                                F.C.

22

23   La sortie du bain

1860-1861
Pinceau et plume à l'encre brune, avec sanguine et pierre noire
26,6 × 20,3
Cachet de l'atelier *E.M.* b.d.

Londres, Collection particulière

Expositions
Philadelphie-Chicago 1966-1967 n° 15 ; Paris,
Berès 1978 n° 3.

Catalogues
T 1931, 12 (aquarelles) ; T 1947, 554 ; L 1969,
188 ; RW 1975 II 362.

Ce superbe lavis semble être posé également en 1860-1861 par Suzanne Manet,
dans une deuxième étape de l'élaboration de *La nymphe surprise* (cat. 19) et ne
pas dater de 1862-1863, comme le propose Leiris. On reconnaît bien le dessin
moelleux de l'épaule et du dos, et la poitrine très ronde du modèle. Suzanne la
Hollandaise a inspiré à Manet son trait le plus Rembranesque, si ce n'est la
négligence du pied ou de la main, qui indiquent bien la recherche de la
position.

52

Farwell voit la source de ce dessin dans la position d'une nymphe, à gauche dans la gravure de Marc-Antoine, d'après *Le jugement de Paris,* de Raphaël dont la partie droite devait servir au *Déjeuner sur l'herbe* (cat. 62)[1]. Si cela était, l'imitation est bien moins littérale et n'exclut pas l'identité du modèle à qui, comme pour le tableau de *La nymphe surprise,* il aurait indiqué la pose déjà fixée par un maître.

L'idée irréaliste du visage dans l'ombre — bien que non penché en avant — et du corps très éclairé, fait de ce dessin un des plus étranges et sensibles de Manet, restituant en quelques traits l'émotion devant une femme réelle, celle aussi qui accompagne un travail de création : il s'agit là d'un dessin inspiré, exceptionnel dans l'œuvre graphique du peintre.

1. Farwell 1973, p. 68.
2. Vente Manet 1884 n° 153 (Étude) ; Bodelsen 1968, p. 343.
3. Vente Manet 1884 n°s 158 et 167 ; Bodelsen 1968, p. 343.
4. 1re Vente Collection Degas 1918 n° 220.

Historique
Ce dessin fut acheté 40 Frs à la vente Manet en 1884[2] par Degas. EDGAR DEGAS (1834-1917), le peintre et vieil ami de Manet, acheta également à cette vente un dessin (RW II 472) et une lithographie, *La barricade* (cat. 125)[3]. On sait qu'en dehors de ce qu'il avait reçu en don de Manet, il acheta après sa mort plusieurs pièces importantes, *L'exécution de Maximilien* (RW 126), *Le jambon* à la vente Pertuiset en 1888 (RW 351), *L'Indienne fumant,* en 1896 (cat. 26), le *Portrait de M. Brun* (RW 326) et le portrait de *La femme au chat* (RW 337).
Ce dessin passa ensuite à la 1re vente de sa collection en 1918[4]. On le retrouve à Londres en 1921, dans la collection de JULIEN LOUSADA.

F.C.

24

24 Après le bain

1860-1861
Sanguine
28 × 20

Chicago, The Art Institute of Chicago

Expositions
Paris, Beaux-Arts 1884 hors catalogue ; Orangerie
1932 n° 106 ; Philadelphie-Chicago 1966-1967
n° 196.

Catalogues
L 1969, 186 ; RW 1975 II 363.

Première idée pour le personnage de la baigneuse, prévue pour être la fille du
pharaon dans *Moïse sauvé des eaux* (cat. 20), et qui devint *La nymphe surprise*
(cat. 19). Il entre également dans la suite des dessins préparatoires pour une
estampe, avant le dessin de l'Institut Courtauld (voir cat. 25, fig. a). On pense
(tradition transmise par Tabarant[1]) que le modèle est Suzanne Leenhoff,
compagne et future épouse de Manet. Ce que l'on sait de sa corpulence précoce
n'est pas en contradiction avec ce dessin, et le visage, très doux, ressemble en

effet beaucoup à celui de *La lecture* (cat. 97). Manet a cherché la mise en place de la servante qui enveloppe sa maîtresse d'un linge, et dont le visage a réapparu aux rayons X dans le tableau de *La nymphe surprise* (cat. 19). Si l'on imagine la séquence des études préparatoires, dessinées ou peintes, tout porte à penser que ce dessin, le plus réaliste, fut le premier.

1. Tabarant 1947, p. 43.

Historique
Cette sanguine apparaît parmi les douze dessins dans un seul cadre, prêté à l'exposition de 1884 par ALPHONSE DUMAS (v. Hist., cat. 67). Elle entra dans la collection d'AUGUSTE PELLERIN (v. Hist., cat. 100). Achetée à la vente Pellerin en 1926[1] par MARCEL GUÉRIN (v. Hist., cat. 56), elle passe à MME INDIG-GUÉRIN, puis est acquise, par l'Art Institute grâce à la Joseph and Helen Regenstein Foundation (inv. 1967.30).

F.C.

25   La toilette

1861
Eau-forte
28,7 × 22,5 (cuivre) ; 28,2 × 21,3 (sujet)
Monogramme b.d. *M.* (2e état)

NY   Chicago, Collection particulière (1er état)
P   Paris, Bibliothèque nationale (2e état)

Cette composition est librement inspirée du motif principal des tableaux sur le thème de *La nymphe surprise* (cat. 19 et 20), et des dessins qui servirent à les élaborer (cat. 21 à 24). L'eau-forte de *La toilette* situe dans un intérieur, près d'un grand lit à baldaquin, la baigneuse et sa servante. Si le dessin de Chicago (cat. 24) est la première version de cette composition, c'est un autre dessin à la sanguine qui fut utilisé pour l'estampe et qui montre une des méthodes de Manet pour transposer un motif sur la planche de cuivre (RW II 360 ; fig. a). Le papier est fortement incisé par la pointe qui a servi à marquer les contours et les lignes principales du dessin sur la surface du cuivre, pour guider le travail de l'aquafortiste.

Le premier état de l'eau-forte, bien plus élaboré que le dessin mais avant une reprise considérable de la planche, est connu par deux épreuves très différentes l'une de l'autre. L'une — celle de Chicago — est très nette et claire, tirée sur papier couché très blanc ; l'autre, sur un papier vergé teinté, habituellement utilisé chez Cadart à cette époque, est transformée par un épais voile d'encre, essuyé à la main de façon à créer un effet étonnant de clair-obscur[1]. Ces effets d'encrage, encore peu courants à cette époque, et qui sont comme un prolongement des techniques du dessin dans la gravure, différenciant chaque épreuve, annoncent les recherches menées systématiquement en ce sens par les graveurs impressionnistes et l'imprimeur Delâtre, dans les années 1880.

En imprimant cette planche pour le tirage du recueil des *8 Gravures,* en 1862, Delâtre adopta sa technique habituelle, en laissant un léger ton d'encre sur toute la surface du cuivre, sans faire jouer le blanc du papier vergé qu'utilisait Cadart pour ses publications. Il est d'ailleurs significatif que dans les « épreuves d'artiste » des estampes de Manet, comme dans celles du présumé tirage limité qu'il fit de ses eaux-fortes en 1863 (voir cat. 47) on trouve, à part quelques expériences insolites — effets d'encrages, utilisation de papiers inhabituels — une majorité d'épreuves sur chine, soigneusement essuyées et tirées dans une encre d'un beau brun noirâtre (par exemple, cat. 11, 5e état ;

Publications
8 Gravures à l'eau-forte Cadart 1862 n° 6 ;
(Eaux-fortes par Édouard Manet 1863 *?) ; Édouard Manet. Eaux-fortes* Cadart 1874.

Expositions
Paris, Beaux-Arts 1884 n° 155 ;
Philadelphie-Chicago 1966-67 n° 10 ; Ann Arbor 1969 n° 11 ; Ingelheim 1977 n° 8 ; Paris, Berès 1978 n° 37.

Catalogues
M-N 1906, 9 ; G 1944, 26 ; H 1970, 20 ; LM 1971, 26 ; W 1977, 8 ; W 1978, 37.

1er état (sur 3). Avant la reprise de la composition. L'une des deux épreuves connues. Sur chine. Coll. Delteil, Gerstenberg.

2e état. Composition achevée. Épreuve sur papier vergé (filigrane HUDELIST), de l'édition de 1862. Coll. Moreau-Nélaton.

fig. a. La toilette. Sanguine, 1861. Londres, Courtauld Institute Galleries.

25 (1er état)

25 (2e état)

cat. 48, 2e état). Ce n'est finalement que sur ces épreuves-là et non pas sur les tirages de Cadart (ou les tirages posthumes qui, pour certaines estampes, sont les seuls qui existent - voir Historique, cat. 11 : cuivre), que l'on peut juger l'œuvre de Manet graveur.

1. Paris, Berès 1978, n° 37.

Historique
L'épreuve du premier état à Chicago, inconnue de Moreau-Nélaton, surgit à la vente de la collection de LOYS DELTEIL (v. Hist., cat. 11), sous le numéro 302. Elle fut achetée 8.000 Frs et entra dans la prestigieuse collection du grand homme d'affaires allemand, directeur de la compagnie d'assurance « Victoria », OTTO GERSTENBERG (1848-1935). Gerstenberg possédait plusieurs tableaux de Manet, dont l'autre moitié du tableau *La Serveuse de bocks* (RW 278 ; voir cat. 172) et le portrait de *Pertuiset* (cat. 208) ; son extraordinaire collection d'estampes modernes comprenait des pièces très rares de Manet. Une partie de ses collections disparut à Berlin à la fin de la Seconde Guerre mondiale.
Les épreuves du deuxième état proviennent de MOREAU-NÉLATON (v. Hist., cat. 9) et de S.P. AVERY (v. Hist., cat. 17).

J.W.B.

Expositions
New York, Wildenstein 1937 n° 22 ;
Philadelphie-Chicago 1966-67 n° 34.

26 Gitane à la cigarette ou Indienne fumant

1862
Huile sur toile
92 × 73,5

Princeton, The Art Museum, Princeton University

Cette œuvre, on le sait par Hanson[1], a été identifiée à tort par Duret dans son catalogue, comme l'un des trois fragments du tableau *Les gitanos* (RW41), peint vers 1861 et découpé par Manet après l'exposition de l'Alma en 1867.

Il semble que l'unique source d'information de Duret soit le catalogue non illustré de la vente Manet en 1884. Il pensa que le tableau devait représenter les mêmes personnages qui figurent dans la partie droite de l'eau-forte d'après *Les gitanos* (cat. 48). En outre, après l'apparition de la *Gitane à la cigarette* sous le titre d'*Indienne fumant une cigarette,* à la vente de la Collection Degas en 1918[2], Duret inséra le tableau dans le supplément de 1919 de son catalogue de l'œuvre de Manet, sans reconnaître l'œuvre qu'il avait déjà répertoriée comme le troisième fragment des *Bohémiens.* Hanson a, d'ailleurs, pu montrer que ce prétendu troisième fragment n'aurait jamais existé.

Tabarant, quant à lui, avance sans document que si *La gitane* est une œuvre indépendante, Manet aurait initialement envisagé d'utiliser la figure dans sa composition des *Gitanos*[3]. Selon Tabarant et la plupart des auteurs, *La gitane* aurait donc été peinte vers 1862. En fait, la touche, le traitement de surface et le type de toile employée, évoquent ceux du *Cabas et des oignons* (RW 44) et du *Buveur d'eau* (RW 43), tous deux fragments des *Gitanos.* Malheureusement, un rapprochement stylistique réel avec le plus grand des fragments, le *Bohémien* (RW 42), s'avère irréalisable car ce dernier n'est connu que par une photographie de mauvaise qualité.

Degas admirait beaucoup *La gitane,* pour l'acquérir chez Durand-Ruel, sans doute séduit par la pose peu conventionnelle du personnage et le découpage audacieux de la composition. Son propre œuvre comporte de semblables audaces. Mais celles de Manet étaient particulièrement précoces ; or, cette composition surprenante en 1862 n'a, semble-t-il, pas été vue à l'époque. On ne trouve aucune mention du tableau avant 1883 où il est répertorié sous le titre de *Femme mexicaine* dans l'inventaire posthume de l'atelier de Manet[4]. L'analogie avec ses propres expériences en matière de composition vers la même époque dut intéresser Degas. On retrouve les mêmes jeux de découpage de chevaux dans ses premiers tableaux de courses (*Jockeys à Epsom,* vers 1860-1862). Le type de la femme contemplative ou absorbée est caractéristique de beaucoup d'œuvres de jeunesse de Degas, et la pose de la gitane rappelle les nombreuses danseuses au repos. Le pastel de Degas, *Blanchisseuse et cheval* (vers 1902) est peut-être dans son œuvre, le plus proche du tableau de Manet par sa composition.[5]

Il est aussi intéressant de situer *La gitane* dans l'évolution de Manet, car elle précède de seize ans *La prune* (cat. 165) qui dépeint aussi une femme à la cigarette, appuyée sur son bras droit, la tête dans la main ; mais à la place de la figure haute en couleurs de gitane, c'est en 1878 une jeune femme à la mode dans un café. Un tel contraste entre les deux sujets est révélateur. En 1862, ce qui attirait Manet chez *La gitane,* c'était, outre le costume, un air bravache naturel, propre également aux espadas (cat. 33) et aux majos (cat. 72).

Historique
Intitulé « Femme mexicaine » et prisé 100 Frs sur l'inventaire de l'atelier de Manet, dressé après sa mort[6], ce tableau fut vendu pour la somme de 150 Frs, sous le titre « La bohémienne » au cours de la vente de l'atelier, en février 1884, à « Bashkirseff »[7]. On suppose que l'acheteur était MARIIA BASHKIRTSEVA (1860-1884), dont le journal retrace les aspirations d'artiste, et mentionne une visite à l'exposition rétrospective consacrée en 1884 à Manet, à l'école des Beaux-Arts. Rouart et Wildenstein affirment que l'œuvre se trouvait chez DURAND-RUEL (v. Hist.,

cat. 118) en 1896[8] ; elle ne figura pourtant pas à l'exposition Manet qui eut lieu à la galerie cette année-là, mais fut acquise plus tard par DEGAS (v. Hist., cat. 23) dont le portrait de *Mlle Fiocre dans le ballet de « La source »,* 1866-1868, est d'une conception très voisine (New York, musée de Brooklyn). Les marchands parisiens CHARLES ET ROSE VILDRAC achetèrent *Gitane à la cigarette* à la vente de la collection Degas[9] pour 32,000 Frs. Par la suite, DURAND-RUEL vendit le tableau à la collection STRANG, à Christiania en Suède ; il réapparut à Paris à la GALERIE BARBAZANGES et fut acquis par un joaillier, MEYER

GOODFRIEND, qui possédait une importante collection de tableaux français du XIXe siècle. Vendu à New York en 1923[10], il fut acheté $ 3.500 par J. CHEIM[11]. Vers 1932, le propriétaire en est THOMAS MORLAND de New York. Le tableau entra dans la collection du BARON VON DER HEYDT, à Zandvoort en Hollande, en 1937, pour passer plus tard au marchand THANNHAUSER (v. Hist., cat. 156). En 1959, le tableau appartenait à MR ET MRS ARCHIBALD S. ALEXANDER, de Bernardsville dans le New Jersey, et fut légué au musée de l'université de Princeton en 1979 (Inv. 79.55).

C.S.M.

Catalogues
D 1919 (supplément), 8 ; M-N 1926 II p. 119 ; cat. ms. 207 ; T 1931, 48 ; JW 1932, 304 ; T 1947, 50 ; RO 1970, 40 ; RW 1975, 46.

1. Hanson 1970, pp. 162-165.
2. 1re Vente Coll. Degas 1918, no 78.
3. Tabarant 1947, p. 51.
4. Voir Historique, n. 6.
5. Lemoisne 1946, II, no 419.
6. Rouart et Wildenstein 1975, I, p. 27 « Tableaux et études » no 47.
7. Vente Manet 1884 no 53 ; Bodelsen 1968, p. 343.
8. Rouart et Wildenstein 1975, I, p. 58.
9. 1re Vente Coll. Degas 1918, no 78.
10. Vente à New York, American Art Association, 4-5 janvier 1923, no 114.
11. 875.000 Frs, selon Jamot et Wildenstein 1932, no 304.

26

27

27   La maîtresse de Baudelaire couchée

1862
Huile sur toile
90 × 113
Signé b.g. *Manet*

P   Budapest, Szépmüvészeti Múzeum

Jeanne Duval, maîtresse de Baudelaire, pose sur un canapé vert dans l'atelier de la rue Guyot[1], dont on aperçoit le vitrage derrière le rideau de dentelle. On connaît l'identité du modèle par l'inventaire après décès, dressé dans l'atelier, par le notaire avec l'aide de Suzanne Manet, compagne du peintre à l'époque du tableau, donc source sûre du renseignement. L'œuvre était répertoriée dans cet inventaire sous la rubrique « études peintes », avec tout un lot d'esquisses et

Expositions
Paris, Martinet 1865 ? ; La Revue indépendante 1888.

Catalogues
D 1902, 33 ; M-N 1926 I p. 65 ; cat. ms. 71 ; JW 1932, 110 ; T 1947, 59 ; RO 1970, 37 ; RW 1975, 48.

d'œuvres non terminées[2]. Il est pourtant possible que Manet l'ait jugé assez bon pour l'exposer en 1865, à la Galerie Martinet, où évidemment son aspect dur et esquissé dut paraître choquant, mais il ne l'avait pas accroché aux murs de son atelier, où il fut redécouvert à sa mort[3]. Il est possible que ce portrait féroce ne plut guère à Baudelaire, sinon Manet, qui donna toute sa vie très facilement des tableaux à ses amis, lui en aurait fait cadeau (voir Historique).

Il s'agit en effet d'un étrange portrait, où, pour une fois, cette accusation de laideur portée par les contemporains à l'encontre des modèles de Manet, et qui nous surprend tant aujourd'hui quand il s'agit de Victorine Meurent ou de Berthe Morisot, est ici justifiée. L'image est terrible, révélatrice, et l'on peut imaginer la réaction de Baudelaire, devant ce constat navrant d'un visage autrefois passionnément aimé, aujourd'hui durci, amer, malade.

Jeanne Duval n'était pas noire, ni probablement mulâtresse, mais sans doute simplement créole, et c'est un peu par jeu que Baudelaire l'appelait la « Vénus noire ». Il l'avait rencontrée en 1842[4] ; elle était plus âgée que lui, ce qui lui donne à l'époque du tableau entre quarante et cinquante ans. On sait qu'elle était grande et anguleuse, les cheveux légèrement crêpés[5]. Manet, qui avait semble-t-il — d'après son œuvre — du goût pour les femmes au teint clair et plutôt plantureuses, dut effectivement la trouver très laide. Jeanne Duval était malade depuis près de quinze ans. Plus ou moins entretenue par Baudelaire, lui-même toujours désargenté, dans une relation complexe où la dépendance et la pitié s'associaient, et avaient remplacé la passion. D'ailleurs Baudelaire, dans une lettre à sa mère, de dix ans antérieure au tableau, se plaignait déjà de la vie avec Jeanne, avant l'une de leurs innombrables ruptures : « VIVRE AVEC UN ÊTRE qui ne vous sait aucun gré de vos efforts, qui les contrarie par une maladresse ou une méchanceté permanente, qui ne vous considère que comme son domestique et sa propriété [...], une créature qui ne *veut rien apprendre [...]*, une créature QUI NE M'ADMIRE PAS [...], qui jetterait mes manuscrits au feu si cela lui rapportait plus d'argent que de les laisser publier, qui renvoie mon chat [...] »[6]. Voilà bien une femme qui n'aurait jamais séduit Manet, qu'on imagine plein de santé et de gaieté dans sa vie amoureuse. Tout ce qui l'aurait fait fuir, attachait précisément Baudelaire, puisque le soi-disant bourreau était aussi « [sa] seule distraction, [son] seul plaisir, [son] seul camarade », comme il le confiait à sa mère [7]. En 1859, Jeanne Duval avait été frappée d'une attaque de paralysie[8] et était, depuis, soignée dans une maison de santé aux frais du poète. Le portrait de Manet serait donc bien celui d'une femme très atteinte, à demi-paralysée, ce qui expliquerait la position bizarre de la jambe.

Dans la robe, si exagérément déployée, si encombrante, et dont Manet a fait le motif principal de la composition, la touche est balayée, claire, brève, et préfigure de dix ans sa facture dite « impressionniste ». Jacques-Émile Blanche, se souvient du « chef-d'œuvre dont on a perdu la trace [...] masque étrange, exotique et ‹ fatal › ; corps émacié, perdu dans les plis d'une vaste jupe café au lait, à volants [...] »[9]. Ayant vu le tableau à la galerie de *La Revue indépendante* en pleine période symboliste, Fénéon le décrit ainsi, dans son style décadent : « Anoblie d'étrangeté et de souvenirs, une autre toile montre l'historique maîtresse de Baudelaire, la fantasque et douloureuse créole Jeanne Duval. Près d'une fenêtre où flotte le blanc des rideaux, elle s'anonchalit, pareille à une idole et à une poupée. Les vers de Baudelaire la décriraient assez exactement : ‘ Le jeu, l'amour, la bonne chère/Bouillonnent en toi, vieux chaudron :/Tu n'es plus jeune, ma très chère./Tu n'es plus jeune, et cependant/Tes caravanes insensées/T'ont donné ce lustre abondant/Des choses qui ont trop usées/Et qui séduisent cependant. ’ Sa face camuse et boucanée se désiste de toute émotion ;

1. Tabarant 1931, p. 88.
2. Rouart et Wildenstein 1975, I, p. 27 « Maîtresse de Baudelaire couchée ».
3. Tabarant 1947, p. 57.
4. Baudelaire 1975, p. XXIX.
5. J. Buisson, cité Tabarant 1963, p. 59.
6. Baudelaire 1973, I, p. 193 : à Mme Aupick.
7. *Ibid.* p. 356 : 11 septembre 1857.
8. Baudelaire 1975, p. XLIII.
9. Blanche 1924, p. 36.

et en largeur, ondule l'immense et paradoxal développement d'une robe d'été à larges raies violettes et blanches. »[10]. Fénéon reproduit avec quelques altérations le poème originel de Baudelaire ; il aurait pu citer également les mots qui pourtant définissaient admirablement ce que Manet a peut-être voulu évoquer dans la coiffure et la jupe : « Ma vieille infante »[11].

Historique

Il n'est pas exclu, — mais peu probable —, que ce tableau ait un temps appartenu à BAUDELAIRE (v. cat. 54-58), puisque l'on sait que durant sa maladie, celui-ci avait en 1866-1867 « deux toiles de Manet » dans sa chambre[12].

En mourant, Baudelaire (qui possédait une riche collection d'estampes de Manet — v. Hist., cat. 9 et 47), laissait des dettes, en particulier à Manet. On peut imaginer que les héritiers aient remis alors à MANET ce portrait.

Après la mort de Manet, le tableau est classé comme « étude peinte » dans l'inventaire après décès[13]. L'indication sur le châssis, au dos, « Maîtresse de Baudelaire », serait, d'après Tabarant, de la main de Manet[14]. Il reste dix ans encore chez sa veuve, SUZANNE MANET (v. cat. 12) qui le vend en 1893 au courtier allemand HERMANN PAECHTER (selon Tabarant) ou à BOUSSOD ET VALADON (selon Rouart et Wildenstein). Paechter fut pendant toute cette époque le marchand allemand attitré de Suzanne Manet, et joua ainsi un grand rôle dans l'introduction précoce de Manet en Allemagne. Etienne Boussod, gendre du marchand Goupil, prit la direction, avec Valadon, de sa fameuse galerie en 1875. Leur galerie principale, 2 place de l'Opéra, était dévolue à la peinture officielle (Meissonier, Bouguereau et Bonnat) ; la petite galerie, 19 boulevard Montmartre, dirigée dès 1878 par Théo van Gogh (1854-1891 ; frère de Vincent), s'occupa des œuvres d'avant-garde (impressionnistes, etc...)[15].

On retrouve l'œuvre chez le professeur HEILBUT à Hambourg puis chez le marchand berlinois BACHSTIZ, qui le vend (en 1916) au Musée des Beaux-Arts de Budapest (Inv. 5004.368-B).

F.C.

10. Fénéon, cité Halperin, 1970, I, p. 102.
11. Baudelaire 1975, p. 164.
12. Crepet 1887, p. 95 ; Baudelaire 1973, II, pp. 430-431.
13. Rouart et Wildenstein 1975, I, p. 27.
14. Tabarant 1947, p. 67.
15. Rewald 1973.

28 *Étude pour* La maîtresse de Baudelaire couchée

1862
Aquarelle
16,7 × 23,8

P   Brême, Kunsthalle Bremen

Cette notation préparatoire au tableau (cat. 27) montre la première impression du peintre et l'idée générale du tableau ; le motif de l'énorme jupe à crinoline est déjà plus important que le portrait. Le caractère impressionnant du visage

Expositions
Berlin, Matthiesen 1928 n° 3 ; Paris, Berès 1978 n° 8.

Catalogues
T 1931, 14 ; JW 1932, mentionné 110 ; T 1947, 567 ; L 1969, 192 ; RW 1975 II 368.

28

1. S. Helms et W. Werner, *Alfred Walter Heymel, 1878-1914, Geschichte einer Sammlung*, Graphisches Kabinett, Brême [1977], avec réimpression du catalogue de l'exposition au Kunsthalle de Brême, avril-mai 1909, n° 192 (rep.)
2. Lugt 1956 n° 2861 b, pp. 407-408.

dans la peinture lui a fait insister sur le motif du rideau de dentelle, qui n'existe pas encore dans l'aquarelle, et qui répond à la légéreté de la robe : parenthèses de grâce autour du noyau sombre et sec du visage.

Historique
Cette aquarelle était déjà dans la collection d'ALFRED WALTER HEYMEL (1878-1914) en 1909[1]. Heymel, poète et collectionneur, fut un fondateur, avec son cousin Rudolf Alfred Schröder, de l'«Inselverlag», l'une des meilleures maisons d'édition et imprimeries d'Allemagne. Une partie de sa collection importante (qui comprenait une œuvre lithographique remarquable de Toulouse-Lautrec) passa à sa cousine MME CLARA HEYE-SCHRÖDER et, après la mort de celle-ci en 1963, à la Kunsthalle (inv. 63. 564)[2].

F.C.

29 Jeune femme couchée en costume espagnol

1862
Huile sur toile
94 × 113
Signé b.d. *A mon ami Nadar. Manet*

New Haven, Yale University Art Gallery

Expositions
Paris, Martinet 1863 n° 130 ; Alma 1867 n° 35 Beaux-Arts 1884 n° 20 ; Philadelphie-Chicago 1966-1967 n° 53.

Catalogues
D 1902, 46 ; M-N 1926 I 47 ; T 1931, 55 ; J-W 1932, 63 ; T 1947, 57 ; R-O 1970, 52 ; RW 1975, 59.

Cette jeune femme un peu épaisse, déguisée en costume espagnol masculin, passe généralement pour être la maîtresse de Nadar[1]. Son identité nous est à vrai dire inconnue (voir Historique). Farwell a supposé également que le modèle serait le même que celui de l'*Odalisque* (cat. 71)[2] mais d'une part l'aquarelle concernée semble postérieure et surtout, la « maîtresse de Nadar » a un visage plus poupin, au menton plus lourd, au nez plus court.

Il est difficile de savoir si elle a été peinte avant ou après *Mlle Victorine en espada* (cat. 33), également costumée à l'espagnole, mais le caractère érotique du vêtement masculin est encore plus accusé ici, par la pose. Le déguisement masculin était d'un usage constant dans la galanterie à l'époque romantique, et les silhouettes de Rossanette et de « Mademoiselle Loulou » qui tournoient dans le bal déguisé de *L'éducation sentimentale* de Flaubert, — portant, l'une, « une culotte de tricot et des bottes molles à éperons d'or » et l'autre « un large pantalon de soie ponceau, collant sur la croupe et serré à la taille par une écharpe de cachemire » — en sont d'éloquentes évocations littéraires[3]. En effet, le pantalon évoque plus les formes du corps que les robes, surtout au temps des crinolines, et exprime l'idée d'une féminité conquérante.

Plus que sur le visage, l'accent lumineux est ici porté sur l'étonnant pantalon de velours crème et les bas clairs. Le piquant du contraste est souligné par la position passive et offerte du modèle, son air boudeur, sa coiffure à accroche-cœur de « señorita », et l'éventail.

On a pensé que, formant une sorte de pendant à l'*Olympia* (cat. 64) par la pose et la présence du chat, il pourrait s'agir d'une réplique moderne des *Majas* de Goya (Madrid, Prado), celle-ci vêtue, l'autre nue (fig. a et cat. 64, fig. b)[4]. Mais ni les dimensions, si dissemblables, ni la date, ni les modèles différents (bien qu'on ait pensé à tort qu'il s'agissait ici déjà de Victorine Meurent[5]) ne corroborent cette hypothèse.

En revanche, l'allusion à la *Maja nue* de Goya (cat. 64, fig. b) est évidente, délibérée. Dans le mouvement du coude droit, d'abord, qui est assez artificiel ici, alors que chez Goya, il est très naturel, puisque la Maja appuie sa

29

tête sur ses mains posées l'une sur l'autre ; dans le profil du canapé ensuite qui
est le même exactement chez Manet et Goya, au point qu'on a pensé à un clin
d'œil au peintre espagnol[6] de l'ordre de ceux qu'un siècle plus tard Magritte
fera à Manet (à propos du *Balcon* — voir cat. 115). De surcroît, Nadar
connaissait particulièrement bien les *Majas* de Goya. Une lettre de Baudelaire à
Nadar en mai 1859 lui demande d'en faire deux photographies, « l'une pour toi,
l'autre pour moi », de deux versions réduites de ces tableaux qui se trouvaient
sur le marché parisien, et même de les acheter s'il le pouvait : « Figure-toi du
Bonington ou du Devéria galant et féroce [...] la trivialité même de la pose
augmente le charme des tableaux. »[7]. Hanson voit dans ce tableau une version
modernisée du thème des Odalisques d'Ingres et de Delacroix[8].

On pense aussi à Devéria devant le tableau de Manet, mais surtout, à
un autre personnage qui, comme Nadar, à qui la toile est dédicacée, relie cette
œuvre à Baudelaire : Constantin Guys[9]. Ce dernier a fait de nombreuses sépias
dans les années cinquante, représentant les lorettes, déguisées en costume
masculin pour le bal de l'opéra ou l'agrément de leurs compagnons. Comme ses

à mon ami Nadar

Manet

amis Nadar et Baudelaire, Manet possédait lui-même « un lot de dessins, croquis et étude par Guys »[10].

La présence du chat, qui joue ici avec des oranges, au-dessus de la dédicace, peut être diversement interprétée. Est-il une allusion à un comportement de coquette qu'aurait eu cette dame boudeuse ? Peut-être est-ce une plaisanterie entre les trois amis ; on sait en effet que Nadar se moquait « des gens qui ont eu ou qui ont la passion des chats. »[11]. N'excluons pas que l'idée en soit venue à Manet par la simple notation d'une réalité au moment de la pose dans l'atelier, et que la présence réelle du chat offrait une solution plastique : rompre par une image de mouvement le côté statique du modèle, encore renforcé par la longue ligne horizontale de la frange du canapé.

Par leur couleur, aussi, les deux taches oranges apportent une touche de contraste incongru et d'humour. Il y a peut-être de tout cela, mais il faut saluer ici la première apparition dans la peinture de Manet, de son animal fétiche, qui accompagnera tout l'œuvre, de celui d'Olympia, à celui de Mallarmé (cat. 150).

L'ami de Manet, Félix Bracquemond, a gravé ce tableau vers 1863[12]. Or, sur l'eau-forte qui inverse l'image, on voit à gauche une draperie verticale, qui serait à droite sur le tableau. Cette gravure provoque chez Manet la réaction suivante : « Je pensais toujours vous rencontrer [au café de] Bade pour vous parler de l'épreuve que vous m'avez envoyée. Je crois qu'il y faudrait un fond et plus de vigueur dans le canapé, enlever le rideau, peut-être un peu plus de fouillis généralement. »[13]. Une caricature anonyme portant le n° 130 de l'exposition de chez Martinet en 1863 montre l'emplacement du rideau[14]. C'est peut-être ses réflexions à propos de la gravure de Bracquemond qui ont donné à Manet l'idée de supprimer le rideau par la suite, entre 1863 et 1867, où les dimensions sont déjà réduites.

Charles Stuckey nous a fait par ailleurs l'intéressante suggestion que ce tableau et celui de la maîtresse de Baudelaire (cat. 27), qui sont à très peu près de la même dimension, pourraient former des pendants, la ligne fine que nous supposons être le montant d'un chevalet, à gauche, dans le tableau de Budapest répondant au rideau de droite de la *Jeune femme couchée,* qui a été supprimée depuis. Même s'il ne s'agit pas de pendants véritables, — dont on ne verrait pas l'objet, et qu'excluent les poses des femmes placées dans le même sens —, il y a certainement une analogie de conception, et il n'est pas tout à fait impossible de penser que cette toile serait le deuxième tableau dont parle Crepet lorsqu'il décrit la chambre de Baudelaire en 1866 : « Les murs avaient pour principal ornement deux toiles de Manet, dont l'une était une copie de ce portrait de la duchesse d'Albe par Goya, qu'il admirait tant »[15], c'est-à-dire l'une des *Majas* de Goya, sources indiscutables de ce tableau.

fig. a. Goya, La maja vêtue, vers 1802. Madrid, Musée du Prado

1. Tabarant 1947, p. 55.
2. Farwell 1973, p. 167.
3. Flaubert 1952, pp. 146-147.
4. Bodkin 1927, pp. 166-167 ; Jamot 1927, p. 27-35.
5. Jamot 1927, p. 10.
6. Issacson 1969, p. 34.
7. Baudelaire 1973, I, p. 574 : à Nadar, 14 mai 1859.
8. Hanson 1977, p. 88, n. 154.
9. Rishel 1979, p. 383.
10. Inventaire après décès, in Rouart et Wildenstein 1975, I, p. 27.
11. Baudelaire 1973, I, p. 573 : voir n° 7.
12. Bouillon 1972, p. 16 ; Bouillon 1975, p. 44, fig. 15.
13. J.P. Bouillon, correspondance Manet / Bracquemond, *Gazette des Beaux-Arts,* à paraître.
14. Moreau-Nélaton 1926, I, fig. 46.
15. Crepet 1887, p. 95.
16. Vollard 1937, p. 33.
17. Crepet 1887, p. 132.
18. Vente M.N... 11-12 novembre 1895, n° 60.
19. Goncourt 1956, t. XXI, p. 133 : 24 nov. 1895.
20. J. Manet 1979, p. 213.
21. Meier-Graefe in *Die Kunst,* oct. 1899, p. 64, ill. ; Duret 1902 n° 46.
22. H. von Tschudi, « Die Sammlung Arnhold », *Kunst und Künstler,* nov. 1908, pp. 56 (ill.), 58, 61 ; M. Dormoy, « La Collection Arnhold », *L'Amour de l'Art,* VII, 1926, pp. 241-245.
23. Tomkins 1970, pp. 299, 310, 332.

Historique
Ce tableau a peut-être appartenu à Baudelaire[16], puis, fut donné par Manet à Félix Tournachon dit NADAR (1820-1910) qu'il avait probablement rencontré par l'intermédiaire de Baudelaire, dont c'était l'un des plus vieux amis de jeunesse. La dédicace « à mon ami Nadar » a dû être faite au moment du don, plusieurs années après que le tableau fut peint. En effet, on sait que Manet avait encore le tableau chez lui en 1865 puisqu'il offre à l'éditeur Poulet-Malassis à l'automne de cette année, de lui échanger, contre le portrait de Baudelaire par Courbet que ce dernier voulait vendre, « une femme en costume de majo, couchée sur un divan rouge »[17].
On sait le rôle important de Nadar, à plus d'un titre, dans l'histoire de la peinture, en particulier

pour avoir prêté son local de photographe pour leur première exposition de groupe en 1874, à ceux que cette manifestation allait doter de leur nom de baptême : les impressionnistes, et à laquelle Manet ne participera pas.
L'œuvre fait partie de la vente de sa collection en novembre 1895[18] et le journal des Goncourt commente : « Ç'a été un désastre, la vente de ce pauvre Nadar : le tableau de Manet, qu'il comptait monter aux enchères à 10.000 francs, s'est vendu 1.200 francs »[19]. Il semble que le tableau ait appartenu ensuite à AUGUSTE PELLERIN (v. Hist., cat. 109) ainsi qu'en témoigne une visite de Julie Manet chez Pellerin en 1899[20]. Reproduit par Meier-Graefe dans *Die Kunst* en octobre 1899[21], on le retrouve déjà en 1902 dans la fameuse collection EDUARD ARNHOLD à Berlin[22], qui

possédait d'autres œuvres importantes de Manet (parmi lesquelles le *Portrait de Desboutin,* (cat. 146). Il passe ensuite à New York dans la collection STEPHEN C. CLARK (1882-1960), frère de Robert Sterling Clark (v. Hist., cat. 127), héritier du Singer Sewing Machine Company, qui fut également trustee du Museum of Modern Art et du Metropolitan Museum of Art à New York. Sa superbe collection de tableaux impressionnistes et post-impressionnistes comprenait *La parade* de Seurat et trois magnifiques Cézanne qui entrèrent au Metropolitan Museum quand la collection fut divisée, à sa mort en 1960[23]. L'autre moitié de la collection, dont ce tableau de Manet, fut léguée à l'université de Yale (inv. 1961.18.33) dont l'Art Gallery possédait déjà l'aquarelle (cat. 30).   F.C.

30 *Étude pour la* Jeune femme couchée, en costume espagnol

1862
Aquarelle
16,4 × 23,5
Monogramme b.d. *EM*

New Haven, Yale University Art Gallery

Expositions
Philadelphie-Chicago 1966-1967 n° 53 ;
Ann Arbor 1969 n° 21.

Catalogues
D 1902, fig. p. 31 ; T 1931, 18 (aquarelles) ;
JW 1932, (mentionné) 63 ; T 1947, 561 ; RW 1975
II 373.

Alors que, souvent, les aquarelles et dessins reliés à des tableaux sont faits après la peinture et servent d'étape intermédiaire entre la toile et la gravure, cette aquarelle semble bien être une étude préparatoire au tableau précédent. La position du coude droit, appuyé sur un coussin, y est beaucoup plus naturelle ; le chaton est pris sur le vif et sa silhouette humoristique est soulignée par le graphisme de la signature. En passant au tableau, Manet a accentué l'analogie avec le tableau de Goya (cat. 64, fig. b) en découpant le canapé selon le même profil, d'où ce coude resté en l'air un peu artificiellement. D'autre part, Manet appuie avec fermeté sa composition sur un premier plan horizontal de trois bandes parallèles, le sol, les franges et le canapé, parti pris que l'on retrouvera souvent ultérieurement. L'orange du premier plan est devenue dans le tableau une nécessité plastique, une sorte de point d'exclamation de son hispanisme de citation.

Historique
Cette aquarelle est recensée dans la collection FAUCHIER-MAGNIEN, puis chez BIGNOU (v. Hist., cat. 216) qui la vend à DORVILLE. Elle passe dans la vente Dorville à Nice (24 juin 1942, n° 341) et réapparaît chez JOHN S. TRACHER à Washington. Ancien élève de l'Université de Yale, il lui fit don de cette œuvre qui est entrée à l'Art Gallery en 1959 (inv. 1959.63).

F.C.

30

31

31 Portrait de Victorine Meurent

1862
Huile sur toile
43 × 43
Signé h.d. *Manet*

Boston, Museum of Fine Arts

Victorine Louise Meurent, née en 1844[1] avait donc dix-huit ans quand Manet la rencontra et lui demanda de poser pour lui. D'après Duret, il l'avait croisée dans la foule, au Palais de justice et avait été « frappé de son aspect original, et sa manière d'être tranchée ».[2] Tabarant situe la rencontre près de l'atelier de gravure de la rue Maître-Albert, puisque le carnet de Manet porte l'adresse de la jeune femme, « Louise Meuran [sic], rue Maître-Albert, 17 »[3]. Les deux versions ne sont pas contradictoires, et celle de Duret lui a certainement été racontée par Manet.

Expositions
Paris, Orangerie 1932 n° 12 ; New York, Wildenstein 1937 n° 5.

Catalogues
D 1902, 30 ; M-N 1926 I p. 48 ; cat. ms. 77 ; T 1931, 56 ; JW 1932, 50 ; T 1947, 62 ; RO 1970, 57 ; RW 1975, 57.

Victorine, en tout cas, était un modèle professionnel, puisqu'elle posait déjà dans l'atelier de Couture où on la voit inscrite au début de la même année 1862. Amusante et bavarde pendant les séances de pose, qu'elle savait tenir avec patience et immobilité, avec sa peau laiteuse de rousse, qui « accrochait » bien la lumière, elle allait devenir le modèle préféré de Manet, de 1862 à 1875, celui de *La chanteuse des rues* (cat. 32), de *L'espada* (cat. 33), du *Déjeuner sur l'herbe* (cat. 62), de l'*Olympia* (cat. 64) et du *Chemin de fer* (cat. 133).

Elle avait un franc-parler de « titi parisien »[4], des manières fantasques et un certain talent, jouait de la guitare et, après une liaison avec Stevens à qui elle servit également de modèle, puis une fugue amoureuse retentissante aux États-Unis, se mit à peindre elle-même après 1870. Un *Autoportrait* la fit recevoir au Salon de 1876, dont Manet lui-même était exclu. Tabarant retrouve sa trace bien plus tard[5], lorsqu'elle avait glissé peu à peu de la bohème à l'alcoolisme et à la misère.

Ce portrait la saisit au moment où Manet vient de la découvrir. Son caractère affirmé lui imprime des traits de femme, et non de la jeune fille qu'elle était. Son visage, ici violemment éclairé, permet tout naturellement un modelé sans dégradés ni contrastes. Ses cils blonds adoucissent un regard un peu absent, et le bas du visage, calme et buté, s'accordera admirablement au propos de Manet dans l'expression très particulière d'indifférence mêlée de défi qu'il prêtera à la baigneuse du *Déjeuner* et à l'*Olympia*. Ici, il s'enchante visiblement, comme beaucoup de peintres, de la chevelure fauve qu'on retrouvera dans les esquisses — (l'étude d'après le *Déjeuner sur l'herbe* (RW 66) ou l'aquarelle de l'*Olympia* (cat. 63) — et encore du contraste avec le ruban bleu.

Jacques-Émile Blanche a le premier relevé une analogie avec le raffinement coloré de Corot. Un Corot plus violent, comme poussé à blanc : « De la rencontre due au hasard d'un peintre et de son modèle, combien de conséquences décisives sur le caractère de la production ! Nous tenons certaine tête de Victorine Meurent avec un ruban bleu dans sa chevelure, pour la clé des colorations qui caractérisent la palette de Manet, presque celle de Corot figuriste, et de toute une fort jolie petite école où l'on compte Alfred Stevens. Appelons cette catégorie d'artistes : les peintres des gris colorés et du ton sur ton [...] L'Espagne en fut le berceau. »[6]

Notons au passage l'apparition du mince ruban noir autour du cou de Victorine, soulignant la blancheur de la peau, que Manet lui conservera pour tout vêtement dans l'*Olympia*, et qui a fait couler une encre passionnée de 1865 à nos jours[7].

1. Goedorp 1967, p. 7.
2. Duret, cité par Tabarant, 1947, p. 47.
3. Tabarant 1947, p. 47.
4. Vollard 1938, p. 27.
5. A. Tabarant, « La fin douloureuse de celle qui fut l'Olympia », *L'Œuvre*, 10 juillet 1932.
6. Blanche 1924, p. 24.
7. Leiris 1981.
8. R. Gimpel, *Journal d'un Collectionneur, marchand de tableaux*, Paris 1963 : 6 septembre 1924.
9. Whitehill 1970, I, p. 431 ; II, pp. 446, 502, 508.

Historique

Tabarant décrit en 1947 le tableau comme non signé, mais les premières photographies existantes, dans le fonds Rosenberg dans les années 1920 (archives du musée d'Orsay), montrent clairement la signature.
On ne trouve pas trace du tableau dans l'inventaire posthume ni dans la vente (v. Hist., cat. 12). Peut-être Manet en avait-il fait cadeau à quelqu'un. La première collection où on le voit réapparaître, à la fin du siècle, est celle de SIR WILLIAM BURRELL (1861-1958), le riche armateur de Glasgow, qui a légué une vaste collection à sa ville natale en 1944. Il possédait aussi entre autres œuvres de Manet *Le jambon* (RW 351) et des scènes de café au pastel (v. cat. 166) (aujourd'hui aux Glasgow Museums and Art Galleries, auxquels ils ne peuvent malheureusement être empruntés, par clause testamentaire).
Il revient en France en 1905, par l'intermédiaire de BERNHEIM-JEUNE ; Josse Bernheim

(1870-1941) et son frère jumeau Gaston (1870-1953) étaient fils du marchand Alexandre Bernheim. Leur galerie Bernheim-Jeune, dont Félix Fénéon était le directeur pendant vingt ans, s'occupa de peinture impressionniste et post-impressionniste, et ils firent éditer une revue et des livres d'art importants. On retrouve le portrait dans la non moins fameuse collection ALPHONSE KANN, à Saint-Germain-en-Laye. Ce collectionneur, ami d'enfance de Marcel Proust, possédait surtout une importante collection du dix-huitième siècle, et plusieurs Cézanne[8]. Racheté par le marchand PAUL ROSENBERG, il entra chez ROBERT TREAT PAINE II (1861-1943), trustee du Museum of Fine Arts de Boston, auquel il donna *Le facteur Roulin* par Van Gogh et le portrait de *M. et Mme Edmond de Morbilli* par Degas. Son fils, RICHARD C. PAINE, donna le *Portrait de Victorine Meurent* au musée de Boston en mémoire de son père en 1946 (inv. 46.846)[9].

F.C.

32 La chanteuse des rues

Vers 1862
Huile sur toile
175 × 118,5
Signé b.g. *éd. Manet*

Boston, Museum of Fine Arts

Au début des années soixante, le quartier du boulevard Malesherbes fut démoli, et reconstruit par le baron Haussmann. Antonin Proust devait évoquer plus tard, une promenade qu'il y fit en compagnie de Manet, pour se rendre à l'atelier de celui-ci, rue Guyot, au cours de laquelle l'artiste enregistra certains détails intéressants visuellement. Il tomba en arrêt notamment, devant un immeuble en démolition au milieu d'un nuage de poussière blanche : « La voilà, s'écria-t-il, la symphonie en blanc majeur dont parle Théophile Gautier. » Malgré son enthousiasme il n'avait pas encore déniché de sujet éventuel, jusqu' au moment où : « A l'entrée de la rue Guyot une femme sortait d'un cabaret louche, relevant sa robe, retenant sa guitare. Il alla droit à elle et lui demanda de venir poser chez lui. Elle se prit à rire. ' — Je la repincerai, s'écria Manet, et puis si elle ne veut pas, j'ai Victorine. ' Victorine était son modèle de prédilection. Nous montâmes à l'atelier. Sur deux chevalets étaient le *Guitarero* [cat. 10] et le Portrait de son père et de sa mère [cat. 3]. »[1]. La femme dut réitérer son refus, car c'est Victorine Meurent (voir cat. 31) qui servit de modèle pour *La chanteuse des rues.*

  Cette rencontre aurait eu lieu, selon Proust, au retour d'Espagne de Manet, en 1865. Il s'agit certainement d'une erreur de mémoire, puisque *La chanteuse des rues* fit partie d'un groupe de quatorze peintures à l'exposition ouverte le 1er mars 1863 à la galerie Martinet. Manet, qui avait fait la connaissance de Victorine en 1862, dut exécuter le tableau cette année-là ou au début de 1863. En outre ce n'était certainement pas la première fois qu'il avait recours à elle en tant que modèle, car la phrase « j'ai Victorine » prouve qu'elle avait déjà dû poser pour lui. On peut donc en déduire que Manet avait probablement déjà fait son portrait (cat. 31) et achevé également *Mlle Victorine en costume d'espada* (cat. 33).

  L'exposition chez Martinet s'ouvrit, Hamilton l'a fait observer, un mois jour pour jour avant les délibérations du comité chargé de la sélection du Salon de 1863[2]. Manet devait espérer gagner la faveur du jury, mais ce fut un mauvais calcul. Paul Mantz reprochera par exemple à Manet de ne pas tenir les promesses du *Chanteur espagnol* (cat. 10), exposé au Salon de 1861, et décrit *La chanteuse des rues* comme un témoignage de son égarement dans la mauvaise direction : « [...] M. Manet est entré avec sa vaillance instinctive dans le domaine de l'impossible. Nous refusons absolument de l'y suivre. Toute forme se perd dans ses grands portraits de femmes, et notamment dans celui de la *Chanteuse,* où, par une singularité qui nous trouble profondément, les sourcils renoncent à leur position horizontale pour venir se placer verticalement le long du nez, comme deux virgules d'ombre ; il n'y a plus là que la lutte criarde de tons plâtreux avec des tons noirs. L'effet est blafard, dur, sinistre [...] nous ne nous chargeons nullement de plaider la cause de M. Manet devant le jury de l'Exposition. »[3]

  Il fallut attendre quatre ans une critique favorable. Elle émane de Zola, début 1867, qui désigne cette œuvre comme celle qu'il admirait le plus, parmi

Expositions
Paris, Martinet 1863 ; Alma 1867 n° 19 ;
Beaux-Arts 1884 n° 10.

Catalogues
D 1902, 31 ; M-N 1926 I pp. 44-45 ; cat. ms. 37 ;
T 1931, 44 ; JW 1932, 45 ; T 1947, 46 ;
RO 1970, 44 ; RW 1975, 50.

les huit qu'il pensait voir figurer à l'Exposition Universelle de 1867. Il en loue le style et la vérité : « Mais la toile que je préfère [...] est la *Chanteuse des rues* [...]. L'œuvre entière est d'un gris doux et blond, et la nature m'y a semblé analysée avec une simplicité et une exactitude extrêmes. Un pareil tableau a, en dehors du sujet, une austérité qui en agrandit le cadre ; on y sent la recherche âpre de la vérité, le labeur consciencieux d'un homme qui veut, avant tout, dire franchement ce qu'il voit. »[4].

Le contraste est frappant entre la réaction de Mantz, et celle de Zola qui souligne la modernité de *La chanteuse des rues*. Des deux critiques, le plus âgé, Mantz, juge l'œuvre sévèrement, sur des critères académiques de style et d'exécution, — « L'effet est blafard, dur, sinistre » — tandis que le plus jeune est séduit par la qualité plastique du tableau — « L'œuvre entière est d'un gris doux et blond », — et par ce qu'il choisit d'interpréter comme la confrontation de l'artiste avec la réalité des choses. Zola, peut-être justement à cause de sa jeunesse et de son manque d'expérience en tant que critique, n'en voit que les qualités.

Selon Richardson, *La chanteuse des rues* reçut un piètre accueil, pour n'avoir pas sacrifié au goût de l'époque, pour le sentimentalisme et l'anecdote : « S'il y avait eu ne fût-ce qu'une touche de pathos, le public aurait passé sur la vulgarité du sujet ; après tout, *La mendiante tolérée* d'Alfred Stevens, dont la composition est voisine, avait été favorablement accueillie en 1855, parce que malgré son réalisme, elle racontait une histoire. »[5]. Richardson attribue le violent contraste des valeurs critiqué plus haut par Mantz, à l'influence de l'estampe japonaise, surtout dans la façon dont se découpe la silhouette simplifiée en forme de cloche de la chanteuse, et le traitement de sa robe, comme une surface à deux dimensions où les plis et les galons forment un jeu de lignes dont le graphisme évoque Utamaro ou Hokusaï. Dès 1924 J.-E. Blanche avait déjà évoqué cette influence, mais c'est seulement en 1954, que Sandblad releva le fait que l'année même où l'œuvre fut exécutée, une boutique d'estampes japonaises s'ouvrit à Paris, Manet fut, on le sait, l'un des premiers clients[6].

Farwell démontre par ailleurs, de façon convaincante, que le traitement accusé, simplifié et dépourvu de demi-tons adopté par Manet à cette époque, était peut-être inspiré par la photographie. Elle fait observer que dans certaines photographies du milieu du siècle, on retrouve les effets esthétiques et le modernisme que Manet a voulu imprimer à son œuvre : contrairement à Courbet et à Delacroix peignant d'après des photographies, Manet appréciait la clarté, la dureté des contours, la franchise du clair-obscur de certains clichés, et ce goût se traduit dans sa peinture, par une simplification du modelé et un éclairage violent ; c'est ce qui donne tant de vigueur au style de ses débuts[7]. L'auteur va jusqu'à supposer qu'à l'occasion Manet peignait effectivement d'après des photographies qu'il aurait prises, puis détruites, de ses modèles. Cette hypothèse pourrait s'appliquer à *La chanteuse des rues,* comme à *L'enfant à l'épée* (cat. 14), *La nymphe surprise* (cat. 19), *Mlle Victorine en costume d'espada* (cat. 33), *La musique aux Tuileries* (cat. 38), *Lola de Valence* (cat. 50), *Le déjeuner sur l'herbe* (cat. 62), l'*Olympia* (cat. 64) et le *Christ aux anges* (cat. 74), exécutés entre 1861 et 1864.

Outre le style résolument moderne de *La chanteuse des rues,* le sujet en lui-même a dû intriguer le public. Sous le Second Empire, les artistes des rues étaient généralement des marginaux tombés dans la misère[8], tandis que le modèle ici est élégamment vêtu. En plus de sa robe à la mode, elle porte apparemment un chapeau masculin, celui qui coiffe l'homme à droite dans *Le déjeuner sur l'herbe*. Un tel détail illustre peut-être cette fameuse vogue, qui consistait à se moquer de l'image féminine de l'époque, en arborant des vêtements d'homme[9]. La présence d'une femme aussi bien vêtue, au sortir d'un café de bas-quartier, semble également incongrue.

On peut rapprocher la composition de *La chanteuse des rues* de celle de deux autres portraits en pied de Victorine, exécutés par Manet pendant les années soixante. Sa pose est voisine de celle de la *Femme au perroquet* (cat. 96), et le rapport spatial entre la figure et le fond rappelle *Mlle Victorine en costume d'espada* (cat. 33). Bien que la perspective soit exprimée avec moins d'ambiguïtés dans *La chanteuse des rues,* ici encore, le niveau du sol est surélevé, les figures du fond sont trop petites par rapport à Victorine, et l'illusion de profondeur est affaiblie. Il se peut que les cerises que le modèle tient enveloppées dans un papier, ne soient là que pour faire jouer par leurs teintes vives de rouge et de jaune, les tonalités sourdes de l'ensemble. « Il traite les tableaux de figures comme il est permis, dans les écoles, de traiter les tableaux de nature morte ; je veux dire qu'il groupe les figures devant lui, un peu au hasard, et qu'il n'a ensuite souci que de les fixer sur la toile telles qu'il les voit, avec les vives oppositions qu'elles font en se détachant les unes sur les autres », disait Zola[10]. Cet assemblage de détails et d'idées insolites, en font une pure création d'atelier ; ainsi, les portes du café, font penser aux volets verts de l'atelier de la rue Guyot, les mêmes qui tiennent une place importante dans la composition du *Balcon* (cat. 115). A la lumière de cette interprétation, on comprend toute l'importance accordée par le peintre à la démarche formelle, au détriment du réalisme de l'image elle-même. *La chanteuse des rues* a sans aucun doute été inspirée par l'anecdote que rapporte Proust, mais elle va au-delà d'une simple évocation du personnage pittoresque. L'expression énigmatique du modèle, suffirait à indiquer que l'œuvre est une fiction au plein sens du terme.

1. Proust 1897, p. 170 ; 1913, p. 40.
2. Hamilton 1969, p. 38.
3. Mantz 1863, p. 383.
4. Zola 1867, *Revue,* p. 56 ; (Dentu), p. 31.
5. Richardson 1958, p. 18.
6. Blanche 1924, p. 26 ; Sandblad 1954, p. 77.
7. Farwell 1973, p. 127.
8. Reff 1982, pp. 16-20.
9. Farwell 1969, p. 206.
10. Zola 1867, *Revue* p. 52-53 ; (Dentu), p. 26.
11. Callen 1974, 163.
12. Vente Hoschedé, Paris 5-6 juin 1878 n° 42 « Femme aux cerises » ; Bodelsen 1968, pp. 339-340 ; Wildenstein 1974, I, pp. 80-92.
13. Venturi 1939, II, p. 191 ; Rouart et Wildenstein 1975, I, n° 50.
14. *Back Bay Boston : The City as a Work of Art,* Museum of Fine Arts, Boston, 1969, p. 103.

Historique

DURAND-RUEL acheta 2.000 Frs cette toile au début de 1872, parmi le lot de vingt-quatre tableaux acquis directement à l'artiste (v. Hist., cat. 118). Il la revendit 4.000 Frs, semble-t-il,[11] le 29 janvier 1877, à ERNEST HOSCHEDÉ (1837-1890), riche directeur d'un grand magasin parisien, qui gaspilla sa fortune au cours des années soixante-dix. Manet, invité l'été 1876 dans la luxueuse maison de campagne de Hoschedé à Montgeron, commença le portrait de celui-ci (RW 246), qui s'était mis à constituer une seconde collection de tableaux français du XIXᵉ siècle (la première fut vendue aux enchères en 1874), dont faisaient partie cinq toiles de Manet (cat. 72 et 96 ; RW 137 et 147). Durant toutes ces années, Hoschedé soutint activement Monet qui, plus tard, devait épouser sa veuve.

Hoschedé fut acculé par la faillite à se défaire de sa seconde collection au cours d'une vente aux enchères en 1878[12]. *La chanteuse des rues* fut acquise par FAURE (v. Hist., cat. 10) pour la modeste somme de 450 Frs. DURAND-RUEL le lui racheta à la fin des années quatre-vingt-dix (vers 1895 selon Venturi, ou en 1898 selon Rouart et Wildenstein[13]). Le marchand le revendit par la suite à SARAH CHOATE SEARS (1856-1935) de Boston, amie de Mary Cassatt, qui rassembla une collection importante de tableaux impressionnistes français et américains. Mrs Sears légua cette peinture au Boston Museum of Fine Arts, en souvenir de son époux, J. Montgomery Sears, sous réserve d'usufruit en faveur de sa fille, MRS J. CAMERON BRADLEY, privilège qui prit fin à la mort de cette dernière en 1966[14] (inv. 66.304).

C.S.M.

33 Mlle Victorine en costume d'espada

1862
Huile sur toile
165,1 × 127,6
Signé et daté b.g. *éd. Manet. 1862*

New York, The Metropolitan Museum of Art

Manet peignit *Mlle Victorine en costume d'espada,* sans doute au printemps 1862 dans son atelier de la rue Guyot. Elle fut tout d'abord exposée au Salon des Refusés en 1863, avec un autre tableau de sujet espagnol, *Jeune homme en costume de majo* (cat. 72) et avec *Le déjeuner sur l'herbe* (cat. 62). Le modèle en est Victorine Meurent, qui commence à poser pour Manet en 1862 (voir cat. 31).

Manet ne visita l'Espagne qu'en 1865, mais il avait une collection de costumes qu'il utilisait comme accessoires, venant sans doute de chez un tailleur espagnol de la rue Saint-Marc (passage Jouffroy) dont l'adresse est conservée dans un carnet dont Manet, croit-on, se servit entre 1860 et 1862[1].

Farwell remarque que des éléments du costume de Victorine se retrouvent dans d'autres tableaux : le boléro, le chapeau et le foulard, sont les mêmes que ceux du *Chanteur espagnol* de 1860 (cat. 10) mais chez le modèle du *Chanteur espagnol* les poignets du boléro sont retroussés. Le même boléro apparaît, bien ajusté, dans le tableau du frère de Manet, Gustave, connu sous le titre : *Jeune homme en costume de majo*[2] (cat. 72). En choisissant de peindre une femme en habits d'homme, et en lui faisant porter des chaussures inappropriées, Manet paraît avoir cherché à attirer l'attention sur le caractère fictif de la composition. Comme le dit Farwell, là où un peintre d'histoire, de l'époque, aurait utilisé ces costumes dans un contexte plausible (comme le fit Manet en 1860), Manet en 1862 les a utilisés pour montrer de façon directe son modèle féminin, sous son nom et des traits reconnaissables, dans une scène qui volontairement ne laisse à l'observateur aucun doute sur la nature artificielle de sa construction.

Dans « Une nouvelle manière en peinture : Édouard Manet », Zola loue la technique de Manet et écrit que *Mlle Victorine en costume d'espada* et le *Jeune homme en costume de majo :* « furent trouvées d'une grande brutalité, mais d'une vigueur rare et d'une extrême puissance de ton. Selon moi, le peintre y a été plus coloriste qu'il n'a coutume de l'être. La peinture est toujours aussi blonde, mais d'un blond fauve et éclatant. Les taches sont grasses et énergiques, elles s'enlèvent sur le fond avec toutes les brusqueries de la nature. »[3]

Néanmoins, les remarques de Zola contrastent vivement avec les opinions sur la technique de Manet qui furent exprimées par des critiques tels que Thoré et Castagnary dans leurs comptes rendus du Salon des Refusés de 1863. Thoré saluait en Manet « un vrai peintre » mais critiquait « la couleur trop éclatante » des trois œuvres ; il désapprouvait aussi le manque de personnalité des sujets et la façon de traiter les têtes des deux tableaux de sujets espagnols.

« Les trois tableaux de M. Manet ont un peu l'air d'une provocation au public, qui s'offusque de la couleur trop éclatante. Au milieu, une scène de *Bain ;* à gauche, un *Majo* espagnol ; à droite, une demoiselle de Paris en costume d'*Espada,* agitant son manteau pourpre dans le cirque d'un combat de

Expositions
Paris, Salon des Refusés 1863 n° 365 (Mademoiselle V. en costume d'Espada) ; Alma 1867 n° 12 (Mlle V... en costume d'espada) ; Beaux-Arts 1884, n° 15 ; Philadelphie-Chicago 1966-67 n° 50.

Catalogues
D 1902, 37 ; M-N 1926 I, p. 48 ; cat. ms. 48 ; T 1931, 54 ; JW 1932, 51 ; T 1947, 55 ; RO 1970, 50 ; RW 1975, 58.

33

taureaux. M. Manet adore l'Espagne, et son maître d'affection paraît être Goya, dont il imite les tons vifs et heurtés, la touche libre et fougueuse. Il y a des étoffes étonnantes dans ces deux figures espagnoles : le costume noir du Majo et le lourd burnous écarlate qu'il porte sur son bras, les bas de soie rose de la jeune Parisienne déguisée en *Espada ;* mais, sous ces brillants costumes, manque un peu la personne elle-même ; les têtes devraient être peintes autrement que les draperies, avec plus d'accent et de profondeur. »[4]

Le critique Castagnary ne considère les peintures de Manet au Salon des Refusés, que comme des ébauches, sur lesquelles il émet de fortes réserves. Dans un article publié en août 1863, Castagnary suggère qu'aucune des toiles n'est achevée et que Manet ne sait ni peindre ni dessiner : « On a fait grand bruit autour de ce jeune homme. Soyons sérieux. Le *Bain,* le *Majo,* l'*Espada* sont de bonnes ébauches, j'en conviens. Il y a une certaine vie dans le ton, une certaine franchise dans la touche qui n'ont rien de vulgaire. Mais après ? Est-ce là dessiner ? est-ce là peindre ? »[5]

fig. a. Goya *La Tauromachie,* pl. 5. Eau-forte et aquatinte, 1815-1816.

Semblables accusations émanent des critiques modernes. Richardson peut écrire que : « le sens du dessin chez Manet est défaillant. Un artiste moins indépendant aurait tenté de masquer cette faiblesse par des formules d'école dans la composition ; Manet, lui, ne cesse d'attirer l'attention sur ce défaut : il se contente d'indications sommaires de perspective, et cherche à recréer l'illusion du quotidien en groupant ses personnages de façon désordonnée ou, comme il le dit lui-même : naïve. C'était courageux, mais cela n'a fait que compliquer encore plus le grand problème pictural de Manet. Le résultat est que bon nombre de ses compositions à personnages [...] se désagrègent. Pis, l'illusion spatiale est parfois détruite irrémédiablement par une autre de ses faiblesses (attribuable peut-être à un défaut de vision de l'artiste), un mauvais sens des proportions. » Il ajoute même, à propos de *L'espada :* « Le sens des proportions lui fait tellement défaut, que la scène de corrida apparaît comme un trou dans le décor, et fait ressortir le côté irréel de cette évocation costumée, au lieu de lui donner cet air d'authenticité qu'elle cherche désespérément. »[6]

Plus récemment cependant, de nombreux auteurs ont lu une intention dans ces apparents défauts techniques. Ainsi Farwell écrit : « La figure brillamment exécutée, au rendu très réaliste, de toute évidence peinte d'après le modèle, révèle chez Manet un œil sensible et une main habile, mais son rapport avec la scène du fond enfreint les lois de la perspective linéaire, et ceci d'une façon qui paraît délibérée. En effet, le caractère artificiel de l'organisation d'ensemble, que remarquèrent les critiques en 1863, et qui a été souvent relevé depuis, se justifie mieux, dans l'optique d'une construction savante, bâtie sur le jeu des couleurs et des valeurs, qui révèle des préoccupations picturales abstraites, plutôt qu'un souci des rapports d'espaces basé sur l'expérience visuelle. »[7]

Hamilton pense que « Manet a pu chercher dans l'estampe japonaise sa composition, en essayant d'intégrer de manière semblable, des figures réalistes, dans un motif décoratif libre des contraintes de la perspective spatiale conventionnelle »[8], et Bowness a écrit à propos de l'œuvre de Manet en général que : « C'est bien sûr le dessin de surface que Manet cherche toujours à accentuer, parfois à l'aide d'un motif linéaire japonisant, parfois à l'aide d'une construction d'horizontales et de verticales, véritable grille à la Mondrian, où l'espace est divisé en surfaces planes, formant des bandes parallèles superposées. »[9]

A la critique de Richardson sur le manque de proportions de ce tableau,

fig. b. Marcantonio Raimondi, gravure d'après Mantegna ou Raphael, La Tempérance

fig. c. Radiographie de la toile à l'envers, Femme nue assise.

1. New York, Morgan Library, archives Tabarant.
2. Farwell 1969, p. 206.
3. Zola 1867, *Revue* p. 56 ; (Dentu) p. 32.
4. Bürger 1870, pp. 424-425.
5. Castagnary 1863.
6. Richardson 1958, p. 13.
7. Farwell 1969, p. 197.
8. Hamilton 1969, p. 52.
9. Bowness 1961, p. 277.

Bowness rétorque que Manet « veut sûrement lier dans un seul plan la scène de corrida au centre et les bras de Victorine au premier plan ». Il est intéressant de remarquer que l'optique moderne rejoint les observations de Zola en 1867 : « [...] s'il assemble plusieurs objets ou plusieurs figures, il est seulement guidé dans son choix par le désir d'obtenir de belles taches, de belles oppositions. »[10]

Des contradictions dans le sujet lui-même sont relevées par Stuckey : « Les détails absurdes, caractéristiques de nombreuses toiles [...] attirent l'attention sur le fait que l'art est avant tout un assemblage de modèles et de costumes. *Mlle Victorine en costume d'espada* [...] en est un exemple : un modèle féminin posant en toréador est ridicule en termes de Réalisme. »[11]. Cette manipulation des sujets et de la forme du tableau de Manet est commentée par Howard, qui en tire la conclusion qu'il s'agit là d'un changement signalant la fin de quatre cents ans de tradition de peinture européenne[12].

On a beaucoup écrit sur les sources de la composition du tableau de *L'espada,* en particulier Farwell : « On sait depuis longtemps que la corrida qui se déroule dans le fond est tirée du groupe de la cinquième planche de *La Tauromachie* de Goya (fig. a), et que la barricade avec ses figures proviennent de plusieurs autres planches de la même série »[13] (cat. 35, fig. a et b). Elle relève aussi des similarités entre la *Victorine* de Manet et des figures gravées par Marc-Antoine Raimondi, d'après Raphaël ou Mantegna[14] (fig. b). Reff propose un rapprochement avec une œuvre du Titien, que Manet aurait connu à travers une illustration de *L'Histoire des Peintres* de Blanc[15] et Fried fait remarquer l'influence possible de la *Vénus* ou *Fortune* de Rubens, illustrée dans la *Gazette des Beaux-Arts*[16]. Leiris a rapproché la composition de certains dessins de Manet, faits à Florence dans sa jeunesse d'après les artistes de la Renaissance, en particulier d'après une fresque d'Andrea del Sarto (RW II 303)[17]. Hanson, reprenant la discussion des nombreuses sources possibles, nous met cependant en garde : « Si de telles sources ont été utilisées (et peut-être amalgamées), elles ne paraissent pas avoir été choisies pour ajouter à la signification du tableau. »[18]

En effet, au-delà de l'intention stylistique de la peinture, la signification de l'image demeure incertaine. Il est possible selon Farwell que *L'espada* et un autre tableau de la même année représentant une femme en habits d'homme (cat. 29) soient des exemples de « ce qui a l'air d'avoir été un geste de défi, alors à la mode dans le demi-monde de l'époque, envers l'image conventionnelle de la femme : en s'habillant en homme. Il y a peut-être même une allusion aux liens entre Goya et la duchesse d'Albe qui, dit-on, s'affichait parfois en vêtement de toréador. »[19]

Autre source possible, le *Voyage en Espagne* de Gautier. Isaacson fait remarquer que « Manet s'est peut-être familiarisé avec les coutumes de Madrid et les détails de la corrida à travers Mérimée ou Théophile Gautier dont le *Voyage en Espagne* fut publié en 1843 et réédité plusieurs fois. »[20]. L'hypothèse d'Isaacson est peut-être fondée. L'usage du mot *espada* dans le titre, suggère que Manet se serait conformé à la terminologie de Gautier : « On n'emploie guère en Espagne le mot *matador* pour désigner celui qui tue le taureau, on l'appelle *espada* (épée). »[21]. Puisque Manet n'avait pas encore visité l'Espagne, les descriptions de Gautier concernant la corrida et l'arène lui auraient été d'un grand secours ; de plus, il existe la possibilité que le tableau dépeigne l'*espada* selon le récit de Gautier, à l'issue du combat : « [...] dans quelques secondes, l'un des deux acteurs sera tué. Sera-ce l'homme ou le taureau ? Ils sont là tous les deux face à face, seuls ; l'homme n'a aucune arme défensive ; il est habillé comme pour un bal : escarpins et bas de soie ; une épingle de femme percerait sa veste de satin ; un lambeau d'étoffe, une frêle épée, voilà tout ».[22]

L'analyse récente aux rayons X de *Mlle Victorine en costume d'espada* fait apparaître deux aspects surprenants et jusqu'ici inconnus. D'abord, tout en montrant les modifications en cours de travail typiques de Manet, ils révèlent qu'à l'origine, Victorine tenait des deux mains une grande cape ; l'épée fut ajoutée, et les modifications nécessaires apportées à un stade relativement avancé de la composition, ce que confirme l'état actuel de la surface du tableau.

En plus, *Mlle Victorine* fut peint par-dessus une autre image ; dans l'autre sens on voit une femme nue assise (fig. c), aux proportions étranges, qu'il n'a pas été possible jusqu'à présent de rattacher à une autre composition.

Historique
D'après Manet lui-même qui a noté le fait, ce tableau, ainsi que le *Christ aux anges* (cat. 77), évalués chacun à 4.000 Frs, étaient les plus chers des vingt-quatre achetés par DURAND-RUEL à l'artiste en janvier 1872 (v. Hist., cat. 118). La somme enregistrée est de 3.000 Frs, la différence provenant du fait de la remise. Le marchand vendit le tableau à FAURE (v. Hist., cat. 10) le 16 février 1874, pour le prix de 5.000 Frs[23] et le racheta le 12 décembre 1898, pour la somme modique de 10.000 Frs. Le 31 décembre, il le vendit à MR ET MRS HENRY O. HAVEMEYER, pour 150.000 Frs[24]. Dans ses mémoires, Louisine W. Havemeyer rapporte que lorsqu'elle était jeune, elle essaya, par l'intermédiaire de Mary Cassat, de rencontrer Manet dans sa maison de Marly-le-Roi, mais fut éconduite, l'artiste étant souffrant. Son mari acheta leur premier tableau de Manet, sans doute *Le saumon* (RW 140), à l'exposition impressionniste organisée par Durand-Ruel en 1886, à New York. *Mlle Victorine en costume d'espada* n'entra dans la collection des Havemeyer, qu'à partir du moment où Mme Havemeyer parvint à combattre les réticences de son époux à l'égard des grands formats[25]. Les Havemeyer, qui tiraient leur immense fortune du raffinage du sucre, constituèrent l'une des plus considérables collections de tableaux par Courbet, Manet, Degas et les impressionnistes français, dont l'essentiel fut légué au Metropolitan Museum en 1929 (inv. 29.100.53) par Mme Havemeyer, l'apport le plus important des collections françaises du dix-neuvième siècle au Département des Peintures.

C.S.M.

10. Zola 1867, *Revue* p. 51 ; (Dentu) p. 24.
11. Stuckey 1981, p. 100.
12. Howard 1977, p. 19.
13. Farwell 1969, p. 200.
14. *Ibid.* p. 202.
15. Reff 1969, pp. 40-41.
16. Fried 1969, p. 75, n. 147.
17. Leiris 1979, p. 113.
18. Hanson 1979, p. 80.
19. Farwell 1969, pp. 204-206.
20. Isaacson 1969, p. 11.
21. Gautier 1981, p. 105.
22. *Ibid.* p. 119.
23. Callen 1974, p. 163.
24. Meier-Graefe 1912, p. 313 ; lettre de Charles Durand-Ruel, 6 janvier 1959 (New York, Metropolitan Museum, archives).
25. Havemeyer 1961, pp. 215-240 ; Weitzenhoffer 1982, pp. 285-318.

34   Mlle Victorine en costume d'espada

1862
Aquarelle et encre sur mine de plomb
30,5 × 29
Signé b.d. *Manet*

NY   Providence, Museum of Art, Rhode Island School of Design

Cette aquarelle reproduit à l'envers la composition du tableau (cat. 33) et servit d'étape intermédiaire entre la peinture et l'eau-forte (cat. 35). Leiris a fait remarquer que chaque détail du dessin coïncide de façon si exacte avec le tableau, qu'on est tenté d'en déduire que déjà en 1862, Manet se servit d'une reproduction photographique pour effectuer le report[1]. En effet, l'aquarelle est exécutée sur un papier transparent, à présent contrecollé. Manet a dû calquer l'image du tableau d'après une photographie et retourner ensuite le calque, pour obtenir une image inversée, à moins qu'il n'ait utilisé une photographie tirée à l'envers. Denker signale que les hachures au crayon, perceptibles sous les lavis, vont dans le sens contraire au trait habituel de Manet ; le calque a donc probablement été dessiné au verso de la feuille et retourné ensuite, d'où l'inversion de l'image. En outre, il semble que les traces de la pointe dont Manet

Expositions
New York, Wildenstein 1948 n° 47 ; Ann Arbor 1969 n° 15.

Catalogues
L 1969, 181 ; RW 1975 II 372.

34

1. Leiris 1969, p. 12.
2. S. Denker, *Selection V : French Water colours and Drawings...,* Museum of Art, Rhode Island School of Design, Providence, 1975, pp. 106-107.
3. M.A. Banks, « The Radeke Collection of Drawings », *Bulletin of the Rhode Island School of Design,* XIX, 1931, pp. 62-72.

se servit, pour décalquer son dessin directement sur le cuivre, passent par-dessus le lavis, preuve que l'aquarelle fut achevée avant le travail de report[2].

Le papier calque a foncé, et le rapport des couleurs et des valeurs des lavis d'origine n'est plus perceptible. Néanmoins, l'aquarelle se révèle plus proche dans son graphisme du premier état de l'eau-forte que des formes et des couleurs du tableau de Manet.

Historique
Cette aquarelle apparut pour la première fois dans la collection du DR GUSTAV RADEKE et de son épouse, qui commencèrent à faire l'acquisition de dessins en 1880. Mrs Radeke fit don de cette aquarelle avec sa collection entière, au musée d'Art du Rhode Island School of Design, à Providence, en 1921 (inv. 21.483)[3].

C.S.M.

35 (1er état)

35 (3e état)

35 L'espada

1862
Eau-forte et aquatinte
33,5 × 27,8 (cuivre) ; 30 × 23,2 (sujet, 1er état), 30,7 × 24 (2e état)
Signé b.g. *éd. Manet*

Paris, Bibliothèque Nationale (1er état)
P   Paris, Bibliothèque Nationale (3e état)
NY New York, The Metropolitan Museum of Art (3e état)

L'eau-forte de l'espada suit la même démarche que celle de la troisième version de *L'enfant à l'épée* (cat. 18) et de *Lola de Valence* (cat. 52). A partir d'une planche très légèrement mordue, qui suit exactement le tracé du dessin préparatoire (cat. 34) décalqué sur le cuivre, Manet reprend la composition à l'eau-forte ; il y ajoute un cadre autour du sujet et des effets de teinte, d'abord grâce à une morsure au lavis d'acide, puis avec un grain d'aquatinte qui noircit le sol ombré à l'avant-plan (en y cachant la signature).

    Il s'agit là d'un travail classique de transposition d'une peinture en eau-forte par l'intermédiaire du calque aquarellé où la composition est soigneusement inversée par rapport à la toile et où les contrastes de lignes et de formes sont accentués, à mi-chemin entre l'effet pictural et l'effet graphique. La traduction fidèle de la peinture originale se fait par touches peu variées, appliquées en hachures parallèles où la lumière vibre entre le blanc du papier et

Publications
8 Gravures à l'eau-forte Cadart 1862, no 4 (l'Espada) ; *(Eaux-fortes par Édouard Manet 1863 ?)*

Expositions
Paris, Beaux-Arts 1884 no 161 ; Philadelphie-Chicago 1966-67 no 51 ; Ann Arbor 1969 no 16 ; Ingelheim 1977 no 31 ; Paris, Berès 1978 no 42.

Catalogues
M-N 1906, 7 ; G 1944, 32 ; H 1970, 35 ; LM 1971, 29 ; W 1977, 31 ; W 1978, 42.

1er état (sur 3). Eau-forte pure ; avant le cadre gravé. Les deux épreuves connues se trouvent à la Bibliothèque Nationale. Coll. Moreau-Nélaton.

3e état. Avec le cadre ajouté autour du sujet et avec une aquatinte ajoutée par-dessus un « lavis » à l'eau-forte. Épreuves sur papier vergé (filigranes, HALLINES : Paris, et HUDELIST : New York), de l'édition de 1862, Coll. Moreau-Nélaton (Paris) ; Roger Marx (New York).

les lignes à l'eau-forte, finement entrecroisées pour créer la trame serrée (surtout au deuxième état) qui traduit le noir du costume de l'espada.

Il s'agit pour Manet d'une estampe importante : nous en avons pour preuve le fait qu'elle vient en quatrième place, après le *Guitarero* et les deux copies d'après Vélasquez (cat. 11, 36 et 37), dans le cahier des *8 Gravures* annoncé par Cadart début septembre 1862 (voir cat. 45). Elle réapparaît dans les listes du projet de publication des « quatorze eaux-fortes » (cat. 46-47), — en témoigne sans doute la très belle épreuve sur chine de la New York Public Library —, mais disparaît ensuite. Elle ne figure pas dans le recueil de 1874 et une annotation dans les albums des « photographies Lochard » précise que la planche fut rayée[1]. C'est pourquoi il s'agit là d'une des planches les plus rares de Manet.

Si l'on a évoqué l'influence des estampes japonaises et surtout les sources goyesques qui apparaissent dans cette composition (voir cat. 33, fig. a et, ici, fig. a et b), il n'est pas sans intérêt de constater que c'est la peinture à l'huile qui semble cette fois tirer son inspiration de l'art de l'estampe. On remarque également que, dans l'estampe tirée de son tableau, Manet adopte la manière légère et lumineuse des eaux-fortes de la *Tauromachie* de Goya. On peut aussi noter une parenté entre le traitement de ce fond aux motifs goyesques et celui du paysage de son eau-forte d'après le portrait de *Philippe IV* par Vélasquez (cat. 36), où les plans montent verticalement sur la surface, au lieu d'établir une vision en perspective. Il est également significatif qu'il ait choisi comme motif central, entre toutes les planches de la *Tauromachie,* celle qui présente le combat entre un homme (transformé par Manet de maure des temps anciens en picador moderne) et la bête, sous sa forme la plus abstraite (cat. 33, fig. a)[2]. En effet, dans l'estampe de Goya, le groupe existe dans un espace suggéré uniquement par les ombres portées, et les figures paraissent comme des insectes épinglés sur le papier blanc. Si l'examen aux rayons X de la toile (voir cat. 33) suggère une transformation fondamentale et l'addition à un stade avancé de son travail des motifs goyesques, le rapport non seulement entre les sujets de Goya et sa manière de les définir dans l'eau-forte, mais aussi l'utilisation qu'en a fait Manet, prennent une importance capitale et aident à comprendre sa démarche picturale dans les toiles de cette époque.

1. Paris, BN Estampes, Dc 300 g, t. VIII, p. 206.
2. T. Harris 1964, II, n° 208 ; *Tauromachie* pl. 5.
3. Lugt 1921, p. 417, n° 2229.
4. Vente Roger Marx, Paris, 27 avril-2 mai 1914, n° 899 (cette épreuve).

Historique
1er état. Les deux épreuves connues, sur chine, furent acquises par MOREAU-NÉLATON et léguées avec sa collection d'estampes à la Bibliothèque Nationale en 1927. L'origine des deux épreuves remonte sans doute aux collections FIOUPOU et LEENHOFF. (V. Hist., cat. 9).

3e état. L'épreuve du recueil de 1862 à la Bibliothèque Nationale fait également partie du don MOREAU-NÉLATON.
L'épreuve du Metropolitan Museum, achetée en 1969 (inv. 69.550), provient de la collection Marx. ROGER MARX (1859-1913), directeur des Beaux-Arts, critique, éditeur de *L'Estampe*

originale, L'Image et *La Gazette des Beaux-Arts*[3], soutint les artistes d'avant-garde et surtout les novateurs de l'estampe. Sa belle collection d'estampes fut dispersée en vente à Paris en 1914[4].

J.W.B.

fig. a. Goya, *La Tauromachie,* pl. 19 (détail).
Eau-forte et aquatinte, 1815.

fig. b. Goya, *La Tauromachie,* pl. 16 (détail).
Eau-forte et aquatinte, 1815.

36   Philippe IV (d'après Vélasquez)

1862 (états 1 à 6) 1866-1867? (états 7 et 8)
Eau-forte, pointe sèche et aquatinte
35,5 × 23,8 (cuivre) ; 32 × 19,9 (sujet)
Signé b.d. (5ᵉ état) *éd. Manet sc. ;* b.g. (7ᵉ état) *éd. Manet d'après Vélasquez*
Titre gravé par l'artiste (6ᵉ état) PHILIPPE IV/ROI D'Espagne

P   Paris, Bibliothèque Nationale (6ᵉ état)
NY   New York, The New York Public Library (6ᵉ et 8ᵉ états)

Un *Portrait de Philippe IV en chasseur* par Vélasquez (aujourd'hui attribué à son gendre et assistant Mazo)[1] fut acheté par le Louvre en mai 1862. L'importante acquisition fut sans doute exposée très vite au public avide de tout ce qui touchait à l'Espagne, et un écho s'en fait sentir aussitôt dans l'œuvre de Manet. Il semble avoir eu le projet d'en éditer une reproduction à l'eau-forte qui serait vendue chez Cadart comme feuille séparée, puisque dans la version qui paraît finalement en septembre, dans le recueil de *8 Gravures à l'eau-forte,* l'estampe comporte non seulement les mentions traditionnelles du peintre *Vélasquez p.ᵗ* et du graveur *éd. Manet sc.,* ainsi que les noms des éditeurs et de l'imprimeur, mais également le titre au bas de la planche, PHILIPPE IV ROI D'Espagne. A part *Le guitarero* (cat. 11) et *Les petits cavaliers* (cat. 37), peut-être parus séparément chez Cadart avant d'être intégrés en tête des *8 Gravures* (voir cat. 7 à 9), les autres sujets du recueil ne comportent aucune lettre.

      La planche passa par plusieurs étapes à partir d'un dessin préparatoire dont Manet traça les contours pour les transférer sur son cuivre (RW II 68)[2]. Malgré son intention apparente de créer une reproduction « vendable » du Vélasquez, il grava son cuivre de sorte que l'estampe présente une image inversée du tableau. Une gravure par Haussoullier d'après le même tableau, parue dans la *Gazette des Beaux-Arts* un an plus tard[3] (fig. a) donne la mesure d'une véritable gravure de reproduction, comme dans le cas du Courtry d'après le *Guitarero* (voir cat. 11, fig. a). Commencée en juin ou juillet, ce fut, avec *L'espada* (cat. 35), sans doute l'une des dernières planches gravées avant la parution du recueil à la fin de l'été, ce que confirme la touche libre et sûre par laquelle, dès le premier état, la figure du roi est campée sous son arbre et le paysage du fond est enlevé de façon très impressionniste. Le paysage est évoqué par des lignes fluides, fuyantes, dont le graphisme est identique, qu'elles décrivent le sol autour des pieds du roi ou les arbres lointains. Manet n'apporta aucune retouche à cette partie de sa planche qui devait, pour lui, bien traduire les plans successifs qui remontent en surface plutôt qu'ils ne reculent en profondeur dans la toile du Louvre, copie qu'admirait Manet, jusqu'au moment où il vit l'original de Vélasquez au Prado[4].

      Si l'estampe de Manet traduit bien la façon dont il a perçu le tableau du Louvre, on peut constater l'influence que celui-ci exerça sur lui à ce moment-là. Les changements apportés au *Portrait de Mme Brunet* (cat. 5), ceux que l'on devine, puis la composition définitive de *Mlle Victorine en espada* (cat. 33), laissent voir une nouvelle manière d'envisager le traitement, tout en surface, d'un tableau, manière qu'il élabora dans *La musique aux Tuileries* (cat. 38) et dans la lithographie du *Ballon* (cat. 44) dont on sait qu'elle date de septembre 1862. A l'influence de « Vélasquez » s'ajoute celle de Goya, dont Manet utilise des motifs directs dans *L'espada* (cat. 33-35) et dont on sent l'inspiration dans la

Publications
8 Gravures à l'eau-forte Cadart 1862 nº 3 (6ᵉ état).

Expositions
Paris, Salon des Refusés nº 675 ; Beaux-Arts 1884 nº 159 ; Philadelphie-Chicago 1966-67 nº 6 ; Ann Arbor 1969 nº 3 ; Ingelheim 1977 nº 18 ; Paris, Berès 1978 nº 22.

Catalogues
M- 1906, 6 ; G 1944, 7 ; H 1970, 15 ; LM 1971, 8 ; W 1977, 18 ; W 1978, 22.

6ᵉ état (sur 8). Avec le titre gravé et les noms des éditeurs, Cadart et Chevalier, et de l'imprimeur, Delâtre. Épreuves sur papier vergé (filigranes HALLINES), du tirage de 1862. Coll. Moreau-Nélaton (Paris) ; Avery (New York).

8ᵉ état. Avec l'aquatinte ; la lettre du tirage de 1862 est remplacée par une nouvelle signature. Seule épreuve connue. Coll. Avery.

fig. a. Haussoullier d'après Vélasquez, Philippe IV, dans la *Gazette des Beaux-Arts,* 1ᵉʳ juillet 1863.

36 (8ᵉ état)

36 (6ᵉ état)

1. MI 292 dépôt du Musée du Louvre au Musée de Castres.
2. Paris, Berès 1978 nº 7.
3. *Gazette des Beaux-Arts,* t. XV, 1ᵉʳ juillet 1863, p. 75.
4. Moreau-Nélaton 1926, I, p. 72.
5. T. Harris 1964, II, nº 11.
6. Paris, BN Estampes, acquisition A 1930, en 1956.

technique de l'eau-forte du *Philippe IV*, à sa façon de briser les contours et de faire tourner les formes par un trait qui suit les volumes. Manet a-t-il connu les copies d'après Vélasquez de Goya ? Ce qui est certain c'est que les deux artistes partageaient la même passion pour l'œuvre de Vélasquez, et que les premiers et derniers états du *Philippe IV* (auquel Manet ajouta, plus tard, un voile d'aquatinte) ressemblent étrangement à ceux de *L'Infant Don Ferdinand* de Goya[5], déjà représenté par une superbe épreuve à l'aquatinte au Cabinet des Estampes de la Bibliothèque Impériale[6].

Historique

L'épreuve du tirage Cadart de la Bibliothèque Nationale fait partie du don MOREAU-NÉLATON, sans autre précision de provenance (v. Hist., cat. 9).
Les deux épreuves de la New York Public Library, l'une du tirage de 1862, l'autre, unique, avec l'aquatinte (ajoutée peut-être en vue du tirage Cadart de 1874), proviennent de la collection AVERY (v. Hist., cat. 17) et là aussi les renseignements manquent concernant la provenance antérieure, surtout intéressante en ce qui concerne l'épreuve unique à l'aquatinte.

J.W.B.

119

37 Les petits cavaliers

1861-1862 (états 1 à 3) 1867? (états 4 et 5)
Eau-forte et pointe-sèche
24,8 × 39
Signé b.d. (3ᵉ état) *éd. Manet d'après Vélasquez*

  Boston, Museum of Fine Arts (1ᵉʳ état)
P Paris, Bibliothèque Nationale (3ᵉ état)
NY New York, The New York Public Library (4ᵉ état)

Il s'agit ici d'une des estampes auxquelles Manet attacha le plus d'importance et sans doute de l'une des plus anciennes de son œuvre gravé. On y voit le jeu complexe du travail propre au peintre-aquafortiste greffé sur la pratique traditionnelle de la gravure de reproduction. Manet signe le cuivre, selon l'usage des graveurs de reproduction, *éd. Manet d'après Vélasquez*. Mais il s'agit probablement d'une reproduction « au second degré », qui reproduit en fait sa propre copie à l'huile d'après le tableau de Vélasquez (RW 21 ; fig. a). D'autre part, on peut se demander si la reprise à l'aquarelle du premier état, où la composition à l'eau-forte est encore très légèrement esquissée, constitue pour lui une nouvelle œuvre achevée, destinée à être présentée telle quelle, ou un nouveau travail intermédiaire entre la peinture et les états suivants de la gravure, puisque le cuivre fut ensuite largement retravaillé.

Publications
8 gravures à l'eau-forte Cadart 1862 nº 2 (3ᵉ état) ;
(Eaux-fortes par Édouard Manet 1863?) ; *Édouard Manet. Eaux-fortes* Cadart 1874.

Expositions
Paris, Salon des Refusés 1863 nº 674 ; Alma 1867 p. 16 ; Salon de 1869 nº 4066 ; Beaux-Arts 1884 nº 160 ; Philadelphie-Chicago 1966-1967 nº 4 ; Ann Arbor 1969 nº 1 ; Ingelheim 1977 nº 10 ; Paris, Berès 1978 nº 23 ; Providence 1981 nº 35.

Catalogues
M-N 1906, 5 ; JW1932, 7 ; G 1944, 8 ; T 1947, 541 ; L 1969, 146 ; H 1970, 5 ; LM 1971, 4 ; RW 1975 II 70 ; W 1977, 10 ; W 1978, 23 et App.

37 (1ᵉʳ état)

37 (3ᵉ état)

1ᵉʳ *état* (sur 5). L'eau-forte est esquissée ; l'épreuve, sur papier vergé mince, est rehaussée à l'aquarelle. Coll. Desfossés, Prince de Wagram.

3ᵉ *état*. Avec la signature et la mention des éditeurs Cadart et Chevalier, et de l'imprimeur, Delâtre. Épreuve sur papier vergé (filigrane HALLINES), du tirage de 1862. Coll. Moreau-Nélaton.

4ᵉ *état*. Seule épreuve connue de l'état retravaillé au brunissoir et à la pointe sèche après « l'accident » du cuivre. Coll. Avery.

fig. a. Vélasquez (attr.), Réunion de treize personnages. Paris, Musée du Louvre

1. Baudelaire 1976, p. 735.
2. Vente Manet 1884, n° 133 ; Bodelsen 1968, p. 342.

Historique
1ᵉʳ *état*. L'épreuve du Musée de Boston est à tel point rehaussée d'aquarelle qu'elle a toujours été cataloguée parmi les dessins de Manet. Elle figura, en effet, dans la section « Aquarelles », à la vente posthume en 1884[2]. Acheté 300 Frs par DESFOSSÉS (v. Hist., cat. 140), elle réapparut dans la vente de celui-ci, le 26 avril 1899 (n° 77)

L'eau-forte fut reprise, les personnages accentués, et Manet ajouta à la planche une lettre sommairement calligraphiée pour indiquer les noms des éditeurs, Cadart et Chevalier, et de l'imprimeur, Delâtre. On peut se demander si cette planche, ainsi que celle du *Guitarero* (cat. 11), toutes deux portant les indications d'usage pour les estampes publiées à part ou dans une revue, n'auraient pas été parmi les « quelques essais d'eau-forte » de Manet, Jeanron et Ribot « auxquels M. Cadart a donné l'hospitalité de sa devanture de la rue de Richelieu », dont Baudelaire parle dans son premier article, dans la *Revue anecdotique* du 15 avril, en faveur de ce renouveau de l'eau-forte[1].

C'est dans cet état, avec la lettre gravée, que la planche figure, dans le cahier de *8 Gravures à l'eau-forte,* annoncé par Cadart en septembre 1862 (voir cat. 7 à 9). Que Manet y ait beaucoup tenu, — et on a souvent évoqué l'importance capitale pour lui du tableau présumé de Vélasquez (voir cat. 2 et 38) —, on le constate au nombre de fois qu'il l'a exposée et rééditée. Elle figure au Salon des Refusés en 1863, en compagnie du *Philippe IV* et de *Lola* (cat. 36 et 52), dans son exposition personnelle, de l'avenue de l'Alma, en 1867, avec la copie à l'huile, et au Salon de 1869 où elle figure seule sous le n° 4066, le numéro suivant rassemblant quatre de ses estampes récentes (voir cat. 58).

Manet republia la planche aussi souvent qu'il le put et elle fait partie du tirage présumé, fait pour ses amis, en 1863 (voir cat. 45-47). Toutefois, il répond dans une lettre datée du 10 juin (sans doute en 1867) à quelqu'un qui souhaite la réimprimer : « il est arrivé un accident au cuivre et il faut un assez long temps pour le réparer » (voir le texte intégral, cat. 7-9).

L'épreuve unique de la New York Public Library montre des travaux au brunissoir et à la pointe sèche, sans doute effectués au cours de la restauration ; après une dernière reprise la planche est rééditée dans le cahier de 1874 chez Cadart.

et passa à BERNHEIM-JEUNE (v. Hist., cat. 31). Acquis par le PRINCE DE WAGRAM (v. Hist., cat. 20), on la retrouve aux États-Unis en 1972, achetée grâce au Lee M. Friedman Fund par le musée de Boston (inv. 1972.88).

3ᵉ *état*. L'épreuve du recueil de 1862 entra à la Bibliothèque Nationale avec le don

MOREAU-NÉLATON (v. Hist., cat. 9), sans indication de provenance antérieure.

4ᵉ *état*. La très belle épreuve unique de cet état fut sans doute trouvée par LUCAS pour S.P. AVERY et remonte peut-être aux cartons de MME MANET par l'intermédiaire de GUÉRARD (v. Hist., cat. 12, 16 et 17).   J.W.B.

38   La musique aux Tuileries

1862
Huile sur toile
76 × 118
Signé et daté b.d. *éd. Manet 1862*

P   Londres, The Trustees of The National Gallery

« A cette époque », rapporte Théodore Duret, « le château des Tuileries où l'Empereur tenait sa cour, était un centre de vie luxueuse qui s'étendait au jardin. La musique qu'on y faisait deux fois par semaine, attirait une foule mondaine et élégante. »[1]

Antonin Proust se souvient très précisément de ce temps où, à la suite du succès du *Guitarero* (cat. 10), « il se forma autour de [Manet] une petite cour. Il allait presque chaque jour aux Tuileries de deux à quatre heures, faisant des études en plein air, sous les arbres, d'après les enfants qui jouaient et les groupes de nourrices qui s'affalaient sur les chaises. Baudelaire était là son compagnon habituel. On regardait curieusement ce peintre élégamment vêtu qui disposait sa toile, s'armait de sa palette et peignait. »[2]. Le texte de Proust, écrit dans un moment où il veut insister sur l'aspect pré-impressionniste de Manet, doit être interprété avec réserve sur son activité de peintre de plein air : Manet fit certainement son tableau en atelier, l'été 1862, d'après des études dessinées ou aquarellées (cat. 39), dont il reste en particulier un lavis sur une double page de carnet, mettant en place toute la partie centrale de la composition (RW II 315 ; fig. a). Mais la description de Proust nous transmet une impression juste de Manet, et le peintre est bien lui-même un des dandys en haut de forme de son tableau, habitués de son atelier ou de chez Tortoni, café élégant du boulevard, où il « prenait son déjeuner avant d'aller aux Tuileries et, quand il revenait à ce même café de cinq à six heures, c'était à qui le complimenterait sur ses études que l'on se passait de main en main. »[3]

C'est l'image même de cette élégante société du Second Empire que Manet a groupée sous les arbres, les femmes généralement assises et les hommes debout. Personne ne semble très attentif à un orchestre qu'on suppose militaire, absent du tableau, et qui serait placé comme le peintre ou le spectateur.

L'identification des personnages qui sont tous de véritables portraits — peut-être peints d'après des photographies[4] — a été faite par Meier-Graefe[5], corrigée par Tabarant[6], puis mise au point par Sandblad dans la remarquable étude qu'il a consacrée à ce tableau[7]. On distingue, de gauche à droite, un premier groupe masculin, composé de Manet, de son ancien compagnon d'atelier Albert de Balleroy (1828-1873), qui paraît également près de Manet dans l'*Hommage à Delacroix* de Fantin, deux ans plus tard. Assis, on reconnaît Zacharie Astruc (1835-1907), bientôt peint par Manet (cat. 94). Près du tronc de l'arbre un petit groupe de trois hommes debout dont Baudelaire (voir cat. 54-58), et le baron Taylor (1789-1879), inspecteur des Musées et introducteur passionné de l'art espagnol en France ; derrière Baudelaire, à sa gauche, on reconnaît de face Fantin-Latour (voir cat. 53). On a vu dans le personnage moustachu debout derrière Zacharie Astruc, le journaliste Aurélien Scholl[8] (1833-1902), « vivante incarnation du boulevard ». Il est vraisemblable qu'entre les têtes de Manet et de Balleroy, on puisse identifier Champfleury (voir cat.114).

Expositions
Paris, Martinet 1863 ; Alma 1867 n° 24 ; Beaux-Arts 1884 n° 9 ; Durand-Ruel (Paris) 1894, (New York) 1895 n° 14 ; Londres, Grafton Galleries 1905 n° 87 ; Paris, Salon d'Automne 1905 n° 2 ; Londres, Tate Gallery 1954 n° 2.

Catalogues
D 1902, 16 ; M-N 1926 I p. 34 ; cat. ms. 33 ; T 1931, 28 ; JW 1932, 36 ; T 1947, 33 ; RO 1970, 31 ; RW 1975, 51.

fig. a. Étude pour La musique aux Tuileries. Lavis, 1862. Coll. particulière.

38

Au premier plan, les deux dames en chapeaux à brides sont Mme Lejosne, femme du commandant Lejosne chez qui Manet rencontra Baudelaire et Bazille ; l'autre avec sa voilette, serait, d'après Tabarant, Mme Loubens et d'après Meier-Graefe, Mme Offenbach.

Dans la partie droite de la composition, debout, légèrement penché, Eugène Manet qui allait bientôt poser dans le *Déjeuner sur l'herbe* (reconnu aussi par sa fille quand elle vit le tableau[9]). A sa droite, assise contre le tronc, la figure reconnaissable de celui que Rossini appelait le « Mozart des Champ-Élysées », Jacques Offenbach (1819-1880), bientôt célèbre avec *La Belle-Hélène* (1864) et *La Vie Parisienne* (1867).

On sait par Monet[10] que Charles Monginot (1825-1900), peintre lié à Manet et son fournisseur attitré d'armes pour ses tableaux (*L'enfant à l'épée,* cat. 14, *Le déjeuner dans l'atelier,* cat. 109) avait posé pour la composition. Il s'agit sans doute du personnage debout à droite, qui soulève galamment son haut-de-forme pour saluer les élégantes dames assises. Le premier plan est occupé par des enfants dont le dos des robes est agrémenté d'un gros nœud, comme ceux qu'avait peints Manet dans un tableau sans doute légèrement antérieur, *Enfants aux Tuileries,* peut-être peint sur place dans le jardin.[11]

Le groupement des chaises au premier plan introduit un motif coloré de courbes répétées, que l'on retrouve dans tout l'univers féminin du tableau — dont font partie les enfants, les ombrelles, les chapeaux — alors qu'aux hommes comme aux arbres sont dévolues les lignes verticales et sombres — troncs, jaquettes, chapeaux. Ces chaises dont ce modèle de fer, tout nouveau, venait depuis peu de remplacer les chaises de bois[12], sont peintes avec une insistance qui dût paraître provocante, comme une introduction systématique d'objets dits vulgaires dans une composition.

Il est évident que l'influence des conversations avec son ami Baudelaire, qui venait de rédiger son « peintre de la vie moderne » (écrit fin 1859, début 1860, refusé dans les journaux et publié seulement en 1863[13]), sous tend le projet du tableau. On sait que ce long article concernait Constantin Guys, mais contenait une profession de foi que Manet était bien prêt à recevoir, voire à inspirer. Proust nous dit, en effet, que, déjà adolescent, Manet trouvait ridicule Diderot reprochant aux peintres de son temps de peindre certains chapeaux contemporains destinés à être démodés : « Voilà qui est fort sot, s'écria Manet, il faut être de son temps, faire ce que l'on voit, sans s'inquiéter de la mode. »[14]. Dès 1846, dans *L'héroïsme de la vie moderne,* Baudelaire incitait à regarder : « Le spectacle de la vie élégante et des milliers d'existences flottantes qui circulent dans les souterrains d'une grande ville » qui « nous prouvent que nous n'avons qu'à ouvrir les yeux pour connaître notre héroïsme » — chez Manet la première partie du programme proposé donnera *La musique aux Tuileries,* la deuxième, *Le vieux musicien* (RW 52) ou *La chanteuse des rues* (cat. 32), tous peints la même année. « La vie parisienne est féconde en sujets poétiques et merveilleux. Le merveilleux nous enveloppe et nous abreuve comme l'atmosphère ; mais nous ne le voyons pas. »[15]. Et « Pour le parfait flâneur, pour l'observateur passionné, c'est une immense jouissance que d'élire domicile dans le nombre, dans l'ondoyant, dans le mouvement, dans le fugitif et l'infini. [...] L'amateur de la vie fait du monde sa famille [...] l'amoureux de la vie universelle entre dans la foule comme dans un immense réservoir d'électricité. »[16]. Comment Manet ne se serait-il pas reconnu dans un texte que non seulement il a dû lire ou entendre, mais peut-être en partie inspirer, et il n'est pas exclu que Baudelaire fasse en particulier allusion à Manet quand, voulant prouver que le génie « n'est que l'enfance retrouvée », il cite un de ses amis « aujourd'hui un peintre célèbre » — ce qu'était déjà Manet depuis le succès du *Guitarero* (cat. 10) — lui décrivant un souvenir d'enfance, assistant à la toilette de son père, et contemplant « avec une stupeur mêlée de délices, les muscles des bras, les dégradations de couleurs de la peau nuancée de rose et de jaune, et le réseau bleuâtre des veines. [...] Déjà la forme l'obsédait et le possédait. »[17]

Mais, bien évidemment, les sources du tableau de Manet dépassent les préoccupations partagées avec Baudelaire. Il a traité, en peinture, « genre noble », ce qui était jusque là répandu dans l'iconographie dite mineure, celle des gravures de magazines, des illustrations de reportage. Sandblad a le premier suggéré que Manet avait réinterprété un thème traditionnel de la gravure populaire, depuis celle, en couleurs, de Debucourt montrant des promeneurs dans le même jardin sous le Consulat, à des xylographies plus récentes comme celle que reproduit par exemple *L'Illustration* du 17 juillet 1858[18]. Hanson a montré, depuis, l'influence que purent avoir les gravures reproduites dans *Les Français peints par eux-mêmes,* ouvrage extrêmement populaire de l'époque, et vivier iconographique pour les artistes[19]. Un modèle lui était également proposé par les aquarelles et dessins des chroniqueurs de la vie moderne qu'étaient Gavarni et Guys[20]. On sait que Manet, comme ses amis Nadar et Baudelaire, possédait une série d'aquarelles de Guys sur le « High Life » comme sur la vie galante : un reçu d'une vente de Suzanne Manet au marchand Paechter mentionne soixante dessins de Constantin Guys de la collection de Manet « chevaux, sujets du bois de Boulogne. »[21]. Hyslop a en particulier identifié un dessin de Guys ayant appartenu à Baudelaire, *Aux*

Champs-Élysées, 1855 (Musée du Petit Palais) représentant un sujet analogue[22].

De surcroît, Manet, qui travaillait sa gravure d'après les *Petits cavaliers* (cat. 37), a sans doute utilisé, en la transposant, cette image d'une « Réunion d'artistes » en plein air (fig. b)[23]. Après s'être déguisé en Rubens dans *La pêche* (cat. 12), Manet s'identifie ici de nouveau à Vélasquez (voir cat. 2 et RW 25) qui passait pour s'être peint dans le groupe espagnol auprès de Murillo. En effet, la notice du catalogue du Louvre disait alors : « Les personnages au nombre de treize, passent pour être des artistes célèbres, contemporains de Vélasquez. S'est représenté à gauche, vêtu de noir, et Murillo dont on n'aperçoit guère que la tête, est auprès de lui. »[24]. Manet se représente donc en « Vélasquez des Tuileries » dont le compagnon « Murillo » serait Alfred de Balleroy, ce qui est dans le droit fil de ses ambitions, de sa désinvolture, et de son goût du jeu visuel.

Ce tableau qui avait tout pour intéresser Baudelaire ne le satisfit semble-t-il pas ; il n'en parla pas en 1863, quand il fut montré chez Martinet et scandalisa tant par sa technique — qui oppose l'éclat, les précisions presque caricaturales des visages, à l'esquisse des vêtements et du paysage — que par son coloris, jugé violent ; pour Saint-Victor « son *Concert aux Tuileries* écorche les yeux comme la musique des foires fait saigner l'oreille »[25], et en 1867, Babou parle de la « manie de *voir par taches* » de Manet, en particulier dans les portraits de ce tableau : « la *tache-Baudelaire,* la *tache-Gautier,* la *tache-Manet.* »[26]

Zola rappelle certainement un souvenir rapporté par Manet lui-même, quand il écrit en 1867 : « Un amateur exaspéré alla jusqu'à menacer de se porter à des voies de faits, si on laissait plus longtemps dans la salle d'exposition *la Musique aux Tuileries* ». Mais Zola défend le tableau au nom du réalisme : « Si j'avais été là, j'aurais prié l'amateur de se mettre à une distance respectueuse ; il aurait alors vu que ces taches vivaient, que la foule parlait, et que cette toile était une des œuvres caractéristiques de l'artiste, celle où il a le plus obéi à ses yeux et à son tempérament. »[27]

Selon Alexis, Delacroix, voyant le tableau chez Martinet en 1863, peu avant sa mort, aurait dit : « Je regrette de n'avoir pu aller défendre cet homme. »[28]. Mais l'information doit être prise avec réserve.

Il est tentant d'imaginer pourtant qu'avant de disparaître, le vieux Romantique ait salué l'œuvre qu'il n'est pas excessif de considérer, plus que le *Déjeuner sur l'herbe* à qui l'histoire de l'art fait généralement jouer ce rôle, comme le premier véritable tableau de la peinture moderne, tant par son sujet que par sa technique. La postérité de ce tableau dans les décennies suivantes chez Bazille, Monet et Renoir est évidente, et en fait le premier modèle de toutes les peintures impressionnistes et post-impressionnistes représentant la vie contemporaine en plein air ou dans des lieux publics populaires.

fig. b. Gravure d'après Vélasquez, Une réunion d'artistes, dans l'*Histoire des peintres*

1. Duret 1902, p. 18.
2. Proust 1897, pp. 170-171.
3. Proust 1897, p. 176.
4. Richardson 1958, p. 20.
5. Meier-Graefe 1912, pp. 107-109.
6. Tabarant 1931, pp. 52-53.
7. Sandblad 1954, pp. 17-68.
8. Meier-Graefe 1912, p. 108.
9. J. Manet 1979, p. 153.
10. Moreau-Nelaton 1926, p. 44.
11. Duret 1902, n° 17 ; Tabarant 1931, n° 29 ; Jamot et Wildenstein 1932 n° 35.
12. Sandblad 1954, p. 21.
13. Baudelaire 1976, p. 1413 ss.
14. Proust 1897, p. 125.
15. Baudelaire 1976, pp. 495-496.
16. *Ibid.* pp. 691-692.
17. *Ibid.* pp. 690-691.
18. Sandblad 1954, p. 49.
19. Hanson 1972, p. 148.
20. Farwell 1973, pp. 80, 90, 118-120, 127-131.
21. Reçu s.d. (vers 1900). New York, Morgan Library, archives Tabarant. V. Rouart et Wildenstein 1975, I, p. 27.
22. Hyslop 1969, p. 116.
23. Ch. Blanc, *L'histoire des Peintres ;* cité par Sandblad 1954, pp.37-38.
24. Catalogue de F. Villot, 1864, n° 557.
25. Saint-Victor 1863.
26. Babou 1867, p. 289.
27. Zola 1967, *Revue,* p. 56 ; (Dentu), pp. 31-32.
28. Alexis *Revue* 1880, p. 292.
29. Venturi 1939, II, p. 192.
30. Callen 1974, pp. 168-169.
31. Venturi 1939, II, p. 192.

Historique
Il semble, malgré les souvenirs de Durand-Ruel qui croyait avoir acheté ce tableau en 1872[29], qu'il soit resté dans l'atelier de Manet jusqu'au 1er janvier 1883, date à laquelle, selon son carnet, il le vendit à FAURE (v. Hist., cat. 10)[30]. Celui-ci le prête à la rétrospective de 1884, et encore en 1894, à l'exposition de DURAND-RUEL (v. Hist., cat. 118), qui l'achète en 1898. En 1906, le marchand le vend pour 100.000 Frs à SIR HUGH LANE[31] (1875-1915), grand collectionneur irlandais d'art ancien et d'impressionnistes, conseillé par ses amis peintres et écrivains, George

Moore, Steer, Sickert, Yeats. Quand il meurt dans le naufrage du « Lusitania », ses œuvres d'art moderne français sont léguées à la National Gallery à Londres, en particulier : de Manet, outre ce tableau, le *Portrait d'Éva Gonzalès* (RW 154) ; de Renoir : *Les parapluies.* Les autres tableaux sont vendus au profit du musée de Dublin. *La musique aux Tuileries* est exposée à la Tate Gallery en 1917, puis transférée en 1950 à la National Gallery (inv. 3260). Le tableau a été nettoyé en 1964.

F.C.

39 Coin de jardin aux Tuileries

1862 ?
Lavis d'encre de Chine
18 × 11,2
Cachet de l'atelier *E.M.,* b.d.

P   Paris, Bibliothèque Nationale

Exposition
Paris, Orangerie 1932 n° 102.

Catalogues
T 1947, 553 ; L 1969, 170 ; RW 1975 II 313.

Ce croquis au pinceau à l'encre de Chine, sur une page de carnet, est à mettre en relation avec *La musique aux Tuileries* (cat. 38) sans qu'il s'agisse véritablement d'une étude préparatoire. On retrouvera dans le tableau les arbres aux troncs réguliers, mais pas la femme assise de dos sur un banc, une nourrice, semble-t-il. Il s'agit là probablement d'une de ces esquisses dont la spontanéité et la liberté émerveillaient, d'après Antonin Proust (voir notice précédente), les habitués que Manet retrouvait chez Tortoni.

   Il existe au Louvre deux autres croquis de ce carnet, que Manet utilisait sur place aux Tuileries : *Deux fillettes de profil* (RW II 311), et une feuille où l'on reconnaît assez vaguement la silhouette d'Offenbach (RW II 314) ; outre le dessin préparatoire fait sur une double page de ce carnet, cité à propos du tableau (cat. 38, fig. a), existe une charmante esquisse pour les chapeaux à brides et à voilette de la femme du premier plan, et le canotier au-dessus d'elle (RW II 310).

Historique
Ce dessin apparut à la vente de la collection BARRION (v. Hist., cat. 40) en 1904 sous le titre *Étude d'arbres avec un banc,* dans le lot de dessins qui fut acquis par MOREAU-NÉLATON et légué à la Bibliothèque Nationale (v. Hist., cat. 9).

F.C.

39

40 Le montreur d'ours

1862
Mine de plomb et lavis brun
15,4 × 27
Cachet de l'atelier *E.M.,* b.g.

P   Paris, Bibliothèque Nationale

41 Le montreur d'ours

1862
Eau-forte et aquatinte
18,8 × 26,9
Signé b.d. *éd. Manet*

P   Paris, Bibliothèque Nationale

Il s'agit ici du seul cas dans l'œuvre de Manet où une épreuve unique et son dessin préparatoire se trouvent réunis dans une même collection. Leur comparaison fait apparaître l'une des méthodes de travail de Manet (dont on trouvera d'autres exemples dans l'exposition : cat. 16-17, 34-35, 124-125). Le dessin, sur une feuille de papier irrégulièrement découpée et déchirée, est très librement exécuté à la mine de plomb, avec des lavis bruns transparents traités ici avec une plus grande liberté que dans le dessin des *Saltimbanques* (cat. 43). La forme massive et sombre de l'ours dansant et son ombre portée sont équilibrées par le personnage bien éclairé du dompteur sur la droite, dont le corps rejeté en arrière et les bras levés, tenant la chaîne de l'ours et un lourd bâton, traduisent bien la nature dangereuse de l'animal. A l'arrière-plan, la foule derrière une barrière et les roues d'un chariot sont tracées avec une liberté qui rappelle certains dessins préparatoires de Goya pour les estampes de la *Tauromachie* ou des *Proverbes.*

    Son dessin complété, Manet posa ensuite la feuille de papier sur une planche de cuivre en piquant ou incisant les lignes principales de la composition pour transférer sur le cuivre l'indication sommaire du dessin. Il suivit ensuite ces tracés avec sa pointe d'aquafortiste, en développant les détails de la composition tout en lui conservant une allure d'esquisse. Manet ajoute quelques chapeaux hauts-de-forme dans la foule, les barreaux de la cage de l'ours sont clairement indiqués, les poteaux et le cordon devant les roues sont plus précisément rendus et ramenés en cercle vers le premier plan, de même que les ombres portées sur le sol par une toile au-dessus du dompteur.

    Ayant travaillé sa composition sur la planche de cuivre dans le même sens que le dessin, l'épreuve imprimée montre l'image à l'envers. Manet renforce la structure de la composition en ajoutant un grain d'aquatinte qui fait apparaître l'homme en clair au milieu de l'ombre, et l'ours sombre sur le fond clair du sol et de la barrière. La morsure de l'aquatinte paraît toutefois avoir été mal contrôlée ; les taches en haut à gauche et une zone défectueuse en haut à droite peuvent expliquer le fait que Manet semble avoir abandonné la planche après avoir vu une seule épreuve de l'état aquatinté. La date aux alentours de

40
Expositions
Paris 1932 nᵒ 104 ; Ingelheim 1977 nᵒ Z/8.

Catalogues
L 1969, 216 ; RW 1975 II 562.

41
Expositions
Paris 1974 nᵒ 140 ; Ingelheim 1977 nᵒ 24.

Catalogues
M-N 1906, 65 ; G 1944, 41 ; H 1970, 9 ; LM 1971, 35 ; W 1977, 24.

Seule épreuve connue, sur chine.
Coll. Moreau-Nélaton.

40

41

1865, avancée par Guérin[1] a pu être suggérée par le commentaire de Moreau-Nélaton qui considéra cette œuvre « visiblement imitée de Goya »[2] et par l'hypothèse qu'elle avait pu être inspirée par le voyage de Manet en Espagne cette même année. Toutefois, Harris situe et le sujet et son traitement par rapport aux estampes et aux dessins des années 1860 et 1861[3], et voit dans l'idée du personnage debout, dominant la composition, une parenté avec *Victorine en espada* de 1862 (cat. 33-35). Il y a un rapport certain avec Goya dont certains toreros de la *Tauromachie* sont proches cousins du montreur d'ours (la série de Goya était bien représentée en France dans les années 1860). Il faut toutefois replacer le sujet dans le contexte de l'intérêt que portait Manet aux distractions populaires du public parisien telles qu'elles apparaissent à la fois dans le dessin des *Saltimbanques* et la lithographie du *Ballon* (cat. 43 et 44) et surtout dans la toile de *La musique aux Tuileries* (cat. 38), ces dernières ayant été exécutées pendant l'été 1862.

Historique

40   Ce dessin apparaît pour la première fois à la vente de la collection Barrion.
ALFRED BARRION (1842-1903), un pharmacien habitant à Bressuire, forma, à partir de 1879, une collection d'estampes et de dessins modernes exceptionnelle par sa qualité[4]. La collection fut vendue en 1904[5] (deux ans avant la parution du catalogue de Moreau-Nélaton), les estampes de Manet étant dispersées par lots de deux ou trois pièces ; onze dessins furent compris dans un seul lot, numéro 1512. Divisé, l'un des dessins fut vendu 32 francs à « Rouart » (v. Hist., cat. 129), selon le catalogue annoté par Beurdeley[6]. Sur les dix autres, neuf furent sans doute achetés, directement ou indirectement, par

1. Guérin 1944, n° 41.
2. Moreau-Nélaton 1906, n° 65.
3. Harris 1970, n° 9.
4. Lugt 1921, pp. 14-15.
5. 2e vente Alfred Barrion, Paris 25 mai-1er juin 1904.
6. Paris, BN Estampes.

MOREAU-NÉLATON, et firent partie de son don à la Bibliothèque Nationale (v. Hist., cat. 9).

41   L'épreuve unique, sur chine, provenait peut-être de la collection de FIOUPOU, avant de faire partie de celle de MOREAU-NÉLATON (v. Hist., cat. 9).

J.W.B.

42   Le chanteur des rues

1862
Eau-forte
21 × 28

NY   New York, The New York Public Library

Si la première version de *L'enfant à l'épée* (cat. 15) marque, par la naïveté de son exécution, le début de la carrière de Manet aquafortiste, son évolution au cours des mois suivants fut rapide mais curieusement inégale. Le problème essentiel pour l'artiste fut de trouver, avec la pointe et le trait gravé à l'eau-forte, la même liberté, la même certitude dans la touche qui caractérisent dès le début son œuvre dessiné (cf. cat. 21-24). Si les planches du *Gamin* (cat. 7) et du *Guitarero* (cat. 11) montrent une certaine spontanéité, une vraie main d'aquafortiste plutôt que de graveur de reproduction, elles restent néanmoins limitées par la volonté de Manet de reproduire ses propres toiles, elles-mêmes à l'époque encore fortement marquées par les maîtres du passé.

Au moment où Manet va tenter une expression plus personnelle et plus « moderne », dans le sens baudelairien du terme, avec *La chanteuse des rues* (cat. 32), *Mlle Victorine en espada* (cat. 33) et surtout *La musique aux Tuileries* (cat. 38), il cherche en même temps une voie parallèle dans son œuvre graphique, qui trouvera son expression la plus frappante dans la lithographie du *Ballon* (cat. 44).

Pour forger son nouveau style, Manet s'inspirera de la culture populaire de l'époque, flânant dans la rue ou dans les jardins publics, observant le spectacle des chanteurs, des forains, des marionnettes, et de la foule elle-même, élégante dans *La musique aux Tuileries,* populaire dans le *Ballon* et

Expositions
Philadelphie-Chicago 1966-1967 n° 35 ;
Washington 1982-1983 n° 68.

Catalogues
M-N 1906, 69 ; G 1944, 2 ; H 1970, 22 ; W 1977, 26.

Seule épreuve connue, sur chine. Coll. Avery.

fig. a. Legros, Théâtre de Polichinelle. Lithographie, 1861. Paris, BN Estampes

42

dans ce *Chanteur des rues*. Harris y trouve une naïveté d'expression qui dépendrait de la méthode préconisée par Lecoq de Boisbaudran — Manet aurait attaqué directement, de mémoire, son cuivre, sans dessin préparatoire[1] ; elle évoque aussi l'exemple d'une affiche lithographique de 1861 par Legros (fig. a), citée également par Fried qui attire l'attention sur l'importance à l'époque du théâtre populaire et surtout des marionnettes de Duranty dont le théâtre de Polichinelle fut installé aux Tuileries en 1861[2]. Reff, pour sa part, souligne la parenté avec les estampes populaires — images d'Épinal ou caricatures — et la volonté de Manet de dépeindre « le milieu urbain et ses types », de la lavandière avec son panier au gendarme[3].

Manet semble avoir abandonné cette planche après en avoir fait tirer une seule épreuve. La composition n'aurait guère pu être modifiée, tant le dessin est serré et ferme dans la partie gauche de l'estampe et dans le personnage dominant du chanteur. Toutefois, dans la foule à droite, les formes sont traitées plus librement et se laissent pénétrer par la lumière. Ici, Manet a évoqué un effet de mouvement, de foule grouillante, qui trouve toute son expression dans *La musique aux Tuileries* et *Le ballon*.

1. Harris 1970, nº 22.
2. Fried 1969, p. 39 et nº 69.
3. Reff 1982, n. 68.
4. Paris, BN Estampes (Dc 300 g. t VIII, cliché 409).
5. Lugt 1921, p. 381-382.
6. Catalogue de lithographies et eaux-fortes modernes... composant la collection de M. Ph. Burty. Paris, 4-5 mars 1891.
7. *Journal des Goncourt,* (11 mars 1891), 1956, t XVII, p. 221 ; Adhémar 1965, p. 235.

Historique

Une photographie prise par Lochard en 1883[4] atteste la présence de cette épreuve apparemment unique dans l'atelier de Manet (v. Hist., cat. 12) ; en 1890, la même ou une autre épreuve apparaît dans la vente de la collection Burty. PHILIPPE BURTY (1830-1890), écrivain et critique d'art, graveur et passionné de l'estampe moderne, rassembla une collection de pièces exceptionnelles d'estampes de Manet[5]. Aucune ne figure dans les ventes faites à Paris et à Londres de son vivant. La collection complète, de 55 lots, comprenant souvent plusieurs pièces ou épreuves, fut vendue en bloc, sous le numéro 247 du catalogue de vente de sa collection, en mars 1891[6]. Achetée 1.500 Frs par le marchand MANZI (v. Hist., cat. 19), elle fut cédée par la suite à DEGAS (v. Hist., cat. 15), à l'exception, semble-t-il, de trois pièces qui ne figurent pas au catalogue de la vente de la collection Degas. Ces pièces sont les sous-numéros 13 *Au Prado* (H 44), 18 *Mlle Morizot* (sic) (H 75) et 27 *Chanteur des rues,* dans la vente Burty. Était-ce LUCAS, toujours à l'affût de pièces rares, qui aurait obtenu cette épreuve unique de Manzi ou même de Degas après la vente, pour la céder ensuite à Avery ? Ou y a-t-il eu deux épreuves de cette estampe, l'une restée dans l'atelier et acquise par AVERY, par l'intermédiaire de GUÉRARD et LUCAS (v. Hist., cat. 16 et 17) ; l'autre dans la collection de Burty, qui aurait disparu, perdue entre 1891 et la vente de la collection Degas en 1918 ?

A propos de l'épreuve de Burty, on peut mentionner une provenance antérieure qui ne semble guère pouvoir s'appliquer qu'à l'épreuve « unique » du *Chanteur.* J. Adhémar a publié un passage du *Journal* des Goncourt où il est question d'une épreuve volée par Burty à Bracquemond : « En dépit des hauts prix atteints par les eaux-fortes de Bracquemond à la vente Burty, Bracquemond entre furibond chez moi (...) : ' Mais ce que vous ne savez pas, je ne l'ai jamais dit, c'est qu'il m'a volé chez moi deux eaux-fortes dont l'une valait un billet de 500 Frs (...) et l'autre peut-être 10 Frs, mais une curiosité, une planche rarissime (...) La première, c'est la romance gravée par Millet (...), la seconde c'est une eau-forte de Manet qu'il a faite chez moi, que j'ai tirée moi-même, dont il n'a pas été content, et il a rangé le cuivre (...) oui, oui, j'ai eu la conviction qu'il me les avait volées (...) Alors il était curieux, n'est-ce pas, pour moi, de les retrouver à sa vente (...) Eh bien, la chère, celle de Millet, je ne l'ai pas retrouvée. Mais celle de Manet, celle tirée à une seule épreuve et que j'avais gardée, elle y était ! elle y était !... '[7].

Dans la vente de la collection Burty, il n'y avait guère que les épreuves du *Chanteur,* des *Chats* (H 64, voir cat. 113) et du *Rêve du marin* (H 82) qui pourraient entrer dans la catégorie d'épreuves uniques, et la dernière en tout cas ne correspond plus à la période où Manet travaillait encore avec Bracquemond.

J.W.B.

43 Les saltimbanques

1862 ?
Lavis brun sur mine de plomb
25,8 × 29
Cachet de l'atelier *E.M.* b.g.

NY   Paris, Bibliothèque Nationale

Légèrement esquissée à la mine de plomb, puis renforcée et ombrée par un lavis d'encre brune, cette étude ne révèle guère l'accent propre aux dessins de Manet en 1862, caractérisés généralement par un contour nerveux, insolite même, par des hachures diagonales très enlevées au crayon ou au pinceau et par l'utilisation savante de lavis transparents.

Exposition
Paris, Orangerie 1932 n° 103.

Catalogues
M-N 1926, I, fig. 29 ; T 1947, 544 ; L 1969, 217 ; RW 1975 II 561.

43

fig. a. V. Adam, Fête du roi aux Champs-Élysées (détail). Lithographie, 1829

Le dessin montre une scène de foire ou de fête publique. On y voit des pavillons dans le fond et une foule sommairement décrite. A gauche, une acrobate en « tutu » lui fait face, prenant une pose provocante ; à droite un lutteur regarde le spectacle de l'acrobate sur un trapèze, porté par un homme fort qui enjambe le cercle vide du sol, mi-ombre mi-lumière. Sans doute devenu pâle et moins lisible avec le temps, le dessin peut être néanmoins mis en rapport avec la scène du *Ballon,* même s'il paraît nettement antérieur à la lithographie. Peut-être date-t-il de l'été 1861, époque à laquelle Manet commence à étudier les différents aspects de la vie parisienne (voir cat. 38), tels que les rapportaient les gravures d'illustration de l'époque (fig. a), dont Farwell a présenté des échantillons s'étendant sur plusieurs décennies[1].

1. Santa Barbara 1977, n⁰ˢ 74-76.

Historique
Ce dessin figura sous un numéro à part, après le groupe des onze dessins, dans la vente de la collection ALFRED BARRION (v. Hist., cat. 40).

Décrit sous le numéro 1513, « *Les Acrobates,* important dessin au lavis », elle passa à MOREAU-NÉLATON et fit partie de son legs à la Bibliothèque Nationale (v. Hist., cat. 9).

J.W.B.

44 Le ballon

1862
Lithographie
40,3 × 51,5
Signé et daté b.d. *éd. Manet 186[2]*

P   Paris, Bibliothèque Nationale
NY   New York, The New York Public Library

Expositions
Philadelphie-Chicago 1966-67 n⁰ 40 ; Paris 1974 n⁰ 136 ; Ingelheim 1977 n⁰ 28 ; Santa Barbara 1977 n⁰ 3 ; Londres, BM 1978 n⁰ 14 ; Providence 1982 n⁰ 36 ; Washington 1982-83 n⁰ 98.

Catalogues
M-N 1906, 76 ; G 1944, 68 ; H 1970, 23 ; LM 1971, 68 ; W 1977, 28.

Seul état, dont cinq épreuves sont connues, toutes tirées sur papier vergé (filigrane *JHS*). Coll. Moreau-Nélaton (Paris), Avery (New York).

Au cours du printemps et de l'été 1862, Manet déploya une activité remarquable par le nombre et la variété de ses projets. Travaillant à la fois sur plusieurs tableaux importants (cat. 32, 33, 38 et *Le vieux musicien,* RW 52), il exécuta également toute une série d'eaux-fortes d'après ses propres toiles ou d'après Vélasquez pour l'album que devait annoncer Cadart en septembre (cat. 7, 18, 35 et 37) et pour la première livraison de la publication de la Société des Aquafortistes (cat. 48).

Dans ses efforts pour relancer l'estampe d'artiste, Cadart tenta d'y associer la lithographie, dont Ph. Burty s'était déjà fait le défenseur à propos des œuvres de Géricault, de Delacroix et l'école romantique, en qualifiant les belles lithographies de « reproduction la plus spontanée de la pensée du peintre [...] qui doivent toujours rendre cette pensée avec la force et la virginité d'un dessin original. »[1]. A un moment encore indéterminé, pendant l'été 1862[2], Cadart envoya trois pierres lithographiques à cinq des jeunes artistes les plus actifs (tous, excepté Ribot qui était de dix ans son aîné, à peu près du même âge que Manet). Les pierres arrivèrent dans les ateliers « avec instructions de dessiner dessus absolument ce qu'ils voudraient. Le tout devant former ensuite un cahier qu'on publierait. »[3]

Toutefois, il semble que les imprimeurs de Lemercier, habitués aux dessins lithographiques d'un fini impeccable, aux demi-tons d'un dégradé irréprochable (Rosenthal parle de « la propreté grise » des lithographies de l'époque[4]) furent horrifiés à la vue de certaines pierres. Hédiard raconte leur réaction à propos des lithographies de Fantin : « c'était détestable, insensé, sauvage, on n'avait jamais vu une chose pareille. »[5].

44

Si les dessins relativement « corrects » de Fantin provoquèrent un tel
tollé, on imagine la réaction devant *Le ballon* de Manet : une composition sans
grâce, un gribouillis furieux, à peine lisible par endroits. Des images d'une
facture si libre furent sans doute ressenties comme un outrage au métier même
de lithographe et, après quelques tirages d'essais, Cadart abandonna son projet.
A ce propos, Druick signale un fait significatif : la plupart des lithographies
furent imprimées, sans doute à la demande de Cadart, sur un papier vergé
habituellement utilisé pour le dessin et très inattendu pour une lithographie ; il
y voit la preuve du désir de Cadart de présenter cette nouvelle forme de la
lithographie à la manière d'un dessin original, en d'autres termes, comme un
« dessin multiple »[6], tel que Burty en avait évoqué les possibilités.

Manet ne dessina que sur une des trois pierres envoyées par Cadart. Il
choisit comme sujet, à l'encontre de ses collègues dans l'entreprise, une scène
d'une portée immédiate, populaire, représentant une fête marquée par
l'ascension d'un ballon, un des spectacles préférés des Parisiens au dix-

fig. a. Fêtes du 15 août - Esplanade des Invalides,
dans *Le Monde illustré*, 21 août 1858

fig. b. Fêtes du 15 août, dans *Le Voleur,* 27 août 1858

fig. c. Nadar en ballon. Photographie, vers 1865. Paris, BN Estampes

1. Vente Parguez, Paris, 22-24 avril 1861, p. XV ; Bailly-Herzberg 1972, I, p. 21.
2. Druick et Hoog 1982, n° 41, Historique.
3. Hédiard 1906, p. 15 (reprint Genève 1980-81, p. 49).

neuvième siècle. Reff a déjà suggéré qu'il pouvait s'agir d'une ascension à l'occasion des fêtes du 15 août[7], la fête de l'Assomption dont Napoléon III avait fait la Fête Nationale. Depuis Moreau-Nélaton[8], on avait presque toujours situé la scène aux Tuileries. Des recherches menées simultanément par Druick et Zegers et par MM. Kayser et Nicolaou, du Musée de l'Air au Bourget, ont permis désormais de localiser la fête du 15 août sur l'esplanade des Invalides, telle qu'elle est représentée dans maintes illustrations de l'époque[9] (fig. a et b).

A la lumière de ces découvertes, Druick et Zegers[10] donnent au choix du sujet par Manet une signification symbolique qui est bien plus proche des réalités quotidiennes et des préoccupations du peintre que l'interprétation ésotérique de Mauner. Celui-ci voit dans la scène une évocation délibérée de la Crucifixion, avec « le grand ballon central qui s'élève entre les croix latérales (qui rappellent également les roues de tortures [chez] Breughel l'Ancien), directement au-dessus de l'image de la misère humaine en la personne du mendiant cul-de-jatte. »[11]. A ce propos, il est frappant de constater à quel point cette scène est avant tout une scène vécue. Kayser et Nicolaou, spécialistes de l'histoire du ballon, ont pu déterminer qu'il s'agit de toute évidence d'une scène à laquelle Manet a assisté en spectateur passionné et intelligent. En effet, rapporte Nicolaou : « La scène que Manet illustre semble trop précise pour ne pas avoir été vécue. Tout y est : la dimension du ballon à gaz capable de transporter une ou deux personnes, la précision des manœuvres ; le ballon est en train d'être placé au-dessus d'une nacelle cachée par les spectateurs, les suspentes du filet étant retenues par des équipiers. Un personnage placé sous le ballon attache les suspentes au cercle de charge tandis qu'un autre vérifie des pattes d'oie. Les oriflammes flottant dans le vent laissent à penser que celui-ci se lève et que le départ du ballon ne se fera pas sans difficulté. »[12]

Druick et Zegers ont trouvé (et les archives du Dr Hureau de Villeneuve, au Musée de l'Air, ont confirmé) qu'il s'agit en fait de l'ascension de Mme Poitevin, dans un ballon prêté par Eugène Godard à la suite d'un accident survenu au moment du gonflage du sien. Il n'est toutefois pas nécessaire de supposer que ce fut l'observation de cette ascension-là qui permit à Manet de décrire avec une telle précision la technique du lancement. Son ami Nadar (fig. a) faisait des ascensions régulières (les archives du Musée de l'Air en fournissent un exemple, le 10 juillet 1862 à Montmartre, avec Godard en « aéronaute » et Nadar en « voyageur »). Il est donc parfaitement concevable que les multiples détails — les personnages qui tiennent les suspentes, les sacs de lest que l'on voit tout autour du ballon, les deux hommes qui travaillent, l'un de dos, l'autre accroupi de profil, à placer le ballon au-dessus de la nacelle, et le ballon lui-même, légèrement désaxé suivant la poussée du vent qu'indiquent les oriflammes — furent observés et notés lors d'une ou de plusieurs autres occasions. De même, la foule qui comporte des types aisément reconnaissables : une dame à la voilette à gauche, un ouvrier en blouse avec un enfant sur l'épaule et tenant un autre par la main, un monsieur en haut-de-forme, avec un petit chien, des gendarmes, un vendeur de boissons qui donne à boire à deux gamins, deux femmes du peuple, tête nue, et un homme en casquette, tous ces personnages, sans oublier le cul-de-jatte au premier plan, auraient pu être croqués sur le vif, puis rassemblés dans un ordre voulu pour la composition de la lithographie.

Il faut toutefois insister sur la « vérité » de la scène elle-même : les illustrations de l'époque confirment l'emplacement, de chaque côté, de pavillons où l'on jouait des pantomimes, des oriflammes alignés, des mâts de cocagne à gauche et à droite, et jusqu'aux forains-acrobates sur une estrade surélevée que l'on aperçoit, au-dessus de la foule, à gauche dans l'estampe de Manet (fig. b et c). Il s'agit donc, derrière son aspect apparemment très peu précisé, d'une scène réelle perçue avec une acuité qui dément, quand on sait la regarder, la facture très enlevée, impressionniste, qui effraya tant les imprimeurs de chez Lemercier. La manière de rendre la scène est pourtant très différente des « vues » traditionnelles. Au lieu d'une scène vue à vol d'oiseau ou en plongée, de façon à saisir toute la perspective de l'esplanade, Manet reste de plain-pied avec les spectateurs et adopte un point de vue qui élimine l'impression de l'espace immense et du cercle vide autour du ballon, suivant les préoccupations que l'on retrouve dans *La musique aux Tuileries* (cat. 38).

Historique

L'épreuve de la Bibliothèque Nationale, qui fait partie du legs MOREAU-NÉLATON en 1927, est celle reproduite par celui-ci dans son catalogue (les fortes piqûres, surtout dans le ciel, qui se voient dans la reproduction, sont encore perceptibles dans l'estampe). Il n'est toutefois pas aisé d'en déterminer la provenance antérieure. Moreau-Nélaton n'indique presque jamais dans son catalogue les estampes qui lui appartenaient déjà. Il semble donc que celle-ci était déjà dans sa collection en 1906, et qu'il a du l'acquérir des collections FIOUPOU ou LEENOFF (v. Hist., cat. 9).

L'épreuve de la collection AVERY, à New York, aurait également été acquise directement — sans doute par l'entremise de LUCAS ou GUÉRARD — à la veuve de Manet (v. Hist., cat. 16-17), puisqu'aucune autre épreuve ne paraît, citée par Guérin, avant la mort d'Avery en 1904 (celle de la collection du marquis de Biron fut vendue en 1910[13] et celle de Ph. Burty, acquise par Degas, passa en vente en 1918 ; v. Hist., cat. 15 et 42).

J.W.B.

4. Rosenthal 1925, p. 82.
5. Hédiard 1906, p. 16 (reprint p. 50).
6. Druick et Hoog 1982, n° 41, Historique, et 46.
7. Reff 1982, n° 98.
8. Moreau-Nélaton 1926, I, pp. 40-41.
9. *Le Monde illustré* 21 août 1858 ; *Le Voleur* 27 août 1858 ; *L'Illustrateur des Dames* 18 août 1861 (aimablement communiqués par M. Stéphane Nicolaou).
10. D. Druick et P. Zegers, « Manet's *Balloon*: the 'Fête de l'Empereur' 15 August 1862 », à paraître in *Print Collector's Newsletter*.
11. Mauner 1975, p. 75.
12. S. Nicolaou, lettre du 8 novembre 1982.
13. Estampes modernes, Collection de M. le Marquis de B[iron], Paris 13 avril 1910, n° 9, repr.

45 « Eaux-fortes par Edouard Manet » présentées par Polichinelle

Deuxième essai de frontispice
1862
Eau-forte
32,7 × 24 (cuivre) ; 29,5 × 21,1 (sujet)
Signé et daté b.d. *éd. Manet 62*
Titre gravé par l'artiste au centre *EAUX-FORTES Par Edouard Manet*

New York, The New York Public Library

Quand Henri Guérard annota, sans doute à la demande de George Lucas, l'épreuve qui passa dans la collection de Samuel P. Avery et qui fut donnée par ce dernier à la New York Public Library (voir Historique), il devait tenir de Manet lui-même, ou de sa veuve, l'information concernant l'origine du projet de cette estampe : « 1re idée de la couverture pour les eaux-fortes de Manet publiées par Cadart et Chevalier ». Communément appelé « essai de frontispice », il s'agit en effet d'un projet de couverture, tel que Cadart avait l'habitude d'en faire tirer, sur une grande feuille de papier de couleur qui était ensuite pliée pour qu'on y insère une série d'estampes, soit d'un seul artiste soit de plusieurs, comme dans le cas des livraisons de la Société des Aquafortistes (voir cat. 7 et 48).

Au verso de la couverture de la toute première livraison de la Société, datée du 1er septembre 1862 (voir cat. 48), Cadart dénombrait les estampes qu'il tenait à la disposition des amateurs. Parmi celles-ci on trouve plusieurs « collections » dont celle des six eaux-fortes, *Vues de Hollande,* par Jongkind[1], d'autres par Bonvin, Chaplain, Millet, Jacquemart et, par Manet, *D⁰ [Collec-*

Expositions
Philadelphie-Chicago 1966-67 n° 129 ; Ann Arbor 1969 n° 16 a ; Ingelheim 1977 n° 34 ; Paris 1978 n° 39.

Catalogues
M-N 1906, 48 ; G 1944, 29 ; H 1970, 38 ; LM 1971, 31 ; W 1977, 34 ; W 1978, 39.

1er état (sur 2). L'une des deux épreuves connues, imprimée sur papier vélin bleu ; avec une note manuscrite au crayon signée H. Guérard. Coll. Avery.

45

fig. a. 1ᵉʳ projet de couverture, *eaux-fortes par Édouart Manet.* Eau-forte, 1862. New York Public Library

tion] de 8 dᵒ [eaux-fortes] sujets divers, compositions de l'auteur......coll. 12 séparé 2 [francs]. Il s'agit du cahier de huit feuilles qui comportait neuf eaux-fortes dont six d'après ses propres tableaux (voir cat. 7, 11, 25 et 35), deux copies d'après Vélasquez (cat. 36 et 37) et une composition originale (cat. 9).

La coutume des couvertures illustrées pour ce genre de recueil étant généralement répandue, Manet fit des projets qui n'aboutirent pourtant pas pour la publication de Cadart. En tout premier vient sans doute la composition (dont il n'existe que deux ou trois épreuves) qui montre un carton d'estampes ouvert, portant le simple titre *eaux-fortes par Manet* et « présenté » en quelque sorte, par un chat assis au premier plan (fig. a). Fried voit dans ce chat le compagnon traditionnel de Polichinelle et trouve donc une liaison directe entre cette planche et la suivante où Polichinelle apparaît lui-même dans l'ouverture d'un rideau de théâtre[2]. Mauner a suggéré une source pour cette estampe dans une gravure d'après Karel Dujardin, parue dans un des fascicules sur « L'école hollandaise » de *L'Histoire des Peintres* de Charles Blanc (fig. b)[3]. Il y dénombre les différents éléments — image attachée à un poteau, épée et guitare — qui se retrouvent dans l'estampe de Manet et auxquels Reff attache une interprétation symbolique de la vie privée de l'artiste[4].

Il est indiscutable que les éléments de la composition se retrouvent dans les œuvres de Manet à cette époque — l'épée de *L'enfant à l'épée* (cat. 14), le chapeau, le boléro et la guitare du *Chanteur espagnol* (cat. 10), de *Mlle Victorine en espada* (cat. 33) et du tableau même, dont elle est la reproduction inversée, du *Chapeau et guitare,* un dessus de porte peint par Manet pour son atelier de la rue Guyot (voir cat. 46-47, fig. a). Toutefois, au lieu de leur prêter une signification trop symbolique, on peut également y voir la reprise, avec les transformations qui sont toujours étonnantes, voire déroutantes, chez Manet, d'un type de frontispice traditionnel où des estampes sont présentées sous forme d'un spectacle plaisamment offert au public. Dans ce sens, les allusions de Fried aux marionnettes de Duranty, le Théâtre de Polichinelle auquel Manet et ses amis assistaient aux Tuileries[5], prennent leur place à côté de telle couverture par Victor Adam pour un *Nouveau recueil de croquis par divers artistes,* édité en 1831 (fig. c), ou encore par Raffet pour son propre *Album Lithographique* en 1835[6]. Sur la couverture d'Adam, c'est un Arlequin sur l'estrade, devant un rideau-panneau portant le titre *Variété,* qui présente et distribue à la foule enthousiaste des estampes que contiennent également de gros paquets ficelés, marqués *Croquis.*

L'estampe de Manet comporte, outre les objets déjà décrits, une estampe au ballon (genre très populaire à l'époque) qui est peut-être une allusion à sa lithographie montrant l'ascension du 15 août (voir cat. 44). Polichinelle, en créateur du spectacle, guette et convie les spectateurs à voir ce qui se passe derrière le rideau, c'est-à-dire à l'intérieur de la couverture du recueil contenant les estampes annoncées par les objets présentés devant le rideau. Manque toutefois au recueil, l'estampe de *L'enfant à l'épée* que Manet eut tant de difficulté à finir et qu'il n'avait sans doute pas terminée à temps (cat. 18). Cette couverture illustrée fut cependant abandonnée et on ne peut que faire des hypothèses pour expliquer ce fait.

Connue par trois épreuves seulement, l'estampe était légèrement mordue à l'eau-forte en premier état et imprimée à l'encre brune sur le même papier bleu qui servait de couverture aux livraisons de la Société des Aquafortistes. Considérant sans doute qu'elle ne résisterait pas au tirage en nombre, la planche semble avoir été remordue, uniquement pour approfondir et renforcer les lignes déjà gravées dans le cuivre. L'unique épreuve de cet état, également à la New York Public Library, est tirée sur papier, timbré CANSON, de couleur havane qui fait ressortir le dessin déjà plus fort et encré cette fois en noir. L'effet en est assez saisissant. Toutefois Manet se décida ou dut se résigner à abandonner la planche. La collection d'estampes parut sans doute sous couverture, mais aucun exemplaire n'a survécu. Il est vraisemblable qu'elle porta, comme la page de titre de la seule collection complète connue[7], le titre *8 Gravures à l'eau-forte par Edouard Manet,* suivi de la liste des planches : *1°. le Guitarero. / 2°. les Petits Cavaliers (d'après Vélasquez). / 3°. Philippe IV (d'après Vélasquez). / 4°. l'Espada. / 5°. le Buveur d'absinthe. / 6°. la Toilette. / 7°. le Garçon et le Chien. / 8°. le Gamin. — la Petite Fille.* Toutes ces planches figurent, avec d'autres (plus anciennes ou plus récentes), sur le projet de couverture qui ne reprend de cette estampe que le motif « chapeau et guitare » (cat. 46 et 47), en abandonnant le jeu du théâtre de Polichinelle.

fig. b. Gravure d'après Karel Dujardin, Le Charlatan (détail), dans l'*Histoire des peintres*

fig. c. Adam, La Variété, titre de recueil lithographique, 1831. Paris, BN Estampes

1. Bailly-Herzberg 1972, II, pp. 121-123.
2. Fried 1969, pp. 38-39.
3. Mauner 1975, pp. 169-170 ; Reff 1970, pp. 456-458.
4. Reff 1962, pp. 182-187.
5. Fried *op. cit.*
6. Santa Barbara 1977, n° 38.
7. Paris, BN Estampes (Dc 300 e Rés).
8. Wilson 1978, n° 39.
9. Paris BN, Estampes (Dc 300 g, t. VIII, n° 421).
10. Lucas Diary 1979, p. 669.

Historique
Moreau-Nélaton ne connaissait de cette estampe que l'épreuve de Degas, qui avait appartenu à Burty (Stockholm, Nationalmuseum — v. Hist., cat. 15). Des deux épreuves, en 1er et 2e état[8], acquises par AVERY, Guérin n'avait connaisssance que d'une seule, alors que Harris cite les deux de la New York Public Library. Il existe une photographie par Lochard de l'épreuve en 2e état, prise dans l'atelier de Manet en 1883[9]. Il est donc vraisemblable que les deux épreuves provenaient de la veuve de Manet et passèrent, par l'intermédiaire de GUÉRARD et de LUCAS, dans la collection de AVERY (v. Hist., cat. 16 et 17). A propos de l'annotation sur l'épreuve du 1er état, on peut citer à titre d'exemple le texte du journal de Lucas, à la date du 8 mai 1888 : « Chez Guérard pour qu'il revoie et annote les Manet achetés pour SPA [Samuel P. Avery]. Lui ai acheté 3 pour 20 Frs. »[10]

J.W.B.

46 *Étude pour la couverture* « Eaux-fortes par Edouard Manet »

1862
Aquarelle et encre de Chine sur mine de plomb
37,5 × 26,5

New York, The New York Public Library

47 « Eaux-fortes par Edouard Manet » avec chapeau et guitare

Frontispice pour le cahier de quatorze eaux-fortes
1862-1863/1874
Eau-forte, pointe-sèche et aquatinte
44,1 × 29,8 (cuivre) ; 33,2 × 22,4 (sujet) - 1er état ;
23,1 × 21,9 (cuivre) - 2e état
Titre et liste des quatorze planches gravés par l'artiste
(1er état) ; titre regravé (2e état)

Stockholm, Nationalmuseum (1er état)
P   Paris, Bibliothèque Nationale (2e état)
NY   New York, The New York Public Library (2e état)

Après l'abandon de la couverture projetée pour l'édition, chez Cadart, de sa collection de *8 Gravures à l'eau-forte* (voir cat. 45), Manet semble avoir envisagé une nouvelle publication qui devait comporter un choix différent et plus nombreux d'estampes. Une aquarelle a servi de préparation à une nouvelle couverture. Dessinée d'abord à la mine de plomb sur un papier vergé avec le filigrane HP et HALLINES (utilisé par Cadart pour les premières livraisons de la Société des Aquafortistes et pour le cahier de *8 Gravures à l'eau-forte* de Manet), elle reprend le motif du chapeau et guitare posés sur un panier de costumes espagnols. L'aquarelle fait ressortir les tons du bois de la guitare, le rouge de son ruban d'attache, et le rose (très pâle et sans doute déteint) de l'étoffe qui serait celle brandie, en cape, par le modèle de *Mlle Victorine en espada* (cat. 33-34). Manet rehaussa vigoureusement au pinceau et à l'encre de Chine la lettre esquissée du titre et une bordure indiquée autour de la composition. Le titre est brossé à l'endroit, mais au-dessous, sur des lignes tracées à la règle, Manet

46
Exposition
Philadelphie-Chicago 1966-1967 no 130.

Catalogues
JW 1932 mentionné 58 ; G 1944 mentionné, ill., 62 ; T 1947, 556 bis ; L 1969, 219 ; RW 1975 II 67.

47
Publications
(*Eaux-fortes par Édouard Manet* 1863?, couverture) ; *Édouard Manet. Eaux-fortes* Cadart 1874, couverture et 1re planche.

Expositions
Philadelphie-Chicago 1966-67 no 131 ; Ann Arbor 1969 no 17 ; Ingelheim 1977 no 35 ; Paris 1978 no 68.

46

47 (1ᵉʳ état)

s'appliqua à former à l'envers les titres des planches qu'il devait copier sur le cuivre pour qu'ils s'impriment à l'endroit dans l'estampe. Quant au motif « chapeau et guitare », il est copié d'après le tableau (RW 60) et réapparaîtra à l'envers sur l'estampe (fig. a). Le dessin aquarellé porte les traces du passage de la pointe avec laquelle Manet marqua sur son cuivre les lignes essentielles de sa composition.

Le premier état de l'estampe est une fidèle reproduction, à l'eau-forte et à l'aquatinte, du dessin. Imprimé d'abord sur un papier semblable à celui du dessin (épreuve dédicacée « à M. J. Fioupou »)[1], les quatre autres épreuves connues sont tirées sur un papier vélin épais, double à l'origine (qui ne subsiste sous cette forme que dans un seul cas). Elles servaient sans aucun doute de couverture à des estampes que Manet a offertes à des amis intimes, les épreuves étant dédicacées « à mon ami Charles Baudelaire », « au Commandant Lejosne », « à P.M [...] » (Paul Montluc, le dédicataire de la collection complète des *8 Gravures,* voir cat. 45, ou Paul Meurice ? — le grattage sur l'épreuve de la New York Public Library ne permet pas l'identification), et à un autre non-identifié[2]. A Baudelaire, « à mon ami » (les autres recevant un « témoignage d'amitié » ou, pour Lejosne, « de sincère amitié »), revint l'épreuve avec l'indication du tirage, marquée au crayon en bas et à gauche sur la feuille : *28 pièces. E. M.*

Aucun de ces vingt-huit recueils n'est resté intact. On en a cité un, avec une suite complète d'eaux-fortes sur chine (monté sur des feuilles de papier

Catalogues
M-N 1906, 1 ; G 1944, 62 ; H 1970, 39 ; LM 1971, 32 ; W 1977, 35 ; W 1978, 68 et App.

1ᵉʳ état (sur 6). L'une des cinq épreuves connues, sur une feuille simple (coupée) de vélin épais. Avec la dédicace à la plume et à l'encre *à mon ami Charles Baudelaire/Edouard Manet,* en haut à droite, et l'indication du tirage au crayon, en bas à droite, *29 pièces EM.* Le chiffre inscrit au crayon dans l'angle droit inférieur *247/1* se réfère au catalogue de la vente Burty. Coll. Baudelaire, Burty, Degas, Schotte.

2ᵉ état. Réduction de la planche et nouveau titre gravé. Épreuves de la couverture, sur papier bleu (feuilles simples, coupées), signées à l'encre des initiales de l'artiste et numérotées *27* (Paris) et *30* (New York). Édition de 1874. Coll. Moreau-Nélaton (Paris) ; Avery (New York).

140

fig. a. Chapeau et guitare, 1862. Avignon, Musée Calvet.

1. Paris, BN Estampes.
2. Paris, Berès 1978, n° 68.
3. Information aimablement communiquée par M. H. Prouté.
4. Wilson 1978, n° 68.
5. Moreau-Nélaton 1906, Intr. s.p. ; rééd. in Guérin 1944, p. 13 ; Vente [Picard], Paris, 26 octobre 1964, n° 117.
6. Moreau-Nélaton 1926, I, pp. 102-103.

vélin), qui aurait appartenu à Morel Vindé, architecte actif vers 1860, faisant sans doute partie du petit cercle autour de Manet[3]. La liste sur le dessin comporte neuf titres dont six des planches éditées dans le recueil de *8 Gravures*. Sur l'estampe elle-même la liste s'allonge pour comporter jusqu'à quatorze titres dont des planches plus anciennes (cat. 25 et H 8), d'autres éditées ou annoncées en septembre 1862, ainsi que ses estampes les plus récentes dont *Lola* (cat. 52), déjà exposée au Salon des Refusés au mois de mai et le *Baïlarin* (voir cat. 52, fig. a). Les ratures et les additions aux deux listes, sur le dessin et sur l'estampe, montrent les hésitations de Manet concernant le contenu du recueil dit « des quatorze eaux-fortes ».

Ainsi Manet semble-t-il avoir conçu ce tirage de présentation au cours de l'été ou de l'automne 1863, peut-être en rapport direct avec sa décision, sans doute prise dès la mort de son père fin septembre 1862, d'épouser sa maîtresse Suzanne Leenhoff[4]. Le mariage eut lieu en Hollande le 28 octobre 1863, événement commenté par Baudelaire avec un certain étonnement mais une grande satisfaction pour son ami (voir cat. 107), et il dut recevoir son exemplaire dédicacé avant son départ pour la Belgique au printemps 1864.

En 1874, pour le second recueil de ses eaux-fortes publié par Cadart, la planche fut coupée pour éliminer la bordure et le titre du premier état, remplacé par une nouvelle lettre due à un graveur professionnel (fig. b). Dans cet état, elle servit à la fois de couverture, imprimée sur papier bleu (comme celle du projet de couverture, cat. 45) et de page de titre, imprimée sur Japon comme les autres planches du recueil. Ce recueil comportait, d'après l'exemplaire intact que possédait Ph. Burty[5], sept estampes déjà publiées en 1862 et 1863 plus deux autres sans doute plus récentes, dont une épreuve du *Torero mort* (H 55, exposé au Salon de 1869).

Ainsi prirent fin les tentatives de Manet pour faire éditer et distribuer à un large public son œuvre gravé — estampes originales ou, surtout, eaux-fortes d'après ses propres toiles et celles de Vélasquez. En 1868, il évoquait l'opinion de Degas, concernant « l'inopportunité d'un art » — l'estampe originale ? — « à la portée des classes pauvres et permettant de livrer des tableaux au prix de 13 sols. »[6]. Malheureusement, ses propres estampes ne semblent avoir trouvé accueil et enthousiasme qu'auprès d'un tout petit nombre d'amis et de collectionneurs, d'un milieu cultivé et restreint.

Historique

46   Au verso du dessin on trouve une annotation bizarrement bilingue : « aquarelle/Originated Ed. Manet - provenant de sa veuve ». Il y a tout lieu de croire que cette inscription fut ajoutée par LUCAS au moment où il aurait acheté le dessin pour AVERY, vraisemblablement par l'intermédiaire habituel de GUÉRARD (v. Hist., cat. 16 et 17).

47   L'épreuve dédicacée « à mon ami Charles Baudelaire » est l'un des plus émouvants témoignages des liens étroits qui unissaient l'artiste et le poète. Avant ou après la mort de BAUDELAIRE (v. cat. 54-58 ; Hist., cat. 27) en 1867, c'est PH. BURTY qui mit la main sur cette épreuve de choix. Elle porte en bas et à droite, à côté de l'indication du tirage avec les initiales de Manet, le numéro du lot avec son sous-numéro : *247/1*, dans la vente de la collection Burty (v. Hist., cat. 42). De Burty, l'épreuve passa à DEGAS et figura au numéro 224 de sa vente en 1918, avant de passer en Suède (v. Hist., cat. 15).

J.W.B.

fig. b. Couverture pour le recueil de 1874, numérotée *27* et signée *EM*. Paris, BN Estampes

48 Les gitanos

1862
Eau-forte
32 × 23,8 (cuivre) ; 28,5 × 20,6 (sujet)
Signé b. d. *éd. Manet*
Titre gravé sous le trait carré (3ᵉ état) *LES GITANOS*

P Paris, Bibliothèque Nationale (2ᵉ état)
NY Paris, Bibliothèque Nationale (3ᵉ état)

Cette planche est la libre traduction, inversée, d'un grand tableau peint par Manet en 1862. Toile et eau-forte furent exposées chez Martinet l'année suivante et à nouveau en 1867, dans l'exposition de l'avenue de l'Alma ; Manet découpa ensuite la toile dont trois fragments ont survécu (RW 42-44)[1]. Si l'eau-forte figure ici, c'est moins pour rappeler l'existence de ce tableau dans l'œuvre de Manet que pour marquer son début officiel d'aquafortiste. En effet, il s'agit de l'une des cinq estampes publiées par la Société des Aquafortistes dans la toute première livraison, datée du 1ᵉʳ septembre 1862, de sa collection d'*Eaux-fortes modernes*. Fondée en mai 1862 (voir cat. 7), la Société avait son siège social dans l'immeuble occupé par l'éditeur-marchand Cadart, d'abord au 66 puis, à partir d'octobre 1863, au 79 rue de Richelieu, à l'angle de la rue Ménars, où les grandes vitrines de la boutique étaient remplies d'eaux-fortes (fig. a). Le prospectus pour *Eaux-fortes modernes,* « Publication artistique d'œuvres originales par la Société des Aquafortistes », annonça la parution de « 60 gravures Eaux-fortes originales par année, tirées sur papier vergé, d'un format de 0,55 cent. sur 0,35 [...] à raison de 5 épreuves par mois ». La souscription pour un an était de 50 Frs à Paris et de 55 Frs pour les départements, et il était précisé que « les souscripteurs de la province et de l'étranger recevront leur abonnement par la poste, sur rouleau de bois, à l'abri de toute dégradation ». On pouvait également souscrire, pour la somme de 100 Frs, à une « Édition de luxe sur papier de Hollande, tirée à 25 exemplaires avant la lettre. »[2]

Les gitanos de Manet parut donc à côté des planches de Bracquemond, Daubigny, Legros et Ribot, sous couverture bleue avec le titre de la Société et l'annonce au verso des eaux-fortes en vente chez Cadart (voir cat. 45). C'est l'une des rares estampes d'Édouard Manet à avoir suscité quelques notices critiques de l'époque. Pour Lamquet, qui consacra un compte-rendu en septembre 1862 à la fondation de la Société : « La composition de M. Manet renferme 4 figures dont 3 au moins sont tout à fait insupportables [...]. On ne peut s'empêcher malgré cela, de reconnaître les puissantes qualités d'effet rendu qui distinguent cette eau-forte, laquelle assez éloignée de l'œil pour ne plus laisser apercevoir la négligence du dessin offre un ensemble et un coloris plein d'originalité. »[3]. Exposée, en même temps que le tableau, chez Martinet, au printemps 1863, elle attira l'attention de Paul de Saint-Victor qui écrit dans *La Presse* au sujet du tableau : « ses *Contrebandiers* [...] n'auraient qu'à se montrer pour mettre en fuite les douaniers les plus intrépides » mais ajoute : « L'eau-forte réussit mieux que la toile, ses *Gitans* ont de la race et de la tournure. J'aime surtout celui qui, la tête penchée en arrière, renverse une cruche sur sa bouche ouverte : les *Bevidores* de Vélasquez l'admettraient dans leur confrérie. »[4]. Si Saint-Victor a reconnu dans *Les gitanos* des qualités qui lui rappelaient les œuvres de Vélasquez, c'est que dans cette composition Manet

Publications
Eaux-fortes modernes Société des Aquafortistes, Cadart, 1ᵉʳ septembre 1862, nº 4 ; *Eaux-fortes par Édouard Manet* 1863 ?) ; *Cent eaux-fortes par cent artistes* Cadart 1872 ; *Édouard Manet. Eaux-fortes* Cadart 1874.

Expositions
Paris, Martinet 1863 ; Alma 1867 (p. 16) ; Beaux-Arts 1884 nº 158 ; Philadelphie-Chicago 1966-67 nº 32 ; Ann Arbor 1969 nº 13 ; Ingelheim 1977 nº 17 ; Paris 1978 nº 32.

Catalogues
MN 1906, 2 ; G 1944, 21 ; H 1970, 18 ; LM 1971, 16 ; W 1977, 17 ; W 1978, 32.

2ᵉ état (sur 5). Avant la lettre. Épreuve sur chine, Coll. Moreau-Nélaton.

3ᵉ état. Avec le titre gravé et les noms de l'artiste et de l'imprimeur Delâtre ; numéro gravé en haut et à droite. Sur papier vergé. Édition de 1862. Coll. Moreau-Nélaton.

fig. a. Martial, La boutique de Cadart. Eau-forte 1864, éditée par la Société des Aquafortistes, nº 124

48

fig. b. Limousine, gravure dans *Les français peints par eux-mêmes*

fig. c. Le Berruyer, gravure dans *Les français peints par eux-mêmes*

semble tenter une alliance entre le « type » du gitan, selon le genre d'images présentées dans *Les Français peints par eux-mêmes*[5] (fig. b et c) et une présentation « à la Vélasquez », suscitée sans doute par l'acquisition au Louvre, en mai 1862, du portrait, présumé de la main de Vélasquez, représentant *Philippe IV en chasseur* (voir cat. 36). La pose du gitan principal, le paysage du fond, semblent dépendre autant de l'une que de l'autre source.

Ph. Burty, dans un article consacré aux cinq premières livraisons de la Société, en février 1863, plaça dans le camp des « aqua-fortistes 'à outrance', M. Édouard Manet, qui a pour excuse d'être, dans ses peintures, un coloriste très-savant ; ses *Gitanos* semblent chercher Goya au moins dans l'aspect général. »[6]. Burty avait déjà cru nécessaire, dans la *Chronique des Arts* du 1er janvier, de « rassurer les abonnés effarouchés du principe par quelques planches trop brutales », en leur expliquant que le comité de la Société renfermait « des artistes offrant les plus sérieuses garanties de talent et de caractère. »[7]. Pourtant, il crut nécessaire d'ajouter un mois plus tard, dans le compte rendu déjà cité, un avertissement au comité : « [...] qu'il évite les exclusions inconsidérées. Déjà court le bruit que ce comité serait plus sévère que le jury officiel ! [du Salon]. Voilà bien les artistes ! ». Il est en tout cas intéressant de constater que la seconde et dernière planche de Manet publiée par la Société des Aquafortistes était une gravure de reproduction beaucoup plus « sage », d'après son tableau *Lola de Valence* (cat. 52). La planche des *Gitanos* fut reprise dans différents recueils de Cadart et figurait encore, pour 6 Frs l'épreuve, à son catalogue de 1878.

Historique

2e état. L'épreuve sur chine, avant la lettre, semble être une « épreuve d'artiste », tirée avant l'envoi de la planche chez Delâtre pour qu'un technicien y grave le titre, le numéro, etc., pour sa publication dans la livraison de la Société des Aquafortistes. Il n'est pourtant pas exclu qu'elle ait été utilisée pour les cahiers d'épreuves dédicacés par Manet à ses amis (de petites marges sont une des caractéristiques de ces épreuves qui étaient montées sur de grandes feuilles à l'intérieur des couvertures pliées - v. cat. 47). Dans ce cas, elle proviendrait peut-être de la collection de FIOUPOU, dédicataire de l'épreuve de la couverture acquise par MOREAU-NÉLATON et léguée à la Bibliothèque Nationale (v. Hist., cat. 9).

3e état. L'épreuve du tirage de la Société des Aquafortistes entra également dans la collection de MOREAU-NÉLATON. Il est intéressant de noter que si les gravures des collections américaines formées entre 1880-1910 sont extraordinairement riches en épreuves d'états rares, elles contiennent relativement peu d'exemples de tirages faits par Cadart du vivant de Manet, en 1862 et 1874 ; en revanche, elles reprennent à partir des retirages faits après la mort de Manet, c'est-à-dire à l'époque où Lucas et Avery (v. Hist., cat. 17) recherchaient les estampes chez des marchands tels que Dumont et Strölin (v. Hist., cat. 11 : cuivre).

J.W.B.

1. Hanson 1970.
2. Bailly-Herzberg 1972, I, pp. 46 et 49.
3. Lamquet in *Les Beaux-Arts,* t. V, 15 sept. 1862 ; cité Bailly-Herzberg 1972, I, p. 55 et n. 29.
4. Saint-Victor in *La Presse* 27 avril 1863 ; cité Moreau-Nélaton 1926, I, p. 46 et Adhémar 1975, p. 231.
5. *Les Français peints par eux-mêmes - Province,* t. 2, « Limousine » face p. 249, « Le Berruyer » face p. 525 ; voir Hanson 1977, pp. 60-61.
6. Ph. Burty in *Gazette des Beaux-Arts,* XIV, 1er février 1863, p. 191.
7. Ph. Burty in *Chronique des Arts et de la Curiosité,* 1er janvier 1963.

49 Le ballet espagnol

1862
Plume et lavis à l'encre de Chine, rehaussé d'aquarelle et de gouache
23 × 41
Signé b. g. *Manet*

Budapest, Szépmüvészeti Múzeum

Le 12 août 1862, la troupe de danseurs et danseuses du théâtre royal de Madrid inaugurait, pour la seconde année, une saison triomphale (jusqu'au 2 novembre) à l'Hippodrome, avec un ballet *La Flor de Sevilla*. Les danseurs principaux étaient Mariano Camprubi et Lola Melea, dite Lola de Valence. Enthousiasmé, comme tout Paris, Manet convainquit la troupe de poser pour lui, dans l'atelier d'Alfred Stevens, rue Taitbout, plus spacieux que le sien[1]. Il fit un premier tableau d'un groupe de quatre danseurs avec deux guitaristes (RW 55 ; fig. a), dont ce dessin semble bien être la mise en place. La scène de danse, posée dans l'atelier, simule la scène de taverne du ballet. Manet a utilisé une table et un banc de l'atelier de Stevens, qui réapparaissent dans une autre scène espagnole, *La posada* qu'il a peinte, dessinée et gravée (RW 110, II 534 ; fig. b). Il est difficile de décider si la troupe a posé ensemble pour cette composition, ou si,

Catalogues
T 1931, 22 (aquarelles) ; JW 1932, mentionné 48 ; T 1947, 557 ; L 1969, 176 ; RW 1975 II 533.

49

fig. a. Le ballet espagnol, 1862. Washington,
D.C., Phillips Collection

1. Tabarant 1947, p. 52.

comme le suggère la distribution un peu arbitraire des personnages, Manet a assemblé pour cette étude du tableau des figures reprises de croquis des danseurs pris individuellement ou en couple. Le motif des deux hommes enveloppés dans leur cape semble venir d'une gravure de Goya (v. cat. 35, fig. a) ; on le retrouve, d'ailleurs, dans *La posada,* qui, par son thème et ses dimensions, presque analogues, pouvait avoir été conçu comme un pendant du tableau du *Ballet espagnol :* une scène de danse dans une taverne répondant à la réunion de toreros dans le même décor.

Ici, Manet a voulu évoquer une scène de spectacle, comme l'indique le bouquet enveloppé d'un papier blanc, aux pieds des danseurs — première apparition d'un des motifs de l'*Olympia* (cat. 64). Entre les deux guitaristes qui encadrent la scène — celui de gauche reprenant la pose du *Guitarero* (cat. 10) — deux couples : l'un statique, avec Lola de Valence, assise, et un joueur de tambourin, debout, puis, dansant, Anita Montez et Mariano Camprubi. Ce dernier a inspiré à la même époque un charmant petit portrait en pied (RW 54), un dessin à la plume (RW II 461), et une gravure (voir cat. 52, fig. a).

Historique
Acheté à la vente CHARLES ANDRÉ (18-19 mai 1914, n° 76 du catalogue, reproduit) par le marchand STRÖLIN (v. Hist., cat. 11). Donné par PÁL VON MAJOVSZKI à Budapest au musée des Beaux-Arts en 1925 (inv. 1925.1200).

F.C.

fig. b. La posada. Eau-forte, 1862. New York
Public Library

50 Lola de Valence

1862
Huile sur toile
123 × 92
Signé b.g. *éd. Manet*

P Paris, Musée d'Orsay (Galeries du Jeu de Paume)

Une « beauté, d'un caractère à la fois ténébreux et folâtre », c'est ainsi que Baudelaire définira[1] l'étoile du ballet espagnol de Mariano Camprubi (voir cat. 49), Lola Melea, dite Lola de Valence, bien connue des amis de Manet, comme Baudelaire ou Zacharie Astruc qui composa une sérénade en son honneur (cat. 53). Celui-ci, dans ses souvenirs à propos d'un voyage en Espagne qu'il fit un peu plus tard, notait : « J'espérais y revoir Lola, ma danseuse choisie, l'amusant modèle de mon ami Manet, si souvent fêtée, embrassée et caressée à Paris. Que de bonheurs promis ! »[2].

En peignant Lola, Manet reprenait une tradition parisienne bien établie de figuration de danseuses espagnoles sur la scène, qui va de *La Camargo* de Lancret au XVIIIe siècle (Leningrad, Hermitage, fig. a), à, plus près de lui, *La Petra Camara* de Chassériau (Budapest, Musée des Beaux-Arts), tableau qu'il avait peut-être eu l'occasion de voir chez Théophile Gautier où il se trouvait alors. En 1851, Courbet avait brossé pour le roi des belges une effigie de *Adela Guerrero* (Bruxelles, Musées royaux), qui n'a sans doute eu aucun rôle dans l'élaboration du tableau de Manet[3], mais qui montre à quel point ce genre de sujet était répandu, et d'ailleurs fort diffusé dans l'imagerie populaire, comme l'a montré Hanson[4].

Le thème espagnol, qui lui avait valu le succès du *Guitarero* (cat. 10), et la dimension du tableau indiquent que, très probablement, Manet entendait le proposer au Salon. C'est sans doute dans son propre atelier, et non plus dans celui de Stevens, comme pour l'ensemble de la troupe, que Manet fit poser Lola, au repos, les pieds dans la position de départ de danse classique dite "la quatrième", mais qui évoque aussi la tenue des portraits féminins en pied de Goya, en particulier la *Duchesse d'Albe* (New York, Hispanic Society, fig. b) que Manet avait pu voir dans sa jeunesse dans la Galerie espagnole du Louvre (1838-1848)[5], mais plus probablement, dans les années soixante, dans la célèbre collection Pereire chez qui Astruc avait sans doute ses entrées.

Manet avait d'abord placé sa figure sur un fond neutre et uni, telle qu'on la voit dans le dessin et l'eau-forte (cat. 51 et 52). C'est « sur le conseil de ses amis », nous dit Tabarant[6], qu'il ajouta le praticable du décor, et les spectateurs sur les gradins de l'Hippodrome, indiqués en haut et à droite, comme si Lola s'apprêtait à entrer en scène. Décor de fantaisie, car si l'Hippodrome pouvait se transformer en théâtre, c'était un théâtre de plein air, avec un décor très restreint, mais l'image, allusive, devait être plausible au spectateur de l'époque ; une estampe de Daumier, sur une reine de comédie s'apprêtant à rentrer en scène, montre un dispositif tout à fait analogue : praticable découpé à gauche, public sur des balcons à droite (fig. c)[7].

Ces transformations ont été faites après coup, sans doute après l'exposition de l'Alma en 1867, puisqu'elles n'apparaissent pas clairement sur la caricature faite d'après l'exposition[8] (fig. d). Les rayons X révèlent d'ailleurs deux agrandissements d'environ 10 cm en haut et en bas : la toile originale s'arrêtait sous le pied de la danseuse. Cette dernière transformation, on le sait

Expositions
Paris, Martinet 1863 n° 129 ; Alma 1867 n° 17 ; Beaux-Arts 1884 n° 14 ; Exposition Universelle 1889 n° 497 bis ; Orangerie 1932 n° 7 ; Philadelphie-Chicago 1966-1967 n° 44.

Catalogues
D 1902, 36 ; M-N 1926 I p. 35 ; cat. ms. 43 ; T 1931, 51 ; JW 1932, 46 ; T 1947, 52 ; RO 1970, 47 ; RW 1975, 53.

fig. a. Lancret, La Camargo. Leningrad, Hermitage

fig. b. Goya, La duchesse d'Albe, 1799. New York, Hispanic Society of America

50

par les dimensions du tableau à l'exposition de 1867 (105 × 95), a certainement été faite après. Il semble avoir senti le besoin de cet agrandissement une fois le tableau terminé : lorsqu'il effectue son aquarelle et l'eau-forte (cat. 51 et 52), il situe déjà son personnage sur le sol comme dans la version finale (voir cat. 52).

Après l'hispanisme « de composition » du *Guitarero* (cat. 10), c'était, aux yeux de Manet, l'Espagne même qui venait à lui. Une Espagne — l'Andalousie plus précisément — bien civilisée et datée, avec le bracelet très Second Empire, et les chaussons roses de danseuse classique. Sous le costume, c'est avec curiosité et sans complaisance que Manet décrit la femme. Elle est trapue, ses jambes sont musclées, et le moins qu'on puisse dire de son visage est qu'il lui manque la finesse ardente de la Carmen de Mérimée. Tabarant n'a pas tort de s'étonner du quatrain de Baudelaire, en jugeant Lola plutôt « hommasse. »[9]

fig. c. Daumier, *Une reine se préparant à une grande tirade*, *Croquis dramatiques*. Lithographie, 1856.

En effet, Baudelaire, après avoir vu la peinture dans l'atelier de son ami, lui dédie son fameux quatrain :

Entre tant de beautés que partout on peut voir/Je comprends bien, amis, que le Désir balance ;/Mais on voit scintiller dans Lola de Valence/Le charme inattendu d'un bijou rose et noir. Il envoie ces vers à Manet pour l'eau-forte (cat. 52) et la toile avec les indications suivantes : « A graver en petites bâtardes - Attention à l'orthographe, à la ponctuation, et aux lettres capitales [...]. Il serait peut-être bien d'écrire aussi ces vers au bas du portrait, soit au pinceau, dans la pâte, soit sur le cadre en lettres noires .»[10]. C'est la dernière solution que Manet adopta, dans un cartel fixé au cadre du tableau pour les expositions de 1863 et 1867 (fig. e)[11].

fig. d. Caricature de Randon dans *Le Journal amusant*, 29 juin 1867

A regarder la couleur dans ce tableau, on est en droit de s'étonner encore, car l'association du rose et du noir n'y est pas évidente, mais plutôt celle du blanc et du noir, autour du visage, ou du noir et du rouge, dans l'étonnant morceau de peinture qu'est la jupe à pampilles. Encore que l'on puisse se demander si, après 1867, le remaniement complet du fond n'a pas entraîné Manet a retoucher la jupe, en altérant son coloris original. Le vrai « bijou rose et noir » dans l'œuvre de Manet, ce sera bientôt l'*Olympia*, le tableau le plus baudelairien du peintre. Baudelaire a proposé, pour *Lola*, un poème qui concerne sans doute le modèle plus que l'œuvre, et dont les allusions érotiques sont évidentes — et l'étaient encore plus à l'époque, si on le rapproche d'un poème des *Fleurs du mal* écrit pour Mme Sabatier en 1857, précisément l'une des pièces versées à l'époque au dossier du scandale et du procès : « Parmi toutes les belles choses/Dont est fait son enchantement,/Parmi les objets noirs ou roses/Qui composent son corps chantant/Quel est le plus doux ? »[12].

fig. e. Caricature anonyme, 1863. Paris, BN Estampes, fonds Moreau-Nélaton

Zola n'avait pas tort de rappeler, en 1867, que Lola de Valence était « célèbre par le quatrain de Charles Baudelaire, qui fut sifflé et maltraité autant que le tableau lui-même ». En effet, quatre ans après la première apparition de *Lola*, Zola réinterprète le texte de Baudelaire en fonction du tableau, et non plus du modèle, et surtout pour défendre sa propre idée de la modernité de Manet : « [...] ces vers [...] ont pour moi le grand mérite d'être un jugement rimé de toute la personnalité de l'artiste. Je ne sais si je force le texte. Il est parfaitement vrai que *Lola de Valence* est un bijou rose et noir ; le peintre ne procède déjà plus que par taches, et son Espagnole est peinte largement, par vives oppositions ; la toile entière est couverte de deux teintes. Et l'aspect étrange et vrai de cette œuvre a été pour mes yeux un véritable ' charme inattendu '. »[13].

Si le tableau choqua en 1863 par les allusions érotiques de Baudelaire, le scandale fut surtout pictural. La couleur devait d'ailleurs paraître plus violente

1. Baudelaire 1975, p. 168.
2. Z. Astruc, *Le Généralife*, Paris 1897, p. 269 ; cité Flescher 1978, p. 100, n. 1.
3. Toussaint 1969, n° 9.
4. Hanson 1972, pp. 152-155.
5. Baticle et Marinas 1981, pp. 88-89.
6. Tabarant 1931, p. 81.
7. L. Delteil, Daumier, t. XVII, n° 2897 ; Richardson 1958, p. 14 ; Hanson 1977, p. 79.
8. Randon 1867.
9. Tabarant 1947, p. 53.
10. Baudelaire 1975, pp. 168, 1149.

11. Caricature anonyme (photo : Paris, BN Estampes, fonds Moreau-Nélaton) ; Zola 1867, *Revue*, p. 55 ; (Dentu) p. 31.
12. Baudelaire 1975, p. 42.
13. Zola 1867, *Revue*, p. 55 ; (Dentu) p. 31.
14. Mantz 1863.
15. Moreau-Nélaton 1926, I, p. 134.
16. Tabarant 1931, p. 81.
17. Rewald 1973, p. 107.
18. Meier-Graefe 1912, p. 313 ; Tabarant 1931, p. 81 : 1.600 Frs ; Tabarant 1947, p. 53 : 1.500 ou 1.600 Frs.
19. Fénéon, cité Halperin 1970, I, p. 345.

Historique

Manet avait estimé 5.000 Frs cette toile en 1871, dans son carnet publié par Moreau-Nélaton[15] ; il dut le vendre pour la moitié en 1873, au chanteur FAURE[16], son plus important collectionneur de son vivant (v. Hist., cat. 10). Il passe plus tard entre les mains de CAMENTRON et du père MARTIN, deux marchands associés de la rue Laffitte (qui achetèrent plusieurs œuvres aux impressionnistes dans les années soixante-dix, et le fond d'atelier de Paumier après sa mort)[17], qui le vend en juillet 1893 pour 15.000 Frs[18] au COMTE ISAAC DE CAMONDO (1851-1911). *Lola de Valence* entre au Louvre avec le prestigieux legs Camondo en 1908, exécuté en 1911, exposé en 1914 (inv. RF 1991).

qu'aujourd'hui, plus frappante sur le fond neutre primitif que sur le décor placé ultérieurement. L'assurance tranquille de la pose, une certaine brutalité du modèle, ne faisaient qu'ajouter à ce qui était ressenti par le public comme la véritable provocation, la touche hachée et colorée distribuée sur toute la silhouette et sur la jupe en particulier, avec une véritable jubilation. « Ces tableaux [*Lola* et *La musique aux Tuileries* (cat. 38)] révèlent en lui une sève abondante, mais [...] dans leur bariolage rouge, bleu, jaune, noir, sont la caricature de la couleur, et non la couleur elle-même. »[14]

Félix Fénéon fit en 1920 le portrait de ce grand donateur d'impressionnistes au Louvre qui lui doit, de Manet, non seulement *Lola*, mais aussi le *Fifre* (cat. 93) : « A sa dernière heure le comte Abram parlait de la sorte au comte Isaac son fils : 'Que d'embûches te guettent ! On te fourrera dans des histoires de commandites théâtrales ; des dames avides te convoiteront ; tu perdras au jeu ; les tapeurs te mettront en coupe...' Et longtemps le dénombrement des périls continuait, pour enfin se clore (car les mines avaient toujours été onéreuses à cette famille de banquiers de Constantinople) par ces mots : 'Eh bien, tout cela n'a aucune importance ; mais prends garde aux ingénieurs !' Comme la sagesse paternelle ne lui avait pas dit de prendre garde à la peinture,

Isaac de Camondo céda sans scrupule à sa passion pour elle. Requis d'abord par l'Extrême-Orient, M. de Camondo constitua en 1894 et 1895 un cabinet d'estampes japonaises ; des achats aux ventes Gillot, Hayashi, Bing portèrent bientôt à 420 le nombre de ces feuilles. Déjà il avait de précieux meubles du XVIIIᵉ siècle ; il leur adjoint pastels et dessins de la même période. Puis, après avoir recueilli quelques sculptures et objets du Moyen Âge et de la Renaissance, il dévoua sa faveur à Corot (les figures), Manet (*Le Fifre, Lola, Le Port de Bordeaux*), Jongkind, Degas, Sisley, Pissarro, Renoir, Van Gogh, Lautrec, etc. : ce fut une pullulation de chefs-d'œuvre (dont *La Maison du Pendu* de Cézanne, et les trois *Cathédrales* de Monet. »[19]

F.C.

51 Lola de Valence

1862
Crayon noir, plume et encre de Chine, aquarelle et gouache
25,6 × 17,3
Signé b.d. *Manet*

P Paris, Musée du Louvre, Cabinet des Dessins

Cette aquarelle, plutôt qu'une étude préparatoire au tableau (cat. 50), fut faite d'après celui-ci, et servit d'intermédiaire entre la toile et l'eau-forte (cat. 52)[1]. Le dessin au crayon, qui donne l'impression d'avoir été calqué, sans doute d'après une photographie du tableau, est rehaussé par des lavis d'encre et des tons d'aquarelle posés par touches assez libres : rouge et vert sur la jupe, bleu sur le haut du corsage (et pour la signature), rose sur les lèvres, le corsage et les chaussons. Manet incisa les contours de son dessin pour établir le tracé de son eau-forte. Les incisions, qui passent par-dessus les lavis d'encre et d'aquarelle, ne respectent pas rigoureusement la silhouette du dessin, et l'eau-forte correspond très exactement au tracé à la pointe, par exemple, dans l'arrondi de la jupe en bas et à droite ; le visage, finement dessiné, est très soigneusement incisé.

Un deuxième dessin, à la plume et au lavis d'encre de Chine (RW II 370), est sans doute une réplique, que Manet donna à son ami Astruc (cat. 94).

Historique
Légué par le comte ISAAC DE CAMONDO (v. Hist., cat. 50), avec la peinture et entré au Louvre en 1911 (inv. RF 4102), on ne sait rien de sa provenance antérieure.

J.W.B.

Exposition
Marseille 1961 n° 42.

Catalogues
M-N 1926 II, p. 118 (ill.) ; T 1931, (aquarelles) 15 ; JW 1932, mentionné 46 ; T 1947, 558 ; L 1969, 178 ; RW 1975 II 369.

1. Leiris 1969, p.57.

51

52 (1er état)

52 (5e état)

52 Lola de Valence

1863
Eau-forte et aquatinte
26,6 × 18,5 (cuivre) ; 23,8 × 16,1 (sujet : états 1 à 4),
23,5 × 16,1 (5e état)
Signé b.g. *éd. Manet*
Quatrain gravé b.c. (5e état) et la lettre du tirage (6e état).

NY   Chicago, The Art Institute of Chicago (1er état)
P   Paris, Bibliothèque Nationale (5e état)
NY   New York, The Metropolitan Museum of Art (6e état)

52 (1ᵉʳ état, détail)   53 (détail)

Publications
Eaux-fortes modernes Société des Aquafortistes.
Cadart 1ᵉʳ octobre 1863, nᵒ 67 ; *(Eaux-fortes par
Edouard Manet* 1863 ?) ; *Edouard Manet.
Eaux-fortes* Cadart 1874.

Expositions
Paris, Salon des Refusés 1863 nᵒ 676 ; Beaux-Arts
1884 nᵒ 161 ; Philadelphie-Chicago 1966-67
nᵒ 45 ; Ann Arbor 1969 nᵒ 1 ; Ingelheim 1977
nᵒ 29 ; Paris, Bérès 1978 nᵒ 34 ; Washington
1982-83 nᵒ 34.

Catalogues
M-N 1906, 3 ; G 1944, 23 ; H 1970, 33 ; LM
1971, 27 ; W 1977, 29 ; W 1978, 34 et App.

1ᵉʳ état (sur 8). Composition légèrement travaillée ;
avant aquatinte et lettre. Seule épreuve connue,
sur chine. Coll. Burty, Degas, Hachette, Thomas.
5ᵉ état. Avec l'aquatinte. Réduction du sujet ; le
quatrain de Baudelaire gravé au bas. Avant la
lettre du tirage. Seule épreuve connue. Coll.
Moreau-Nélaton.
6ᵉ état. Avec la lettre (numéro, noms de Cadart,
etc). Sur papier vergé (filigrane indistinct) ;
épreuve du tirage de 1863.

fig. a. Don Mariano Camprubi. Eau-forte
1862-1863. Paris, BN Estampes

L'eau-forte de Manet d'après sa toile de *Lola de Valence* (cat. 50) figura, dans la section des estampes (et à côté de ses deux copies à l'eau-forte d'après Vélasquez, cat. 36 et 37), au Salon des Refusés en mai 1863. Elle fut éditée, par la Société des Aquafortistes, au mois d'octobre suivant, avec un numéro et les noms des éditeurs et de l'imprimeur ajoutés au cuivre. Toutefois, il est certain que le célèbre quatrain que Baudelaire envoya à Manet fut gravé sur la planche, en suivant les instructions très précises du poète (voir cat. 50) au moment de son exposition au Salon des Refusés et de l'exposition de la toile elle-même chez Martinet.

Dans le premier état de l'eau-forte, gravée à l'aide du dessin préparatoire (cat. 51), Manet a déjà ajouté un fond sommaire semblable à celui de l'état du tirage de *L'enfant à l'épée* (cat. 18). Il reprit ensuite toute la planche pour retravailler la jupe de la danseuse et foncer tout le fond par un fin tracé de lignes, recouvert par une aquatinte qui ombre également les « divines jambes » dont Astruc, pour sa part, regrettait que « Hélas ! trop d'ombres les ravissent » (voir cat. 53). Puis, pour ajouter les vers de Baudelaire, on dut effacer quelques millimètres au bas du sujet (et il est important de noter que dès le départ, l'eau-forte montre une étendue de planche sous les pieds de la danseuse, espace que Manet n'ajoutera que plus tard à son tableau, en rajoutant une bande de toile (voir cat. 50).

Il est, par ailleurs, intéressant de noter qu'aucune photographie originale des toiles de Manet prise dans les années 1860 ne semble avoir survécu et l'on doit se fier aux dessins et aux estampes de l'époque pour connaître ou même reconstituer tel premier état d'une peinture, telle composition d'une toile découpée plus tard par l'artiste (voir cat. 48). Dans le cas de *Lola*, dessin et estampes (cat. 52 et 53) confirment le manque de décor dans le fond et donnent de la danseuse une version assez différente de la toile définitive : la silhouette plus large, la mantille et la jupe plus volumineuses, incitent à croire que cette figure a été remaniée au moment où Manet ajouta le fond du décor de théâtre (voir cat. 50).

Dans cette eau-forte, Manet s'efforce de reproduire fidèlement son grand tableau. L'image apparaît dans le même sens que la toile et la version

1. Vente Collection Ph. Burty, Paris 4-5 mars 1891, sous n° 5 (comportant « Quatre épreuves d'états différents »). L'épreuve comporte le numéro ms. du catalogue de vente en bas à droite.
2. Vente Collection Degas, Paris 6-7 novembre 1918, n° 226, repr.
3. Marque de collection au verso. Lugt 1921, n° 132 ; 1956, p. 286.
4. Vente Collection H.T[homas], Paris 18 juin 1952, n° 127, repr. pl. VII. Marque de collection au verso (Lugt 1378).

définitive de l'estampe représente un travail très soigné, à l'eau-forte et à l'aquatinte, qui contraste avec le caractère esquissé, impétueux, de celle d'après le portrait du premier danseur de la troupe, Mariano Camprubi (fig. a).

Historique

1er état. Cette épreuve unique fit partie des collections de PH. BURTY[1], puis de DEGAS (v. Hist., cat. 15 et 42). Reproduite au catalogue de la Collection Degas[2], elle passa ensuite au collectionneur ANDRÉ-JEAN HACHETTE[3] (1873-1952) puis à HENRI THOMAS (v. Hist., cat. 11). A la vente de sa collection en 1952[4] elle fut acquise, pour 70.000 Frs, par l'Art Institute (inv. 53.274) grâce à un don de Mrs Gilbert W. Chapman en mémoire de Charles B. Goodspeed.

5e état. Peut-être l'épreuve exposée au Salon des Refusés, elle aurait pu appartenir à Baudelaire (v. Hist., cat. 27) ou être restée dans la collection de Manet. En fait, on ne sait rien de sa provenance antérieure à l'acquisition de cette pièce par MOREAU-NÉLATON (v. Hist., cat. 9).

6e état. L'épreuve du tirage des Aquafortistes fut achetée en 1918 par le Metropolitan Museum (inv. 18.88.28).

J.W.B.

53   Lola de Valence

1863
Lithographie
19,5 × 18,5 (sujet) ; 29,5 × 24 (lettre)
Signée à g. *éd. Manet*
Titre lithographié, avec lettre indiquant l'auteur, *POÉSIE ET MUSIQUE DE ZACHARIE ASTRUC,* et l'imprimeur Lemercier

P   Paris, Bibliothèque Nationale (épreuve dédicacée)
NY   Paris, Bibliothèque Nationale (épreuve du Dépôt légal)

En mars 1863 parut en vente, au prix de 3 Frs, « Lola de Valence », une sérénade à la célèbre danseuse espagnole, avec une couverture lithographique illustrée par Manet. Cette éphémère chanson, sans doute brièvement à la mode dans les salons bourgeois de l'époque, n'est connue que par quelques exemplaires, dont celui dédicacé à Fantin-Latour par l'auteur de la partition pour piano et des paroles, Zacharie Astruc. La sérénade elle-même est dédicacée à *S.M. la Reine d'Espagne,* et la chanson est précédée d'un couplet en espagnol : *Vive dios ! padre cura/Vamos otra seguidilla* (Vive dieu ! père curé, Allons, autre séguedille). D'ailleurs, il n'est pas sans intérêt de citer les vers d'Astruc[1] car ils peuvent aider à comprendre la fascination — qui paraît aujourd'hui peu compréhensible — qu'exerça sur le public parisien cette espagnole, plutôt « hommasse » (voir cat. 50), mais muse de la danse comme du chant pour Baudelaire et Astruc :

Publication
Astruc, mars 1863

Expositions
Philadelphie-Chicago 1966-1967 n° 46 ; Ann Arbor 1969 n° 20 ; Ingelheim 1977 n° 37 ; Santa Barbara 1977 n° 10 ; Paris, Berès 1978 n° 73.

Catalogues
M-N 1906, 77 ; G 1944, 69 ; H 1970, 32 ; LM 1971, 71 ; W 1977, 37 ; W 1978, 73.

Épreuves du seul état connu, avec la lettre autour du dessin lithographique.

L'épreuve dédicacée à la plume A *Fantin/Bon Souvenir/Zacharie Astruc* est entière, avec la deuxième feuille, et comporte la musique gravée au verso. Coll. Fantin-Latour, Moreau-Nélaton.

Lola, Lola, charmante fille,
Sur un motif de seguedille,
La guitare, en rumeur sonnant,
Ivre de bruit et de fumée,
Danse. Les rêves maintenant,
Fleur ténébreuse blanche almée
O mon cœur ! o mon cœur ! mon cœur.

Que les yeux sont doux ! Leur sourire
Peut donner un mortel délire
Dans l'ombre que font tes cheveux,
On voit s'agiter et se plaire
L'essaim des désirs amoureux
Que berce en riant la chimère
O mon cœur ? etc.

Ta voix de colombe caresse ;
Ta sérénade est une ivresse ;
Ta lèvre a les beaux plis moqueurs
Les gazouillements et les charmes
Qui sont nos funestes bonheurs
Nos bonheurs et nos douces larmes
O mon cœur ! etc.

Tu ris sous l'éventail de soie
Dévorerais-tu quelque proie,
Sournoise, qu'il faille cacher ?
Pauvre petite âme choisie
Par toi, sans remords, pour pécher
Rose Satan d'Andalousie ?...
O mon cœur ! etc.

Comme une libellule folle,
O ma turbulente Espagnole,
Ton pied griffe et rase le sol
Tes divines jambes frémissent ;
Sous ta jupe, lourd parasol,
Hélas ! trop d'ombres les ravissent.
O mon cœur ! etc.

Encore une autre cigarette
Encore un bruit de castagnette
Vive Dieu ! Lola, fais pleuvoir
Les jasmins de ta chevelure :
Cent hidalgos, pour les voir,
Iront baiser la terre dure !
O mon cœur ! etc.

53

fig. a. Lola de Valence. Sérénade par Zacharie
Astruc. Page de musique. Paris, BN Estampes

Manet dessina directement sur la pierre lithographique, sans doute en utilisant comme guide le dessin qui a servi à l'eau-forte (cat. 51), et en adaptant sa composition aux exigences du format de la couverture. L'image inversée de Lola est conçue en vignette, entourée de la lettre ; l'éventail est relevé pour suivre la courbe du bas de l'image et même la signature de Manet suit le mouvement du bord de la composition, à gauche. Il n'est plus question, pour cette couverture de chanson, d'évoquer la grande figure en pied. Dans la toile Lola contemple de toute sa hauteur l'artiste-spectateur assis à son chevalet. Ici, elle regarde devant elle d'un air tranquille et le regard et la bouche n'ont plus ce caractère un peu cruel et moqueur qu'évoque le poème d'Astruc. Comme l'eau-forte, cette image reprend la figure dans son expression la plus plantureuse et suit, encore plus fidèlement que la gravure, les contours du dessin aquarellé.

La lithographie de Manet fut enregistrée au Dépôt légal le 7 mars 1863, sous le numéro 1594[2] et le dépôt de la musique (gravée sur cuivre) se

155

trouve sous le numéro 802, dans les registres des « œuvres de musique. »[3]. Deux des rares exemplaires de la chanson encore connus sont dédicacés par Astruc, l'un « au meilleur des poètes »[4] — peut-être Baudelaire — et celle-ci à Fantin. Dans son *Hommage à Delacroix* de 1864 (Musée d'Orsay, Jeu de Paume), où Fantin apparaît en peintre, Manet et Baudelaire sont placés l'un près de l'autre ; six ans plus tard, dans *L'atelier aux Batignolles* de Fantin (Paris, Musée d'Orsay, Jeu de Paume), c'est Manet qui tient les pinceaux pour faire le portrait de Zacharie Astruc (qu'il avait réellement peint en 1866, voir cat. 94). Fantin nous présente les groupes d'amis peintres, poètes et critiques dans les solennels portraits de circonstance ; cette couverture de chanson évoque au contraire les distractions auxquelles ils participaient, avec enthousiasme, pour l'actualité de la vie parisienne. Trois ans plus tard Manet exécutera une autre couverture lithographiée, pour un morceau de guitare (cat. 95).

Historique

L'épreuve dédicacée *A Fantin* fit partie du groupe de deux eaux-fortes et six lithographies par Manet dans la vente de « la première partie de sa Collection particulière » en 1905[5], collection qui réunissait tout naturellement un grand nombre de lithographies. HENRI FANTIN-LATOUR (1836-1904), lithographe par excellence, possédait des épreuves de toutes les lithographies publiées du vivant de Manet ainsi qu'une épreuve du premier état de *L'exécution de Maximilien* (cat. 105). L'épreuve de *Lola* fut acquise par MOREAU-NÉLATON et rentra avec son legs à la Bibliothèque Nationale (v. Hist., cat. 9). L'épreuve du Dépôt légal, tirée sans la musique, porte le cachet rouge du dépôt et fut transférée à la Bibliothèque Nationale des bureaux du Ministère de l'Intérieur.

J.W.B.

L'épreuve du Dépôt légal porte le cachet rouge avec la date 1863 et le numéro au crayon *1594*. Couverture lithographiée sur une feuille simple, sans musique au verso.

1. Les paroles de la chanson paraissent, avec de légers changements, dans le poème *Lola*, édité après la mort d'Astruc (voir Flescher 1978, p. 101).
2. Archives Nationales F[18]* VI 1863, 126 Estampes sans texte : « 1594 — 7 mars — Lemercier — Buste de femme (Lola de Valence) pour couverture de musique — 1 lith. ». Enregistrée sous le même numéro et date à la Bibliothèque Nationale, Estampes (Ye 79. Fol.).
3. Paris, BN Musique : Registre du Dépôt des œuvres de Musique, 1860-1863 : « 802 Astruc Z. Lola de Valence. Sérénade. ».
4. Paris, Berès 1978, n° 73.
5. Première vente Collection H. Fantin-Latour, 14 mars 1905, n° 131, repr.

54-58 Les portraits de Baudelaire

Ensemble de cinq planches, dont deux représentant *Baudelaire en chapeau, de profil* et trois *Baudelaire tête nue, de face*. Ces planches sont à dater entre 1862 et 1869.

Baudelaire en chapeau, de profil

54
Première planche
1862 ou 1867-1868 ?
Eau-forte
13 × 7,5
Monogramme h.g. *EM*

P   Paris, Bibliothèque Nationale
NY New York, The Metropolitan Museum of Art

55
Deuxième planche
1867-1868
Eau-forte
10,9 × 9
Initiale h.g. *M* (2e état)

Paris, Bibliothèque Nationale

54

55

56 (1er état)

Baudelaire tête nue, de face

56
Première planche
1865-1868 ?
Eau-forte
10,2 × 8,4

Paris, Bibliothèque Nationale (2 états)

57
Deuxième planche
1867-1868
Eau-forte et aquatinte
13,2 × 10,7 (cuivre) ; 11,2 × 9,3 (sujet)

Paris, Bibliothèque Nationale

58
Troisième planche
1868
Eau-forte
17,5 × 10,6 (états 1 à 3) ; 9,7 × 8,3 (4e état)
Signé b. d. sous l'épaule (3e état) *Manet*
Le nom CHARLES BAUDELAIRE gravé par l'artiste (3e état seulement)

Stockholm, Nationalmuseum (2e état)
Paris, Bibliothèque Nationale (3e et 4e états)

56 (2e état)

157

57 58 (2e état)

Dans une lettre écrite du 49 rue Saint-Pétersbourg (donc à partir de 1867)[1],
Manet s'adressa à Charles Asselineau (fig. a) :

Mon cher Asselineau

Est-ce que vous ne vous occupez en ce moment d'une édition des œuvres de
Baudelaire ? Si l'on met un portrait en tête des Spleen de Paris j'ai un
Baudelaire en chapeau, en promeneur enfin, qui ne serait peut-être pas mal au
commencement de ce livre, j'en ai encore un autre, tête nue, plus important qui
figurerait bien dans un livre de poésie — je serais très désireux d'être chargé de
cette tâche — bien entendu me proposant *je donnerais* mes planches

Je vous serre la main
Ed. Manet[2]

fig. a. Lettre de Manet à Charles Asselineau, 1867-1868. Paris, BN Manuscrits

54
Expositions
Philadelphie-Chicago 1966-1967 n° 36 ; Paris,
BN 1974 n° 128 ; Ingelheim 1977 n° 27 ; Paris,
Berès 1978 n° 40.

Catalogues
M-N 1906, 40 ; G 1944, 30 ; H 1970, 21 ; LM
1971, 19 ; W 1977, 27 ; W 1978, 40.

2e état (sur 2). Épreuves peut-être contemporaines
(Paris), et du tirage de 1894 (New York). Coll.
Moreau-Nélaton (Paris) ; Coll. Gobin (New York).

55
Publications
*Charles Baudelaire, sa vie et son œuvre par Charles
Asselineau,* Paris, Lemerre 1869, face p. 79.

Expositions
Philadelphie-Chicago 1966-1967 n° 37 ; Paris,
BN 1974 n° 129-130 ; Santa Barbara 1977 n° 90 ;
Ingelheim 1977 n° 59 ; Paris, Berès 1978 n° 41.

Catalogues
M-N 1906, 15 ; G 1944, 31 ; H 1970, 59 ;
LM 1971, 54 ; W 1977, 59 ; W 1978, 41.

1er état. Avant l'initiale *M* dans un carré. Sur
papier vergé mince (filigrane D-BLAUW). Coll.
Moreau-Nélaton.

56
Expositions
Philadelphie-Chicago 1966-1967 n° 38 ; Paris,
BN 1974 n° 131-132 ; Ingelheim 1977, 39.

Catalogues
M-N 1906, 58 ; G 1944, 36 ; H 1970, 46 ;
LM 1971, 41 ; W 1977, 39.

1er état. Seule épreuve connue ; avant la reprise à l'eau-forte. Sur papier vergé (filigrane DEDB [De Erven D. BLAUW] dans un écusson fleuri). Coll. Barrion, Cosson, Moreau-Nélaton.

2e état. Une des deux épreuves connues (l'autre est à la New York Public Library). Retravaillée à l'eau-forte. Sur japon. Coll. Guérin.

57
Expositions
Paris, BN 1974 n° 133 ; Ingelheim 1977 n° 60.

Catalogues
M-N 1906, non mentionné ; G 1944, 37 ; H 1970, 60 ; LM 1971, 55 ; W 1977, 133.

Seule épreuve connue. Sur chine. Coll. Hazard, Moreau-Nélaton.

58
Publications
Charles Baudelaire, sa vie et son œuvre par Charles Asselineau, Paris, Lemerre 1869, face p. 99.

Expositions
Paris, Salon de 1869 n° 4067 ; BN 1974 n° 134-135 ; Ingelheim 1977 n° 61 ; Santa Barbara 1977 n° 91 ; Paris, Berès 1978 n°s 46 et 111.

Catalogues
M-N 1906, 16 ; G 1944, 38 ; H 1970, 61 ; LM 1971, 56 ; W 1977, 61 ; W 1978, 46 et 111.

2e état. La figure est fortement retravaillée ; avant la gravure de la banderole avec le nom de Baudelaire et de la signature de l'artiste. La banderole est dessinée à la sanguine, le nom de Baudelaire inscrit au crayon noir. Une des trois épreuves connues, tirée sur japon. Coll. Burty, Degas.

3e état. Avec la banderole gravée et la signature de Manet. Toujours avant la réduction du cuivre. Une des quatre ou cinq épreuves connues, toutes sur japon mince. Coll. Moreau-Nélaton.

4e état. Planche réduite pour le tirage dans le livre d'Asselineau. Avec la lettre b. g. *Peint et gravé par Manet. 1865* et l'indication de l'imprimeur b. d. *Imp. A. Salmon.*

Dès la mort de Baudelaire, le 31 août 1867, son ami Charles Asselineau projetait un ouvrage qui parut en janvier 1869, sous le titre *Charles Baudelaire, sa vie et son œuvre [...] avec portraits.* J. Adhémar suppose que Manet, entendant parler de ce projet, écrivit à Asselineau pour lui proposer sa collaboration[3]. Malheureusement sa lettre ne donne aucune précision qui permet d'identifier ou de dater les deux portraits auxquels il se réfère : le « Baudelaire en chapeau » (dont il existe deux versions, cat. 54-55) et l'autre, « tête nue, plus important » (dont il y en a trois, cat. 56-58). Pour compliquer les choses, des deux portraits qui parurent, en effet, dans le livre d'Asselineau, celui « en chapeau » (cat. 55) porte la mention *Peint et Gravé par Manet. 1862,* et celui de Baudelaire « tête nue » (cat. 58), la même lettre avec la date 1865. Or, aucun portrait — peint, dessiné ou gravé — de Baudelaire par Manet n'est connu à cette date-ci (Baudelaire étant absent, en Belgique, d'avril 1864 à juillet 1866). Par contre, en 1862, Manet avait brossé le portrait du poète — en chapeau et de profil — parmi les amis réunis dans *La musique aux Tuileries* (cat. 38). Des deux versions de ce portrait à l'eau-forte, la première est très proche du tableau mais ne semble toutefois pas appartenir au style des estampes de cette époque. Quant au portrait « tête nue », il trouve son origine dans une photographie de Baudelaire par Nadar (fig. b).

Baudelaire et Manet se sont rencontrés vers 1859 et si, dix ans plus tard, Manet voulait rendre hommage au poète en participant au livre de souvenirs d'Asselineau, c'est qu'ils furent étroitement liés pendant tout ce temps, depuis les premiers projets de Manet aquafortiste (voir cat. 11, 59-60) jusqu'aux derniers moments de Baudelaire, très malade à Paris, quand Suzanne Manet et Mme Paul Meurice lui jouaient du Wagner au piano[4]. Il est possible que Manet ait été envisagé parmi plusieurs autres artistes, pour faire un portrait de Baudelaire destiné à la deuxième édition des *Fleurs du mal* chez Poulet-Malassis. Mais si Manet présenta des projets, c'est celui de Bracquemond qui fut retenu pour la réédition, publiée en 1861.

Les premiers portraits par Manet (cat. 54 et 56), s'ils remontent à l'image de Baudelaire « en promeneur » dans *La musique aux Tuileries* de 1862 et à une photographie prise vers 1860, furent sans doute gravés plus tard — on ne sait à quelle occasion — mais en tout cas furent répétés en de nouvelles versions au moment où Asselineau accepta la proposition de Manet et lui demanda deux portraits qui seront placés chronologiquement dans le livre, après trois autres gravés par Bracquemond.

fig. b. Baudelaire par Nadar. Photographie, 1862

fig. c. Projet de vignette pour le portrait de Baudelaire (d'après une photo Lochard). Paris, BN Estampes, fonds Moreau-Nélaton

1. Date à laquelle Manet et sa femme allèrent habiter avec Mme Manet mère (v. chronologie).
2. Paris, BN Manuscrits, coll. Allard du Chollet, n.a.f. 24022, fol. 85 ; cit. J. Adhémar 1952, p. 242 ; Courthion 1953, I, pp. 51-52.
3. Adhémar *op. cit.*
4. Baudelaire 1973, I, p. LVIII ; Lettres à, 1973, pp. 260-261.
5. Deux dessins sont connus : l'un par une photographie de Lochard (L 1969, 224, décrit comme l'épreuve de Guérin ; RW II 677), l'autre au bas d'une épreuve de l'estampe en 2e état (repr. Guérin 1944, 38 ; Harris 1970, 61). Voir Sandblad 1954, p. 64 ff.
6. Paris, Berès 1978, n° 40.
7. Vente Barrion, Paris 25 mai-1er juin 1904, n° 980 (identifié par erreur comme Béraldi 24).
8. Cité Lugt 1956, pp. 38, 270.
9. Lugt 1921, n° 1872b, p. 268.
10. Guérin 1944.
11. Ventes M.L. Guérin, I, Paris 9 décembre 1921 ; II, Paris 10-11 mai 1922 ; l'épreuve du *Baudelaire* passa dans la 1re vente.
12. Vente Guérin 19 mars 1952, n° 141.
13. J. Adhémar 1952.
14. Lugt 1921, n° 1975, p. 360.
15. 3e vente Hazard, Paris 12-13 décembre 1919, n° 259.

Le portrait « en chapeau » trouva vite sa version définitive (cat. 55), plus épurée et japonisante, moins délicatement « impressionniste » que la première. Par contre, le portrait de face, « tête nue », se révéla plus difficile : connu dans deux états assez différents dans la première planche (cat. 56), recréé dans une version remarquable, avec un fond d'aquatinte et un cadre de deuil (qui n'est connue que par une seule épreuve, cat. 57), il passa, dans sa troisième version (cat. 58), par quatre états. Manet commença sur une planche en hauteur et projetait d'ajouter sous le portrait un motif, d'abord goyesque et baudelairien[5] (fig. c), ensuite une simple banderole avec le nom de Charles Baudelaire. Il choisit de graver la banderole mais dut ensuite couper la planche pour ne conserver que le portrait et entrer dans le format du livre. Si les deux premières planches sont de date incertaine, toutes les autres furent certainement exécutées pour le livre d'Asselineau publié en janvier 1869, dans lequel elles figurent dans leur état définitif, accompagnées de trois autres portraits de Baudelaire par de Roy, Courbet et Baudelaire lui-même, gravés pour la circonstance par Bracquemond.

Historique

54 L'épreuve qu'ajouta à sa collection MOREAU-NÉLATON (v. Hist., cat. 9) a peut-être une chance d'avoir été tirée du vivant de l'artiste (comme celle sur papier portant un filigrane avec la date 1869[6]).

L'épreuve du Metropolitan Museum fait partie d'une suite complète des trente planches éditées par Dumont en 1894 (v. Hist., cat. 11) ; achetée au marchand parisien GOBIN grâce au Fonds Rogers, elle entra au musée en 1921 (inv. 21.76.23).

55 On ignore la provenance de cette épreuve en 1er état avant son acquisition par MOREAU-NÉLATON (cit. infra).

56 1er état. Cette épreuve unique figura à la vente BARRION (v. Hist., cat. 40) en 1904[7] ; acquise par PAUL COSSON[8], elle passa chez MOREAU-NÉLATON (cit. infra).

2e état. L'épreuve a appartenu à MARCEL GUÉRIN (1873-1948)[9], auteur, après Moreau-Nélaton, d'un catalogue raisonné de l'œuvre gravé de Manet[10], ainsi que de Forain et de Gauguin. Industriel, il forma une très belle collection d'estampes du XIXe, partiellement dispersée dans deux ventes en 1921 et 1922[11]. L'épreuve du *Baudelaire* fut apparemment rachetée par la famille et réapparut dans la vente Guérin en 1952[12] où elle fut achetée pour 70.000 Frs pour la Bibliothèque Nationale (A 10.919)[13].

57 Cette épreuve unique appartint à N.A. HAZARD (1834-1913), rentier habitant dans l'Oise, voisin et ami du célèbre collectionneur, le comte Doria, qui réunit une très importante collection de tableaux, dessins et estampes des années 1830 aux impressionnistes[14]. Il collabora avec Delteil au catalogue raisonné des lithographies de Daumier et posséda de très belles estampes. L'épreuve du *Baudelaire* passa dans la vente de sa collection d'estampes en 1919[15] et fut acquise pour 55 Frs par MOREAU-NÉLATON (v. Hist., cat. 9), qui n'en connaissait pas l'existence lors de la rédaction de son catalogue.

58 2e état. Cette épreuve avec le dessin de la banderole fit partie de la collection de PH. BURTY (v. Hist., cat. 42) et passe à MANZI (v. Hist., cat. 19), puis DEGAS et, après la vente de sa collection en 1918, en Suède (v. Hist., cat. 15).

3e état. On ignore la provenance de cette épreuve avant son acquisition par MOREAU-NÉLATON (cit. infra).

4e état. Livre appartenant au département des Imprimés à la Bibliothèque Nationale et acquis par voie de dépôt légal (v. Hist., cat. 11).

J.W.B.

59   Portrait d'Edgar Poe

1860-1862
Pinceau et encre de Chine
30,5 × 22,7 (feuille) 11,5 × 10,5 (dessin)
Cachet de l'atelier b.g. *E.M.*

NY   Paris, Bibliothèque Nationale

Ce dessin, fait d'après une photographie du poète américain[1], montre un Poe relativement jeune et romantique, les cheveux en désordre autour du front

59

Expositions
Ingelheim 1977 n° Z.5 ; Paris, Berès 1978 n° 2.

Catalogues
L 1969, 215 ; H 1970, fig. 4 ; RW II 489.

immense. Présenté en vignette, il semble destiné à une illustration, sans doute le frontispice d'un livre. Dans sa correspondance au cours des années 1858 à 1862, Charles Baudelaire parle d'éditer l'ensemble de ses articles critiques sur Poe, puis rêve d'une publication plus complète — son hommage, un hommage français, au grand poète — orné d'un ou même deux portraits de Poe.

En mai 1859, il écrit à Nadar qu'il envisageait « un portrait enguirlandé d'emblêmes », dont il fournirait les éléments nécessaires : « Un portrait [...] encadré dans des figures allégoriques représentant ses principales conceptions, — à peu près comme la tête de Jésus-Christ au centre des instruments de la passion — le tout d'un romantisme forcené, s'il est possible. »[2]. Six mois plus tôt il avait évoqué « le projet de dessin pour le portrait de Poe », envoyé à son éditeur, Poulet-Malassis ; en mai 1860 il lui écrit à nouveau pour lui parler de cette édition qu'il voulait très luxueuse, tout en le rassurant : « Nous avons longuement le temps d'y penser. »[4]. Il en est encore question en mars 1861 et jusqu'en août ou septembre 1862[5]. Entre temps, il fait des essais avec Bracquemond : un portrait de Baudelaire lui-même pour un frontispice aux *Fleurs du mal*[6], et en janvier 1861 il raconte à Poulet-Malassis comment « Bracquemond a passé chez moi la journée de vendredi, et a dessiné,

161

séance tenante, le portrait sur le vernis, — sans se préoccuper de la photographie. »[7].

Si Manet a pu faire la connaissance de Baudelaire par des amis communs, Nadar, Lejosne ou d'autres encore, c'est peut-être Bracquemond qui, dès que Manet s'était mis à faire des eaux-fortes, aurait suggéré à Baudelaire de faire des essais avec lui. Baudelaire ne souhaitait pas travailler avec des artistes trop connus, car la modeste tâche de faire des frontispices, « pour lequel je serai difficile », n'était que médiocrement rémunérée[8]. En juillet 1860, Baudelaire écrivit à l'éditeur Alfred Guichon en annonçant que sa « belle édition » de Poe serait ornée de deux portraits gravés d'après « deux portraits types » qui ornaient des éditions étrangères des œuvres de Poe[9]. Il est tentant d'imaginer que ce dessin et l'eau-forte (cat. 60) ont été exécutés par Manet à ce moment-là. Mais il faut également tenir en compte le fait que « l'affaire du *Poe illustré* » était toujours en cours un an plus tard. Les deux œuvres de Manet ont été diversement datés entre 1860, 1865, et 1880[10]. S'il est difficile d'évaluer le style d'œuvres faites d'après des reproductions, il faut toutefois opter pour une date précoce — après les eaux-fortes de Manet-débutant, dans la première planche de *L'enfant à l'épée* (cat. 15), mais sans doute avant l'assouplissement de sa technique d'aquafortiste en 1862.

Le dessin à l'encre de Chine est traité avec une grande assurance. A partir d'un tracé au pinceau d'un gris très pâle, le ton de l'encre est progressivement foncé jusqu'à l'application de noirs à la fois secs et veloutés qui contrastent dans la veste, les rayures de la chemise, le gros nœud et les cheveux, avec la pâleur et même la douceur (Baudelaire évoque la « figure très féminine » de Poe) du visage aux yeux perçants.

Historique
Ce dessin passa de l'atelier de Manet (dont il porte le cachet) à la collection ALFRED BARRION (v. Hist., cat. 40)[11]. Acquise par MOREAU-NÉLATON (v. Hist., cat. 9), il vint par legs à la Bibliothèque Nationale en 1927.

J.W.B.

1. Harris 1970, p. 25, fig. 3.
2. Baudelaire 1973 I, p. 575 (à Nadar, 14 et 16 mai 1859) ; cit. Harris 1970, p. 25.
3. *Ibid.* I, p. 519 (à Poulet-Malassis, vers le 1er novembre 1858).
4. *Ibid.* II, p. 49 (à Poulet-Malassis, 20 mai 1860).
5. *Ibid.* II, pp. 136 et 257 (à Poulet-Malassis).
6. *Ibid.* II, pp. 83 et 85 (à Poulet-Malassis, août 1860).
7. *Ibid.* II, p. 127 (à Poulet-Malassis, 20 janvier 1861).
8. *Ibid.* I, p. 577 (à Nadar, 16 mai 1859).
9. *Ibid.* II, p. 65 (à Alfred Guichon, 13 juillet 1860) ; cit. Harris 1970, p. 25.
10. Harris 1970, n° 2 : 1860 ; Leiris 1969, p. 68 : 1865 ; Rouart et Wildenstein 1975 II, 489 : 1880.
11. 2e vente Barrion 1904, n° 1512 (« Portrait d'Edgar Poe. Signé E.M. »).

60 Edgar Poe

1860-1862
Eau-forte
19,3 × 15,3

NY   New York, The Metropolitan Museum of Art

Cette eau-forte, faite d'après une très belle image daguerréotype de Poe (fig. a)[1], devait paraître à Baudelaire très loin de sa conception d'un Poe « d'un romantisme forcené » (voir cat. 59). Au lieu de la guirlande d'emblèmes ou de figures allégoriques qu'avait imaginé Baudelaire — et qui auraient été tout à l'opposé des goûts de Manet — Poe apparaît ici renfermé dans un petit cadre décoré par un gros nœud de ruban. Le visage est modelé de la même façon que le dessin, c'est-à-dire par petites hachures et touches un peu sèches qui, à l'eau-forte, paraissent dures et peu achevées. Derrière la figure, une grille de tailles serrées crée un fond dense, sans air, qui souligne la présentation étriquée du buste.

Expositions
Philadelphie-Chicago 1966-67 n° 137 ; Ingelheim 1977 n° 2 ; Paris, Berès 1978 n° 61.

Catalogues
M-N 1906, 46 ; G 1944, 55 ; H 1970, 2 ; LM 1971, 1 ; W 1977, 2 ; W 1978, 61.

Épreuve de la première édition de cette planche, éditée par Dumont en 1894 (v. Hist., cat. 11 : cuivre). Sur vergé bleuté. Coll. Gobin.

fig. a. Poe, d'après un daguerréotype de 1848.
Paris, BN Estampes

60

1. Harris 1970, p. 25, fig. 3.
2. Wilson 1978, n° 61.
3. Baudelaire 1976, pp. 735-736 (*Revue anecdotique,* 15 avril 1862).
4. Baudelaire 1973, II, pp. 296 et 322 (à Mme Manet, mère, 28 mars 1863 ; au photographe Carjat, 6 octobre 1863).

L'eau-forte fut écartée. On n'en connaît que peut-être une ou deux épreuves de cette époque, dont l'une (New York Public Library) sur un papier comportant le même filigrane qu'une épreuve de *La petite fille* (H 19, voir cat. 6)[2], gravée d'après un tableau qui fut sans doute terminé au printemps 1862 (RW 52). A ce propos, on peut relever le fait que ce n'est qu'en 1862 que Baudelaire commence à faire état de Manet dans ses écrits critiques[3] et en 1863 qu'il en parle dans sa correspondance d'une façon qui prouve leur amitié[4]. Toutefois, il existe des reconnaissances de dette datant de 1860 ou 1861, et il est certain que l'amitié et l'estime mutuelle des deux hommes, que « l'affaire du Poe » ne semble pas avoir troublé, furent établies de bonne heure par rapport à la carrière artistique de Manet, en tout cas en 1859.

Historique
Épreuve tirée après la mort de Manet, elle fait partie de l'édition publiée par Dumont en 1894 dont une suite complète fut achetée au marchand GOBIN par le Metropolitan en 1921 (inv. 21.76.29), v. Hist., cat. 54.

J.W.B.

163

61

fig. a. Femme écrivant. Mine de plomb. Paris,
Musée du Louvre, Cabinet des Dessins

61 Femme écrivant

1862-1864
Pinceau et encre noire
14,1 × 15,9
Signé sous la table *Manet ;* signé et dédicacé b. g. *à John Leech.
E. Manet.*

Williamstown, Sterling and Francine Clark Art Institute

Ce dessin, si spontané, si libre, montrant une femme écrivant, serait certainement daté de la fin des années soixante-dix sans la dédicace : en effet, le caricaturiste anglais John Leech, que Manet avait rencontré à Paris en 1862, devait mourir en 1864. Donc ce dessin a été soit fait à Paris en 1862, et donné sur place, ou fait plus tard et envoyé à Londres entre les deux dates.

 Un croquis au crayon représentant le même sujet, sur une double page de carnet (RW II 382 ; fig. a), est daté par Leiris en 1878, sous le titre : « Femme écrivant dans un café ». Si la date doit être inexacte, le lieu situé par Leiris paraît juste. Le fait que la femme qui écrit soit « en cheveux »et en blouse légère sous son casaquin, et la table-pupitre sur laquelle elle s'appuie, font penser qu'il s'agit de la caissière d'un café ; derrière la caisse où écrit la jeune femme, on devine à droite une volée d'escalier, qui monte à la salle du haut, et un chapeau haut-de-forme accroché avec une canne et un manteau.

 L'extrême vivacité du dessin reprend celle du croquis fait sur place, et confirme que Manet n'a pas attendu les années soixante-dix pour s'intéresser aux scènes de café, d'orchestres, ou de café-concert, qui sont souvent un peu

Catalogue
RW 1975 II 383.

164

arbitrairement datées de ces années-là en fonction des œuvres peintes, mais dont la chronologie serait à revoir. Ce dessin est donné à John Leech sans doute en souvenir de moments passés au café, près de son compagnon anglais.

Historique
Après avoir appartenu à JOHN LEECH (1817-1864), on retrouve ce dessin sur le marché anglais chez SCOTT & FOWLES, puis à New York chez R.S. CLARK dès 1917 avec toute la collection de ce dernier (v. Hist., cat. 29).

F.C.

62 Le déjeuner sur l'herbe

1863
Huile sur toile
208 × 264 (214 × 270, avant diminution de chaque côté)
Signé et daté b. d. *éd. Manet 1863*
P Paris, Musée d'Orsay (Galeries du Jeu de Paume)

Expositions
Paris, Salon des Refusés 1863 n° 363 (Le Bain) ; Alma 1867 n° 1 (Le Déjeuner sur l'herbe) ; Beaux-Arts 1884 n° 19 ; Exposition Universelle 1900 n° 440.

Catalogues
D 1902, 43 ; M-N 1926 pp. 44-49 ; cat. ms. 50 ; T 1931, 62 ; JW 1932, 79 ; T 1947, 66 ; RO 1970, 58 A ; RW 1975, 67.

En 1863, un plus grand nombre d'œuvres que les années précédentes, avaient été refusées par le Jury du Salon : 2783 sur les 5000 présentées. La tempête de protestations monta jusqu'aux Tuileries, et Napoléon III voulut se rendre compte par lui-même. Il vint le 20 avril, avant l'ouverture, examiner les œuvres rejetées, s'étonna de la sévérité du Jury, et demanda qu'on ouvrît une exposition à côté du Salon officiel, qui montrerait les œuvres rejetées pour rendre le public juge : ce sera le fameux « Salon des Refusés » qui attira plus de 7000 personnes le premier jour[1].

« L'exposition n'était séparée de l'autre que par un tourniquet. On y entrait, comme à Londres, chez Madame Tussaud, dans la chambre des horreurs. On s'attendait à bien rire, et l'on riait, en effet, dès la porte. Manet, dans la plus reculée des salles, perçait le mur avec son *Déjeuner sur l'herbe* » rapporte le peintre Cazin, un des « refusés »[2]. Ce fut un tollé, plus sévère que tous ceux qu'avait pu jusqu'ici affronter même Courbet.

De chaque côté de son grand tableau, alors intitulé *Le Bain,* Manet exposait *Jeune homme en costume de Majo* (cat. 72) et *Mademoiselle V. en costume d'Espada* (cat. 33)[3]. Il se taille avec Whistler, dont la *Femme en blanc* (Washington, D.C., National Gallery) ne fut guère plus épargnée, un formidable succès de scandale, sur lequel l'histoire de l'art s'est plus sérieusement penchée que sur l'œuvre même, qui reste énigmatique et ambiguë, malgré les évidents modèles iconographiques qu'on lui a trouvés.

Le tableau choqua, tant par la façon dont il était peint que par le sujet choisi : presque toutes les critiques lui opposent la technique et le « goût exquis » des deux nus triomphateurs du Salon, ceux de Baudry, *La perle et la vague* (Madrid, Musée du Prado), et de Cabanel dont la *Vénus* fut aussitôt achetée par l'Empereur (Paris, Orsay - Louvre ; fig. a) Quelques exemples : « Manet aura du talent, le jour où il saura le dessin et la perspective, il aura du goût, le jour où il renoncera à ses sujets choisis en vue du scandale [...] nous ne pouvons trouver que ce soit une œuvre parfaitement chaste que de faire asseoir sous bois, entourée d'étudiants en béret et en paletot, une fille vêtue seulement de l'ombre des feuilles. C'est là une question très secondaire, et je regrette, bien plus que la composition elle-même, l'intention qui l'a inspirée [...] M. Manet veut arriver à la célébrité en étonnant le bourgeois [...] Il a le goût corrompu par l'amour du bizarre. »[4].

fig. a. Cabanel, Naissance de Vénus, 1863. Paris, Musée d'Orsay-Louvre

« Le Bain, le Majo, l'Espada sont de bonnes ébauches, j'en conviens. Il y a une certaine vie dans le ton, une certaine franchise dans la touche qui n'ont rien de vulgaire. Mais après ? Est-ce là dessiner ? Est-ce là peindre ? M. Manet croit être ferme et puissant, il n'est que dur ; chose singulière, il est aussi mou que dur. »[5].

« Une 'bréda' quelconque [c'est-à-dire prostituée de bas étage, telle qu'on en trouvait dans le quartier de la rue Bréda, aux Batignolles], aussi nue que possible, se prélasse effrontément entre deux gardiens aussi habillés et cravatés [...] ces deux personnages ont l'air de collégiens en vacances, commettant une énormité pour *faire les hommes* ; et je cherche en vain ce que signifie ce logogriphe peu séant. »[6].

Mais l'article qui dut blesser le plus Manet était l'un des plus nuancés, écrit par l'ami de Baudelaire, Théophile Thoré : « Le *Bain* est d'un goût bien risqué. La personne nue n'est pas de belle forme malheureusement [...] et on n'imaginerait rien de plus laid que le monsieur étendu près d'elle [...] Je ne devine pas ce qui a pu faire choisir à un artiste intelligent et distingué une composition si absurde. Mais il y a des qualités de couleur et de lumière dans le paysage, et même des morceaux très réels de modelé dans le torse de la femme. »[7]. Seul Astruc (voir cat. 94) soutenait son ami dans une feuille quotidienne paraissant pendant le Salon, et conclut le dernier jour par : « [Manet] en est l'éclat, la saveur piquante, l'étonnement. »[8].

Dans ses *Souvenirs* par ailleurs si précieux pour nous faire revivre Manet, en particulier au moment de la conception du tableau, Antonin Proust confond parfois les dates de propos rapportés ; et surtout il écrit à la fin du siècle, quand il veut mettre en valeur le pré-impressionnisme de Manet, dont il fait un précurseur de la peinture claire et de plein air ; aussi convient-il de prendre ses témoignages avec précaution : « A la veille du jour où il fit le *Déjeuner sur l'herbe* et l'*Olympia* nous étions un dimanche à Argenteuil, étendus sur la rive, regardant les yoles blanches sillonner la Seine [...] Des femmes se baignaient. Manet avait l'œil fixé sur la chair des femmes qui sortaient de l'eau. ' Il paraît, me dit-il, qu'il faut que je fasse un nu. Eh bien, je vais leur en faire, un nu. Quand nous étions à l'atelier, j'ai copié les femmes de Giorgione, les femmes avec les musiciens. Il est noir ce tableau. Les fonds ont repoussé. Je veux refaire cela et le faire dans la transparence de l'atmosphère, avec des personnages comme ceux que nous voyons là-bas. On va m'éreinter. On dira que je m'inspire des Italiens après m'être inspiré des Espagnols. ' ». Puis Proust poursuit en faisant faire à Manet un éloge de Courbet : « [...] il a des côtés très français, ce maître peintre, car, il n'y a pas à dire, nous avons en France un fonds de probité qui nous ramène toujours à la vérité, malgré les tours de force des acrobates. Regarde les Le Nain, les Watteau, les Chardin, David lui-même, ils ont le sens du vrai. »[9]

En dehors de l'imprécision de date — « je vais leur faire un nu » peut avoir été dit à propos de la *Nymphe surprise* (cat. 19) — l'idée de « refaire un Giorgione » moderne, et le souci de s'inscrire dans la grande tradition réaliste — accessoirement française — est certainement bien de Manet et confirme ce que toute sa peinture des années soixante évoque. Mais lorsque Degas, lui aussi témoin privilégié des années soixante, se fera lire ce texte à sa parution en 1897, il est exaspéré : « [Proust] confond tout. Manet ne pensait pas au *plein air* quand il a fait le *Déjeuner sur l'herbe*. Il n'y a pensé qu'après avoir vu les premiers tableaux de Monet. »[10]

Le paysage est d'ailleurs traité avec la plus grande désinvolture, en esquisse brossée comme un décor, derrière les modèles qui, eux, posent bien

évidemment en atelier. Pour son fond, Manet a utilisé des esquisses précédentes, faites d'après l'île de Saint-Ouen près de la propriété familiale de
Gennevilliers, et l'on retrouve la barque de *La pêche* (cat. 12), et le mouvement
de la baigneuse penchée qui sort de l'eau rappelle celui du pêcheur dans ce
tableau[11]. D'ailleurs, cette barque se retrouve dans une esquisse préparatoire
(RW 65 ; cat. 13, fig. a).

     Le contraste un peu gênant entre les personnages et le fond est-il un
signe de gaucherie, ou un trait délibéré ? On l'a interprété comme une
influence de l'art japonais : personnages découpés et collés sur un fond
lui-même traité en à-plat comme une tapisserie[12] ; mais rien n'est moins sûr, et
Manet n'a sans doute pas atteint l'unité entre les figures et le paysage qu'il
aurait lui-même souhaitée — et dont l'échec déjà, précédemment, lui avait fait
détruire le *Moïse sauvé des eaux* (voir cat. 19-20), qui était primitivement de la
même dimension et du même format : en somme une sorte de « brouillon » du
Bain[13].

Quelles étaient exactement les ambitions de Manet ? La volonté de choquer, seule explication des critiques du temps, n'est évidemment pas seule en cause. Il s'est, d'après Antonin Proust, assez clairement exprimé sur ses intentions : faire un Giorgione moderne, en s'inspirant du *Concert champêtre* (Musée du Louvre ; fig. b). Il possédait d'ailleurs dans son atelier une très bonne copie que Fantin en avait faite. Mais pour la composition même, il reprend textuellement le groupe de deux Fleuves et d'une Nymphe d'une gravure de Marc-Antoine Raimondi d'après un tableau de Raphaël — lui-même en partie inspiré de reliefs antiques : le *Jugement de Paris* (fig. c). Cette gravure était fort répandue dans les ateliers et considérée alors par l'auteur du récent catalogue des gravures comme « la plus parfaite de Marc-Antoine. »[14]. Cette source apparemment oubliée, redécouverte en 1908 par Pauli[15], était sûrement évidente pour le public artistique de l'époque, en tout cas chez les peintres. Le critique Chesneau avait d'ailleurs signalé, pour le blâmer, cet emprunt dans son compte rendu du Salon[16]. Le modèle mythologique avait pour Manet le mérite, dans ces allégories de fleuves et de plantes d'eau, de lui fournir un modèle classique de « bain dans la nature » autour duquel il tournait depuis un an avec le *Moïse sauvé des eaux* et la *Nymphe surprise*. En outre, il put être intéressé dans son choix par le regard même de la nymphe, tourné vers nous : des dix-sept divinités qui composent la scène dont le groupe choisi n'est qu'un détail, c'est la seule qui regarde franchement vers le spectateur. Manet se borna à suivre fidèlement son modèle, en habillant les deux hommes au goût du jour, remplaçant le roseau tenu dans la main gauche du Fleuve de droite par une canne, et en supprimant celui de la main droite, faisant de cette main à demi-ouverte, qui est à peu près au centre du tableau, une interrogation vivante : désigne-t-elle la nudité de Victorine ? Explique-t-elle quelque chose à des compagnons qui ne l'écoutent pas ? On a été jusqu'à imaginer que l'index servait de perchoir au petit oiseau qui volette au haut du tableau, lequel remplacerait la Victoire ailée au centre de la gravure. Manet aurait ainsi donné aux historiens clairvoyants une clé à l'énigme de sa composition : un programme iconologique calqué sur celui de la Renaissance mais sarcastique : à la Victoire couronnant Vénus dans le *Jugement de Pâris,* correspondrait l'oisillon, dans une parabole insolente du *Paris* d'alors — le mot étant pris dans le sens de la ville — dont la nouvelle Vénus serait une prostituée[17]. Nous ne suivons en rien, évidemment, cette interprétation, mais elle est révélatrice des excès imaginatifs de l'iconologie qu'inspire parfois Manet aux chercheurs contemporains.

Si référence il y a pour Manet, ce n'est pas à l'idéalisme de la Renaissance, mais bien plus directement et immédiatement, à Courbet, son aîné et rival en réalisme et en modernité, dont il imitera les procédés tapageurs deux ans plus tard en faisant sa propre exposition particulière, non loin de lui, à côté de l'Exposition Universelle de 1867. En effet, si l'on connaît l'usage que Manet fit de la gravure de Marc-Antoine, on sait moins que Courbet a très probablement utilisé un autre groupe de la même planche, celui des trois grâces, pour ses *Demoiselles de village* de 1852 (Leeds, City Art Gallery) et sa scandaleuse *Baigneuse* de 1853 (Musée de Montpellier)[18]. De toute évidence, la transcription de Marc-Antoine était comprise dans les ateliers — et en particulier par Courbet. En utilisant des sources analogues et un thème semblable à ceux de Courbet, Manet ne s'adressait-il pas plus ou moins clairement à lui, et ne cherchait-il pas à le dépasser en montrant au Salon un nu dans une scène de la vie moderne, comme si Victorine était l'une des *Demoiselles des bords de la Seine,* 1857 (Paris, Petit-Palais), mais éveillée, nue et

fig. b. Titien (anc. attribution Giorgione), Concert champêtre. Paris, Musée du Louvre

fig. c. Gravure de Marcantonio Raimondi, d'après Raphael, Jugement de Pâris

fig. d. Devéria, *Le déjeuner sur l'herbe.*
Lithographie, 1834

fig. e. Morlon, *Les canotiers de la Seine.*
Lithographie, 1860

impudemment accompagnée de personnes du sexe opposé, poussant plus loin une scène « réaliste » là où Courbet ne faisait que suggérer ?

Les deux tableaux ont beaucoup de points communs. La précision et l'éclat des natures mortes : au châle, aux vêtements et aux fleurs de Courbet, répondent les vêtements et le « pique-nique » de Manet ; la barque accolée au rivage est la même, la verdure est simplement plus schématique chez Manet ; enfin chez le cadet toute trace de rêverie a disparu, au profit d'une scène moins baignée de sensualité, plus sèche et plus crue.

Pourtant cette « partie de campagne » inscrivait Manet dans le fil du réalisme de Courbet. C'était là évidemment pour le public de l'époque, une « grisette » et sa compagne, en baignade galante aux environs de Paris, avec deux jeunes gens de la bohème élégante — le béret à pompon d'Eugène Manet est la « faluche » des étudiants. Hanson et Farwell ont retrouvé de charmantes vignettes romantiques qui, de Devéria à Morlon (fig. d et e), sans être des sources précises du tableau, montrent l'actualité et la vraisemblance de scènes analogues, mais où les compagnes des piques-niques ne sont pas nues, ou paraissent sous forme d'allégories[19].

Rien d'idyllique dans cette scène, où l'on a pourtant vu aussi l'influence des *fêtes champêtres* de Watteau[20] ; mais Watteau lui-même avait été marqué par le *Concert champêtre* de Giorgione, source commune en somme aux deux artistes à plus d'un siècle de distance[21]. La seule manifestation tangible d'un bien-être idyllique est peut-être la splendide nature morte du premier plan, dont la virtuosité même était provocante, dans la mesure où elle exprimait tout le savoir-faire de Manet, qui, du coup, passait pour insolent dans la façon délibérée de peindre simplifié, fort, et coloré, le reste de la composition. De surcroît, elle accentuait la nudité de la femme, plus dévêtue que nue par la présence au premier plan de cette dépouille de vêtements contemporains au goût du jour. Ce « pique-nique » est d'ailleurs totalement irréaliste, en ce qu'il rassemble des fruits qui — des cerises de juin aux figues de septembre — ne mûrissent pas en même temps, et montre de la part du soi-disant peintre réaliste une belle irrévérence devant le cours des saisons. Le flacon d'argent, enfin, indique un déjeuner bien arrosé.

Mais cette nature morte a une autre particularité, plastique celle-là : elle indique une perspective au premier plan, une profondeur, et est d'ailleurs traitée avec un léger modelé, alors que les figures et le fond sont quasiment sans relief et leurs formes plates suivent le plan du tableau : tout comme si la nature morte était vraisemblable, et le groupe des quatre compagnons réduit à une image mythique. Sauf le regard noir de Victorine, qui semble percer une vitre derrière laquelle se trouveraient les quatre compagnons, alors que nous, spectateurs, serions devant, avec la nature morte.

Si Giorgione a fourni le thème, et Marc-Antoine la formule, c'est aussi le Titien qu'on retrouve dans la nature morte : elle est placée au même endroit du tableau, et pourvue du même panier que dans la *Vierge au lapin* du Louvre, que Manet avait copiée vers 1854 (RW5). De tout le tableau, ce beau morceau du premier plan est d'ailleurs le seul qui rappelle la Renaissance italienne, et confère à la scène la plénitude, l'abandon et le bonheur inhérents au thème, contredits par les trois personnages glacés qui posent.

Qui étaient d'ailleurs les modèles de cette « bréda » et de ces deux gandins, tous trois ayant l'air de héros de Murger, dans une scène risquée de *La vie de Bohême ?* Manet avait fait poser Victorine Meurent, son modèle préféré depuis un an (voir cat. 31), en face d'un de ses frères, qui serait, d'après les historiens, tantôt Eugène[22], tantôt Gustave[23]. Antonin Proust, intime de

Manet à l'époque, nous donne la clé de ce petit mystère : « Pour ce tableau avaient posé ses deux frères »[24], alternativement ou successivement. Cela est fort plausible, car le profil barbu n'est pas aussi individualisé que celui du troisième personnage, de face ; ce dernier est le jeune sculpteur hollandais Ferdinand Leenhoff, frère de Suzanne, compagne et bientôt épouse de Manet. La jeune femme en chemise qui sort de l'eau à l'arrière-plan n'a pas été identifiée — Proust parle d'« une petite juive de passage » — mais c'est peut-être également Victorine, ou tout simplement une figure brossée d'imagination.

On peut se demander pourquoi le public et la critique s'offensèrent de ce nu, infiniment moins « polisson » et hypocrite à nos yeux modernes que ceux de Baudry et de Cabanel (fig. a). Hanson a fort justement remarqué que le nu est là, non pas comme nu, mais comme un modèle au repos, entre deux poses, et qu'une des raisons du scandale, était cette apparition d'un modèle d'atelier, personnage réputé d'une vertu fragile, et qui soudain était singulièrement présent sur le tableau[25]. La réaction d'Odilon Redon est à ce titre significative : « Le peintre n'est pas intellectuel lorsque, ayant peint une femme nue, elle nous laisse dans l'esprit l'idée qu'elle va se rhabiller de suite [...] Il en est une, dans le *Déjeuner sur l'herbe* de Manet, qui se hâtera de se revêtir après l'ennui de son malaise sur l'herbe froide, auprès des messieurs sans idéal qui l'entourent [...]. »[26]. Tout se passe en effet à l'inverse du tableau traditionnel, où le modèle devient « un nu », hors du temps, objet, référence à une autre culture. Ici Manet va de l'objet de référence — la nymphe de Raphaël — à un modèle précis, à qui il fait en quelque sorte singer la pose à l'antique, faisant en atelier le travail inverse de celui qu'on enseignait jusque-là, en allant de l'idéal au réel.

Et il y a en effet quelque chose de convenu, de sec, de « pince-sans-rire » dans cette « grande machine » où Manet fait jouer à ses amis une sorte de « tableau vivant », comme dans le jeu de société cher aux salons du Second Empire. Ce jeu du « posé vif » sur du classique, du musée, inspire une certaine gêne, un certain embarras, comme à l'écoute d'une plaisanterie qui dure trop longtemps. Manet, ne l'oublions pas, nommait lui-même son tableau, *La partie carrée*[27] et l'avait sans doute aussi conçu « par blague », dans ce fameux esprit parodique du Second Empire qui nous vaut par exemple la *Belle Hélène* d'Offenbach quelques mois après le *Déjeuner sur l'herbe*. Cette nymphe des eaux descendue poser chez Manet sous les traits de Victorine, répond à sa manière au sans-gêne de ces déesses de comédie calquées sur les « biches » du temps et qui « ont de bien drôles de façons », un air à succès alors repris par le même public qui s'offensa du tableau. Ce goût de la blague « corruptrice » est rageusement dénoncé au même moment par les Goncourt dans un roman sur la vie artistique : « cette forme nouvelle de l'esprit français, [...] montée de l'atelier aux lettres, au théâtre, à la société [...] formule légère et gamine du blasphème [...] la blague du XIXe siècle, cette grande démolisseuse [...] la tueuse de respect [...] la *Vis comica* de nos décadences » etc.[28] Le caractère « farce » du tableau, déjà souligné par Sandblad et surtout Nochlin[29], explique peut-être le léger malaise que l'on ressent aujourd'hui où tout motif de scandale a disparu, où l'allusion parodique « aux maîtres » a perdu pour nous tout pouvoir de provocation.

Mais l'ambiguïté du tableau vient de ce que, parodie, fruit d'une gageure, d'une gaminerie, il témoigne aussi de l'ambition la plus haute : prouver, par le truchement de la peinture des maîtres — Raphaël, via Marc-Antoine, et Giorgione — qu'on pouvait réussir, avec des moyens picturaux simplifiés et résolument neufs, à produire un « chef-d'œuvre

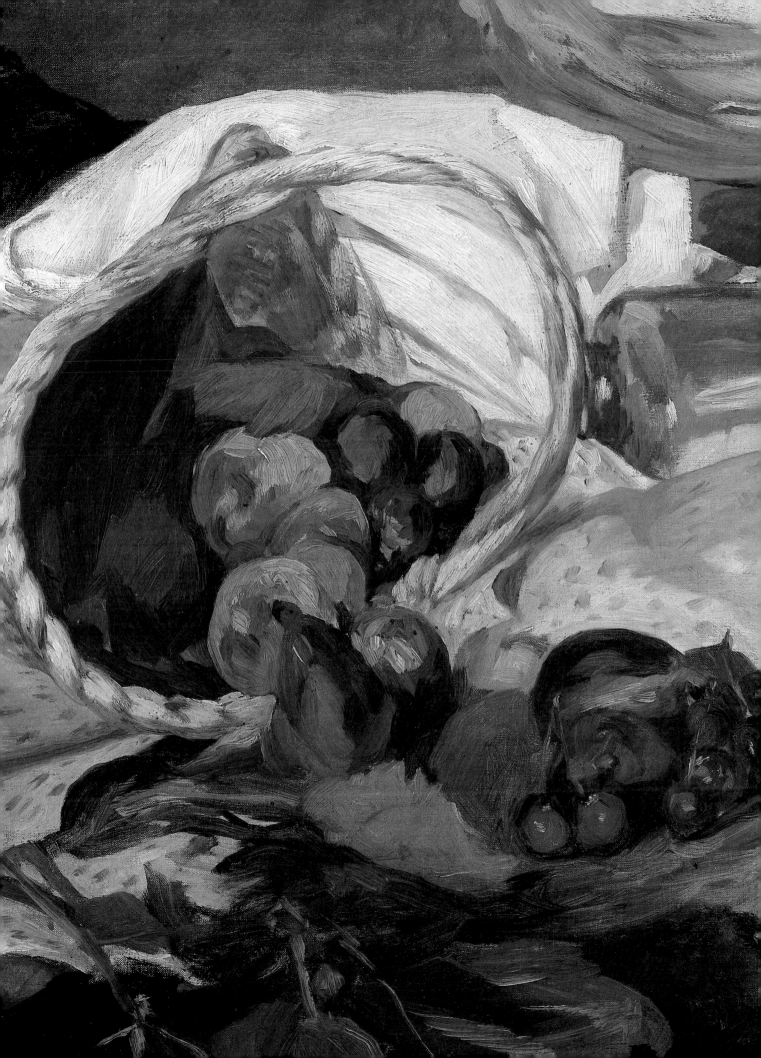

contemporain ». Manet voulait encore relever le défi de la grande peinture, mais déjà dans une thématique neuve et qui lui est très particulière, où se mêlent à part égale le respect et la provocation.

Il avait pu y être aidé, curieusement, par un professeur de l'École, Lecoq de Boisbaudran, le maître de Fantin. Wechsler a en effet judicieusement mis en lumière un texte qui, même si Manet ne l'a pas lu directement, devait en tout cas être discuté dans les ateliers et les cafés, et dont précisément la réédition en 1862 avait ravivé l'actualité : *L'Éducation de la mémoire pittoresque.* Il y était recommandé d'emmener ses élèves avec des modèles « dans un site pittoresque, une sorte de grand parc naturel [... où] une vaste clairière recevait largement la lumière du ciel et près du bois un étang reflétait l'image renversée des grands arbres [...] Quelques modèles avaient été engagés pour l'expédition ; ils devaient marcher, s'asseoir, courir [...] tantôt nus [...] tantôt vêtus de draperies [...] la mythologie était là, vivante devant nous. »[30].

Ce mélange de tradition et de modernisme situe la toile, dans le détachement progressif de maîtres dont fait preuve l'œuvre de Manet à l'époque, entre *La nymphe surprise* (cat. 19), où la compétition avec le passé se fait presque sans distance, et *Le déjeuner dans l'atelier* (cat. 109) ou *Le balcon* (cat. 115), où le passé est absorbé, abordé dans une vision toute personnelle. L'ironie, qui est peut-être encore ici un constat de faiblesse, ne sera alors plus nécessaire. Mais il aura fallu *Le déjeuner sur l'herbe,* sorte de passage initiatique vers l'adhésion à la modernité, encore tout pénétré « d'esprit de blague », pour que Manet puisse quelques mois plus tard atteindre l'assurance et l'harmonie de l'*Olympia* (cat. 64).

Hofmann y voit une œuvre « dialectique, une peinture de contrastes non réconciliés, qui opposent l'univers féminin naturel à celui, artificiel et civilisé, des hommes »[31], une sorte d'allégorie réelle de ce paradis perdu, qui, selon lui, sous-tend toute l'iconographie du XIXe siècle. Pour Farwell, l'image correspond vraiment à un paradis retrouvé, à l'expression d'un fantasme masculin réalisé[32] dont la postérité serait, au début de ce siècle, à chercher dans *La joie de vivre* de Matisse, ou *Les Demoiselles d'Avignon* de Picasso[33]. Il faudra, d'ailleurs, attendre ce dernier pour retrouver l'esprit qui a présidé au *Déjeuner sur l'herbe,* et opérer sur le tableau de Manet un travail iconoclaste et créateur dans sa série des *Déjeuners,* à partir du « chef-d'œuvre de musée » qu'est devenu le tableau, traitant Manet comme celui-ci avait traité les peintres de la Renaissance italienne.

Bien sûr, par ses audaces techniques et l'insolence de son thème, le tableau est devenu un des clichés de l'histoire de l'art, le premier tableau « moderne ». Pourtant, le scandale passé depuis longtemps, l'œuvre, impressionnante par la décision de sa technique, ses couleurs et sa simplification n'atteint pas la sérénité d'un grand chef-d'œuvre. Ce n'est plus parce qu'elle « offense la pudeur », comme le disait l'Empereur, mais, sans doute, parce qu'elle accumule trop d'intentions contradictoires. Et il est fort significatif que Cézanne, au Louvre devant le *Concert champêtre* de Giorgione, évoque son harmonie profonde pour revenir à Manet. « Vous comprenez, il aurait fallu dans le *Déjeuner sur l'herbe* que Manet ajoute, je ne sais pas, un frisson de cette noblesse, on ne sait quoi qui, ici, emparadise tous les sens. »[34].

1. Tabarant 1947, pp. 63-68.
2. Cazin, cité Tabarant 1931, p. 95.
3. *Catalogue des ouvrages de peinture, sculpture, gravure [...] refusés par le Jury de 1863 et exposés par décision de S.M. L'Empereur au Salon annexe, Palais des Champs-Élysées, le 15 mai 1863,* n°s 363 à 365.
4. Chesneau 1864, pp. 188-189.
5. Castagnary 1863 ; 1892, p. 76.
6. Étienne 1863, p. 30.
7. Bürger (Thoré) 1863.
8. Astruc 1863.
9. Proust 1897, pp. 171, 172.
10. Halévy 1960, pp. 110-11.
11. Hanson 1966, p. 49.
12. Sandblad 1954, p. 94.
13. *Ibid.,* p. 89.
14. Delessert, cité Boime 1979, pp. 62-63.
15. Pauli 1908, p. 53.
16. Chesneau 1864, p. 189.
17. Andersen 1973, pp. 63-69.
18. Reff 1980, p. 15.
19. Hanson 1977, pp. 94-95 ; Farwell 1977, ill. pp. 39, 72, 73.
20. Fried 1969, p. 11.
21. Haskell 1973, pp. 372-374.
22. Moreau-Nélaton 1926 I, p. 49.
23. Tabarant 1931, p. 93.
24. Proust 1897, p. 172.
25. Hanson 1977, p. 95.
26. O. Redon, *A soi-même,* Paris 1961, pp. 94-95 : 14 mai 1888.
27. Petit carnet de Manet, Paris, BN Estampes, fonds Moreau-Nélaton *(Copie... de documents,* p. 131).
28. J. et E. de Goncourt, *Manette Salomon,* 1864-1866, chap. VII ; rééd. 1881, pp. 28-29.
29. Sandblad 1954, p. 29 ; Nochlin 1968, p. 16.
30. Wechsler 1975, p. 35.
31. Hofmann 1961, p. 381.
32. Farwell 1969, pp. 240-254.
33. *Ibid.,* p. 255.
34. Cité Cézanne 1978, p. 137.
35. Petit carnet de Manet, *op. cit.,* n. 27.
36. Blanche 1912, pp. 153-154.
37. Carnet de Manet, *op. cit.,* n. 27 (p. 76).
38. R. Koechlin et al., « La Donation Étienne Moreau-Nélaton », *Bulletin de la Société de l'Art français,* 1927, pp. 118-152.

Historique

Dans son inventaire manuscrit de 1872[35], Manet assigne à son tableau l'évaluation de 25.000 Frs en lui donnant le titre de : « la partie carrée. » Le Dr Émile Blanche (v. Hist., cat. 5) faillit acheter le tableau dans les années soixante-dix, selon son fils Jacques-Émile : « Mon père, sentant que j'aimais la peinture de Manet, me dit une fois : « Oui, c'est drôle, il y a quelque chose là-dedans. J'ai été en pourparlers pour acheter à Edouard son « Déjeuner sur l'herbe », il y avait un panneau de mesure dans la salle à manger. Ta maman a craint la nudité de la baigneuse. Après tout elle avait peut-être raison, mais on aurait pu le mettre de côté, le tableau, et tu l'aurais eu pour plus tard. »[36]

C'est le chanteur FAURE (v. Hist., cat. 10) qui achète (pour 2.600 Frs)[37] le *Déjeuner sur l'herbe* en 1878, directement à l'artiste qui l'avait jusque-là conservé dans son atelier. Il reste vingt ans dans sa collection, puis il le cède en 1898 pour 20.000 Frs à DURAND-RUEL (v. Hist., cat. 118) à qui MOREAU-NÉLATON l'achète bientôt (55.000 Frs) puisque c'est déjà lui le prêteur à l'Exposition Universelle de 1900.

ÉTIENNE MOREAU-NÉLATON (1859-1927) (v. aussi Hist., cat. 9)[38], peintre et écrivain, restera dans l'histoire de l'art à un triple titre : collectionneur remarquable, excellent historien d'art et grand donateur. Ses travaux sur Manet, Corot, Delacroix avec qui son grand-père avait été très lié, et Daubigny, qui ont plus d'un demi-siècle, restent des ouvrages de base, et représentent un grand moment de la recherche française en histoire de l'art. Enfin, c'est l'un des plus prestigieux donateurs des collections nationales, et les musées français ne seraient pas ce qu'ils sont sans lui ; sa donation en 1906 comprend 34 numéros, auxquels s'ajouteront des legs ultérieurs. On lui doit les dons d'une série de chefs-d'œuvre dessinés (3.000 feuilles) ou peints, par Corot *(Le Pont de Mantes)*, Delacroix *(L'entrée des croisés à Jérusalem* et *La nature morte au homard)*, Fantin *(L'hommage à Delacroix* où figure Manet), et pour les impressionnistes, dix Monet dont *Le Champ de coquelicots*, sept Sisley, deux des plus beaux Pissarro des Musées Nationaux, un Berthe Morisot charmant, *La chasse aux papillons.* De Manet, il donne deux natures mortes (cat. 77 et 80) un portrait de *Berthe Morisot à l'éventail* (RW 181), *La blonde aux seins nus* (cat. 178) et *Le déjeuner sur l'herbe.* Le tableau, exposé avec la collection Moreau-Nélaton au Musée des Arts décoratifs en 1907, entre au Louvre en 1934 (RF 1668). Il est installé avec la collection impressionniste au Jeu de Paume en 1947.

F.C.

63   Le déjeuner sur l'herbe

1862-1863
Mine de plomb, aquarelle, plume et encre de Chine
40,8 × 47,8 (feuille) ; 37 × 46,8 (dessin)
Inscription *Ed. Manet* en marge (par Suzanne Manet ?)

Oxford, The Visitors of the Ashmolean Museum

Expositions
Paris, Exposition Universelle 1900 no 1150 ; Paris, Bérès 1978 no 9.

Catalogues
D 1902 p. 134 ; T 1931, 25 (aquarelles) ; JW 1932, mentionné 79 ; T 1947, 568 ; L 1969, 197 ; RW 1975 II 306.

Il n'est pas sûr que cette ravissante aquarelle soit, comme on le dit généralement (Tabarant, Wildenstein) une étude pour le *Déjeuner sur l'herbe*. Wilson pense qu'il s'agit d'une étape intermédiaire entre le grand tableau et la réplique réduite du Courtauld (RW 63)[1], ce qui reste à démontrer, car aucun des changements — sauf la couleur des cheveux de la femme — intervenus dans la

63

version du Courtauld ne sont définis ici. Cela suppose que la version du Courtauld serait postérieure à celle du tableau du Salon, ce qui paraît plus probable à la plupart des auteurs[2], sauf à Bowness, qui soutient l'inverse[3]. En revanche, l'hypothèse de Wilson que l'aquarelle serait postérieure au tableau, et peut-être même calquée d'après une photographie de celui-ci, semble tout à fait convaincante, comme l'indique le tracé général discontinu au crayon des figures, du paysage et de la nature morte, à partir duquel Manet a plus librement repris à l'aquarelle et à la plume les détails qui l'intéressaient. Il n'est pas exclu de penser que ce dessin, comme tous les autres faits d'après des tableaux (voir cat. 34, 51, 75) aurait été fait pour une gravure. Il donne de Victorine — rousse, comme on l'a vu dans son portrait (cat. 31) — une image plus fraîche et plus gracieuse que dans le tableau, et lui fait, ainsi que Ferdinand Leenhoff, regarder Eugène Manet, dont le geste, du coup, prend une autre signification que dans le tableau, et ce mouvement de la main semble accompagner une conversation animée.

On a pu penser que la jeune femme qui pose ici, rousse comme dans la version peinte du Courtauld, ne serait pas Victorine Meurent[4]. Rien n'autorise une telle supposition : le corps du modèle dans l'aquarelle et le grand tableau est le même, seule la couleur des cheveux diffère.

1. Wilson 1978, n° 9.
2. Cooper et Blunt 1954, n° 32.
3. Bowness 1961, p. 276.
4. Tabarant 1931 ; Cooper et Blunt 1954, n° 32.
5. E. Blot, *Histoire d'une collection de tableaux modernes*, Paris 1934.

Historique

On voit apparaître cette aquarelle tout d'abord chez le marchand PORTIER (v. Hist., cat. 122). Elle passe ensuite chez le marchand et collectionneur EUGÈNE BLOT qui publia ses mémoires en 1934[5]. Elle porte le n° 105 de la vente de ce dernier le 10 mai 1906. On la retrouve chez BERNHARDT, puis chez le marchand berlinois BRUNO CASSIRER (1872-1941), cousin de Paul Cassirer (v. Hist., cat. 13) avec qui il fonda une galerie à Berlin, et éditeur de la revue *Kunst und Kunstler*. Cassirer emporte l'aquarelle à Oxford avec sa collection à la fin des années 30, quand il se réfugie en Angleterre et s'y consacre à l'édition ; l'œuvre passe, par héritage dans les années cinquante chez sa fille Mme WALZER ; il est reçu récemment en dation par le musée d'Oxford (inv. 1980.83).

F.C.

64 Olympia

1863
Huile sur toile
130,5 × 190
Signé et daté b.g. *éd. Manet 1863*

P   Paris, Musée d'Orsay (Galeries du Jeu de Paume)

« Comme un homme qui tombe dans la neige, Manet a fait un trou dans l'opinion publique » écrit Champfleury à Baudelaire au moment du Salon de 1865 où apparaît l'*Olympia*[1]. Près d'un demi-siècle plus tard, en 1907, Oriane de Guermantes nous livre l'état de l'opinion, encore semi-réticente, pourtant la plus « snob » et la plus « avancée » : « L'autre jour [...], au Louvre, nous avons passé devant l'*Olympia* de Manet. Maintenant personne ne s'en étonne plus. Ç'a l'air d'une chose d'Ingres ! Et pourtant Dieu sait ce que j'ai eu à rompre de lances pour ce tableau où je n'aime pas tout, mais qui est sûrement de quelqu'un », et elle ajoute « Sa place n'est peut-être pas tout à fait au Louvre. »[2].

Plus près de nous, en 1932, au moment de la dernière rétrospective, le pouvoir de scandale de l'œuvre reste intact : « Olympia choque » encore,

Expositions
Paris, Salon de 1865 n° 1428 ; Alma 1867 n° 2 ; Beaux-Arts 1884 n° 23 ; Exposition Universelle 1889 n° 487 ; Orangerie 1932 n° 15 ; Orangerie 1952 sans n°.

Catalogues
D 1902, 44 ; M-N [1926] cat. ms. 75 ; T 1931, 66 ; JW 1932, 82 ; T 1947, 68 ; RO 1970, 61 ; RW 1975, 69.

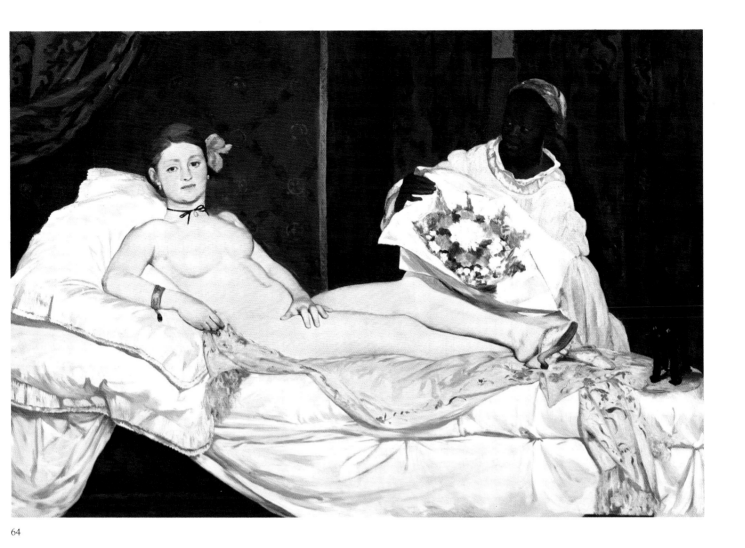

64

« dégage une horreur sacrée [...] monstre d'amour banal [...] elle est scandale, idole ; puissance et présence publique d'un misérable arcane de la Société. [...] La pureté d'un trait parfait enferme l'Impure par excellence, celle de qui la fonction exige l'ignorance paisible et candide de toute pudeur. Vestale bestiale vouée au nu absolu, elle donne à rêver à tout ce qui se cache et se conserve de barbarie primitive et d'animalité rituelle dans les coutumes et les travaux de la prostitution des grandes villes. »[3]. Et c'est, chez Manet, sa qualité de peintre et sa puissance créatrice qu'on lui dénie toujours à la même époque : « Olympia est un tout petit personnage, vivant à peu de frais, et qui tient dans la toile la place très modeste que lui a assigné le pinceau [...]. Si la puissance créatrice avait été moins restreinte, il aurait mis dans son *Olympia* la grandeur qui est dans les proportions de la *Maja desnuda* [...], au lieu d'un personnage lymphatique et falot [...]. »[4].

Qu'en est-il aujourd'hui, plus d'un siècle après sa conception ? Un chef-d'œuvre classique, digne des plus beaux nus de l'histoire de l'art, et peut-être le dernier d'une série qui part des grands Vénitiens, en passant par Vélasquez (*Rokeby Vénus*) et Goya (*Maja desnuda*) et évidemment les grandes odalisques d'Ingres. Et en même temps, c'est un tableau indéniablement moderne, par sa facture et son esprit polémique et ironique : le chat noir à droite est un point d'exclamation final, qui clôt cette longue série par un clin d'œil et une pirouette à la Manet. En outre, l'importance donnée au bouquet et à sa porteuse, qui sont autant le sujet du tableau que le nu, éclaire le propos énigmatique de Manet : *Olympia* est avant tout un grand morceau de peinture et se veut tel. Cette hiérarchie renversée des valeurs était ressentie à l'époque par les meilleurs critiques : « Son vice actuel est une sorte de panthéisme qui n'estime pas plus une tête qu'une pantoufle, qui parfois accorde même plus d'importance à un bouquet de fleurs qu'à la physionomie d'une femme, par exemple dans son fameux tableau du *Chat noir*. »[5].

Il est fort difficile aujourd'hui de saisir l'œuvre avec toute la fraîcheur nécessaire. Jamais nudité de femme n'a été aussi recouverte de commentaires et, à l'exception de la *Joconde,* jamais tableau n'a été verni d'autant de couches de littérature, jamais peinture n'a autant attiré la voracité des historiens d'art. Mais l'*Olympia,* en héroïne contemporaine, a bénéficié depuis sa création d'une publicité répétée : scandale de sa première apparition au Salon de 1865, ravivé par sa présence dans l'exposition de 1867 organisée par Manet au moment de l'Exposition Universelle ; controverses en 1890 au moment de sa donation au Louvre (Musée du Luxembourg) (voir Historique) et de nouveau en 1907, à son passage au Louvre dans la salle des États à côté de la *Grande odalisque* d'Ingres.

Deux réactions ont toujours prévalu en face de ce tableau : la première, formaliste, s'attache aux valeurs techniques, picturales, aux nouveautés qu'elles proposent, au plaisir qu'elles donnent : la ligne en vient tout droit de Zola qui exprimait d'ailleurs certainement l'opinion des peintres et écrivains du milieu du Café Guerbois, dont son ami Cézanne, lorsque, concluant sa plaidoirie pour ce tableau sous forme d'interpellation à Manet, il écrivait : « [...] un tableau pour vous est un simple prétexte à analyse. Il vous fallait une femme nue, et vous avez choisi Olympia, la première venue ; il vous fallait des taches claires et lumineuses, et vous avez mis un bouquet ; il vous fallait des taches noires, et vous avez placé dans un coin une négresse et un chat. Qu'est-ce que tout cela veut dire ? vous ne le savez guère, ni moi non plus. Mais je sais, moi, que vous avez admirablement réussi à faire une œuvre de peintre, de grand peintre, [...] à traduire énergiquement et dans un langage particulier les vérités de la lumière et de l'ombre, les réalités des objets et des créatures. »[6].

Cette interprétation qui tend à privilégier dans l'œuvre le « morceau de peinture » persiste jusqu'à aujourd'hui, ponctuée par les analyses de Duret, Jamot, Venturi, Malraux, Bataille[7]. La deuxième réaction, largement partagée par la critique de l'époque, dans l'horreur ou la dérision, concerne surtout le sujet ; elle s'est transformée depuis une vingtaine d'années, en une attention passionnée à l'image seule, de la part de nombreux historiens d'art d'abord préoccupés des sources du tableau, de sa signification iconographique, et de l'accueil du public, révélateur de l'histoire des mentalités. C'est la perspective générale des travaux de Reff, Farwell, Scharf (à travers l'histoire ou la photographie), Van Emde Boas (sous l'angle psychanalytique), Clark (sous celui de la sociologie marxiste)[8]. Reff a fait une remarquable synthèse dans un livre qui recense à peu près toute la documentation accessible jusque-là sur le sujet[9].

Presque toutes les interprétations sont passionnantes, même les plus déviées par rapport à l'œuvre, et les plus marquées par les modes idéologiques et l'air du temps. Elles prouvent en tout cas la multiplicité et la richesse d'un chef-d'œuvre qui continue à vivre, à provoquer recherches, fantasmes et confrontations.

Si la littérature sur les sources et la fortune critique du tableau est très

abondante, on sait curieusement très peu de choses sur son élaboration[10]. La date de 1863 permet d'imaginer que Manet l'avait destiné au Salon de 1864, et les témoignages laissent entendre que, un peu inquiet de la violence des réactions provoquées par le *Déjeuner,* il préféra temporiser[11].

Son projet est en tout cas mûrement réfléchi et indirectement préparé par de multiples échanges avec ses amis écrivains, qu'il s'agisse de Baudelaire ou d'Astruc. Ce tableau est nourri de peinture de musée, mais aussi d'expérience vécue, de littérature, et d'un humour qui s'est évaporé aujourd'hui tant l'*Olympia* a pris cette sorte de majesté inhérente aux chefs-d'œuvre : mais il n'est pas exclu que Manet, comme dans le *Déjeuner sur l'herbe,* ait voulu à la fois se confronter aux maîtres du passé, et également faire une peinture parodique, un brûlot moderniste qu'il chargeait son modèle de transmettre, cette Victorine dont le regard jeune et cru, et déjà lourd d'expérience, symbolise l'insolence tranquille du peintre qui lui fait mimer un modèle du passé, en lui gardant sa propre individualité : « libre fille de bohème, modèle de peintre, coureuse de brasserie, amante d'un jour [...] avec sa face d'enfant vicieuse aux yeux de mystère. »[12]

fig. a. Titien, La Vénus d'Urbin. Florence, Musée des Offices

En effet, deux sources picturales sont évidentes : La *Vénus d'Urbin* du Titien (fig. a), copiée par Manet à Florence dans sa jeunesse (RW 7), pour la composition ; et la *Maja desnuda* de Goya (fig. b) pour son arrogance et sa nouveauté.

fig. b. Goya, La Maja nue, vers 1802. Madrid, Musée du Prado

Du Titien, Manet reprend la position générale du nu, le coude droit appuyé sur les mêmes deux oreillers et la main gauche dans la position classique de la *Vénus pudica,* cachant son sexe. Mais il transforme le nu célèbre de façon subtilement blasphématoire : bien que la *Vénus d'Urbin* passait à l'époque de Manet pour avoir représenté une célèbre courtisane, la nudité de la jeune femme du Titien est innocente, moelleuse, douce, le petit chien qui dort à ses pieds symbolise la fidélité domestique, les femmes qu'on aperçoit dans l'ouverture sont les servantes d'une jeune épousée, affairées auprès des coffres de mariage[13]. Comparée à la Vénitienne, placée sous le même rideau drapé vert, mais réduit, Olympia dresse la tête et nous fixe ; la main modestement posée chez l'une, est, chez l'autre, fortement appliquée, peinte en modelé insistant sur une perspective qui contredit le travail en à-plat du tableau, et en fait le centre de la composition. Elle affirme ici ce lieu du corps qu'elle est là sensée cacher. Le petit chien endormi est devenu un chat noir qui s'étire en faisant le gros dos, dardant sa queue et ses yeux jaunes, caricature du compagnon de sabbat des sorcières, animal de mauvais augure et allusion érotique manifeste[14]. Les deux suivantes, affairées aux soins d'un ménage licite, sont remplacées par une superbe négresse livrant le bouquet d'un client, et à l'atmosphère blonde et dorée d'une chambre ouverte sur la nature, s'oppose un lieu fermé, qui n'ouvre que sur une antichambre vouée aux rendez-vous galants. Enfin le contour tendre des formes du nu italien est remplacé par un cerne qui dessine fermement le corps, et semble le découper sur le fond.

De Goya, Manet reprend la franchise du sujet, l'individualité du modèle, mais si la *Maja* est une amoureuse provocante, l'*Olympia* est froide et pratique ; comme l'Espagnole, elle attend et regarde, mais sans curiosité, sans joie, sans mystère : c'est l'amour vénal après l'amour passion, une image naturaliste répondant à une image romanesque.

Les études iconographiques les plus intéressantes consacrées à l'*Olympia* dans le contexte de son temps[15], ont déjà montré que Manet n'était pas un isolé, mais qu'il avait repris un thème de nudité allongée fort répandu sur les cimaises du Salon au XIXe siècle, et synthétisé des éléments épars dont aucun, pris isolément, n'était aussi « détonnant ». Des nus plus provocants n'avaient pas manqué de frôler le scandale au Salon — à commencer par *La femme piquée par un serpent* de Clésinger (1848, Louvre) où tout le monde avait reconnu un modèle bien précis, Mme Sabatier, mais le scandale resta mondain et le sculpteur en sortit grandi. Chassériau, en peignant nue sa maîtresse, la courtisane Alice Ozy (Musée d'Avignon), ne s'est attiré que de l'admiration ou des couplets grivois mais flatteurs. Les nus d'Ingres ou de Delacroix sont infiniment plus voluptueux que l'*Olympia*. Ceux de Courbet, nettement érotiques comme le *Nu aux bas blancs*, étaient connus, mais pas exposés au Salon et destinés à une clientèle spécialisée. Un des modèles possibles de l'*Olympia* pourrait être la courtisane centrale des *Romains de la décadence,* qui avait valu au maître de Manet, Thomas Couture, un triomphe au Salon de 1847 et trônait déjà au Musée du Luxembourg[16]. Elle est dans une position analogue, mais vêtue, et porte sur son visage l'accablement convenable d'une Madeleine avant le repentir, opposé à l'insolence tranquille de l'Olympia. Mais toutes les femmes, nues ou courtisanes, sont abritées par une convention qui feint de garder la fiction du serpent, d'une bacchante, d'une Vénus endormie, d'une odalisque orientale, d'une courtisane antique — la distance du temps et de l'espace autorisait les nudités les moins chastes.

Alors pourquoi ce tollé ? C'est qu'il s'agit d'un nu réaliste, et d'une scène contemporaine. L'*Olympia* est un nu très individualisé[17], assemblage de qualités et de défauts, et non pas, comme on l'apprenait aux Beaux-Arts dans la tradition ingresque, l'image idéalisée d'éléments parfaits de différents modèles. Victorine avait les jambes un peu courtes, une poitrine petite et précise ; ses pieds n'étaient pas aristocratiques et son visage carré au menton pointu, au regard froid et provocant n'évoque pas la tendresse, la timidité, la pudeur ou l'abandon, expressions féminines traditionnellement requises[18]. Elle se présente sans honte, et sans alibi allégorique ou mythologique. On songe à ces galantes parisiennes aperçues à la même époque aux loges du théâtre des Italiens par le Thomas Graindorge de Taine : « Ce sont des sphynx [...] on les regarde en face ; à deux pas elles ne bronchent point. Sous trois lorgnons braqués la plus jeune demeure immobile. Elle ne veut pas s'apercevoir que vous êtes là. Pas une rougeur ne lui monte au front [...] elle est au repos, du moins elle a l'air d'y être. Mais comme ce repos est inquiétant [...] tout parle en elle et tout cela crie : ' Je veux, j'aurai davantage ; je veux et j'aurai sans limites et toujours. [...] je me moque de vous et de tout. ' »[19].

La scène évoquée par Manet était de surcroît, plus que pour nous aujourd'hui, directement explicite aux contemporains. L'intitulé du catalogue du Salon avait beau s'orner d'une strophe de l'insipide poème d'Astruc : *Quand lasse de songer l'Olympia s'éveille / le printemps entre au bras du doux messager noir / C'est l'esclave à la nuit amoureuse pareille / qui veut fêter le jour délicieux à voir / L'auguste jeune fille en qui la flamme veille.* Le dernier vers dut faire s'esclaffer, car il était évident que Manet avait peint tout cru, et sans symbole, une prostituée sur sa couche, parée, attendant le client.

On a émis l'hypothèse, vraisemblable, qu'une des raisons du scandale de l'*Olympia* était l'analogie possible avec ces photographies pornographiques très largement répandues, qui montraient des prostituées nues au regard hardi, étalant leurs charmes pour la clientèle — une sorte de carte de visite en somme[20] : s'il n'y a pas derrière le tableau une photographie précise, l'esprit de ces images est transcrit dans la peinture (fig. c).

Femme offerte, pimentée d'un exotisme où se mêlent un parfum de harem et de maison close Second Empire : le bouquet de fleurs — bouquet

fig. c. Nu sur un canapé endormi. Photographie (studio Quinet), vers 1854. Paris, BN Estampes

composé et enveloppé par un fleuriste, hommage d'un client, plus sensible et plus expressif que le modèle lui-même — est apporté par une servante noire, sorte de nounou entremetteuse. Celle-ci est l'héritière d'une tradition bien établie surtout depuis le XVIIIe siècle, qui montre, dans une atmosphère parfumée d'Orient, des femmes au bain ou à leur toilette, essuyées ou servies par des servantes noires. On en a suivi la trace, depuis le fameux Nattier du Louvre, que Manet devait bien connaître, *Mlle de Clermont au bain* (1773), jusqu'à l'*Odalisque* de Jalabert (1842, Musée de Carcassonne ; fig. d) où Mathey a vu une source possible de l'*Olympia*[21] en passant par *La courtisane* de Sigalon (1822, Louvre), ou, bien sûr, l'*Odalisque à l'esclave* d'Ingres (1839, Fogg Art Museum) et l'*Odalisque* de Bénouville (1844, Musée de Pau ; fig. e), où les rôles sont inversés, l'Odalisque blanche est vêtue et l'esclave noire à demi-nue[22]. Leur présence sert à évoquer les délices supposés du harem, et, plastiquement, à mettre en valeur la chair blanche. Manet se souvient de ce contraste et en tirera un motif décoratif et humoristique dans les deux chats, noir et blanc, de l'estampe du *Rendez-vous de chats* (cat. 114).

fig. d. Jalabert, Odalisque, 1842. Musée de Carcassonne

fig. e. Benouville, Odalisque, 1844. Musée de Pau

Mais la servante d'Olympia est ici la portière des amours vénales, et non l'esclave d'un harem, et Manet l'associe subtilement à sa maîtresse, en la vêtant d'un rose qui la relie plastiquement aux tons clairs du nu et oppose l'élégante main noire sur le papier blanc à la courte patte étalée d'Olympia, qui fait penser, dans sa force et son assurance, aux mains de *M. Bertin* d'Ingres (Louvre), symboles de pouvoir. Comme le chat, et le mystérieux arrière-plan, la négresse appartient au monde obscur, alors que le seul rappel noir sur l'Olympia est le fameux ruban autour du cou, dont la fonction est moins de retenir la perle que de souligner la nudité : « Sa tête est vide, un fil de velours noir l'isole de l'essentiel de son être », nous dit Valéry[23] et, aujourd'hui, Michel Leiris : « Dernier obstacle à la nudité totale [...] le ruban de cou — presque ficelle — dont le nœud, aussi pimpant que celui qui scelle un paquet renfermant un cadeau, forme au-dessus de la fastueuse offrande des deux seins une double boucle apparemment facile à défaire rien qu'en tirant un bout. »[24].

Manet ne pouvait pas ne pas penser à Baudelaire dans cette sombre apparition de la négresse, qui compose avec le bouquet un équivalent pictural à certaines pages des *Fleurs du mal* comme « La Malabraise ». Que l'*Olympia* elle-même semble illustrer littéralement certains poèmes du recueil, est devenu depuis un lieu commun[25]. Son poignet orné évoque « La très chère était nue et, connaissant mon cœur elle n'avait gardé que ses bijoux sonores », ses mules : « Sous tes souliers de satin, / Sous tes charmants pieds de soie / Moi je mets ma grande joie, / Mon génie et mon destin », ou son compagnon le chat : « J'eusse aimé vivre auprès d'une jeune géante comme aux pieds d'une reine un chat voluptueux. »

On ne sait en revanche ce que Baudelaire lui-même pensait du tableau ; il est même fort probable qu'il ne le vit pas en 1864 avant son départ pour Bruxelles dont il ne revint que pour être hospitalisé. En 1865 la seule allusion au tableau, dans une lettre de Bruxelles de Baudelaire à Manet, indique la curiosité de quelqu'un qui ne connaît pas l'œuvre, en tout cas dans son état définitif, et se la fait décrire par un visiteur arrivant de Paris : « Il a ajouté que le tableau représentant la femme nue, avec la négresse, et le chat (est-ce un chat décidément ?), était très supérieur au tableau religieux » (11 mai 1865)[26].

En effet, on oublie, en voyant aujourd'hui l'œuvre seule, ce qu'avait de provocateur le fait de l'avoir, au Salon, associée au *Christ insulté* (cat. 87), dont le traitement réaliste semblait illustrer les thèses également iconoclastes de Renan dans sa *Vie de Jésus,* publiée la même année. On a suggéré que Manet reproduisait le geste — apocryphe d'ailleurs — du Titien, rapporté par Charles Blanc d'après l'Arétin : Titien aurait offert à Charles-Quint une *Vénus* et un *Christ aux outrages,* pour flatter à la fois sa sensualité et sa piété[27]. Tout près des deux tableaux, au Salon, l'*Hommage à la Vérité* de Fantin (aujourd'hui détruit), où Manet figurait en bonne place, rendait encore plus explicites les propos réalistes du peintre.

Le nom d'Olympia a provoqué de nombreuses interprétations[28]. Il est d'abord le titre du poème d'Astruc, écrit en 1864 — après le tableau — et utilisé pour le livret du Salon de 1865[29]. On suppose que c'est seulement à ce moment-là que Manet donne un titre au tableau[30] ; le nom d'Olympia ou d'Olympe était un surnom répandu chez les cocottes arrivées — c'est d'ailleurs le nom de la rivale de la Dame aux Camélias — et Reff et Farwell y ont vu un repère social pour son nu, parfaitement intelligible au public. La poupée fatale des *Contes* d'Hoffmann s'appelait Olympia ; comme l'héroïne d'un obscur parnassien, familière au milieu de Manet et Baudelaire[31]. On peut y voir aussi tout simplement une volonté de dérision de la mythologie, où un nom tiré du mont antique serait une réponse ironique d'un peintre de la réalité contemporaine aux tenants des sujets académiques.

Les réactions au Salon de 1865 dépassèrent toutes les craintes, et abattirent provisoirement Manet, qui se plaignit à Baudelaire : « [...] les injures pleuvent sur moi comme grêle [,] je ne m'étais pas encore trouvé à pareille fête. [...] J'aurais voulu avoir votre jugement sain sur mes tableaux car tous ces cris agacent, et il est évident qu'il y a quelqu'un qui se trompe » (4 mai 1865[32]), et c'est un homme à bout de nerfs que Duret rencontre quelques mois plus tard (voir cat. 108). Il serait vain d'énumérer ici ces critiques ; elles sont connues et répétitives, et touchent autant à l'histoire des mentalités qu'à l'histoire de l'art ; nous n'en citerons que quelques exemples : « [...] ces terribles toiles, défis jetés à la foule, railleries ou parodies, que sais-je ? [...] Qu'est-ce que cette odalisque au ventre jaune, ignoble modèle ramassé je ne sais où [...]. »[33]. « La foule se presse comme à la Morgue devant l'*Olympia* faisandée de M. Manet. »[34]. « Un chétif modèle [...] Le ton des chairs est sale [...] Les ombres s'indiquent par des raies de cirage plus ou moins large [...]. »[35]. « [...] une ignorance presque enfantine des premiers éléments du dessin, [...] un parti-pris de vulgarité inconcevable. »[36]. « Cette brune rousse est d'une laideur accomplie [...]. Le blanc, le noir, le rouge, le vert font un vacarme affreux sur cette toile. »[37].

Les critiques et les caricatures (fig. f) témoignent que Manet choquait, surprenait, déclenchait dans le grand public un rire qui était le signe d'une incompréhension, mais aussi d'une gêne. Manet avait peut-être touché un tabou social en montrant sans ambage l'image d'une prostituée, qu'elle soit de haut vol[38] ou de basse extraction[39] ; mais on a tant insisté récemment sur l'aspect iconographique, qu'on en vient un peu à oublier que la façon de peindre choquait au moins autant que le sujet. Si l'on a du mal à l'imaginer aujourd'hui, alors que cent ans d'art moderne soulignent surtout l'aspect « art de musée » de l'œuvre, c'est que, d'abord, le tableau a certainement beaucoup foncé ; ses couleurs et ses contrastes devaient être beaucoup plus violents — l'aquarelle en témoigne (cat. 67). A peine plus de dix ans plus tard, on remarquait déjà : « Les tons de la peinture se sont éteints, le moiré des chairs a disparu [...] la négresse et le chat sont devenus des masses de noir opaque [...]. Évidemment, cette peinture a dû s'altérer profondément. »[40]. D'autre part, la référence parodique au Titien, maître absolu, et à la Renaissance italienne, était ressentie par les contemporains comme une sorte de blasphème, si évident qu'il n'en est même pas question dans les critiques.

MANET.
La Naissance du petit Ébéniste
— M. Manet a pris la chose trop à la lettre :
Que c'était comme un bouquet de fleurs !
Les lettres de faire-part sont au nom de la mère Michel et de son chat.

fig. f. Caricature de Cham dans *Le Charivari,* 1865

1. Baudelaire 1973 II, p. 84.
2. M. Proust, *A la recherche du temps perdu,* t. II, 1956, p. 522.
3. Valéry 1932, p. X.
4. Zervos 1932, pp. 295-296.
5. Bürger (Thoré) 1868, p. 532.
6. Zola 1867, *Revue* p. 58-59 ; (Dentu) p. 36.
7. Jamot *Burlington* 1927, p. 31 ; Venturi 1953 s.p. ; A. Malraux *Les voix du silence,* 1951, p. 101 ; Bataille 1955, p. 74.
8. Reff 1964 ; Farwell 1973 ; Scharf 1968 ; Van Emde Boas 1966 ; Clark 1980.
9. Reff 1976.
10. Pickvance 1977, p. 761.
11. Bazire 1884, p. 26.
12. Geffroy 1890, pp. 119-120.
13. Reff 1964, p. 118.
14. Curtiss 1966, p. 5.
15. Mathey 1948 s.p. ; Sandblad 1954 ; Reff 1964 et 1976, pp. 53-54 ; Farwell 1973, p. 215.
16. Reff 1976, p. 19.
17. Farwell 1973, pp. 223-224 ; Clark 1969, pp. 258-259.
18. Farwell 1973, pp. 215-216.
19. H. Taine, *Vie et Opinions de M. Frédéric-Thomas Graindorge,* Paris 1867, pp. 171-173.

Elle-même version contemporaine d'un modèle du passé, *Olympia* fut très vite l'objet de copies et de parodies. Sagement copiée par Gauguin (1891, collection inconnue) elle est réinterprétée par Cézanne dans la fameuse *Moderne Olympia* (Paris, Orsay, Jeu de Paume ; fig. g), qui fait entrer le spectateur, ou le client barbu chez Cézanne, dans la scène ; parodié par Picasso dans un croquis (1901 ; fig. h) où il place la négresse nue sur le lit, et s'assied, nu lui-même, à ses côtés ; ou, plus récemment, transformée en art brut par Dubuffet (*Olympia*, 1950, New York, coll. part.) et subissant les glissements de l'artiste pop Larry Rivers qui superpose deux Olympias, une blanche et une noire (1970, Paris, Musée d'Art Moderne). Il est intéressant de voir que peu de peintres de pure délectation et sensibilité se sont intéressés à l'*Olympia* sauf pour la nature morte éblouissante du bouquet. C'est d'ailleurs celui-ci qu'on trouve repris textuellement par Renoir *(Nature morte au bouquet,* 1871, Musée de Houston), mais en général, le tableau n'a inspiré directement que des jeux iconographiques, tant il a vite été perçu comme un archétype.

On est surpris qu'à son apparition, en 1865, personne ne semble avoir été sensible à l'extraordinaire raffinement des blancs et des ivoires du corps, du drap et du châle en cachemire transparent — sorte d'hommage à Ingres —, à la virtuosité du bouquet, à l'harmonie calme de la composition très classiquement basée sur des horizontales et des diagonales, construisant un triangle ouvert vers le haut sur les têtes des deux femmes, et dont l'angle serait la main d'Olympia. Après la semi-réussite du *Déjeuner sur l'herbe,* la maîtrise totale du sujet et des moyens se manifeste avec force dans la touche ferme et simplifiée, « C'est plat, ce n'est pas modelé [...] on dirait une dame de pique d'un jeu de cartes sortant du bain »[41] ; on a été jusqu'à voir dans le trait sinueux qui cerne Olympia et l'organisation de grands pans clairs, peu ou pas modelés et contrastés, une influence précoce de l'estampe japonaise [42].

Les seuls témoignages de Manet lui-même, à propos de son tableau, en dehors de l'étonnement et du chagrin qu'il éprouva au moment du scandale, sont deux remarques faites quinze ans plus tard et rapportées par Antonin Proust ; à propos d'un reproche sur le trait vibrant du *Skating* (1877, RW 260), Manet répond à un visiteur, Sir Frederick Leighton, président de la Royal Academy de Londres : « On m'a dit d'ailleurs, Monsieur, que les contours de l'*Olympia* étaient trop arrêtés. Cela se compense. »[43]. Et surtout, un peu plus tard, réagissant probablement au volume récemment publié de J. Claretie, pour qui l'auteur de l'*Olympia* « étrange et verdâtre, [...] a évidemment pris le parti d'étonner les gens, et de tirer un coup de révolver à l'oreille des badauds. »[44], Manet semblera répondre : « Faut-il qu'on soit niais pour dire que je cherche à tirer des coups de pistolet [...] Je rends aussi simplement que possible les choses que je vois. Ainsi, l'*Olympia,* quoi de plus naïf ? Il y a des duretés, me dit-on, elles y étaient. Je les ai vues. J'ai fait ce que j'ai vu. »[45]

fig. g. Cézanne, Une moderne Olympia, 1870. Coll. particulière

20. Needham 1972, pp. 81-89.
21. Mathey 1948, p. 3.
22. Compte 1978.
23. Valéry 1932, p. X.
24. Leiris 1981, p. 193.
25. Blanche 1924, p. 33 ; Jamot 1927, p. 31 ; Sandblad 1954, p. 98.
26. Baudelaire 1973 II, p. 497.
27. Reff 1964, pp. 115-116.
28. Reff 1976, pp. 111-112.
29. Flescher 1978, p. 95 et ss.
30. Rosenthal 1925, p. 124.
31. Alston 1978, pp. 148-154.
32. Baudelaire 1973, pp. 233-234.
33. Clarétie 1865.
34. Saint-Victor 1865.
35. Gautier 1865.
36. Chesneau 1865.
37. Deriège 1865.
38. Reff 1976, pp. 117-118.
39. Clark 1980, p. 39.
40. Bertall 1876, p. 2.
41. Courbet cité Wolff 1883.
42. Sandblad 1954, pp. 78-79.
43. Proust 1897, p. 207.
44. Clarétie 1872, p. 204.
45. Proust 1897, p. 201.
46. Carnet de Manet, Paris, BN Estampes, fonds Moreau-Nélaton (*Copie... de documents,* p. 131).
47. Vente Manet 1884, n° 1 ; Bodelsen 1968, p. 344.
48. Rewald 1973, p. 42.
49. *Le Temps* 9 février 1890.
50. F. Mathey 1948, s.p.
51. *Ibid.* et Robida 1958, p. 152.
52. *Le Journal des Curieux* 10 mars 1907.

fig. h. Picasso, Parodie de l'Olympia. Dessin, 1901. Coll. particulière

Historique

Manet conserva toute sa vie l'*Olympia* dans ses ateliers successifs et en 1872 l'estima 20.000 Frs[46]. La toile fait partie de la vente posthume[47], n'obtient pas le prix de réserve (10.000 Frs), et est rachetée par la famille. Fin 1888, Monet apprend par son ami, le peintre américain John Singer Sargent, que MME MANET, ayant besoin d'argent, est sur le point de vendre le tableau à un acquéreur américain — on ne sait jusqu'à présent lequel. Très vite, Monet prend l'initiative d'une souscription publique pour acheter le tableau à la veuve de Manet et l'offrir au Louvre. Il ne parvient pas à obtenir tout à fait les 20.000 Frs demandés — rappelons que Chauchard venait d'acheter 750.000 Frs l'*Angélus* de Millet, et un Meissonier 850.000 Frs[47] et offre la somme réunie (19.415 Frs) à Suzanne Manet, le 18 mars 1890, après avoir écrit au Ministre de l'Instruction publique et des Beaux-Arts, Fallières, le 7 février :
« Au nom d'un groupe de souscripteurs, j'ai l'honneur d'offrir à l'État l'*Olympia*, d'Édouard Manet [...] de l'aveu de la grande majorité de ceux qui s'intéressent à la peinture française, le rôle d'Édouard Manet a été utile et décisif. Non seulement il a joué un grand rôle individuel, mais il a été, de plus, le représentant d'une grande et féconde évolution.
Il nous a donc paru impossible qu'une telle œuvre n'eût pas sa place dans nos collections nationales, que le maître n'eût pas ses entrées là où sont déjà admis les disciples. Nous avons, de plus, considéré avec inquiétude, le mouvement incessant du marché artistique, la concurrence d'achat qui nous est faite par l'Amérique, le départ, facile à prévoir, pour un autre continent, de tant d'œuvres d'art qui sont la joie et la gloire de la France. [...] Notre désir est de la voir prendre place au Louvre, à sa date, parmi les productions de l'école française. [...] Nous espérons que vous voudrez bien donner votre appui à l'œuvre à laquelle nous nous sommes attachés avec la satisfaction d'avoir accompli simplement un acte de justice. »
La liste des donateurs fait suite à la lettre :
« Bracquemond - Philippe Burty - Albert Besnard - Maurice Bouchor - Félix Bouchor - de Bellio - Jean Béraud - Bérend - Marcel Bernstein - Bing - Léon Béclard - Edmond Bazire - Jacques Blanche - Boldini - Blot - Bourdin - Cazin - Eugène Carrière - Jules Chéret - Emmanuel Chabrier - Clapisson - Gustave Caillebotte - Carriès - Degas - Desboutin - Dalou - Carolus Duran - Duez - Durand-Ruel - Dauphin - Armand Dayot - Jean Dolent - Théodore Duret - Fantin-Latour - Auguste Flameng - [Henri] Guérard - Mme Guérard-Gonzalès - Paul Gallimard - Gervex - Guillemet - Gustave Geffroy - J.K. Huysmans - Maurice Hamel - [Alexandre] Harrison - Helleu - Jeanniot - Frantz-Jourdain - Lhermitte - Lerolle - M. et Mme Leclanché - Stéphane Mallarmé - Octave Mirbeau - Roger Marx - Moreau-Nélaton - Alexandre Millerand - Claude Monet - Oppenheim - Puvis de Chavannes - Antonin Proust - Camille Pelletan - Camille Pissarro - Portier - Georges Petit - Rolin - Th. Ribot - Renoir - J.-F. Raffaelli - Ary Renan - Roll-Robin - H. Rouart - Félicien Rops - J. Sargent - Mme de Scey-Montbéliard - Thornley - De Vuillefroy - Van Cutsem - Anonyme - Double Incognito - A.H. - H.H. - L.N. - R.G. »[49].
Cette liste est passionnante, car elle couvre un large éventail artistique outre les amis et collectionneurs de Manet : Roll, par exemple, donna 500 Frs. Quelques absences sont remarquables ; Rodin s'était excusé : « Impossible de trouver de l'argent, je suis désolé. »[50]. Et Zola — qui, en 1867 avait écrit : « Cette toile est vraiment la chair et le sang du peintre ; le destin a marqué sa place au Louvre » — s'abstint, avec cette étrange explication : « Mon cher Monet, j'en suis très chagrin, mais c'est chez moi un parti absolu de ne pas acheter de peinture même pour le Louvre. Que des amateurs se syndiquent pour faire monter les prix d'un peintre dont ils ont des toiles, je le comprends ; mais je me suis promis, moi écrivain, de ne jamais me mêler à ces sortes d'affaires. [...] J'ai assez défendu Manet par la plume pour ne pas craindre aujourd'hui le reproche de lui marchander sa gloire. Manet ira au Louvre, mais il faut que ce soit de lui-même, en pleine reconnaissance nationale de son talent et non sous cette forme détournée de cadeau qui sentira quand même la coterie et la réclame. »[51]
Le tableau fut donc accepté pour le Musée du Luxembourg, en 1890, sept ans après la mort de Manet, ce qui était normal avant les dix ans fatidiques après la mort d'un peintre. Le problème se pose donc en 1893, et fut résolu par la négative. L'argument officiel était : Manet au Louvre, peut-être, mais pas avec cette toile. L'*Olympia* devait rester au Musée du Luxembourg encore dix-sept ans. Elle n'entre au Louvre que le 6 janvier 1907 (Inv. RF 644), à la suite d'une intervention de Monet et Geffroy auprès de Clemenceau, alors Président du Conseil, qui en donna l'ordre à Dujardin-Beaumetz, Sous-Secrétaire d'État aux Beaux-Arts. Elle est alors accrochée dans la Salle des États, à côté de la *Grande odalisque* d'Ingres, et ce fut de nouveau l'occasion d'une belle tempête[52].
Manet entrait au Louvre en force puisque, la même année, la donation Moreau-Nélaton, avec en particulier *Le déjeuner sur l'herbe*, était installée au pavillon de Marsan, au Musée des Arts décoratifs (v. Hist., cat. 62).

F.C.

65   *Étude pour* Olympia

1862-1863
Sanguine
24,5 × 45,7
Cachet de l'atelier, sous les genoux *E.M.*

P   Paris, Musée du Louvre, Cabinet des Dessins

Catalogues
T 1931, p. 522 ; JW 1932, 82 ; T 1947, 570 ; L 1969, 195 ; RW 1975 II 376.

Ce beau dessin de Manet exécuté d'après Victorine Meurent rappelle ceux de son maître Couture, par la fermeté, la rigueur, et au-delà de lui la tradition du dessin ingresque. Seul le pied gauche, bizarrement raccourci, est d'un trait négligé. Victorine n'avait d'ailleurs pas, on le voit dans le *Déjeuner,* un pied classique à l'antique, loin de là, et ce n'est pas un hasard si Manet fera porter à l'Olympia de coquettes mules.

L'étrangeté de ce dessin vient du visage vide, lisse comme un galet. Dans l'œuvre finale la position du corps sera légèrement différente, pour le geste des bras, le croisement des jambes et l'orientation du visage, mais le dessin de la poitrine et du ventre sont déjà ceux du tableau qui gardera cette ligne sinueuse du dessin, soulignant le corps et lui tenant lieu de modelé. Farwell émet l'idée que ce dessin et le deuxième, très proche (cat. 66) ont été faits au

65

cour d'une même séance, et que la position de la jambe droite, cachant conventionnellement le sexe, est, au moment du tableau, transformée en une attitude moins pudique[1].

Tabarant pense que, par son style, le dessin est plus ancien[2] ce qui laisserait supposer que Manet l'aurait retiré d'un carton au moment de l'*Olympia,* pour l'utiliser pour son projet, mais l'analyse de Reff semble convaincante lorsqu'il situe le dessin à un moment de l'élaboration de l'œuvre où Manet se tourne vers un modèle plus classique pour son nu[3]. De toute façon, le fait qu'il s'agit évidemment du corps de Victorine empêche de remonter le dessin au-delà de 1862.

Historique
Ce dessin faisait partie de la collection de HENRI ROUART (v. Hist., cat. 129), sans doute en provenance directe de la veuve de Manet ; ce dessin fait partie de la vente Rouart, chez Manzi-Joyant[4]. Il est acheté par le couturier et collectionneur JACQUES DOUCET (v. Hist., cat. 135) ; vente Doucet [5] ; il réapparaît dans une vente publique en 1935[6] où il est adjugé au Louvre (inv. RF 24.335).

F.C.

1. Farwell (1973) 1981, p. 202.
2. Tabarant 1947, p. 76.
3. Reff 1976, p. 74.
4. Vente Rouart 1912, n° 207.
5. Vente Doucet, Paris 28 déc. 1917, n° 238.
6. Vente anonyme, Paris 30 mars 1935, n° 42.

66

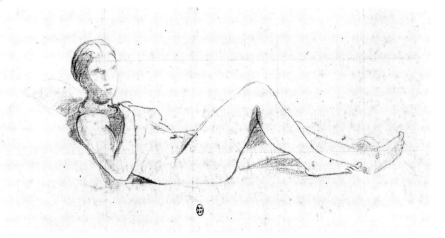

66 *Étude pour* Olympia

1862-1863
Sanguine
22,5 × 30

NY   Paris, Bibliothèque Nationale

Mise au carreau pour le tableau, sans doute exécuté après le dessin précédent, d'après Victorine. Pour Leiris[1], il s'agirait plutôt de la première vision, dans la mesure où il est moins poussé — les jambes sont à peu près analogues, mais le bras gauche est posé à côté du corps, et la main vaguement esquissée, posée sur la cuisse droite.

Expositions
Paris, Orangerie 1932 n° 108 ; Ingelheim 1977 n° Z/9.

Catalogues
T 1947, 57 ; L 1969, 194 ; RW 1975 II 377.

1. Leiris, 1969, p. 109.
2. Vente Barrion 1904, n° 115 « Femme nue couchée, à la sanguine ».

Historique
Cette « mise au carreau » d'une des premières idées de l'Olympia, appartenait à ALFRED BARRION (v. Hist., cat. 40). Elle apparaît dans le lot de dessins vendu en 1904[2], sans doute acheté par MOREAU-NÉLATON (v. Hist., cat. 9). Elle fut léguée par lui à la Bibliothèque Nationale en 1927.
F.C.

67 Olympia

1863
Aquarelle
20 × 31
Signé b.d. *E. Manet*

Collection particulière

Plus qu'une étude préparatoire pour l'œuvre peinte, ce qui est généralement admis[1], il s'agit vraisemblablement d'un dessin aquarellé d'après le tableau, qui serait l'étape intermédiaire entre la toile et les eaux-fortes (cat. 68 et 69),

Expositions
Paris, Beaux-Arts 1884 n° 179 ; Exposition Universelle 1900 n° 1152 ; Bernheim-Jeune 1925 n° 80 ; Berlin, Matthiesen 1928 n° 9 ; [Philadelphie]-Chicago 1966-1967 n° 55.

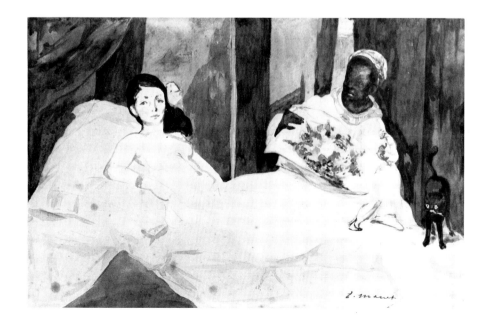

comme en témoignent la simplification des valeurs et la suppression des détails colorés, ceux du châle par exemple[2]. Il n'est pas impossible que l'aquarelle reproduise un moment non définitif du tableau avant que l'ouverture du rideau derrière la négresse, plus grande à l'origine ainsi que le révèle la radiographie, n'ait été réduite. Derrière le buste, la partie claire est soit une porte ouverte, soit, plus probablement, un miroir. La chevelure d'Olympia est d'une couleur plus flamboyante et son déploiement plus apparent sur l'épaule.

La fraîcheur et la vivacité de cette aquarelle nous révèlent sans doute la couleur originale du tableau qui aurait considérablement foncé, à l'arrière plan. Toutes les variantes par rapport au tableau tel que nous le connaissons, laissent supposer que Manet aurait retravaillé son tableau entre 1863 et 1865, date à laquelle il le soumet au jury du Salon, et que cette aquarelle serait alors le seul témoignage de la première étape de l'œuvre.

Il est intéressant de noter que les eaux-fortes sont faites d'après l'état définitif de l'œuvre peinte, mais comportent une petite anomalie par rapport au tableau comme à l'aquarelle : l'adjonction des boucles sur le front d'Olympia, dont on ne comprend pas très bien l'apparition.

Catalogues
T 1931, 27 (aquarelles) ; JW 1932, 82 ; T 1947, 575 ; L 1969, 196 ; RW 1975 II 381.

1. Rouart et Wildenstein 1975 II, n° 381 ; Reff 1976, p. 77.
2. Mathey 1967, p. 21.
3. Photos Lochard (Paris, BN Estampes, fonds Moreau-Nélaton).
4. Vollard 1937, pp. 44, 49-51.

Historique
Les photographies d'ensemble de l'exposition de 1884[3] permettent d'identifier cette aquarelle parmi onze autres dessins dans un grand cadre, désigné par la simple mention à la fin du catalogue : « 179. Cadre. Appartient à M. Alph. Dumas. » ALPHONSE DUMAS, rentier et peintre dilettante, dirigeait la Galerie de l'Union artistique où Vollard fit ses débuts. D'après les *Souvenirs* de Vollard, Dumas lui apporta, vers 1892, un carton contenant plusieurs dessins et estampes de Manet, dont cette aquarelle, la gouache du *Rendez-vous de chats* (cat. 114, fig. e), plusieurs sanguines admirables, une douzaine de croquis de chats. Vers la fin des années 1870, Dumas, amené chez Manet, à qui on avait dit qu'il admirait son art, se vit obligé d'emporter le « lot » que Manet lui offrit pour la somme de dix louis. Détestant l'art impressionniste et n'appréciant guère Manet, Dumas demanda à VOLLARD (v. Hist., cat. 98) de les vendre. L'aquarelle passa à A. PELLERIN (v. Hist., cat. 100), qui en est le prêteur à l'exposition de 1900, puis à JULES STRAUSS (1861-1939), financier d'origine allemande qui collectionna surtout les œuvres de Sisley. Elle passe entre les deux guerres par BERNHEIM-JEUNE, (v. Hist., cat. 31), chez ALBERT MAYER ; puis par l'intermédiaire du marchand ALFRED DABER, elle est achetée par DERRICK MORLEY, de Londres, en 1947.

F.C.

68 Olympia *(grande planche)*

1867
Eau-forte
16,1 × 24,2 (cuivre) ; 13,3 × 18,5 (sujet)
Signé b.c. *Manet* (2e état) ; sous le sujet b.g. *Manet del.* (3e état)

New York, The New York Public Library

69 Olympia *(petite planche)*

1867
Eau-forte et lavis d'aquatinte
8,8 × 20,6 (cuivre), 8,8 × 18,3 (sujet) (états 1 à 3) ;
8,8 × 17,8 (4e état)

Paris, Bibliothèque Nationale (1er état)
Collection particulière (6e état)

Dans le portrait d'Émile Zola peint par Manet pour le Salon de 1868 (cat. 106), on voit sur la table de travail, dans la magnifique nature morte composée de

68

68
Expositions
Philadelphie-Chicago 1966-67 n° 57 ; Ann Arbor
1969 n° 22 ; Paris, B.N. 1974 n° 141 ; Ingelheim
1977 n° 52 ; Paris, Berès 1978 n° 48

Catalogues
M-N 1906, 37 ; G 1944, 40 ; H 1970, 52 ;
LM 1971, 44 ; W 1977, 52 ; W 1978, 48.

2e état (sur 4). L'une des deux épreuves avant la
forte reprise de la planche à l'eau-forte ; signée
dans le cuivre. Sur papier vergé. Coll. Avery.

69
Publication
Emile Zola, *Ed. Manet,* Paris (Dentu) 1867, face
p. 36.

Expositions
Philadelphie-Chicago 1966-67 n° 57 ; Ann-Arbor
1969 n° 22 ; Paris, B N 1974, n°ˢ 142-144 ;
Ingelheim 1977 n° 53 ; Paris, Berès 1978 n°ˢ 47
et 110

Catalogues
M-N 1906, 17 ; G 1944, 39 ; H 1970, 53 ;
LM 1971, 45 ; W 1977, 53 ; W 1978, 47 et 110

1er état (sur 6). L'une des deux épreuves connues,
réhaussée au pinceau et à l'encre de Chine (avec
lavis rose sur le visage de la négresse). Sur papier
vergé mince. Annoté au bas (v. Hist.). Coll.
Bracquemond, Moreau-Nélaton.

6e état. Épreuve de l'état définitif, tirage dans la
plaquette de Zola. Exemplaire broché sous
couverture de papier « Ingres » bleu.

livres, brochures, plume et encrier et la pipe de l'écrivain, une brochure bleue sur laquelle apparaît le nom de Manet, sans que le tableau porte d'autre signature. Il s'agit de la plaquette que fit imprimer Zola au moment de l'exposition de Manet à l'Alma, en mai 1867, comportant la réimpression de son article dans la *Revue du XIXᵉ siècle* du 1er janvier, un portrait de Manet gravé par Bracquemond en frontispice (fig. a) et la petite eau-forte par Manet exposée ici, d'après l'*Olympia* (cat. 64), face à la page où Zola en fait sa célèbre analyse[1] (fig. b).

C'est Zola qui avait proposé à Manet de mettre en vente cette brochure dans son exposition. Celle-ci eut lieu dans un pavillon construit aux frais de l'artiste à l'Alma, dont Hippolyte Babou, critique, l'un des fondateurs de la Société des Aquafortistes (voir cat. 7-9) et un habitué du Café Guerbois et du cercle d'amis autour de Manet, nous a laissé une description évocatrice : « [...] un petit salon carré, disposé avec une élégante discrétion. [...] Le salon de M. Manet tient du boudoir et de la chapelle. Une jeune Espagnole pourrait y deviser d'amour en feuilletant un livre de prières : c'est un lieu de rafraichissement, de lumière et de paix »[2]. Babou remarqua tout de suite le « joli petit catalogue » qu'on lui glisse dans la main, et dont il cite de larges extraits de la préface, en des termes très flatteurs pour Manet ; il ne parle pourtant de la brochure de Zola que pour fustiger le « jeune et furibond critique d'art » qui « n'a pas lâché sa proie comme je le croyais. Il vient de publier chez l'éditeur Dentu une brochure [...] »[3].

Le projet de la brochure fut élaboré au cours des mois qui précédèrent l'ouverture de l'exposition en mai, et c'est une lettre très cordiale de Manet à Zola qui nous en donne le plus de renseignements. Manet répond à la proposition de Zola en suggérant de « mettre en tête mon portrait à l'eau-forte » et demande à connaître « le format de la brochure que je puisse faire faire le tirage de la gravure » (qui sera celle de Bracquemond d'après une photographie de Manet par Camentron[4]. fig. a). Puis il rouvre sa lettre en se rappelant « que

69

j'ai fait dernièrement d'après Olympia un bois qui était destiné au Paris-Guide de Lacroix, » et en ajoutant, « si cela pouvait ne pas nous couter trop cher nous pourrions l'intercaler [...] je vais écrire à un graveur assez habile pour en faire quelque chose de bien. »[5]

On connaît, de l'*Olympia,* un bois (G88 ; fig. c), une eau-forte qui resta inédite du vivant de Manet (cat. 68) et celle qui fut «intercalée» dans la brochure (cat. 69). Le bois, gravé par Moller selon Guérin, est pratiquement inconnu en épreuves de l'époque et ne fut publié qu'en 1902[6]. S'il était vraiment destiné au célèbre *Paris-Guide* édité par Lacroix à l'occasion de l'Exposition Universelle de 1867[7], Manet s'est trompé quant au format car le dessin qu'il fit sur le bois dépasse le format du guide lui-même. Tout en le reproduisant à l'envers, le bois suit fidèlement la composition du tableau, et, en laissant apparaître un écart légèrement plus grand entre les rideaux derrière la servante, en reflète peut-être l'état original (voir cat. 64). Mais même si Manet a fait graver son dessin sur le bois à ce moment là, il ne l'a pas retenu et passa, sans doute par l'intermédiaire d'un calque (qui pourrait être le dessin, disparu (RW II 378), qu'il donna à Degas), à l'eau-forte «grand-format» (cat. 68). Celle-ci ne semble être connue que par deux épreuves (l'une avant et celle-ci avec la signature - voir Historique) dans l'état où l'eau-forte donne de la composition une impression très claire et aérée. Soit parce qu'elle n'était pas adaptée au format de la brochure, soit aussi parce que Manet l'avait déjà abîmée en voulant renforcer la planche, il abandonna cette version et passa sur un second cuivre (cat. 69).

Ici, il reprit la composition légèrement modifiée du premier cuivre : le front de «l'auguste jeune fille» est à nouveau orné de la boucle qui apparaît également dans l'*Olympia* à l'intérieur du portrait de Zola (voir cat. 106),et le chat a retrouvé sa taille d'origine et s'est affiné. Il est assez étonnant de constater que Manet ne fait que répéter son travail et que les trois versions, décalquées, peuvent toutes se superposer en ne présentant que d'infimes différences. Même la «petite planche» (cat. 69) semble avoir été décalquée d'après la grande, dont l'épreuve exposée porte les traces d'une pression le long des contours et des lignes principales. Pour la brochure, Manet supprima tout simplement les 2 cm au haut et 2,5 cm au bas de la grande planche, qui débordaient le nouveau cuivre adapté au format de la page.

Si les premiers états de la gravure définitive sont très fins, tantôt réhaussés d'encre sur l'épreuve, comme celle exposée, tantôt retravaillé au lavis sur le cuivre avant la réduction de la planche sur les côtés,[8] il faut noter une importante participation de Bracquemond : une épreuve du premier état, qui

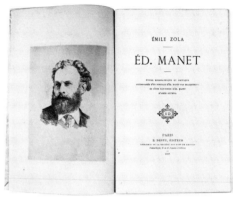

fig. a. Brochure de Zola, 1867 : portrait de Manet par Bracquemond et page de titre

fig. b. Brochure de Zola avec l'eau-forte de l'Olympia

fig. c. Bois dessiné par Manet, gravé par Moller. Paris, BN Estampes

1. Zola 1867 (Dentu), p. 36.
2. Babou 1867, p. 286.
3. *Ibid* p. 287 et n. 1.
4. Bouillon 1975 p. 40, figs. 7 et 8.
5. Manet à Zola, s.d. (jan-avril 1867). Paris, Berès 1978, nos 47, 48 et 97. V. annexe, Correspondance Manet-Zola.
6. Duret 1902, face p. 28.
7. *Paris Guide par les principaux écrivains et artistes de la France*, 2 tomes, Paris (A. Lacroix, Verboeckhoven et Cie), 1867.
8. Paris, Berès 1978, nº 47, états 1 à 3.
9. *Ibid,* 1er état.
10. Harris 1970, nº 53, p. 150.
11. J. Adhémar 1965, p. 231.
12. Moreau-Nélaton 1906, s.p.; ré-ed. Guérin 1944, p. 15.
13. Paris, Berès 1978, nº 47, 6e état.
14. Babou 1867, p. 286.
15. Cf. Guérin 1944, 40, 1er état repr. (coll. H. Thomas), sans la signature; Harris 1970, 52, 1er état repr. fig. 103 (coll. New York Public Library), avec la signature au bas du drap (non décrite par Harris).
16. Moreau-Nélaton 1906, 17.

lui appartenait, porte la mention « mordue et tirée par Bracquemond »[9]; par ailleurs, Harris a relevé le changement manuscrit, sans doute apporté par Manet lui-même, à la couverture et à la page de titre d'un exemplaire de la brochure dédicacée à « Signorini » (Milan, Brera) où la mention imprimée « eau-forte d'Ed. Manet d'après *Olympia* » est corrigée par la suppression du nom de l'artiste et l'addition d'un « B »[10]. Harris insiste également sur le fait que la planche n'est pas signée (à l'encontre du bois et de la première planche), mais ceci n'est pas concluant pour une illustration dans une publication entièrement consacrée à Manet, qui est nommé comme auteur de l'eau-forte sur la page de titre. Si l'on peut partager l'avis de Zola qui estimait que « l'eau-forte de l'*Olympia* [...] est manquée »[11], il faut sans doute s'en tenir aux affirmations de Moreau-Nélaton : « On a prétendu aussi que l'*Olympia,* gravée pour le plaidoyer de Zola en faveur de son peintre, était non pas de Manet, mais de M. Bracquemond, contrairement à l'indication fournie par le titre même du petit volume. Je ne cite ces opinions que pour m'élever contre elles. En ce qui touche *Olympia,* il suffit du témoignage de M. Bracquemond lui-même, à qui je dois la communication des divers états qu'il possède d'une pièce sortie de sa presse, comme tant d'autres, mais à laquelle il n'a collaboré que comme imprimeur. »[12]. On peut noter toutefois que le caractère fignolé de l'*Olympia* de la brochure, qui déplut sans doute à l'artiste lui-même, vient surtout du format écrasé qui détruit le rythme et l'harmonie de la composition originale.

Tirée à 600 exemplaires pour la brochure,[13] cette image du tableau de l'*Olympia* que Zola avait qualifié de « chef d'œuvre » du peintre, témoigne de leur amitié et leur travail commun pour le succès de l'exposition particulière. On ne sait combien de brochures furent vendues ni à quel prix, mais il est à craindre qu'elles ne trouvèrent d'amateurs que « des raffinés et des dévôts » évoqués par Babou[14].

Historique

68 L'épreuve apparemment unique, en premier état du travail de l'artiste sur la planche mais avec la signature[15], fut acquise par AVERY, sans doute par l'intermédiaire de LUCAS et peut-être de GUÉRARD (v. Hist., cat. 16 et 17).

69 1er état. Cette épreuve réhaussée porte l'inscription au crayon « 1er état retouché par Manet. Cette épreuve m'a été offerte par Mr. Bracquemond (février 1906) ». Elle fut sans doute donnée par BRACQUEMOND (v. Hist., cat. 18) à MOREAU-NÉLATON (v. Hist., cat. 9) au moment où celui-ci achevait son travail sur le catalogue raisonné qui fut dédicacé à Bracquemond et dont la couverture fut ornée d'une reproduction en fac-similé de cette épreuve[16].

6e état. L'épreuve définitive paraît dans la brochure de Zola, restée dans sa couverture bleue d'origine, mais sans indication de provenance.

J.W.B.

70   La femme au chat

Vers 1862-1863
Lavis d'encre de Chine
20 × 27

P   Paris, Musée du Louvre, Cabinet des Dessins
(sous réserve d'usufruit)

Exposition
Saint-Pétersbourg, Centennale de l'art français
1912 nº 410.

Il est évidemment tentant de voir dans ce dessin une première idée de l'Olympia, mais il est très différent des études dessinées d'après Victorine

70

Meurent (cat. 65, 66). Tout fait penser ici à un croquis d'imagination, soit antérieur d'une ou de plusieurs années au tableau, mais où l'idée du nu et du chat noir est jetée pour la première fois ; soit un dessin de fantaisie, de délassement, fait par Manet en contrepoint de ses dessins préparatoires plus académiques, lorsqu'il cherche une idée neuve pour son tableau. La position peut être librement inspirée d'une odalisque de Delacroix[1] ou de la *Maja nue* de Goya (voir cat. 64, fig. b) par le profil de la hanche ; mais tout évoque ici Baudelaire, pour l'esprit, et Constantin Guys, pour le trait.

En tout cas, le violent contraste des valeurs dans le tableau, entre le nu sur le drap, et le fond sombre, est déjà établi ici, ainsi que l'apparition des points brillants des yeux du chat. Celui-ci sera déplacé vers la droite, et remplacé dans son rôle de « faire-valoir » du corps de l'Olympia par la servante noire.

Fait au moment de l'élaboration du tableau, ou idée jetée plus tôt et reprise à cette occasion, ce dessin préfigure un des caractères du tableau que son statut de chef-d'œuvre empêche presque de sentir aujourd'hui : son humour, glacé dans la toile, enjoué et libre dans ce dessin.

Ce lavis a été gravé par Prunaire (G 87)[2] ; gravure dont une seule épreuve est connue, et reproduite en 1906 dans le livre de Duret[3]. Un deuxième dessin sur ce thème (L 190) aurait appartenu à Duret[4].

Catalogues
D 1906, p. 52 ; T 1931, 28 ; JW 1932 (aquarelles) mentionné 82 ; T 1947, 574 ; L 1969, 191 ; RW II 379.

1. Reff 1976, p. 72.
2. Guérin 1944, n° 87.
3. Duret 1906, p. 62.
4. Tabarant 1931, p. 522 ; Reff 1976, p. 71, fig. 40. (Authenticité douteuse).
5. H. Adhémar 1976, pp. 99-104.
6. 9e Vente Beurdeley, Paris, Georges Petit, 30 nov. 1920, n° 310.

Historique
Considéré comme disparu par Leiris, Reff, Rouart et Wildenstein, ce dessin a été publié par H. Adhémar en 1976[5].
Il apparaît chez ALFRED BEURDELEY (1847-1919), d'une famille de fabricants de meubles et d'objets d'art. Sa très importante collection de tableaux, dessins et estampes du XIXe siècle comprenait deux autres dessins de Manet (RW II 250, 476). Le lavis passe en 1920 à la vente Beurdeley[6], puis chez M. ET Mme KAHN-SRIBER qui en font sous réserve d'usufruit le don généreux au Louvre en 1975 (inv. RF 36.056).

F.C.

71

71 Odalisque

Vers 1862-1868 ?
Aquarelle et encre de Chine avec rehauts de gouache
13 × 20
Cachet de l'atelier b.d. *E.M.*

NY Paris, Musée du Louvre, Cabinet des Dessins

Expositions
Paris, Orangerie 1932 n° 105 ; Marseille 1961
n° 44.

Catalogues
T 1931, 17 ; T 1947, 562 ; L 1969, 193 ;
RW 1975 II 366.

Très particulier dans l'œuvre de Manet, ce dessin est, tout comme la gravure qu'il en a tiré, assez difficile à dater précisément. On a pensé à l'année 1862[1], par analogie à la *Jeune femme couchée en costume espagnol* (cat. 29), et aux dessins préparatoires pour l'*Olympia* (cat. 65, 66). Pourtant, le style en est très différent. La gravure tirée de ce dessin est généralement datée de 1868[2]. Il faut donc supposer, ou bien que Manet ait gardé le dessin dans ses cartons et s'en soit servi plus tard au moment de la gravure, ou bien que la datation généralement admise est trop précoce, et que le dessin et la gravure ont été exécutés à la même époque, vers 1868.

Ce thème orientaliste, romantique, inspiré d'Ingres et surtout de Delacroix, sera exceptionnel dans son œuvre et c'est dans un tout autre esprit qu'il peindra plus tard *La sultane* (RW 175).

On a évoqué l'idée que le modèle serait le même que celui du tableau de 1862, la supposée maîtresse de Nadar (cat. 29)[3] ; mais on peut tout aussi bien voir ici une simple figuration de fantaisie, un visage oriental de convention. En revanche, l'effet de transparence de la mousseline rayée sur le corps, effet repris et développé dans le tableau de *La sultane,* est certainement observé d'après nature. En fait, par son déguisement, sa pose, l'éventail hors champ, qu'il faut imaginer en plumes de paon, et dont elle tient négligemment le manche comme l'Odalisque d'Ingres, elle préfigure surtout le portrait de *Nina de Callias* (cat. 137), l'Odalisque des poètes décadents.

1. Tabarant 1947, p. 55 ; Rouart et Wildenstein 1975, II, n° 366 ; Reff 1976, p. 69.
2. Harris 1970, n° 56 ; Wilson 1978, n° 70.
3. Farwell, cité Hanson 1977, p. 88.
4. Vente Manet 1884, n° 155 ; Bodelsen 1968, p. 342.
5. Vente Pellerin 1926, n° 33.

Historique
Adjugé à la vente de l'atelier Manet (nº 155) pour
85 Frs, à MARCEL BERNSTEIN[4], (v. Hist., cat. 209).
Il passe ensuite dans la collection d'AUGUSTE

PELLERIN (v. Hist., cat. 100) et est acheté à la
vente Pellerin[5] par la Société des Amis du Louvre,
pour le musée (RF 6929).

F.C.

72   Jeune homme en costume de majo

1863
Huile sur toile
188 × 124,8
Signé et daté b.d. *éd. Manet 1863*

New York, The Metropolitan Museum of Art

Le plus jeune frère de Manet posa pour ce tableau en 1863 dans l'atelier de
l'artiste, rue Guyot. Dans une lettre datée du 9 mai 1961, le petit-neveu de
Manet, Denis Rouart, fit savoir au Metropolitan Museum que : « [...] c'est
Gustave Manet qui a posé pour le JEUNE HOMME EN COSTUME DE MAJO [...] Et
cela est absolument certain, car ma mère, fille d'Eugène Manet, l'a toujours su.
D'ailleurs la ressemblance avec ses photos est frappante, et il ne peut y avoir
aucun doute à ce sujet. Berthe Morisot a toujours dit que c'était son
beau-frère ».

Le costume de Gustave est typique de ceux que portaient les *majos* et les
majas, jeunes espagnols du peuple dont la manière de s'habiller assez voyante
influença souvent les membres des autres classes, y compris la noblesse. Au
XIXe siècle, l'engouement en France pour l'art et la culture espagnols avait,
semble-t-il, permis à Manet d'acheter ou d'emprunter ce costume comme
matériel d'atelier. Zola raconte qu'il avait plusieurs objets de ce genre dans son
atelier[1]. Il souhaitait que ses lecteurs comprennent comment Manet travaillait
parce que, non seulement on l'avait accusé de plagiat, mais de plus, on l'avait
critiqué pour avoir imité de trop près l'œuvre des maîtres espagnols et n'avoir
peint que des modèles « de l'autre côté des Pyrénées ». Le critique espérait que
les spectateurs verraient que les tableaux de Manet offraient plus qu'une simple
répétition, faite au XIXe siècle, de la peinture espagnole du XVIIe siècle
consacrée aux scènes de genre pittoresques.

Les réactions des critiques et du public décrites par Zola en 1867 se
manifestèrent dès que le tableau fut exposé pour la première fois au Salon des
Refusés de 1863, en même temps que *Le déjeuner sur l'herbe* (cat. 62) et
Mlle Victorine en costume d'espada (cat. 33). Les trois tableaux n'eurent pas la
faveur des critiques, mais la réaction de Théophile Thoré fut plus favorable que
celles de la plupart d'entre eux : « Il y a des étoffes étonnantes dans ces deux
figures espagnoles : le costume noir du Majo et le lourd burnous écarlate qu'il
porte sur le bras [...] mais, sous ces brillants costumes, manque un peu la
personne elle-même ; les têtes devraient être peintes autrement que les
draperies, avec plus d'accent et de profondeur. »[2]

Malgré ses réserves, Thoré fut au moins capable de voir que l'art de
Manet se développait dans le contexte des grandes transformations de la
peinture de l'époque : « L'art français, tel qu'on le voit dans ses œuvres
proscrites, semble commencer ou recommencer. Il est baroque et sauvage,
quelquefois très juste et même profond ».

Expositions
Paris, Salon des Refusés 1863 nº 364 ; Alma 1867
nº 13 ; Beaux-Arts 1884 nº 11 ; Orangerie 1932
nº 9 ; New York, Wildenstein 1948 nº 11.

Catalogues
D 1902, 32 ; MN 1926 I p. 48 ; cat. ms. 49 ;
T 1931, 53 ; JW 1932, 52 ; T 1947, 54 ; RO 1970,
49 ; RW 1975, 70.

On comprend en effet l'admiration de Thoré pour la façon dont le costume est traité. Le sujet semble, dans une large mesure, servir de prétexte à la manipulation de la gamme des noirs intenses et des gris des culottes, de la veste, du gilet, de la barbe et du chapeau ; à l'alliance des bruns des guêtres et à l'agencement des rouges, oranges et jaunes de la couverture. Néanmoins, le costume, comme celui de *Mlle Victorine en costume d'espada,* est en quelque sorte, un équivalent pictural aux descriptions de Théophile Gautier dans son *Voyage en Espagne,* dont la première édition avait paru vingt ans plus tôt, en 1843. Gautier décrit en détail les éléments du costume d'un *majo* : « les guêtres de cuir ouvertes sur le côté et laissant voir la jambe », le *vara* : « le grand genre est de porter à la main une canne *(vara)* ou bâton blanc, bifurqué à l'extrémité, haut de quatre pieds, sur lequel on s'appuie nonchalamment lorsqu'on s'arrête pour causer », et ses « deux foulards dont les bouts pendent hors des poches de la veste »[4]. Mais même si Manet fut en partie influencé par la description des *majos* andalous faite par Gautier, il se peut qu'il ait trouvé dans le personnage du *majo* un thème parfait de la vie moderne, tel que le définit Baudelaire en 1863 dans « Le peintre de la vie moderne ». Dans cet article, Baudelaire loue « la beauté de circonstance et le trait de mœurs », et il consacre un passage au dandy comme sujet approprié. Il n'y a aucun doute que le vêtement original, l'attitude et le comportement du *majo* le rapprochent du type du dandy dont parle Baudelaire : « [...] tous sont des représentants de ce qu'il y a de meilleur dans l'orgueil humain, de ce besoin, trop rare chez ceux d'aujourd'hui, de combattre et de détruire la trivialité »[5].

La mode du *majismo* a dû séduire Manet, par analogie à son art. Dans les deux cas, il s'agit d'une orchestration de détails colorés, modernes, destinés à créer de l'effet. Par exemple Manet a, semble-t-il, eu autant de plaisir à imaginer les foulards de couleur sortant des poches du *majo* qu'à les peindre. Les foulards, comme éléments du costume du *majo* et de la composition de Manet, servent d'accents de couleur ; ils ont d'abord une valeur esthétique, et en tant que tels ils attirent l'attention sur les côtés artificiels du sujet et du tableau. De plus, Manet semble avoir voulu que le spectateur soit conscient du fait que le sujet fut peint dans l'atelier. La *vara* sur laquelle Gustave s'appuie évoque irrésistiblement le bâton utilisé par les modèles d'atelier pour garder la pose, et le titre de l'œuvre indique qu'il s'agit d'un modèle en costume. Manet établit ainsi un équilibre entre l'art, imitation de la vie, et la vie, imitation de l'art. En agissant de la sorte, il neutralise dans une large mesure, la signification du sujet en lui-même. Il en résulte que l'accent est mis sur le caractère formel du tableau, aspect que, précisément, Thoré avait trouvé si passionnant en 1863.

1. Zola 1867, *Revue,* p. 43 ; (Dentu) p. 27.
2. Bürger (Thoré) 1863, cité Tabarant 1932, p. 84.
3. *Ibid.*
4. Gautier 1981, p. 261.
5. Baudelaire 1976, p. 711.
6. Callen 1974, pp. 163, 176, n. 40.
7. Meier-Graefe 1912, p. 312.
8. Venturi 1939, II, p. 190.
9. Vente Hoschedé 1878, n° 43 ; Bodelsen 1968, p. 340.
10. Lettre de Charles Durand-Ruel, 6 janvier 1959 (New York, Metropolitan Museum, archives).
11. Havemeyer 1961, p. 224.

Historique
Manet vendit cette toile 1,500 Frs a DURAND-RUEL en janvier 1872, dans un lot de vingt-quatre tableaux de l'artiste (v. Hist., cat. 118). Durand-Ruel la revendit le 29 janvier 1877, à HOSCHEDÉ (v. Hist., cat. 32), pour la somme, semble-t-il, de 4,000 Frs[6] ; et Meier-Graefe cite le prix de 2,000 Frs[7] ; et Venturi 1,500 Frs[8]. FAURE (v. Hist., cat. 10) acheta le tableau pour la somme relativement modique de 650 Frs, au cours de la vente aux enchères de la collection Hoschedé à Paris, les 5 et 6 juin 1878, organisée à la suite de la faillite de celui-ci[9]. Le 31 décembre 1898, Faure le revendit à DURAND-RUEL qui à son tour le céda, le 24 février 1899, à New York, à MR et MRS H. O. HAVEMEYER (v. Hist., cat. 33), pour une somme de 100,000 Frs[10]. Mrs Havemeyer relate dans ses mémoires que son époux acheta cette œuvre pour faire « un digne pendant » au *Torero saluant* de Manet (cat. 92) dont ils avaient fait l'acquisition l'année précédente[11]. Le tableau entra au Metropolitan avec le legs Havemeyer en 1929 (inv. 29.100.54).

C.S.M.

73 L'homme mort
(Le torero mort)

1864-1865 ?
Huile sur toile
75,9 × 153,3
Signé b.d. *Manet*

Washington, D.C., National Gallery of Art

Expositions
Paris, Salon de 1864 n° 1282 (Épisode d'une
course de taureaux) ; Martinet 1865 ? (L'espada
mort) ; Alma 1867 n° 5 (L'homme mort) ; Le
Havre 1868 (L'homme mort) ; Paris, Beaux-Arts
1884 n° 24 (L'homme mort) ; Exposition
Universelle 1889 n° 488 ; Chicago 1893 n° 2737 ;
Paris, Orangerie, 1932 n° 19 ;
Philadelphie-Chicago 1966-67 n° 59 ; Washington
1982-83 n° 77.

Catalogues
D 1902, 51 ; MN 1926 I pp. 57-59 ; cat. ms. 52 ;
T 1931, 73 ; JW 1932, 83 ; T 1947, 73 ; RO 1970,
64 ; RW 1975, 72.

fig. a. Caricature de Bertall, « Joujoux espagnols »,
dans *Le Journal amusant,* 21 mai 1864

fig. b. Caricature de Cham, dans *Le Charivari,*
22 mai 1864

Les deux tableaux proposés par Manet au jury du Salon de 1864, *Épisode d'une course de taureaux* et *Le Christ mort et les anges* (cat. 74), furent acceptés. Tous deux décrivent la mort et sont des œuvres d'imagination, bien évidemment pour *Le Christ aux anges ;* quant à sa connaissance de la corrida espagnole, elle se bornait aux gravures de la *Tauromachie* de Goya (voir cat. 33) et à des tableaux comme les *Courses de taureaux* d'Alfred Dehodencq (voir cat. 91), exposé au Musée du Luxembourg. Manet ne fit qu'un voyage en Espagne, en 1865.

Les critiques du Salon reprochèrent au corps du Christ son aspect cadavérique, jugé d'un réalisme trop cru. Ils s'en prirent également à l'*Épisode d'une course de taureaux,* principalement à cause du rapport soi-disant incorrect entre le torero mort du premier plan, le taureau et les figures du fond. La composition suscita des controverses et inspira des caricatures à Bertall, Cham et Oullevay[1] (fig. a et b) ; tous se moquèrent du manque de relief et des proportions des personnages, ainsi que de l'espace irréaliste. Le compte rendu d'Hector de Callias est représentatif de l'opinion courante : « Il se transporte en Espagne — par le corps ou par la pensée, peu importe, l'âme ne voyage-t-elle pas aussi bien que le corps... ? — et il nous rapporte une *Course de taureaux* divisée en trois plans, — un discours en trois points. Le premier plan, c'est un toréador, une *espada* peut-être, qui n'a pas su géométriquement enfoncer sa petite épée dans la nuque du taureau, et que le taureau aura éventré avec les deux épées qui lui servent de cornes. Vient ensuite un taureau microscopique. — C'est la perspective, direz-vous. — Mais non ; car au troisième plan, contre les gradins du cirque, les *toreros* représentent une taille raisonnable et semblent rire de ce petit taureau, qu'ils pourraient écraser sous les talons de leurs escarpins. »[2]. Néanmoins, c'est là une attitude modérée, comparée aux autres critiques. Ainsi Edmond About décrit le tableau comme « un torero de bois tué par un rat cornu »[3].

Entre le Salon de 1864 et son exposition de 1867, Manet découpa l'*Épisode d'une course de taureaux ;* de l'avis de plusieurs auteurs[4], les réactions de la critique auraient motivé son geste. Quoiqu'il en soit, découpages suivis de remaniements sont un trait caractéristique de la technique de Manet et une constante tout au long de son œuvre (voir cat. 5, 99, 104, 172). Il faut voir là une recherche purement esthétique de sa part. Il semble, en tout cas, en avoir récupéré deux fragments principaux de la toile. Ces morceaux, récupérés puis remaniés pour en faire des tableaux achevés, sont ce *Torero mort* et *La Corrida* (RW 73) de la Collection Frick (fig. c). Proust raconte comment « Un jour, il prit bravement un canif et découpa la figure du torero mort »[5], mais on ne peut pas dater le fait avec précision. Le découpage de la grande toile a peut-être eu lieu après le Salon, car à la fin de 1864 ou au début de 1865, Manet écrivit au marchand Louis Martinet, pour lui annoncer un envoi de neuf tableaux en vue d'une exposition dans sa galerie. Le deuxième sur la liste était *L'espada mort* et le titre laisse penser qu'il s'agissait déjà du fragment de la grande toile. On ne sait pas si *Le torero mort* fut exposé en 1865 ; Manet finit par n'envoyer que six œuvres, dont deux seulement furent exposées, mais on ne connaît pas plus la liste des envois que les titres des tableaux exposés[6]. On sait, par contre, qu'en 1867 Manet exposa le tableau sous le titre *L'homme mort,* dans son exposition à l'Alma.

fig. c. La corrida, 1864-1865. New York, Frick Collection

Bref, il est possible que le peintre n'ait découpé les deux fragments de la grande toile qu'après son voyage en Espagne. La thèse est accréditée par Reff qui a fait remarquer récemment[7] que la surface et la matière de *La corrida* (Coll. Frick) ont été reprises par Manet à son retour d'Espagne, à la fin de 1865 ; la touche et la palette sont proches de celles du *Combat de taureaux* de 1865-1866 (RW 108), et le traitement très large des personnages sur les gradins semble étayer le témoignage de Proust sur l'insatisfaction de Manet concernant l'arrière plan : « C'est ce cirque qui gênait Manet. Il y avait peint les figures avec la précision des primitifs et cela avançait trop sur le spectateur. »[8]

Reff a également démontré, grâce aux analyses de laboratoire et aux rayons X, que *La corrida* de New York et *L'homme mort,* sont deux toiles ayant un bord commun[9]. La surface picturale, à l'origine, continuait de part et d'autre d'une ligne qui s'étend du bord inférieur gauche aux jambes du matador situé à droite dans le tableau de la collection Frick, et de l'angle supérieur droit, sur une longueur d'environ les deux-tiers de la toile actuelle, vers la gauche, dans le tableau de Washington. Les repentirs et les rayons X révèlent qu'à l'origine il y avait un taureau dans la partie de la toile devenue l'actuel *Torero mort,* et que Manet fit de nombreuses modifications, en retravaillant le fragment qui devait devenir *La corrida* . Il semble, en outre, qu'à l'origine, le tableau comprenait un picador et deux matadors ; Manet les aurait effacés avant d'achever *L'épisode d'une course de taureaux* et, à un moment donné dans l'évolution de cette toile, il aurait modifié les jambes du torero mort. Autrement dit, dès sa conception, la toile fut sujette à de constants remaniements pour aboutir, enfin, à ce tableau et à celui de la collection Frick.

fig. d. École italienne (anc. attribution Vélasquez), Le soldat mort. Londres, National Gallery

Malgré son origine complexe, *L'homme mort* connut très vite un grand succès. En 1868, le tableau reçut la médaille d'argent dans une exposition organisée au Havre. Quatre ans plus tard Armand Silvestre le louait comme « un chef-d'œuvre de dessin et la plus complète symphonie en noir majeur qui ait été jamais tentée »[10]. Cinquante ans plus tard, Matisse rend hommage à ce tableau comme « l'un des plus beaux [...] de Manet. Je l'ai vu à Philadelphie dans la collection Widener, au milieu d'une magnifique collection d'œuvres de toutes époques entre des Rembrandt et des Rubens, et il m'a émerveillé par la façon magistrale avec laquelle il égalait ses voisins. »[11]

On a cité deux sources principales à propos de *L'homme mort : un Soldat mort* (fig. d), répertorié dans le catalogue de la National Gallery de Londres comme « éventuellement [...] une œuvre napolitaine du XVIIe siècle, peut-être plus tardive », mais attribuée à Vélasquez du vivant de Manet et dans la collection Pourtalès à Paris ; et le *César mort* de Gérôme (collection inconnue), exposé au Salon de 1859. S'il n'a probablement pas pu voir le « Vélasquez », Reff fait remarquer qu'il a certainement dû voir la grande photographie du tableau publiée par Goupil en 1863[12] ; on a même supposé qu'il avait vu l'original avant de peindre son *Épisode d'une course de taureau* dont Péladan a relevé que : « Manet a copié la pose du corps et de la main, et tous les tons, jusques et y compris le liseré noir de l'ongle »[13]. C'est Théophile Thoré, dans un compte rendu du Salon de 1864 qui, le premier, releva que la figure du torero

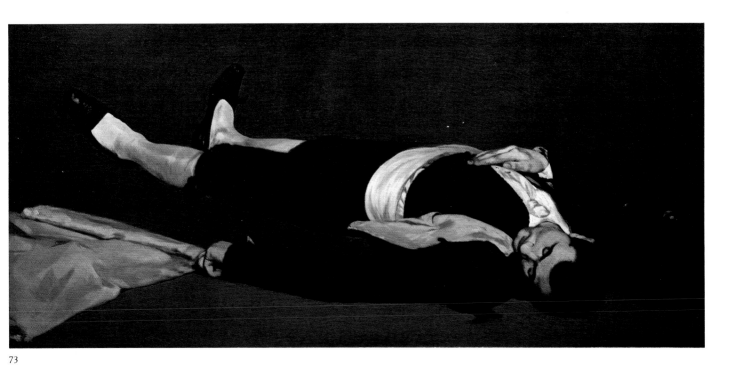

73

mort était « audacieusement copiée d'après un chef-d'œuvre dans la galerie Pourtalès [...] peint simplement par Vélasquez. »[14]

Baudelaire s'empressa de protester contre ces insinuations qui faisaient de Manet un plagiaire, et de son œuvre un pastiche du XVIIe siècle espagnol, mais dans sa réplique, Thoré déclare : « [...] il est impossible que M. Manet n'en ait pas eu quelque seconde vue, par des intermédiaires quelconques, s'il n'a pas visité la galerie Pourtalès... »[15].

L'hypothèse d'une influence de la composition du *César mort* de Gérôme fut proposée par Lowry[16] ; Ackerman, ayant fait une recherche approfondie, affirme qu'il paraît logique de supposer que l'interprétation par Gérôme du *Soldat mort* de la galerie Pourtalès est antérieure à celle de Manet, et que ce dernier s'est inspiré du tableau de Gérôme[17], même si la conception de Manet se rapproche davantage du *Soldat mort*. Reff pose aussi la question de l'influence éventuelle du *César mort* de Gérôme[18], mais sur le plan purement visuel, les affinités entre *Le torero mort* et le tableau autrefois attribué à Vélasquez, sont nettement plus convaincantes.

Un modèle très différent pour le *Torero mort* est proposé par Farwell : ayant remarqué une forte ressemblance avec la figure d'un soldat tombé, dans une illustration par Gigoux du roman *Gil Blas*[19], elle conclut : « En fait, c'est de la version de Gigoux que le torero de Manet se rapproche le plus ; voilà qui résoudrait par la même occasion, le débat épistolaire opposant Baudelaire et Thoré-Bürger dans les pages de *L'Indépendance belge* sur l'origine de la figure. »[20]. Toutefois, en admettant que Manet ait été influencé par le *César mort* de Gérôme ou le soldat de Gigoux, ce sont sans aucun doute la composition, le climat et le ténébrisme qui marquent le « Vélasquez » de la collection Pourtalès qui ont dû inciter Manet à découper la figure du torero mort et à le retravailler pour en faire une œuvre indépendante.

197

En découpant l'*Épisode d'une course de taureaux,* Manet aboutit à deux œuvres simplifiées, mais plus puissantes. Le tableau initial était en effet anecdotique, comparé à l'image impressionnante du *Torero mort.* D'un grand morceau narratif de 126 × 168 cm, Manet extrait une toile de 76 × 150 cm, qui en exprime l'essentiel. La peinture gagne en force, en monumentalité, et c'est Manet lui-même qui en souligne le caractère plus universel en l'intitulant *L'homme mort* à l'exposition de 1867.

Nochlin reproche au tableau son côté détaché, sec, et en le comparant avec la description « clinique » d'Edmond de Goncourt de son frère mourant, elle en tire la conclusion qu'il s'agit de la même volonté de présenter la mort pour elle-même, en la privant de sa dimension et des valeurs qui la transcendent, qui caractérise le *Torero mort* de Manet[21]. En fait, c'est une image de la mort plus familière aujourd'hui : objective et froide ; mais il semble qu'on n'ait jamais relevé que l'image du torero peut être aussi celle d'un artiste tué en plein combat, à la suite d'une erreur ou de l'adresse de l'ennemi. Manet se serait identifié au torero, en particulier après l'attaque de la critique en 1864.

On a noté une parenté entre le *Torero mort* et le soldat de la lithographie *Guerre civile,* 1871 (voir cat. 124, fig. b)[22]. Qu'il y ait eu un rapport direct entre le *Torero mort* et des œuvres d'autres artistes paraît moins important que son caractère d'archétype. Harris note, à propos du soldat mort dans *Guerre civile,* la similarité avec une photographie très répandue d'un soldat confédéré tué sur un champ de bataille, prise en 1863 par Alexander Gardner[23]. Ces images ont en commun un thème qui retiendra l'attention des artistes tant que des hommes mourront à la guerre. On pourrait même dire que tous ces tableaux, le *Torero mort* de Manet, *Le soldat mort* de « Vélasquez » et le *César mort* de Gérôme, ont leur écho dans une célèbre photographie prise par Robert Capa, le 7 mai 1945 à Leipzig[24]. L'image du guerrier tombé a une valeur de symbole, mais celle du *Torero mort* de Manet en est, sans doute, l'exemple le plus poignant et le plus saisissant entre tous.

Historique

DURAND-RUEL acquit cette toile pour 2.000 Frs, dans le lot de tableaux achetés au début de 1872 (v. Hist., cat. 118). Il la revendit 3.000 Frs à FAURE (v. Hist., cat. 10) le 9 février 1874. Si l'on en croit Berthe Morisot[25], ce dernier aurait décliné, dix ans plus tard, une offre de 20.000 Frs pour ce tableau, dont il n'obtient, en le revendant à DURAND-RUEL en 1892, que la somme de 16.000 Frs. Les prix des œuvres de Manet achetées par Durand-Ruel à Faure, au cours des années 1890, sont relativement bas, ce qui laisse penser qu'il y avait peut-être des arrangements de nature plus complexe entre les deux hommes. L'année suivante, le tableau fit partie d'une exposition à Chicago : le nom du propriétaire figurant dans le catalogue est JAMES S. INGLIS (1853-1907), membre de la firme Cottier et Cie (New York et Londres)[26], à qui Durand-Ruel l'avait vendu pour 20.000 ou 30.000 Frs[27].
En 1894, elle devint la propriété du grand patron des tramways. P.A.B. WIDENER (1834-1915),

dont la collection d'œuvres d'art, une des plus considérables aux États-Unis à l'époque, était constituée essentiellement de tableaux de maîtres anciens et d'objets d'arts décoratifs, complétée de quelques œuvres des peintres du XIXe siècle français, parmi lesquelles se trouvaient des toiles de Corot, Degas, Manet et Renoir[28]. Widener fit accrocher le *Torero mort* sur un mur d'escalier de Lynnewood Hall, son manoir à Elkins Park, près de Philadelphie, pour l'isoler et le mettre bien en valeur[29]. A la mort de Widener, son fils Joseph hérita de la collection, sous condition d'en faire don à un musée de New York, Philadelphie ou Washington D.C[30]. En 1942, JOSEPH WIDENER (1872-1943) offrit cent toiles, parmi lesquelles le *Torero mort* (inv. 636) et *Aux courses* (RW 97) de Manet à la National Gallery de Washington. Tabarant prétend, à tort, que Joseph Widener aurait transmis le *Torero mort* à l'Université de Harvard, autre bénéficiaire, ce qui n'aurait pas été conforme au testament[31].

C.S.M.

1. Bertall in *Le Journal amusant* 21 mai ; Cham in *Le Charivari,* 22 mai ; Oullevay in *Le Monde illustré,* mai 1864.
2. Callias 1864, p. 242.
3. About 1864, p. 157.
4. Bazire 1884, p. 42 ; Gonse 1884, p. 140 ; Moreau-Nélaton 1926 I, p. 57 ; Tabarant 1931, p. 119 ; Hamilton 1969, p. 54.
5. Proust 1913, p. 47.
6. Baudelaire, Lettres à, 1973, p. 215 (Lejosne 21 fév. 1865).
7. Theodore Reff, conférence donnée le 20 nov. 1982 à New York, Frick Collection.
8. Proust 1913, p. 47.
9. Reff 1982, n° 77.
10. Silvestre 1872.
11. Matisse 1932.
12. Hanson 1977, pp. 83-84 ; Reff 1982, n° 78.
13. Péladan 1884, p. 102.
14. Bürger (Thoré) 1870, II, p. 98.
15. Bürger (Thoré) 1864 ; Tabarant 1947, p. 85 ; Baudelaire 1973, II, p. 386.
16. Lowry 1963, p. 33.
17. Ackermann 1967, p. 165.
18. Reff 1982, n° 78.
19. Lesage *Gil Blas,* Paris 1835, p. 51.
20. Farwell (1973) 1981, p. 294, n. 22.
21. Nochlin 1971, p. 64.
22. Harris 1970, p. 192 ; Reff 1982, n°s 73, 76.
23. Harris 1970, p. 192.
24. *R. Capa 1913-1954,* International Center of Photography, New York 1974, pp. 90-91.
25. Morisot 1950, p. 119.
26. Rewald 1973, p. 107.
27. Meier-Graefe 1912, p. 310 ; Venturi 1939 II, p. 190.
28. Walker 1964, pp. 116-119 ; D.E. Finley *A Standard of Excellence, Andrew Mellon founds the National Gallery of Art at Washington,* Washington, D.C., 1973, pp. 93-102, 105-107.
29. Communication d'Edith Standen, ancien conservateur de la coll. Widener, 1982.
30. Finley *op. cit.,* n. 28, p. 99.
31. Tabarant 1947, p. 87.

74   Le Christ mort et les anges
(Le Christ aux anges)

1864
Huile sur toile
179 × 150
Signé b.g. *Manet ;* inscr. sur une pierre *évang[ile]. sel[on]. St Jean chap. XX v. XII*

New York, The Metropolitan Museum of Art

Expositions
Paris, Salon de 1864 n° 1281 (Les anges au tombeau du Christ) ; Alma 1867 n° 7 (Le Christ mort et les anges) ; Londres, Durand-Ruel 1872 n° 91 ; Boston 1883 n° 1 ; New York, Durand-Ruel 1895 n° 8 ; Paris, Orangerie 1932 n° 20.

Catalogues
D 1902, 56 ; M-N 1926 I pp. 56-58 ; cat. ms. 51 ; T 1931, 72 ; JW 1932, 85 ; T 1947 pp. 81-87, 71 ; RO 1970, 63 ; RW 1975 I 74.

En novembre 1863, Manet aurait déclaré à son ami l'abbé Hurel : « Je vais faire un Christ mort, avec les anges, une variante de la scène de Madeleine au sépulcre selon Saint Jean »[1].

En mars 1864, Baudelaire écrivit au marquis de Chennevières, conservateur au Louvre et responsable du Salon, pour demander que les tableaux de ses amis Manet et Fantin-Latour soient accrochés le mieux possible : « Je désire vous recommander vivement deux de mes amis, dont l'un a déjà eu à se louer de votre bienveillance : M. Manet et M. Fantin. M. Manet vous envoie un *Épisode d'une course de taureaux,* et un *Christ ressuscitant, assisté par les anges.* — M. Fantin envoie un *Hommage à feu Eugène Delacroix* et *Tannhäuser au Vénusberg.* Vous verrez quelles merveilleuses facultés se révèlent dans ces tableaux, et, dans quelque catégorie qu'ils soient jetés, faites votre possible pour leur trouver de bonnes places. »[2]

Peu de critiques partagèrent l'opinion de Baudelaire sur les tableaux de Manet. Nombre d'entre eux attaquèrent *Le Christ mort et les anges* et montrèrent la même hostilité à l'égard de l'*Épisode d'une course de taureaux,* que Manet découpa par la suite (voir cat. 73). Edmond About, par exemple, dans un article sur le Salon de 1864, condamna les deux tableaux en trois petites phrases acerbes : « Nous ne parlerons pas des deux pétards mouillés que M. Manet n'a pu faire rendre. Ce jeune homme, qui peint à l'encre et laisse à chaque instant tomber son écritoire, finira par ne plus exaspérer le bourgeois. Il aura beau définir la caricature des anges, le public poursuivra son chemin en disant : ' C'est encore M. Manet qui s'amuse, allons voir des tableaux '. »[3]

Un critique anonyme, dans *La Vie Parisienne* du 1er mai, donna aux lecteurs ce conseil ironique : « Ne négligez pas non plus le *Christ* de M. Manet, ou le Pauvre mineur qu'on retire du charbon de terre, exécuté pour M. Renan »[4]. Ernest Renan venait de publier sa *Vie de Jésus,* biographie polémique à grand succès qui fit de la personne du Christ un homme dont la déification tenait à des événements qu'il fallait voir comme des phénomènes rationnels et non pas spirituels. La référence au mineur était une attaque contre la technique de Manet ; de nombreux critiques remarquaient que le corps du Christ ressemblait à un cadavre avant la toilette mortuaire, voulant dire par là que l'artiste avait ignoré la spiritualité du Christ et qu'il était incapable de rendre des effets de clair-obscur.

Théophile Gautier, par exemple, déplora que « [le Christ] de M. Manet ne semble pas avoir connu jamais l'usage des ablutions. La lividité de la mort se mêle chez lui à des demi-teintes crasseuses, à des ombres sales et noires dont jamais la résurrection ne le débarbouillera, si un cadavre tellement avancé peut ressusciter toutefois »[5]. Gautier désapprouva, également, la façon de traiter les anges, mais souligna néanmoins le talent considérable de l'artiste. Callias

74

adopta un point de vue semblable : « Au milieu des ténèbres du sépulcre éclate une aile d'un azur étrange ; sur les genoux du Christ s'étale une draperie d'un rose que rien n'explique. Faut-il dire qu'avec tous ses défauts M. Manet est encore un peintre dont le tempérament se révèle à chaque coup de brosse ? Que d'esprit il aurait s'il ne voulait pas avoir trop d'esprit ! »[6].

Thoré, lui aussi, évoqua les anges dans son article sur le Salon, mais en rejetant les objections du public : « Oh ! les drôles d'ailes d'un autre monde, coloriées d'un azur plus intense que le fin fond du ciel ! On ne voit point pareil plumage aux oiseaux de la terre. Mais peut-être les anges, ces oiseaux du ciel, portent-ils de telles couleurs, et le public n'a pas le droit d'en rire, puisqu'il n'a jamais vu d'anges, pas plus qu'il n'a vu de sphinx. [...] au quatorzième siècle, et même plus tard, presque tous les peintres de l'Europe [...] teignaient en bleu, en vert, ou même en rouge, les ailes des anges [...] — Des anges et des couleurs il ne faut pas disputer. »[7]

La question des anges est particulièrement intéressante. Tout comme *La femme au perroquet* (cat. 96) a pu être une réponse de Manet au tableau de *La femme au perroquet* de Courbet (New York, Metropolitan Museum), lui-même réponse à l'*Olympia* (cat. 64), le *Christ aux anges* est peut être un commentaire de Manet sur les remarques que fit Courbet dans une célèbre lettre ouverte, datée du 25 décembre 1861, à un groupe d'étudiants de l'École des Beaux-Arts : « Je tiens aussi que la peinture est un art essentiellement concret et ne peut consister que dans la représentation des choses réelles et existantes. C'est une langue tout physique, qui se compose, pour mots, de tous les objets visibles, un objet abstrait, non visible, non existant, n'est pas du domaine de la peinture. »[8]

Victor Fournel cite la réaction de Courbet devant les tableaux représentant des anges : « Il se tordait en parlant de la *Transfiguration,* de la *Vierge de Saint-Sixte,* et de la *Cuisine des anges :* 'Des anges ! Des madones ! Qui est-ce qui en a vu ? Auguste, arrive ici. As-tu jamais vu un ange, toi ? — Non, monsieur Courbet. — Eh bien, ni moi non plus. La première fois qu'il en viendra un, n'oublie pas de m'avertir. '[9]. Selon Renoir, Courbet se serait moqué de Manet et de sa façon de peindre les anges : « Tu as vu des anges, toi, pour savoir s'ils ont un cul ? »[10] Vollard, qui rapporte ces propos, cite également Degas : « Oui, je sais, Courbet disait que n'ayant jamais vu d'anges il ne pouvait savoir s'ils avaient un derrière et au surplus qu'étant donné leur taille, ce n'était pas les ailes que leur avait mises Manet qui pouvaient les porter. Mais je me f... de tout ça ; il y a dans ce *Christ aux anges* un dessin ! Et cette transparence de pâte. Ah ! le cochon ! »[11].

Comme Gautier et Callias, Degas admirait la peinture pour elle-même. Simple coïncidence, les remarques de Degas correspondent aux commentaires qu'avait fait Zola bien auparavant, en 1867 : « [...] je retrouve là Édouard Manet tout entier, avec les partis-pris de son œil et les audaces de sa main. On a dit que ce Christ n'était pas un Christ, et j'avoue que cela peut être ; pour moi, c'est un cadavre peint en pleine lumière, avec franchise et vigueur ; et même j'aime les anges du fond, ces enfants aux grandes ailes bleues qui ont une étrangeté si douce et si élégante. »[12]

A l'exception de Thoré[13], les critiques contemporains semblent n'avoir pas été intéressés par les sources iconographiques du tableau, dont plusieurs possibilités ont été retenues par les auteurs modernes. Sterling et Salinger ont fait le tour de la question en citant différentes compositions d'artistes de la Renaissance italienne, en particulier les tableaux de Véronèse (Leningrad, Lille et Ottawa), un tableau du Louvre attribué autrefois au Tintoret et le *Christ mort*

fig. a. Gravure d'après Ribalta, Le Christ mort soutenu par deux anges, dans l'*Histoire des peintres*

fig. b. Gravure d'après Véronèse, Le Christ au tombeau, dans l'*Histoire des peintres*

avec les anges de Mantegna (Copenhague) dont il existait des gravures[14]. Pour Leiris, la source la plus convaincante serait *Le Christ porté par deux anges* de Ribalta (Prado) que Manet aurait pu connaître par des estampes de reproduction, dont la gravure dans l'*Histoire des peintres* de Charles Blanc (fig. a)[15]. *La Descente de croix* par Véronèse (version de Leningrad) était également reproduite par Blanc sous le titre *Le Christ au tombeau* (fig. b)[16]. En 1864 Baudelaire, en réponse aux observations de Thoré sur l'influence de la peinture baroque italienne et espagnole chez Manet, rejeta toutes similitudes qui, d'après lui, étaient en fait de « mystérieuses coïncidences »[17] (voir cat. 73).

1. Tabarant 1931, pp. 188-189 ; 1947, p. 80.
2. Chennevières 1883, p. 40 ; Baudelaire 1973,
   II, p. 350 (à Chennevières, mars 1864).
3. Cité Tabarant 1931, p. 117.
4. *Ibid.* p. 118.
5. Gautier 1864.
6. Callias 1864, p. 242.
7. Bürger (Thoré) 1870, II, p. 99.
8. Courthion 1950, II, pp. 205-207.
9. Fournel 1884, p. 356.
10. Vollard, 1920, p. 44.
11. Vollard 1924, pp. 65-66.
12. Zola 1867 *Revue* p. 57 ; (Dentu) p. 34 ;
    Bouillon 1974, p. 88.
13. Bürger (Thoré) 1870, II, p. 99.
14. Sterling et Salinger 1967, p. 37.
15. Leiris 1959, p. 199, n. 7.
16. Reff 1970, pp. 456-458 ; Florisoone 1937,
    p. 27.
17. Baudelaire 1973, II, p. 386 (à Thoré Bürger,
    20 juin 1864).
18. *Ibid.*, p. 352 (à Manet, début avril 1864).
19. Guérin 1944, n° 34 ; Gurewich 1957,
    pp. 358-362.
20. Paris, BN Estampes, fonds Moreau-Nélaton ;
    Ronart et Wildenstein 1975, I, pp. 17-18.
21. Lettre de M. Charles Durand-Ruel, 6 janvier
    1959 (New York, Metropolitan Museum,
    archives).
22. Venturi 1939, II, p. 91 ; lettre de
    M. Charles Durand-Ruel, cit. n. 21.
23. Havemeyer 1961, pp. 236-237.

L'inscription sur la pierre, en bas et à droite, se réfère à l'Évangile selon Saint Jean, XX, 12. Toutefois, peinture et texte sont en désaccord. Dans la Bible, le Christ n'est plus dans le tombeau, et les anges sont vêtus de blanc et placés différemment : « Et [Marie-Madeleine] voit deux anges en blanc, assis, l'un à la tête et l'autre aux pieds, où avait été le corps de Jésus ». Par ailleurs, l'emplacement de la blessure suscita des controverses et Baudelaire écrivit à Manet, peu avant l'ouverture du Salon : « A propos, il paraît que décidément le coup de lance a été porté à droite. Il faudra donc que vous alliez changer la blessure de place, avant l'ouverture. Vérifiez donc la chose dans les quatre évangélistes. Et prenez garde de prêter à rire aux malveillants. »[18]

Même si l'emplacement de la blessure est sujet à discussion[19], la lettre de Baudelaire laisse entendre que les contemporains de Manet l'auraient perçu comme une erreur. L'emplacement apparemment incorrect de la blessure et le désaccord entre le texte et la peinture rappellent les anomalies flagrantes, mais voulues, dans d'autres tableaux des années 1860. Par exemple, Manet choisit de peindre une femme en matador (cat. 33), fit délibérément poser un musicien tenant sa guitare à l'envers (cat. 10), et représenta un pique-nique avec une femme nue entre deux hommes habillés (cat. 62). De telles anomalies semblent faites pour nous rappeler que les peintures sont des créations artistiques et non pas seulement des représentations d'un sujet donné, peint selon les formules des professeurs de l'École des Beaux-Arts.

Historique
Selon le carnet de Manet lui-même[20], ce tableau et *Mlle Victorine en costume d'espada* (cat. 33), évalués à 4.000 Frs chacun, sont les deux plus chères des vingt-quatre toiles que DURAND-RUEL acheta à l'artiste en janvier 1872 (v. Hist., cat. 118) ; le marchand enregistra un prix de 3.000 Frs. Selon les livres de compte de Durand-Ruel, le *Christ aux anges* fut acheté à nouveau le 4 juin 1881, à un vendeur non identifié ; il se peut que Durand-Ruel l'ait utilisé comme un dépôt de garantie lors d'un emprunt contracté à la fin des années 1870 (v. Hist., cat. 14)[21]. Par ses dimensions et son sujet, l'œuvre ne devait pas plaire à la plupart des collectionneurs. Des amis de Manet tentaient, au cours des années 1890, de le faire placer au Louvre, mais Durand-Ruel le vendit à MR ET MRS HENRY O. HAVEMEYER (v. Hist., cat. 33), le 7 février 1903[22]. Louisine W. Havemeyer raconte dans ses mémoires[23] ses tentatives infructueuses pour accrocher la toile dans leur maison, avant de conclure « qu'il serait impossible de vivre avec un tableau de cette force » et de le mettre en réserve. A la mort de son époux en 1907, Mrs Havemeyer prêta l'œuvre au Metropolitan et elle y entra définitivement avec le legs, en 1929 (inv. 29.100.51).

C.S.M.

75 Le Christ mort et les anges (Le Christ aux anges)

Vers 1865-1867
Mine de plomb, aquarelle, gouache, plume et encre de Chine
32,4 × 27
Signé b.d. *Manet*

NY   Paris, Musée du Louvre, Cabinet de Dessins

Expositions
Paris, Cercle de l'Union artistique 1870 ; Berlin, Matthiesen 1928 n° 91 ; Marseille 1961 n° 49.

Catalogues
MN 1926 II 336 ; T 1931, 31 (aquarelles) ; JW 1932, mentionné 85 ; T 1947, 577 ; L 1969, 198 ; RO 1970, mentionné 63 ; RW 1975 II 130.

Cette superbe aquarelle reproduit, en l'inversant, la composition du tableau présenté au Salon de 1864 (cat. 74). L'inversion de l'image suggère qu'il s'agit d'un dessin préparatoire à l'eau-forte (cat. 76), ce que confirment leurs dimensions quasi identiques. Le style de l'eau-forte amène Harris à la dater autour de 1866-1867[1] et l'aquarelle l'a sans doute précédée de peu.

75

Si aquarelle et estampe furent exécutées deux ou trois ans après le tableau, il est significatif que Manet n'ait pas tenté de corriger « l'erreur » que lui avait signalé Baudelaire[2] et d'autres à propos de la position de la blessure au flanc du Christ (voir cat. 74). D'ailleurs, s'il ne l'avait pas changée sur le tableau, avant l'ouverture du Salon (comme le lui avait suggéré Baudelaire), il ne pouvait guère la modifier sur l'eau-forte, dont il voulait, de toute évidence, qu'elle fût la reproduction fidèle du tableau. Le fait d'avoir exécuté, dans ce dessin, une version aussi soigneuse de la toile, réduite à la taille de son cuivre et inversée pour qu'en la transférant et la copiant sur celui-ci, il obtienne, par l'épreuve qu'il en tirerait, une image rétablie dans le sens du tableau, prouverait cette supposition.

A l'encontre de la plupart des dessins préparatoires pour les gravures (voir cat. 16, 34, 51), celui-ci ne porte aucune trace d'incisions ou de pressions effectuées au cours du transfert de l'image sur le cuivre. Il est possible que, pour un dessin de cette importance, Manet ait été plus respectueux que d'habitude et qu'un calque ait servi d'intermédiaire entre le dessin et le cuivre. Toutefois, la preuve qu'il s'agit du dessin utilisé pour l'eau-forte est fournie par un petit détail : un manque involontaire dans le lavis d'aquarelle du fond, qui se traduit par une zone claire au-dessus de la manche de l'ange qui pleure, à côté de son poignet, se retrouve dans l'eau-forte où Manet l'a masqué avec des hachures mais ne le couvre toujours pas du « lavis » d'aquatinte très foncé qu'il appliquera sur le fond. On peut aussi noter que les blancs réservés dans le premier état de l'eau-forte — au cou et à la manche retroussée de l'ange que soutient le Christ — correspondent aux rehauts de gouache sur le dessin. Les média, très complexes, du dessin comportent, par dessus une légère esquisse à la mine de plomb (elle-même décalquée d'après une photographie de la toile ?), l'aquarelle qui reproduit fidèlement les couleurs de la toile et varie en densité, des lavis transparents sur le corps du Christ à une matière parfaitement opaque dans le fond ; elle « dessine » également les formes au pinceau, en brun foncé ; puis vient la gouache, blanche comme on l'a déjà indiqué, ou rose, créant un effet étrange par dessus l'aquarelle sur les visages et la main visible des anges ; finalement, Manet reprend certains contours et le modelé du corps du Christ à la plume. Tout en restant très spontané, ce dessin au « mixed-media » est un des exemples les plus impressionnants de l'œuvre dessiné de Manet. Il a été légèrement rogné sur les bords, ainsi que l'attestent la signature en partie coupée et la comparaison avec la composition de l'eau-forte.

1. Harris 1970, p. 145.
2. Baudelaire 1973 II, p. 352.
3. Tabarant 1930, p. 66.

Historique

Tabarant affirme que Manet avait offert cette réplique à l'aquarelle de son tableau à ZOLA (v. cat. 106) vers 1865[3]. Il est plus vraisemblable que ce fut à la suite de leur collaboration pour l'exposition de l'Alma (v. cat. 68-69) ; toutefois on ignore si ce fut Zola ou Manet qui prêta l'aquarelle à une exposition en 1870. L'œuvre fut offerte au Louvre, sous réserve d'usufruit, par la veuve de Zola en 1918 et entra au Cabinet des Dessins en 1925 (inv. RF 4520).

J.W.B.

76 Le Christ mort et les anges (Le Christ aux anges)

Vers 1866-1867
Eau-forte et lavis d'aquatinte
40,3 × 33,2 (cuivre) ; 33,5 × 28,4 (sujet)

P Paris, Bibliothèque Nationale (1er état)
NY New York, The New York Public Library (3e état)

Expositions

Paris, Beaux-Arts 1884 n° 159 ; Philadelphie-Chicago 1966-1967 n° 70 ; Ann Arbor 1969 n° 26 ; Ingelheim 1977 n° 51 ; Paris, Berès 1978 n° 44.

Catalogues

M-N 1906, 59 ; G 1944, 34 ; H 1970, 51 ; LM 1971, 36 ; W 1977, 51 ; W 1978, 44.

1er état (sur 3). Avec le lavis, avant nouveaux travaux à l'eau-forte. L'une des deux épreuves connues, sur chine. Coll. Moreau-Nélaton.

3e état. La planche entièrement retravaillée à l'eau-forte. L'une des quelques épreuves citées, sur chine. Coll. Avery.

Il s'agit, pour cette eau-forte reproduisant son *Christ mort et les anges* (cat. 74), du plus grand cuivre jamais gravé par Manet et représenta sans doute pour lui un effort exceptionnel de reproduction d'un de ses tableaux les plus importants. Le fait que la toile fut exposée au Salon de 1864 n'implique pas nécessairement que l'aquarelle et l'eau-forte aient été exécutées à la même époque (voir cat. 75). Il est fort possible que Manet ait voulu réaliser une belle gravure de reproduction pour l'ajouter au petit groupe d'eaux-fortes dans son exposition particulière à l'Alma en mai 1867[1], d'autant plus que Zola, qui était mêlé de très près à l'exposition (voir cat. 68-69), avait particulièrement loué la toile[2] ; et que Manet lui donna l'aquarelle préparatoire.

Quoi qu'il en soit, le premier état de l'eau-forte va plutôt à l'encontre de l'analyse naturaliste de Zola : là où le critique voit « un cadavre peint en pleine

76 (1er état)

76 (3ᵉ état)

lumière, avec franchise et vigueur », tout en admirant « les anges [...] qui ont une étrangeté si douce et si élégante »[3], l'eau-forte dégage, par ses lignes très pures et très dépouillées et par la disposition du lavis en deux tons, qui ressemble à un lavis d'encre, contre le blanc éclatant du fin papier de Chine, un effet d'une spiritualité surprenante. En noir et blanc, éclairé par en bas, le corps et le visage du Christ, sans lavis, se détachent de façon dramatique contre les demi-tons des anges et le fond d'un dégradé parfaitement contrôlé, allant d'un noir intense, mystérieux, aux éclaircis surnaturels dans le haut.

Si Manet a repris sa planche par la suite pour essayer de cerner de plus près le réalisme de la toile et de l'aquarelle — la musculature du corps, les volumes des draperies, le modelé des visages — il a brisé cet effet magique, surnaturel, du premier état, même si l'épreuve exposée, également sur chine, préserve davantage que les autres la luminosité étrange du premier état. Mais tout est surchargé de détail ici, les grandes lignes de la composition sont perdues et la gravure retombe dans d'anecdote, là où l'aquarelle représentait un juste milieu entre spiritualité et réalisme.

Cette grande planche ne fut ni éditée ni exposée du vivant de l'artiste et il ne tenta plus jamais une eau-forte aussi ambitieuse. C'est la lithographie qui prendra, pour les grandes dimensions, la relève (voir cat. 104 et 125), et l'eau-forte restera, dans l'ensemble, de dimensions restreintes, surtout utilisée pour l'illustration de livres (voir cat. 117). Une épreuve du *Christ aux anges* dans son dernier état fut montrée à l'exposition de 1884, entre des épreuves du *Philippe IV* d'après Vélasquez (cat. 36) et de *La marchande de cierges* (H 8), curieuse juxtaposition qui évoque la situation ambiguë de ce sujet, à mi-chemin entre les grandes images religieuses de l'art espagnol du XVIIᵉ siècle et les scènes de genre religieuses réalistes, contemporaines, de Legros ou Ribot.

1. Paris, Alma 1867, p. 16 : « Les Gitanos » (cat. 48), « Portrait de Philippe IV » (cat. 36), « Les Petits Cavaliers » (cat. 37).
2. Zola 1867 *Revue* p. 57 ; (Dentu) p. 34.
3. *Ibid.*
4. Paris, Berès 1978 nᵒ 44.

Historique

1ᵉʳ état. Curieusement, l'épreuve de MOREAU-NÉLATON (v. Hist., cat. 9), reproduite dans son catalogue, n'est ni citée ni reproduite par Guérin, qui ne mentionne que l'épreuve de la collection Ernest Rouart (Détroit, Art Institute).

Moreau-Nélaton possédait également deux épreuves du 3ᵉ état, mais on manque de précisions concernant la provenance antérieure de toutes ces épreuves. Il est tentant d'imaginer que Manet en donna à Baudelaire (v. Hist., cat. 27), de retour à Paris depuis juillet 1866, et que Moreau-Nélaton les eut de cette source.

3ᵉ état. L'épreuve acquise par SAMUEL P. AVERY a pu provenir, à travers Lucas, d'Henri Guérard qui en posséda une lui-même[4] (v. Hist., cat. 16, 17). Toutefois, elle ne comporte aucune annotation permettant de l'affirmer.

J.W.B.

207

77 Vase de pivoines sur piédouche

1864
Huile sur toile
93,2 × 70,2
Signé b.d. *Manet*

P   Paris, Musée d'Orsay (Galeries du Jeu de Paume)

Expositions
Paris, Martinet 1865 ? ; Cadart 1865 ? ; Alma
1867 n° 33 (Un vase de fleurs) ; Exposition
Universelle 1900 n° 452 ; Orangerie 1932 n° 21 ;
Orangerie 1952 sans n°.

Catalogues
D 1902, 84 ; M-N 1926, pp.62-64 ; cat. ms. 65 ;
T 1931, 75 ; JW 1932, 101 ; T 1947, 79 ; RO 1970,
70 ; RW 1975, 86.

Manet peignit des tableaux de fleurs à deux moments précis de sa vie : en 1864-1865, une série de *Pivoines* dont celles-ci sont le chef-d'œuvre, et, au cours des deux dernières années, dix-huit ans plus tard, quand il était déjà cloué par la maladie, une suite de plus petits bouquets (voir cat. 221). Si les bouquets de l'année de sa mort sont de frais instantanés d'une vie qui lui échappe, les bouquets peints au moment de sa plus grande vitalité artistique sont encore proches des thèmes de « vanités » : des fleurs dont une partie se fane déjà, images de la beauté éphémère. Le poète André Fraigneau y voit une signification dans la composition même : « Le vase aux pivoines de Manet, c'est le récit de la mort d'une fleur, ou, pour employer un terme médical plus précis dans sa cruauté : sa courbe d'agonie. Le mouvement se lit de droite à gauche pour finir au centre »[1], c'est-à-dire du bouton de droite aux fleurs épanouies du haut du bouquet et de la gauche, pour terminer la volute au centre, où les pivoines sont sur le point de s'effeuiller, la dernière ayant déjà perdu une partie de ses pétales. Il y a peut-être extrapolation poétique, mais l'idée est juste, et Fraigneau a fort bien senti, sans se le formuler, le lien avec les bouquets de « vanités » du XVIIe siècle flamand ou espagnol.

Même si l'on refuse cette interprétation métaphysique, il est certain qu'il y a dans ce bouquet magnifique quelque chose de théâtral et de charnel qu'il n'y a pas dans les bouquets peints, à la même époque, par son ami Fantin, par Courbet, ni même chez les plus jeunes comme Monet, *Fleurs de printemps* (Musée de Cleveland) et Renoir, *Arum et plantes* (Fondation O. Reinhardt), qui datent tous deux de la même année, ni dans *La femme aux chrysanthèmes* de Degas de 1865 (New York, Metropolitan Museum). Dans toutes ces peintures de fleurs contemporaines se lit une exubérance plus organisée et plus solide, dont la splendeur n'est pas comme ici prête à se défaire.

Van Gogh avait été très frappé par ce tableau, et en parla à son frère au moment où lui-même travaillait à une série de bouquets : « Te rappelles-tu qu'un jour nous avons vu à l'hôtel Drouot un bouquet de pivoines de Manet ? Les fleurs roses, les feuilles très vertes, peintes en pâte et non pas en glacis [...] Voilà qui était bien sain. »[2]

Les pivoines étaient, à l'époque, une fleur de prédilection, assez nouvellement importée en Europe, et encore considérée comme une plante de luxe. Il s'agit d'un bouquet cossu, dans un vase de style très « Napoléon III », et l'on est en train de l'installer, comme en témoigne la fleur coupée, sur la table, et non encore placée. C'est un bouquet où une clientèle élégante — celle que Manet visait, entre autres, en peignant ses fleurs et ses natures mortes — pouvait y retrouver une image familière.

La critique, même hostile, a toujours concédé à Manet une grande virtuosité dans sa peinture de fleurs et de natures mortes, souvent dans des tableaux décriés par ailleurs comme *Le déjeuner sur l'herbe* (cat. 62) ou l'*Olympia* (cat. 64). Par exemple, Thoré, à qui Manet avait précisément donné

77

1. Fraigneau in *Plaisirs de France,* avril 1964, p. 12.
2. Van Gogh 1959, p. 21 (lettre 528).
3. Bürger (Thoré) 1865 ; cit. Tabarant 1931, p. 123.
4. Bürger (Thoré) 1865, cité Tabarant 1931, p. 123.
5. Tabarant 1947, p. 93.
6. Paris, BN Estampes, fonds Moreau-Nélaton ; Rouart et Wildenstein 1975, I, p. 17.
7. Venturi 1939 II, p. 192.
8. Vente Saulnier, Paris, 5 juin 1886, n° 62.

une nature morte de pivoines[3], parle en 1865, « des qualités pittoresques incontestables »[4] de ses études de pivoines.

Enfin Manet, tout simplement, aimait les pivoines ; il en cultivait, nous dit-on[5], dans son jardin de Gennevilliers et leur exubérance, où la couleur prime une forme un peu incertaine, correspondait bien à sa touche généreuse et sensuelle.

Historique

Ce tableau fut acheté 400 Frs (600 Frs selon le carnet de Manet[6]) en 1872 par DURAND-RUEL dans le premier grand achat de toiles fait à l'artiste (v. Hist, cat. 118)[7]. Il est acquis par JOHN SAULNIER de Bordeaux, et racheté par DURAND-RUEL à la vente Saulnier[8] et entre ensuite chez MOREAU-NÉLATON (v. Hist., cat. 62). Il fait partie de la donation en 1906 (inv. RF 1669), reste avec toute la donation au Musée des Arts décoratifs et entre au Louvre en 1937.

F.C.

78

78   Branche de pivoines blanches et sécateur

1864 ?
Huile sur toile
31 × 46,5
Signé b.d. *Manet* (de la main de Mme Manet)

Paris, Musée d'Orsay (Galeries du Jeu de Paume)

La virtuosité de Manet dans ses natures mortes et ses peintures de fleurs a d'emblée été reconnue et, même dans l'*Olympia* tant décriée, le bouquet central allait, un an plus tard, trouver grâce auprès des plus sévères critiques[1]. Manet traite ici le sujet brillamment, mais comme en passant, avec une sorte de négligence « dandy » que l'on retrouve dans la composition même : les fleurs provisoirement abandonnées et le sécateur posé indiquent la fabrication un instant suspendue d'un bouquet. Aucun effet, sauf celui de la touche picturale, grasse et décidée, qui transmet la modeste splendeur des pivoines coupées.

Tantôt daté de 1864, tantôt 1867-68[2], la touche et la technique de ce petit tableau orientent plutôt vers la date la plus précoce, et l'associe au tableau précédent (cat. 77), dont il paraît presque le détail agrandi du bas de la composition.

Expositions
Paris, Beaux-Arts 1884 n° 38 ; Orangerie 1952 sans n°.

Catalogues
D 1902, 86 ; M-N cat. ms. 67 (et 70) ; T 1931, 78 et 81 ; JW 1932, 105 ; T 1947, 81 ; RO 1970, 70-75 ; RW 1975, 88.

1. Chesneau 1865.
2. Wildenstein : 1864 ; Tabarant : 1867-68.
3. Tabarant 1947, p. 95.
4. Lacambre 1964.
5. Tabarant 1931, pp. 124-126, n°s 78 et 81.
6. Vente Champfleury, Paris, 28-29 avril 1890, n° 18.
7. Vente Chocquet, Paris, Georges Petit, 3-4 juillet 1899, n° 72.

Historique
Ce petit tableau aurait été donné par Manet[3] à son ami — qui était aussi celui de Baudelaire, Nadar et surtout Courbet — Jules Husson dit CHAMPFLEURY (1821-1889), romancier, critique et chantre du réalisme[4]. Tabarant donnait deux numéros à deux tableaux de même dimension à un centimètre près[5], qui semblent bien n'en être qu'un seul, celui-ci, qui aurait été montré à la rétrospective de 1884, sous le n° 38 (« Fleurs, appartient à M. Champfleury »). Tabarant publie à ce propos la lettre de Champfleury à Léon Leenhoff, acceptant de prêter son tableau à l'École des Beaux-Arts, et proposant de l'apporter par bateau de Sèvres, où il était alors conservateur du Musée de la Céramique. Pour les liens de Champfleury et de Manet, voir cat. 114 et 117. Le tableau passe en 1890 à la vente Champfleury[6], où l'achète VICTOR CHOCQUET (v. Hist., cat. 158). Il fait partie de la vente de Mme Veuve Chocquet en 1899[7], où il est acquis par le COMTE ISAAC DE CAMONDO (v. Hist., cat. 50) pour 1.627,50 Frs. A cette même vente, ce dernier achetait également *La maison du pendu* de Cézanne (Louvre). *Pivoines et sécateur* fit partie du legs Camondo au Musée du Louvre en 1908, entré en 1911, exposé en 1914 (inv. RF 1995).

F.C.

79

79 Tige de pivoines et sécateur

1864
Huile sur toile
56,8 × 46,2
Signé b.g. *M.*

Paris, Musée d'Orsay (Galeries du Jeu de Paume)

Expositions
Paris, Beaux-Arts 1884 n° 37 ; Orangerie 1932
sans n°.

Catalogues
D 1902, 87 ; M-N 1926 I, p. 63-64 ; cat. ms. 68 ;
T 1931, 79 ; JW 1932, 143 ; T 1947, 80 ; RO 1970,
71 ; RW 1975, 91.

La composition de ce tableau est tout à fait inhabituelle pour une nature morte de fleurs. Manet semble l'avoir traitée comme une composition de chasse à la manière de Chardin et d'Oudry, où bêtes à plume ou à poil sont suspendues au mur par une patte. Il reprend d'ailleurs ce modèle traditionnel peu après dans *Un lapin* (RW 118), directement inspiré de Chardin. Le sécateur ouvert, menaçant les fleurs comme une arme, souligne cette transposition peut-être voulue d'une présentation d'animal tué à une fleur coupée.

Manet offrit ce tableau à Thoré (voir Historique) en remerciement d'une phrase élogieuse sur ses expositions chez Martinet et Cadart en 1865, où le peintre avait précisément exposé des pivoines. Thoré avait particulièrement admiré « des tableaux de nature inanimée [...] des études de pivoines encore, qui révélaient des qualités pittoresques incontestables ».[1]

1. Bürger (Thoré) 1865 ; cité Tabarant 1931, p. 123.

Historique
Manet a donné ce tableau à l'ami de Baudelaire, le critique du réalisme, THÉOPHILE THORÉ (dit Willy Bürger ; 1807-1869). Ami de Courbet, de Rousseau et de Prud'hon, Thoré-Bürger soutint tout en les critiquant les premiers tableaux exposés par Manet (v. cat. 62, 73, 80, 81, 89). A la mort du critique, c'est MME PAUL LACROIX qui en hérite, puis l'œuvre est acquise par MARY CASSATT (1844-1926). On sait le rôle important joué par cette grande artiste liée aux impressionnistes — en particulier à Degas — dans la diffusion de l'œuvre de Manet aux États-Unis en particulier, par les achats qu'elle conseilla de faire à son amie Mme Havemeyer (v. Hist., cat. 33), ainsi qu'a Macomber, Potter Palmer, Sears et Whittemore (v. Hist., cat, 104, 99, 32, 132). Elle le possède encore au moment du premier catalogue de Duret en 1902. Il passe chez BERNHEIM-JEUNE (v. Hit., cat. 31) en 1903, puis est acquis par le Comte ISAAC DE CAMONDO (v. Hist., cat. 50) et fait partie du legs Camondo en 1908 au Louvre, où il entre en 1911 (inv. RF 1996).

F.C.

80   Fruits sur une table

1864
Huile sur toile
45 × 73,5
Signé b.d. *Manet*

P   Paris, Musée d'Orsay (Galeries du Jeu de Paume)

Cette œuvre est le pendant de *Poissons et crevettes* (RW 82 ; fig. a). Toutes deux furent sans doute peintes en 1864 : elles figurent sous le n° 5, « Poissons — fruits. (Pendants) », sur une liste de neuf œuvres que Manet comptait envoyer au marchand Louis Martinet pour une exposition qui ouvrit en février 1865. La liste figure dans une lettre non datée, apparemment envoyée à Martinet fin 1864 ou début 1865[1]. Cependant, une lettre d'Hippolyte Lejosne à Baudelaire nous apprend que Manet envoya six peintures à Martinet dont deux seulement furent exposées car « Il paraît [...] que cette exposition est au-dessous du médiocre et que c'est se compromettre que d'y figurer pour une ou plusieurs toiles. »[2]. Nous ne possédons pas de liste des œuvres réellement remises à Martinet, qui permettrait de savoir quels tableaux furent exposés (voir cat. 73). Cependant, il semble que Martinet montra des natures mortes, ainsi que nous l'apprend un article de Thoré paru en mai 1865 : « Il est tels ouvrages de M. Manet, aperçus à une exposition du boulevard des Italiens [la galerie Martinet], revus depuis et de plus près chez Cadart, l'éditeur d'estampes [...], des tableaux de nature inanimée où l'artiste avait jeté des fruits et des poissons sur des nappes d'un blanc éclatant, des études de pivoines encore, qui révélaient des qualités pittoresques incontestables. »[3]. Puisqu'il n'y avait qu'une nature morte de fruits sur la liste des tableaux proposés à Martinet, il est fort probable que celle de ces *Fruits sur une table* fut présentée dans les deux expositions.

Cette peinture reprend un thème traditionnel au XVIIe siècle, surtout chez Chardin et Vallayer Coster. Sous le Second Empire, les natures mortes de Chardin, relativement simples et réalistes, étaient particulièrement appréciées, voire imitées. Bien que *Fruits sur une table* soit beaucoup moins soumis à l'influence de Chardin que ne l'est, par exemple, l'œuvre de Philippe Rousseau, peintre de natures mortes très en vogue à l'époque (fig. b) il semble répondre au même goût. L'admiration de Manet pour Chardin sera plus nette dans une

Expositions
Paris, Martinet 1865 ? ; Cadart 1865 ? ; Alma 1867 n° 47 ; Beaux-Arts 1884 n°. 32 ; Orangerie 1932, n° 18 ; Orangerie 1952 sans n°

Catalogues
D 1902, 71 ; M-N 1926 I pp. 62-63 ; cat. ms. 62 ; T 1931, 88 ; JW 1932, 100 ; T 1947, 91 ; RO 1970, 80 ; RW 1975, 83.

fig. a. Poissons et crevettes, 1864. Pasadena, Norton Simon Inc. Foundation

80

fig. b. Ph. Rousseau, Nature morte au jambon, vers 1850. New York, Metropolitan Museum of Art

1. Rouart et Wildenstein 1975, I, p. 13.
2. Baudelaire 1973, II, p. 215 (21 fév. 1865).
3. Bürger (Thoré) 1865 ; cité Tabarant 1931, p. 123.
4. Wildenstein, 1974, I nᵒˢ 102-104.
5. Tabarant 1947, p. 19.
6. *Ibid.* p. 23.
7. Duret 1902, p. 71.

œuvre telle que *La brioche,* 1870 (RW157), sans doute inspirée par *La brioche* de Chardin, acquis par le Louvre et exposé en 1869.

Fruits sur une table est cependant très différente des œuvres de nombreux peintres du Second Empire dont les tableaux représentent souvent des objets décoratifs précieux en porcelaine ou en argent. Le raffinement de la nature morte de Manet vient, au contraire, de son dépouillement, de sa simplicité et de son exécution. La composition est remarquablement sobre : deux plans rectangulaires — la nappe blanche et le fond sombre — qui servent de repoussoir aux formes et aux couleurs des objets disposés sur la table. En effet, l'artiste semble moins intéressé par la nature du sujet que par les rythmes de composition, les rapports de couleurs et les subtilités de la surface et de la touche picturale.

En 1867, Monet peignit trois natures mortes[4] qui rappellent celle de Manet. *Poires et fruits* de Monet (ancienne coll. David-Weill) est surtout très proche par sa composition en deux rectangles — la nappe blanche habituelle et un fond sombre où sont disposés du raisin, un panier de poires et quelques fruits. Bien que Monet fût, plus que Manet, motivé par des recherches de couleur et de lumière, il semble certain que ses natures mortes de 1867 dépendent, plus ou moins directement, des *Fruits sur une table* qu'il aurait pu voir chez Martinet, chez Cadart, dans l'atelier de Manet, ou encore à l'exposition de l'Alma en 1867.

Historique
Ce tableau fut prêté à l'exposition de 1884 par le DR SIREDEY, le médecin de la famille Manet, qui avait soigné l'artiste jusqu'à sa mort[5]. Manet lui avait donné sa copie d'après *La leçon d'anatomie* de Rembrandt (RW 8), et en 1883 Mme Manet lui fit cadeau d'une *Tête d'homme* (RW 11)[6], sans doute en remerciement des soins donnés à Manet pendant les derniers mois de sa vie. BERNHEIM-JEUNE (v. Hist., cat. 31) l'acheta à la veuve du Dr Siredey en 1901 et il passa, par l'intermédiaire de DURET (v. cat. 108), à MOREAU-NÉLATON (v. Hist., cat. 62) qui apparaît comme propriétaire du tableau dans le catalogue Duret de 1902[7]. Donné par Moreau-Nélaton au Louvre en 1906 (inv. RF 1670), il fut exposé au Musée des Arts décoratifs de 1907 à 1934, pour être ensuite transféré au Louvre.   C.S.M.

81

81 Poissons

1864
Huile sur toile
73,4 × 92,1
Signature posthume b.d. *Manet*

Chicago, The Art Institute of Chicago

Cette nature morte fut peinte à Boulogne-sur-Mer au cours de l'été 1864[1]. Comme *Le torero mort* (cat. 73) et les *Fruits sur une table* (cat. 80), ils étaient sur la liste envoyée par Manet à Martinet en décembre 1864 ou janvier 1865 pour une exposition qui devait ouvrir en février[2]. On ignore si ce tableau, inscrit comme « 4° Poissons, etc. Nature morte » sur la liste de Manet, fut vraiment exposé chez Martinet, ou chez Cadart un peu plus tard et figurait donc parmi les natures mortes dont parlait Thoré — « des fruits et des poissons sur des nappes d'un blanc éclatant » (voir cat. 80)[3].

Comme *Fruits sur une table* (cat. 80), la composition s'oriente le long d'une diagonale qui va de gauche, en bas, à droite, en haut. En effet, situé à droite dans chaque tableau, le couteau semble placé délibérément pour

Expositions
Paris, Martinet 1865 ? ; Cadart 1865 ? ; Alma 1867 n° 38 (Poissons (nature morte)) ; Beaux-Arts 1884 n° 31 ; Exposition Universelle 1900 n° 449 ; New York, Durand-Ruel 1913 n° 6 ; Wildenstein 1937 n° 7 ; World's Fair 1940, n° 282 ; Philadelphie-Chicago 1966-67 n° 95.

Catalogues
D 1902, 70 ; M-N 1926 I p. 63 ; cat. ms. 59 ; T 1931, 90 ; JW 1932, 96 ; T 1947, 90 ; RO 1970, 79 ; RW 1975, 80.

accentuer la diagonale de la composition. De plus Manet a, semble-t-il, mis le gros poisson — carpe, selon les uns, ou mulet[4] — sur l'axe opposé afin d'alléger et d'équilibrer la composition.

La composition de Manet a beaucoup d'analogies avec une nature morte de Chardin (New York, Metropolitan Museum ; fig. a) : l'emplacement du chaudron en cuivre, du gros poisson, du rouget et du citron chez Manet correspond, respectivement, à celui du pot à oille, du lièvre, de la perdrix et des fruits à l'avant plan chez Chardin. Manet aurait pu voir la nature morte de Chardin à une exposition à la galerie Martinet en 1860 ; Thoré en fit d'ailleurs le compte rendu, et loua précisément ce tableau de Chardin[5]. Que Manet ait pris Chardin comme modèle, ici comme dans les *Fruits sur une table* (cat. 80) et *La brioche* (RW 157), montre le grand intérêt des artistes et collectionneurs du Second Empire pour l'œuvre de ce maître et surtout pour ses natures mortes.

fig. a. Chardin, La soupière d'argent. New York, Metropolitan Museum of Art

Historique
Le marchand FÉLIX GÉRARD prêta ce tableau pour la rétrospective Manet de 1884 à l'École des Beaux-Arts. Selon Duret, Gérard lui demanda de l'aider à trouver acquéreur pour ce tableau et pour les *Courses à Longchamp* (cat. 99)[6]. Avant 1900, il se trouvait à la GALERIE MANZI-JOYANT à Paris (v. Hist., cat. 19 et 181). DURAND-RUEL (v. Hist., cat. 118) le vendit à ALFRED CHATAIN, de Chicago, sans doute vers 1913, date à laquelle le marchand l'exposa dans sa galerie à New York. Avant 1920, il faisait partie de la collection de MRS JOHN W. SIMPSON (morte en 1943) qui, avec son mari avocat (mort en 1920), rassembla une importante collection, principalement de peintures européennes des XVIIIe et XIXe siècles[7].

Fille de George I. Seney, grand collectionneur d'art européen et américain, elle fut sculptée en buste par Rodin en 1903 (Washington, D.C., National Gallery). Mrs Simpson laissa en dépôt chez Knoedler *Les poissons* en 1942 ; en juillet de cette année-là, le tableau fut acheté par l'Art Institute de Chicago grâce à des fonds donnés par Annie Swan Coburn pour la Mr and Mrs Lewis Larned Coburn Memorial Collection (inv. 42.331).
Il y a souvent eu confusion à propos de la provenance de ce tableau parce qu'il existe une réplique de format légèrement plus grand qui parut pour la première fois en 1912 et fut acquise avant 1922 par le Nationalmuseum de Stockholm (considérée généralement comme étant un faux[8]).

C.S.M.

1. Tabarant 1931, p. 131.
2. Rouart et Wildenstein 1975, I, p. 13.
3. Bürger (Thoré) 1865 ; cité Tabarant 1931, p. 123.
4. Courthion 1961, p. 84 : mulet ; Chicago Art Institute : carpe.
5. Rosenberg 1979, p. 136.
6. Vente Gérard, Paris, 28-29 mars 1905, préface.
7. Gimpel 1963.
8. Tabarant 1947, pp. 97-98.

82 Nature morte avec melon et pêches

1866 ?
Huile sur toile
69 × 92,2
Signé b.d. *Manet.*

Washington, D.C., National Gallery of Art

Ce tableau pose des problèmes d'identification parmi les natures mortes exposées du vivant de Manet. Dans son exposition à l'Alma en 1867, le n° 36 du catalogue était une œuvre intitulée *Un déjeuner (nature morte),* qui à été identifiée avec cette *Nature morte avec melon et pêches* [1]. Les dimensions citées dans le catalogue de 1867 — 73 × 94 — sont proches de celles du tableau exposé ici, mais pourraient également s'appliquer à la nature morte *Le saumon* (RW 140 ; fig. a). Cette dernière est généralement datée de 1869, mais sa composition correspondrait mieux au titre du catalogue de 1867, qui évoque les éléments d'un repas. Quant à la *Nature morte avec melon et pêches,* elle pourrait être le n° 37 de l'exposition de 1867, *Fruits,* malheureusement catalogué sans dimensions. D'ailleurs, il se peut que ces deux tableaux, ayant presque les mêmes dimensions, représentant chacun une nature morte sur une nappe blanche, posée sur le même buffet, et inscrits à la suite l'un de l'autre dans le

Expositions
Paris, Alma 1867 n° 37 (Fruits) ? ; New York, Durand-Ruel 1913 n° 17 ; Philadelphie-Chicago 1966-67 n° 99.

Catalogues
D 1902, non mentionné ; M-N 1926 I p. 89 ; cat. ms. 94 ; T 1931, 124 ; JW 1932, 1931 ; T 1947, 127 ; RO 1970, 110 ; RW 1975, 121.

82

fig. a. Le saumon, 1866-69 ? Shelburne (Vermont),
Shelburne Museum

fig. b. Caricature de Randon dans *Le Journal
amusant,* 29 juin 1867

catalogue de 1867, soient des pendants. On doit regretter que la caricature de Randon[2], qui semble représenter cette nature morte (fig. b), n'indique pas, dans ce cas, de numéro de catalogue.

Cette nature morte aux fruits d'été est datée par la plupart des auteurs de 1866, sans doute parce qu'elle fut exposée en mai 1867. Les natures mortes jouent un rôle assez limité dans l'œuvre de Manet et il n'y a pas d'autres exemples qui permettraient une comparaison sur le plan de la composition et du style. Comme Rishel le fait remarquer, ce tableau est souvent mis en relation avec le *Déjeuner dans l'atelier,* de 1868 (cat. 109), mais la ressemblance se limite à la nappe de lin qui parait être la même[3].

Le sujet et la composition de *Nature morte avec melon et pêches* sont caractéristiques de ces natures mortes en vogue en France des années cinquante aux années soixante-dix. Ces tableaux perpétuent la tradition de la nature morte française du XVIIe et surtout du XVIIIe siècles, et la nature morte de Manet semble particulièrement adaptée au goût des riches collectionneurs du Second Empire. Le tableau suggère d'ailleurs cette abondance qui caractérise souvent l'œuvre de Philippe Rousseau, auteur de natures mortes très à la mode sous le Second Empire (voir cat. 80, fig. b), dont la carrière fut encouragée par le Surintendant des Beaux-Arts de Napoléon III, le comte de Nieuwerkerke.

Hanson affirme que des peintures comme celle-ci « parlent de la vie moderne de façon aussi convaincante que certains portraits ou scènes de rue qui montrent d'autres formes de prospérité et de plaisir » et elle suggère que ces tableaux donnent un aperçu de la vie du Second Empire, une « impression de gens qui viennent de quitter la table en la laissant en désordre »[4].

Et pourtant, ces tableaux eurent en leur temps peu de succès public ou commercial. Aussi incroyable que cela paraisse aujourd'hui, l'exécution de *Nature morte avec melon et pêches* sembla probablement trop moderne, trop hardie de facture et dans l'accent mis sur la surface, la touche et la couleur ; les raisons qui nous la font admirer aujourd'hui sont sans doute celles qui gênèrent les contemporains de Manet ; en 1867, peu d'observateurs auraient en effet partagé l'opinion de Walker, plus d'un siècle plus tard : « C'est dans la peinture de natures mortes que les trois qualités les plus admirables de Manet sont particulièrement évidentes : sa touche habile, son contrôle parfait des rapports et sa maîtrise de la matière [...] son sens du maniement de la pâte était intense. »[5]

1. Rouart et Wildenstein 1975 I, n° 121.
2. *Le Journal amusant* 19 juin 1867.
3. Rishel 1978, p. 330.
4. Hanson 1977, pp. 69-70.
5. Walker 1975, p. 454.
6. Lettre de Charles Durand-Ruel, 13 déc. 1982 (New York, Metropolitan Museum, archives).
7. Walker 1975, pp. 47-48.

Historique

Cette peinture passa en vente publique avec la collection de tableaux du XIXe siècle appartenant à LÉOPOLD BAUGNÉE — sur lequel on ne sait rien — à Bruxelles le 22 mars 1875 (n° 44), à la mort du collectionneur. Le 26 septembre 1910, un certain M. Depret, agissant pour le compte de son beau-père, M. PEROUSE, domicilié au château de Forges et 40 quai Debilly, à Paris, mit le tableau en dépôt chez DURAND-RUEL pour qu'il le vende. Le marchand trouva acquéreur, mais Pérouse refusa de vendre et reprit le tableau[6]. En 1913, il se trouvait chez EUGÈNE MEYER qui le prêta pour l'exposition Manet organisée par Durand-Ruel à New York cette année-là. Avec sa femme Agnès, Eugène Meyer (1875-1959), banquier, courtier puis propriétaire du *Washington Post,* se mit à acquérir des œuvres majeures de peintres impressionnistes et post-impressionnistes français, en particulier Cézanne, au début du vingtième siècle[7]. *Fruits et melon sur un buffet* entra dans les collections de la National Gallery, grâce à leur donation en 1960 (inv. 1549).

C.S.M.

83 Le combat du « Kearsarge » et de l'« Alabama »

1864
Huile sur toile
134 × 127
Signé b.d. *Manet*

Philadelphie, The John G. Johnson Collection

Le 19 juin 1864, une corvette de la marine fédérale américaine, le « Kearsarge », attaqua et coula un navire des fédérés sudistes, l'« Alabama », au large de Cherbourg. Cet épisode de la guerre de Sécession si proche des côtes françaises, impressionna beaucoup l'opinion. L'événement était préparé de longue date : le navire sudiste armé aux frais du gouvernement de Richmond en Virginie, n'était pas un corsaire comme on l'a dit, mais un bateau fait pour la course et dont le capitaine, Semmes, qui se vantait d'avoir envoyé par le fond soixante-cinq bateaux de commerce nordistes, était très populaire en Angleterre, ainsi qu'à Cherbourg[1]. Il y séjournait depuis le début de juin, pour refaire des vivres et réparer, et y était fort fêté. La semaine qui suivit la bataille, tous les journaux français étaient pleins de commentaires et de détails. Manet, semble-t-il, malgré un témoignage très postérieur d'Antonin Proust, n'était pas présent à l'événement[2]. Une lettre qu'il adressa à Philippe Burty pour le remercier d'un article élogieux sur son tableau[3], renforce l'hypothèse selon laquelle il le peignit d'après des descriptions ou peut-être des photographies.

Expositions
Paris, Cadart 1864 ; Alma 1867 n° 22 (Le Combat des navires américains, *Kerseage* et *Alabama*) ; Salon de 1872 n° 1059 ; Beaux-Arts 1884 n° 35 ; Philadelphie 1933-34 ; New York, Wildenstein 1937 n° 9 ; Rosenberg 1946-47 n° 14 ; Philadelphie-Chicago 1966-1967 n° 62.

Catalogues
D 1902, 81 ; M-N 1926 I pp. 60-61, 137-138 ; cat. ms. 54 ; T 1931, 69 ; JW 1932, 87 ; T 1947, 74 ; RW 1975, 76.

Ayant peint le bateau vainqueur, peu après, (cat. 84), il écrit en effet : « Le *Kearsage* [sic] se trouvait dimanche dernier en rade de Boulogne. Je suis allé le visiter. Je l'avais assez bien deviné. J'en ai peint, du reste, l'aspect en mer. Vous en jugerez.[4] »

Cette œuvre de Manet est la première, peinte d'après un événement contemporain, où il fusionne le reportage et la peinture d'histoire. Le thème de combats navals était évidemment fort traditionnel, en particulier dans la peinture hollandaise, et Manet y pensa certainement en voulant renouveler un genre connu. Le sujet devait lui sembler destiné à intéresser un large public : il suffit de feuilleter *L'Illustration* au début des années soixante, pour voir qu'à peu près chaque numéro relate et illustre un combat, une tempête, le départ d'une flotte : bref un événement maritime. On a d'ailleurs suggéré que la gravure parue dans *L'Illustration* du 25 juin, relatant ce combat, avait servi de base au tableau[5], mais la composition est si différente qu'on peut en douter.

Manet se veut minutieusement exact : le voilier français qui s'élance au secours des hommes à la mer, porte le drapeau blanc cerné de bleu réglementaire des bateaux-pilotes ; comme dans les descriptions de l'événement, le trois-mâts est en train de couler[6] et plonge par l'arrière, tous ses focs encore déployés pour tenter de rejoindre la côte ; le petit steamer, à droite, est bien le navire anglais qui va sauver les Sudistes et les ramener en Angleterre. On ne fait que deviner le *Kearsarge* derrière un nuage de fumée. Manet dut se passionner particulièrement pour un événement de ce monde maritime qu'il connaissait fort bien : il avait passé près d'un an en mer dans sa jeunesse, et avait failli devenir officier de la marine marchande. Du reste, les marines seront les seuls paysages qui le fascineront, sauf à la fin de sa vie, par force, quand la maladie le retiendra dans les murs clos de son jardin. Dans ce tableau, comme dans toutes ses marines, la mer occupe les trois quarts de la toile, dans une composition inhabituelle qui déroute, et la légende de la caricature de Cham, au moment du Salon de 1872 où le tableau fut à nouveau exposé, montre bien ce qui gênait les habitués des peintres de marine : « Le *Kearsage* [sic] et l'*Alabama* considérant la mer de M. Manet comme invraisemblable vont combattre dans la bordure du cadre »[7] ; et ainsi celle de Stop : « Sans se préoccuper des lois vulgaires et bourgeoises de la perspective, M. Manet a eu l'ingénieuse idée de nous donner une coupe verticale de l'Océan, de sorte que nous pouvons lire sur la physionomie des poissons leurs impressions pendant le combat qui a lieu sur leurs têtes. »[8] On retrouve la même idée dans une caricature parue dans « Le Grelot au Salon » (fig. a), qui plonge le chat de l'*Olympia* au fond de la mer. On a vu dans cette façon de remonter la scène en haut de la toile une influence japonisante[9], ce qui est plus convaincant dans ses marines ultérieures.

Il faut plutôt voir dans cette mise en page celle d'un homme habitué à connaître la mer d'un bateau, et non de la côte. Sa mer n'est pas celle que l'on découvre du rivage, mais une pleine eau. Il y a quelque chose de puissant et de lyrique dans ce tableau au sujet pourtant dramatique, l'expression d'une vitalité, d'un bonheur de couleur et de lumière où les noirs et quelques points de rouge mettent en valeur le vert énergique de l'eau. Barbey d'Aurevilly, en Normand lui aussi amoureux de le mer, l'a bien perçu : « C'est une sensation de nature et de paysage [...] très simple et très puissante [...] M. Manet a rejeté ses deux vaisseaux à l'horizon. Il a eu la *coquetterie* de les y rapetisser par la distance, mais la mer qu'il gonfle alentour, la mer qu'il étend et amène jusqu'au cadre de son tableau, [...] est plus terrible que le combat [...]. Très grand — cela — d'exécution et d'idée ![...] Aujourd'hui, avec sa marine de l'*Alabama,* il l'a

fig. a. Caricature dans *Le Grelot,* « Du fond des eaux, sa dernière demeure, le fidèle chat de M. Manet suit les détails du combat ».

219

83

épousée, la Nature !... Il a fait comme le Doge à Venise, il a jeté un anneau, que je vous jure être un anneau d'or, dans la mer ! »[10].

Le moment même de sa création dans la carrière de Manet explique peut-être la grandeur et l'intensité de cette œuvre. L'année qui a suivi le scandale du *Déjeuner sur l'herbe* (cat. 62) a été sombre pour lui, et obsédée par sa volonté de convaincre qu'il était digne de l'attention du Salon, en s'attaquant à de « grands sujets ». Or, de quoi s'agit-il dans tous ses tableaux de 1864 ? De morts après un affrontement : successivement, *L'épisode d'une course de taureaux* — dont il n'a précisément gardé que le *Torero mort,* probablement découpé vers la même époque (cat. 73) ; le *Christ mort* (cat. 75) et enfin, la « mort » d'un bateau. Manet n'avait pas vu de torero mort, et l'image est plus saisissante plastiquement qu'émouvante ; le caractère religieux n'est pas évident dans le *Christ,* qui fait plus appel à la sensualité qu'au mysticisme ; mais la disparition d'un bateau, éventualité à laquelle il avait dû bien souvent songer adolescent au cours de son périple en Atlantique, voilà qui pouvait le toucher d'expérience.

Le tableau inspira, en 1880, à un certain M. Baudart de Bruxelles, l'idée de demander à Manet de brosser une grande toile pour un Panorama, montrant « un combat naval où les Anglais sont vainqueurs »[11]. On ne sait quelle réponse Manet donna à cette proposition assez cocasse.

1. L. Peillard « La mer rougie de sang », *Les Nouvelles littéraires* 27 mai 1965, p. 6 ; Rishel 1979, n° 248.
2. Proust 1897, p. 174 ; Duret 1902, pp. 80-81.
3. Manet à Burty, 18 juillet 1864, cité Moreau-Nélaton 1926 I, p. 60.
4. *Ibid.* p. 61.
5. Sandblad 1954, p. 131.
6. Sloane *AQ* 1951, p. 94.
7. Cham « Le Salon pour rire », *Le Charivari* 1872.
8. Stop in *Le Journal amusant* 23 mai 1872.
9. Hanson 1962, pp. 332-336.
10. Barbey d'Aurevilly 1872.
11. Lettre à Manet du 2 mai 1880 (New York, Morgan Library, archives Tabarant).
12. Venturi 1939, p. 191.
13. Tabarant 1947, pp. 89, 196.
14. Silvestre 1872 (article daté 28 septembre).
15. Vente de L*** et al., Paris, 23 mars 1878, n° 32.
16. Communication de France Daguet, chez Durand-Ruel, janvier 1983.
17. Tabarant 1947, p. 89.
18. V. note 16.
19. Saarinen 1958, pp. 92-117.

Historique
Ce tableau, acheté 3.000 Frs, fit partie du lot acquis directement à Manet par DURAND-RUEL en janvier 1872 (v. Hist., cat. 118)[12]. Le marchand le prêta, à la demande de Manet, au Salon en mai 1872[13], et il le possédait encore, semble-t-il, en septembre[14]. Le tableau apparait ensuite dans une vente publique[15], où il est acheté 700 Frs par l'éditeur GEORGES CHARPENTIER (v. cat. 190). Celui-ci le laissa en dépôt chez Durand-Ruel le 24 octobre 1884, et le reprit le 27 octobre 1887[16]. Le tableau passa ensuite à THÉODORE DURET (v. cat. 5) qui essaie alors en vain de le faire acquérir par l'État français, ainsi qu'en témoigne une lettre à Suzanne Manet du

2 mai 1889 : « J'ai inutilement essayé, pendant que Castagnary vivait, de faire acheter l'*Alabama* par l'État. Ne pouvant y réussir et ne pouvant moi-même garder ce tableau, faute de place, je me suis arrangé avec Durand-Ruel, qui l'a envoyé à New York où il le vendra au prix convenable. »[17]. En effet, Castagnary avait été nommé Directeur des Beaux-Arts en 1887, et était mort l'année suivante. Les livres de stock de DURAND-RUEL documentent la réception de ce tableau en dépôt de Duret le 21 mars 1888, son achat pour 3.000 Frs le 16 octobre, et sa vente pour 4.000 Frs à la succursale new-yorkaise le même jour. Celle-ci vendit, dès le lendemain, « un tableau de Manet » — non identifié dans

les livres de stock — pour $ 1.500 à Johnson[18] ; il s'agit sans aucun doute du *Combat,* le seul Manet qu'ait possédé le collectionneur. L'avocat JOHN G. JOHNSON (1841-1917), de Philadelphie, constitua une énorme collection d'œuvres d'art dont Berenson et Valentiner établirent au début du vingtième siècle le catalogue, surtout riche en Delacroix, Corot, Millet. Ses goûts étaient surtout tournés vers le paysage : c'est le Courbet paysagiste qui l'intéressait, et le Manet qu'il acheta est plus dans la cohérence de sa collection que représentatif de Manet en général. Le *Combat* entre au musée (inv. 1027) avec une collection qui constitue par son dépôt en 1933 le fonds le plus important du musée de Philadelphie[19].

F.C.

84 Bateau de pêche arrivant vent arrière (Le « Kearsarge » à Boulogne)

1864
Huile sur toile
81 × 99,4
Signé b.g. *Manet*

Collection particulière

Expositions
Paris, Martinet 1865 ? (La mer , le navire fédéral Kerseage en rade de Boulogne sur mer) ; Alma 1867 n° 45 (Bateau de pêche arrivant vent arrière) ; New York, Wildenstein 1948 n° 5 ; Philadelphie-Chicago 1966-1967 n° 63.

En allant à Boulogne en juillet, comme presque tous les étés depuis son enfance, Manet va retrouver le bateau nordiste qu'il vient de peindre derrière les nuages de la canonnade, dans le tableau du combat, comme il le dit dans la lettre adressée à Philippe Burty (voir cat. 83). La composition est analogue : tout se passe comme si l'« Alabama », coulé, avait laissé apparaître son vainqueur

84

quelques instants plus tard ; on retrouvera la même manière de peindre des séquences successives dans la série des tauromachies (cat. 91).

Le bateau est à l'ancre, tranquille, et ici encore la mer occupe tout l'espace, sauf le bateau de pêche au premier plan, ajouté en atelier (il n'apparait pas dans l'aquarelle, cat. 85), et dont Manet « japonise » quelque peu la voilure.

Ce même motif est repris dans une gravure (H 40), faite sans doute l'hiver suivant, et dans *Le steamboat, marine,* exposé à l'Alma en 1867 (voir cat. 86). On a, avec le « placage » de ce bateau, un excellent exemple du processus de travail de Manet. Puis, pour donner plus de présence au bateau américain, il supprime le fort que l'on voyait en haut et à gauche de l'aquarelle (cat. 85) et, sentant peut-être que le Kearsarge perdait un peu de sa force par l'addition de cette grosse voile au premier plan, il ajoute les petites voiles blanches des deux embarcations, qui accentuent par contraste le noir du steamer, donnant l'impression de deux papillons à l'assaut d'un gros insecte, créant, du « vécu » de l'aquarelle à la composition de la toile, une sorte de mise en scène du paysage, égale à celle qu'il organise généralement pour ses figures.

Tout en gardant la prise de vue et en laissant à la mer toute son importance, il l'anime, un peu artificiellement même, par les friselis de vagues au premier plan, d'une facture fouettée qu'il reprendra quinze ans plus tard (cat. 207).

Catalogues
D 1902, 83 ; M-N 1926 I p. 62 ; cat. ms. 55 ;
T 1931, 70 ; JW 1932, 88 ; T 1947, 75 ; RO 1970,
67 ; RW 1975, 75.

BATEAU DE PÊCHE ARRIVANT
VENT ARRIÈRE.

Quel diable peut donc pousser l'artiste à faire et surtout à nous montrer des machines comme ça, quand rien ne l'y oblige ?

fig. a. Caricature de Randon dans *Le Journal amusant,* 29 juin 1867

Dans la lettre de Manet à Martinet en 1865, ce tableau figure au numéro 7 de la liste des œuvres, sous le titre « La mer, le navire fédéral Kerseage [sic] en rade de Boulogne sur mer »[1], sans que l'on sache s'il fut réellement exposé à ce moment là. Dans son exposition de 1867, Manet exposa plusieurs marines et c'est une caricature de Randon[2] (fig. a) qui permet d'identifier cette œuvre avec le numéro 45 du catalogue et le nouveau titre que Manet lui donna, choisi ici, et qui donne plus d'importance au bateau de pêche du premier plan qu'au bateau américain. Le catalogue Rouart et Wildenstein a fait donner ce titre à un tout autre tableau (RW 77) qui n'a rien à voir avec la série de marines exposée par Manet.

1. Carnet « Expositions Martinet » (Paris, BN Estampes) ; cité Moreau-Nélaton 1926 I, p. 62.
2. Randon in *Le Journal amusant* 1867.
3. Rewald 1973, p. 106.
4. Vente Goupy, Paris, 30 mars 1898, n° 20.

Historique
On trouve d'abord la trace de ce tableau chez BOUSSOD ET VALADON (v. Hist., cat. 27), au moment où Théo Van Gogh était chargé du secteur contemporain. C'est sans doute lui qui le vendit au collectionneur GUSTAVE GOUPY en 1890[3]. Il apparaît à la vente Goupy en 1898[4].

DURAND-RUEL (v. Hist., cat. 118) l'y achète et l'emporte à New York ; puis il entre dans la collection de l'amie de Mary Cassatt, MRS H.O. HAVEMEYER (v. Hist., cat. 33) et reste dans la famille puisque c'est MRS P.H.B. FRELINGHUYSEN (née Adeline Havemeyer), qui le donnera au musée de Philadelphie (inv. 1027).

On peut comprendre que les grands collectionneurs américains de la fin du siècle, comme M. Johnson pour le tableau précédent, Mme Havemeyer pour celui-ci, se soient particulièrement attachés aux marines de Manet qui relatent un événement alors relativement récent de l'histoire de leur pays.

F.C.

85 Le « Kearsarge » à Boulogne

1864
Aquarelle
25,5 × 33,5
Cachet de l'atelier b.d. *E.M.*

P   Dijon, Musée des Beaux-Arts

Expositions
Paris, Beaux-Arts 1884 n° 123 ;
Philadelphie-Chicago 1966-1967 n° 63.

Catalogues
T 1931, 32 ; JW 1932, 88 ; T 1947, 578 ; L 1969, 201 ; RW 1975 II 223.

Il s'agit sans doute de l'aquarelle, prise sur le vif, qui a servi de base au tableau (cat. 84). Plus dépouillée, plus concentrée sur le bateau et sur le plan de la mer,

85

elle est d'emblée elliptique, dessinée d'un pinceau japonisant : dans la forme de la voile en haut et à droite, la petite embarcation du premier plan, la silhouette du fort de Boulogne en haut à gauche et cinq touches de couleurs du drapeau américain à l'arrière du steamer. Si la mise en page est la même que dans la toile, en particulier l'importance accordée au grand plan d'eau, la transformation dans la peinture en atelier, sera frappante.

1. Vente Manet 1884, n° 128 ; Bodelsen 1968 p. 342.

Historique
C'est l'ami de Manet et de Méry Laurent, le DR ALFRED ROBIN (v. Hist., cat. 156) qui achète cette aquarelle avec d'autres pièces à la vente

Manet en 1884[1]. Il la conserve toujours et la lègue au Musée de Dijon, sa ville natale, en 1929 (inv. 29.59 E).

F.C.

86 Le Steam-Boat, marine ou Vue de mer, temps calme

1864-1865
Huile sur toile
74 × 93
Signé b.d. *Manet*

Chicago, The Art Institute of Chicago

L'identification de ce tableau parmi les marines exposées par Manet en 1867 pose un problème. Ce tableau est reproduit dans la caricature de Randon (fig. a) avec le titre : *Le Steam-Boat,* et le numéro 34[1]. Le catalogue indique trois marines en plus du *Combat* (cat. 83), avec les titres suivants : n° 34, *Le Steam-Boat* (21 × 100) ; n° 40, *Vue de mer, temps calme* (72 × 92) ; et n° 45, *Bateau de pêche arrivant vent arrière* (sans dimensions). Les dimensions et le sujet de ce tableau-ci laissent penser qu'il y a eu confusion sur la caricature, et qu'en fait notre tableau serait plutôt *Vue de mer, temps calme* dont les dimensions correspondent. Le titre « La mer » sur la liste d'œuvres envoyée par Manet à Martinet en 1865[2] confirmerait cette hypothèse. D'ailleurs, les mesures attribuées au *Steam-Boat,* dans le catalogue de 1867, font penser à une coquille ; si on lit 81 au lieu de 21, nous nous trouvons dans les dimensions précises du tableau de la marine (RW 795, « Les marsouins ») où il y a également un steamboat.

     Enfin, de toute évidence, si la composition est analogue à celle des deux tableaux précédents (cat. 83 et 84), la mer est traitée très différemment. Elle est, comme la peinture, lisse, et monte en à-plat haut vers l'horizon, autorisant plus qu'auparavant l'hypothèse d'un japonisme délibéré. Comme l'a justement remarqué Hanson[3], la perspective est niée, il n'y a plus aucune différence de ton entre l'eau du premier plan et celle de l'horizon, alors que dans les deux *Kearsarge,* Manet respectait le dégradé traditionnel de la luminosité et de la couleur dû à la distance. Les voiles sombres sont disposées de façon assez décorative, sur le fond bleu vif, superposées au plan du tableau, comme sur les estampes de l'ukiyo-é. Manet ici abandonne tout illusionnisme classique ; il est vraisemblable que cette toile a été peinte après les deux autres, au retour à Paris à l'automne, ou peut-être même d'après des croquis, au cours de l'hiver 1864-1865, restituant en atelier presque sous forme d'idéogramme, une vision

Expositions
Paris, Martinet 1865 ? (La mer) ; Alma 1867, 34 (Le Steam-Boat (marine) ou 40 (Vue de mer, temps calme)) ; Exposition Universelle 1900 n° 442 ; [Philadelphie]-Chicago 1966-1967 n° 65.

Catalogues
D 1902, 79 ; M-N 1926 I p. 62 ; cat. ms. 56 ; T 1931, 107 ; JW 1932, 92 ; T 1947, 76 ; RO 1970, 87 ; RW 1975, 78.

LE STEAM-BOAT (MARINE),
ou la vapeur appliquée à la navigation dans un plat d'oseille.

fig. a. Caricature de Randon dans *Le Journal amusant,* 29 juin 1867

86

de grand beau temps : des trois marines montrées ici, c'est la plus détachée de l'observation naturaliste.

Notons l'influence que les marines de Manet ont pu avoir sur celles de Monet, de 1866 à 1868, en particulier dans *Bateau de pêche en mer* (1868, Hillstead Museum, Farmington) où l'on retrouve ces mêmes voiles sombres à contre jour sur une mer également dense. Mais, chez Monet, l'amorce d'émiettement lumineux des vagues annonce la technique impressionniste qui en retour inspirera Manet pour son traitement de la mer dans la décade suivante, dans *L'évasion de Rochefort* (cat. 207).

1. Randon in *Le Journal amusant* 1867.
2. Moreau-Nélaton 1926 I p. 62 (N[8]).
3. Hanson 1962, p. 336.
4. Tabarant 1947, p. 195.
5. New York, American Art Association, 14 février 1902, n° 17.

Historique

Tabarant confond ce tableau avec une autre vue de Boulogne lorsqu'il pense qu'il fit partie du lot acheté par Durand-Ruel en 1872[4]. Il n'est pas impossible qu'il s'agisse du n° 81 de la vente Manet *(Temps calme - marine)* bien que les dimensions diffèrent mais elles étaient souvent prises avec cadre. On trouve sa trace à la fin du siècle chez LÉON CLAPISSON, puis chez MME A. DURREAU, prêteur à la Centennale de l'Exposition Universelle de 1900. Il passe ensuite très vite aux États-Unis, chez E.F. MILLIKEN à New York, qui le vend en 1902[5]. Le catalogue de cette vente porte la mention : « signé à droite sur la voile, des initiales EM », ce qui fait penser que la signature actuelle serait apocryphe. Acheté alors par MRS POTTER PALMER de Chicago (v. Hist., cat. 99), il est donné par ses fils H. ET P. PALMER JR. au musée de leur ville en 1922 (inv. 22.425).

F.C.

87 Jésus insulté par les soldats (Le Christ aux outrages)

1865
Huile sur toile
191,5 × 148,3
Signé et daté b. d. *Manet 1865*

NY   Chicago, The Art Institute of Chicago

Par une lettre du commandant Lejosne à Baudelaire, du 4 janvier 1865, nous apprenons que Manet travaillait à cette peinture depuis quelque temps déjà : « Je n'ai pas vu Manet depuis le jour de l'an ; le jeudi avant, nous avons dîné chez sa mère [...]. Manet travaille toujours beaucoup à son Christ insulté ; mais je n'ai pas vu sa toile depuis assez longtemps. »[1]

Malgré l'accueil hostile qu'on avait réservé, au Salon de 1864, au seul autre tableau de Manet aussi ambitieux sur un thème religieux, *Le Christ mort et les anges* (cat. 74), l'artiste envoya son *Jésus insulté* au jury du Salon de 1865. Selon Antonin Proust, il ne présenta d'abord que l'*Olympia* (cat. 64) qui fut refusée, mais quand il la reproposa, avec *Jésus insulté par les soldats,* tous deux furent acceptés[2]. Si le jury donna son accord, c'était, selon Duret, par crainte d'arriver à une situation semblable à celle de 1863 qui avait abouti au Salon des Refusés[3].

La réaction des critiques et du public vis-à-vis du *Jésus insulté* rappelle celle qui avait été réservée au *Christ mort et les anges.* Paul de Saint-Victor parle de « l'horrible *Ecce Homo* de M. Manet. L'art, descendu si bas, ne mérite même pas qu'on le blâme »[4], et la critique fut unanimement hostile. Clément trouve les tableaux « inqualifiables » ; Chesneau parle d'« une ignorance presque enfantine des premiers éléments du dessin [...] un parti pris de vulgarité inconcevable » ; pour Gautier fils : « Le *Jésus insulté par les soldats* échappe à la description », et Théophile Gautier déclare que « l'artiste semble avoir réuni à plaisir les types bas, ignobles, horribles [...]. L'exécution rappelle, moins l'esprit, les plus folles ébauches de Goya lorsqu'il s'amusait à peindre en jetant des baquets de couleur contre sa toile. »[5]

Vingt ans plus tard, Bazire résuma la situation en ces termes : « Ce Jésus, qui souffre vraiment entre des soldats bourreaux, et qui est un homme au lieu d'être un dieu, ne pouvait non plus être accepté.[...] On était fanatique du joli, et, de la victime aux flagellateurs, on eût voulu que tous les personnages eussent des figures séduisantes. Il existe et il existera toujours une école pour qui la nature a besoin d'être pomponnée et qui n'admet l'art qu'à la condition qu'il mente. Cette doctrine florissait alors ; l'empire avait des goûts d'idéal et détestait qu'on vît les choses telles qu'elles sont. »[6]. Selon Duret, « La clameur que soulevaient l'*Olympia* et le *Jésus insulté* s'ajoutant au bruit précédemment fait par le *Déjeuner sur l'herbe,* vint donner à Manet une notoriété telle qu'aucun peintre n'en avait encore possédée.[...] Degas pouvait dire, sans exagérer, qu'il était aussi connu que Garibaldi. Lorsqu'il sortait dans la rue, les passants se retournaient pour le regarder.[7] »

Thoré, lui aussi, attaqua *Jésus insulté par les soldats* mais il reconnut la source du tableau dans le *Christ couronné d'épines* de Van Dyck (détruit à Berlin en 1945)[8]. Depuis, de nombreux auteurs ont remarqué qu'il y avait peut-être un rapport entre la peinture de Manet et le *Christ couronné d'épines* du Titien, au

Expositions
Paris, Salon de 1865 n° 1427 (Jésus insulté par les soldats) ; Alma 1867 n° 6 ; New York, Durand-Ruel 1895 n° 9 ; Chicago 1933 n° 24 ; Philadelphie-Chicago 1966-1967 n° 71.

Catalogues
D 1902, 57 ; M-N 1926, I pp. 67-68 ; cat. ms. 74 ; T 1931, 101 ; JW 1932, 113 ; T 1947, 105 ; RO 1970, 88A ; RW 1975, I 102.

Louvre, mais ce n'était qu'en 1959 que Leiris fit un rapprochement avec une gravure de Schelte à Bolswert d'après le tableau de Van Dyck[9]. Si cette source semble correcte, Reff a suggéré que Manet connaissait plutôt la reproduction d'une composition semblable par Van Dyck, l'*Ecce homo* (Madrid, Prado), illustré dans l'*Histoire des peintres* de Charles Blanc (fig. a)[10]. Toujours selon Reff, il n'est pas impossible que l'idée de Manet de proposer au Salon le *Jésus insulté* à côté de l'*Olympia* lui ait pu être inspiré par l'*Histoire des peintres*. Même si les figures ressemblent plus à Van Dyck, Reff note que l'ensemble de la composition est très influencée par le *Christ couronné d'épines* du Titien (fig. b) et il signale dans le chapitre consacré au Titien dans l'*Histoire* de Charles Blanc, l'anecdote suivante d'après laquelle le maître vénitien présenta à l'empereur Charles-Quint un *Christ couronné d'épines* et une *Vénus,* pour répondre à la fois à ses sentiments de piété et de sensualité ; Reff note qu'au XIXe siècle on croyait à l'authenticité de ce récit et qu'il a pu inspirer chez Manet une identification au maître de la Renaissance non seulement par le choix des sujets mais aussi par le fait de les soumettre au goût et à l'arbitrage du protecteur suprême de son époque, le public du Salon[11].

fig. a. Gravure d'après Van Dyck, Le couronnement d'épines, dans l'*Histoire des peintres*

On a pensé à diverses autres sources et influences. Tschudi, par exemple, cite une inspiration vénitienne, Meier-Graefe et Bazin insistent sur les sources espagnoles, Jedlicka cite Vélasquez, Leiris pense que, en plus du *Christ couronné d'épines* de Van Dyck, Manet fut également influencé par le *Christ couronné d'épines* du Titien, au Louvre, et l'*Adoration des Mages* de Vélasquez, au Prado, et enfin Maxon parle de l'assimilation savante, chez Manet, des chefs-d'œuvre de la maturité de Vélasquez[11]. Hanson cite l'article de Leiris, mais suggère que la composition de Manet est plus proche de celle d'un *Christ aux outrages* du musée de Lille, attribué à Terbrugghen, alors que les figures semblent dépendre de l'*Adoration des Mages* de Vélasquez et de sa *Forge de Vulcain* (Madrid, Prado)[12].

fig. b. Gravure d'après Titien, Le Christ au roseau, dans l'*Histoire des peintres*

A la différence du *Christ mort* (cat. 74), *Jésus insulté* est une illustration assez exacte d'un texte de la Bible. La peinture suit le récit de Matthieu : « Alors les soldats du gouverneur prirent avec eux Jésus dans le Prétoire et ameutèrent sur lui toute la cohorte. L'ayant dévêtu, ils lui mirent une chlamyde écarlate, puis, ayant tressé une couronne avec des épines, ils la placèrent sur sa tête avec un roseau dans sa main droite. Et, s'agenouillant devant lui, ils se moquèrent de lui en disant : ' Salut, roi des Juifs ! ' et, crachant sur lui, ils prenaient le roseau et en frappaient sa tête. Puis, quand ils se furent moqués de lui, ils lui ôtèrent sa chlamyde. »[13]. Néanmoins, comme Hamilton l'a fait remarquer, l'œuvre est déconcertante car elle présente un mélange disparate d'éléments et de styles ; il cite la composition à l'italienne, les couleurs sombres, espagnoles, les accessoires de théâtre, et les personnages contemporains : éléments qui ne forment pas un tout convaincant, que ce soit dans le dessin ou dans l'expression ; c'est un modèle connu, Janvier, qui posa pour la figure principale ; les trois gardes sont des figures populaires contemporaines, habillées d'un curieux mélange de vêtements contemporains et de costumes de théâtre, le soldat à droite du Christ portant un pantalon, une épée antique, et une veste de fourrure[14]. Janvier, qui était aussi serrurier, était si facilement reconnaissable que la peinture fut appelée le « Christ au serrurier ». Comme dans d'autres tableaux des années soixante, Manet a sans doute voulu insister sur le fait que la peinture était une œuvre créée dans l'atelier.

Si, pour Hanson, Manet a essayé de créer ici une image universelle valable pour tous les temps, toutes les personnes et tous les lieux, et qui soit en rapport avec des sentiments humains partagés aussi bien par les saints et les

1. Baudelaire, Lettres à, 1973, p. 210.
2. Proust 1897, p. 172.
3. Duret 1902, p. 27.
4. Saint-Victor 1865 ; cité Moreau-Nélaton 1926, I p. 69.
5. V. Clément, Chesneau, Gautier fils, Gautier en 1865 ; cités Tabarant 1947, pp. 106-107, 109, et Hamilton 1969, pp. 70-74.
6. Bazire 1884, pp. 44-45.
7. Duret 1902, p. 34.
8. Bürger (Thoré) 1865.
9. Leiris 1959, p. 199.
10. Reff 1976, pp. 46-47.
11. Tschudi 1902, p. 19 ; Meier-Graefe 1912, p. 71 ; Bazin 1932, p. 155 ; Jedlicka 1941,

pp. 86-87, 379 ; Leiris 1959, pp. 199-200 ;
Maxon 1970, p. 75.
12. Hanson 1979, p. 109.
13. Saint-Matthieu, chap. XXVII, v. 27-31.
14. Hamilton 1969, p. 66.
15. Hanson 1979, p. 110.
16. Paris, BN Estampes, fonds Moreau-Nélaton.
17. Rouart et Wildenstein 1975, I, pp. 17-18.
18. *Ibid.* p. 27, « Tableaux et études », n° 17 (Le Christ insulté par les soldats).
19. « Paris, BN Estampes, fonds Moreau-Nélaton (Copies... de documents, p. 102).
20. Vente Manet 1884, n° 17 ; Bodelsen 1968, p. 341.
21. Rouart et Wildenstein 1975, I p. 102.
22. Tabarant 1947, p. 113.
23. Callen 1974, p. 171.
24. Hanson 1966, n° 71.
25. Livres de stock de Durand-Ruel, Paris ; communication de France Daguet, janvier 1983.

Historique

Dans l'inventaire qu'il fit en 1872, Manet évalua cette peinture à 15.000 Frs (seules ses estimations pour l'*Olympia* (cat. 64), *Le déjeuner sur l'herbe* (cat. 62) et *L'exécution de l'empereur Maximilien* (RW 127) étaient plus élevées)[17]. Le tableau ne fut cependant pas vendu du vivant de l'artiste et figure dans l'inventaire de son atelier en 1883 estimé 1.500 Frs[18]. En juin 1883, Léon Leenhoff envoya le tableau à Bertaux, rue de Clichy, pour le faire rentoiler, sans doute en vue de le vendre[19]. Mais en 1884 le tableau fut néanmoins retiré de la vente de l'atelier[20]. Selon Rouart et Wildenstein,

les marchands BOUSSOD ET VALADON (v. Hist., cat. 27) achetèrent l'œuvre à Léon Leenhoff en 1893[21]. Selon Tabarant, DURAND-RUEL (v. Hist., cat. 118) l'acheta directement à la veuve de Manet[22]. Les livres de stock de Durand-Ruel, cependant, indiquent qu'il acheta le tableau en compte à demi à FAURE (v. Hist., cat. 10) le 17 avril 1894[23], et l'exposa à New York l'année suivante.
Hanson cite comme propriétaire en 1899 le collectionneur américain, James Jackson Jarves[24] ; à part le fait qu'il mourut en 1888, ce fut un critique sévère de l'œuvre de Manet qu'il appela

« le peintre en chef de la laideur », disant de l'*Olympia* (cat. 64) que sa chair avait une couleur de viande faisandée, et du *Christ insulté* que la grossièreté et la férocité du sujet étaient égalées par la touche du peintre. Durand-Ruel vendit le tableau $ 22.000 le 23 octobre 1911 à JAMES DEERING (1859-1925) de Chicago[24], héritier de la Deering Harvester (plus tard, International Harvester) Company, qui posséda une somptueuse propriété à Miami, Vizcaya, plus tard transformée en musée. Le *Jésus insulté par les soldats* entra dans les collections de l'Art Institute of Chicago avec le legs Deering en 1925 (inv. 25.703).

C.S.M

héros que par les hommes les plus simples[15], le tableau lui-même n'était pas une telle proposition. De même, les buts que Manet a recherchés dans la plupart de ses peintures des années soixante ne permettent pas de soutenir cette interprétation.

Le *Christ insulté* est peut-être une tentative pour combler le fossé grandissant au XIXe siècle entre les sujets religieux et ceux de la vie moderne ; mais cette toile ne semble réussir ni dans une catégorie ni dans l'autre. Manet eut peut-être conscience de ce problème car il ne réalisa jamais plus d'autre sujet religieux. Même les organisateurs dévoués de l'exposition rétrospective de 1884 à l'École des Beaux-Arts trouvèrent cette peinture difficile : les deux grands tableaux religieux, facilement disponibles pour l'exposition, firent partie des cinq tableaux de Salon à en être exclus. Il est possible que ce soit Antonin Proust qui ait éliminé tous les tableaux religieux de la rétrospective, comme l'indique une note de Bazire à propos du *Moine* (RW 104)[16].

88 *Étude pour* Jésus insulté par les soldats

1864
Plume et encre, pinceau et lavis brun sur mine de plomb
26,9 × 21
Cachet de l'atelier (sous le pied gauche du Christ) *E.M.*

NY   Boston, Museum of Fine Arts

Expositions
Berlin, Matthiesen 1928 n° 13 ; New York, Wildenstein 1948 n° 48.

Catalogues
T 1931, 33 (aquarelles) ; JW 1932, 113 ; T 1947, 581 ; L 1969, 199 ; RW 1975 II 131.

Cette étude pour *Jésus insulté par les soldats* (cat. 87), représente une étape précoce dans le développement de la composition peinte, et on a supposé qu'il s'agit de la « première pensée » du tableau[1], en particulier Leiris, qui remarque que la seule forme clairement dessinée est la figure centrale du Christ, les autres éléments n'étant que suggérés. L'étape suivante sera le tableau lui-même, où Manet rassemble autour du Christ d'autres personnages, sans doute étudiés séparément[2].

Ce dessin est caractéristique du travail par étapes successives de Manet. Mais il est une exception cependant, chez Manet, qui développa souvent ses compositions peintes en cours de route, sur la toile. Les repentirs, les rayons X et l'examen technique de nombreuses œuvres montrent que l'état actuel des peintures recouvre un grand nombre de changements et de transformations.

88

Bref, c'est dans sa peinture même que Manet intègre une bonne part de ces tâtonnements que d'autres artistes réservent à leurs dessins préparatoires. L'étude pour le *Jésus insulté* est donc très rare dans son œuvre, en tant que dessin qui révèle la phase initiale d'une composition majeure.

Historique

En 1922, Glaser publia ce dessin[3] de la collection du DR GEORG SWARZENSKI (1876-1957), directeur du Städelsches Kunstinstitut à Francfort-sur-le-Main. A la fin des années 1930, Swarzenski fuit les Nazis pour aller vivre avec son fils, le Dr Hanns Swarzenski, alors étudiant à l'Institute for Advanced Study à Princeton, New Jersey. A partir de 1939, le Dr Swarzenski père fut nommé Fellow pour la recherche au Museum of Fine Arts à Boston[4]. Par la suite, son fils le rejoignit au musée, d'abord comme chercheur au Département des Peintures et ensuite comme conservateur du Département des Arts décoratifs et des Sculptures[5]. Après la mort de son père, HANNS SWARZENSKI hérita de ce dessin, qui fut acquis en 1968 par le Museum of Fine Arts (inv. 68.755) grâce à l'aide de Mrs Thomas B. Card, Charles C. Cunningham, Jr., et l'Arthur Tracy Cabot Fund.

C.S.M.

1. Rouart et Wildenstein 1975, II, 131.
2. Leiris 1969, p. 31.
3. Glaser 1922, n° 5.
4. G.H. Edgell, « Preamble », in *Essays in Honor of Georg Swarzenski* Chicago 1951, p. 7.
5. P.T. Rathbone, « Hanns Swarzenski, The Curator-Connoisseur », in *Intuition und Kunstwissenschaft : Fesfschrift für Hanns Swarzenski...* Berlin 1973, pp. 11-12.

89 L'acteur tragique
Portrait de Rouvière dans le rôle d'Hamlet

1865
Huile sur toile
187,2 × 108,1
Signé b.d. *Manet*

NY   Washington, D.C., National Gallery of Art

Expositions
Paris, Alma 1867, n° 18 (L'Acteur tragique) ;
New York, Durand-Ruel 1895 n° 13 ;
Washington 1982-83, n° 27.

Catalogues
D 1902, 77 ; M-N 1926 I pp. 76-77 ; cat. ms. 87 ;
T 1931, 103 ; JW 1932, 125 ; T 1947, 103 ;
RO 1970, 90 ; RW 1975, 106.

Dans une lettre du 27 mars 1866, Manet annonça à Baudelaire : « J'ai envoyé à l'exposition deux tableaux [;] je compte en faire faire des photographies et vous en envoyer : un portrait de *Rouvière* dans le rôle d'*Hamlet,* que j'appelle l'acteur tragique pour éviter la critique des gens qui ne le trouveraient pas ressemblant — et un fifre des voltigeurs de la garde [...] »[1]. Le jury refusa et *L'acteur tragique* et *Le fifre* (cat. 93). Bien qu'aucun de ces tableaux ne fût provocant, la décision du jury reflète peut-être l'hostilité soulevée l'année précédente par le *Jésus insulté* (cat. 87) et la fameuse *Olympia* (cat. 64). De plus, les membres du jury comprenaient, entre autres, Gérôme, Cabanel, Meissonier, Gleyre et Baudry, qui n'avaient pas de sympathie particulière pour l'œuvre de Manet[2].

Ce printemps-là, il y eut tellement de refus qu'on demanda un Salon des Refusés, mais les artistes furent seulement autorisés à exposer dans leur atelier[3] (voir cat. 92). Selon Tabarant, Manet exposa *L'acteur tragique* et *Le fifre* dans son atelier de la rue Guyot, « mais pour ses amis seulement ». Ainsi, Théophile Thoré mentionna *L'acteur tragique* dans son article sur le Salon de 1866 : « J'aime mieux les folles ébauches de Manet que les Hercules académiques. Et donc, j'ai été revoir son atelier, où j'ai trouvé un grand portrait d'un homme en noir, dans le sentiment des portraits de Vélasquez, et que le jury a refusé »[4].

La référence à Vélasquez de Thoré est particulièrement intéressante parce que, comme le note Solkin, le portrait de *Pablillos de Valladolid* (Prado, Madrid ; fig. a), est souvent cité comme source de *L'acteur tragique*[5]. En effet, un passage d'une lettre de Manet à Fantin-Latour, écrite lors de son voyage en Espagne en 1865, suggère bien cette possibilité : « Le morceau le plus étonnant de cette œuvre splendide [de Vélasquez], et peut-être le plus étonnant morceau de peinture qu'on ait jamais fait, c'est le tableau indiqué au catalogue : *portrait d'un acteur célèbre au temps de Philippe IV.* Le fond disparaît : c'est de l'air qui entoure le bonhomme, tout habillé de noir et vivant »[6]. Cependant, Tabarant affirme que Manet commença ce tableau deux mois avant son départ pour l'Espagne[7]. Richardson, toutefois, pense qu'il fut peint après le retour de Manet à Paris et affirme que stylistiquement, il n'a pu être peint avant le voyage en Espagne[8]. Solkin reconnaît l'influence de Vélasquez en général, mais ne voit pas le portrait de Pablillos comme la source spécifique. De plus, il note que « L'accent mis sur Vélasquez a apparemment amené les spécialistes à négliger une autre forme d'art qui semble, sur le plan historique et iconographique, beaucoup plus proche de la composition de Manet que n'importe quelle œuvre des maîtres. Il y a dans l'art français, depuis le XVIIe siècle, une tradition de portraits d'acteurs dans leurs rôles. Ces représentations n'étaient pas rares dans les arts plastiques, mais ce fut l'estampe populaire qui en créa la vogue [...] De nombreuses gravures françaises pré-révolutionnaires montrent des figures d'acteurs en pied, isolés dans l'espace, dont les jambes font des ombres nettes sur un fond au contraire non défini »[9]. En tout cas, la richesse des noirs semble refléter l'admiration de Manet pour les portraits de Vélasquez, et aussi peut-être pour les lithographies du *Hamlet* par Delacroix, l'ami de Rouvière[10].

Philibert Rouvière (1809-1865), peintre (élève de Gros, il avait exposé aux Salons entre 1831 et 1837), puis acteur, qui dut sa notoriété au rôle d'Hamlet en 1846-47, mourut quelques mois après que Manet ait commencé son portrait. Solkin nous dit que son jeu d'acteur se caractérisait par une maîtrise du maquillage et du costume qui, dans le cas d'Hamlet, fut très influencée par Delacroix. Il était aussi remarqué pour sa façon d'interpréter ses rôles avec une très grande émotion qui, pour certains, frisait le cabotinage. Il est cependant clair qu'il fut un brillant tragédien, dont le succès tenait en grande partie à l'effet visuel et aux gestes, grâce, peut-être, à l'influence de sa formation de peintre (voir cat. 114).

La vie de Rouvière s'acheva tristement. Après une série de succès en 1854-55, suivie d'un contrat de trois ans avec la Comédie française et une pension du gouvernement, il eut beaucoup de difficultés à trouver du travail. Comme Baudelaire l'écrivit en 1859, « Voilà une vie agitée et tordue, comme ces arbres, — le grenadier, par exemple, — noueux, perplexes dans leur croissance, qui donnent des fruits compliqués et savoureux, et dont les orgueilleuses et rouges floraisons ont l'air de raconter l'histoire d'une sève longtemps comprimée »[11]. Au début des années soixante, il semble être revenu sérieusement à la peinture parce que, en plus de sa participation présumée au Salon des Refusés en 1863, il exposa un *Portrait de l'auteur dans le personnage d'Hamlet* (collection inconnue) au Salon de 1864. Il parut sur la scène pour la dernière fois en janvier 1865 ; c'est peut-être à cause d'une faible santé qu'il dut cesser ses représentations car, selon Solkin, au moment où Manet lui demanda de poser pour ce portrait, il était déjà gravement malade, probablement trop malade en fait pour supporter les longues séances dans l'atelier [12].

Rouvière mourut le 19 octobre 1865, avant que le tableau ne fût achevé. Pour le terminer, Manet fit poser ses amis Antonin Proust (voir cat. 187) pour les mains, et Paul Roudier pour les jambes[13]. Très certainement la posture, ainsi que la position des mains et des pieds, avaient déjà été établies, mais la mort de Rouvière altéra probablement l'aspect final de la peinture. Son épée à ses pieds, baigné dans un flot de lumière qui vient d'au-dessus et crée une ombre étrange, Rouvière a l'air d'être peint en pleine représentation, mais le moment précis de la pièce n'a, semble-t-il, pas d'importance. La peinture est frappante à la fois en tant que portrait du grand acteur que fut Rouvière dans son meilleur rôle, et aussi celui d'une figure tragique dont la carrière et la vie touchaient à leur fin[14]. Quand Manet déclarait à Baudelaire qu'il avait employé le titre « l'acteur tragique » pour éviter le problème de la ressemblance avec Rouvière, il devait espérer que le tableau aurait plus de succès en tant que peinture au sens large, qu'en tant que portrait d'un individu précis. Ce sont sans doute des raisons semblables qui amenèrent Manet, l'année suivante, à exposer *Le torero mort* sous le titre de *L'homme mort*.

fig. a. Vélasquez, Pablillos de Valladolid. Madrid, Musée du Prado

1. Baudelaire, Lettres à, 1973, pp. 238-39.
2. Hamilton 1969, p. 82, n. 3.
3. Tabarant 1947, pp. 123-24.
4. Bürger (Thoré) 1870, p. 318.
5. Solkin 1975, p. 705.
6. Cité Moreau-Nélaton 1926, I, p. 72.
7. Tabarant 1947, p. 127.
8. Richardson 1958, p. 27.
9. Solkin 1975, p. 705.
10. *Ibid.*, p. 709.
11. Baudelaire 1976, p. 60.
12. Solkin 1975, pp. 707-08.
13. Proust 1913, p. 49.
14. Solkin 1975, p. 709.
15. Venturi 1939, II, p. 190.
16. Rouart et Wildenstein 1975, I, p. 17.
17. Meier-Graefe 1912, p. 310.
18. *Foreign Exhibition* Boston 1883.

Historique

Ce tableau faisait partie de l'ensemble de vingt-quatre œuvres acquises à l'artiste par DURAND-RUEL au début de 1872 (v. Hist., cat. 118). Le prix du tableau s'élevait à 1.000 Frs, d'après le marchand[15] ; à 2.000 Frs, d'après Manet[16]. Durand-Ruel le vendit peu après à Faure (v. Hist., cat. 10) pour 1.500 Frs[17]. Il n'y a cependant pas trace de cette vente, ni du rachat du tableau par le marchand, qui l'exposa à Boston en 1883[18]. Les archives Durand-Ruel indiquent qu'il le vendit en 1898 à GEORGE VANDERBILT (1862-1914), riche capitaliste qui se fit construire une très grande propriété près d'Asheville, en Caroline du Nord. Vanderbilt acheta également *Le Repos* (cat. 121) cette même année. A sa mort, les deux tableaux passèrent à sa veuve (née Edith Stuyvesant Dresser, plus tard Mrs. Peter G. Gerry). EDITH STUYVESANT VANDERBILT GERRY légua *L'acteur tragique* à la National Gallery of Art, Washington, D.C., en 1959 (inv. 1530).

C.S.M.

89

90 Philosophe

1865-1866
Huile sur toile
187,3 × 108
Signé b.g. *Manet*

Chicago, The Art Institute of Chicago

Quand Manet écrit de Madrid l'été 1865 à son ami Fantin-Latour pour lui communiquer son enthousiasme pour Vélasquez, lequel « à lui tout seul, vaut le voyage », il cite parmi les œuvres qui l'ont le plus frappé : « Les philosophes, étonnants morceaux ! »[1]. Et de fait, dès son retour à l'automne 1865, il met en route une série d'œuvres directement inspirées de ces deux tableaux de Vélasquez qu'il venait de voir au Prado : *Ésope* et *Ménippe*[2].

    Deux d'entre eux au moins en sont très proches — tant par les dimensions de la toile, quasi identiques, que par l'expression des modèles et le vêtement. Ce sont les tableaux des *Philosophes,* évidemment prévus pour être des pendants, celui exposé ici et le *Philosophe* dit « au béret », également à Chicago (RW 100), qui tend la main pour mendier. Un troisième tableau, *Le Chiffonnier* (RW 137), daté par Rouart et Wildenstein de 1869, semble bien faire aussi partie de la même séquence[3], bien que peint selon un style apparemment plus tardif, avec plus de légèreté, et gardant, plus qu'ici, un caractère d'esquisse (fig. a).

    Le voyage à Madrid n'avait fait que confirmer Manet dans son intérêt pour ces sujets à la fois réalistes et symboliques — pensons au *Vieux musicien* (RW 52) peint en 1862, où Manet avait déjà mis en scène l'image d'un artiste miséreux, ou au *Buveur d'absinthe* (RW 19). Notre *Philosophe* vient évidemment tout droit du *Ménippe* de Vélasquez (fig. b) : même cadrage, même cape enveloppante, même chapeau, même sourire. Mais la figure de Vélasquez, dont les attributs (livre, cruche) montrent la science et le dénuement, est légèrement détournée et nous regarde avec l'ironie que le peintre espagnol prête à l'écrivain pré-socratique. Manet nous présente son philosophe de face, plus « cynique » au sens moderne du terme que son modèle, plus jovial, exprimant dans son sourire autant de satisfaction que d'humour. Son visage, comme éclairé par un projecteur, seule tache lumineuse d'un tableau sombre, irradie dans un contexte où la pauvreté est agressive : sa cape paraît n'être qu'une vieille couverture, son pantalon un objet de rebut, trop long pour lui et roulé ; les coquilles d'huîtres sur la paille indiquent plus un tas d'ordures que le relief d'un festin.

    En peignant ces impressionnantes effigies de sages-mendiants, Manet accommodait en fait la tradition espagnole à un thème contemporain cher à Baudelaire qui, dans *Le vin des chiffonniers,* dépeint la sombre poésie d'un tel personnage, apparaissant « au cœur du vieux faubourg/ labyrinthe fangeux/ où l'humanité grouille en ferments orageux »[4]. En fait, le mendiant-philosophe est alors un « type parisien » si répandu au milieu du siècle que dans le *Paris-Guide,* publié pour l'Exposition Universelle de 1867, Charles Yriarte — l'ami de Manet, spécialiste de Goya — en parle longuement, pour en déplorer la disparition progressive due aux transformations de Paris par Haussmann et à la suppression des « cours des miracles » : « La ligne droite a tué le pittoresque et l'imprévu [...]. Plus de loques colorées, plus de chansons extravagantes et de discours extraordinaires [...] les musiciens ambulants, les chiffonniers philo-

Expositions
Alma 1867 n° 31 (Philosophe) ; Paris, Cercle de l'Union artistique 1870 ; Beaux-Arts 1884 n° 30 ; New York, National Academy of Design 1886 n° 244 ; Durand-Ruel 1913 n° 5 ; [Philadelphie]-Chicago 1966-67 n° 73.

Catalogues
D 1902, 65 ; M-N 1926 I, p. 76 ; cat. ms. 83 ; T 1931, 104 ; JW 1932, 111 ; T 1947, 111 ; RO 1970, 94 ; RW 1975, 99.

fig. a. Le chiffonnier, 1869. Pasadena, Norton Simon Inc. Foundation

fig. b. Vélasquez, Ménippe. Madrid, Musée du Prado

90

sophes [...] ont émigré [...] aux premières heures du matin, celui-là venait contempler l'arrivée des choux et l'entrée du cresson de fontaine sous les auvents des halles pour réciter aux marchands intrigués les plus beaux vers de Virgile et d'Horace [...] où trouver aujourd'hui un sergent de ville inoffensif et bénin qui sourirait à ces classiques divagations tant admirées de notre jeune âge ! »[5]. C'est bien en effet une image de tous les jours et le souvenir d'une rencontre que Manet nous montre ici, par le truchement de l'Espagne et d'un modèle d'atelier.

Tabarant pense que le *Philosophe* a été posé par le frère de Manet, Eugène, renseignement sur lequel il ne donne aucune source, et qu'il tire sans doute de conversations avec Léon Leenhoff[6]. Mais le visage ressemble plus à celui du modèle professionnel qui avait posé récemment pour *Le Christ insulté* (voir cat. 87).

Manet montre ce tableau pour la première fois dans son exposition de 1867 ; et comme Zola n'en parle pas dans son article paru le 1er janvier 1867, on peut supposer que le tableau n'était pas encore terminé. L'amusante caricature de Randon, qui montre le *Philosophe* sortant une dague de sa cape (fig. c), prouve que le personnage dût paraître passablement inquiétant. Ce ne fut évidemment pas un des tableaux les plus remarqués dans l'exposition, sauf peut-être par l'ami de Baudelaire, Hippolyte Babou, qui le tenait évidemment pour un des meilleurs tableaux de l'exposition tout en observant qu'il était trop clairement inspiré de Vélasquez[7].

Trois ans plus tard, quand le tableau fut montré de nouveau au cercle de l'Union artistique, le critique Duranty, un des familiers du Café Guerbois, lui consacra quelques mots brefs et glaciaux : « M. Manet a exposé un philosophe foulant aux pieds des coquilles d'huîtres. »[8]. « Le soir même », rapporte Tabarant, « Manet, entrant au Guerbois, alla droit à Duranty et le souffleta. »[9]. Il s'ensuivit un duel ; Manet, dont les témoins étaient Zola et Vigneau, blessa légèrement Duranty ; le duel fut suivi d'une réconciliation et d'une amitié accrue : « Manet a été très brave, et j'ai la plus grande estime pour lui. »[10]. Il est amusant de savoir le sourire philosophique de notre mendiant derrière cet événement tragi-comique de la vie d'artiste de Manet.

1. Cité Moreau-Nélaton 1926 I, pp. 71-72.
2. J. López-Rey, *Velasquez. Catalogue raisonné*, Londres, 1963, n°s 73 et 38.
3. Hanson 1967, p. 195.
4. Baudelaire 1975, p. 106.
5. *Paris Guide* 1867, t. II, pp. 929-932.
6. Tabarant 1931, p. 145 ; 1947, p.115.
7. Babou 1867, pp. 288-89.
8. Duranty, in *Paris Journal*, 19 février 1870, cité Tabarant 1947, p. 173.
9. Tabarant 1947, p. 115.
10. Duranty, cité Crouzet 1964, p. 292.
11. Venturi 1939 II, pp. 189-92.
12. Rouart et Wildenstein 1975 I, p. 17.
13. Callen 1974, pp. 169, 171.
14. Venturi 1939 II, p. 190.
15. «Exhibition of the Arthur Jerome Eddy Collection of Modern Paintings and Sculpture», *Bulletin of the Art Institute of Chicago*, XXV [décembre 1931] II, pp. 4-7.

Historique

Ce tableau faisait partie des vingt-quatre peintures que DURAND-RUEL acheta à l'artiste en janvier 1872 (v. Hist., cat. 118). Pour le marchand, le montant du *Philosophe* s'élevait à 1.000 Frs[11], alors que pour Manet il faisait partie d'un ensemble de quatre peintures du même sujet (RW 19, 100, 137) qu'il avait intitulé « philosophes » et vendu pour le prix global de 6.000 Frs[12]. Durand-Ruel en vendit un séparément (RW 137), et les trois autres comme un ensemble, au chanteur FAURE (v. Hist., cat. 10), le 10 novembre 1882, pour le prix total de 5.750 Frs. Étant donné que Faure fut souvent le partenaire de Durand-Ruel, le prix modeste laisse penser que le marchand garda peut-être une part. De toutes façons, au cours des années suivantes, le marchand acquit à nouveau les trois tableaux, en commençant par celui-ci qu'il paya 10.000 Frs

en 1894[13]. Peu après il le vendit pour 20.000 Frs[14] à ARTHUR JÉROME EDDY (1859-1920), avocat de Chicago, qui rassembla une collection d'œuvres d'art de la fin du XIXe et du début du XXe siècles, et dont Whistler (1894) et Rodin (1898) firent le portrait. Après avoir vu l'Armory Show à New York en 1913, Eddy la fit venir à l'Art Institute de Chicago. Ses nombreux articles, conférences et livres contribuèrent de manière significative à l'introduction de l'art moderne auprès du public américain.

Après la mort de son mari, sa collection passa à MRS. EDDY et leur fils, JÉROME O. EDDY ; ils la donnèrent à leur tour à l'Art Institute de Chicago en 1931 (inv. 31.504)[15]. Le tableau alors rejoignit un autre des «philosophes» de Manet (RW 100), que Durand-Ruel avait vendu directement à l'Art Institute en 1912.

F.C.

PHILOSOPHE.

Malédiction ! tête et sang !! on se permet de manger des huîtres sans m'inviter !!!

fig. c. Caricature de Randon dans *Le Journal amusant,* 29 juin 1867

91   Combat de taureaux

1865-1866
Huile sur toile
90 × 110
Signature posthume b.d. *Manet*

Paris, Musée d'Orsay (Galeries du Jeu de Paume)

Expositions
Paris, Beaux-Arts 1884 n° 36 ; Exposition
Universelle 1900 n° 441 ; Londres, Grafton 1905
n° 86 ; Berlin, Matthiesen 1928 n° 16 ; New York,
Rosenberg 1946-1947 n° 3.

Catalogues
D 1902, 73 ; M-N 1926 I p. 75 ; cat. ms. 79 ;
T 1931, 114 ; JW 1932, 120 ; T 1947, 120 ;
RO 1970, 100 ; RW 1975, 107.

« Un des plus beaux, des plus curieux et des plus terribles spectacles que l'on puisse voir » écrit Manet à Baudelaire, le 14 septembre 1865, « c'est une course de taureaux. J'espère à mon retour mettre sur la toile l'aspect brillant, papillotant et en même temps dramatique de la corrida à laquelle j'ai assisté. »[1] Une lettre à Astruc, datée du 17, précise qu'il compte « mettre sur la toile l'aspect rapide de cet assemblage de monde tout bariolé, sans oublier la partie dramatique, picador et cheval renversés et labourés par les cornes du taureau et l'armée de chulos cherchant à écarter l'animal furieux ».[2]

Manet était préparé depuis longtemps à être fasciné par les courses de taureaux. On sait par Antonin Proust qu'un des tableaux modernes, alors exposé au Musée de Luxembourg, qui l'intéressait le plus, était une *Course de taureaux* de Dehodencq (Musée de Pau ; fig.a). Il avait, on l'a vu, déjà peint deux

91

tableaux sur ce thème (cat. 33 et 73). C'est sans doute à partir de croquis faits sur place, non retrouvés (sauf une seule aquarelle, RW II 530), qu'il peint cette toile, en atelier, à Paris. Comme bien souvent chez Manet, l'expérience personnelle et le souvenir culturel se fondent : la prise de vue de la course supposerait que Manet fut dans l'arène ; les gravures de la *Tauromachie* de Goya (qu'il possédait très probablement - voir cat. 105) priment l'expérience visuelle. S'il y a une certaine gaucherie et improvisation dans la description de l'action dramatique, c'est qu'il consulte Goya pour des éléments assemblés ensuite à sa façon. Par exemple, le petit personnage debout à droite a été ajouté après coup (la radiographie le montre) et peint par-dessus la palissade pour combler ce qu'il ressentait peut-être comme un vide. En revanche le « papillotement » du public restitue avec force et audace une impression de foule et de soleil.

Ce tableau est le plus important — au moins par la dimension — d'une série de trois. L'Art Institute de Chicago possède une toile assez proche de celle-ci, mais plus rectiligne de composition, et présentant une phase ultime du combat, puisque le cheval attaqué ici par le taureau, est couché, mort, et le picador s'apprête à la mise à mort (RW 108). Une esquisse plus petite, sans doute pour le tableau exposé ici, montre un champ plus restreint de la scène, et le taureau en train de charger également (RW 109).

A aucun moment Manet n'a peint l'instant le plus dramatique de la course, l'instant précis de la mise à mort. Pour lui il s'agit avant tout d'un spectacle, et d'ailleurs, en dehors de la scène centrale où s'entremêlent cheval, taureau et « chulos », les trois figurines des deux picadors à cheval à gauche et du petit torero ajouté à droite, regardent vers nous et se désintéressent franchement de l'action. S'ils ont été croqués d'après nature, c'est à des moments différents de la course, et replacés ensuite un peu au hasard, pour meubler la composition. Malgré l'intention exprimée dans ses lettres de ne pas « oublier la partie dramatique », il ne s'agit pas de « sang, de volupté et de mort », mais d'un regard aimablement touristique. Ce n'est évidemment pas le drame tauromachique, celui de l'affrontement, de la solitude, du danger, auquel Manet a été sensible, mais à un spectacle fascinant surtout par le grouillement coloré de la foule ensoleillée des gradins, bref, plus à ce qui fait appel aux émotions proprement picturales qu'à celles, plus violentes, héroïques ou douteuses, qui s'attachent d'ordinaire à une « corrida ».

1. Baudelaire, Lettres à, 1973, p. 236.
2. «Lettres d'Édouard Manet sur son voyage en Espagne», *Arts* 16 mars 1945 (document aux archives du Musée d'Orsay).
3. Vente P[ertuiset] 8 juin 1888 n° 2.

fig. a. Dehodencq, Course de taureaux à Madrid, 1850. Musée de Pau

Historique
Manet vendit ce tableau directement à l'un de ses amateurs et amis, le fameux PERTUISET, le *Chasseur de lions* (cat. 209). Cette œuvre est achetée 1.200 Frs à la vente Pertuiset en 1888[3] par DURAND-RUEL (v. Hist., cat. 118) qui la vendit, sans doute par l'intermédiaire de PAUL CASSIRER (v. Hist., cat. 13) à la BARONNE DE GOLDSCHMIDT-ROTHSCHILD, à Berlin, qui le possédait encore en 1931, selon Tabarant. Chassé par le nazisme, la baronne vint en France, à la fin des années trente. Ce tableau entra dans les musées nationaux en 1976, par dation en paiement des droits de succession, avec la participation de la Société des Amis du Louvre (inv. RF 1976-8).

F.C.

92 Un matador de taureaux (Le matador saluant)

1866-1867
Huile sur toile
171.1 × 113
Signé b.g. *Manet.*

NY   New York, The Metropolitan Museum of Art

Devant la colère occasionnée par le choix du Salon de 1865, le jury réagit en adoptant une position plus conservatrice l'année suivante. Selon Tabarant: «En particulier, il s'est dit que le premier moyen de ne pas répéter les effarements de la critique et du public devant une *Olympia,* c'était de fermer la porte au nez de M. Manet, le fomentateur de scandale, et il lui a refusé son *Fifre* et son *Acteur tragique* sans prendre souci de les regarder. »[1]. Parmi les nombreux autres artistes refusés, il y avait un peintre peu connu, Jules Holtzappel; à la suite de son refus, il se suicida. On qualifia d'assassins les membres du jury et on réclama un nouveau Salon des Refusés. Le préfet de police déclara que ce genre d'exposition ne pouvait avoir lieu, mais que les artistes auraient le droit d'organiser de petites expositions dans leur atelier, «sous condition formelle de n'en pas ouvrir trop largement les portes»[2]. Tabarant déclare, mais sans preuve, que le *Matador saluant* fit partie des tableaux que Manet exposa dans son atelier au printemps 1866. Thoré n'en parla pas en juillet 1866 dans son article sur le Salon où il fit le récit de sa visite à l'atelier de Manet, et Zola n'en fit pas mention dans son long article paru le 1er janvier 1867 dans la *Revue du XIXe siècle:* le fait que Zola, en particulier, ne cite pas ce tableau, amène à penser qu'il a peut-être été exécuté au début de 1867.

La première apparition documentée du *Matador saluant* se situe lors de l'exposition particulière de l'Alma en 1867. Le titre du catalogue, *Un matador de taureaux,* ne tient pas compte des renseignements du *Voyage en Espagne* de Gautier: «On n'emploie guère en Espagne le mot *matador* pour désigner celui qui tue le taureau, on l'appelle *espada...* l'on ne dit pas non plus *toreador,* mais bien *torero».* Tabarant identifie le modèle comme le frère de Manet, Eugène, et spécifie que le tableau fut peint en 1866 dans l'atelier de la rue Guyot[4]. Moreau-Nélaton dit également qu'Eugène posa, et il affirme que le tableau représente le torero applaudi par la foule après la mort du taureau[5]. Cependant, dans le catalogue de la vente Duret[6], le modèle est désigné comme un danseur espagnol, d'une troupe qui s'était produite à Paris pendant l'Exposition Universelle de 1867; il se peut que ce renseignement soit juste, car Duret avait acheté *Le matador saluant* directement à l'artiste en 1871 ou 1872. Il raconta plus tard que le tableau représentait le moment où le matador demande la permission de tuer le taureau[7]. Pourtant, le geste du matador ressemble à celui de la figure de gauche de *La posada* (RW 110); l'eau-forte du même sujet (H36; voir cat. 49, fig. b) indique, plus clairement que la peinture, que le torero se tient devant un petit autel orné de cierges, et qu'il s'agit donc du moment d'attente et de préparation avant le début de la corrida.

A la différence des premiers sujets de tauromachie tels que *Mlle Victorine en costume d'espada* (cat. 33) et *Le torero mort* (cat. 73), *Le matador saluant* fut exécuté après le voyage de Manet en Espagne en 1865. Il reflète bien

Expositions
Alma, 1867 no. 16 (Un matador de taureaux);
Beaux-Arts, 1884 no. 34 (Le matador saluant);
New York, Durand-Ruel 1895 no. 24.

Catalogues
D 1902, 78; M-N 1926, I p. 76; cat. ms. 78; T 1931, 113; JW 1932, 124; T 1947, 121; RO 1970, 101; RW 1975, 111.

92

évidemment sa fidèle admiration pour la peinture espagnole du XVIIᵉ siècle. Sur vingt-huit tableaux peints en 1865-66, Isaacson remarque que quatorze révèlent un enthousiasme renouvelé pour l'Espagne et son art[8] ; de même, vingt-huit tableaux sur trente-trois et toutes les eaux-fortes présentés à son exposition de 1867 reflètent un intérêt pour les thèmes espagnols, caractéristiques de ses premières œuvres. De toute évidence Manet doit à Vélasquez et à Zurbaran les effets de composition et l'utilisation d'une touche fluide pour le *Matador saluant*. Cependant, la spontanéité de la figure et l'insistance sur le plan du tableau sont très différentes. Ces œuvres inspirèrent certainement Zola dans le récit de sa première impression produite par une toile de Manet : « L'œil n'aperçoit d'abord que des teintes plaquées largement. Bientôt les objets se dessinent et se mettent à leur place ; au bout de quelques secondes, l'ensemble apparaît, vigoureux et solide, et l'on goûte un véritable charme à contempler cette peinture claire et grave, qui rend la nature avec une brutalité douce, si je puis m'exprimer ainsi. »[9]

1. Tabarant 1947, p. 373.
2. *Ibid.* p. 366.
3. Gautier 1842, p. 105.
4. Tabarant 1930, p. 69 ; 1932, pp. 152-154.
5. Moreau-Nélaton 1926, I, p. 76.
6. Vente Duret 1894, nº 20.
7. Duret 1902, p. 212.
8. Isaacson 1969, p. 9.
9. Zola 1867, *Revue*, p. 52 ; (Dentu) p. 25.
10. Tabarant 1947, p. 121.
11. Rey 1938, p. 21.
12. Vente Duret, Paris 1894, nº 20.
13. Meier-Graefe 1912, p. 316.
14. Lettre de Charles Durand-Ruel, 6 janv. 1959 (New York, Metropolitan Museum, archives).
15. Havemeyer 1961, pp. 222-224.

Historique

Manet vendit cette œuvre en 1870 à THÉODORE DURET (v. cat. 108) pour 1.200 Frs, qu'il paya en plusieurs versements l'année suivante[10]. Comme Manet l'expliqua dans une lettre à Duret[11], normalement il n'aurait pas vendu une œuvre d'une telle importance pour moins de 2.500 Frs et il souhaitait que Duret ne dise pas qu'il avait payé moins de 2.000 Frs. Lorsque Duret dispersa une partie de son importante collection en vente publique[12], le tableau fut acquis pour 10.500 Frs par DURAND-RUEL (v. Hist., cat. 118)[13]. Il le vendit le 31 décembre 1898 à Mr et Mrs. HENRY O. HAVEMEYER (v. Hist., cat. 33)[14]. Dans ses mémoires, Mrs Havemeyer raconte comment, bien qu'elle désirait le tableau, elle hésita à l'acheter, craignant que son mari ne le trouve trop grand, jusqu'à ce que Mary Cassatt réussisse à vaincre ses objections en disant : « Ne soyez pas stupide... C'est exactement le format que voulait Manet et cela devrait suffire à Mr. Havemeyer... »[15]. En fait, il aima tellement l'effet du tableau, leur premier grand Manet, dans leur galerie privée que l'année suivante il acheta comme pendant le *Jeune homme en costume de majo* (cat. 72). Les deux tableaux entrèrent au Metropolitan Museum lors du legs de Mrs Havemeyer, en 1929 (inv. 29.100.52).

C.S.M.

93 Le fifre

1866
Huile sur toile
160 × 98
Signé b.d. *Manet*

Paris, Musée d'Orsay (Galeries du Jeu de Paume)

Expositions
Paris, Alma 1867 nº 11 ; Beaux-Arts 1884 nº 33 ; New York 1886 nº 22 ; Paris, Exposition Universelle 1889 nº 485 ; Orangerie 1932 nº 23.

Catalogues
D 1902, 76 ; MN 1926 pp. 79-80 ; cat. ms. 88 ; T 1931, 117 ; JW 1932, 126 ; T 1947, 117 ; RO 1970, 104 ; RW 1975, 113.

« J'ai envoyé à l'exposition deux tableaux je compte en faire faire des photographies et vous en envoyer : un portrait de *Rouvière* dans le rôle d'*Hamlet* [cat. 89] [...] et un fifre des voltigeurs de la garde mais il faut voir les tableaux pour s'en faire une juste idée », écrit Manet à Baudelaire, le 27 mars 1866[1]. Le jeune modèle était un enfant de troupe de la Garde impériale de la caserne de la Pépinière, que son ami le commandant Lejosne lui avait amené, indication de Moreau-Nélaton confirmée par une lettre de Mme Julie Manet-Rouart à Mrs L. Harris[2]. Paul Jamot a émis l'hypothèse que Victorine Meurent, déguisée, aurait posé[3]. Il y a, en effet, une certaine ressemblance dans le regard, mais ni dans la coupe du visage ni dans la dimension de l'oreille. On a pensé aussi que ce pouvait être Léon Koëlla-Leenhoff, également avec des vêtements prêtés par l'intermédiaire du commandant Lejosne[4].

Peu importe à vrai dire son identité, le véritable modèle du fifre, c'est la peinture de Vélasquez. Manet était revenu quelques mois plus tôt de son voyage en Espagne lorsqu'il mit son tableau en chantier. Une lettre à Fantin, de Madrid, révélait son admiration pour Vélasquez « qui, à lui tout seul, vaut le voyage. [...] C'est le peintre des peintres. Il ne m'a pas étonné, mais m'a ravi. [...] Le morceau le plus étonnant de cet œuvre splendide, et peut-être le plus étonnant morceau de peinture qu'on ait jamais fait, c'est le tableau indiqué au catalogue : *portrait d'un acteur célèbre au temps de Philippe IV*. Le fond disparaît : c'est de l'air qui entoure le bonhomme, tout habillé de noir et vivant. »[5]. On a ici pour une fois, venant de Manet lui-même et non d'un commentateur, l'indication précise de ce qu'il a cherché à faire, dans *Le fifre*, et dans *Rouvière,* en particulier, puis dans la plupart des portraits masculins en pied, de *Duret* (cat. 108) à *Clemenceau* (cat. 186-187).

Comme la plupart des tableaux du Louvre que nous avons pu faire radiographier, celui-ci montre une œuvre faite avec une grande décision, de premier jet, sans préparation et sans repentir, sauf légèrement sur l'oreille dont il a exagéré la taille, ce qui souligne le caractère enfantin du personnage. Non nettoyé, le tableau a gardé jusqu'à présent la patine du temps qui accentue la fine modulation du gris du fond, mais il faut l'imaginer plus sec et plus contrasté à l'origine ; son apparence de « carte à jouer » et d'« image d'Epinal » qu'on lui a tant reproché à l'époque devait en être plus évident.

Ce tableau fut refusé au Salon, alors qu'étaient admis des œuvres d'artistes nouveaux comme Monet, avec *Camille* (Brême, Kunsthalle), et Pissarro, ou toujours contestés, comme Courbet, avec la *Femme au perroquet* (New York, Metropolitan Museum).

Il est évident que cette figure, dont le noir en masse ou en lignes souligne le découpage et l'à-plat de la toile, paraissait plus radicale et décidément « moderne » que les envois que nous venons de citer. Il avait en commun avec Monet et Pissarro une touche large et simplifiée, mais l'audace de son image plate, sur un motif jusque là dévolu à la scène de genre, traité sans le moindre attendrissement et nettoyé de tout détail inutile, fit l'effet d'une provocation auprès du jury dont les membres les plus influents étaient, rappelons le, Baudry, Cabanel, Gérôme et Meissonier.

Les critiques qui virent le tableau, à l'exposition de l'Alma au printemps 1867, ou auparavant, dans son atelier, ne furent pas plus amènes — sauf Zola. C'est en effet à cette dernière occasion que le jeune écrivain de vingt-six ans, qui côtoyait déjà le « groupe des Batignolles » par l'intermédiaire de Cézanne et sans doute de Duranty et Guillemet, fut amené par ce dernier dans l'atelier de Manet[6].

Il prit feu et flamme pour l'artiste et son œuvre dans son article de *L'Evénement* du 7 mai 1866 : « [...] l'œuvre que je préfère est certainement le *Joueur de Fifre,* toile refusée cette année. Sur un fond gris et lumineux, se détache le jeune musicien, en petite tenue, pantalon rouge et bonnet de police. Il souffle dans son instrument, se présentant de face. J'ai dit plus haut que le talent de M. Manet était fait de justesse et de simplicité, me souvenant surtout de l'impression que m'a laissée cette toile. Je ne crois pas qu'il soit possible d'obtenir un effet plus puissant avec des moyens moins compliqués. Le tempérament de M. Manet est un tempérament sec, emportant le morceau. Il arrête puissamment ses figures, il ne recule pas devant les brusqueries de la nature ; il passe du blanc au noir sans hésiter, il rend dans leur vigueur les différents objets se détachant les uns sur les autres. Tout son être le porte à voir par taches, par morceaux simples et énergiques. On peut dire de lui qu'il se

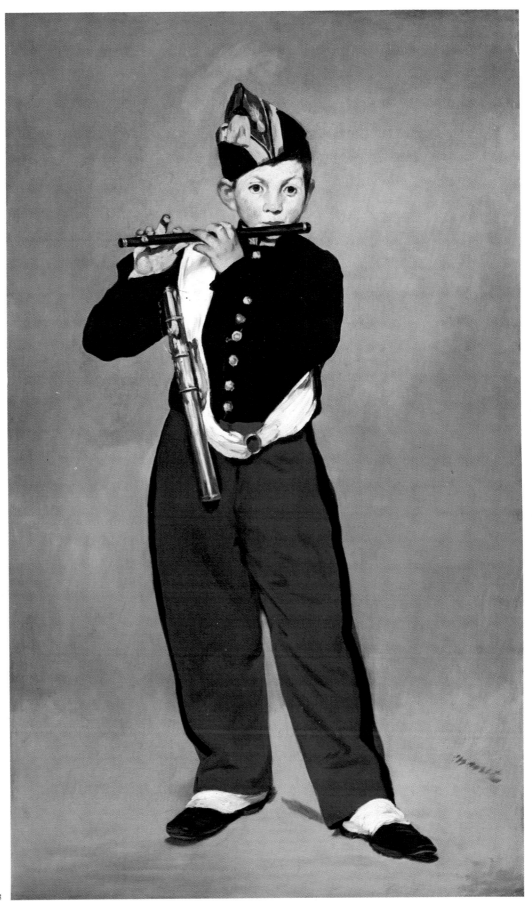

93

contente de chercher des tons justes et de les juxtaposer ensuite sur une toile. Il arrive que la toile se couvre ainsi d'une peinture solide et forte. Je retrouve dans le tableau un homme qui a la curiosité du vrai et qui tire de lui un monde vivant d'une vie particulière et puissante. »[7]

N'oublions pas que Manet, malgré les succès de scandale des années précédentes, n'avait à l'époque non seulement rien vendu, mais ce récent échec au Salon était la confirmation de son éviction du cercle des élus, considérés comme professionnels et qui pouvaient vivre, moralement et matériellement, de leur peinture. Même si cet article insolent ne devait lui gagner ni clientèle, ni appui académique, bien au contraire, il fut un grand réconfort pour Manet ; Zola lui apparut comme le relais d'un soutien parmi les écrivains que Baudelaire, déjà très malade, ne pouvait plus assurer. Le jour même, Manet lui écrivit ces quelques mots : « Cher Monsieur Zola, [...] je suis heureux et fier d'être défendu par un homme de votre talent, quel bel article, merci mille fois »[8]. Quelques mois plus tard, Zola évoque de nouveau *Le fifre* au détour d'un long essai sur Manet : « Un de nos grands paysagistes modernes a dit que ce tableau était 'une enseigne de costumier', et je suis de son avis, s'il a voulu dire par là que le costume du jeune musicien était traité avec la simplicité d'une image. Le jaune des galons, le bleu noir de la tunique, le rouge des culottes ne sont encore ici que de larges taches. »[9]. On comprend mieux ce que pouvait en tout cas signifier un tel soutien public à l'époque, si l'on se représente qu'en 1884, après sa mort, le bilan que l'exposition rétrospective permettait de faire à la critique officielle modérée, concluait ainsi : « En 1866, la note grise sert de fond à diverses figures, au *Fifre* par exemple, qui, pendant quelques années a passé pour un type définitif et un classique. C'est un jeune musicien d'un dessin quelconque, enluminé de couleurs vives parmi lesquelles le rouge du pantalon parle avec audace. Il est appliqué sur un fond gris monochrome : pas de terrain, pas d'air, pas de perspective : l'infortuné est collé contre un mur chimérique. L'idée qu'il y a positivement une atmosphère qui passe derrière les corps et les entoure ne peut pas entrer dans la tête de Manet : il reste fidèle au système de la découpure ; il s'incline devant les hardis faiseurs de jeux de cartes. Le *Fifre*, amusant spécimen d'une imagerie encore barbare, est un valet de carreau placardé sur une porte. »[10]

En effet, c'est bien une icône moderne, cette figure dressée, modeste et impressionnante, fixant le spectateur comme un saint de vitrail, poulbot peint comme un grand d'Espagne, qui porte les couleurs et les principes du peintre comme un drapeau. Jamais Manet jusqu'ici n'avait été aussi radical dans la simplification de sa technique, dans l'abréviation. La profondeur est uniquement donnée par la petite ombre arbitraire derrière le pied gauche, peut-être aussi par « l'extraordinaire signature disposée dans la profondeur de l'espace »[11]. Des figures postérieures, comme *Les bulles de savon* (cat. 102), paraîtront légèrement archaïques après le *Fifre*.

Bien sûr, c'est ici l'image picturale du rouge et du noir qui a séduit Manet, plus qu'un individu ; pourtant — et toute l'ambiguïté et la richesse du peintre se révèlent ici — le sujet compte beaucoup. Non en lui-même — aucun attendrissement sur cet enfant déguisé, du type de ceux qui feront bientôt le succès de Bastien-Lepage — mais par la mise en valeur d'une silhouette insignifiante et populaire.

On a pensé, les critiques de l'époque, comme les historiens d'art, aujourd'hui[12], à l'influence probable de l'imagerie populaire, en particulier d'Epinal ; les comparaisons livresques, à l'aide de reproductions, qui réduisent le tableau jusqu'à le rapprocher d'une carte à jouer ou d'une image, sont concluantes pour les rapports de couleurs, et l'approche « naïve » d'un personnage. Mais la différence de format, l'annoblissement d'un thème populaire, comptent plus que les analogies avec les productions bariolées des images populaires. L'idée de peindre un enfant en costume militaire a pu lui être donné par l'imagerie populaire ; l'allusion de Zola à l'enseigne de costumier trouve une réalité dans des images d'Épinal de l'époque, grandeur nature, représentant des militaires de toutes armes en costume (dont on connait mal la destination : figures de foire ? objets d'identifications pour les casernes ?)[13]. Leur grossièreté de traits et de couleurs lui a peut-être donné l'idée de répondre, par une provocation, aux attaques toutes récentes contre l'*Olympia* (cat. 64), considérée par Courbet comme une carte à jouer.

Mais le rôle stylistique des estampes japonaises a justement été invoqué, dès décembre 1866 par Zola, dans des lignes où il faut sentir les propos mêmes, et la suggestion de Manet : « On a dit, par moquerie, que les toiles d'Édouard Manet rappelaient les gravures d'Épinal, et il y a beaucoup de vrai dans cette moquerie qui est un éloge ; ici et là les procédés sont les mêmes, les teintes sont appliquées par plaques, avec cette différence que les ouvriers d'Épinal emploient les tons purs, sans se soucier des valeurs, et qu'Edouard Manet multiplie les tons et met entre eux les rapports justes. Il serait beaucoup plus intéressant de comparer cette peinture simplifiée avec les gravures japonaises qui lui ressemblent par leur élégance étrange et leurs taches magnifiques. »[14]

L'utilisation d'un grand noir en à-plat vient ici en effet tout droit des estampes japonaises, ainsi que les rubans noirs, qui existaient bien réellement sur les côtés du pantalon, mais qui sont utilisés systématiquement pour souligner la silhouette cernée de noir, du calot aux souliers, créant ainsi une œuvre où plus qu'aucune autre, fusionnent chez Manet l'Espagne et le Japon. L'invention de Manet tient à l'association d'un motif modeste et d'une jubilation de la touche et de la couleur, et à une présence frontale qui n'a plus rien à voir avec les images analogues du passé, comme par exemple le *Gilles* de Watteau (Louvre), mais qui annonce la peinture du tournant du siècle. Après Gauguin et les « cloisonnistes » qui purent voir le tableau à la Centennale de 1889, *Le fifre* impressionna particulièrement les Nabis et les futurs fauves, quand ils le virent chez Durand-Ruel en 1894. Une lettre d'Evenepoël, élève, comme Matisse et Marquet, de Gustave Moreau, et par ailleurs lié à Bonnard et aux peintres de la Revue Blanche, témoigne de cet enthousiasme : « Parmi les 40 toiles rassemblées là, il y en a de tout à fait remarquables au point de vue de l'esprit, de la distinction du ton et de la beauté de la matière. Il y a, entre autres choses, un petit flûtiste de l'armée, ou plutôt un fifre, qui est une merveille, c'est d'un maître et il tiendrait sa place à côté des plus belles toiles du Louvre. Il est d'une pâte truculente, d'une finesse de ton, d'une simplicité de facture, d'une vie dont on a peine à se faire idée »[15].

1. Baudelaire, Lettres à, 1973, p. 238-239.
2. Lettre du 11 juin 1962 (New York, Metropolitan Museum, archives).
3. Jamot 1927, p. 6.
4. Tabarant 1947, p. 119.
5. Moreau-Nélaton 1926 I, p. 72.
6. Tabarant 1931, p. 179.
7. Zola (1866) 1959, p. 68.
8. V. annexe, Correspondance Manet-Zola, nº 1.
9. Zola 1867, *Revue* p. 59 ; (Dentu) p. 37.
10. Mantz 1884.
11. Georgel 1975, p. 74.
12. Hanson 1977, p. 183 ; Welsh-Ovcharov 1981, p. 23.
13. Collections du Musée des arts et traditions populaires, Bois de Boulogne.
14. Zola 1867, *Revue* p. 52 ; (Dentu) p. 24.
15. H. Evenepoël, *Correspondance*, s.d., p. 21 (à son père, mai 1894).
16. Venturi 1939, II, p. 191 ; Callen 1974, p. 163.
17. Tabarant 1931, pp. 156-157.

Historique
DURAND-RUEL paya *Le fifre* 1.500 Frs dans le lot acheté à Manet en 1872 (v. Hist., cat. 118). Il reste ensuite vingt ans chez le chanteur FAURE (v. Hist., cat. 10) qui l'acheta 2.000 Frs, le 11 novembre 1873[16]. DURAND-RUEL le lui rachète en 1893 et le vend en janvier 1894 pour 30.000 Frs au comte ISAAC DE CAMONDO (v. Hist., cat. 50)[17]. Il fait partie du legs Camondo au Louvre en 1908, entre au musée en 1911 (inv. RF 1992) et y est exposé en 1914. Il est d'ailleurs fort significatif que le chemin vers Manet et les impressionnistes ait passé, pour ce collectionneur d'estampes japonaises, par un Manet considéré à l'époque comme l'un des plus japonisants.

F.C.

94

94 Portrait de Zacharie Astruc

1866
Huile sur toile
90 × 116
Signé et dédicacé sur le livre japonais b.g.
au poète / Z. Astruc / son ami / Manet / 1866

P Brême, Kunsthalle Bremen

Zacharie Astruc (1835-1907) fut un des personnages clé de la jeunesse de Manet, témoin et sans doute un peu acteur de la cristallisation de son autonomie artistique, à la fin des années cinquante et au début des années soixante. Ce portrait est celui d'un personnage attachant, mais aussi le témoignage d'une étape artistique de Manet, entre le portrait de ses parents (cat. 3) auquel par certains points il fait encore penser, et le portrait de Zola

Expositions
Paris, Alma 1867 n° 43 (Portrait de Z. A.) ; New York, Durand-Ruel 1895 n° 6 ; Berlin, Cassirer 1904 ; Matthiesen 1928 n° 11.

Catalogues
D 1902, 48 ; M-N 1926, I, fig. 71 ; cat. ms. 72 ; T 1931, 71 ; JW 1932, 103 ; T 1947, 77 ; RO 1970, 69 ; RW 1975, 92.

248

(cat. 106) dont il apparaît comme un brouillon, moins parfait peut-être, mais plus chaleureux.

Avant de devenir dans les années quatre-vingt et quatre-vingt-dix un sculpteur reconnu officiellement (on lui doit en particulier le charmant *Marchand de masques,* 1883, du jardin du Luxembourg), Astruc était, à l'époque de son portrait, avant tout écrivain, critique et accessoirement peintre. C'est à lui que revient l'honneur d'avoir été le premier défenseur de Manet, dès 1863, à contre-courant du tollé général, et face au silence de Baudelaire. Il connaissait Manet quasiment depuis son installation définitive à Paris, en 1854 ou 1855, au plus tard en 1857, quand Manet fit la rencontre de Fantin-Latour, avec lequel il était déjà lié[1].

En 1860, Astruc faisait partie des intimes de Manet qui le représente avec Balleroy et Baudelaire dans *La musique aux Tuileries* (cat. 38) ; en 1870, dans *L'atelier aux Batignolles* (Louvre), Fantin peindra Astruc, assis à son chevalet et tourné vers Manet[2], et cette même année, Manet fait un autre portrait de son ami, dans *La leçon de musique* (RW 152), où Astruc joue de la guitare. Ils restèrent liés jusqu'à la mort de Manet, même si leurs relations se relâchent après 1870 ; leurs préoccupations artistiques, comme leurs statuts d'artistes divergent. Astruc sera toujours pour Manet le défenseur des années soixante, plus lié qu'aucun autre à la conception de l'*Olympia* (voir cat. 64) et sans doute le plus proche intercesseur, et vers le Japon, et vers l'Espagne.

On rencontre souvent dans l'histoire de la création ce type de personnage secondaire, médiocre artiste ou écrivain, mais de grand charme et d'intuition rare, brillant causeur, touche-à-tout aux talents prometteurs, décevant aux yeux de l'Histoire, mais dont le meilleur d'eux-mêmes se dissout dans le génie d'autrui. Astruc joue certainement ce rôle auprès de Manet, et ce portrait est un hommage à ce qu'il était, à ce qu'il apportait à Manet, et aussi, sans doute, un portrait psychologiquement juste dans la mesure où la beauté un peu molle du visage et le caractère esquissé de la main sont comme un signe de prescience sur sa destinée artistique.

Bien que Moreau-Nélaton ait déjà proposé la date de 1866, on a longtemps daté ce portait de 1863-64, mais Flescher a rétabli de façon convaincante la date de 1866, nette sur le tableau d'abord, plus plausible stylistiquement, et confirmée de surcroît par la correspondance entre Manet et Astruc qu'elle publie[3]. Ce portrait a donc été peint rue Guyot après le voyage en Espagne, qu'Astruc lui avait préparé étape par étape.

Pourtant, on y relève peu d'allusions à l'Espagne. La composition obéit à un principe de contrastes violents, encore augmentés aujourd'hui dans la partie droite par l'accentuation des bitumes : on ne voit plus qu'à peine la chevelure assez longue du jeune critique. Contraste des chairs sur le fond, et surtout contraste des deux parties du tableau, claire à gauche, sombre à droite. C'est un parti nouveau dans l'œuvre de Manet ; on y a vu une reprise de la composition de l'*Olympia*[4], mais la source la plus évidente est commune aux deux œuvres, c'est le fond de la *Vénus d'Urbin* du Titien (voir cat. 64, fig. a), ainsi découpé en deux grandes zones. Manet reprend les poncifs du portrait classique, le rideau drapé, ici en haut et à droite, et la table où sont disposés les attributs du modèle. Pour son premier portrait d'écrivain, il entasse des livres près de plumes d'oie, tradition du genre depuis le XVIe siècle jusqu'au portrait de Baudelaire par Courbet (Montpellier, musée Fabre), que Manet connaissait fort bien puisque le poète venait d'essayer de le lui faire acheter[5]. En général, l'écrivain est représenté en action, lisant, ou la plume à la main. Ici, Astruc ne fait que poser, la main dans le gilet comme le père de Manet, dans un costume

de bohème élégante, en velours noir, relevé d'une ceinture rouge. Sur la table recouverte d'un tapis, divers objets résument les intérêts et activités d'Astruc : petits livres anciens reliés, ouvrages contemporains comme l'indiquent les couvertures jaunes et verts acides des éditeurs du temps ; au premier plan un album japonais rappelle son goût prononcé pour cette culture, qui lui avait fait écrire l'année précédente une pièce « japonisante », *L'île de la demoiselle,* et collectionner estampes et albums, d'où l'emplacement de la dédicace « au poète Z. Astruc » sur un album japonais. Aucune allusion à la véritable passion d'Astruc pour tout ce qui touchait à l'Espagne. Quant au verre et au citron à demi pelé, une des premières apparitions chez Manet d'un leitmotiv et allusion directe à la nature morte hollandaise, il paraît sans référence particulière à Astruc.

La partie gauche du tableau offre plus de nouveauté dans l'œuvre de Manet, plus de mystère aussi. La composition en est claire, et trouve sa source dans l'art vénitien. De quoi s'agit-il ? Les historiens d'art y ont vu une ouverture sur une autre pièce[6] ou un miroir[7], mais l'interprétation la plus plausible est celle d'un tableau accroché ou posé sur la table. C'est d'ailleurs ainsi que Bazire, un des proches de Manet, l'avait déjà déchiffré dans sa description du tableau au moment de la rétrospective de 1884 : « à gauche un tableau en pleine lumière. »[8]. L'hypothèse de l'ouverture est à exclure, car illogique par rapport à la table et au fauteuil, et la bordure dorée aurait pu éventuellement être celle d'un miroir, mais certainement pas d'une porte. Le miroir serait déjà plus vraisemblable, mais il est impensable — au moins à cette date — que Manet n'ait pas peint les reflets des livres et de l'encrier avec ses plumes, ou lui-même peignant Astruc, qu'on devrait voir derrière les livres.

Il s'agit donc bien d'un tableau, mais de quel tableau ? Rien dans l'œuvre de Manet ne correspond ; Flescher suppose qu'il s'agit d'un tableau d'Astruc lui-même, en s'appuyant sur le fait que celui-ci a peint de nombreuses scènes d'intérieur avec des femmes aux fenêtres ; mais il s'agit d'aquarelles, et leur date semble être postérieure. Ensuite, Manet a délibérément dédié son tableau « au poète Z. Astruc », et l'activité d'écrivain primait alors celle du peintre chez le modèle. Donc, pourquoi ne pas imaginer, tout simplement, une œuvre de fantaisie, un pastiche imaginé par Manet, avec sans doute la blonde épouse d'Astruc, de dos, celle-là même qui ne trouvera pas le tableau à son goût (voir Historique), et la guitare dont il fera jouer son modèle quelques années plus tard dans *La leçon de musique ?* D'ailleurs la composition reprend l'arrière-plan de la *Vénus d'Urbin,* par le costume de la femme, le même pot sur le rebord de la fenêtre, la même idée d'une ouverture dans l'ouverture.

L'invention de ce tableau réside dans ses contrastes de valeurs, dans la composition, dans la technique également. Car, comme dans le *Déjeuner sur l'herbe* (cat. 62), il y a une grande différence de traitement entre le centre réel du tableau — là le trio et la nature morte, ici le visage d'Astruc — et le reste traité en esquisse. Le contraste est encore accentué par la proximité : le visage est travaillé, « fini », et la main, à peine esquissée, a l'air de venir en avant, et d'afficher une négligence provocante de la part de l'artiste ; surprenante encore aujourd'hui, cette main devait l'être bien plus à l'époque : c'est de tableaux comme celui-ci que peut venir l'idée souvent exprimée que Manet ne savait pas peindre les mains. Il est évident qu'il s'agit là d'une volonté de Manet, sans doute encouragé dans cette voie de traiter en esquisse ce qui paraît secondaire, par la facture de Hals, et de Vélasquez, récemment découvert avec enthousiasme au Prado. De surcroît, cette main venant en avant du portrait, peinte avec minutie, aurait attiré une attention que Manet a voulu centrer sur le

1. Flescher (1977) 1978, p. 95 et ss.
2. Druick et Hoog 1982, nᵒ 73.
3. Flescher (1977) 1978, pp. 174-193.
4. Hopp 1968, pp. 33-39.
5. Baudelaire, Lettres à, 1973, p 236.
6. Hopp 1968, p. 35.
7. Tabarant 1931, p. 115 ; Mauner 1975, p. 153.
8. Notes de Bazire, Paris, BN Estampes, fonds Moreau-Nélaton (Copie... de documents, p. 93).
9. Lettre citée in *Arts,* 16 mars 1945.
10. Zola 1867 (Dentu), p. 39, n. 1.
11. Tabarant 1931, p. 115 ; Flescher (1977) 1978, p. 174.
12. Rouart et Wildenstein 1975, I, p. 27.
13. Tabarant 1931, p. 115.
14. Meier-Graefe 1912, p. 314.

visage ouvert et amical du « bel Astruc ». « La sympathie que j'ai pour vous », lui écrivait-il en 1868, « est un garant de celle que vous devez avoir pour moi. »[9]. On ne saurait mieux définir l'essence d'un bon portrait.

Historique
La dédicace indique que Manet a dû donner ce portrait à ZACHARIE ASTRUC. Zola commenta, plus tard, son absence de l'atelier lors de sa visite chez Manet en décembre 1866[10]. Selon Tabarant, cependant, la nouvelle épouse d'Astruc n'aimait pas le tableau, en particulier le traitement ébauché de la main gauche, et trouvait que Manet n'avait pas rendu justice à la beauté proverbiale de son mari[11]. En tout cas, le portrait se trouvait dans l'atelier de MANET à sa mort, inventorié sous le n° 12[12]. D'après Tabarant[13] il fut vendu par MME MANET à DURAND-RUEL (v. Hist., cat. 118) en 1895 pour 1.800 Frs (ce qui paraît d'ailleurs un prix très bas pour l'époque). Meier-Graefe rapporte que le tableau aurait été vendu du vivant de Manet à Faure pour 1.000 Frs, et que Durand-Ruel l'aurait acheté à Faure en 1899[14].

Quoi qu'il en soit, il passe ensuite à Berlin chez PAUL CASSIRER (v. Hist., cat. 13), qui le vend en 1908 au musée de Brême (21.000 DM) où débutait Gustav Pauli, futur conservateur de Hambourg (v. Hist., cat. 157). Le musée de Brême peut donc s'honorer d'être le premier, en Allemagne, à avoir acheté une peinture de Manet (inv. 88).

F.C.

95 Plainte moresque

1866
Lithographie
19,5 × 18,5 (sujet) ; 29,5 × 24 (lettre)
Signé b.g. sous la guitare *Manet*
Titre et lettres d'après le dessin de l'artiste

Stockholm, Nationalmuseum

Jaime Bosch, compositeur et guitariste catalan, s'installa en 1852 dans la capitale française[1]. Il donna de nombreux concerts et joua dans les salons privés férus de musique, où Manet semble s'être occupé de ses engagements.[2] C'est ainsi qu'il joua chez Manet, sans doute accompagné au piano par la femme du peintre. Une lettre écrite par Mme Paul Meurice en 1865 à Baudelaire, alors en

Publication
J. Bosch 1866.

Expositions
Philadelphie-Chicago 1966-67 n° 48 ; Ann Arbor 1969, n° 20 a ; Ingelheim 1977 n° 38 ; Santa Barbara 1977 n° 9 ; Paris, Berès 1978 n° 74.

11 (2e état, détail)

95 (détail)

95

fig. a. Partition de la *Plainte moresque* par J. Bosch,
« Dédiée à son ami E. Manet » (détail)

Belgique, rapporte de façon vivante une soirée musicale chez Manet où
« Mme Manet a joué comme un ange, M. Bosch a gratté sa guitare comme un
bijou ; Chérubin-Astruc a chanté, la commandante Thérèse [Lejosne] a chanté
aussi [...] »[3]. Lejosne, aussi, évoqua à la même époque, « une petite soirée
musicale » chez Manet[4] et Mme Meurice raconte à Baudelaire que « nous
faisons de la musique tous les 15 jours, chez moi », lui ayant précisé que « Manet
découragé déchire ses meilleures études »[5].

Sensible, en proie aux pires angoisses, comme nous le révèlent ses
propres lettres à Baudelaire[6], Manet a pu trouver une détente dans la musique
que ce fut celle que lui jouèrent sa femme et Mme Meurice, celle, légère,
d'Astruc (voir cat. 53), ou plus classique, de Bosch, dont la version de cette
Plainte moresque, « Composée pour Guitare seule » est « Dédiée à son ami
Ed. Manet », ainsi que l'indique le titre imprimé au début de la musique
(fig. a).

Le dessin préparatoire (RW II 457) montre une première mise en page
de la lettre, avec la dédicace sur la couverture[7]. Celle-ci, ainsi que l'indication

253

« Pour guitare seule », qui apparaît barrée sur l'épreuve de la lithographie exposée, passent à l'intérieur de la feuille pliée, et la lettre de la couverture, lithographiée par Lemercier d'après le modèle de Manet, entoure bien plus harmonieusement que celle de *Lola de Valence* (cat. 53) la figure au centre. Légèrement brossé au lavis dans le dessin, — sans doute d'après quelque croquis rapide fait au cours d'une soirée musicale —, puis crayonné sur la pierre lithographique, le personnage du guitariste ressort, surtout dans l'épreuve du premier état, avec une grande vivacité. Manet a saisi son ami dans une attitude caractéristique, « grattant sa guitare » en expert, une expression alerte mais légèrement romantique, appropriée au morceau, sur son visage.

Enregistrée au Dépôt légal le 15 septembre 1866, cette *Plainte moresque* éphémère n'est connu maintenant que par quatre épreuves en plus de cet « état », jusqu'ici considéré comme unique[8], l'une des quatre étant l'épreuve du Dépôt légal, sans la musique, récemment relevée au département de la Musique de la Bibliothèque Nationale[9] et qui a permis de dater l'estampe jusque là cataloguée à côté de *Lola de Valence,* en 1863.

Historique
Cette épreuve appartint à BURTY (v. Hist., cat. 42) et fut acquise[10], par l'intermédiaire de MANZI (v. Hist., cat. 19), par DEGAS (v. Hist., cat. 15).

Elle passa, au moment de sa vente en 1918[11], pour 110 Frs, au collectionneur suédois SCHOTTE (v. Hist., cat. 15) et de là au Nationalmuseum (inv. 324.1924).

J.W.B.

Catalogues
M-N 1906, 78 ; G 1944, 70 ; H 1970, 29 ; LM 1971, 69 ; W 1977, 38 ; W 1978, 74.

1er état (sur 2). L'une des deux épreuves connues, avant la lettre lithographique. Avec le projet de lettre au crayon lithographique sur mine de plomb ; inscription à la mine de plomb en haut et à gauche du guitariste *Bon à tirer EM.* Sur vélin. Coll. Burty, Degas, Schotte.

1. Domingo Prat, *Diccionario Biográfico Bibliográfico Histórico Crítico de Guitarras...* Buenos Aires 1934.
2. Lettres de Manet à divers (Paris, Bibliothèque d'Art et d'Archéologie).
3. Baudelaire, Lettres à, 1973, p. 266 : Mme Paul Meurice, janvier ? 1865.
4. *Ibid.,* p. 212 : Lejosne, 22 janvier 1865.
5. *Ibid.,* p. 263 : Mme Meurice, 5 janvier (?) 1865.
6. *Ibid.,* pp. 230-234 : Manet, 1865.
7. Photographie Lochard n° 185 (Paris, BN Estampes, Dc 300g, t. VII) ; repr. Bazire 1884, p. 73.
8. Paul Prouté S.A., catalogue « Signac », 1983, n° 170, repr.
9. Paris, Berès 1978, n° 74, 2e état.
10. Vente Burty 1891, lot 247, n° 51.
11. 2e vente Coll. Degas 1918, n° 270.

96 Jeune dame en 1866 (La femme au perroquet)

1866
Huile sur toile
185 × 128
Signé b.g. *Manet*

New York, The Metropolitan Museum of Art

Dans l'article paru le 1er janvier 1867, Zola fait une description de la *Femme au perroquet,* qu'il appelle la *Femme en rose* et qui, disait-il, venait d'être achevée : « Enfin restent quatre toiles, à peine sèches : *Le Fumeur,* une *Joueuse de guitare,* un *Portrait d'une dame* et *La femme en rose* [...]. En terminant, je trouve nettement caractérisée dans *La Femme en rose,* cette élégance native qu'Édouard Manet, homme du monde, a au fond de lui. Une jeune femme, vêtue d'un long peignoir rose, est debout, la tête gracieusement penchée, et respirant le parfum d'un bouquet de violettes qu'elle tient dans sa main droite ; à sa gauche, un perroquet se courbe sur son perchoir. Le peignoir est d'une grâce infinie, doux à l'œil, très ample et très riche ; le mouvement de la jeune femme a un charme indicible. Cela serait trop joli, si le tempérament du peintre ne venait mettre sur cet ensemble l'empreinte de son austérité. »[1]. L'article de Zola avait pour but de défendre l'œuvre de Manet après le refus de *L'acteur tragique* (cat. 89) et *Le fifre* (cat. 93) par le jury du Salon de 1866. Pendant deux mois, au printemps 1866, Manet montra dans son atelier, à ses amis et à quelques critiques ouverts, les œuvres refusées[2]. Elles y figuraient avec *La*

Expositions
Paris, Alma 1867 n° 15 (Jeune dame en 1866) ; Salon de 1868 n° 1659 (Une jeune femme) ; Londres, Durand-Ruel 1872 n° 49 ; New York, National Academy of Design 1883 n° 182 ; Paris, Beaux-Arts 1884 n° 39 (non exposé ?).

Catalogues
D. 1902, 88 ; M-N 1926 I p. 88 ; cat. ms. 89 ; T 1931, 111 ; JW 1932, 132 ; T 1947, 115 ; RO 1970, 102 ; RW 1975, 115.

96

joueuse de guitare (RW 122) les tableaux de courses de taureaux, (RW 107, 108) le *Matador saluant* (cat. 92) et la *Femme au perroquet.* Thoré visita l'atelier et commenta ainsi cette dernière : « Il y avait [...] une étude de jeune fille en robe rose, qui sera peut-être refusée au prochain Salon. Ces tons rosés sur fond gris défieraient les plus fins coloristes. Ébauche, c'est vrai, comme est, au Louvre, l'*Ile de Cythère,* par Watteau. Watteau aurait pu pousser son ébauche à la perfection. Manet se débat encore contre cette difficulté extrême de la peinture, qui est de finir certaines parties d'un tableau pour donner à l'ensemble sa valeur effective. Mais on peut prédire qu'il aura son tour de succès, comme tous les persécutés du Salon ».[3]

Thoré n'avait pas tout à fait tort lorsqu'il disait que la *Femme au perroquet* serait refusée au Salon de 1867. Manet décida de ne pas exposer au Salon cette année-là, mais il espérait qu'on lui demanderait de présenter son œuvre à l'Exposition Universelle de 1867. Voyant que son nom ne figurait pas sur la liste des artistes sélectionnés, il réagit, comme Courbet en 1855, et la même année, en organisant une exposition de cinquante œuvres originales, avenue de l'Alma, près de l'exposition officielle. La *Femme au perroquet* faisait partie de l'exposition (n° 15 *Jeune dame en 1866*), mais ne suscita aucune critique sérieuse jusqu'au jour où, avec le *Portrait d'Émile Zola* (cat. 106), il fut exposé au Salon de 1868.

On attaqua beaucoup la *Femme au perroquet* : M. Manet, qui n'aurait pas dû oublier la panique causée, il y a quelques années, par son chat noir du tableau d'*Ophélie* [sic], a emprunté le perroquet de son ami Courbet, et l'a placé sur un perchoir à côté d'une jeune femme en peignoir rose. Ces réalistes sont capables de tout ! Le malheur est que ce perroquet n'est pas empaillé comme les portraits de M. Cabanel, et que le peignoir rose est d'un ton assez riche. Les accessoires empêchent même qu'on ne remarque la figure ; mais on n'y perd rien. »[4]. Gautier critiquait surtout la tête : « Cette jeune femme a, dit-on, été peinte d'après un modèle dont la tête est fine, jolie et spirituelle, et ornée de la plus riche chevelure vénitienne qu'un coloriste puisse souhaiter [...]. La tête qu'il nous montre est, à coup sûr, flattée en laid. »[5]. Mantz se plaignit lui aussi de ce que « L'intention de M. Manet était, on doit le supposer, d'engager un dialogue symphonique, une sorte de duo, entre la robe rose de la jeune femme et les teintes rosées de son visage. Il n'y est nullement parvenu, car il ne sait pas peindre la chair. »[6]. Même Thoré désapprouva : « La tête, bien qu'elle soit de face et dans la même lumière que l'étoffe rose, on n'y fait guère attention ; elle se perd dans la modulation du coloris. »[7]. Résumant l'impression générale de la critique, Gautier accusait : « Quand il n'y a, dans une toile, ni composition, ni drame, ni poésie, il faut que l'exécution en soit parfaite, et ce n'est pas le cas. »[8]

Les questions techniques avaient pris une telle importance que la plupart des critiques ne s'intéressèrent pas au sujet. Récemment, Connolly et Mauner[9] ont suggéré que la peinture était une allégorie des cinq sens, mais c'est Hadler qui en a donné l'explication la plus plausible en identifiant le monocle que tient Victorine comme un monocle d'homme et en suggérant que les fleurs auraient donc aussi été données par un homme, comme dans l'*Olympia*. Selon l'iconographie traditionnelle, le perroquet de Victorine est son compagnon intime qui la voit s'habiller et semble partager avec elle les secrets de sa vie personnelle.[10]

Hadler a peut-être aussi découvert la source iconographique de la *Femme au perroquet* en remarquant qu'un tableau du même sujet par Frans van Mieris, peintre hollandais du XVIIe siècle, était illustré dans l'*Histoire des*

1. Zola 1867 *Revue* p. 59 ; (Dentu) pp. 37-38.
2. Tabarant 1947, p. 124.
3. Bürger (Thoré) 1870, II, p. 318.
4. Chaumelin 1868, cité Tabarant 1947, p. 149.
5. Gautier 1868, cité Tabarant 1931, p. 150.
6. Mantz 1868, cité Tabarant 1931, p. 150.
7. Bürger (Thoré) 1870, II, pp. 532-533.

peintres de Charles Blanc, que Manet consulta souvent dans les années soixante (voir cat. 6 et 12). Mais la composition de cette peinture ne semble dériver d'aucun autre. Hamilton reconnaît que pour une fois, Manet ne fait plus, comme dans d'autres tableaux de salon, référence aux maîtres anciens, mais, plus ou moins clairement, au peintre contesté du moment, Courbet, qui avait exposé en 1866 un nu couché tenant un perroquet (fig. a), tableau qui lui même était une réponse au défi de l'*Olympia*[11].

8. Gautier 1868, cité Tabarant 1931, p. 150.
9. Connolly 1972, pp. 25-27 ; Mauner 1975, p. 136.
10. Hadler 1973, p. 122.
11. Hamilton 1969, p. 115.
12. Meier-Graefe 1912, p. 312.
13. Venturi 1939, II, p. 190.
14. Vente Hoschedé 1878, n° 44 ; Bodelsen 1968, p. 340.
15. Weitzenhoffer 1981, p. 127.

Historique
DURAND-RUEL paya 1.500 Frs ce tableau qui faisait partie du lot acheté à l'artiste au début de 1872 (v. Hist., cat. 118). Il le vendit ensuite à HOSCHEDÉ (v. Hist., cat. 32) pour 2.000[12] ou 2.500 Frs[13]. Lors de la vente à Paris qui suivit la faillite d'Hoschedé, en juin 1878, le tableau fut vendu pour 700 Frs seulement à ALBERT HECHT[14] (v. Hist., cat. 102). Hecht revendit le tableau à DURAND-RUEL à qui l'acheta en 1881 J. Alden Weir pour le compte du collectionneur américain ERWIN DAVIS (v. Hist., cat. 14). Le tableau fut racheté, à $ 1.350, à la vente Davis à New York, les 19-20 mars 1889[15], et le collectionneur le donna cette année-là au Metropolitan Museum (inv. 89.21.3) avec *L'enfant à l'épée* (cat. 14). Ce furent les deux premières œuvres de l'artiste à entrer dans une collection publique aux États-Unis.

C.S.M.

fig. a. Courbet, La femme au perroquet, 1866. New York, Metropolitan Museum of Art

97 La lecture

1865-1873 ?
Huile sur toile
61 × 74
Signé b.d. *Manet*

Paris, Musée d'Orsay (Galeries du Jeu de Paume)

Ce tableau identifié dans l'inventaire après décès en 1883 comme « Portrait de Mme Manet et de M. Léon Koella »[1] est jusqu'ici daté vers 1868[2], mais cette date laisse perplexe, tant Suzanne Manet, née en 1830, aurait l'air juvénile par rapport à Léon, né en 1852 et évidemment plus âgé ici que dans le *Déjeuner* (cat. 109). Cette proximité d'âge n'est pas faite pour accréditer comme le voulait la légende officielle de la famille, le fait que Suzanne et Léon seraient frère et sœur, et non mère et fils ; c'est tout simplement parce que le tableau a été fait en deux temps.

Il y a de fortes raisons stylistiques de penser que le tableau original a été peint en 1865 et représentait seulement Suzanne Manet, âgée d'environ trente ans. Il pourrait alors s'agir du tableau, jusqu'ici non identifié, dont Burty parle en 1866 : « Excellente étude de jeune femme vêtue de mousseline blanche. »[3]

Contrairement à ses portraits habituels, où le visage est éclairé comme par un projecteur, Manet a finement modelé celui de sa femme, à contre-jour. La tendresse évidente que lui inspire son modèle lui a dicté un arrangement exceptionnel dans son œuvre, une harmonie de blancs qui est une prouesse

Expositions
Bordeaux 1866 (?) ; Paris, *La Vie moderne* 1880 n° 10 ; Beaux-Arts 1884 n° 46 ; Orangerie 1932 n° 34 ; Londres, Tate Gallery 1954 n° 9 ; Marseille 1961 n° 12.

Catalogues
D 1902, 97 ; M-N 1926, I p. 109 ; cat. ms. 108 ; T 1931, 138 ; JW 1932, 167 ; T 1947, 143 ; RO 1970, 123 ; RW 1975, 136.

97

technique autant qu'un hommage à la sérénité affectueuse de sa femme. Cette harmonie a pu lui être inspirée par Whistler, dont la *Femme en blanc* (Washington) avait causé un succès de scandale presque équivalent à celui du *Déjeuner sur l'herbe* (cat. 62) au Salon des Refusés en 1863. Proust nous rappelle, d'ailleurs, qu'il fut un jour fasciné par un jeu de blancs, dans une promenade qui se situerait en 1862 : « [...] des démolisseurs se détachaient blancs sur la muraille moins blanche qui s'effondrait sous leurs coups, les enveloppant dans un nuage de poussière. Manet demeura absorbé dans une longue admiration devant ce spectacle. »[4]

Ici, la grâce potelée de la chair de blonde de Suzanne, baignée de blanc, est soulignée par le collier noir et la boucle d'oreille. Contrairement au procédé habituel qui lui fera peindre les mains en esquisse, ici il a fermement dessiné ses mains musclées de pianiste.

Tout porte à croire — différence de touche, analogue à celle du *Portrait de Mallarmé* (cat. 149), par exemple, — que Manet a repris son tableau des années plus tard, en y ajoutant à droite Léon, alors âgé d'une vingtaine d'années, posant avec un livre à la main, et à gauche le motif de la plante verte. Il a peut-être même à ce moment retouché légèrement la robe.

La lumière d'été venant de la fenêtre de l'appartement, soulignant le bleu intense du pot de fleurs sur le balcon, fait de cette œuvre, avant les ajouts tardifs, une des plus spontanées et « impressionnistes » avant Monet ou Renoir, une des premières où, à l'occasion d'une scène intimiste, Manet se dégage en toute liberté de l'art du passé.

259

Ce tableau est resté chez Manet, puis chez
SUZANNE MANET (v. cat. 12) jusqu'à ce que
celle-ci soit obligée, à contre-cœur, de s'en séparer,
vers 1890. Une lettre du peintre Ernest Duez à
Winnaretta Singer (1865-1943), la riche et toute
jeune, héritière américaine, peintre amateur, et
grande admiratrice de Manet, dont elle avait
déclaré à ses amis Duez et John Singer Sargent
vouloir acheter une œuvre, éclaire singulièrement
la situation de la famille Manet : « Ma chère
Winnie, pouvez-vous aller demain 54, rue Lepic
vers 11 h chez M. Portier qui fait les affaires de
Mme Manet. Je suis allé avec Sargent voir cette
pauvre femme à Gennevilliers où elle vit au milieu
des souvenirs de son mari. Nous y avons vu la
célèbre *Olympia* et les *Canotiers*. La famille ne
veut pas les laisser partir à moins de 25.000 Frs,
ce qui est très respectable, mais très exagéré.

Nous avons découvert un portrait d'elle habillée
toute en blanc dans un salon blanc. C'est adorable.
C'est une des plus jolies manifestations de Manet.
Elle consent à s'en défaire à regret. Mais elle y
est obligée à cause de sa situation qui n'est pas
brillante. La toile sera demain chez Portier, 54,
rue Lepic. Elle en veut 4.000 Frs mais j'ai obtenu
par Portier le prix de 3.500 Frs. Je crois que c'est
une bonne affaire qui ne se représentera plus.
Irez-vous ? Répondez-moi et je m'y trouverai.
Croyez moi votre dévoué E. Duez. »[5]
WINNARETTA SINGER acheta immédiatement le
tableau. Elle le conserva toute sa vie ; tous les
visiteurs de son fameux Salon purent l'admirer,
en particulier Marcel Proust. Devenue Princesse
de Polignac, elle légua ce tableau, ainsi que
plusieurs autres, dont des Monet, au Musée du
Louvre en 1944 (inv. RF 1944-17)[6].

F.C.

1. Rouart et Wildenstein 1975 I, p.26.
2. Paris, Beaux-Arts 1884.
3. Burty 1866, p. 564.
4. Proust 1897, p. 170.
5. Lettre n.d. [1885] remise avec le tableau légué
   (Paris, Musée du Louvre, archives).
6. M. de Cossart, *Une américaine à Paris,* Paris
   1979, p. 22.

98 L'enterrement

1867-1870 ?
Huile sur toile
72,7 × 90,5

New York, The Metropolitan Museum of Art

Cette peinture inachevée représente un enterrement au bas du quartier
Mouffetard. Dans le fond on identifie facilement les silhouettes de cinq
édifices ; de gauche à droite ce sont : l'Observatoire, l'église du Val-de-Grâce, le
Panthéon, le clocher de Saint-Étienne-du-Mont et la Tour Clovis (aujourd'hui
dans le Lycée Henri IV). La scène serait située précisément rue de l'Estrapade,
selon Tabarant[1]. Intitulé *Enterrement à la Glacière* dans l'inventaire après
décès[2], Sterling et Salinger ont remarqué que même si cela se passait réellement
à la Glacière, Manet a rapproché les dômes de l'Observatoire et du
Val-de-Grâce, sans doute pour améliorer sa composition[3].

La présence d'un grenadier de la Garde impériale à l'arrière du cortège
indique que la scène se passa avant la fin du Second Empire (début septembre
1870). La plupart des auteurs ont daté le tableau aux environs de 1870,
Tabarant inclus[4], mais on a retrouvé dans les papiers de ce dernier des notes
non publiées[5], où il le situait vers 1867. Si le style du tableau le rapproche de
l'*Effet de neige* de 1870 (RW 159), sa technique et sa touche offrent plus de
similitudes avec *L'Exposition Universelle de 1867* (RW 123). Le lien qui existe
avec ce dernier tableau est particulièrement intéressant car, si *L'enterrement* a
été peint en 1867, il pourrait représenter l'enterrement de Charles Baudelaire.
Comme l'a noté Mauner, Manet assista à l'enterrement de son ami, le
2 septembre 1867, et les récits des témoins concernant le temps orageux et le
petit cortège qui se rendait au cimetière Montparnasse, font penser au tableau
de *L'enterrement*[6]. Onze personnes seulement suivent le corbillard, mais une
description de Charles Asselineau, dans une lettre du 6 ou 7 septembre,
explique peut-être l'assistance réduite : « Baudelaire aura eu pour ses funé-
railles le même guignon qu'Alfred de Musset et Henri Heine. Nous avons eu
contre nous la saison d'abord, qui absentait beaucoup de personnes de Paris, et

Exposition
Washington 1982-83 n° 4

Catalogues
D 1902, 126 ; M-N cat. ms. 139 ; T 1931, 153 ;
JW 1932, 184 ; T 1947, 158 ; RO 1970, 135 ; RW
1975, 162.

1. Tabarant 1931, p. 202 n° 153.
2. Rouart et Wildenstein 1975 I, p. 27.
3. Sterling et Salinger 1967, p. 44.
4. Tabarant 1931 et 1947.
5. New York, Morgan Library, archives Tabarant.
6. Mauner 1975, p. 120.
7. Crépet 1906, p. 275 (à Poulet-Malassis).
8. Livre de comptes de Mme Manet (New York,
   Morgan Library, archives Tabarant) ; cité
   Tabarant 1947, p. 171.
9. Rewald 1973, pp. 197-213.
10. Tabarant 1947, p. 505.

98

le jour qui nous a obligés à distribuer les billets dans la journée du dimanche, de sorte que nombre de gens ne les ont eus que le lendemain, en revenant de la campagne. Il y avait environ cent personnes à l'église et moins au cimetière. La chaleur a empêché beaucoup de gens de suivre jusqu'au bout. Un coup de tonnerre, qui a éclaté comme on entrait au cimetière, a failli faire sauver le reste. »[7]

Historique
Ce tableau, qui figurait parmi les « Études peintes » dans l'inventaire de l'atelier, fut vendu par SUZANNE MANET au marchand PORTIER (v. Hist., cat. 122) en août 1894 pour 300 Frs[8]. Quand Duret fit son catalogue en 1902, le tableau appartenait au peintre CAMILLE PISSARRO (1830-1903) qui acquit plusieurs études à l'huile de Manet vers cette époque là (RW 274, 286). Pissarro connaissait Manet depuis les années 1860 et fréquentait le Café Guerbois[9]. Parmi les artistes impressionnistes proches de Manet, seul Pissarro refusa par principe de participer au banquet qu'avait organisé Léon Leenhoff pour célébrer le premier anniversaire de la rétrospective Manet à l'École des Beaux-Arts[10]. Le tableau fut ensuite acquis par AMBROISE VOLLARD (1868-1939), grand marchand de Renoir, Degas et Cézanne. Vollard était l'organisateur des premières expositions de Van Gogh, Matisse et Picasso à ses galeries rue Laffitte, éditeur des albums de gravures de peintres et auteur de livres sur Cézanne (1914), Renoir (1918) et Degas (1924), aussi bien que de ses souvenirs (1936). En 1895, sa première petite exposition présenta des dessins de Manet, obtenus de sa veuve. Vollard vendit ce tableau au Metropolitan Museum de New York en 1909 pour la somme peu élevée de $ 2.319 (inv. 10.36).

C.S.M.

99

99 Courses à Longchamp

1867?
Huile sur toile
43,9 × 84,5
Signé et daté b.d. *Manet* 186[7]

Chicago, The Art Institute of Chicago

L'œuvre décrit l'arrivée en ligne droite de la course à Longchamp au bois de Boulogne. La ligne d'arrivée est sans doute marquée par le grand poteau à gauche. La structure que l'on aperçoit à l'extrême droite, représente le toit de la tribune publique, à l'extrémité sud des gradins. La ligne d'arrivée était certainement située face à la tribune impériale qui est hors champ, sur la droite. La vue sur la piste s'étend du nord au sud vers les collines de Saint-Cloud, visibles au fond.

Cette peinture est la première dans l'histoire de l'art à représenter une course, chevaux bondissant face au spectateur. Tous les exemples précédents, notamment la *Course de chevaux à Epsom* de Géricault, de 1821 (Louvre ; voir cat. 32, fig. a), comme les nombreuses gravures françaises et anglaises de chasse ou de courses, montrent les chevaux de profil, presque toujours dans l'attitude de galop volant, chère aux artistes jusqu'à la parution, en France en 1878-81, des photographies de Murbridge[1] de chevaux en mouvement. D'ailleurs Manet reviendra en 1872 à une vue de profil des chevaux en galop volant dans *Les courses au bois de Boulogne* (cat. 132).

La composition révolutionnaire des *Courses à Longchamp* avait sans doute son origine dans un tableau de 1864, perdu, que Manet découpa en 1865. La toile de Chicago est proche de la partie droite d'une aquarelle signée et datée

Expositions
Paris, Atelier de Manet 1876 (?) ; Beaux-Arts 1884 n° 61 ; New York, Durand-Ruel 1895 n° 27 ; Wildenstein 1937 n° 18 ; Philadelphie-Chicago 1966-67 n° 68 ; Washington 1982-83 n° 43.

Catalogues
D 1902, 142 ; M-N 1926 I pp. 138-39, n° 145 ; T 1931, 96 ; JW 1932, 202 ; T 1947, 101 ; RO 1970, 86A ; RW 1975, 98.

de 1864, (RW II 548 ; fig. a), qui semble représenter cette composition perdue. Le support de l'aquarelle est un assemblage de deux feuilles de papier dont celle de droite contient un peu plus de la composition qu'on ne retrouve dans ce tableau. Il est difficile de savoir si cette division de la scène, sans doute accidentelle, était à l'origine de l'idée de Manet de reprendre la partie droite pour en faire une composition indépendante ; en tout cas, le raccord entre les feuilles donne à l'image, en l'isolant, une sorte d'autonomie. Le rapport entre l'aquarelle et ce tableau est néanmoins difficile à établir de manière précise, car ce dernier pourrait être aussi bien une étude préliminaire qu'une variante d'après une toile exposée par Manet en 1867[2], elle-même fragment, semble-t-il, de la composition de 1864. Malheureusement, l'œuvre exposée en 1867 a disparu ; elle est repérée pour la dernière fois en 1872 dans une liste d'œuvres dans l'atelier de Manet[3].

Dans son article rendant compte de l'exposition aux Beaux-Arts en 1884, Péladan présente les *Courses à Longchamp* comme « une jolie esquisse »[4]. L'opinion qu'il s'agit d'une œuvre achevée, qu'elle date de 1864 ou de 1872, fait autorité depuis. Les problèmes de sa date, et de sa définition comme étude, esquisse ou œuvre achevée, dépendent en grande partie du rapport avec le tableau disparu, *Les courses au bois de Boulogne,* de l'exposition de 1867. Dans une lettre écrite en 1864 au marchand Louis Martinet, Manet exprimait son intention d'envoyer à l'exposition prévue pour l'année suivante neuf toiles, dont un « Aspect d'une course au bois de Boulogne ».[5] Pourtant, d'après une lettre de Lejosne à Baudelaire du 12 février 1865, Manet n'envoya en fin de compte que six tableaux dont deux seulement furent exposés : « Je n'ai pas vu Manet depuis quelques jours. [...] Il vient de retirer ses tableaux de l'exposition Martinet ; il en avait envoyé 6, on n'en avait encore placé que deux. »[6]. On a longtemps tenu pour certain que le tableau cité dans la lettre à Martinet de 1864, avait été exposé en 1865 ; mais il n'est pas certain qu'il ait même figuré au nombre des envois. Manet semble l'avoir découpé en 1865 ; il est possible qu'il l'ait donc gardé dans son atelier en vue d'un remaniement radical.

L'aquarelle de 1864 déjà citée (RW II 548) est une étude soit antérieure à,[7] soit d'après[8], l'*Aspect d'une course au bois de Boulogne,* l'œuvre dont il est question dans la lettre de 1864. Manet découpa sans doute le tableau de 1864 l'année suivante, car deux petites toiles, datées de 1865 (RW 94 et 95), en seraient des fragments [9]. On a déjà évoqué le rapport entre la partie droite de l'aquarelle et la composition du tableau de Chicago, mais les différences considérables entre les deux prouvent que ce dernier ne constitue pas un fragment du tableau de 1864. Reff remarque que, si *Les courses à Longchamp* montre la partie la plus importante de la grande composition, il ne peut pas en avoir fait partie : il est peint dans un style plus vigoureux et plus large que les deux fragments qui subsistent, et il comporte en bas à gauche, deux spectatrices, très proches de celles qui apparaissent dans l'un des fragments[10]. Il propose donc de voir dans *Les courses à Longchamp,* plutôt une sorte de recherche expérimentale, en vue de la préparation du grand fragment de la toile de 1864 pour l'exposition de 1867 : « [...] étant donné que les dimensions du tableau de Chicago (43,9 × 84,5) et du tableau exposé en 1867 (130 × 64) sont dans un rapport de proportions d'environ un pour deux, on peut voir dans le premier une étude pour le second, exécutée avec l'intention de voir si, en isolant un fragment de la composition originelle, il était possible de gagner en densité plastique et en pouvoir expressif ».

Si tel est le cas, on peut avancer soit une date proche de celle des fragments ayant survécu, c'est-à-dire 1865, soit une date plus tardive, vers

fig. a. Aspect d'une course au bois de Boulogne. Aquarelle, 1864. Cambridge (Mass.), Fogg Art Museum

1867. Reff, qui relève des parentés de style entre le tableau de Chicago et *L'Exposition universelle de 1867* (RW 123), en déduit que le dernier chiffre de la date, à demi effacé et lisible comme un cinq, un sept ou encore un neuf, devrait de ce fait être un sept. Harris, par contre, vient à la conclusion que le tableau de Chicago doit être un remaniement ultérieur de la partie droite de la peinture originale, motivé par le désir de simplification et d'unité de Manet[11].

Quoi qu'il en soit, l'œuvre est caractéristique de la tendance de Manet dans ses remaniements à se rapprocher de son sujet et à réduire la profondeur de champ. Par rapport à l'aquarelle de 1864, on est plus proche des chevaux bondissant, et notre champ de vision se confond avec celui des spectateurs à gauche. Il y a une présence plus immédiate, et la profondeur est télescopée. En 1862, Manet avait créé cette impression de proximité en coupant le bas du *Portrait de Mme Brunet* (cat. 5). De même, en 1878-1879, pour obtenir un effet semblable, il partage en deux la toile inachevée, *Brasserie de Reichshoffen*, et en fait deux tableaux: *Au café* (RW 278) et *Coin de café-concert* (cat. 172). Il renouvelle le procédé en peignant une seconde version de cette dernière (cat. 173), dans laquelle il se rapproche encore davantage du sujet tout en réduisant de plus en plus la profondeur. Dans chacun de ces exemples, Manet crée un effet comparable à celui qu'obtient le photographe qui focalise une image avec un zoom. La profondeur de champ diminue au fur et à mesure que s'élargit le champ de vision. La composition de la lithographie *Les courses* (cat. 101), où l'illusion spatiale est plus accentuée et où les chevaux sont plus éloignés que dans notre tableau, serait donc antérieure à celui-ci[12]. La dernière version des chevaux au grand galop est probablement l'aquarelle (cat. 100) où la scène se réduit à cinq jockeys à cheval.

1. Scharf 1975, p. 205.
2. Paris, Alma 1867, n° 25 (64 × 130).
3. Rouart et Wildenstein 1975 I, p. 17.
4. Péladan 1884, p. 114.
5. Moreau-Nélaton 1926 I, p. 62.
6. Baudelaire, Lettres à, 1973, p. 215.
7. Reff 1982, n° 42.
8. Harris 1966, p. 80.
9. *Ibid* p. 60; Reff 1982, n°s 42-43.
10. Reff 1982, n° 43.
11. Harris 1966, p. 81.
12. *Ibid.*; Reff 1982, n° 44.
13. Livre de comptes de Manet (New York, Morgan Library, archives Tabarant).
14. *Ibid.*
15. Wildenstein 1974 I, p. 116.
16. Huth 1946, p. 239, n° 22.
17. Rouart et Wildenstein 1975 I, n° 98.
18. Saarinen 1958, pp. 3-34.

Historique
Il s'agit sans doute des « Courses à Longchamp » qui figure au catalogue de la rétrospective Manet de 1884, comme prêt du compositeur anglais FREDERICK DELIUS (1862-1924), bien que l'œuvre n'apparaît sur aucune photographie des murs de l'exposition. Le livre de comptes de Manet, mentionne en 1877 la vente à Delius pour 1.000 Frs de « Courses »[13]. Mais en 1880, on trouve dans le livre de comptes la mention « Courses - Ephrussi - 1.000 »[14], bien qu'il n'existe pas de mention de cette œuvre dans la collection de CHARLES EPHRUSSI (1849-1905), historien d'art remarquable, éditeur de la *Gazette des Beaux-Arts* et banquier, qui fut l'ami de Renoir. Delius avait acheté deux natures mortes à Monet en 1880 et les avait vendues à Durand-Ruel en 1896[15]. C'est vers cette époque là que DURAND-RUEL (v. Hist., cat. 118) acquit aussi *Courses à Longchamp* et l'exposa en 1895 dans sa galerie de New York. Toutefois il y avait exposé une peinture de Manet intitulée « Racecourse », en 1886[16], et il s'agissait peut-être déjà de *Courses à Longchamp*. Selon Rouart et Wildenstein, Durand-Ruel la vendit en 1896 à POTTER PALMER[17], richissime propriétaire à Chicago qui possédait le splendide Palmer House Hotel. Sa femme, Bertha Honore Palmer, occupa une place prépondérante dans la société de Chicago, dans les années 1880 et 1890, et fut quasiment seule à introduire la peinture française contemporaine dans le « Midwest ». Sur les conseils de son amie Mary Cassatt, elle accrocha dans l'immense galerie d'art de sa maison de style gothique un choix exceptionnel de peintures françaises du XIXe. A sa mort en 1918, elle demanda à son fils et à l'Art Institute de choisir jusqu'à une valeur de $ 100.000 parmi ses œuvres d'art pour l'Art Institute[18]. C'est ainsi que *Courses à Longchamp* entra dans la collection (inv. 22.4.24).

C.S.M.

100 Courses à Longchamp

1867-1871
Mine de plomb et aquarelle
19,5 × 27
Cachet de l'atelier b.d. *E.M.*

NY   Paris, Musée du Louvre, Cabinet des Dessins

Cette aquarelle semble l'ultime étape d'un travail d'épuration de l'image des chevaux galopant, vus de face, qui apparaît pour la première fois dans l'aquarelle de 1864 (voir cat. 99, fig. a), faite probablement d'après la grande toile que Manet découpa l'année suivante[1], dont il présenta un fragment

Expositions
Ingelheim 1977 n° Z/10; Washington, 1982-83 n° 46.

Catalogues
L 1969, 212; RW 1975 II 544.

100

important (130 × 64) à son exposition en 1867. Dans les scènes de course créées à partir de la composition de 1864 (voir cat. 99), on constate un acheminement progressif vers la simplification et la réduction, processus qui continue avec l'aquarelle du Louvre. Il n'y a guère plus d'effet de profondeur ; le nombre des chevaux diminue de six à cinq, et ce sont les seuls éléments de la composition. Des hachures servent à délimiter la masse triangulaire des chevaux et jockeys qui composent un groupe plus désordonné dans l'aquarelle de 1864, la lithographie (cat. 101), le tableau de 1867 (cat. 99) et une esquisse (RW 97) attribuée à Manet, mais forment, dans cette aquarelle, une masse unique. Le groupe possède une monumentalité que l'on ne retrouve dans aucune autre scène de champ de course, exception faite d'une petite toile, connue seulement par une photographie prise dans l'atelier de Manet (RW 96), dont l'aquarelle serait une version épurée. Reff fait remarquer d'ailleurs que l'aquarelle a peut-être été décalquée sur cette œuvre[2], mais plutôt que d'y voir, avec lui, une étude pour la petite esquisse attribuée (RW 96), il est plus vraisemblable que le groupe isolé des chevaux et des jockeys dans l'aquarelle, constitue l'étape ultime d'un processus amorcé en 1864, et qu'elle se situe après les compositions comportant des spectateurs, des tribunes et un paysage lointain. Elle a donc probablement été exécutée après le tableau de Chicago (cat. 99) mais avant 1872, date à laquelle Manet entreprit la représentation si différente des *Courses au bois de Boulogne* (cat. 132).

1. Harris 1966, pp. 78-82 ; Reff 1982, nᵒˢ 42, 43.
2. Reff 1982, nᵒ 46.
3. New York, Morgan Library, archives Tabarant.

Historique

Cette aquarelle porte le cachet de l'atelier de Manet, posé au moment de l'inventaire après décès. On la retrouve chez AUGUSTE PELLERIN (v. Hist., cat. 109) qui avait acheté un grand nombre de dessins de Manet au tournant du siècle, dont bon nombre, semble-t-il, à Antonin Proust. Dans une lettre datée du 10 mai 1897, il affirme avoir acheté à Vollard des dessins de Manet, y avoir ajouté d'autres, et avoir vendu l'ensemble à Pellerin pour la somme de 1.784 Frs.[3] Cette aquarelle se trouva dans le quatrième des cinq albums achetés par le Louvre à la vente Pellerin en 1954 (inv. RF 30.451).   C.S.M.

101 Les courses

1865-1872
Lithographie
36,6 × 51,3 (1er état) ; 38,4 × 50,7
(hauteur : chine ; largeur : sujet)

Paris, Bibliothèque Nationale

Cette lithographie, peut-être la plus étonnamment « moderne », dans sa conception et son exécution, de toutes les estampes de Manet, est aussi celle qui pose le plus de problèmes. Ni signée, ni datée, on ne sait si Manet en projetait la publication de son vivant, ni si les épreuves en premier état sont réellement des épreuves d'artiste. Enfin, ses rapports avec la toile détruite, *Aspect d'une course au bois de Boulogne,* de 1864, et la gouache qui en préserve la composition (voir cat. 99, fig. a), ainsi que les variantes postérieures (cat. 99 et 100), restent à clarifier.

      Selon Harris, la lithographie se situerait entre la gouache de 1864 et la toile de 1867 (?) et certainement bien avant la très différente *Courses au bois de*

Publication
Mme Manet 1884.

Expositions
Paris, Beaux-Arts 1884 n° 166 ;
Philadelphie-Chicago 1966-67 n° 69 ; Paris, BN 1974 n° 137 ; Ingelheim 1977 n° 66 ; Santa Barbara 1977 n° 4 ; Londres, BM 1978 n° 16 ; Paris, Berès 1978 n° 76 ; Providence 1981 n° 37 ; Washington 1982-83 n° 44.

Catalogues
M-N 1906, 85 ; G 1944, 72 ; H 1970, 41 ; LM 1971, 72 ; W 1977, 66 ; W 1978, 76.

101

Boulogne de 1872 (cat. 132)[1]. La lithographie est une version, quelque peu modifiée, de la composition de 1864, qui se rapproche, par son traitement plus libre, des peintures qui dérivent de celle-ci (cat. 99, RW 96 et 97). La ressemblance avec la gouache de 1864 suggère que la lithographie fut exécutée à partir d'une photographie de la toile perdue. Si l'on place un calque, inversé, d'une reproduction de la gouache sur une image (aux mêmes dimensions) de la lithographie, on s'aperçoit qu'en dépit de son format différent et des changements radicaux apportés aux éléments de la composition derrière la barrière, la lithographie reprend, en les transformant, beaucoup de ces éléments : les silhouettes des deux conducteurs de voiture, en chapeaux hauts-de-forme, dominent les deux têtes dans le landau, tandis qu'une autre voiture avec des spectateurs a été griffonnée pour remplir l'espace qui correspond au cavalier dans la gouache. A l'endroit où Manet découpa, dans la grande toile, les femmes au parasol (RW 94 et 95), il y a un vide surchargé de quelques griffonnages dans la lithographie.

A partir des trois poteaux qui marquent, dans la gouache, la fin de la barrière continue, Manet adopta un moyen aussi simple qu'astucieux pour compléter sa composition lithographique. Une ligne courbe altère, en la ramenant vers le bas — bien au-dessous de la ligne limite de la composition originale — le bord de la piste, indiqué par quelques poteaux sommairement tracés. La forme courbe ainsi créée, remplie de coups de crayon évocateurs plutôt que descriptifs, sert à intensifier l'effet d'une perspective dynamique, comme si les chevaux venant du fond « explosaient » vers le spectateur. En même temps, elle renforce, par son graphisme uniformément accentué, l'équilibre de la composition à deux dimensions, sur la surface de la feuille, et les taches d'un noir velouté des spectateurs, des chevaux et de l'arbre au loin se tiennent au même plan, ont la même valeur, que le furieux « gribouillage » à l'avant plan. Avec des moyens très différents, Manet atteint le même résultat que Hiroshige, dans un paysage d'une perspective profonde et en même temps d'un parfait équilibre en surface, qu'a rapproché Ives de la lithographie des *Courses*[2].

Les modifications de la composition par rapport à la gouache font penser que Manet avait déjà pris la décision, s'il n'avait pas encore passé à l'acte, de découper ou de modifier sa grande toile, et qu'il n'avait sans doute pas encore imaginé la réduction de la composition telle qu'on la retrouve dans la toile exposée (cat. 99). Très souple pour adapter son style au projet en cours, Manet choisit pour *l'Exécution de Maximilien* (cat. 105) et *Guerre civile* (cat. 125, fig. a), un réalisme impressionnant par sa sobriété ; pour l'affiche des *Chats* (cat. 114), un graphisme original et accrocheur ; pour l'édition de « bibliophile » du *Corbeau* (cat. 151), un style élégant et raffiné. Il est difficile de savoir à quel public devait s'adresser la lithographie des *Courses* : en tout cas pas à celui d'amateur d'estampes de chasses ou de courses à l'anglaise (voir cat. 132).

Malgré un rapport évident avec *Le ballon* de 1862 (cat. 44), surtout par le côté « griffonnage » des bords de la composition, on est tenté de situer cette œuvre après 1865 et plutôt vers la fin de cette décade, à l'époque où l'art de Manet trouva sa pleine autonomie. En adaptant son style aux possibilités inhérentes au dessin sur la pierre lithographique et la composition de la toile à un format nouveau, Manet créa ici un chef-d'œuvre de l'estampe originale, qui devait rester sans égal jusqu'aux essais radicaux de Toulouse-Lautrec, de Degas ou des Nabis au début des années quatre-vingt dix. Melot a d'ailleurs signalé son audace : « C'est une des plus nouvelles expériences de représentation du mouvement, où l'objet qui le supporte disparaît, pour ne laisser que la vision du mouvement en lui-même, rendu par une sorte d' ' empathie ' du crayon qui se fait mouvementé. »[3]

Les courses demeura inédite jusqu'en 1884, ainsi que quatre autres lithographies (voir cat. 105, 125 et 130 : fig. a). A cette date, Mme Manet décida d'en faire une édition (voir cat. 105). Il semble impensable, malgré les déclarations de l'imprimeur Clot (voir cat. 125), qu'aucune épreuve d'artiste n'ait été imprimée pour Manet. Les deux épreuves connues en premier état[4], avant la lettre et surtout avant une légère réduction du sujet sur la droite, sont d'une qualité nettement supérieure à celles du tirage posthume : en dehors de la qualité du chine appliqué, plus belle et plus lumineuse, une sorte de lavis sur la foule lointaine, à gauche, et la netteté des lignes dans le paysage du fond, derrière les chevaux, disparaissent ou sont très atténuées dans les épreuves du tirage de 1884. Relevons par ailleurs, le fait qu'une épreuve en premier état (comme le prouve une photographie de Lochard[5]) fut exposée en janvier 1884 à l'École des Beaux-Arts[6], trois mois avant l'enregistrement du tirage de Lemercier au Dépôt légal.

Historique
Cette épreuve très rare en premier état est reproduite dans le catalogue de MOREAU-NÉLATON, de 1906, sans mention de propriétaire, preuve en général qu'elle lui appartenait déjà (v. Hist., cat. 9).
L'existence d'un premier état de la composition de cette estampe (avant la réduction) ne fut établie qu'en 1977-1978 (voir n. 2) et Guérin se trompe quant aux indications d'estampes « avant la lettre » du tirage posthume (la lettre étant

masquée sur l'épreuve de la Bibliothèque Doucet, à Paris) et du deuxième état avec réduction du sujet et addition d'une signature[7].
On peut donc noter qu'en dehors de l'épreuve de Moreau-Nélaton (acquise avant 1906) et de celle citée dans la note 2 (acquise à la vente Biron en 1910)[8], une épreuve de 1er état fut exposée à l'École des Beaux-Arts en 1884 (voir plus haut), cette même épreuve ou une autre a peut-être fait partie de la vente Manet[9], et une épreuve en 1er état passa dans la vente Roger Marx en 1914[10].

J.W.B.

1. Harris 1966.
2. Ives 1974, n°s 28 et 29.
3. Melot 1974, n° 134.
4. Celle exposée ici (repr. M-N et LM) et celle dans une collection particulière (Ingelheim 1977, n° 66 ; Paris, Berès 1978, n° 76, repr.).
5. Photographie Lochard n° 166 (Paris, BN Estampes, Dc 300f, t. I., p. 18 ; Dc 300g, t. VIII).
6. Paris, Beaux-Arts 1884, n° 166.
7. V. Harris 1970, p. 123. Les épreuves citées par Guérin ne semblent exister que dans le cas de celle de Boston (actuellement Museum of Fine Arts), épreuve « truquée », comme le dit Harris.
8. Vente marquis de B[iron], Paris 13 avril 1910, n° 95 (Frs 290), achetée O. Gerstenberg.
9. Vente Manet 1884, n° 168 « Courses », acheté par Chabrier Frs 70 ; Bodelsen 1968, p. 343.
10. Vente Roger Marx, Paris 27 avr.-2 mai 1914, n° 912, repr.

102 Les bulles de savon

1867
Huile sur toile
100,5 × 81,4
Signé b.d. *Manet.*

Lisbonne, Museu Calouste Gulbenkian

Léon Leenhoff, l'*Enfant à l'épée* (cat. 14), se souvenait fort bien avoir posé pour *Les bulles de savon* en septembre 1867 à quinze ans, lorsque Tabarant l'interrogea à la fin de sa vie[1]. Il paraît, en effet, plus enfantin que dans *L'éplucheur* du Musée de Stockholm (RW 130) ou le *Déjeuner* (cat. 109), et cette date paraît plus exacte que celle de 1868 qui avait été longtemps admise, depuis la rétrospective de 1884.

On peut penser que Léon était déjà un peu « grandelet » pour jouer aux bulles de savon, même si le destin n'en fit jamais un grand intellectuel. En fait, Manet eut l'idée de le faire poser se livrant ou feignant de se livrer à cette activité, plutôt qu'il ne le saisit sur le vif. Bien que peint très librement, il s'agit d'un portrait pénétré de souvenirs de musée, où la Hollande de Hals, l'Espagne de Murillo et la France de Chardin se confondent.

Le thème à vrai dire n'était pas neuf au milieu du siècle, et divers historiens ont déjà rapproché la version de Manet de celle de Couture (1859,

Expositions
Paris, Beaux-Arts 1884 n° 45 ; Orangerie 1932 n° 28 ; New York, Wildenstein 1937 n° 13.

Catalogues
D 1902, 96 ; M-N 1926 I p. 109 ; cat. ms. 114 ; T 1931, 131 ; JW 1932, 148 ; T 1947, 136 ; RO 1970, 117 ; RW 1975, 129.

102

New York, Metropolitan Museum ; fig. a)[2] et de la lithographie de Daumier[3].

Mais la simplicité de la composition, l'appui de pierre, le fond sombre uni, évoquent avant tout la version de ce même motif par Chardin (Washington, D.C., National Gallery ; fig. b) que Manet a dû voir à l'occasion de la vente Laperlier, quelques mois avant d'entreprendre sa propre toile, comme l'a suggéré Rosenberg[4]. Un tableau du même titre par Mieris (Louvre) a pu également le frapper.

De toutes ces figurations jusque-là reliées au thème des vanités — les bulles de savon symbolisant la précarité de la vie — Manet garde les éléments traditionnels : la pipette où s'accroche une bulle sur le point d'éclater, la jeunesse du modèle. Mais il le redresse, lui donne une frontalité inexistante jusque-là, et surtout lui ôte tout caractère de mélancolie. Déjà chez Chardin, le jeune garçon, penché en avant, concentré dans la fabrication de sa bulle, relevait plus du domaine de l'observation réaliste que de l'allégorie. Ici, Léon semble plus absent et figé qu'absorbé. Schapiro a observé qu'il tenait sa pipette comme un pinceau et son bol comme une palette[5], idée séduisante si l'on estime que le thème de la vanité sous-tend encore le tableau de Manet, qui aurait répondu au rappel de l'éphémère par une allusion à la pérennité de l'art — de son art.

Mais, plus qu'une méditation philosophique ou moralisante, comme dans le tableau de Couture, n'est-ce pas au contraire une affirmation proprement picturale, une réponse « naturaliste » au tableau de son maître, qui vide le thème de sa connotation sentimentale, et une confrontation délibérée, au-delà des modèles de son temps, au grand art du XVIIe siècle ?

fig. a. Couture, Les bulles de savon, 1859. New York, Metropolitan Museum of Art

1. Tabarant 1931, p. 177.
2. Schapiro, cité Mauner 1975, pp. 133-135.
3. Hanson 1977, pp. 69-70.
4. Vente Laperlier, Paris, 11 avril 1867 ; Rosenberg 1979, n° 59.
5. Cité Mauner 1975, p. 135.
6. Carnets de H. Hecht, publication en préparation par Anne Distel.
7. Publié par Tabarant 1947, p. 144.
8. Tabarant 1931, p. 177.
9. Tomkins 1970, p. 309.

Historique

Manet vendit ce tableau en 1872 aux frères HENRI et ALBERT HECHT, pour 500 Frs[6]. Ces deux grands collectionneurs précoces des impressionnistes étaient liés à Degas et à Duret. Ils avaient dû voir le tableau en 1870 chez Manet ou chez Duret, puisque Henri Hecht écrit à Manet le 12 janvier 1872 : « Notre ami commun Duret nous avait, au moment de la guerre, fixé de votre part le prix de 500 francs pour le *garçon aux bulles de savon*, qui nous avait tant plu... Si vous êtes toujours dans les mêmes dispositions [...]. »[7]. Les Hecht ont acheté souvent, par la suite, des Manet dans les ventes publiques — vente Hoschedé, vente Manet —; par exemple, *Les hirondelles* (RW 190), *La femme au perroquet* (cat. 96), *La partie de croquet* (RW 211) et *L'évasion de Rochefort* (cat. 208). L'un des frères pose également pour *le Bal de l'Opéra* (cat. 137). *Les bulles de savon* passe ensuite par voie de succession au gendre d'Albert Hecht, M. PONTREMOLI qui le vend à GEORGES BERNHEIM (v. Hist., cat. 20) en 1916 (150.000 Frs)[8]. Après de brefs séjours chez BERNHEIM-JEUNE (v. Hist., cat. 31) en 1918 à Paris, et chez DURAND-RUEL à New York en 1919, il entre à cette date dans la collection d'ADOLF LEWISOHN (1849-1938). Financier et philanthrope, à New York, il forma une grande collection, dont le *Portrait de Tissot* par Degas, *Ia Orana Maria* de Gauguin, *L'Arlésienne* de Van Gogh, et l'étude pour *La Grande Jatte* de Seurat, tous légués par son fils SAMUEL A. LEWISOHN au Metropolitan Museum en 1951.[9]. Ce tableau est acheté en novembre 1943 par CALOUSTE GULBENKIAN (1869-1955) pour sa Fondation (inv. 2361). Il fait partie d'une dernière série d'achats importants du célèbre industriel qui avait commencé sa collection — surtout spectaculaire en art du XVIIe et XVIIIe siècles — avant la première guerre mondiale.
Les quelques tableaux impressionnistes qu'avoisinent Manet sont de Degas, un important *Autoportrait* (1862), *L'homme et le pantin* (1880) et un portrait de *Mme Claude Monet* par Renoir (1872) dont Manet se souvint sans doute lorsqu'il fit le pastel de sa femme (cat. 143). Gulbenkian avait déjà acheté dès 1910 *L'enfant aux cerises* (RW 18), un des plus célèbres tableaux de jeunesse de Manet.

F.C.

fig. b. Chardin, Les bouteilles de savon. Washington, D.C., National Gallery of Art

270

103

103 L'enfant aux bulles de savon

1868 ?
Eau-forte, aquatinte et roulette
25,4 × 21,5 (cuivre) ; 19,8 × 16,4 (sujet)

P   Paris, Bibliothèque Nationale
NY   New York, The New York Public Library

Expositions
Philadelphie-Chicago 1966-67 nº 98 ; Ingelheim
1977 nº 62 ; Paris, Berès 1978 nº 60.

Catalogues
M-N 1906, 36 ; G 1944, 54 ; H 1970, 63 ;
LM 1971, 57 ; W 1977, 62 ; W 1978, 60.

1er état (sur 4). Les deux épreuves montrent la
très forte fausse morsure du cuivre, sur les bords
et surtout aux angles (due peut-être à une reprise

Si la signification précise du tableau (cat. 102) nous échappe encore — allégorie
personnelle ou simple morceau de peinture dans la grande tradition de
Chardin et de Hals — nous ne savons rien de la destinée voulue pour la gravure.
Celle-ci n'est connue que par quelques épreuves d'artiste, avant sa publication
posthume, en 1890. Henri Guérard (voir Historique, cat. 16) posséda plusieurs
épreuves de cette planche, dont l'une annotée « tiré par Guérard ».[1] On ne sait
pas à partir de quel moment Guérard a commencé à remplacer Bracquemond

comme assistant technique dans la préparation et le tirage des cuivres de Manet, mais il n'est pas impossible qu'un renouveau de l'activité de Manet graveur, que l'on situe, sans précision, entre 1866 et 1870, soit dû à l'influence de Guérard et que celui-ci ait encouragé Manet à envisager l'édition de tout un groupe d'estampes de reproduction : *L'acteur tragique* (H 48) et le *Philosophe* (H 43) d'après les tableaux de 1865 (cat. 89 et 90), le *Fumeur* (H 50) d'après le tableau de 1866 (RW 112), même le *Christ aux anges* (cat. 76) dont Guérard conserva le cuivre. Il en serait de même pour cet *Enfant aux bulles de savon,* gravé en 1868 ou même plus tard, et dont une épreuve imprimée en couleurs (Chicago, Art Institute) correspondrait bien aux goûts et aux prouesses techniques du jeune Guérard.

On peut également avancer l'hypothèse que Manet ait gravé toutes ces planches, sauf *L'enfant aux bulles,* dans l'attente du succès de son exposition de l'Alma en mai 1867. Toutes les toiles y figureraient, ainsi que la nature morte du *Lapin* (RW 118) dont il fit une petite estampe (H 62). Nous savons que Manet, dans ses hésitations à propos de la vente de la brochure de Zola dans l'exposition (voir cat. 68-69) est allé jusqu'à suggérer au critique d'attendre, pour réaliser le projet, « la fin, après une réussite s'il y en a »[2]. N'aurait-il pas, de même, préparé des estampes de reproduction, puis abandonné l'idée d'en faire des tirages au moment de l'exposition même, pour être relancé par Guérard quelque temps, voire quelques années plus tard ?

Toutes ces planches montrent un désir de transcrire l'œuvre peinte, plutôt que de la traduire. Dans le cas des *Bulles de savon,* Manet tente, par la ligne seule (et ensuite par l'addition d'un lavis d'aquatinte) de rendre les qualités purement picturales — richesse de la pâte, justesse des valeurs — de sa toile. Il faut admettre que la réussite n'est que partielle et que cette planche reste intermédiaire entre la gravure de reproduction proprement dite et l'estampe originale.

du dessin pour renforcer les lignes en les réexposant à l'acide). Sur papier vergé, filigrane *FRE...,* encre brun-noir (Paris, Coll. Moreau-Nélaton) ; papier vergé, encre noire (New York, Coll. Avery).

1. New York Public Library, épreuve sur japon.
2. Manet à Zola, s.d. [1867], v. Annexe, Correspondance Manet-Zola, n° 6.

Historique

Paris. L'épreuve du legs MOREAU-NÉLATION (v. Hist., cat. 9) porte le même filigrane qu'une épreuve du *Fumeur* (H 50, Paris BN), mais aucune indication ne permet de déceler leur provenance antérieure.

New York. Alors que l'autre épreuve de la New York Public Library, déjà citée, porte la mention « tiré par Guérard », celle-ci ne révèle aucune trace de sa provenance. Sans doute AVERY l'a-t-il acquise, par l'intermédiaire de LUCAS, de GUÉRARD lui-même (v. Hist., cat. 16 et 17).

J.W.B.

104 L'exécution de l'empereur Maximilien

1867
Huile sur toile
196 × 259,8

Boston, Museum of Fine Arts

Le 19 juin 1867, alors qu'à Paris triomphait l'Exposition universelle, Maximilien d'Autriche, empereur du Mexique, fut exécuté ainsi que les généraux mexicains qui lui étaient restés fidèles, Miramon et Mejia. Le drame fut vivement ressenti en France, dès qu'on l'apprit, d'abord avec horreur envers les seuls juaristes mexicains, puis, bien souvent, avec indignation contre Napoléon III, qui, après avoir imposé l'instauration de Maximilien au Mexique, lui avait retiré les troupes françaises qui lui auraient permis de se

Expositions
Paris, Salon d'Automne 1905 n° 17 ; Orangerie 1932 n° 27 ; Philadelphie-Chicago 1966-67 n° 84 ; Providence 1981 n° 29.

Catalogues
D 1902, 101 ; M-N 1926 I pp. 92-93 ; cat. ms. 101 ; T 1931, 130 ; JW 1932, 138 ; T 1947, 132 ; RO 1970, 115 ; RW 1975, 124.

défendre. Personnellement à vif depuis l'insuccès de son exposition de l'Alma, frondeur contre l'Empire comme tout le « Boulevard », et désireux de montrer qu'il était capable à sa façon de peindre un grand tableau d'histoire, Manet avait de multiples raisons d'être frappé par ce drame et d'en décider la commémoration par un grand tableau.

Il allait en fait travailler plus d'une année, de l'été 1867 à fin 1868, à quatre tableaux successifs et à une lithographie. Sa recherche allait évoluer, au fil des informations écrites et photographiques de plus en plus précises dont il put disposer, selon ses propres réactions à l'événement, et en fonction des problèmes plastiques qu'une composition aussi ambitieuse, un premier tableau de ce type, ne manquait pas de lui poser. L'élaboration des œuvres, et les changements successifs qui l'ont ponctuée ont été magistralement analysés par Sandblad[1], à partir des témoignages de Duret, de Proust, et surtout, pour la première fois, du dépouillement de la presse dont Manet pouvait disposer à l'époque. Les divers historiens qui ont travaillé depuis sur le problème[2] ont apporté des précisions chronologiques, des détails ou des suggestions iconologiques nouvelles, stimulantes ou hypothétiques, mais rien qui contredise fondamentalement Sandblad.

Le tableau que nous exposons est sans aucun doute le premier de la série ; il fut suivi de celui dont les fragments rassemblés sont à la National Gallery de Londres (RW 126), puis de l'esquisse définitive de la Ny Carlsberg Glyptotek de Copenhague (RW 125), et enfin, de la composition finale, la plus grande et la plus achevée, du musée de Mannheim (RW 127 ; fig. a).

En résumé, les choses se sont passées ainsi : après l'ouverture de son exposition le 24 mai, et la réalisation, en juin, de son tableau *L'Exposition universelle de 1867* (RW 123), Manet part en juillet pour Boulogne-sur-mer. Était-il encore à Paris le 1er juillet, le jour de la distribution des récompenses de l'Exposition universelle au Palais de l'Industrie ? — « La lugubre nouvelle avait commencé dès le matin à courir dans Paris », rapportera Ludovic Halévy, « l'Empereur Maximilien a été fusillé sur ordre de Juarez. Quel tragique dénouement à cette ruineuse et sanglante folie de la Guerre du Mexique ! »[3]. Sandblad pense que Manet s'est surtout inspiré du compte rendu détaillé paru dans la presse le 10 août, donc qu'il n'a commencé son tableau qu'à son retour en septembre — retour précipité par la mort de Baudelaire le 31 août, et son enterrement auquel il assista le 2 septembre. Jones[4] émet l'hypothèse que, dès la parution du premier article un peu détaillé sur le drame, le 8 juillet, Manet a pu élaborer ce premier tableau avant son départ ; il est probable en effet, qu'il en commence l'ébauche, mais qu'il l'abandonne pour gagner Boulogne, se rendant compte qu'il ne pouvait matériellement pas envisager de l'inclure dans son exposition de l'Alma déjà en cours.

Quoi qu'il en soit, peinte en juillet ou en septembre, la version de Boston exposée ici est faite « à chaud » ; c'est la plus mouvementée, la plus chargée d'émotion, la plus dramatique dans sa technique même. L'idée générale doit évidemment beaucoup au *3 de Mayo* de Goya (fig. b), que Manet avait vu deux étés plus tôt à Madrid, à l'Académie de San Fernando. Il est amusant de noter, déjà en 1863, l'association à propos de Manet, de Goya et du Mexique, dans un article hostile de Paul de Saint-Victor sur l'exposition chez Martinet : « Imaginez Goya passé au Mexique, devenu sauvage au milieu des pampas, et barbouillant des toiles avec de la cochenille écrasée, vous aurez M. Manet, le réaliste de la dernière heure. »[5]

La version de Boston est d'ailleurs la plus proche de Goya, par l'esprit romantique qui l'anime, et par les tons chauds, qu'une harmonie froide de gris,

104

de verts, et de noirs remplacera dans les versions suivantes. Alors que Goya saisit le moment où les soldats mettent en joue, Manet, lui, fixe le coup de feu qui suit, mais le groupement du peloton d'exécution à droite et des victimes à gauche, à deux pas les uns des autres, est le même. Comme dans le *Combat du « Kearsarge »* (cat. 83), un nuage de fumée enveloppe le drame et l'évoque plus qu'il ne le montre. Les trois sacrifiés ont leur place définitive : Mejia, le général indien, déjà touché, à gauche, l'empereur debout, au centre, et Miramon, à peine deviné, à droite. L'officier qui arme son fusil, et qui sera, dans la réalité comme dans les versions suivantes, l'exécuteur final de l'empereur, est déjà présent à l'extrême droite mais de face, image de l'indifférence, ange exterminateur borné, au repos avant l'acte. Il est intéressant de constater que la seule note de rouge de la version de Boston répondant à celle du coup de feu, est celle de sa ceinture, couleur réduite dans le tableau final au rouge de son képi, seul signal coloré symbolique du massacre.

      La scène se passe en plein air. On aperçoit en haut, à droite et à gauche, un morceau de ciel, au-dessus d'une esquisse de colline ; dans la version de Mannheim le fond sera essentiellement occupé par un mur gris. Dès la fin de juillet, Manet disposait d'informations portées dans le tableau de Boston : on

274

savait par exemple, que l'empereur portait un chapeau mexicain à larges bords non retroussés ; et tout naturellement, pour le costume des soldats, Manet feuilletera ce qu'il a sous la main, les reportages faits les années précédentes dans *L'Illustration* sur l'expédition du Mexique, en particulier un détail d'une gravure anonyme représentant la bataille de Jiquilpam, cité par Sandblad, ou une planche de *L'histoire populaire illustrée de l'armée du Mexique,* par E. de la Bédolière, 1863, cité par Boime[6]. Une restauration récente a permis de découvrir que Manet avait à l'origine peint en rouge le pantalon des soldats — ce qui confirmerait l'hypothèse de Jones d'une date plus précoce que celle généralement admise pour la mise en route du tableau, puisque dès le 11 août, dans *Le Figaro,* Albert Wolff décrivait les soldats, d'après des photos qui lui avait été communiquées : « Leur uniforme ressemble à l'uniforme français : le képi et [...] le ceinturon en cuir blanc ; le pantalon, descendant jusqu'aux pieds, est d'une étoffe plus foncée. »[7]. Dès son retour en septembre, Manet retravaille donc son tableau, fonce les pantalons tout en gardant leur forme « mexicaine », et tente de transformer les sombreros en képis, au moins dans la partie centrale du groupe des tireurs ; il a pu demander à Wolff, avec qui il entretenait des relations cordiales malgré les critiques hostiles que celui-ci lui prodiguait, à voir les photos citées par le journaliste dans son article et, en particulier, à avoir communication des portraits des trois suppliciés. Mais sans doute à la fin septembre, il abandonne ce tableau, ainsi que nous le dit clairement Duret : « Une première composition et même une seconde ne lui ayant pas paru conformes aux renseignements précis qu'il avait fini par recueillir, il repeignit l'œuvre une troisième fois, sous une forme arrêtée et définitive. »[8], la deuxième, intermédiaire, faite à la fin de l'automne 1867, étant la version mutilée, actuellement à la National Gallery à Londres (RW 126), et la version définitive, celle de Mannheim (RW 127), sans doute précédée de l'étude, de Copenhague (RW 125).

Ainsi le tableau de Boston serait le « laboratoire » primitif de la composition, et montre fort bien que la première attitude de l'artiste est plus émotive, plus emportée qu'il n'y paraît, et comment peu à peu s'installe un système de réserve, de distance, d'objectivité, dans une élaboration qui d'ordinaire chez lui précède, intellectuellement ou intuitivement, le tableau, mais ici est transcrite directement sur la toile. Ce tableau est ainsi passionnant à plus d'un titre et révèle toutes les ambiguïtés d'un peintre successivement emporté, puis contrôlé : montrant ici les traces évidentes de la passion avant le sang-froid de la version définitive.

L'ambiguïté se manifeste également dans l'attitude à la fois respectueuse et irrespectueuse qu'il adopte vis-à-vis de son sujet. Respectueuse, car malgré ses éclats souvent rapportés (en particulier par Proust[9]) contre la peinture d'histoire, c'est bien un tableau d'histoire, et dans la grande tradition du début du XIXe siècle, celle de David et Gros — et de Goya — que Manet a voulu faire. De l'histoire actuelle, du reportage, certes, mais de l'histoire. Le format lui-même — d'emblée impressionnant — trahit l'impatience d'exécuter une grande composition pour le Salon. Respectueuse encore par l'arrangement, qui n'est pas particulièrement novateur, et par une technique qui n'est pas sans faire penser aux esquisses de Couture.

Mais en même temps, toute l'invention de Manet est déjà là, qu'il ne fera plus qu'élaborer et perfectionner dans les versions suivantes : l'admirable idée est déjà en place, le bourreau à droite, ici de face, déjà bien campé dans l'indifférence sur les deux jambes, s'appuyant sur l'arme qui portera le coup fatal, nous regardant et nous prenant à témoin de la scène. La silhouette dressée

fig. a. L'exécution de Maximilien, 1868.
Mannheim, Kunsthalle

fig. b. Goya, Les exécutions du 3 mai 1808. 1815.
Madrid, Musée du Prado

de l'empereur, sacrifié « christique », comme l'ont remarqué tous les historiens depuis Sandblad, est également déjà présente. On sait que Manet avait toujours voulu peindre la douleur : « La Minerve, c'est bien, la Vénus, c'est bien. Mais l'image héroïque, l'image amoureuse ne vaudront jamais l'image de la douleur. Elle est le fond de l'humanité. Elle en est le poème. »[10]. Il disait cela à propos du Christ en croix, qu'il déclarait à Proust vouloir un jour peindre. Il n'est pas inimaginable qu'il ait évoqué ce symbole en peignant Maximilien entre ses deux généraux, transcription moderne, amère, dérisoire, du Christ entre les larrons, comme lui trahi, comme lui sacrifié. Bien évidemment le groupe de Boston est encore confus et ne se précisera que postérieurement, en perdant dans les versions finales de son mystère et de son émotion, même si l'usage symbolique du sombrero, qui dans la version de Mannheim approche, discrètement, de l'auréole, reste encore ici purement folklorique.

Manet ne fut satisfait du tableau final (fig. a) que fin 1868, et aurait sans doute décidé de le proposer au Salon, si on ne lui avait fait savoir qu'il ne serait pas accepté[11] (voir cat. 105). Mais le tableau était néanmoins connu dans le milieu artistique. Il est, par exemple, possible de voir, comme Boime, l'influence directe de l'idée de Manet sur un tableau de Gérome exposé au Salon de 1868, *L'exécution du Maréchal Ney, 7 décembre 1815* où le peloton d'exécution s'en va, laissant Ney mort devant un mur analogue à celui du tableau définitif de Manet[12]. Notons que cette dernière version de *L'exécution de Maximilien* a été montrée aux États-Unis, en décembre 1879 et janvier 1880[13], d'ailleurs avec un succès tout relatif, par l'amie et modèle de Manet, la cantatrice française, Emilie Ambre (RW 334), au cours de sa tournée d'opéra.

Le triomphe de l'impressionnisme refoulera un moment chez les meilleurs artistes l'ambition de peindre les grands événements du temps, et en ce sens, paradoxalement, c'est Manet et sa séquence des *Exécutions* qui offrent l'exemple du dernier effort pour recréer la grande peinture d'histoire. Il faut attendre le Picasso de *Guernica* (1937, Prado) et, plus textuellement, celui des *Massacres de Corée* (1951, Paris, musée Picasso ; fig. c), pour voir relevé le défi de Manet, défi que Manet lui-même avait lancé à Goya et à la grande tradition. Dans sa simplicité, Renoir disait vrai en s'écriant, selon Vollard, devant le tableau exposé : « C'est un pur Goya, et pourtant, Manet n'a jamais été plus lui-même ! »[14]

fig. c. Picasso, Massacre en Corée, 1951. Paris, Musée Picasso

1. Sandblad 1954, pp. 109-159.
2. Scharf 1968 ; Fried 1969 ; Boime 1973 ; Johnson 1977 ; Griffiths 1977 ; Jones 1981.
3. Halévy, *Carnets,* 2 juil. 1867.
4. Jones 1981, p. 12.
5. Saint-Victor 1863, cité Moreau-Nélaton 1926 I, p. 45.
6. *L'Illustration,* 11 février 1865, cité Sandblad 1954, p. 125.
7. Jones 1981, p. 14.
8. Duret 1902, p. 71.
9. Proust 1897, p. 132.
10. *Ibid.,* p. 315.
11. Griffiths 1977, p. 777.
12. Ackerman 1967, pp. 169-170 ; Boime 1973, p. 189.
13. A New York, Hôtel Clarendon ; et à Boston, Studio Building Gallery (Paris, Bibliothèque d'Art et d'Archéologie, archives Manet). V. Chronologie.
14. Vollard 1936, p. 72.
15. Tabarant 1947, p. 141.
16. New York, Morgan Library, archives Tabarant.
17. Tabarant 1947, p. 141.
18. Lettre publiée par B.S. Shapiro, *Mary Cassatt at home,* Boston, Museum of Fine Arts, 1978, pp. 9-10, n. 8.

Historique
Resté roulé dans l'atelier de Manet, le tableau suivit SUZANNE MANET (v. cat. 12) de Gennevilliers à Asnières, puis échut à LÉON LEENHOFF (v. cat. 14) qui l'entreposa dans l'imprimerie qu'il tentait de monter à Montmartre, « 10 bis de la rue Amélie, puis à celle du 94 de la rue Saint-Dominique, elle encombra là le corridor longeant le petit réfectoire du personnel, jusqu'au jour où Léon Koëlla prit le parti de la fixer au mur, où l'on put l'admirer, bien qu'elle eût assez souffert, étant restée roulée à l'envers, peinture en dedans, durant tant d'années », ainsi que le rapporte Tabarant, qui en eut le témoignage visuel[15], comme AMBROISE VOLLARD (v. Hist., cat. 98) qui l'y découvrit en 1899 (après la version de Londres (RW 126), déjà dépecée, que Degas lui acheta). Il achète cette « esquisse », 500 Frs selon Léon en juillet 1900[16], 800 Frs selon l'acheteur[17]. Elle subit sans doute une première restauration à ce moment-là. Il la vend en 1909 à FRANK GAIR MACOMBER de Boston. Une lettre de Mary Cassatt nous éclaire sur les circonstances de cet achat : « Cher Monsieur Macomber, cela m'intéresse beaucoup de savoir que vous avez acheté le beau Manet, et je suis ravie que notre rencontre fortuite ait eu pour conséquence que le tableau soit maintenant en Amérique. Cela a toujours été une des grandes joies de ma vie de contribuer à faire venir de belles choses de ce côté-ci de l'Atlantique. »[18] Mr et Mrs Macomber en firent don en 1930 au Musée de leur ville (inv. 30.444). Le tableau a été nettoyé et restauré en 1980.

F.C.

105 L'exécution de Maximilien

1868
Lithographie
33,3 × 43,3
Signé b.g. *Manet*

P   Paris, Bibliothèque Nationale
NY   New York, The New York Public Library

Publication
Mme Manet 1884.

Expositions
Philadelphie-Chicago 1966-67 n° 86 ; Ann Arbor
1969 n° 29 ; Ingelheim 1977 n° 54 ; Londres, BM
1978 n°15 ; Paris, Berès 1978 n° 77 ; Providence
1981 n° 33 ; Washington 1982-83 n° 74.

Catalogues
M-N 1906, 79 ; G 1944, 73 ; H 1970, 54,
LM 1971, 73 ; W 1977, 54 ; W 1978, 77.

3ᵉ état (sur 3). Avec la lettre de l'imprimeur au
bas, dans sa forme définitive (voir notice).
Épreuves du Dépôt légal (Paris) et coll. Avery
(New York).

fig. a. 2ᵉ version de L'exécution de Maximilien,
1867-1868. (Londres, National Gallery).
Photographie Lochard 1883 (toile réduite à
gauche ; avant découpage)

fig. b. Gravure d'après Goya, Le trois mai 1808,
dans le *Goya* d'Yriarte, 1867

Comme *Les courses* (cat. 101), cette lithographie se rapproche de plusieurs
tableaux, auxquels Manet travaillait entre l'été 1867 et l'hiver 1868-69. La
lithographie fut sans doute dessinée lorsqu'il avait déjà abandonné la première
version de la composition à l'huile (cat. 104), mais elle précède, semble-t-il,
l'esquisse et le grand tableau de la version définitive (RW 125 et 127). Il est
probable, comme le suggérait Sandblad[1], que la lithographie suit, essentiellement, la deuxième version (RW 126), découpée par Léon Leenhoff et dont trois
fragments subsistent. Une photographie prise par Lochard vers 1883 nous la
montre intacte, sauf la partie de gauche (fig. a)[2]. Manet dessina sa lithographie
pour que l'image apparaisse, au tirage, dans le même sens que le tableau. En
lisant la composition de l'estampe de droite à gauche, on voit que le soldat qui
prépare le coup de grâce se tient tout près du peloton, comme dans l'esquisse
pour la version définitive (RW 125), mais que le sol est plus sombre à
l'avant-plan (comme dans le tableau exposé et, apparemment, dans la toile de la
photographie Lochard) et que les contrastes de lumière et d'ombre et les
diagonales marquées sur le sol sont moins accentués ; derrière le peloton
d'exécution on distingue l'officier à l'épée levée, présent dans la deuxième toile
et dans l'esquisse, mais absent de la version définitive (voir cat. 104, fig. a).
Maximilien et ses deux généraux mexicains, très rapprochés les uns des autres,
se tiennent par la main pour faire face au peloton dont ils sont maintenant
séparés par une distance très courte ; mais tandis que l'empereur et le général
Mejia, sur sa droite, occupent à peu près le même emplacement que dans la
composition définitive, Miramon n'a pas encore adopté la pose dans celle-ci où
sa jambe gauche, rejetée en arrière, renforce le mouvement en diagonale qui
relie et unit les trois victimes tout en les isolant de leurs bourreaux. L'empereur
porte son sombréro comme dans le tableau exposé (aucune comparaison n'est
possible avec la deuxième version où cette partie de la toile manque), et avant
qu'il n'ait été incliné sur sa tête pour figurer une sorte d'auréole dans la version
définitive. Finalement, Manet a introduit dans sa composition un mur dont la
base correspond à peu près à la ligne d'horizon dans le tableau de Londres
(fig. a) et le sommet atteint presque le haut de la composition. Le mur semble
avoir été transformé en cours d'exécution pour former deux plans qui évoquent
l'espace confiné d'une cour et dont le plan dans l'ombre, noir, fait ressortir la
blancheur des visages des victimes, la fumée des fusils et la main crispée de
Mejia, tendue dans un dernier réflexe. Derrière le mur ombré, les croix et les
pierres tombales d'un cimetière ; derrière le mur de droite, une foule « à la
Goya », comme l'a remarqué Harris[3], qui se presse pour voir l'événement.

      Il est intéressant de constater qu'alors que la foule dans la lithographie
de Manet rappelle celle de certaines estampes de la *Tauromachie* de Goya[4], les
figures bien plus précises de la toile définitive se rapprochent, par leurs poses et
leurs expressions, de certaines planches des *Désastres de la Guerre*[5], édité à
Madrid en 1863 et dont nous savons que Manet possédait un exemplaire[6]. Une

105

source encore plus significative, non seulement pour ces figures de la foule mais pour l'élaboration des différentes versions de la composition, a pu être un bois gravé d'après *Les exécutions du 3 mai 1808* de Goya. Cette gravure figure dans l'importante étude de la vie et de l'œuvre de Goya par Charles Yriarte, éditée à Paris et enregistrée au Dépôt légal en avril 1867[7], deux mois avant l'exécution de Maximilien. Plus que de lointains souvenirs du tableau de Goya à Madrid, cette reproduction maladroite mais détaillée a pu guider Manet vers la solution définitive de sa composition : les éléments de paysage désolé mais aussi de murs de fond (plus lointains chez Goya), les gestes dramatiques mais figés (alors que dans le tableau ils sont bouleversants d'émotion), même la diagonale par terre, entre les deux groupes, et la netteté des ombres portées (accentuées dans la gravure sommaire du bois), tout cela a pu jouer un rôle dans les versions de la composition qui suivent la première.

Les sentiments de Manet à l'égard de l'événement dramatique du 19 juin 1867 furent certainement très forts et profonds. Dans une lettre à Duret (voir Annexe, Documents Maximilien) il écrit « le mas[sacre] », puis le change en « l'exécution ». Ruggiero souligne avec raison, comme l'avaient déjà fait Hanson et Griffiths, l'intention politique, anti-Napoléonienne derrière toute l'activité de Manet autour de ce thème[8]. Il n'est d'ailleurs pas sans intérêt de rapprocher l'attitude de Manet de celle de son illustre modèle, Goya, vis-à-vis de l'invasion de son pays par les troupes de Napoléon Ier, entre 1808 et 1814.

Toutefois, Manet se rendait certainement compte que, pour des raisons aussi bien picturales que stratégiques, vis-à-vis du public, il devait contenir son émotion, et masquer son intention de désigner le vrai responsable, Napoléon III.

La technique de cette lithographie se distingue par sa sobriété apparente ; le dessin en est d'un réalisme digne et sérieux, et Manet avait, semble-t-il, l'intention de l'intituler simplement « Mort de Maximilien » (voir Annexe), titre anodin, encore plus neutre que celui d' « Exécution ». Toutefois, quelqu'un chez Lemercier dut donner l'alarme, alors que la pierre restait sans titre — « une bonne note pour l'œuvre », commenta Manet — et une lettre lui parvint de « l'administration » en janvier 1869, lui faisant savoir qu'il ne fallait pas procéder au tirage. En même temps, il apprenait que son tableau — sans doute la version définitive — ne serait pas admis au Salon. Griffiths a apporté les précisions qui permettent de suivre le déroulement de « l'affaire Maximilien »[9], et on trouvera en annexe l'ensemble des documents, jusqu'à présent dispersés dans divers ouvrages, qui montre l'étendue de l'engagement personnel de Manet, comme de Zola, dans cette affaire.

La note de la *Chronique des Arts* du 7 février fait penser qu'un tirage de la pierre avait été effectué, puis refusé par les autorités du Dépôt légal, mais les lettres de Manet à Zola et à Duret et la note dans la *La Tribune* du 31 janvier parlent d'une interdiction de l'*impression* et non pas de la *diffusion*. Toujours est-il que Lemercier demanda à Manet l'autorisation d'effacer l'image sur la pierre, autorisation que Manet refusa, « bien entendu », et il dut rendre la pierre qui demeura dans l'atelier de l'artiste jusqu'à sa mort. Finalement, c'était la firme de Lemercier qui, en 1884, exécuta le tirage posthume de cette lithographie, en même temps que celui d'autres pierres inédites, restées dans l'atelier (voir la note ci-après, concernant ce tirage).

1. Sandblad 1954, p. 140.
2. Photographie Lochard n° 309, Paris, BN Estampes (Dc 300 g, t. I).
3. Harris 1970, p. 152.
4. Goya *La Tauromaquia* pl. 13, 20, 22, 26, 30.
5. Goya *Los Desastres de la Guerra*, pl. 18, 19, 21, 26, 28.
6. P. Gassier *Goya dans les collections suisses* Martigny 1982, n° 65.
7. Yriarte 1867, « Le Deux Mai » (titre erroné), dessiné par Bocourt et gravé par Dumont, face p. 86.
8. Providence 1981, n° 33 ; Hanson 1970, p. 116 ; Griffiths 1977.
9. Griffiths 1977.
10. Paris, Archives Nationales (F18 VI 86).
11. Harris 1970, p. 18.
12. Wilson 1977 et 1978.
13. Wilson 1977, n° 73.
14. Rouart et Wildenstein 1975 I, p. 27.
15. *Ibid.* p. 28.
16. Paris, Archives Nationales (F18 2360 et 2361 — documents divers).
17. Paris, BN Estampes (Ye 79. fol.).
18. Lettre du conservateur d'alors, M. Komanecky, du 20 septembre 1979.
19. Providence 1981, n° 33c.

Historique

L'épreuve du DÉPÔT LÉGAL (Paris BN) fut enregistrée le 26 mars 1884 et transférée à la Bibliothèque Nationale par la suite (voir la note ci-après).
L'épreuve acquise par AVERY (V. Hist., cat. 17) ne comporte aucune indication permettant d'identifier sa provenance antérieure. Publiée en 1884 à cinquante épreuves, pour le compte de la veuve de Manet, Avery aurait facilement pu se procurer cette lithographie, par l'intermédiaire de Lucas et peut-être de Guérard (v. Hist., cat. 16) qui était en contact étroit avec Suzanne Manet et qui en possédait plus d'une épreuve lui-même.

« L'EXÉCUTION DE MAXIMILIEN » ET L'ÉDITION POSTHUME DES LITHOGRAPHIES DE MANET EN 1884.

Le nombre des épreuves tirées au moment de l'édition posthume des lithographies inédites est resté jusqu'à présent spéculatif. En fait, l'enregistrement de l'édition de quatre lithographies lors du Dépôt légal auprès du Ministère de l'Intérieur fournit les précisions suivantes :

1884	600	26 mars	Lemercier	Exécution de Maximilien Tirage 50 Exempl.	1 lith.	
	601	d°	d°	Courses Tirage 50 Exempl.	1 lith.	[cat. 101]
	602	d°	d°	Portrait de Femme	2 lith.	[H 73]
	603	d°	d°	Le même avec traits seulement Tirage 50 Exempl. de chaque		[H 74] [v. cat. 130]

Le chiffre de cinquante épreuves pour chacune des quatre lithographies, indiqué dans les registres officiels du Dépôt légal[10], fixe donc le tirage de l'édition, ignoré par les auteurs des catalogues de l'œuvre gravée et lithographiée de Manet. Harris a cité, sans preuve à l'appui, le chiffre de cent épreuves[11] et cette affirmation a été reprise par la suite[12]. Harris a également affirmé, par erreur, que *Guerre civile* (H 72, v. cat. 125, fig. b) fit partie du tirage posthume (alors que Manet publia cette estampe en même temps que *Le gamin* (cat. 8), en 1874)[13]. Chose curieuse révélée par les registres du Dépôt légal : *La barricade* (cat. 125), qui présente les mêmes caractéristiques que les autres lithographies du tirage, n'apparaît ni avec les quatre lithographies enregistrées ni, d'après les recherches dans les enregistrements antérieurs et postérieurs, à une date différente (fait confirmé par l'absence d'une épreuve du Dépôt légal à la Bibliothèque Nationale).

Dans l'inventaire après décès, établi en juin et décembre 1883, figurent parmi divers effets provenant de l'atelier de Manet : *Trente planches cuivre gravé et cinq pierres lithographiques par M. Manet, prisés* . . . . *300*[14]. Dans le procès verbal dressé en septembre 1892, concernant la succession Manet-Leenhoff, il est dit : « Les pierres lithographiques n'existent plus ; les sujets dessinés sur ces pierres par M. Édouard Manet ont été tirés à 250 exemplaires et payés par Mme Édouard Manet. Les dessins ainsi tirés ont été vendus de 1886 à 1889 par Mme Manet pour se couvrir de ses frais [...].
Quant aux planches de cuivre, elles existent encore et sont en la possession de Mme Manet. »[15]
Si l'on estime que *La barricade,* malgré son absence dans les registres du Dépôt légal, a dû être imprimée au même moment (ce que semble

confirmer les affirmations de l'imprimeur Clot — v. cat. 125), les cinquante épreuves de chacune des cinq pierres donneraient un chiffre total de 250, tel qu'il est indiqué dans le document de 1892.
L'épreuve du Dépôt légal porte la date de 1884 au tampon rouge et le chiffre *600* au crayon (correspondant au numéro d'enregistrement) et représente une des trois épreuves que l'imprimeur ou l'éditeur devait « déposer » lors de l'accord de publication du Ministère de l'Intérieur. Les œuvres déposées étaient périodiquement transférées aux institutions appropriées ; dans le cas d'estampes : deux à la Bibliothèque Impériale (de l'époque) et la troisième aux Beaux-Arts[16]. Les estampes furent également enregistrées à la Bibliothèque, parfois de façon plus sommaire, dans les registres des « États des dépôts de la librairie. »[17]

Autre précision par rapport à la lithographie de *Maximilien :* il existe au moins une épreuve avec une forme différente de la lettre de l'imprimeur au bas du sujet. Au lieu de la mention normale *Imp. Lemercier et Cie, Paris,* le nom est accompagné de l'adresse *rue de Seine 57 Paris,* sur une épreuve acquise en 1970 par le musée de Philadelphie[18], et publiée dans le catalogue de l'exposition consacrée à Manet et *L'exécution de Maximilien*[19]. Dans le tirage de *Guerre civile,* éditée en 1874 (voir plus haut), la mention de l'imprimeur apparaît sous cette forme, et il est possible que la lettre fut ajoutée ainsi sur la pierre de *Maximilien* pour être ensuite remplacée par une forme abrégée, adoptée pour l'ensemble des cinq lithographies.

J.W.B.

106 Portrait d'Émile Zola

1868
Huile sur toile
146 × 114
Signé *MANET* (couverture de la plaquette)

Paris, Musée d'Orsay (Galeries du Jeu de Paume)

Quand, deux ans après la mort de Manet, en 1885, Émile Zola prend des notes pour *L'Œuvre,* roman qui est en grande partie fait à partir de son expérience artistique de l'époque même de ce portrait, il se décrit ainsi sous le nom de Sandoz : « Très brun, fort sans être gros, au début. Tête ronde et volontaire. Menton carré, nez carré. Yeux doux dans le masque énergique. Collier de barbe noire. »[1]. C'est en effet l'image même que Manet semble en avoir eu, dix huit ans plus tôt.

Zola s'était intéressé à la peinture comme Cézanne, son ami d'enfance, qui l'avait accompagné à Paris au tout début des années soixante dans le milieu artistique. Il avait sans doute découvert la peinture de Manet en compagnie de Cézanne au Salon de 1861, où le *Guitarero* (cat. 10) et le portrait de ses parents (cat. 3) avaient été très remarqués par les jeunes artistes.

Ses débuts dans la critique d'art, il ne les fait véritablement qu'en 1865, mais il a vu le Salon des Refusés de 1863 et est tenu au courant des débats de l'avant-garde par Cézanne et Guillemet. Il prend une tonitruante défense de Manet dans son compte rendu, pour *L'Événement,* du Salon de 1866 d'où le peintre avait été exclu : « Puisque personne ne dit cela, je vais le dire, moi, je vais le crier. Je suis tellement certain que M. Manet sera un des maîtres de demain que je croirais conclure une bonne affaire, si j'avais de la fortune, en achetant aujourd'hui toutes ses toiles », et il conclut : « La place de M. Manet est marquée au Louvre, comme celle de Courbet, comme celle de tout artiste d'un tempérament fort et implacable. »[2]. Même si Zola avait été amené, sans doute par Guillemet, dans l'atelier de Manet en avril 1866 pour voir les tableaux refusés au Salon (voir cat. 93), le critique et le peintre ne devaient pas alors se connaître beaucoup, et n'avaient fait que se croiser, ainsi qu'en témoigne la lettre de remerciements que Manet lui envoie le jour même de la sortie de

Expositions
Paris, Salon de 1868 n° 1660 ; Beaux-Arts 1883 n° 304 ; Beaux-Arts 1884 n° 42 ; Salon d'Automne 1905 n° 7 ; Orangerie 1932 n° 30.

Catalogues
D 1902, 93 ; T 1931, 132 ; T 1947, 137 ; RO 1970, 118 ; RW 1975, 128.

l'article : « Cher Monsieur Zola, [...] je suis heureux et fier d'être défendu par un homme de votre talent », et où il manifeste son désir de le rencontrer : « Si cela vous allait, je suis tous les jours au Café de Bade. »[3]. Zola reprend et développe les thèmes de sa défense à la fin de l'année dans un plus long papier, nourri d'indications directes du peintre, et publié le 1er janvier 1867, celui-là même que Zola fera réimprimer en plaquette à l'occasion de l'exposition particulière de Manet, place de l'Alma (voir cat. 69)[4].

La défense de Manet, pour ambiguë qu'elle paraisse aujourd'hui, dans la mesure où Zola voyait surtout dans ce plaidoyer le moyen de défendre ses propres théories littéraires, fut extrêmement précieuse pour Manet. Pour le remercier de son appui, il proposa au jeune homme de faire son portrait, destiné au Salon suivant. Zola avait alors vingt-sept ans, huit ans de moins que son portraitiste. Zola posait en février 1868, ainsi que l'atteste une lettre à Duret : « Manet fait mon portrait pour le Salon. »[5]. On a souvent dit que le portrait avait été peint en partie dans le bureau de Zola[6]. Or lui-même décrit, dans le compte rendu du Salon de 1868 où le portrait est exposé, les séances de pose dans l'atelier de Manet : « Je me rappelle les longues heures de pose. Dans l'engourdissement qui s'empare des membres immobiles, dans la fatigue du regard ouvert sur la pleine clarté, les mêmes pensées flottaient toujours en moi, avec un bruit doux et profond. Les sottises qui courent les rues, les mensonges des uns et les platitudes des autres, tout ce bruit humain qui coule inutile comme une eau sale, était loin, bien loin. [...] Par moments, au milieu du demi-sommeil de la pose, je regardais l'artiste, debout devant sa toile, le visage tendu, l'œil clair, tout à son œuvre. Il m'avait oublié, il ne savait plus que j'étais là, il me copiait comme il aurait copié une bête humaine quelconque, avec une attention, une conscience artistique que je n'ai jamais vue ailleurs. [...] Autour de moi, sur les murs de l'atelier, étaient pendues ces toiles puissantes et caractéristiques que le public n'a pas voulu comprendre. »[7]

C'est à l'évidence fort traditionnellement que Manet a « mis en scène » son modèle, dans un univers destiné à rappeler ses activités et ses goûts, qui représentent en fait — on l'a déjà noté[8] — plus ceux du peintre que de l'écrivain. Divers historiens ont déjà identifié le mobilier emblématique qui l'entoure, en particulier Reff qui a rassemblé les informations et en propose de nouvelles[9].

Sur la table, des livres sont disposés dans un désordre savant par le peintre, qui a mis en évidence la plaquette bleu-ciel que Zola venait de publier pour sa défense et qui porte le nom de Manet en guise de signature. On a dit que l'encrier de porcelaine était celui de Zola, analogue à celui de *La pendule noire* de Cézanne, et identifié comme celui que conserve toujours sa famille[10]. A vrai dire, ce modèle était fort courant, et il ne s'agit pas forcément du même. Mais, découverte plus significative, Zola pose avec un livre ouvert qu'il ne regarde pas et qui semble bien être un des ouvrages les plus consultés par Manet dans son atelier, un des volumes de *L'Histoire des peintres* de Charles Blanc[11]. L'idée du cadre en haut et à droite, où sont glissées plusieurs estampes ou photographies, avait été utilisée un an plus tôt par Degas, dans son *Amateur d'estampes* (New York, Metropolitan Museum ; fig. a). La présence de l'*Olympia,* au-dessus de la plaquette de Zola, évoque la longue et vigoureuse défense de ce qu'il appelle le chef-d'œuvre de Manet, « l'expression complète de son tempérament ». Le regard d'Olympia, non pas de face comme dans le tableau, mais tourné vers Zola, semble le remercier de tout ce qu'il a fait pour elle et son créateur. Il est difficile de déterminer de quel objet il s'agit ; est-ce une photographie agrandie d'une des gravures (voir cat. 68), aucune n'ayant cette dimension, mais elles

fig. a. Degas, L'amateur, 1866. New York, Metropolitan Museum of Art

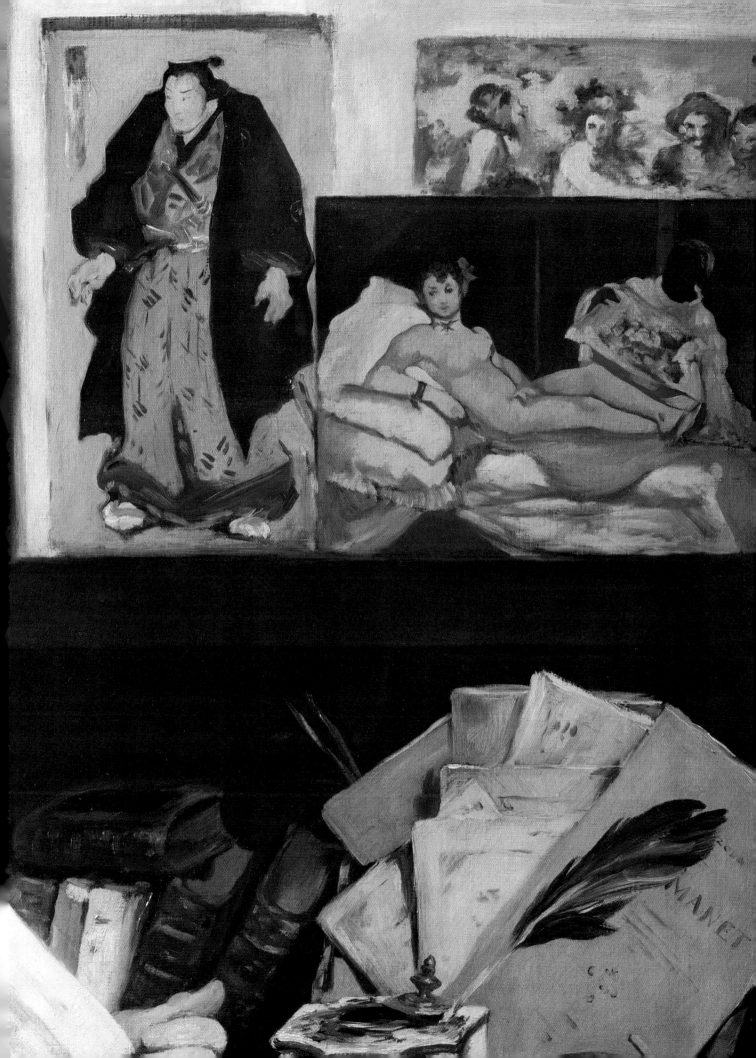

seules gratifiant *Olympia* d'une boucle sur le front qui n'existe pas dans le tableau. Au-dessus d'elle, une gravure d'après *Los borrachos* de Vélasquez, plus probablement celle de Nanteuil, que celle de Goya[12]. Serait-il possible d'y voir déjà une allusion aux théories de l'hérédité alcoolique des Rougon-Macquart, dont Zola élaborait alors le programme ? Ou en tout cas, le signe plastique du style de l'écrivain, puisque ce tableau de Vélasquez était décrit par le même Charles Blanc — dont Zola tient un volume à la main, — comme « un prodige de réalité palpable, de naturalisme épais, brutal et violent. »[13]

L'estampe japonaise a été depuis longtemps identifiée[14] : il s'agit du portrait d'un lutteur de « sumo », par Kuniaki II (1835-1888), contemporain japonais de Manet. N'y voyons pas trop d'allusions aux luttes artistiques entreprises par Manet et Zola, car ces portraits étaient généralement pris à l'époque pour des effigies d'acteurs. Le goût pour l'art japonais était encore en 1867 un symbole de modernité stylistique, et Manet dût être plus sensible aux à-plats et à la qualité de « bijou rose et noir », analogues à ses propres figures espagnoles. Il a d'ailleurs tiré vers le brun-noir le manteau du lutteur, originellement bleu dans l'estampe. Pas plus que celle-ci, le paravent japonais, encadré de bleu clair, dont on voit une extrémité à gauche, ne comporte de référence particulière à Zola (nous ne suivrons pas ici l'interprétation de Mauner, pour qui l'estampe représente un samouraï et son épée, et serait une allusion à l'immortalité de l'écrivain[15]). Ces deux éléments faisaient partie du décor japonisant de l'atelier, et rappellent les paravents à fond d'or, utilisés avant lui par Tissot, Fantin et surtout Whistler qui en avait fait, dès 1863-1864, le décor de portraits tels que *La princesse au pays de porcelaine,* ou *Caprice en rouge et or* (Washington, D.C., Freer Gallery).

Par rapport à Whistler, ou au Degas de *L'amateur d'estampes* (fig. a), qui montrent aussi leur modèle devant un paravent ou un cadre contenant des feuilles japonaises, la particularité de la composition du *Portrait de Zola* est son caractère géométrique : les éléments (les trois cadres, la table) qui enserrent le buste de Zola, lui-même droit, voire raide, formant avec sa jambe une sorte de L majuscule, autour duquel s'organise tout un jeu d'angles droits et de perpendiculaires, seulement interrompu par la perspective un peu artificielle du siège.

Au Salon de 1868, les qualités proprement picturales sont générale-ment reconnues : « Ce portrait de notre confrère Zola, qui écrit sur les arts et la littérature avec une vive indépendance, a néanmoins triomphé de l'animosité des ' âmes délicates '. On ne l'a pas trouvé trop inconvenant ni trop excentrique. On a concédé que les livres, surtout un livre à gravures, grand ouvert, et d'autres objets encombrant la table ou accrochés au lambris, étaient d'une réalité étonnante. Assurément l'exécution est franche et généreuse. Mais le mérite principal du portrait de M. Zola, comme des autres œuvres d'Édouard Manet, c'est la lumière qui circule dans cet intérieur et qui distribue partout le modelé et le relief. »[16]

Mais l'expression lointaine du modèle a frappé les contemporains : « La tête est indifférente et vague. »[17]. Effectivement, il y manque la chaleur que l'on sent dans le portrait d'Astruc (voir cat. 94) qui était, à l'époque, bien plus proche de Manet. Castagnary lui reproche l'à-plat du visage : « Son portrait de M. Zola est un des meilleurs du Salon. [...] Malheureusement, la figure manque de modelé ; elle semble un profil appliqué sur un fond. [...] [Manet] fait noir et blanc, et difficilement arrive à faire tourner les objets. »[18]

D'autres lui reprochent son manque de réalisme, en particulier dans la texture du pantalon, mais la plus intéressante analyse vient du tout jeune Odilon Redon qui, à l'inverse, lui reproche de se limiter aux apparences réalistes : « Cette toile attire, on la regarde malgré soi ; [...] elle est marquée d'originalité, elle éveille l'intérêt par l'harmonie, la nouveauté, l'élégance du ton. Le défaut de M. Manet et de tous ceux qui, comme lui, veulent se borner à la reproduction textuelle de la réalité, est de sacrifier l'homme et sa pensée à la bonne facture, à la réussite d'un accessoire [...] leurs personnages manquent de vie morale, de cette vie intérieure [...] », et il conclut que le portrait de Zola est « plutôt une nature morte que l'expression d'un caractère humain. »[19]

La raison de cette froideur du visage vient sans doute de Manet. Il est probable que, tout en estimant alors Zola — avant de l'admirer franchement pour ses romans ultérieurs[20] — et en lui étant à l'époque très reconnaissant pour son appui, il n'avait probablement pas énormément d'affinités avec le jeune écrivain, plus concentré, moins spirituel que lui, moins parisien, en somme. Ce portrait soigneusement mis en scène a quelque chose d'appliqué, de contraint, qui correspond à une intimité relative et circonstantielle, et peut-être à une légère réserve chez Manet, qui ne voyait pas forcément leurs deux attitudes artistiques associées dans le même combat, comme le proclame alors son cadet en scandale et en succès, lorsqu'il lui dédie publiquement la même année *Madeleine Férat* : « Puisque les sots ont mis nos mains l'une dans l'autre, que nos mains restent unies à jamais. La foule a voulu mon amitié pour vous ; cette amitié est aujourd'hui entière et durable, et je désire vous en donner un témoignage public en vous dédiant cette œuvre. » Manet, l'homme de la litote, brusque, sensible, sans emphase, mais parfaitement conscient de la valeur de son œuvre déjà réalisé, dut à n'en pas douter se trouver à l'époque modérément enchanté de cette publicité à double sens. Mais l'intéressante correspondance que Manet a, jusqu'à sa mort, adressée à Zola, publiée ici en annexe, témoigne pourtant d'une amitié durable et même grandissante dans les années soixante-dix, malgré une ombre en 1879 (voir Chronologie).

Le temps passant, la défense que le romancier lui avait consacrée en 1866-1868, la plus vibrante et nourrie qu'eut jamais l'artiste, de son vivant, dût lui paraître rétrospectivement plus éclatante encore. Le portrait de Zola témoigne, au delà des réticences réciproques, d'une estime et d'une amitié. Lorsque Fantin-Latour peint *Un atelier aux Batignolles*, qui rassemble autour de Manet en train de peindre, artistes et critiques du groupe du Café Guerbois peu avant la guerre de 1870, Zola fait partie du petit groupe debout près de lui, entre Renoir et Bazille. Il a le même regard distrait de myope, quelque chose de plus juvénile et moins assuré que dans ce portrait de Manet, qui a su discerner sa force, son entêtement, son caractère « crâne, franc et honnête que j'aime depuis longtemps », comme il le lui écrira une dizaine d'années plus tard[21].

1. Zola 1966-1969, IV, p. 1364.
2. Zola (1866) 1959, pp. 65, 68.
3. V. annexe, Correspondance Manet-Zola, n° 1.
4. Zola 1867, *Revue* et Dentu.
5. Rewald 1936, p. 61.
6. Tabarant 1947, p. 145 ; J. Adhémar 1960, p. 287.
7. Zola (1868) 1959, p. 124.
8. Faison 1949, pp. 163-168.
9. Reff 1975, p. 36 et ss.
10. J. Adhémar 1960, p. 287.
11. Reff 1975, p. 36.
12. *Ibid.* p. 39.
13. *Ibid.* p. 40.
14. Wiese, cité Reff 1975, p. 39.
15. Mauner 1975, p. 127.
16. Bürger (Thoré) 1870 II, p. 532.
17. Mantz 1868.
18. Castagnary 1868 ; cité Moreau-Nélaton 1926, I, p. 99.
19. Redon 1868, cité Bacou 1956, p. 45.
20. V. annexe, Correspondance Manet-Zola, n°s 7, 11, 23, 44.
21. *Ibid.*, n° 43.
22. Goncourt 1956, III, p. 1249.
23. Cité M. Hoog, *Centenaire de l'impressionnisme* Paris, Grand Palais, 1974, n° 20.

Historique

Donné par Manet sans doute sur le champ, à ÉMILE ZOLA (1840-1902). Ce portrait et les tableaux donnés par Cézanne étaient les seules belles œuvres d'art de sa maison, dont tous les visiteurs ont souligné le caractère de bric à brac et l'accumulation d'objets qui n'étaient pas du meilleur goût. Le portrait par Manet n'était pas mis en valeur à Médan, peut-être à cause de Mme Alexandrine Zola. Ce fait a frappé plusieurs contemporains des années 1890, en particulier J.K. Huysmans qui, reconnaît Goncourt, « tient le crachoir de la méchanceté [...] et dit que dans cette maison qui ne possède qu'un objet d'art, le portrait de Zola par Manet, on l'a relégué dans l'antichambre. »[22].

Dans un interview de Zola, à la fin de sa vie, Adolphe Retté lui dit son « admiration pour le portrait que Manet avait fait de lui, portrait qui ornait la salle de billard », et l'écrivain aurait répondu — mais il s'agit de propos rapportés, et par quelqu'un qui n'aimait pas Zola : « Oui ce portrait n'est pas mal, et pourtant Manet ne fut pas un très grand peintre ; c'était un talent incomplet. »[23]

Après la mort de Zola, en 1902, il reste chez Mme ZOLA qui en fait don à l'État, avec réserve d'usufruit, en 1918. Il entre au Louvre, à sa mort, en 1925 (inv. RF 2205).

F.C.

107 Mme Manet au piano

1867-1868
Huile sur toile
38 × 46

Paris, Musée d'Orsay (Galeries du Jeu de Paume)

Suzanne Leenhoff (1830-1906) était de l'avis général une excellente pianiste, que Manet et son entourage prenaient grand plaisir à écouter jouer. Il l'avait connue lorsqu'il avait vingt ans, elle vingt-deux, quand elle donnait à ses jeunes frères des leçons de piano. Ils vécurent ensemble très discrètement dès qu'il n'habita plus avec ses parents, mais ne l'épousa qu'en octobre 1863, un an après la mort de son père. Il l'avait sans doute un peu cachée jusque là à ses amis, car une lettre de Baudelaire à Carjat du 6 octobre 1863 s'étonne : « Manet vient de m'annoncer la nouvelle la plus inattendue. Il part ce soir pour la Hollande, d'où il ramènera *sa femme*. Il a cependant quelques excuses ; car il paraîtrait que sa femme est belle, très bonne, et très grande artiste »[1]. En effet, fille d'un organiste, elle avait la réputation d'être une exécutante très brillante, de musique classique et surtout de musique allemande moderne (en particulier Schumann) que très peu d'amateurs connaissaient alors en France. Fantin rapporte son enthousiasme dans des lettres à Mme Edwards d'octobre et novembre 1864. Il avait entendu plusieurs petits concerts, chez Mme Paul Meurice, où celle-ci jouait à quatre mains avec Suzanne Manet, du Schumann et du Beethoven[2].

Le thème d'une jeune pianiste avait déjà été traité par Fantin et Whistler dans les années cinquante. Quant à Degas, il avait peint sans doute en 1865, en tout cas avant ce petit tableau, un portrait de Manet écoutant sa

Expositions
Paris, Beaux-Arts 1884 n° 47 (Au piano) ;
Orangerie 1932 n° 26 ; Marseille 1961 n° 10.

Catalogues
D 1902, 98 ; M-N 1926, I p. 95 ; cat. ms. 105 ;
T 1931, 134 ; JW 1932, 142 ; T 1947, 142 ; RO
1970, 122 ; RW 1975, 131.

fig. a. Degas, Edouard Manet et Mme Manet, vers 1865. Kitakyushu, Municipal Museum of Art

107

fig. b. Gravure d'après Metsu, « Hollandaise au clavecin », dans l'*Histoire des peintres*

1. Baudelaire 1973 II, p. 322.
2. Jullien 1909.
3. Lemoisne 1946, nº 127.
4. Vollard 1938, p. 187.
5. Blanc, *Histoire des peintres,* « Metsu », p. 3.
6. Ten Doesschate Chu 1974, p. 45.
7. Tabarant 1931, p. 185.
8. Asselineau, cité Tabarant 1947, p. 393.
9. Livre de comptes de Mme Manet, New York, Morgan Library, archives Tabarant.
10. Stuckey 1979, p. 285.

Historique

Ce tableau intimiste resta chez Manet (qui l'évalua dans son carnet en 1872 — curieusement, sous le titre de « Jeune dame à son piano » — 5.000 Frs, autant que *Lola* et à peine moins que *La musique aux Tuileries*). Il ne fit pas partie de la vente Manet, et SUZANNE MANET ne s'en sépara qu'en 1894, pour 5.000 Frs, le 23 novembre[9], au profit de MAURICE JOYANT (v. Hist., cat. 181), l'ami de Lautrec. Celui-ci s'en inspira sans doute pour *Misia Natanson au piano* (Musée de Berne)[10]. Il fut vendu en mars 1895, pour 10.000 Frs (Carnets Camondo) au comte ISAAC DE CAMONDO. (v. Hist., cat. 50). Celui-ci le légua avec toute sa collection au Musée du Louvre en 1908, où il entra en 1911 (inv. RF 1994).

F.C.

femme jouer (fig. a)[3]. Manet, à qui Degas l'avait offert, mécontent semble-t-il du visage de Suzanne, le coupa, provoquant une colère bien compréhensible de Degas et une brouille brève entre les deux amis. D'ailleurs, le profil de sa femme, assez ingrat dans ce tableau, devait lui poser quelques difficultés ; il est amusant de noter que non seulement il découpe celui peint par Degas, mais il efface celui qu'il avait lui même exécuté d'elle à une autre occasion (voir cat. 164).

Ici, Manet reprend la même composition que la partie droite du tableau de Degas qu'il avait coupé : « Manet, jugeant qu'il ferait mieux tout seul, avait froidement supprimé Madame Manet, sauf un bout de jupe [...]. Cependant, le tableau de Degas devait suggérer à Manet un de ses chefs d'œuvre : *Mme Manet au piano*. Personne n'ignore combien [il] était influençable. »[4]. Pourtant, Manet s'est apparemment surtout inspiré d'un petit tableau de Gabriel Metsu (fig. b), exposé dans les collections municipales (aujourd'hui au Petit Palais), qu'il avait pu de toute façon voir reproduit par Charles Blanc[5].

Non seulement la pose est la même, mais l'atmosphère, la physionomie douce, l'empâtement du visage, et même le profil du nez, sont analogues ; enfin le découpage des panneaux de bois derrière Mme Manet rappellent ceux des encadrements dans le fond du tableau de Metsu. En reprenant une œuvre de Metsu, Manet multipliait les références à un art qui lui était cher — Suzanne était, elle-même, hollandaise, et il l'a toujours associée à l'art des pays du nord, *La nymphe surprise* (cat. 19), par exemple. D'ailleurs Manet fit plusieurs voyages en Hollande ; un des premiers date de 1852, sans doute une escapade avec Suzanne, alors qu'il avait à peine vingt ans[6].

La scène est prise dans le salon de Mme Manet mère, chez qui le couple habitait depuis quelques mois, 49 rue de Saint-Pétersbourg. La pendule serait celle que selon Léon Leenhoff, le roi de Suède ex-Bernadotte, aurait offert à la mère de Manet à l'occasion de son mariage en 1831[7].

Il n'est pas indifférent de savoir qu'à peu près à l'époque du tableau, Suzanne Manet allait régulièrement, avec Mme Paul Meurice, jouer du piano — du Wagner, en particulier — pour Baudelaire, devenu aphasique et à demi paralysé, pendant les mois qui ont précédé sa mort, dans la clinique hydrothérapique de Chaillot[8].

108 Portrait de Théodore Duret

1868
Huile sur toile
43 × 35
Signé et daté b.g. de bas en haut *Manet 68*

Paris, Musée du Petit Palais

Manet avait rencontré son modèle en 1865, par hasard, dans un restaurant à Madrid, dans des circonstances cocasses dont Théodore Duret parle longuement dans sa monographie — Manet pestant tout haut contre la cuisine espagnole, invective Duret qu'il croit se moquer de lui, ce qui indique bien l'état de nerfs où il était après le scandale de l'*Olympia* (cat. 64) : « Il m'avoua qu'il avait cru découvrir en moi quelqu'un qui, l'ayant reconnu, avait voulu lui faire une mauvaise plaisanterie. L'idée de retrouver à Madrid un recommencement de ces persécutions qu'il avait pensé fuir en quittant Paris l'avait tout de suite exaspéré. La connaissance ainsi commencée se changea en intimité. Nous visitâmes ensemble Madrid. »[7]

Théodore Duret (1838-1927), jeune négociant en cognac, se met à s'intéresser à la peinture à partir de 1862 et ne publie son premier ouvrage de critique qu'en 1867, où il est particulièrement sévère pour celui qui est déjà son ami : « Manet se condamne à rester fort en dessous de ce qu'il pourrait être, en peignant d'une manière trop rapide et trop hâtive. »[2]. Il changea vite d'opinion, et d'ailleurs cela n'avait apparemment pas empêché Manet de nouer avec lui une amitié grandissante ; c'est à lui qu'il confie ses tableaux pendant le siège de 1870, puis, à sa mort, le soin d'être son exécuteur testamentaire. Loin de reprocher longtemps son caractère d'esquisse à la nouvelle peinture, ainsi qu'il l'avait fait pour Manet, Duret allait bientôt devenir un des plus farouches défenseurs des impressionnistes, par sa plume et par l'acquisition de leurs œuvres, dont il constitua une exceptionnelle collection. Il leur consacra en 1878, le premier ouvrage sérieux d'ensemble, son *Histoire des peintres impressionnistes.*

L'année de ce portrait, Duret, fervent républicain, venait, avec Zola, Pelletier et Jules Ferry, de fonder un journal, *La Tribune française,* dans les bureaux duquel Manet venait souvent bavarder. Il a raconté, lui-même, la façon dont Manet avait peint son portrait, dans l'atelier de la rue Guyot : « Mais lorsqu'il eut été peint, que je le considérais comme heureusement terminé, je vis cependant que Manet n'en était pas satisfait. Il cherchait à y ajouter quelque chose. Un jour que je revins, il me fit remettre dans la pose où il m'avait tenu, et plaça près de moi un tabouret, qu'il se mit à peindre, avec sa couverture d'étoffe grenat. Puis il eut l'idée de prendre un volume broché, qu'il jeta sous le tabouret, et peignit de sa couleur vert clair. Il plaça encore sur le tabouret un plateau de laque avec une carafe, un verre et un couteau. [...] Enfin, il ajouta un objet encore, un citron, sur le verre du petit plateau. Je l'avais regardé faire ces additions successives, assez étonné, lorsque, me demandant quelle en pouvait être la cause, je compris que j'avais en exercice devant moi sa manière instinctive et comme organique de voir et de sentir. Évidemment le tableau tout entier gris et monochrome ne lui plaisait pas. Il lui manquait les couleurs qui pussent contenter son œil et ne les ayant pas mises d'abord, il les avait ajoutées ensuite, sous la forme de nature morte »[3]. Lorsqu'il reçoit son portrait, Duret écrit à Manet, en lui suggérant d'effacer sa signature « en plein clair » et de signer « *invisiblement* dans l'ombre » : « De cette façon, vous me donneriez le temps de faire admirer le tableau et la peinture. Je pourrais dire, selon l'occasion, que c'est un Goya, un Regnault ou un Fortuny. Un Fortuny !!! surtout, ce serait admirable. Puis je découvrirais le pot aux roses et le bourgeois attrapé serait forcé de mordre. »[4]. Manet n'obéit qu'à moitié, en signant de nouveau, au même endroit, en faisant pivoter l'inscription en biais vers le haut. Les allusions à Fortuny, peintre à la mode (le père du couturier et décorateur immortalisé par Proust) sont l'écho de plaisanteries à usage interne, mais ne manquent pas d'humour noir *a posteriori* quand on sait que la portion de la rue Guyot, précisément celle de l'atelier de Manet où fut peint ce portrait, porte aujourd'hui le nom de « rue Fortuny ».

Expositions
Paris, Beaux-Arts 1884 n° 43 ; Berlin, Matthiessen 1928 n° 23 ; Paris, Orangerie 1932 n° 29 ; Marseille 1961 n° 11 ; Philadelphie-Chicago, 1966-67 n° 57.

Catalogues
D 1902, 94 ; M-N 1926, I p. 100-101 ; cat. ms. 100 ; T 1931, 133 ; JW 1932, 147 ; T 1947, 138 : RO 1970, 119 ; RW 1975, 132.

fig. a. Gravure d'après Goya, *Le jeune homme en gris*, 1805-1806, dans l'*Histoire des peintres*

108

fig. b. Goya, Manuel Lapeña, marquis de Bondad Real, 1799. New York, Hispanic Society of America

L'hispanisme de ce petit tableau saute aux yeux et évoque plus Goya, comme Duret le dit lui-même, que Vélasquez. C'est dans l'ouvrage de Charles Blanc qu'il a pu trouver une inspiration possible dans *Le jeune homme en gris*[5], (fig. a) dont on retrouve la position inversée et même la canne. Manet a évidemment fait une citation délibérée destinée à rappeler à Duret des visites communes et un commun enthousiasme, pour la peinture qu'ils virent ensemble au moment de leur rencontre à Madrid. Mauner a fait également un rapprochement convaincant avec un portrait de Manuel Lapeña (fig. b), que Manet aurait peut-être pu voir chez le duc d'Osuna[6]. La position des personnages, la coupe du veston et l'élégance un peu raide sont proches. La paraphrase est plus probante encore dans la position de la canne indiquant la signature. Mais Mauner pousse sans doute trop loin l'ingéniosité interprétative lorsqu'ayant découvert que Manuel Lapeña était un général peu courageux, il en déduit que Manet a voulu montrer que Duret, qui n'avait pas encore défendu son ami dans la presse, était également lâche ! Ignorant ce trait de caractère du modèle espagnol, Manet ne pouvait pas — ce n'est pas dans son caractère d'ailleurs — choisir des moyens aussi détournés pour faire connaître sa déception à son ami, au sujet de l'article cité plus haut. Mauner voit également dans le citron une allusion acide au « faux ami » et dans le fait que le livre vert, qu'il suppose être l'ouvrage de Duret, soit au sol, l'effet d'un geste rageur du peintre. Ne citons ceci que comme témoignage d'une certaine tendance à surinterpréter, aujourd'hui, à propos de Manet, des éléments iconographiques qui avaient, en effet, été trop longtemps négligés. Dans ce cas précis, nous retiendrons plutôt le témoignage de Duret, sans prêter à l'artiste ou à son successeur des sentiments aussi retors.

Manet, qui avait baptisé Duret « le dernier des dandys »[7], s'est amusé à souligner son élégance proverbiale, un peu apprêtée, qui, avec sa grande taille, lui donnait « une allure britannique » et, ici, l'air d'être en visite et légèrement pincé. D'ailleurs Whistler, ami commun du critique et du peintre, représente plus tard également Duret, son chapeau à la main, un manteau au bras, donnant la même impression d'être entre deux portes (1882, New York, Metropolitan Museum of Art).

Aucune allusion directe dans ce portrait à la passion de Duret pour l'art de l'Extrême orient, qui allait en 1871-1872 l'entraîner avec Cernuschi à faire le tour du monde et aider son ami a constituer la célèbre collection (aujourd'hui Paris, Musée Cernuschi). Manet avait déjà pris au Japon ce qui l'y intéressait, et Duret n'en était pas pour lui le premier intercesseur. C'est plutôt Manet qui dut contribuer à former le goût de son ami, et lorsque Duret reprit en 1885, sous le titre *Critique d'avant garde,* ses meilleures chroniques depuis 1870 environ — en omettant, notons le, le premier article de 1867 cité plus haut — il dédia l'ouvrage « à la mémoire de mon ami Édouard Manet ».

1. Duret 1926, p. 46.
2. Duret 1867, p. 111.
3. Duret 1926, pp. 88-89.
4. 20 juil. 1868 ; citée Tabarant 1931, p. 183.
5. Blanc, *Histoire des peintres* « Goya », p. 11.
6. Mauner 1975, pp. 104-108.
7. Fels 1963, p. 26.
8. Moreau-Nélaton 1926 I, p. 101.
9. *Portraits d'hommes,* Paris, Bernheim Jeune 1907, n° 80.
10. Paris, Petit Palais, archives.
11. Informations communiquées par le Dr Charles Cachin, un des héritiers, mineur à l'époque, de T. Duret.

Historique

Manet donne à THÉODORE DURET (v. Hist., cat. 5) son portrait, ce qui lui valut en remerciement la lettre suivante, de Cognac, le 23 septembre 1868 : « Mon cher Manet, Ma position de journaliste ne me permettant pas de m'acquitter envers vous pour votre portrait selon le mérite artistique de la peinture, et ne voulant pas vous le payer son prix vénal, je vous envoie de Cognac un petit souvenir et un témoignage de gratitude. Vous recevrez, 49, rue de Saint-Pétersbourg, une caisse de vieille eau-de-vie de Cognac, que vous pouvez sans crainte faire déguster à vos amis. »[8].

Ce tableau fut un des rares que Duret garda au moment où un revers de fortune en 1894, l'oblige à mettre en vente sa collection, dont six tableaux de Manet. Il le conserve jusqu'en janvier 1908, date où il écrit à Lapauze, directeur du Petit Palais, musée de la ville de Paris : « J'aimerais donner à votre musée mon petit portrait par Manet. Je l'ai décroché ces jours-ci pour le prêter à une exposition[9] et maintenant qu'il faut le raccrocher et le remettre dans un coin assez obscur, je crois qu'il serait mieux placé chez vous. »[10]. Il entre alors au Petit Palais (inv. 485). Décision généreuse et fort avisée car à sa mort, en 1927, on s'aperçut que la plupart des œuvres

de la collection avait depuis peu été subtilisée et remplacée par des faux grossiers, ce dont, devenu aveugle, il n'avait pu s'apercevoir. L'inventaire après décès, qui devait permettre le partage entre les héritiers de Théodore Duret, a révélé en effet que les tableaux étaient faux ; le peintre Paul Signac, invité à titre de conseil, confirma la position des experts. Après enquête et procès (qui amena un non-lieu car on ne put prouver — tout en ayant de fortes présomptions — qui était l'auteur du vol), une décision judiciaire ordonna la vente des tableaux, après avoir effacé les signatures[11].

F.C.

109 Le déjeuner (*dit* dans l'atelier)

1868
Huile sur toile
118 × 153
Signé b.c., au bord de la nappe *E. Manet*

Munich, Bayerische Staatsgemäldesammlungen

Malgré les diverses interprétations suggérées depuis une dizaine d'années, cette œuvre n'en reste pas moins une des plus énigmatiques de Manet. Tabarant a recueilli du modèle principal, Léon Leenhoff, les circonstances de la création de ce tableau[1].

C'est en effet Léon que nous retrouvons, adolescent cette fois, sept ans après *L'enfant à l'épée* (cat. 14), à Boulogne, pendant l'été 1868, dans un logement loué dont les fenêtres donnent sur le port. Manet aurait d'abord fait

Expositions

Paris, Salon de 1869 n° 1617 (Le déjeuner) ; Bruxelles, Beaux-Arts 1869 n° 755 ; Paris, Beaux-Arts 1884 n° 48 (Après le café) ; Exposition Universelle 1900 n° 447 (Le déjeuner dans l'atelier) ; Bernheim Jeune 1910 n° 10 ; Orangerie 1932 n° 31.

109

fig. a. Radiographie de la toile

un croquis du jeune homme, avec l'esquisse du personnage fumant, la tasse de café et le verre sur la table (RW II 347). Mais la récente radiographie du tableau, montre qu'à l'origine la main était déployée et non repliée ; il s'agit donc sans doute d'un dessin fait d'après le tableau définitif. Selon Tabarant, il existait une esquisse peinte qui aurait disparu ; il s'agit plus probablement de l'ébauche du tableau définitif.

La radiographie du tableau (fig. a), qui vient d'être faite[2], nous éclaire plus sur la genèse de la composition. Il semble qu'au départ, le tableau était peint véritablement dans un décor d'atelier, d'où le titre traditionnel : on voit très bien la verrière d'atelier derrière la table, avec sept montants métalliques. Le pot, semble-t-il, existait déjà, et derrière le pot, Manet a conservé en partie les montants de la verrière pour peindre la fenêtre. Au-dessus de l'épaule gauche de Léon, il a gardé une partie du montant pour le cadre du tableau. Le visage de Léon a été agrandi et toute sa silhouette étoffée, ce qui le rapproche du spectateur.

Les modèles sont bien identifiés. Derrière Léon se trouvent : à gauche, non pas Suzanne Manet, comme on l'a dit[3], mais une servante ; à droite, fumant le cigare, un voisin des étés boulonnais, Auguste Rousselin, ancien élève de Gleyre et de Couture, chez qui Manet l'avait connu[4]. Avant lui, Monet aurait posé d'abord pour les premières séances[5]. La scène est apparemment prosaïque, c'est la fin d'un déjeuner, le café est servi, la servante apporte — ou remporte, on ne sait — une cafetière en argent. Encore assis, un homme fume rêveusement, et le modèle principal, au centre, appuyé sur la table, semble prêt à sortir, son canotier sur la tête. Tout se passe comme si Manet avait saisi ses modèles, et en particulier Léon, « incapables de cacher leur impatience » devant de longues séances de pose[6]. Aucun des personnages ne se regarde ni ne se parle, et seule la servante regarde vers nous. A partir d'une interprétation erronée (selon laquelle l'homme et la femme au second plan représenteraient réellement, ou symboliseraient, Manet lui-même et sa femme, Suzanne Leenhoff, parents supposés du jeune homme), on a voulu voir dans la composition une représentation symbolique du passage à l'âge adulte du tout jeune homme[7]. Si cette interprétation semble hors du propos de Manet, elle a cependant le mérite de rappeler une information intéressante concernant Léon : celui-ci venait d'entrer, sinon dans le monde adulte, du moins dans celui du travail : il était depuis quelques mois coursier chez le père de Degas, banquier[8]. Que Manet, conscient de la transformation de cet adolescent de seize ans passés, qui lui porte une attention particulière, peut-être mêlée d'inquiétude sur son avenir, n'a rien de vraiment surprenant. De tous les portraits que Manet a fait sur Léon, c'est en effet, le plus scrutateur, le plus précis. Voici un jeune garçon fort soucieux de son apparence, peut-être habillé de neuf avec son premier argent ? Canotier, cravate, chemise et veston de velours sont peints avec une minutie et un éclat particuliers, et sans doute un certain amusement. Le visage est fermé, gourmand et morne ; on ne peut pas dire que Léon ait manifesté par la suite une intelligence vive ni un respect intense de l'œuvre de celui qu'il appela jusqu'à la fin de sa vie son « parrain ». En dehors de l'affection qu'il lui portait, on ne sait presque rien de ce que pensait Manet de son « fils » — paternité qui n'est pas prouvée — en tout cas de l'enfant qu'il a élevé, s'il était indulgent, inquiet, agacé, etc. Ce portrait est le constat d'une curiosité implacable qui évoque Flaubert, l'année même de la parution de *L'Éducation sentimentale*.

La signification des armes, s'il en est une, reste énigmatique. Elles seules justifieraient désormais, une fois la verrière supprimée, le titre

Catalogues
D 1902, 110 ; M-N 1926, 113 ; T 1931, 139 ; JW 1932, 149 ; T 1947, 139 ; RO 1970, 120 ; RW 1975, 135.

d'« atelier » pour cette salle-à-manger bourgeoise, où elles sont tout à fait incongrues. Mais à quel atelier feraient-elles allusion ? Celui de Manet n'était nullement chargé du bric-à-brac militaire et orientaliste de la plupart des peintres du temps, et on sait même qu'il emprunta ce casque et ce yatagan à son voisin d'atelier, le peintre Monginot[9]. Leur présence sert à situer la scène, et n'en montrer que mieux, par constraste, que pour lui l'atelier c'est la vie même, une table quotidienne, un chat familier (voir cat. 111 et 113, fig. a). Cette nature morte d'attributs guerriers est à rapprocher d'une nature morte contemporaine de Vollon, *Curiosités* (Musée de Lunéville)[10]. N'y aurait-il pas une allusion ironique à la peinture réaliste encore teintée de romantisme, de ses camarades ?

La composition est très neuve chez Manet, elle rassemble sur le vif — un vif très élaboré — plusieurs éléments déjà traités de façon analogue : l'accent de lumière sur le visage de Léon rappelle le *Portrait de Victorine* (cat. 31), la nature morte de la table, à droite, et en particulier le citron pelé et le couteau, reprend les formules de précédentes natures mortes (cat. 80 à 82). Il est difficile d'y voir avec Collins, un tableau qui se lirait de gauche à droite comme une chronologie des étapes artistiques de Manet, une sorte « d'allégorie réelle » à la manière de Courbet, avec, à gauche, le « romantisme » du début des années soixante, symbolisé par les armes, au centre, la modernité « baudelairienne », avec le chat noir, tout juste descendu du lit de l'*Olympia* pour faire sa toilette, à droite, le réalisme proto-impressionniste, déjà proche de Monet et Renoir[11].

L'étrangeté de cette composition, dont les protagonistes s'ignorent, n'est pas sans évoquer lointainement le Degas de *La famille Bellelli* (Louvre). Mais l'idée de peindre une table à moitié desservie à la fin d'un repas, vient évidemment tout droit de la Hollande, sans qu'aucun tableau précis doive être mis derrière la composition. La qualité de la lumière, ce que l'on suppose être une carte sur le mur, fait évidemment penser à Vermeer, qui venait d'être remis à l'honneur par Thoré-Bürger, dans une importante série d'articles dans la *Gazette des Beaux-Arts* en 1866. Renoir avait peint deux ans plus tôt un sujet analogue dans le *Cabaret de la mère Anthony* (Musée de Stockholm, fig. b) et il n'est pas exclu que ce tableau ait donné à Manet l'idée même de son *Déjeuner*. Il aurait pu le voir en 1867 dans l'atelier de Bazille, où Renoir le termina fin 1866[12]. Mais autant chez Renoir, la scène est facile à interpréter, l'image saisie dans l'instant — la servante dessert réellement, les deux hommes prennent vraiment leur café et se regardent en parlant, et celui qui est de notre côté de la table nous tourne très logiquement le dos — autant chez Manet tout est arrêté, posé, combiné, jusqu'à l'emplacement de la plante, un caoutchouc, comblant un vide naturel. A la spontanéité, et au moelleux de touche de Renoir, s'oppose une œuvre plus mystérieuse, plus violente dans la facture, et plus neuve dans son agencement, car l'idée de faire poser en gros plan devant la table, une figure coupée aux jambes, est nouvelle et audacieuse. Le volume et la profondeur ne sont indiqués que par une différence de facture, le deuxième plan étant plus esquissé. Cette image familière est rendue impressionnante par la hardiesse de cette grande masse noire de la veste au premier plan, et par la fermeté géométrique de la composition en croix, sur laquelle insistent la fenêtre à gauche et le cadre de la carte suspendue du haut et à droite.

Au Salon de 1869, où le tableau fut admis avec *Le balcon* (cat. 115), la critique admira généralement les qualités picturales (dans la nature morte) pour déplorer, tantôt la « vulgarité » du sujet, tantôt, du côté des réalistes, tel Castagnary, l'invraisemblance du motif : « M. Edouard Manet est un vrai

fig. b. Renoir, Le cabaret de la mère Anthony, 1866. Stockholm, Nationalmuseum

peintre. [...] Jusqu'à ce jour, il a été plus fantaisiste qu'observateur, plus bizarre que puissant.[...] Ses sujets, il les emprunte aux poètes, ou les prend dans son imagination ; il ne s'occupe pas de les découvrir sur le vif des mœurs. De là dans ses compositions une grande part d'arbitraire. En regardant *Le Déjeuner,* par exemple, je vois sur une table où le café est servi, un citron à moitié pelé et des huitres fraîches [...] de même il distribue ses personnages au hasard, sans que rien de nécessaire et de forcé ne commande leur composition »[13] ; et Théophile Gautier : « [...] mais pourquoi ces armes sur la table ? Est-ce le déjeuner qui suit ou qui précède un duel ? »[14]

Or, il s'agit pourtant d'une œuvre clé dans l'évolution de Manet, la première vraie scène « naturaliste », inaugurant une série qui mène plus de dix ans plus tard au *Bar* (cat. 211), lequel n'est pas sans analogie avec *Le déjeuner.*

Le prototype impressionniste d'une réunion autour d'un repas, qui aboutira au *Déjeuner des canotiers* de Renoir (Washington, Phillips Collection), s'établit à ce moment là : Monet peint fin 1868 son propre *Déjeuner* (Musée de Francfort) dont l'idée lui est peut-être venue en voyant le tableau de Manet[15]. Mais là aussi, le naturel de la composition contraste avec l'élaboration de Manet, qui, comme il le fera toujours, même dans sa période dite « impressionniste », concentre toute l'énergie sur la, ou les figures principales du tableau.

C'est une différence essentielle entre Manet et ses amis, révélatrice d'une attitude radicalement autre vis-à-vis de la réalité et de la nature. Aucune trace de panthéisme chez Manet, mais une passion pour la couleur et la touche picturale, terrains où ses jeunes amis impressionnistes le retrouvent, mais combinée avec un individualisme et une utilisation de l'art du passé, faisant sa nourriture d'un héritage que ses amis ne possédaient pas. Le *Déjeuner,* tout en étant alors une œuvre parfaitement moderne, ne se comprend pas sans l'art hollandais, ni sans Vélasquez. Comme chez le peintre des *Ménines,* la modulation des gris est d'une particulière subtilité, et le velours noir de la veste ne « troue » en rien le centre de la composition, ce qui est une sorte de gageure picturale dont le Japon aussi a peut-être donné l'idée à Manet.

Henri Matisse, qui put voir le *Déjeuner* chez Bernheim en 1910, en resta si frappé qu'il l'évoque trente-six ans plus tard : « Les orientaux se sont servis du noir comme couleur, notamment les Japonais dans les estampes. Plus près de nous, d'un certain tableau de Manet, il me revient que le veston de velours noir du jeune homme au chapeau de paille est d'un noir franc et de lumière. »[16]

1. Tabarant 1931, p. 189.
2. Communication du Dr M. Falkner v. Sonnenburg, Bayerische Staatsgemäldesammlungen, Doerner Institut, Munich.
3. Kovacs 1972, pp. 196-202.
4. Moreau-Nélaton 1926 I, p. 107.
5. Jamot et Wildenstein 1932, p. 149.
6. Stuckey 1981, p. 104.
7. Kovacs 1972, pp. 196-202.
8. Tabarant 1947, pp. 153-154.
9. Tabarant 1931, p. 189.
10. Collins 1978-79, p. 109.
11. *Ibid.,* pp. 107-113.
12. Champa 1973, p. 42.
13. Castagnary 1869.
14. Gautier 1869.
15. Seitz 1960, p. 80.
16. Matisse 1972, p. 203.
17. Carnet de Manet, Paris, BN Estampes, fonds Moreau-Nélaton *(Copie... de documents,* p. 132).
18. Carnet de Manet, *op. cit.,* n. 17, (p. 75).
19. Meier-Graefe 1912, p. 314.
20. Havemeyer 1963, p. 225.
21. Meier-Graefe 1912, p. 316.

Historique

C'est un des rares tableaux de Manet dont on peut suivre toute la chaîne de l'histoire du prix ; Manet lui-même dans son inventaire de 1872 le chiffre à 10.000 Frs[17], mais le vend l'année suivante à J.B. FAURE (v. Hist., cat. 10), pour 4.000 Frs[18]. Celui-ci le cède en 1894, vingt ans plus tard, 22.500 Frs, à DURAND-RUEL[19] (v. Hist., cat. 118) qui le revend à PELLERIN 35.000 Frs, en 1898. Il est sans doute proposé ou même vendu entre temps aux HAVEMEYER, puisque les souvenirs de Mme Havemeyer rappellent que le tableau « est resté plusieurs années sur nos murs, jusqu'au jour où, pour une raison que je n'ai jamais comprise, M. Havemeyer m'a demandé si j'étais d'accord pour qu'on le rende à Durand-Ruel »[20]. AUGUSTE PELLERIN (1852-1929) grand industriel, acheteur du tableau en 1898, forma une remarquable collection célèbre pour le nombre et la qualité de ses Cézanne, dont lui ou ses enfants léguèrent ou donnèrent au Louvre des tableaux aussi célèbres que *La nature morte aux oignons, La femme à la cafetière,* ou *Achille Emperaire.* Il posséda aussi une impressionnante collection de tableaux de Manet, achetée en bloc, en 1910, par les marchands Berheim-Jeune, Paul Cassirer et Durand-Ruel (v. Hist., cat. 31, 109, 118), pour une somme qui aurait atteint 1 million de francs[21] ; pour ses dessins de Manet, v. Hist., cat. 100.

Le déjeuner, acquis par Cassirer en 1910, lui est acheté 250.000 Frs en 1911 pour être donné aux Musées de Munich (inv. 8638) « par un amateur en mémoire de H. von Tschudi ». En effet, ce tableau avait déjà été exposé à Munich vingt ans plus tôt, dans la grande exposition de 1891, et Tschudi (1851-1911) l'avait étudié et reproduit dans son livre sur Manet en 1902. On comprend qu'il se soit particulièrement intéressé au tableau quand celui-ci fut sur le marché allemand. Il meurt avant d'avoir pu l'acheter, mais son projet fut ainsi réalisé.

F.C.

110

110 Étude de jeune garçon

1868
Sanguine
32,5 × 23,2
Signé b.d. *ed. Manet*

Rotterdam, Museum Boymans-van Beuningen

Catalogues
L 1969, 232 ; RW 1975 II 465.

Ce dessin, assez classique de facture, représente sans doute Léon Leenhoff. Il est à mettre en relation — sans être pour autant une étude préparatoire — avec le modèle principal du *Déjeuner dans l'atelier* (cat. 109). Le visage, caractéristique, avec la lèvre supérieure longue et ourlée, le nez court et les oreilles un peu décollées, est évidemment celui de Léon, à l'époque du *Déjeuner,* peut-être dans le même vêtement. Pourtant, son trait, l'ombre du visage, ont pu évoquer à Leiris une date antérieure, vers 1860[1], qu'Agnès Mongan et lui-même ont rétablie ensuite[2].

1. Leiris 1957, p. 158.
2. Mongan 1962, n° 794.

Historique
On ne trouve pas trace de ce dessin avant son apparition dans la collection FRANZ KOENIGS (v. Hist., cat. 13) à Haarlem (qui avait aussi *La jeune femme au bord de la mer,* cat. 152). Il passe ensuite dans la collection de D.G. VAN BEUNINGEN de Rotterdam, dont le fonds constitue la base du musée (F. II 104). F.C.

111 Feuille d'études de chat

1868
Crayon et lavis d'encre de Chine
12,7 × 9,5
Cachet de l'atelier, vers le centre *E.M.*

P   Paris, Musée du Louvre, Cabinet des Dessins

Le chat qui fait sa toilette en haut et à gauche est celui qui accompagne d'une note d'humour les armes sur le fauteuil, au premier plan à gauche du *Déjeuner dans l'atelier* (cat. 109), et réapparaît dans une estampe de la même époque (voir cat. 113, fig. a). Celui de gauche, couché, qui roule par terre, apparaît dans la première idée (RW II 618) pour la lithographie *Le rendez-vous des chats* (cat. 114) que Manet exécute la même année, 1868, comme affiche publicitaire pour annoncer la parution du livre de Champfleury, *Les chats* (voir cat. 117). Le troisième n'a semble-t-il pas été réutilisé, sauf le dessin de la queue en fouet du chat noir sur le toit, dans la lithographie.

      Il est difficile de ne pas penser, dans ces croquis de chats, aux estampes japonaises. Plusieurs chats d'une feuille d'Hiroshigé (fig. a) sont d'ailleurs reproduits en fac-similé dans le livre de Champfleury (fig. b), et tout ce milieu d'artistes et d'écrivains autour de Manet — Bracquemond, Burty, Champfleury, Duret, Zola — étaient à l'époque passionnés par l'art des estampes japonaises. Ces petits croquis en sont un vivant témoignage.

Catalogues
D 1902, p. 32 ; L 1969, 226 ; RW 1975 II 617.

1. Vente Pellerin 1954, album n° 3.

Historique
Acheté par PELLERIN (v. Hist., cat. 100), sans doute à Proust, il fait partie de l'album n° 3 de la vente Pellerin[1], qui est acheté par les Musées Nationaux (inv. RF 30.380).

          F.C.

111

fig. a. Hiroshige, page d'études de chats dans *Ryusai gafu*. Bois gravé, vers 1836

fig. b. Gravure d'après Hiroshige (attribuée à Hokusai) dans *Les chats* de Champfleury

112 a

112 b

112_a Chat noir hérissé

1868 ?
Mine de plomb
10,5 × 7,8
Cachet de l'atelier b.d. *E.M.*

112_b Page de notes avec un chat

1868 ?
Mine de plomb
9,8 × 7
Cachet de l'atelier b.c. *E.M.*

P   Paris, Musée du Louvre, Cabinet des Dessins

112 a
Catalogues
L 1969, 230 ; RW 1975 II 643

112 b
Catalogues
L 1969, 231 ; RW 1975 II 644

1. Vente Pellerin 1954, album n° 3.

Le chat noir de ce petit croquis non daté fait penser à celui de l'*Olympia* (cat. 64) dont il a l'amusante silhouette de chat s'étirant, la queue en l'air. Le trait rapide et tremblé, la tête élargie, les pattes tendues le montrent ici tout hérissé par la colère ou la peur, plus que dans l'*Olympia* où l'on a l'impression d'un chat qui vient de s'éveiller et qui s'étire. On aperçoit un croquis léger de chat au bas de la feuille.

Sur la deuxième feuille (112 b) le croquis au trait du chat, arrêté, pris sur le vif, date d'avant 1870, puisque Manet a noté l'adresse de Bazille à Montpellier : or Bazille fut tué tout au début de la guerre de 1870.

Historique
Acheté par PELLERIN (v. Hist. cat. 100), sans doute à Proust, ils sont achetés par les Musées nationaux à la vente Pellerin[1] (inv. RF 30.436 et 30.435).

F.C.

113 Chat sous une chaise

1868
Lavis d'encre de Chine et mine de plomb
21,5 × 13,2
Signé b.d. *EM.*

P   Paris, Bibliothèque Nationale

Le chat tient une grande place dans l'œuvre de Manet, à la fois motif familier d'amusement et d'affection et presque toujours signal d'une amitié littéraire : avec Baudelaire, dans l'*Olympia* (cat. 64), avec Champfleury dans le *Rendez-vous des chats* et *Le chat et les fleurs* (cat. 114 et 117) et avec Mallarmé, dans le *Chat de Mallarmé* (cat. 150).

Dans ce dessin, Manet utilise l'encre au pinceau comme les Japonais, et a pris sur le vif un chat — de taille respectable même, comparé à la chaise — en train de guetter, le dos rond, quelque chose en dehors du champ en bas et à gauche.

Ce lavis a été daté de 1880[1], mais la date de 1868 proposée par Leiris, est évidemment la bonne, puisque ce dessin est préparatoire à la planche gravée (H 64 ; fig. a), où l'on retrouve le chat qui fait sa toilette du *Déjeuner dans l'atelier* (cat. 109).

Exposition
Paris, Orangerie 1932 n° 112.

Catalogues
T 1947, 650 ; L 1969, 225 ; RW 1975 II 621.

1. Rouart et Wildenstein 1975 II, n° 621.
2. 2ᵉ vente Barrion 1904, n° 1512.

Historique
Le timbre AB en bas et à gauche de la feuille est celui du collectionneur ALFRED BARRION (v. Hist. cat. 40). Ce dessin fit partie du lot de dessins vendus en 1904[2] et fut sans doute, alors, acheté par MOREAU-NÉLATON (v. Hist., cat. 9) qui le légua à la Bibliothèque Nationale en 1927.

F.C.

113

fig. a. Les chats. Eau-forte, 1868

114 Rendez-vous de chats

1868
Lithographie
43,5 × 33,2
Signé b.d *Manet*
Lettre b.d. *Lith. du Sénat, Barousse, Paris* (2ᵉ état)
Affiche avec lettre typographique
122,5 × 84,5

Paris, Bibliothèque Nationale (affiche complète)
NY New York, The New York Public Library (lithographie)

Publication
Rothschild 1868.

Expositions
Affiche Ingelheim 1977 n° 57.
Lithographie Paris, Beaux-Arts 1884 n° 162 ;
Philadelphie-Chicago 1966-67 n° 90 ; Ingelheim
1977 n° 57 ; Paris, Berès 1978 n° 78.

Catalogues
M-N 1906, 80 ; G 1944, 74 ; H 1970, 58 ;
LM 1971, 74 (affichette) ; W 1977, 57 ; W 1978,
78.

2ᵉ état (sur 2). Avec la lettre de l'imprimeur
Barousse. L'un des deux exemplaires connus de
l'affiche. Épreuve sur papier vélin, collée sur
papier violet aux lettres typographiques. Paris :
Dépôt légal.
Épreuve sur chine collé. New York : coll. Avery.

A partir du 17 octobre 1868 (date du Dépôt légal), cette affiche saisissante fit son apparition sur les murs de Paris. Elle annonçait l'édition, publiée par J. Rothschild, d'un petit livre de Champfleury, *Les Chats - Histoire, Mœurs, Observations, Anecdotes - Illustré de 52 dessins par Eugène Delacroix, Viollet-le-Duc, Mérimée, Manet, Prisse d'Avennes, Ribot, Kreutzberger, Mind, Ok'sai, etc.*[1] L'illustration de Manet était une reproduction (fig. a) d'après la lithographie, ou plutôt, sans doute d'après la gouache préparatoire (RW II 619 ; fig. e), comme l'indique la légende « Rendez-vous de chats, d'après un dessin d'Édouard Manet ». Un article dans la *Chronique illustrée* du 25 octobre[2], annonçant la publication du livre, cite la reproduction d'après Manet comme « la plus curieuse de toutes ces curieuses illustrations ». L'affiche elle-même dut faire sensation. L'article de *La Chronique* évoquait déjà, une semaine après la publication de l'affiche, « le célèbre dessin de Manet », et fut accompagné d'une reproduction de la lithographie, à la même dimension. Les chats de Manet se voyaient non seulement sur la grande affiche, où la lithographie aux noirs somptueux, tirée sur un papier très blanc, contrastait avec le violet du papier de l'affiche aux grands caractères noirs ; une affichette (devenue presque aussi rare que l'affiche) annonçait la « Deuxième Édition [...]. En vente ici », chez les libraires. Cette réédition du livre, toujours enregistrée en 1868 (malgré la date de 1869 qui paraît sur les pages de titre), fut rapidement suivie d'une nouvelle réimpression.

Guérin, d'ailleurs, semble avoir ignoré l'existence de la grande affiche, ainsi que les réimpressions de l'édition originale du livre, et affirme que l'affichette annonça l'édition de 1870, en fait une édition de luxe, ornée d'estampes originales (voir cat. 115)[3].

Champfleury, grand champion du *réalisme* et de Courbet, fut également très sensible aux propos de Baudelaire sur les différents aspects de « la vie moderne ». Manet avait représenté les deux hommes dans *La musique aux Tuileries* (cat. 38) en 1862 ; et en 1864 Fantin plaça Champfleury au centre de son *Hommage à Delacroix* (Paris, Jeu de Paume), à côté de Baudelaire, également assis, avec Manet debout, entre les deux hommes[4].

C'est sans doute Champfleury qui demanda à Manet de fournir une illustration et l'affiche pour son livre, bien qu'il n'en parle point dans le chapitre consacré aux « peintres des chats ». Son livre est une succession d'anecdotes sur les chats, racontées avec une verve charmante ; ce chapitre précis décrit le chat dans l'art, depuis les Égyptiens jusqu'aux temps modernes[5]. En remarquant à propos des Japonais que « les artistes épris des délicatesses des chats le sont également des délicatesses de la femme, et qu'à cette double compréhension se joint parfois l'amour du fantasque et de l'étrange », il compare Hoffmann et

fig. a. Gravure d'après Manet dans *Les chats* de Champfleury

114

114 Affiche

Goya, se lamente que les chats dans les dessins de Delacroix ne figurent pas dans ses tableaux — « la raison [...] il en faisait des tigres ! » —, et tient des propos fort intéressants sur Rouvière (voir cat. 89), « autre nature vraiment féline », qui étudiait les chats, et dont il possédait un tableau qui « fait comprendre certains mouvements du comédien, si remarquable dans l'*Hamlet* par des gestes violents, étranges et caressants ».[5]

Le livre est parsemé d'illustrations, la plupart en « gillotage », où des portraits de Baudelaire (fig. b) et de Champfleury lui-même, en fin de livre (fig. c), apparaissent accompagnés de leurs chats familiers[6], parmi toutes sortes de représentations de chats, depuis une momie égyptienne, aux chats tirés d'une page d'album japonais et éparpillés à travers le texte (voir cat. 111, fig. b, et 113).

Champfleury attribue ces chats au « Peintre Japonais Fo-Kou-Say (prononcez *Hok'sai*) », auquel il consacre le dernier chapitre du livre en affirmant qu'« on ne saurait mieux en faire comprendre le mérite qu'en l'assimilant à Goya. Il en a le caprice, la fantaisie ; même sa manière de graver

fig. b. Baudelaire par Morin dans *Les chats* de Champfleury

offre parfois une analogie très marquée avec celle de l'auteur des *Caprices* ».[7]
On pourrait y ajouter Manet lui-même, dont les croquis et les estampes (cat. 111, 114, 117) participent au caractère japonisant tout autant qu'à la nature goyesque des chats chez Hokusai ou Hiroshigé[8] et chez Goya, dans les chats menaçants du portrait de *Manuel Osorio* (New York, Metropolitan Museum) aussi bien que dans les chats des *Caprices*.

Le chat noir du *Rendez-vous* fait son apparition couché avec les pattes arrières en l'air, sur une feuille de croquis (cat. 111), se répète, mais en trouvant sa compagne blanche et le décor du toit, dans une petite étude préliminaire (RW II 618 ; fig. d)[9] et trouve sa pose définitive dans la grande aquarelle gouachée qui appartenait, avec l'étude préliminaire, à Alphonse Dumas en 1884[10], mais n'est connue depuis 1930 que par des reproductions (RW II 619 ; fig. e). Ce développement, à partir d'un croquis pris sur le vif, renseigne de manière révélatrice sur la façon de travailler de Manet. On a évoqué différentes sources pour cette image, dont l'une des plus séduisantes est un éventail orné de chats, aux silhouettes souples et dépouillées, par Kuniyoshi[11]. Mais ici la « source » intervient visiblement après coup, lorsque la composition a déjà été établie d'après nature, et que Manet cherche à l'aiguiser et la raffiner, à travers les souvenirs visuels coïncidant avec son projet. De même, le passage de la réalité — du banal, même — vers l'abstraction du dessin définitif suggère qu'une intention symbolique, telle qu'elle est décelée par Mauner[12], ne serait intervenue que tardivement, par jeu — et même peut-être à la suggestion de quelqu'un d'autre. Si évocation du *Yin* et du *Yang* il y a, dans l'opposition du noir et du blanc, dans les mouvements opposés, les formes complémentaires, de la queue blanche et la tête noire, il faut sans doute l'entendre au niveau où Manet nous la propose, dont Duret rapporte qu'« il s'était fort diverti à cette fantaisie ».[13]

L'humour malicieux, la présentation originale, l'inélégance même du sujet — l'amour des chats sur un toit — traité à la fois avec tant d'élégance et avec une connaissance complice de la nature voluptueuse, de la sexualité tranquillement impudique des chats, tout inspire ici le sourire devant sa désinvolture, et l'admiration devant un tour de force de concision et de tension graphiques.

1. Champfleury, *Les Chats,* Paris (J. Rothschild) 1869 (3 éditions enregistrées au Dépôt légal en 1868, sous les numéros 8082, 8474 et 9029 : Paris, BN Imprimés).
2. Le duc d'Aléria, « Les chats par Champfleury », *La Chronique illustrée,* 25 octobre 1868, pp. 3-4, repr. p. 4.
3. Guérin 1944, n° 74 (affichette) ; Harris (1970, p. 164) répète les informations données par Guérin, mais en interprétant mal le texte français.
4. Druick et Hoog 1982, pp. 171-178.
5. Champfleury, *op. cit.,* pp. 117-128.
6. *Ibid.,* pp. 110 et 287.
7. *Ibid.,* pp. 276-78.
8. Weisberg 1975, n°s 39-40.
9. Repr. Guérin 1944, n° 74.
10. V. Historique, cat. 67.
11. Ives 1974, p. 25, n° 18.
12. Mauner 1975, pp. 181-84.
13. Duret 1902, 126.
14. Paris, Archives Nationales (F18 VI 76) ; BN Estampes (États des dépôts de la Librairie, Ye 79).
15. Vente David-Weill, Paris, 25-26 mai 1971, n° 173.

Historique
L'exemplaire de l'affiche exposé est l'un des deux conservés à la Bibliothèque Nationale, provenant du DÉPÔT LÉGAL. Tous deux portent le tampon du dépôt avec le n° 3808, correspondant à leur enregistrement le 17 octobre 1868[14].

L'épreuve de la lithographie sur chine collé, dont on ignore le nombre du tirage, fut acquise par AVERY (v. Hist., cat. 17) de source inconnue. Il s'agit de l'une des cinq ou six épreuves recensées, dont une fut dédicacée par Champfleury à Nadar[15].

J.W.B.

fig. c. Champfleury par Morin dans *Les chats* de Champfleury

fig. d. Étude pour le Rendez-vous de chats. Collection particulière

fig. e. Dessin préparatoire pour la lithographie. Aquarelle gouachée, 1868. Collection inconnue

115 Le balcon

1868-1869
Huile sur toile
169 × 125
Signé b.d. *Manet*

Paris, Musée d'Orsay (Galeries du Jeu de Paume)

Manet aurait eu la première idée de ce tableau l'été 1868, à Boulogne-sur-Mer, en voyant des personnages à leur balcon[1]. Il avait d'ailleurs abordé le thème d'une femme à son balcon avec *Angélina* (RW 105), après son voyage en Espagne, fin 1865. A l'automne 1868, au retour de Boulogne, il fit poser ses modèles dans l'atelier de la rue Guyot, pour un tableau auquel il travailla l'hiver 1868-1869.

Il s'agit de trois de ses amis. Debout, Fanny Claus (1846-1869), jeune violoniste de concert (du quatuor Sainte-Cécile), future épouse d'un ami de Manet, le sculpteur Pierre Prins[2] ; familière du couple Manet, elle faisait de la musique avec Suzanne. Une première esquisse qui a appartenu à Stevens (RW 133), montre que Manet lui avait d'abord donné la place assise au premier plan.

Derrière elle, dans le tableau définitif, Antoine Guillemet (1842-1918), peintre de paysages — surtout de Paris — ami des futurs impressionnistes qu'il a rencontré à l'Académie Suisse. Bien introduit au Salon, c'est lui qui aidera plus d'une fois ses amis contestés : Manet, en contribuant à lui faire obtenir une seconde médaille au Salon de 1881, qui le mettait enfin hors concours ; Cézanne, qui lui doit d'être accepté au Salon de 1882. A sa gauche, dans la semi-obscurité, un jeune garçon portant un plateau, posé, d'après l'intéressé, par Léon Leenhoff. En fait, Manet a repris le motif d'un tableau bien antérieur (cat. 2).

Au premier plan, assise, Berthe Morisot (1841-1895), dont c'est la première et impressionnante apparition dans l'œuvre de Manet. Berthe et Edma Morisot connaissaient Fantin et Bracquemond depuis 1860 environ, mais Berthe ne fit, semble-t-il, véritablement connaissance de Manet que bien plus tard, en 1867, quand Fantin les présenta au Louvre, où Berthe faisait une copie d'après Rubens[3]. Les familles Morisot et Manet se lient rapidement, les jeunes femmes et leur mère vont aux soirées du jeudi chez Manet, où Suzanne Manet joue du piano pour les familiers qui sont à l'époque Astruc, Chabrier, Degas, Charles Cros, Zola parfois, Stevens, etc. Manet, de Boulogne, persifle dans une lettre à Fantin du 26 août 1868 : « Je suis de votre avis : les demoiselles Morisot sont charmantes. C'est fâcheux qu'elles ne soient pas des hommes. Cependant, elles pourraient, comme femmes, servir la cause de la peinture en épousant chacune un académicien et en mettant la discorde dans le camp de ces gâteux ! »[4]. Ce ton gouailleur ne correspond en rien à la réalité des relations de tendre affection et d'estime artistique qui s'établiront bientôt entre lui et Berthe Morisot.

Les jeunes gens — tous trois ont entre vingt-deux et vingt-sept ans — regimbent un peu contre les longues séances de pose, et ne se trouvent guère flattés. Une lettre de Mme Morisot à sa fille Edma en mars 1869 en témoigne : « Antonin [Guillemet] dit qu'il [Manet] l'a bien fait poser [sic] quinze fois pour le manquer, que Mlle Claus est atroce ; mais que tous deux exténués de poser debout disent : ' C'est parfait, il n'y a rien à reprendre. ' Tout ce monde est

Expositions
Paris, Salon de 1869 n° 1616 ; Bruxelles 1869 n° 754 ; Paris, Beaux-Arts 1884 n° 52 ; Berlin, Matthiessen 1928 n° 24 ; Paris, Orangerie 1932 n° 32.

Catalogues
D 1902, 107 ; M-N 1926 I pp. 105-106, n° 11 ; T 1931, 135 ; JW 1932, 150 ; T 1947, 141 ; RO 1970, 121 ; RW 1975, 134.

115

amusant, mais réellement peu sérieux. Manet a l'air d'un fou, il s'attend à un succès, puis tout à coup il lui prend des doutes, qui le rendent sombre. »[5]

Berthe, dont le visage ardent et mélancolique nous paraît aujourd'hui si beau, passa, quand le tableau fut exposé, pour avoir été enlaidie par le peintre. Une lettre à sa sœur, lui racontant sa visite au Salon où le tableau était exposé, nous livre sa propre réaction : « Ses peintures produisent comme toujours l'impression d'un fruit sauvage ou même un peu vert. Elles sont loin de me déplaire [...] Je suis plus étrange que laide ; il paraît que l'épithète de *femme fatale* a circulé parmi les curieux. »[6]

fig. a. Gravure d'après Goya, « Les manolas au balcon », dans le *Goya* d'Yriarte, 1867

Le schéma général du tableau est librement inspiré des *Majas au balcon* de Goya (fig. a), dont à plusieurs reprises Manet avait pu voir une version. Tout d'abord à seize ans, en visitant la Galerie espagnole de Louis-Philippe où la version originale était exposée[7], et malgré Baudelaire, qui, voulant laver Manet du reproche de pasticheur, assurait qu'il n'avait pas pu voir les Goya de la Galerie espagnole, trop jeune d'abord, puis en voyage : il se serait agi là d'une « coïncidence » troublante, analogue au « parallélisme » entre son œuvre et celle de Poe[8]. De toute façon, Manet aurait pu en voir, plus tard, une autre version au cours de son voyage de 1865 en Espagne, au palais San Telmo à Séville, ou enfin en juin 1867, à la vente de la Collection Salamanca de peinture espagnole, qui fit courir tout Paris et certainement Manet, où se vendit une *Manola au balcon,* alors attribuée à Goya, aujourd'hui donnée pour une copie par Alenza[9]. Enfin et surtout, l'œuvre était accessible par sa production gravée (fig. a) dans le livre d'Yriarte sur Goya, paru tout récemment, en 1867, et qui n'échappa certainement pas à Manet — d'autant plus qu'il connaissait personnellement ce critique dont on retrouve le nom dans son carnet d'adresses[10].

A vrai dire, s'il existe des analogies évidentes — la dimension, les deux personnes en robes claires au premier plan se découpant sur une silhouette masculine sombre, la force décorative du balcon de métal occupant presque toute la moitié inférieure du tableau — les différences n'en sont que plus flagrantes, tant dans la couleur, chaude chez Goya, froide chez Manet, que dans l'esprit. Les *Majas au balcon* sont une scène de genre, les personnes sont penchées l'une vers l'autre et, surveillées par des ombres jalouses, semblent échanger de petits secrets.

D'autres sources iconographiques plus populaires ont pu inspirer Manet. Tout d'abord Constantin Guys qui représenta souvent des Espagnoles à leurs balcons ayant l'air généralement d'interpeller le passant, mais où le balcon prend autant de place qu'ici dans la composition[11]. On a récemment fait un rapprochement intéressant entre la composition de Manet et une lithographie romantique anglaise représentant de jeunes brodeuses parisiennes à leur balcon[12].

Cet énigmatique tableau a inspiré des interprétations qui reflètent bien souvent les préoccupations du temps plus que le propos de l'artiste. Ainsi, Fried voit dans les personnages un trio allégorique des références artistiques de Manet : l'hispanisme (Berthe), le Japon (Fanny) et la Hollande (Guillemet)[13]. En dehors du regard andalou de Berthe Morisot, rien dans le tableau ne confirme cette interprétation qui schématise en trois personnages des influences diffuses dans l'œuvre à l'époque, et pêche, si l'on peut dire, par excès d'histoire de l'art.

Pourtant, la scène a quelque chose d'artificiel. En partie pour une raison simple : Manet n'aurait pu faire poser ses trois amis sur le petit balcon-terrasse de son atelier, lui se tenant à l'extérieur. Il a probablement

exécuté le croquis préparatoire (cat. 116) de son jardin, établi la composition, pour faire ensuite poser ses modèles en atelier, en plaquant après coup le cadre serré des volets [motif déjà utilisé, dans *La chanteuse des rues* (cat. 32)], et de la balustrade.

Les trois personnages, qu'on nous décrit si gais pendant les poses, sont absents, guindés, saisis chacun dans leur propre univers psychologique d'un œil enregistreur objectif, mais qui ne manque pas d'humour — le bel homme au cigare, jovial et satisfait, la petite Fanny, coquette et timide, un peu godiche, et Berthe, rêveuse et tourmentée, telle qu'on la retrouve dans ses lettres de l'époque. La frontalité chère aux portraits de Manet donne une image arrêtée, fixe, mystérieuse. Aucun des trois personnages ne regarde dans la même direction et le fond où l'on aperçoit un jeune porteur d'aiguière, ainsi qu'un décor assez indéterminé où l'on devine une nature morte au mur, ne donnent pas plus la clé de la scène que l'hortensia bleu en bas à gauche, dans son pot de porcelaine. Encore que ce dernier ait inspiré une interprétation métaphysique à Mauner qui y voit un emblème de « vanité » et une allusion au temps qui passe, la plante en pot ressemblant aux allégories funéraires dans des estampes de la Renaissance allemande[14].

Il est certain que Manet a organisé son groupe et le décor qui l'entoure avec le plus grand soin, ne laissant rien au hasard ; mais souvent les intentions représentatives rejoignent les solutions plastiques : le pot d'hortensia est là, à la fois pour accentuer l'idée de plein air, alors que le groupe pose en intérieur (d'ailleurs il ne figure pas sur le croquis) et pour adoucir de blanc et de bleu clair la dureté des barreaux verts. Le chien *Ténériffe* et la petite balle — qui rappellent le chat et la mandarine de la *Jeune femme couchée* (cat. 29) — sont à la fois des emblèmes de l'art de Manet, une animation en bas d'une composition rigide, un élément supplémentaire de l'élégance de Berthe Morisot et un rappel parodique des petits chiens de Goya, comme celui de la *Duchesse d'Albe* (fig. b)[15], à cette différence que le petit nœud retient la coiffure ébouriffée du chien de Manet et orne la patte de celui de Goya. La balle arrêtée est en même temps une tache de couleur, un point d'ironie sous la silhouette grave de Berthe Morisot, et un tribut à l'instantané, signifiant le réalisme de la scène et la situant dans une atmosphère insouciante et oisive. Il faut noter que Monet a repris le même motif d'une balle arrêtée dans son *Déjeuner*[16] (1868-1869, musée de Francfort).

fig. b. Gravure d'après Goya, *La duchesse d'Albe*, dans le *Goya* d'Yriarte, 1867

Scène de la vie moderne — du « high life » — mais pas scène de genre : Ces élégantes personnes paraissent plus être à une loge qu'à un balcon, et jouer une scène mondaine où l'on se montre plus qu'on ne regarde. Mais rien ne se passe, c'est seulement l'image d'un moment précis qui assemble des êtres très individualisés, apparemment sans relation. Ils ont évidemment l'air de poser, mais tout se passe comme dans la photographie instantanée, où les gens en conversation animée un instant plus tôt, regardent par malheur précisément de l'autre côté au moment de la prise de vue, déclenchée trop tôt ou trop tard, et gardent pour l'éternité un geste en cours ou un regard ailleurs. Quelque chose va se passer, ou vient de se passer.

Sans être une allégorie récapitulant les intérêts artistiques de Manet, comme l'indique Fried ou le « memento mori » qu'y voit Mauner, le *Balcon* est une image saisissante, parce qu'il participe des intentions réalistes de l'époque — dans un registre social différent de celui de Courbet — tout en se révélant totalement irréaliste à l'examen attentif, même pour la critique du temps.

Ce tableau, surprenant encore aujourd'hui, en particulier par la violence des verts du balcon et des persiennes, du bleu de la cravate, ne pouvait

fig. c. Magritte, *Le balcon*, 1950. Musée de Gand

1. Moreau-Nélaton 1926 I, p. 105.
2. Prins 1949, p. 26.
3. Angoulvent 1933, p. 22.
4. Moreau-Nélaton 1926, I, p. 103.
5. Morisot 1950, p. 25.
6. *Ibid.*, pp. 26-27.
7. Baticle et Marinas 1981, p. 24.
8. Baudelaire 1973 II, p. 386 (à Thoré, env. 20 juin 1864).
9. Vente Salamanca, Paris, 6 juin 1867 ; J. Adhémar 1935, p. 158.
10. Paris, BN Estampes, fonds Moreau-Nélaton.
11. Exposition Guys, Paris, Musée des Arts décoratifs 1937, n°s 369.370.
12. Peters 1980, pp. 225-226.
13. Fried 1969, pp. 59-60.
14. Mauner 1975, p. 129.
15. Yriarte 1867, p. 35, repr. ; *Majas au balcon* p. 90 repr.
16. Stuckey 1981, p. 107, n. 39.
17. Cham 1869, p. 365.
18. Castagnary 1869.
19. Wolff 1869 ; cité Tabarant 1947, p. 160.
20. Schneider 1967, p. 199.
21. Bazire 1884, p. 128.
22. Rouart et Wildenstein 1975 I, p. 17.
23. Vente Manet 1884, n° 144 ; Bodelsen 1968, p. 344.
24. V. Rewald 1955, pp. 340-341.
25. Tabarant *Bulletin...* août 1921, p. 405.

évidemment que choquer. La modernité du sujet, la prise sur le vif d'une scène inexplicable, la simplification des physionomies, ce jeu de deux grandes formes claires très contrastées sur le fond, le travail des formes en à-plat au plan du tableau, tout fit l'effet d'une provocation. « Fermez donc cette fenêtre ! Ce que j'en dis, M. Manet, est dans votre intérêt », dit la légende de la caricature qu'en fit Cham[17]. Si Castagnary, chantre du Réalisme, et Paul Mantz, critique officiel de la Gazette des Beaux-Arts, traitent Manet avec plus de considération que dans les Salons précédents, reconnaissent son talent, son sens de la couleur, des valeurs justes, tous lui reprochent somme toute la même chose : « Sur ce balcon, j'aperçois deux femmes, dont une toute jeune. Sont-ce les deux sœurs ? Est-ce la mère et la fille ? Je ne sais. Et puis, l'une est assise et semble s'être placée uniquement pour jouir du spectacle de la rue ; l'autre se gante comme si elle allait sortir. Cette attitude contradictoire me déroute. »[18]. Quant à Wolff, il s'indigne de « cet art grossier où, comme dans les persiennes vertes du *Balcon*, [Manet] s'abaisse jusqu'à faire concurrence aux peintres en bâtiment ».[19]

Ce qui déroute la critique d'alors est précisément ce qui nous séduit aujourd'hui. L'étrangeté et la poésie de la scène, la présence psychologique de ses protagonistes, voire magnétique chez Berthe Morisot, la crudité du vert plaqué sur l'extrême raffinement du blanc, l'agressivité de la cravate bleue, tout cela a gardé, plus d'un siècle après, tout son pouvoir. Ne citons que deux réactions d'artistes, celle de Magritte en 1950 qui peint un tableau portant le même titre (1950, Musée de Gand, fig. c) où il a gardé le même décor et transformé les trois personnages en cercueils, celui de Berthe étant assis : ce qui est à la fois un hommage à la peinture de Manet, doublé du besoin de « tuer les maîtres du musée », et peut-être l'écho d'une sensation juste devant l'air absent, « mort », des personnages. Et l'exclamation de J.P. Riopelle devant le tableau : « On mettrait une vraie cravate que ce ne serait pas plus scandaleux que cette cravate bleue dans le vert ! »[20], montre que l'œuvre avait conservé jusqu'au temps du « pop art » son pouvoir de provocation.

Historique
Le tableau reste chez Manet jusqu'à sa mort, accroché dans son atelier rue d'Amsterdam à côté de l'*Olympia*[21]. Il est estimé 10.000 Frs par Manet dans son inventaire en 1872[22]. C'est le peintre GUSTAVE CAILLEBOTTE (1848-1894) qui l'achète à la vente de l'atelier en 1884, pour 3.000 Frs[23]. Il reste dans l'atelier de Caillebotte jusqu'à sa mort, au Petit Gennevilliers, près d'Argenteuil, où ses amis impressionnistes pouvaient le voir. C'est le plus beau fleuron du prestigieux legs Caillebotte, qui fit entrer l'Impressionnisme au Musée du Luxembourg, musée d'art moderne de l'époque. Cet excellent peintre participant dès 1876 aux expositions impressionnistes, et malheureusement trop peu représenté lui-même aujourd'hui dans les musées français, avait quelque fortune lui permettant d'acquérir de la peinture à ses amis, avec un discernement qui permet aujourd'hui au Louvre de posséder, entre autres : de Degas, sept pastels ; de Renoir, six tableaux, dont le *Moulin de la Galette*, la *Balançoire*, le *Torse de femme au soleil* ; de Monet, huit, dont la *Gare Saint-Lazare*, le *Déjeuner*, les *Régates à Argenteuil* ; de Pissarro, sept, dont les *Toits rouges* ; de Sisley, cinq, dont *Rue à Louveciennes* ; de Cézanne, deux, dont *L'Estaque*.

On sait le scandale que provoqua auprès des artistes officiels le legs Caillebotte en 1894, accepté à l'unanimité par le Comité des Musées Nationaux, mais sous condition d'un tri, réduisant le legs de moitié, choix fait parfois avec les artistes intéressés (pour Monet en particulier)[24]. Le scandale pour ceux qui estimaient que l'entrée des impressionnistes au Louvre signifiait la fin de la suprématie de l'art selon les critères académiques, se double bientôt d'un second scandale auprès du milieu artistique plus moderniste, celui du refus par l'État d'une partie du legs[25]. Ainsi, sur les quatre Manet, deux sont acceptés, le *Balcon* et *Angélina* (RW 105), deux sont refusés, *La partie de croquet* (RW 173) et *Chevaux de course* (RW 96). *Le balcon* entre finalement au musée du Luxembourg en 1896, puis au Louvre en 1929 (inv. RF 2772).

F.C.

116

116 *Étude pour* Le balcon

1868
Mine de plomb et lavis
10,8 × 8,2
Signé b.d. par Suzanne Manet *E. Manet*

New York, Collection Mr and Mrs Alexander Lewyt

Ce croquis met en place avec fermeté la composition, avec une plus grande importance donnée aux volets qui auraient formé l'essentiel du deuxième plan. Manet dût se rendre compte que cette grande plage de vert vif serait dure, et les a en partie repliés dans le tableau. Il a également centré la composition plus haut, pour ne pas donner l'impression d'être sous le balcon, mais au même niveau, ce qui est évidemment moins réaliste : devant le tableau nous, spectateurs, sommes comme suspendus en l'air, au niveau du balcon, alors que si nous étions en face, de l'autre côté de la rue, l'échelle serait bien plus petite. Sur le dessin, Manet a délimité au lavis ce que sera à peu près le cadrage final. Le petit chien semble avoir été pris sur le vif, sous le tabouret, dès l'origine. En revanche, le pot a été ajouté. Un trait fait penser que Berthe portait sur l'épaule droite une ombrelle ouverte.

Exposition
Philadelphie-Chicago, 1966-67 n° 104.

Catalogues
T 1931, 34 a ; T 1947, 582 ; L 1969, 233 ; RW 1975 II 346.

1. Rouart et Wildenstein 1975, II, n° 346.

Historique
Ce dessin, donné peut-être à Berthe Morisot et provenant de la famille ROUART aurait appartenu ensuite à la COMTESSE GREFFÜHLE[1], qui tenait à la fin du siècle le plus brillant salon de Paris, protectrice des musiciens et modèle de Marcel Proust pour la duchesse de Guermantes. Il repasse plusieurs fois sur le marché parisien entre 1927 et 1935 (BERNHEIM-JEUNE, DABER). On le retrouve à Asnières en 1938, chez M. CAMILLE MARTIN (documentation du Musée d'Orsay).

F.C.

117 (2e état)

117 (1er état)

117 Le chat et les fleurs

1869
Eau-forte et aquatinte
20,3 × 15,2 (cuivre) ; 17,3 × 13 (sujet)
Signé b.g. sous le sujet (2e état) *Manet*
Avec le titre LE CHAT ET LES FLEURS gravé au bas (4e état) et le titre du livre gravé au haut (5e état).

P   Paris, Bibliothèque Nationale (1er état)
NY   New York, The New York Public Library (2e état)

Publication
Champfleury *Les Chats,* Rothschild 1870, face p. 40.

Expositions
Philadelphie-Chicago, 1966-67 no 89 ; Ingelheim 1977 no 63 ; Paris 1978 no 59.

Le dernier paragraphe du livre de Champfleury sur les chats (voir cat. 114) exprimait le souhait « Que le présent volume plaise au public, et l'auteur fera tous ses efforts pour améliorer son ouvrage et par le texte et par les dessins ». Le succès, on l'a vu, était très grand, avec deux réimpressions entre octobre et la fin de l'année 1868. Après les réimpressions de l'édition en petit format,

Champfleury et son éditeur Rothschild décidèrent de publier une édition de luxe, ornée d'estampes originales. En juillet 1869, Champfleury écrivait : « Mon cher Manet, mon éditeur me demande si l'eau-forte dont vous avez bien voulu vous charger est prête. Il s'agit de faire des annonces à l'étranger, des prospectus, des affiches où les différentes gravures doivent trouver place, et Rothschild veut s'y prendre d'avance cette fois [...] ».[1]

Manet était en train de peindre *Le balcon* (cat. 115) à ce moment là, et il prit un motif semblable pour son eau-forte — on y retrouve des barreaux de fer, un cache-pot à motifs japonais et un animal, là un petit chien, ici un chat. Manet semble, dans ces œuvres, fusionner les deux sources d'inspiration que Champfleury avait rapprochées dans son livre : Goya et les Japonais. L'année précédente, il avait exécuté, pour Ph. Burty, l'eau-forte et aquatinte qui est presque un pastiche de certaines planches des *Caprices* de Goya[2] : *Fleur exotique* (H 57), pour le somptueux livre des *Sonnets et Eaux-fortes*. Ici aussi, la technique reste très proche de celle des planches de Goya, mais le sujet est beaucoup plus japonisant, et tient en même temps de l'instantané et du gros-plan photographiques, avec l'image du chat maraudeur dont la tête et les pattes remplissent la moitié de la composition. Ives a rapproché cette mise en page de celles de deux feuilles de la *Manga* d'Hokusai, montrant une belette devant des feuillages et un chat attrapant une souris devant une grille en bois[3].

On ne connaît aucun dessin préparatoire, et la planche est déjà aquatintée dans les premières épreuves. Comme Harris l'avait remarqué à propos du *Rendez-vous de chats* (cat. 114)[4], Manet combine, ici aussi, l'Est et l'Ouest, une composition où l'accent est mis sur la surface plane (lignes insistantes du balcon, rythmes linéaires des fleurs) mais où le dessin se veut en partie réaliste (surtout dans le chat). Les rehauts au lavis, les additions à la plume, témoignent d'un effort pour harmoniser ces deux tendances qui ne réussit peut-être pas entièrement.

La planche fut publiée dans la « deuxième édition de luxe » des *Chats* de Champfleury, qui parut en 1870.

Catalogues
MN 1906, 19 ; G 1944, 53 ; H 1970, 65 ; LM 1971, 53 ; W 1977, 63 ; W 1978, 59.

1er état (sur 6). Avant de nombreux travaux à l'eau-forte et la signature. L'une des deux épreuves connues, sur japon mince ; réhaussée avec un lavis d'encre bleu-noir. Coll. Hazard.

2e état. Avec la signature ; hachures supplémentaires sur le sol, et le vase ; toujours avant d'autres travaux, notamment la grille entre les barreaux du balcon, indiquée ici à la plume et à l'encre bleue, qui ombrent également le chat, le sol et le vase. Inscr. au crayon b.d. « le chat très rare HG ». Coll. Avery.

Historique

1er état. L'épreuve appartint à N.A. HAZARD (v. Hist., cat. 57) et passa dans la vente de sa collection en 1919[5] avec la mention « Très rare épreuve d'un 1er état, *non décrit, avant divers travaux*, retouchée ». En effet, elle était inconnue de MOREAU-NÉLATON (son catalogue de 1906 ne cite que l'épreuve de 2e état de la Coll. Degas), qui l'acheta à la vente pour 220 Frs et la légua à la Bibliothèque Nationale (v. Hist., cat. 9).

2e état. L'épreuve porte une note manuscrite signée *HG* - Henri Guérard. Si Guérard ne la possédait pas lui-même, il l'a sans doute acquise de Suzanne Manet pour le marchand américain LUCAS qui l'aurait achetée pour le compte de S. P. AVERY (v. Hist., cat. 17).

J.W.B.

1. J. Adhémar 1965, p. 232.
2. *Los Caprichos* pl. 5 et 15.
3. Ives 1974 pp. 26-27, nos 19-21.
4. Harris 1970, p. 164.
5. 3e vente Hazard, Paris 12-13 décembre 1919, no 253 (titre erroné « *Les chats* »).

118 Clair de lune sur le port de Boulogne

1869
Huile sur toile
82 × 101
Signé b.g. *Manet*

Paris, Musée d'Orsay (Galeries du Jeu de Paume)

L'été 1869, ou 1868 (d'après Proust, qui est imprécis dans ses datations)[1], Manet loue avec sa famille des chambres au premier étage de l'hôtel Folkestone,

118

Expositions
Bruxelles 1869 n° 756 ; Paris, Beaux-Arts 1884
n° 49 (Clair de lune) ; Exposition Universelle
1889 n° 496 ; Orangerie 1932 n° 39

Catalogues
D 1902, 112 ; M-N 1926, I p. 111 ; cat. ms. 118 ;
T 1931, 144 ; JW 1932, 159 ; T 1947, 160 ;
RO 1970, 128 ; RW 1975, 143.

sur le port de Boulogne, d'où il travaille à une série de marines peintes de sa fenêtre, dont celle-ci.

La présence du groupe de femmes aux coiffes boulonaises sur le quai indique que la scène se passe au retour de la pêche, la nuit, et qu'elles se préparent à en rapporter le produit au marché aux poissons. De cette scène prosaïque, Manet fait un clair-obscur dramatique et mystérieux où l'on sent le souvenir des paysages nocturnes du XVIIe siècle flamand et hollandais et des marines au clair de lune de Joseph Vernet qui étaient alors exposées au Louvre. Mais surtout, on sait que Manet lui-même possédait un *Clair de lune* de Van der Neer, puisqu'il le proposa à Haro pour la vente Salamanca en 1867 : « Je vois annoncer une vente Salamanca, faite par vous : Pourriez-vous y introduire un petit Van der Neer de premier ordre représentant un clair de lune et qui m'appartient ? »[2], et quelques jours plus tard : « [...] puisque le catalogue est prêt, j'aime mieux attendre une autre occasion. » Aussi possédait-il encore probablement le tableau en 1869. De toute façon, entre 1860 et 1880, une

311

cinquantaine d'œuvres de Van der Neer sur des thèmes analogues furent vendues à Paris, et Stevens en avait acheté en 1867[3].

Quelques changements au cours de l'élaboration du tableau, révélés par les rayons X (la lune était plus bas à l'origine, les silhouettes sombres des bateaux à droite ont été ajoutées après coup), montrent le souci de composition et d'effet chez Manet, dans une scène prise sur le vif et retravaillée en atelier. On retrouvera plus tard dans la série des dessins liés à l'illustration de Poe, d'autres éloquents *Nocturnes* (cat. 154 et 155).

Historique
Le 11 janvier 1872, PAUL DURAND-RUEL (1831-1922), visitant l'atelier de Stevens, fut émerveillé par deux tableaux, *Le saumon* (RW 140) et ce *Clair de lune*[4]. Manet avait en effet confié à son ami Stevens, peintre à succès et fort mondain, les deux œuvres pour tenter un amateur, car il ne vendait pratiquement rien à l'époque. Durand-Ruel, dès le lendemain, va chez Manet et choisit 22 autres tableaux, achetant l'ensemble pour le prix extraordinaire de 35.000 Frs. Le *Clair de lune* était marqué 1.000 Frs chez Manet[5] et 800 Frs chez le marchand[6], la différence reflétant la remise accordée par Manet sur le prix global.

Durand-Ruel avait une galerie familiale bien établie rue Laffite, spécialisée dans l'école de Barbizon, mais s'était enthousiasmé pour la nouvelle peinture de ceux qu'on allait appeler les impressionnistes, à la suite de la rencontre de Monet et de Pissarro à Londres en 1870. A son retour à Paris, il s'intéressa, grâce à eux, aux autres artistes de leur entourage, dont Manet. Il devait non seulement devenir le marchand privilégié de Manet à partir de cette découverte de son œuvre dans l'atelier de Stevens, mais contribuer à le faire connaître par des expositions à Paris, à Londres et à New York à la fin du siècle. Il écrivit de très intéressantes *Mémoires* sur son activité de marchand de tableaux[7]. FAURE (v. Hist., cat. 10) achète *Clair de lune* pour 7.000 Frs, le 3 janvier 1873[8], pour le revendre, fin 1889, pour 33.000 Frs[9] (c'est lui le prêteur à l'Exposition Universelle de 1889) à CAMENTRON (v. Hist., cat. 50). C'est ISAAC DE CAMONDO (v. Hist., cat. 19) qui l'achète en 1899 pour 65.000 Frs[10], pour le léguer au Louvre en 1908, où il est exposé depuis 1914 (inv. RF 1993) avec les autres Manet prestigieux de sa donation.

F.C.

1. Proust 1897, p. 175.
2. Lettres d'artistes à la famille Haro, Paris, Bibliothèque d'art et d'archéologie.
3. Information aimablement communiquée par C. Stuckey.
4. Duret 1919, pp. 97-98.
5. Carnet de Manet, Paris, BN Estampes, fonds Moreau-Nélaton (*Copie... de documents*, p. 131).
6. Meier-Graefe 1912, pp. 310-316 ; Venturi 1939, II, pp. 189-192.
7. Venturi 1939, *passim*.
8. Callen 1974, p. 162.
9. Tabarant 1947, p. 165.
10. Meier-Graefe 1912, p. 310.

119 La jetée de Boulogne

1869
Huile sur toile
60 × 73
Signé b.d. sur la bouée *Manet*

Paris, Collection particulière

La double jetée pontée de bois du port de Boulogne a inspiré d'autres peintres au XIXe siècle et au début du XXe (Boudin, Lebourg, Marquet, Vallotton), mais la prise de vue de Manet est très singulière : il a utilisé le curieux découpage de bateaux de pêche qui, passant entre deux jetées, ont l'air de surgir des constructions mêmes plutôt que de l'eau, cachée. Particulière à Manet, également, cette composition horizontale très forte, au tiers du tableau en bas, qu'on retrouvera dans la grande majorité de son œuvre.

Rewald cite les paysages boulonnais de Manet comme les premiers tableaux où il s'attaque « aux problèmes qui avaient déjà préoccupé ses amis du café Guerbois, cherchant à fixer ses impressions (...) et les œuvres qu'il exécuta alors perdirent ce côté ' souvenirs de musée ' (...) »[1]. Une composition comme celle-ci, qui impose à la nature une structure très personnelle, n'est pourtant pas purement impressionniste et préfigure l'art simplificateur des Nabis.

Un carnet de dessins faits à Boulogne l'été 1869 contient plusieurs croquis qui ont servi à ce tableau, ainsi qu'à une autre version peinte de la jetée (RW 144). On retrouve plus précisément des croquis de personnes penchées sur la jetée (RW II 139 à 141) et d'autres des pilotis du ponton (RW II 142 à 145).

Exposition
Paris, Beaux-Arts 1884 n° 51.

Catalogues
D 1902, 116 ; M-N 1926, 119 ; T 1931, 145 (71 × 92, dimensions avec cadre ?) ; JW 1932, 161 ; T 1947, 148 ; RO 1970, 127 b ; RW 1975, 145.

119

1. Rewald 1965 I, pp. 280-281.
2. Carnet de Manet, Paris, BN Estampes, fonds Moreau-Nélaton (*Copie... de documents*, p. 131).

Historique
Acheté 600 Frs à Manet, par DURAND-RUEL (v. Hist., cat. 118), en janvier 1872[2] ; ce tableau passe chez FÉLIX GÉRARD (v. Hist., cat. 81) qui est le prêteur à la rétrospective de 1884, puis reste longtemps à Dresde, à partir de 1904, dans la fameuse collection d'OSKAR SCHMITZ qui possédait également *La modiste* (cat. 214) et un très beau choix d'œuvres impressionnistes et post-impressionnistes (six Cézanne, *Le pont anglais* de Van Gogh, *Les repasseuses* de Degas, etc.). Acheté à la fin des années 1920 par NATHAN WILDENSTEIN (1851-1934), fondateur de la firme parisienne dirigée plus tard par son fils GEORGES (1892-1963), puis son petit-fils DANIEL (qui a signé, avec Denis Rouart, le plus récent catalogue raisonné de l'œuvre de Manet), le tableau revient à Paris, peu après la dernière guerre, chez le célèbre parfumeur et collectionneur J. GUERLAIN.

F.C.

120 Bateaux en mer. Soleil couchant

1872-1873
Huile sur toile
42 × 94

Le Havre, Musée des Beaux-Arts

Catalogues
D 1902, 118 ; M-N 1926, cat. ms. 124 ; T 1931, 149 ; JW 1932, 178 ; T 1947, 152 ; RO 1970, 129 ; RW 1975 I 150.

Le format insolite de cette marine et la mise en page surprenante en font un des tableaux de Manet les plus japonisants. La datation en est restée floue, et son traitement à l'horizontale pourrait le rapprocher des marines de 1869 — *La jetée de Boulogne* (cat. 119) ou *La Plage de Boulogne* (RW 148) — ce qui a sans doute conduit à la dater de cette même année dans les catalogues raisonnés

120

Tabarant et Wildenstein, malgré la précision notée, sans doute par Léon Leenhoff, sur la photographie par Lochard : 1870[1].

Il est bien plus probable qu'il ait été peint en 1872 ou 1873, au cours d'un des séjours à Berck-sur-Mer. D'une part, il s'en rapproche plus par son style particulièrement allusif, analogue à la *Plage de Berck à marée basse* (RW 198), et surtout il semble provenir d'une aquarelle très proche, datée traditionnellement 1873 (RW II 252), dont ce tableau ne reprendrait que la partie supérieure, soit délibérément en passant sur toile, soit que Manet ait coupé cette toile après coup, pour utiliser un effet de voile tronquée au premier plan. Le procédé était constant dans l'art d'Hiroshigé (fig. a) et souvent repris dans les estampes japonisantes des années 1890[2].

En replaçant ce tableau en 1872-1873, on soulève la question de savoir si Manet avait déjà vu les deux *Impressions : Soleil levant* et *Soleil couchant,* que Monet montrera à l'exposition de 1874 et qui vaudront leur nom de baptême aux Impressionnistes. Le thème, nouveau chez Manet, est-il l'effet d'une coïncidence ou d'une influence ?

Historique
Ce tableau porte le numéro 79 de la vente Manet en 1884 (dimensions erronées : 0,24 × 0,96) ; il trouve pour acquéreur, à 135 Frs, un certain M. ROMANOFF[3]. Acheté par le marchand BIGNOU (v. Hist., cat. 216), il entre ensuite à Londres chez PERCY MOORE TURNER (1877-1950), critique d'art britannique, puis chez LORD IVOR CHURCHILL, qui le remet plus tard en vente[4]. A Paris dans la collection LABOUCHÈRE, il part en Allemagne pendant l'Occupation ; récupéré par le gouvernement français après la guerre, il est attribué aux Musées nationaux par l'Office des biens privés, géré par le Ministère des Affaires étrangères, en 1951. Le Musée du Louvre le dépose au Musée du Havre en 1961 (inv. MNR 873).

F.C.

1. Paris, BN, Estampes, fonds Moreau-Nélaton.
2. Wichmann 1981, pp. 242-243.
3. Vente Manet 1884, n° 79 ; Bodelsen 1968, p. 343.
4. Vente anonyme, Paris, 30 mars 1938, n° 24.

fig. a. Hiroshige, planche de la série *Endroits célèbres des soixante et quelques provinces.* Bois gravé, 1853-1856

121 Le repos – Portrait de Berthe Morisot

1870
Huile sur toile
148 × 113
Signé au coin b.d. de l'estampe au mur *Manet*

Providence, Museum of Art, Rhode Island School of Design

Expositions
Paris, Salon de 1873 n° 998 ; Beaux-Arts 1884
n° 57 ; New York, Durand-Ruel 1895 n° 1 ;
Philadelphie-[Chicago] 1966-1967 n° 106.

Catalogues
D 1902, 125 ; MN 1926 I p. 122, II p. 4 ; cat. ms.
130 ; T 1931, 139 ; JW 1932, 183 ; T 1947, 154 ;
RO 1970, 131 ; RW 1975, 158.

Au début de l'été 1870, Manet fit poser Berthe Morisot, un peu plus d'un an après *Le balcon* (cat. 115), pour le deuxième d'une série d'éblouissants portraits d'elle. C'est l'un des plus intéressants, stylistiquement et psychologiquement. Manet venait de représenter Eva Gonzalès (RW 154) en robe blanche, à son chevalet, palette et pinceaux en main. Ce n'est pas sans impatience que Berthe écrit alors à sa sœur : « Manet me fait de la morale et m'offre cette éternelle Mlle Gonzalès comme modèle [...] elle sait mener une chose à bien, tandis que moi, je ne suis capable de rien. En attendant, il recommence son portrait pour la vingt-cinquième fois ; elle pose tous les jours, et le soir, sa tête est lavée au savon noir. Voilà qui est encourageant pour demander aux gens de poser. »[1] Quelques mois plus tard elle accepte pourtant.

Berthe Morisot traversait alors une période de doute, tant dans sa vie privée — elle n'était pas mariée à près de trente ans et l'on imagine ce que cela représentait à l'époque et dans son milieu — que professionnelle. Car, bien que l'on ait beaucoup chuchoté que Berthe a eu pour Manet plus que de l'amitié[2], la jalousie qu'on sent à l'égard d'Eva Gonzalès paraît concerner surtout l'artiste. Elle avait, semble-t-il, bien tort de s'alarmer car Manet admirait beaucoup et sa personnalité et sa peinture, en particulier les paysages à palette claire, faits récemment à Lorient[3]. Quelques jours plus tard, Berthe se rassure : « Les Manet sont venus nous voir mardi soir, on a visité l'atelier ; à mon grand étonnement et contentement, j'ai recueilli les plus grands éloges ; il paraît que c'est décidément mieux qu'Eva Gonzalès. Manet est trop franc pour qu'on puisse s'y tromper, je suis sûre que cela lui a beaucoup plu, seulement, je me souviens de ce que dit Fantin : 'Il trouve toujours bien la peinture des gens qu'il aime' ; puis il me parle de finir et j'avoue que je ne comprends pas ce que je puis faire... »[4]. De fait, ce n'est pas à ses pinceaux qu'il la représente, comme Eva, mais avec un éventail, attribut qu'il lui mettra souvent entre les mains (dans le *Balcon,* cat. 115, dans *Berthe Morisot à l'éventail* (RW 181)). Dix ans plus tard, toutefois, s'il ne la peint plus, il lui envoie pour le nouvel an, au lieu de friandises, le cadeau, certes, le plus encourageant qu'il pouvait lui faire : un chevalet[5].

La fille de Berthe Morisot, Julie Manet-Rouart, rapporte que sa mère avait un très mauvais souvenir de ses séances de pose pour ce portrait, que la jambe gauche, à demi repliée sous la robe, s'ankylosait douloureusement, sans que Manet l'autorisât à bouger pour ne pas défaire l'arrangement de la jupe[6].

Plus qu'à tout autre portrait précédent, il réserve à celui-ci un caractère d'esquisse, de « non finito » auquel il reprochait à Berthe Morisot elle-même de se laisser trop aller ; style bien approprié à celle qui plus que lui va s'engager dans les combats du groupe impressionniste.

C'est encore une jeune femme mélancolique et inquiète qu'il nous montre ici, telle qu'elle se décrit rétrospectivement à son frère peu après son

mariage, en 1874 : « Je suis entrée dans le positif de la vie après avoir vécu bien longtemps de chimères qui ne me rendaient pas bien heureuse [...] »[7].

Ces doutes, ces sombres rêveries, Manet les a exprimés dans le visage, comme il a bien montré à travers la pose, le vêtement, la coiffure, un mélange d'exigence et d'abattement momentané, de distinction et de nonchalance bohème. Le canapé capitonné et l'estampe japonaise[8] en triptyque au-dessus illustrent également la personnalité de Berthe, comme posée entre un confort bourgeois et l'image de l'aventure artistique.

En effet, il semble que si le tableau a été terminé dans l'atelier rue Guyot[9], c'est le décor de l'atelier de Berthe qui a servi au premier état du tableau avec son canapé rouge, évoqué dans une lettre de Puvis de Chavannes à Berthe Morisot[10]. Il est intéressant de relever, grâce à une analyse radiographique[11], que Manet avait primitivement conçu une position plus redressée et plus frontale, comme dans le récent *Déjeuner* (cat. 109). La tête était plus haut et plus centrée ; l'arrangement de la jupe serait en partie resté celui de la position primitive, ce qui expliquerait le déhanchement excessif. Manet a ajouté une bande en haut de la toile, pour donner plus d'importance à l'estampe japonaise au mur. Ces transformations ont-elles été faites sur-le-champ, ou après la guerre, quand Manet décide de montrer le tableau au Salon ? La deuxième hypothèse serait la plus vraisemblable, dans la mesure où, s'il en avait été totalement satisfait, il l'aurait montré dès 1872, avec le *Combat du Kearsarge et de l'Alabama* (cat. 83).

Prévu pour le Salon de 1871, qui n'eut pas lieu — c'était la Commune — Manet attend donc 1873 pour le proposer au Salon (prêté par Durand-Ruel) avec *Le bon bock* (RW 186) qu'il venait de terminer. Pour la première fois dans la vie de Manet, la critique lui fit un triomphe, mais pour le second tableau, plus conformiste par son sujet de « genre » et sa facture — et auquel *Le repos* servit généralement de repoussoir. Comme toujours, les reproches que l'on fait à Manet portent sur deux registres : l'inadéquation de l'attitude et le « lâché » de la technique. « Ni peinte, ni dessinée, ni debout, ni assise », cette formule de Francion[12] résumait la vision générale que la critique avait de l'infortunée Berthe, comme Mantz : « La tête et les mains sont à l'état d'indication et de projet. »[13]. Une des vedettes de l'année, Charles Garnier, architecte de l'Opéra et critique d'occasion, est particulièrement virulent : « C'est un chef d'école, si l'on peut appeler école ce genre de badigeonnage »[14], ou encore : « barbouillage malpropre et barbare »[15], « créature morne et chétive, et chétivement habillée [...] de son visage maussade à son petit pied, elle est on ne peut plus sèche, souffrante et de mauvaise humeur ».[16]

Mais le texte le plus révélateur est celui de Castagnary, moins venimeux, et dont la formulation est riche d'avenir : il vient de louer les progrès de Manet dans *Le bon bock*, et note que *Le repos*, antérieur, date d'un « temps où M. Manet se contentait de peu. Il a montré plus d'une fois cette sorte de paresse ; il cherche une impression, il croit l'avoir notée au passage, et il s'arrête. Le reste manque »[17]. C'est, un an avant, l'annonce de l'accueil que vont recevoir Monet et ses amis, dont Berthe Morisot. Il est plaisant et juste que celle qui allait être un des liens principaux entre Manet et l'impressionnisme, ait été le prétexte de cette remarque prémonitoire.

Seul dans la presse, Théodore de Banville, pourtant d'une génération antérieure, représentait le goût des « modernistes » et des amis de Manet, qui préféraient au *Bon bock*, ce « portrait attirant [...] qui s'impose à l'esprit par un caractère intense de *modernité* — que l'on me pardonne ce barbarisme devenu indispensable !... Baudelaire avait bien raison d'estimer la peinture de

1. Morisot 1950, pp. 33-34 (13 août 1870).
2. Perruchot 1959, p. 200.
3. Morisot 1950, p. 33 (*mardi 14* [juin] 1870).
4. *Ibid.,* p. 35.
5. *Ibid.,* p. 100.
6. Davidson 1959, pp. 5-9.
7. Morisot 1950, p. 80.
8. Estampe de Kuniyoshi, identifiée par J.M. Kloner (1968), cité Ives 1974, p. 33, n. 6.
9. Tabarant 1947, p. 69.
10. Morisot 1950, p. 7, cité Davidson 1959, p. 7.
11. Lettre de Kermit Champa au directeur du musée (12 nov. 1981).
12. Francion 1873.
13. Mantz 1873 ; cité Tabarant 1947, p. 208.
14. Garnier 1873, cité Tabarant 1947, p. 209.
15. Duvergier de Hauranne 1873 ; cité Tabarant 1947, p. 210.
16. Silvestre 1873 ; cité Tabarant 1947, p. 207.
17. Castagnary 1873 ; cité Tabarant 1947, p. 208.
18. Banville 1873 ; cité Tabarant 1947, p. 206.
19. Renseignement aimablement communiqué par M. Clément Rouart, nov. 1982.

M. Manet, car cet artiste, patient et délicat, est le seul peut-être chez qui l'on retrouve ce sentiment raffiné de la vie moderne qui fait l'exquise originalité des *Fleurs du Mal* ».[18]

Manet avait donné à son modèle une photographie du tableau, sans doute en 1872, au moment où il le vendit à Durand-Ruel, et la lui avait dédicacée « à Mlle Berthe Morisot, bien respectueusement E. Manet »[19].

Historique

Cette peinture faisait partie du lot de 24 toiles acheté par DURAND-RUEL en 1872 (v. Hist., cat. 118) ; notons l'importance qu'il lui attachait, puisqu'il l'acheta 3.000 Frs selon le carnet de Manet[20], et selon les archives Durand-Ruel, 2.500 Frs, plus cher que *La musique aux Tuileries* (cat. 38) ou *La femme au perroquet* (cat. 96)[21]. En 1880, il l'échange contre un Daumier avec THÉODORE DURET (voir cat. 108), qui connaissait bien le tableau puisque Manet le lui avait confié avec d'autres pendant le siège de 1870[22]. Duret dût l'inclure dans la vente de sa collection chez Georges Petit le 19 mars 1894, où Berthe Morisot, elle-même, alors Madame Eugène Manet, tente de l'acheter. Une erreur de la personne qui devait enchérir pour elle le lui fait manquer[23]. Le tableau est acquis 11.000 Frs par FAURE (v. Hist., cat. 10) d'après le compte rendu de la vente[24], puis il retourne chez DURAND-RUEL, pour être exposé dans sa galerie à New York en 1895, où tous les membres de la haute société new-yorkaise surent l'apprécier avant leurs homologues parisiens. Acheté par GEORGE VANDERBILT (v. Hist., cat. 89) en 1898[25], il passe ensuite à sa veuve (v. Hist., cat. 89), pour être légué en 1958 par MRS EDITH STUYVESANT VANDERBILT GERRY au Musée à Providence (inv. 59.027).

F.C.

20. Paris, BN Estampes, fonds Moreau-Nélaton (*Copie... de documents,* p. 130).
21. Meier-Graefe 1912, p. 312.
22. Tabarant 1947, pp. 182-183.
23. Morisot 1950, p. 179.
24. Vente Duret 1894, n° 19 : Bodelsen 1968, p. 345.
25. Venturi 1939, II, p. 191.

122 Au jardin

1870
Huile sur toile
44,5 × 55
Signé b.d. *Manet*

NY   Shelburne (Vermont), Shelburne Museum

En mai 1870, Berthe Morisot écrivit à sa sœur Edma, Mme Pontillon, que Manet espérait qu'elle pût obtenir de Valentine Carré, amie de la famille Morisot, qu'elle pose pour lui : « Je me suis promenée un jour au Salon avec la grosse Valentine Carré. Manet qui l'a aperçue est demeuré dans l'admiration et depuis ce temps, il me poursuit pour venir faire quelque chose d'après elle à l'atelier. Je n'en ai envie qu'à moitié, mais lorsqu'il a quelque chose en tête, il est comme Tiburce [le frère de Berthe et Edma] ; il faut que cela se passe tout de suite. »[1]. Selon Denis Rouart, c'était sur les conseils de Berthe que Manet demanda à Valentine Carré de poser dans le jardin des Morisot, 16 rue Franklin, avec Tiburce Morisot derrière elle sur la pelouse[2]. Cependant, la mère de Valentine s'y opposa, et Edma, qui était venue chez ses parents pour leur rendre visite, remplaça Valentine comme modèle. Manet exécuta, dit Rouart, « une tête plus ou moins ratée qui n'est ni celle de Valentine, ni celle d'Edma. » Si c'est Edma qui posa en fait, l'enfant dans la petite voiture est probablement sa fille aînée, alors âgée seulement de quelques mois.

Avant que Rouart ne publie la correspondance Morisot, Meier-Graefe et Moreau-Nélaton avaient identifié les modèles comme étant Edma et Tiburce Morisot[3], alors que Jamot et Wildenstein disent qu'Edma et une certaine Mme Himmes posèrent successivement pour ce tableau[4]. D'autres auteurs cependant affirment que les modèles étaient Giuseppe de Nittis, Mme de Nittis et leur enfant[5]. Selon Tabarant, le tableau fut peint dans la maison de

122

Expositions
Paris, Beaux-Arts 1884 n° 58 (Le Jardin) ;
New York, Durand-Ruel 1913 n° 9 ; Paris,
Orangerie 1932 n° 44.

Catalogues
D 1902, 131 ; M-N 1926 I p. 114, II pp. 48, 114,
128, cat. ms. 129 ; T 1931, 159 ; JW 1932, 179 ;
T 1947, 164 ; RO 1970, 140 ; RW 1975 I 155.

campagne des Nittis à Saint-Germain-en-Laye et Manet le donna à Giuseppe de Nittis en échange d'une de ses œuvres[6]. Il y a effectivement une lettre de Nittis à Manet qui, pense-t-on, est un mot de remerciement pour cette peinture, bien qu'aucun tableau ne soit mentionné dans le texte[7]. Cependant, on sait avec certitude qu'après la mort de Nittis en août 1884, sa femme rendit visite à Mme Manet et proposa d'échanger à nouveau les deux tableaux. Évidemment Mme Manet accepta mais, même si Nittis fut à un certain moment en possession de *Au jardin,* il n'y a aucune documentation chez ces deux familles, indiquant que les Nittis posèrent pour ce tableau.

Bazire, Tschudi, Meier-Graefe et Moreau-Nélaton pensent que *Au jardin* est la première œuvre que Manet aurait commencé et fini en plein air[8] : le sujet, et une évidente fascination pour les effets de la lumière naturelle que l'artiste n'avait jusque là pas manifestée, peuvent le laisser supposer. En 1884, Bazire avança même que ce tableau était à l'origine du mouvement impressionniste : « La clarté inonde la toile ; elle est traduite dans toutes ses valeurs, se décompose dans ses reflets et dans ses taches. Le paysage vit et s'illumine, l'air circule et nous sommes loin, alors, des arbres de convention, bien lissés et bien peignés, que la tradition respecte et voudrait imposer. Cette révélation est une révolution. L'école du plein air naît avec cette toile, que d'autres vont suivre et compléter. »[9]. Bien qu'on ne puisse attribuer au tableau l'importance considérable que lui donne Bazire, c'est très certainement un tableau majeur dans l'évolution de Manet. La palette, l'accent mis sur les jeux d'ombre et de lumière naturelles, la touche vigoureuse et libre, et le sujet lui-même montrent que Manet avait regardé avec attention l'œuvre de jeunes collègues, comme Monet et Renoir.

La composition est particulièrement remarquable. La prise de vue de Manet fait apparaître la jeune femme en silhouette sur un fond délibérément ambigu. L'illusion que le plan du sol remonte, diminue l'effet de profondeur derrière les figures et le fond paraît plus proche du plan pictural qu'il n'était dans la réalité. Il en résulte un équilibre subtil entre les intentions illusionnistes et abstraites de la peinture. Le conflit entre l'aspect réaliste et l'aspect formel devint de plus en plus caractéristique du mouvement impressionniste en général, dans ce type d'œuvres au cours des années soixante-dix.

Le point de vue, l'illusion du sol qui remonte, l'image coupée par les bords de la toile, sont les particularités qui réapparaissent dans *Sur la plage,* 1873 (cat. 135) et *En bateau,* 1874 (cat. 140). Cela renforce l'impression d'images spontanées et directes, d'une composition apparemment aussi accidentelle que celle des instantanés, qui deviendront bientôt banales avec l'invention des appareils facilement maniables, des pellicules très sensibles et des objectifs à angle variable. Dans les années soixante-dix, cependant, ces images étaient limitées au domaine de la peinture.

La présence très réelle de *Au jardin* vient en grande partie du fait que les figures au premier plan semblent habiter le même espace que le spectateur, effet que renforcent le landau, la jupe, la tête et les épaules de l'homme coupés par le cadre. Cet aspect apparemment fortuit de la composition est d'ailleurs une de ses forces. La figure de l'homme semble avoir été incluse simplement parce qu'il se trouvait là, comme un détail accidentel dans le fond d'une photographie ; mais, en fait, on s'aperçoit que sa présence se fait sentir dans la toile et joue peut-être un rôle dans la signification de la composition. Au contraire de sa femme, il a l'air de s'ennuyer, de se détacher de la scène et se retirer en lui-même, et cela donne à ce sujet parfaitement conventionnel une résonnance étrange. C'est probablement sa présence qui amena Théo van Gogh, dans une lettre à son frère Vincent, écrite en 1889, à remarquer que : « Ceci est certainement un des tableaux pas seulement des plus modernes, mais aussi où il y a de l'art le plus élevé. Je crois que les recherches de symbolisme par exemple n'ont pas besoin d'aller plus loin que ce tableau-là, et le symbole n'est pas voulu. »[10]

1. Morisot 1950, p. 40 (mai 1870).
2. *Ibid.*
3. Meier-Graefe 1912, p. 208, n. 1 ; Moreau-Nélaton 1926 I, p. 114.
4. Jamot et Wildenstein 1932, nº 179.
5. Tschudi 1902, p. 22 ; Laran et Lebas [1911], pp. 69-70 ; Proust 1913, p. 57 ; Tabarant 1930, pp. 70-71 ; Tabarant 1931, p. 209 ; Tabarant 1947, p. 180.
6. Tabarant 1947, p. 180.
7. Tabarant 1931, p. 209.
8. Bazire 1884, p. 65 ; Tschudi 1902, pp. 22-23 ; Meier-Graefe 1912, p. 208 ; Moreau-Nélaton 1926 I, p. 114.
9. Bazire 1884, p. 65.
10. Van Gogh 1954, III, p. 280 (lettre du 8 déc. 1889).
11. Tabarant 1931, p. 209.
12. *Ibid.*, pp. 70-71.
13. Rouart et Wildenstein 1975 I, p. 26.
14. Otrange-Mastai 1950, p. 169.
15. New York, Morgan Library, archives Tabarant.
16. Rewald 1973, p. 518.
17. Vollard 1936, pp. 53-54.
18. Blot 1934, p. 14.
19. Vente Goupy, Paris, 30 mars 1898, nº 21.
20. Weitzenhoffer 1982, p. 296.
21. Saarinen 1958, pp. 287-306 ; R.L. Greene et K.E. Wheeling, *A Pictorial History of the Shelburne Museum,* Shelburne, Vt, 1972.

Historique

Ce tableau fut offert en présent à GIUSEPPE DE NITTIS (1846-1884), peintre napolitain, qui avait exposé avec les impressionnistes en 1874, et avait invité les Manet a passer l'été de 1870 dans sa maison de campagne à Saint-Germain-en-Laye. Tabarant publia une lettre de remerciements émanant de de Nittis, probablement en réponse au don de cette toile[11]. A la mort de de Nittis, sa veuve prit contact avec celle de Manet pour échanger cette œuvre avec un tableau que de Nittis avait offert à Manet[12]. Tabarant, qui tenait l'information de Vollard, prétendait que le tableau représentait un paysage exécuté à Paris par de Nittis ; pourtant, comme Otrange-Mastai le fait remarquer, l'unique œuvre par de Nittis recensée dans l'inventaire après décès (chez la mère de l'artiste)[13] est un portrait de jeune femme au pastel, estimé 200 Frs[14]. Une lettre du mois de novembre 1889, révèle que SUZANNE MANET (v. cat. 12) vendit *Au jardin* au marchand ALPHONSE PORTIER[15], lequel après avoir travaillé pour Durand-Ruel[16] s'était établi à son compte de façon modeste, réalisant ses transactions dans son propre domicile[17]. C'est peut-être le premier marchand à avoir contacté directement Suzanne Manet, à la recherche des dessins et des gravures laissées en sa possession. Il vendit *Au jardin* au collectionneur EUGÈNE BLOT pour 2.000 Frs à crédit[18], mais dans l'incapacité de réunir la somme, ce dernier rendit le tableau au marchand qui le négocia alors à GUSTAVE GOUPY. Au cours de la vente Goupy[19], DURAND-RUEL l'acheta au prix de 22.000 Frs pour MR et MRS HENRY O. HAVEMEYER (v. Hist., cat. 33)[20]. A la mort de Mrs Havemeyer en 1929, beaucoup d'œuvres parmi les plus belles de la collection entrèrent au Metropolitan Museum ; le reste fut partagé entre les trois enfants. Le tableau dont il est question ici, revint à la plus jeune des filles, Electra, qui devint Mrs J. WATSON WEBB (1888-1960), pionnière parmi les collectionneurs américains, qui fonda en collaboration avec son mari le musée Shelburne, en 1947[21]. La fille de Mrs Webb, prénommée elle aussi Electra (Mrs Dunbar W. Bostwick) hérita du tableau et l'offrit au musée de Shelburne, en décembre 1981.

C.S.M.

123 La queue devant la boucherie

1870-1871
Eau forte
23,9 × 16 (cuivre) ; 17,1 × 14,8 (sujet)

New York, The New York Public Library (épreuve)
Paris, Bibliothèque Nationale (cuivre)

Expositions
Philadelphie-Chicago 1966-67 n° 114 ; Ann Arbor
1969 n° 32 ; Paris, BN 1974 n° 146 ; Ingelheim
1977 n° 71 ; Paris, Berès 1978 n° 64 ; Providence
1981 n° 39.

Catalogues
M-N 1906, 45 ; G 1944, 58 ; H 1970, 70 ;
LM 1971, 60 ; W 1977, 71 ; W 1978, 64.

1er état (sur 2). Épreuve sur papier vergé fort
(filigrane *MBM*), probablement posthume mais
peut-être avant le tirage de 1890. Inscr. de
Guérard. Coll. Avery.

Cuivre. 2e état, avec les trous percés en haut et
en bas. Avec la marque du planeur, P. Valant,
au verso. Coll. Mme Manet, Dumont, Strölin.

Pendant le siège de Paris par l'armée prussienne, entre septembre 1870 et
février 1871, Manet est resté à Paris, ayant envoyé sa mère et sa femme avec
Léon dans les Basses-Pyrénées ; il s'enrôla dans la Garde Nationale comme
Degas, et devint canonnier volontaire dans l'artillerie, mais entra presque
aussitôt dans l'état-major. Tout cela est conté dans ses lettres[1] à sa femme et
surtout à Eva Gonzalès qu'il affectionnait beaucoup et dont il regrettait
l'absence. Quand Paris fut complètement cerné, les lettres partaient par ballon
au-dessus des lignes ennemies, et elles créent une impression très vive de
l'attente, du manque croissant de ravitaillement, et de l'action vue au lointain
ou ressentie de près quand les bombardements atteignaient les rues de la
capitale.

Au moment où le siège s'installait, en septembre, beaucoup de ses amis
s'étaient enfuis ; Manet cite Champfleury, en évoquant la « débâcle on se bat
au[x] gares pour partir », et parle plus tard du départ de « beaucoup de
poltrons [...] hélas, parmi nos amis Zola, Fantin, etc. ». Dès la fin septembre il
écrit à sa famille qu'« on ne prend plus de café au lait, les boucheries n'ouvrent
plus que trois fois dans la semaine, et l'on fait queue à leur porte depuis quatre
heures du matin, et les derniers n'ont rien. Nous ne faisons plus qu'un seul

123

repas à la viande [...] ». Vingt jours plus tard, le 19 novembre, il raconte à Eva : « nous commençons à souffrir ici, on fait ses délices du cheval, l'âne est hors de prix il y a des boucheries de chiens de chats de rats », et le 22 décembre, à sa famille : « Nous faisons très maigre chère, du pain bis, de la viande quelque fois ».

Bien qu'il ait affirmé à Eva, dans sa lettre du 19 novembre, que « mon sac de soldat est garni de ma boîte, mon chevalet de campagne [...] et je vais profiter des facilités que je trouve partout », on ne connaît guère d'œuvres, en dehors peut-être d'un croquis sur une page de carnet (RW II 317), qui se rapporte à la période du siège. Quant à l'estampe représentant *La queue devant la boucherie* — sujet symbolique entre tous des rigueurs du siège, que Daumier évoqua dans un bois pour *Le Charivari* du 8 décembre : dans « La queue pour la viande des rats », devant les bouches d'égoûts[2] — il semble peu probable que Manet l'ait exécutée pendant le siège. La composition en est très « abstraite », influencée sans doute, comme l'a suggéré Ives[3], par une planche de la *Manga* d'Hokusai. Elle est toutefois intensément « vécue », cette scène de femmes, — on reconnaît un seul homme — enveloppées contre le froid de l'hiver. Serrées sous leurs parapluies, celles qui en ont, elles attendent, peut-être « depuis quatre heures du matin », devant la porte étroite gardée par un soldat dont on ne voit que la pointe de la baïonnette.

Depuis Rosenthal, qui parle de « page [...] franchement impression-niste »[4], les critiques s'accordent pour y voir la synthèse du japonisme et de Goya. De Goya, *La queue* évoque surtout, dans les *Désastres de la Guerre,* la désolation des scènes de la famine à Madrid en 1811-1812, où jeunes femmes et vieilles attendent, s'entraident ; ou d'autres planches où l'on voit une foule qui regarde, assiste, au fond[5]. Nous savons que Manet possédait un exemplaire de l'album de Goya (voir cat. 105). Il ne serait pas surprenant qu'il ait cherché chez le Goya témoin des « conséquences fatales de la guerre sanglante en Espagne contre Bonaparte »[6], un modèle pour les misères provoquées par la lutte contre « ces gredins de Prussiens »[7], comme il l'avait déjà fait pour sa campagne contre Napoléon III à propos de « l'affaire Maximilien » (voir cat. 104-105).

Si Manet avait eu l'intention d'éditer sa planche, parmi les nombreux « souvenirs du siège » que publiaient des graveurs tels que Lalanne, il n'en fit rien. On a même suggéré qu'il aurait laissé la planche inachevée[8], mais il paraît très peu probable qu'une composition aussi vigoureusement établie sur le cuivre n'eut pas révélé, dans les parties « vides », le tracé des travaux à faire. C'est, d'ailleurs, par ses ambiguïtés, par « les éléments [...] volontairement confondus » après avoir été « nettement analysés »[9] et par l'équilibre étonnant entre les formes « positives » et « négatives », que Manet crée ici ce que Melot qualifie d'« aboutissement de son art d'aquafortiste »[10]. Il existe peu ou pas d'épreuves contemporaines (on ne sait si les quelques épreuves citées par Guérin datent du vivant de l'artiste). Les remarquables différences d'encrage qu'on y observe témoignent sans doute de la difficulté d'imprimer une planche dont la surface était certainement défectueuse et couverte d'irrégularités, comme le démontre l'épreuve exposée, fortement imprimée à l'encre noire, alors que d'autres épreuves sont tout en grisaille et d'un effet très doux.

1. E. Manet 1935, pp. 17, 20, 22 (à sa famille) ; Paris, Berès 1978, nº 107 (à Eva Gonzalès).
2. Providence 1981, nº 38.
3. Ives 1974, nº 21 ; v. aussi Weisberg 1975, nᵒˢ 5a et 42.
4. Rosenthal 1925, p. 146.
5. *Désastres de la Guerre,* pl. 48 à 62 et 74, 76, 77.
6. Titre donné par Goya à la série des *Désastres.*
7. E. Manet 1935, p. 13 (Manet à Suzanne, 30 sept.)
8. Harris 1970, p. 188.
9. Rosenthal *op. cit.*
10. Melot 1974, p. 62.

Historique
L'épreuve annotée par Guérard avec un titre explicatif et l'indication « Eau-forte de Manet », le fut sans doute à la demande de LUCAS pour son client AVERY (v. Hist., cat. 17). Il n'est pas impossible qu'elle fut tirée par Guérard car on retrouve plusieurs planches imprimées sur ce même papier et qui semblent être antérieures au tirage effectué pour la veuve de Manet en 1890. Il est donc impossible de dire si elle provient de Mme Manet ou plutôt de Guérard lui-même, à qui elle aurait prêté la planche.

Le cuivre fait partie du lot de planches attribué à la Bibliothèque Nationale à la suite de la séquestration des biens du marchand ALFRED STRÖLIN (v. Hist., cat. 11), successeur de DUMONT qui l'acheta à Mme Manet.

J.W.B.

124 La barricade (recto)
L'exécution de Maximilien (verso)

1871 ?
Lavis d'encre de Chine, aquarelle et gouache, sur mine de plomb
(recto) ; mine de plomb (verso)
46,2 × 32,5
Cachet de l'atelier b.d. *E.M.*

P   Budapest, Szépmüvészeti Múzeum

Expositions
Paris, Beaux-Arts 1884 n° 119 (La Guerre civile) ;
Providence 1981 App. 3a et 3b (pas exposé) ;
Washington 1982-83 n° 72.

Catalogues
T 1931 ; 41 ; T 1947, 590 ; L 1969, 342/343 ;
RW 1975 II 319.

Parti de Paris le 12 février 1871, après la fin de la guerre et du siège de Paris
(voir cat. 123), Manet rejoignit sa famille réfugiée à Oloron-Sainte-Marie, près
d'Arcachon (voir cat. 127-128). Revenu par petites étapes à Paris, il séjourna au
Pouliguen, « un mois », d'après Léon Leenhoff : « Là, il n'a pas peint. Nous
attendions toujours la fin de la Commune. Nous sommes restés 8 jours à Tours.
Puis nous sommes rentrés à Paris »[1]. Manet a-t-il assisté aux derniers jours de la
Commune, cette semaine du 21 au 28 mai 1871, connue comme « la semaine
sanglante » ?

Dans une lettre écrite le 5 juin, Mme Morisot raconte à sa fille Berthe :
« Tiburce a rencontré deux communaux au moment où on les fusille tous ;
Manet et Degas ! Encore à présent ils blâment les moyens énergiques de la
répression. Je les crois fous, et toi ? »[2]. Cette lettre semble évoquer la présence
de Manet à Paris pendant la période des exécutions sommaires. Toutefois,
quand Manet écrit lui-même à Berthe le 10 juin, en lui racontant que « nous
sommes rentrés à Paris depuis quelques jours »[3], on peut douter de sa présence
à Paris depuis déjà plus de quinze jours, le laps de temps entre « la semaine
sanglante » et la date de sa lettre.

Le grand dessin de *La barricade* évoque des scènes, peut-être encore
toutes récentes, vues par Manet lui-même ou appréhendées à travers des
témoignages — récits et reportages, gravures et photographies. Mais même si
Manet était à Paris au moment où on fusillait encore, comme le laisse entendre
la lettre de Mme Morisot, il a cherché à exprimer sa colère et son horreur dans
une composition de caractère monumental, moulée dans une forme établie et
qu'il a très probablement faite pour préparer un nouveau grand tableau de
Salon.

Pour créer la scène de l'exécution de trois communards devant une
barricade, Manet prit une épreuve de sa lithographie de *L'exécution de
Maximilien* qu'on l'avait empêché de publier en 1869 (voir cat. 105) et en fit un
calque qu'il semble avoir transféré ensuite, par pression, sur une nouvelle
feuille aux dimensions du sujet de la lithographie. On voit, au verso de ce dessin,
le tracé à la pointe imprimé dans le papier, des contours fantomatiques de la
composition de *L'exécution de Maximilien,* inversée, dont les silhouettes des
soldats et du groupe des victimes ont été redessinées au crayon. De l'autre côté
de la feuille, Manet retrouva la composition (en transparence, ou grâce au relief
des lignes décalquées) et la retraça à la mine de plomb. Un examen du dessin de
La barricade montre, sous les lavis d'encre et d'aquarelle, la composition
détaillée de *L'exécution de Maximilien :* la silhouette des bourreaux de
Maximilien, à la casquette plus haute, à la veste courte et au pantalon long, se
devine sous le costume de l'armée française, capote, culottes et guêtres ; côté
victimes, on perçoit les jambes de Mejia, à gauche, encore visibles à travers le

124 (recto)

124 (verso)

tonneau superposé ; un travail au lavis supprime le bas des jambes de Maximilien et de Miramon et leurs têtes sont oblitérées par une couche de gouache blanche qui figure la fumée ; juste au-dessus de la tête effacée de Maximilien, Manet ajoute celle du fier communard au bras levé, en transformant la tête de Mejia, qui était rejetée en arrière, en celle qui tombe, du communard atteint par la fusillade.

La scène de la fusillade établie, et peut-être encore au stade d'esquisse ou des premiers lavis, Manet décida un changement radical de format. Il colla, par derrière, une autre feuille de papier au-dessus de la première pour faire une composition en hauteur, puis brossa au pinceau et au lavis d'encre de Chine et d'aquarelle le paysage urbain très enlevé qui sert de toile de fond.

Il s'agit donc, pour cette composition, d'un point de départ très précis et d'une élaboration complexe que l'on peut discerner grâce à la transparence des techniques employées. Les lavis d'aquarelle bleue ne remontent dans la feuille de dessus qu'à l'angle de l'immeuble au centre de la composition, et les touches d'aquarelle rouge, — seule note de vraie couleur, — sont limitées aux képis, aux revers de la capote et aux culottes des soldats, rappelant ainsi les rouges symboliques des tableaux de *L'exécution de Maximilien* (voir cat. 104).

La composition prise d'une source ancienne, le décor brossé après coup, rendent difficile la part à faire à la « réalité » de cette scène, où on peut encore voir des souvenirs du Goya du *Trois mai* (voir cat. 105, fig. b) et des *Désastres de la guerre*[4] dans les figures des victimes, dont on en devine peut-être une, tombée à terre.

Si l'on cherche à cadrer la composition de *L'exécution de Maximilien* dans le contexte de la guerre civile et de la « semaine sanglante » à Paris, une photographie anonyme de l'époque en fournit tous les éléments nécessaires. C'est une vue de la grande barricade détruite, qui coupait la rue de Rivoli à l'angle de la rue Saint-Martin (fig. a)[5]. Sans aller jusqu'à dire que Manet n'a probablement pas vu une exécution, ni qu'il a utilisé cette source précise, on peut affirmer qu'un document comme celui-ci (et ils connurent une très grande diffusion à l'époque) lui aurait permis de construire le cadre de son drame, de l'angle de l'immeuble à gauche et les restes de la barricade, avec le réverbère derrière, jusqu'aux façades des maisons de l'autre côté de la rue, ramenées tout près, ou observées dans une rue plus étroite, pour en faire le décor très sommairement brossé du fond.

On a trouvé très curieux, et encore une preuve de plus du manque d'imagination de Manet, qu'il ait ré-utilisé une composition ancienne pour cette scène de la débâcle de la Commune. Il paraît évident, ici, qu'il s'est tourné vers une source où, dans un but analogue, il avait déjà investi tant d'effort pour exprimer des sentiments très forts dans une composition « parfaitement sincère » (pour reprendre son expression habituelle que Proust et d'autres nous rapportent) et qu'il n'avait pu exposer à Paris. Tel Delacroix, reprenant ses études, commencées en 1821 pour une allégorie de la Grèce insurgée contre la domination turque, pour en faire, en 1830, *La liberté guidant le peuple* (Paris, Louvre)[6], Manet retourna à son *Exécution de Maximilien,* où il se dressait contre la politique de Napoléon III, pour créer l'image, sans doute destinée à une grande toile, et à nouveau lithographiée (cat. 125), condamnant « les moyens énergiques de la répression », comme le rapportait Mme Morisot à sa fille. Manet avait dans son atelier les trois immenses toiles de *L'exécution de Maximilien* (voir cat. 104), dont on lui avait interdit la présentation de l'une des versions au Salon de 1869. N'aurait-il pas envisagé de reprendre un des tableaux, pour en faire, en ajoutant un autre grand morceau de toile, une peinture pour un prochain Salon, sur un sujet d'histoire tout récent, la guerre civile ?

D'après Tabarant, Manet sombra dans une dépression nerveuse à la suite de la guerre ; le Dr Siredey dut intervenir pour le soigner, et ce ne fut qu'au printemps 1872 qu'il se remit sérieusement au travail[7]. Si Manet avait envisagé d'envoyer cette année-là au Salon, un tableau de *La barricade,* le projet n'aboutit pas. On peut se demander si l'envoi d'un tableau ancien, *Le Combat du « Kearsarge » et de l'« Alabama »* (cat. 83), peint en 1864 et déjà vendu, en

fig. a. La barricade détruite, rue de Rivoli. Photographie, 23-24 mai 1871. Paris, BN Estampes

janvier 1872, à Durand-Ruel (à qui il a dû le reprendre pour l'exposer), n'a pas une signification spéciale ? A l'image de la guerre civile en France — *La barricade,* — inachevé ou resté au stade d'un projet, il aurait substitué cette autre image de la guerre civile américaine.

Historique
Ce dessin figura à la vente de l'atelier en 1884 et fut adjugé 205 Frs à l'industriel alsacien JEAN DOLLFUS (1823-1911)[8], qui fut parmi les premiers amateurs de l'impressionnisme. On le retrouve à sa vente en 1912[10], puis chez PAL VON MAJOVSZKY à Budapest, qui en fit don en 1935 au musée de sa ville (inv. 1935-2734).

J.W.B.

1. Notes de Léon Leenhoff, Paris, BN Estampes, fonds Moreau-Nélaton (*Copie... de documents,* p. 69).
2. Morisot 1950, p. 58.
3. *Ibid.,* p. 59.
4. Goya, *Les Désastres de la Guerre,* pl. 15, 32.
5. Providence 1981, p. 31, fig. 5 ; doc. photo. Paris, BN Estampes.
6. H. Toussaint, *La liberté guidant le peuple de Delacroix* (Les dossiers du département des peintures), Paris, 1982.
7. Tabarant 1935, p. 33.
8. Vente Manet 1884, n° 137 (La Guerre Civile) ; Bodelsen 1968, p. 343 (procès verbal : Derrière la barricade).
9. Vente Dollfus, Paris, 4 mars 1912, n° 72.

125 La barricade

1871 ?
Lithographie
46,5 × 33,4

Boston, Museum of Fine Arts

Le grand dessin de *La barricade* (cat. 124) fut repris par Manet dans une lithographie qui ne fut jamais éditée de son vivant. Un calque d'après une photographie du dessin servit sans doute d'intermédiaire, car les figures de l'estampe sont plus petites. Le dessin de la lithographie présente, d'ailleurs, une conjonction de deux méthodes distinctes. Les silhouettes des figures, et surtout les soldats, sont visiblement décalquées (jusqu'à la tête sans corps d'un soldat — en l'occurrence l'officier à l'épée du tableau de *L'exécution* — que Manet commença à décalquer, puis abandonna sans l'effacer) ; mais le cadre est une traduction libre de celui du dessin : le tonneau est ramené vers l'avant pour dégager les deux fusillés, la barricade est mieux définie derrière le communard au visage blanc dont Manet a supprimé le bras levé, et les maisons du fond sont surtout très librement crayonnées, sans doute parce que celles du dessin n'étaient qu'esquissées. D'ailleurs, ils sont enlevés dans la lithographie à coups de crayon tirés sur le côté, pour créer un effet de murs inondés de lumière, contrastant avec celui dans l'ombre, qui sert de fond sombre au drame.

La lithographie nous renseigne d'ailleurs sur l'état primitif du dessin, sans doute considérablement rogné sur les bords et dont la composition dut correspondre à celle de la lithographie (où la tête du soldat inachevé, à gauche du peloton, n'est explicable que par rapport au calque d'une partie disparue du dessin). L'épreuve en premier état, d'une extraordinaire richesse d'impression, montre le dessin à l'état d'origine, où des traits dépassant la bordure n'ont pas encore été supprimés. Il existe également une épreuve dédicacée par Manet à Tiburce Morisot, le frère de Berthe à qui Mme Morisot raconta sa rencontre avec les « deux communards [...] Manet et Degas ! » (voir cat. 124). Même si elle resta inédite, Manet dut faire faire des épreuves d'artiste, comme il l'avait fait pour *L'exécution de Maximilien* (cat. 105) dont on sait par sa lettre à Lemercier qu'il reçut au moins trois épreuves (voir annexe, Documents Maximilien).

Moreau-Nélaton rapporte les propos de l'imprimeur Clot « qui a été chargé des essais de cette lithographie à l'imprimerie Lemercier en 1884 et qui

Publication
Mme Manet 1884 (?)

Expositions
Paris, Beaux-Arts 1884 n° 164 (Derrière la barricade) ; Philadelphie-Chicago 1966-67 n° 115 ; Ann Arbor 1969 n° 34 ; Ingelheim 1977 n° 72 ; Londre, BM 1978 n° 17 ; Paris, Berès 1978 n° 80 ; Providence 1981 n° 41 ; Washington 1982-83 n° 73.

Catalogues
M-N 1906, 81 ; G 1944, 76 ; H 1970, 71 ; LM 1971, 77 ; W 1977, 72 ; W 1978, 80.

1er état (sur 2). L'une des très rares épreuves avant la suppression des traits échappés dans la marge ; avant la lettre de l'imprimeur Lemercier. Sur chine appliqué. Coll. Allen.

fig. a. Guerre civile. Lithographie, 1871-1873. Paris, BN Estampes

125

en possède une épreuve de 1ᵉʳ état », qui affirma que « la pierre n'aurait pas été préparée pour le tirage avant cette époque et n'aurait pas passé sous la presse avant la mort de Manet. Le tirage à nombre est en tout cas contemporain de l'exposition posthume à l'École des Beaux-Arts »[2]. Ces informations nous éclairent sur le tirage de cette lithographie qui manque dans les registres du Dépôt légal mais dut être tirée en même temps que les quatre autres pierres restées, inédites, dans l'atelier de l'artiste.

Si Manet avait songé à faire un tableau de cette composition pour le Salon de 1873 (voir cat. 124), il aurait sans doute projeté une édition de la lithographie au même moment. Celle-ci resta inédite, mais il en fit néanmoins une autre, sur le même thème, qui fut tirée à cent épreuves par Lemercier et publiée en février 1874, en même temps que la lithographie du *Gamin* (cat. 8). Selon Duret, le garde national de *Guerre civile* (H 72 ; fig. a) fut observé par

Manet devant la Madeleine « à l'angle de la rue de l'Arcade et du boulevard Malesherbes ; il en avait pris un croquis sur place »[3]. Il faut néanmoins traiter cette affirmation avec réserve, car le garde national mort ressemble étrangement au *Torero mort* (cat. 73), et cette composition monumentale a une résonance héroïque qui rappelle à la fois *La liberté* de Delacroix (voir plus haut) et la lithographie de *La rue Transnonain* de Daumier, œuvres dont le caractère symbolique ou allégorique l'emporte sur le réalisme de l'événement. Il en est de même de *La barricade,* où Manet puise dans sa propre œuvre pour créer un grand sujet d'Histoire.

1. Harris 1970, p. 190.
2. Moreau-Nélaton 1906, n° 82.
3. Duret 1902, p. 127.

Historique
Cette épreuve, dont on ne connaît pas la provenance ancienne, fut acquise par W.G. RUSSELL ALLEN (v. Hist., cat. 128) et donnée au musée en 1925 (inv. 25.717).

J.W.B.

126 Bazaine devant le Conseil de guerre

1873
Mine de plomb
18,5 × 23,8
Cachet de l'atelier b.d. *E.M.*

Rotterdam, Museum Boymans-van Beuningen

Ce dessin a été exécuté par Manet sur le vif, sur une double page de carnet quadrillé, à l'audience du procès du maréchal Bazaine. « Un jour, au cours du procès Bazaine, nous nous rendîmes, Manet et moi, avec un groupe d'amis, à

Catalogues
D 1902, pp. 133-134 ; 1926 pp. 173-174 ; M-N 1926 II p. 26 ; L 1969, 412 ; RW 1975 II 352.

126

Trianon », rapporte Théodore Duret ; « C'était la première fois que nous y allions et je me rappelle que nous contemplâmes longtemps, en silence, la scène imposante que présentait le Conseil de guerre. Manet avait fixé les yeux sur l'accusé, et tout à coup, tirant de sa poche le calepin qui ne le quittait jamais, il se mit à crayonner. Il fit ainsi plusieurs légers dessins, représentant Bazaine à l'état isolé ou tel qu'il se trouvait entouré, à l'audience. Un simple trait, en rond, lui servait à fixer la tête, et il y ajoutait deux ou trois points pour la bouche et les yeux [...] il nous montra les dessins en disant : ' Mais regardez donc cette boule de billard ! ' [...] Ils donnent le vrai Bazaine [...] celui que Manet avait saisi et mis au point, l'homme de petite intelligence, à la tête en ' boule de billard ' »,[1] et non ' le glorieux ' auquel, après la défaite, a succédé ' le grand traître '. Duret a saisi à l'œuvre le travail de « dédramatisation » de Manet, dans le moment évidemment lourd de passion, d'un procès de trahison en Conseil de guerre du responsable de la défaite de 1870.

Au verso de ce dessin se trouvent également deux croquis ; à gauche un chat, de dos ; à droite, un détail de Bazaine, seul.

A partir du dessin montré ici, Manet fit un tracé, sans doute destiné à un report pour une lithographie qui n'a pas été exécutée (RW II 351). Il existe également, provenant de ce même carnet, une version plus poussée de Bazaine, rehaussée à l'encre de Chine, avec l'indication « M^al Bazaine, fait d'après nature à Versailles » (RW II 350).

1. Duret 1926, p. 173-174.
2. Vente Manet 1884 n° 146 ; Bodelsen 1968, p. 343.
3. 1re vente Coll. Degas 1918, n° 219.

Historique
Ce dessin appartint à EDGAR DEGAS (v. Hist., cat. 23) ; il porte le n° 219 de la vente Degas[3] où la Galerie BERNHEIM-JEUNE l'achète ; il passe chez PAUL CASSIRER (v. Hist., cat. 13) à Berlin, puis dans la collection F. KOENIGS (v. Hist., cat. 13) à partir de 1928. Il est acquis en 1932 par le musée (inv. F. 11.107).

F.C.

127 Intérieur à Arcachon

1871
Huile sur toile
39,4 × 53,7
Signé b.d., sous la table *Manet*
Inscr. sur le livre sur la table *Manet* (?)

NY   Williamstown, Sterling and Francine Clark Art Institute

Catalogues
D 1902, 137 ; M-N 1926 I p. 129, n° 138 ; T 1931, 164 ; JW 1932, 193 ; T 1947, 179 ; RO 1970, 150 ; RW 1975, 170.

Peu après la guerre franco-prussienne de 1870-1871, où Manet fit partie d'un détachement d'artillerie de la Garde Nationale, et la fin du siège de Paris, Manet écrit le 9 février à Zola son intention de rejoindre sa famille à Oloron-Sainte-Marie, où celle-ci était réfugiée depuis septembre : « Je pars ces jours-ci pour retrouver ma femme et ma mère qui sont à Oloron dans les Basses-Pyrénées. »[1]. D'après Tabarant, il aurait quitté Paris le 12 février[2]. Il ne resta que quelques jours à Oloron, et le 21 février, se rendit pour une semaine à Bordeaux, où il peignit une vue du port (RW 164), sa première œuvre d'importance depuis l'été précédent. Le 1er mars, Manet arriva avec sa famille à Arcachon et demeura un mois dans un meublé, le Chalet-Servanti, 41 avenue Sainte-Marie.

A Arcachon il fit plusieurs petits tableaux, assez prestement enlevés, pour la plupart des scènes de plages ou des vues du port. Le sujet et la

127

composition d'*Intérieur à Arcachon* sont rares dans l'œuvre de Manet et plus
typiques de Degas que de Manet, mais même le tableau si peu cérémonieux de
Degas, représentant Manet écoutant sa femme jouer au piano (voir cat. 107,
fig. a) diffère par l'esprit et la composition. (Degas fit don du tableau à Manet,
mais le réclama quand il s'aperçut que Manet avait découpé la partie droite de la
toile, en supprimant le visage de Mme Manet.) A travers de telles œuvres — un
carnet de notes datant de 1862-72 l'atteste — Degas cherchait à faire des
portraits de gens dans des poses familières et typiques, et surtout, de choisir
pour le visage une expression de même registre que pour le corps[4], mais Manet
exalte davantage le côté public que privé des individus. Il cherche à
appréhender le monde avec les yeux d'un flâneur, alors que Degas, lui, paraît le
voir à travers un objectif photographique.

Dans *Intérieur à Arcachon,* Mme Manet semble contempler la vue à
travers une porte-fenêtre, mais dans le dessin du même sujet (cat. 128), elle est
en train d'écrire : il y a un encrier à côté d'elle sur la table, elle tient un
porte-plume et elle a les yeux baissés. Léon, perdu dans ses songes est peut-être
aussi en train d'écrire, ou de prendre des notes dans le cahier posé sur ses
genoux, car il semble tenir un porte-plume dan sa main droite. Mme Manet et
Léon semblent très à l'aise, en présence l'un de l'autre, mais tous deux sont
pleinement absorbés par leurs préoccupations respectives. Cette façon d'isoler
chaque personnage est très caractéristique des figures de Manet, et on le trouve
dans des œuvres telles que *Sur la plage,* 1873 (cat. 135), *Les hirondelles,* 1873
(RW 190), *Argenteuil,* 1874 (cat. 139), *Le café concert,* 1878 (cat. 169) et *Dans la
serre,* 1879 (cat. 180).

Il y a de nombreuses différences entre la version peinte et la version
dessinée (cat. 128). La peinture montre davantage la pièce, à la fois en hauteur

et en largeur, et la silhouette de Léon est à la fois plus petite et plus lointaine. Par contraste, le dessin révèle la volonté de Manet de centrer la composition sur Léon, et d'apporter à la composition peinte des modifications d'espace et de proportions, semblables à celles apportées en 1864-67 aux peintures des champs de course (cat. 99-100), et aux deux versions de la *Serveuse de bocks* (cat. 172-173).

Ainsi, si Manet avait modifié la peinture selon les indications du dessin, Mme Manet aurait été réduite à un rôle secondaire. Le fait est intéressant car dans tous les tableaux pour lesquels elle devait servir de modèle, exception faite de deux portraits (cat. 97 et 181), on la verra de dos (comme ici) ou le visage à demi-caché (par ex. cat. 135), ou laissé inachevé. Il semble que son visage dans le portrait inachevé du Metropolitan Museum (RW 117) fut commencé et effacé trois fois, puis finalement abandonné par Manet ainsi que dans un tableau qu'il gratta, et recouvrit ensuite de son propre portrait (cat. 164).

1. V. Annexe, Correspondance Manet-Zola, nº 18.
2. Tabarant 1947, p. 184.
3. Lemoisne 1946, II, pp. 64-65 nº 127.
4. Nochlin 1966, p. 62.
5. Rouart et Wildenstein 1975 I, p. 26.
6. Tabarant 1930, p. 71.
7. Lettre de Charles Durand-Ruel, 13 déc. 1982. New York, Metropolitan Museum, archives.
8. Havemeyer 1931, p. 400.
9. *Highlights, Sterling and Francine Clark Art Institute,* Williamstown, Mass., 1981, pp. 7-8.

Historique
La provenance ancienne de cette peinture est assez obscure. Elle correspond peut-être au « Portrait de Mme Manet et de M. Léon Koëlla », dans l'appartement de Mme Manet, dans l'inventaire après décès[5], mais ce titre se rapporte plus probablement à *La lecture* (cat. 97). Une photographie de Lochard (nº 160 bis) est donc le document le plus ancien la concernant. D'après Tabarant, MR ET MRS HENRY O. HAVEMEYER (v. Hist., cat. 33) avaient acheté ce tableau à Durand-Ruel[6], mais on ne le retrouve pas dans les livres de stock du marchand[7]. Les Havemeyer ont dû acheter cette peinture avant 1902, date du catalogue de Duret où H.O. Havemeyer figure comme propriétaire. Après la mort de Mrs Havemeyer, en 1929, le tableau passa, semble-t-il, entre les mains de sa fille Electra,

MRS. J. WATSON WEBB (v. Hist., cat. 148). Toutefois, le catalogue de la collection de Mr. et Mrs. Havemeyer donne Mrs. Webb comme propriétaire du tableau[8]. Mrs. Webb le vendit à M. KNOEDLER & CO. (v. Hist., cat. 172) le 1er avril 1943, et Knœdler le vendit à son tour, le 12 avril, à ROBERT STERLING CLARK, de New York. Clark (1877-1956) qui, avec son frère Stephen C. Clark, était l'héritier de la firme de machines à coudre Singer, avait commencé à collectionner des tableaux de maîtres anciens, en 1912, puis il se mit bientôt à acquérir des œuvres des impressionnistes français. Il possédait trente-sept peintures de Renoir, son artiste préféré. Il fonda avec sa femme le Sterling and Francine Clark Art Institute à Williamstown. Massachusetts, qui fut inauguré en 1955 et qui abrite leur collection[9].

C.S.M.

128 Intérieur à Arcachon

1871
Mine de plomb, plume et encre, aquarelle et lavis de sépia
18,5 × 23,7
Inscr. au verso de la main de Mme Manet

Cambridge (Mass.), Fogg Art Museum, Harvard University

Exposition
Philadelphie-Chicago, 1966-67 nº 117.

Catalogues
M-N 1926 I p. 129 ; T 1931, 38 (aquarelles) ; JW 1932, 193 ; T 1947, 587 ; L 1969, 379 ; RW 1975 II 348.

Ce dessin, sur une double page de carnet, est une étude pour le tableau (cat. 127),sans doute retravaillé après coup. Deux autres dessins en rapport avec le tableau sont parfois mentionnés[1], mais malgré une similitude de sujet, ils n'ont aucune parenté de forme et de composition.

Leiris affirme que le tableau reproduit fidèlement les éléments essentiels du dessin. Toutefois, il y a des différences notables qui font penser que le dessin est un remaniement, ou une version épurée, de la composition du tableau.

Les modifications du bateau et de la barrière aperçue à travers la porte-fenêtre, sont d'une importance mineure, comparées d'une part, à

128

l'augmentation de la taille de Léon par rapport au reste de la composition, notamment à la figure de Mme Manet, d'autre part, à la restriction du champ de vision de la pièce. Léon devient ici le centre de la composition et la pièce semble plus comprimée que dans le tableau. Les figures sont rapprochées des bords, et l'on ne voit pas le mobilier derrière Léon. Il s'agirait d'un processus de simplification et de réduction que l'on avait déjà observé dans des tableaux comme les *Courses à Longchamp* (cat. 99). Ces œuvres ont en commun une compression de l'espace, et la mise en avant d'un détail au premier plan, autour duquel s'articule la composition.

La chaise de Léon est peut-être la clef du changement de composition, dans le dessin. Visiblement, Manet l'a dessinée en premier, puis il a ajouté le personnage. A l'origine, la composition du dessin et du tableau, comprenait peut-être seulement Mme Manet et une chaise vide de l'autre côté de la table. La peinture semble avoir été grattée ou effacée à droite de la table, ce qui suppose un remaniement en vue d'intégrer la figure de Léon. Le tableau ne l'ayant peut-être pas entièrement satisfait, Manet a sans doute réétudié la composition sur le dessin en ajoutant le personnage sensiblement plus grand de Léon, puis en remaniant la pose de Mme Manet ainsi que la vue de son visage. Il est donc possible de voir dans ce dessin, plus qu'une étude préparatoire, une étude faite parallèlement à la composition du tableau.

1. Rouart et Wildenstein 1975, II, n°s 349 et 388.
2. Meier-Graefe 1912, pl. 110.

Historique
La veuve de Manet a ajouté, au dos de la feuille, sans doute au moment de la vendre, une note certifiant que son mari avait fait l'esquisse à Arcachon en 1871.
En 1912, elle se trouvait dans la collection de PIETRO ROMANELLI, à Paris[2]. Par la suite, l'aquarelle fut achetée par W.G. RUSSELL ALLEN, sans doute avant 1939, date où elle fit l'objet

d'un prêt anonyme à une exposition d'œuvres des collections de la Nouvelle-Angleterre, au Museum of Fine Arts de Boston.
Russell Allen (1882-1955), célibataire discret et fortuné, avait rassemblé une immense collection d'art graphique, d'une étonnante diversité. Il a été membre du « Visiting committee » du Département des estampes du musée dès 1922, et en devint trustee à partir de 1936. De son

vivant, il avait fait don au musée de nombreuses pièces de sa collection, dont un exemplaire de l'édition du *Corbeau* d'Edgar Poe illustré par Manet (cat. 151). A sa mort le musée reçut de très nombreuses pièces de sa collection, mais cette aquarelle fut donnée à son ancienne université (inv. 1957-59).

C.S.M.

332

129 La brune aux seins nus

1872 ?
Huile sur toile
60 × 49
Signé b.g. *Manet*

Collection particulière

Expositions
Paris, Beaux-Arts 1884, n° 66 (Étude de buste
nu) ; Bernheim-Jeune 1928, n° 30 ; Orangerie
1932, n° 59 ; Marseille 1961, n° 17.

Catalogues
D 1902, 149 ; M-N 1926 II p. 135, cat. ms, 199 ;
T 1931, 172 ; JW 1932, 258 ; T 1947, 190 ; RO
1970, 161 ; RW 1975, 176.

La poitrine offerte comme une sphynge sculptée du XVIIIe siècle, cette superbe étude de femme nue, nous pose aussi plus d'une énigme. L'identité du modèle nous est inconnue — sans doute un modèle professionnel, comme *La blonde aux seins nus* (cat. 178). Les dimensions quasi identiques peuvent faire penser à un pendant, ce qu'a noté Moreau-Nélaton qui les date de la même époque (1875), suivi en cela par les premiers catalogues raisonnés. Bien qu'on ait pu penser que *La blonde* et *La brune* ont été posées par la même femme, à la poitrine plantureuse[1], il est difficile de croire qu'il s'agisse du même modèle ; le visage de

129

la brune semble plus épais, le cou plus court, et le style évoque une période antérieure, tant par la touche que par le goût du contraste des valeurs. Tabarant date nettement la toile de 1872, se fiant à une photographie qu'en aurait faite Godet cette même année[2]. En tout cas, c'est la date qui figure à la rétrospective de 1884 et à laquelle nous nous tiendrons.

Le modèle tourne le dos à un miroir ovale esquissé, en haut et à gauche : un ruban noir, orné d'un bijou, rappel de celui de l'Olympia, accentue encore la blancheur de la gorge, et souligne son regard sombre et sa beauté brune. Sa coiffure, haut relevée, fait le lien entre celle des prostituées de Constantin Guys et les chignons de Toulouse-Lautrec.

Historique

L'œuvre a probablement été achetée du vivant de Manet par HENRI ROUART (1833-1912), industriel, amateur d'art et peintre exposant avec le groupe impressionniste dès 1874. C'était un ami d'enfance de Degas, et son fils Ernest épousera Julie Manet, fille de Berthe Morisot. A la première vente Henri Rouart, en 1912, son fils ERNEST ROUART (v. Hist., cat. 3) racheta le tableau, pour 97.000 Frs[3]. Il demeura longtemps dans la famille, jusqu'en 1977.

F.C.

1. Suggestion orale de C.F. Stuckey, qui émet l'hypothèse que la chevelure de la brune serait une perruque.
2 Tabarant 1947, p. 201.
3 1re vente H. Rouart, Paris, Manzi-Joyant, 9 déc. 1912, no 236.

130 Berthe Morisot au bouquet de violettes

1872
Huile sur toile
55 × 38
Signé et daté h.d. *Manet 72*

Collection particulière

Au poète revient le soin d'évoquer ici l'un des tableaux de Manet les plus visiblement « inspirés ». Paul Valéry, neveu par alliance de Berthe Morisot, connaissait bien la peinture de Manet, et tout particulièrement ce portrait :

« Je ne mets rien, dans l'œuvre de Manet, au-dessus d'un certain portrait de Berthe Morisot, daté de 1872.

« Sur le fond neutre et clair d'un rideau gris, cette figure est peinte : un peu plus petite que nature.

« Avant toute chose, le *Noir,* le noir absolu, le noir d'un chapeau de deuil et des brides de ce petit chapeau mêlées de mèches de cheveux châtains à reflets roses, le noir qui n'appartient qu'à Manet, m'a saisi.

« Il s'y rattache un enrubannement large et noir, qui déborde l'oreille gauche, entoure et engonce le cou ; et le noir mantelet qui couvre les épaules, laisse paraître un peu de claire chair, dans l'échancrure d'un col de linge blanc.

« Ces places éclatantes de noir intense encadrent et proposent un visage aux trop grands yeux noirs, d'expression distraite et comme lointaine. La peinture en est fluide, et venue facile, et obéissante à la souplesse de la brosse ; et les ombres de ce visage sont si transparentes, les lumières si délicates que je songe à la substance tendre et précieuse de cette tête de jeune femme par Vermeer, qui est au Musée de La Haye.

« Mais ici, l'exécution semble plus prompte, plus libre, plus immédiate. Le moderne va vite, et veut agir avant la mort de l'impression.

Expositions
Paris, Salon d'Automne 1905 no 10 ; Orangerie 1932, no 47 ; Marseille 1961 no 14.

Catalogues
D 1902, 184 ; M-N 1926 I p. 140 ; cat. ms. 148 ; T 1931, 176 ; JW 1932, 208 ; T 1947, 187 ; RO 1970, 158 ; RW 1975, RO 179.

130

« La toute puissance de ces noirs, la froideur simple du fond, les clartés pâles ou rosées de la chair, la bizarre silhouette du chapeau qui fut « à la dernière mode » et «jeune » ; le désordre des mèches, des brides, du ruban, qui encombrent les abords du visage ; ce visage aux grands yeux, dont la fixité vague est d'une distraction profonde, et offre, en quelque sorte, *une présence d'absence,* — tout ceci se concerte et m'impose une sensation singulière... de *Poésie,* — mot qu'il faut aussitôt que je m'explique.

« Mainte toile admirable ne se rapporte nécessairement à la poésie. Bien des maîtres firent des chefs-d'œuvre sans résonnance.

« Même, il arrive que le poète naisse tard dans un homme qui jusque-là n'était qu'un grand peintre. Tel Rembrandt, qui, de la perfection atteinte dès ses premiers ouvrages, s'élève enfin au degré sublime, au point où l'art même s'oublie, se rend imperceptible, car son objet suprême étant saisi comme sans intermédiaire, ce ravissement absorbe, dérobe ou consume le sentiment de la merveille et des moyens. Ainsi se produit-il parfois que l'enchantement d'une musique fasse oublier l'existence même des sons.

« Je puis dire à présent que le portrait dont je parle est *poème*. Par l'harmonie étrange des couleurs, par la dissonance de leurs forces ; par l'opposition du détail futile et éphémère d'une coiffure de jadis avec je ne sais quoi d'assez tragique dans l'expression de la figure, Manet fait résonner son œuvre, compose du mystère à la fermeté de son art. Il combine à la ressemblance physique du modèle, l'accord unique qui convient à une personne singulière, et fixe fortement le charme distinct et abstrait de *Berthe Morisot* ».[1]

La forte personnalité de Berthe est ici soulignée par son audacieuse coiffure. Manet fait, peu après, deux lithographies et une gravure (H 73 à 75) ; la gravure accentue le caractère inquiet du portrait ; des deux lithographies, la première joue sur les beaux contrastes du noir et blanc mettant en valeur le visage clair aux yeux noirs, mais l'autre (fig. a) souligne surtout la silhouette de l'extravagant chapeau.

Ce portrait est l'un des rares de Manet où le visage n'est pas plat et éclairé de face, mais au contraire, où la lumière vient fortement d'un seul côté. L'ombre semble l'envahir de l'autre. C'est pour Berthe une époque particulièrement tourmentée, où elle peut écrire à sa sœur Edma : « Je suis triste, triste autant qu'on peut l'être [...] Je lis Darwin ; ce n'est guère une lecture de femme, encore moins de fille ; ce que je vois de plus clairement, c'est que mon état est insoutenable à tous les points de vue. »[2] Son visage montre ici en réalité plus de curiosité et d'emportement que de lassitude, et son regard, une grande attention au peintre qui la représente, une connivence profonde comme si elle était interrompue au milieu d'une conversation pleine de feu. Il est sûr, d'ailleurs, que ses propos intéressaient autant ses amis artistes que son visage : « vous allez [...] m'écrire gentiment tout ce qui vous passera par la cervelle », lui réclame Puvis de Chavannes, « par cette cervelle dont la boîte est étrange et charmante »[3].

1. Valéry 1932, pp. XIV à XVI.
2. Morisot 1950, p. 73.
3. *Ibid.*, p. 65.
4. Vente Duret 1894, n° 22.
5. Halévy 1960, pp. 115-16.
6. Morisot 1950, p. 185.

Historique
Acquis par THÉODORE DURET (v. Hist., cat. 108), ce tableau apparaît pour la première fois dans la vente qu'il fut contraint de faire[4] et qui lui fut si reprochée par Degas[5]. BERTHE MORISOT l'acheta dans cette vente, un an avant sa mort. Elle avait essayé d'acheter *Le repos* (cat. 121), ce qui échoua ; elle put néanmoins avoir ce portrait. A la même vente, une toile peinte par elle, *Jeune femme en toilette de bal,* fut acquise pour le Musée du Luxembourg (Louvre, Galeries du Jeu de Paume).
Ce portrait de Berthe Morisot resta toute sa vie chez sa fille JULIE MANET-ROUART, à qui elle écrivit une courte lettre d'adieu, la veille de sa mort, contenant quelques rares recommandations, dont celle-ci : « Tu diras à M. Degas que s'il fonde un musée, il choisisse un Manet. »[6]

F.C.

fig. a. Berthe Morisot en silhouette. Lithographie, 1872-1874. Paris, BN Estampes

131

131 Le bouquet de violettes

1872
Huile sur toile
22 × 27
Signé sur la feuille blanche à d. : *A Mlle Berthe [Mo]risot (?)/E. Manet*

Collection particulière

Exposition
Marseille 1961 n° 13

Catalogues
M-N cat. ms. 157 ; T 1931, 177 ; JW 1932, 209 ;
T 1947, 168 ; RO 1970, 159 ; RW 1975, 180.

Ce chef-d'œuvre de concision, message d'amitié et hommage à la féminité de Berthe Morisot, préfigure les petites natures mortes des dernières années (cat. 189, 190), qui étaient bien souvent offertes par Manet à ses proches.

On peut vraisemblablement supposer que Manet a peint cette petite toile pour son modèle, à la suite de son portrait (cat. 130), où l'on retrouve le même bouquet de violettes d'un bleu délavé à son corsage. Les deux objets représentés semblent d'ailleurs des attributs de Berthe, le bouquet ayant peut-être une signification qui nous échappe, la violette étant, on le sait, un symbole populaire de modestie ; toutefois la forte personnalité de Berthe Morisot interdit cette hypothèse facile : elle était inquiète, mais certainement pas timide et effacée. L'éventail, dont la tranche de laque rouge contraste avec le bleu tendre des fleurs, est associé à presque tous les portraits de Berthe, qui en joue même pour cacher son visage dans *Berthe Morisot à l'éventail* (RW 181), d'une façon plus coquette que modeste. Le rapprochement des trois objets — lettre, bouquet, éventail — évoque le raffinement élégant et la distinction de la dédicataire.

Historique
Donné par Manet à BERTHE MORISOT (v. Hist., cat. 3), sans doute pour le remercier d'avoir posé pour le portrait (cat. 130). Sa fille JULIE MANET-ROUART ne s'en sépara jamais ; l'œuvre n'est jamais passée dans le commerce et a rarement été exposée.

F.C.

132

132 Les courses au bois de Boulogne

1872
Huile sur toile
73 × 92
Signé b.g. *Manet. 1872*

États-Unis, Collection Mrs. John Hay Whitney

Manet avait déjà peint des courses en 1864. Mais, exception faite peut-être des *Courses à Longchamp* (cat. 99), Manet abandonna le thème jusqu'en 1872, date à laquelle lui fut commandé ce tableau par un certain amateur sportif du nom de Barret[1]. D'après Rewald, le tableau aurait été peint en partie d'après nature, Manet travaillant du moulin qui existe toujours, près du champ de courses, au bois de Boulogne[2] ; toutefois, le dit moulin se trouve au sommet du tournant, à

Expositions
Paris, Beaux-Arts 1884 nº 62 ; New York, Durand-Ruel 1913 nº 10 ; Paul Rosenberg 1946-47 nº 5.

Catalogues
D 1902, 143 ; M-N 1926 I pp. 138-39 ; cat. ms. 146 ; T 1931, 178 ; JW 1932, 203 ; T 1947, 194 ; RO 1970, 164 ; RW 1975, 184.

fig. a. Géricault, *Courses à Epsom*, 1821. Paris, Musée du Louvre

l'extrémité nord de la piste, tandis que Manet paraît être installé plus à l'est, regardant en direction de l'extrémité sud des tribunes. De toute façon, composition et angle de vue sont ici moins révolutionnaires que dans les œuvres de 1864 et 1867-70 (voir cat. 99).

Meier-Graefe croit que les scènes de courses peintes par Degas furent influencées par celles de Manet[3], mais Blanche, Richardson et Harris pensent au contraire que ce sont les peintures de Degas qui serviront d'exemples à Manet[4]. En fait, c'est Degas, le premier, qui a peint ce type de tableau[5], mais au départ, il s'agit d'œuvres de petites dimensions et très différentes à la fois par leur nature et leur composition, de celles de Manet. D'après Moreau-Nélaton, Manet témoigne dans les *Courses au bois de Boulogne,* de sa dette envers Degas en le représentant dans son tableau, en bas et à droite[6].

En outre, l'influence du tableau de Géricault, *Courses à Epsom,* daté de 1821, acheté par le Louvre en 1866 (fig. a), paraît très probable[7]. L'importance des gravures sportives anglaises, source que Manet lui-même, dit-on, reconnaissait, a été relevée par Richardson : à l'encontre de Degas, qui connaissait les articulations d'un cheval, Manet copiait ses animaux dans des gravures sportives anglaises, déclarant à Berthe Morisot que, ne sachant pas peindre les chevaux, il les imitait sur ceux qui le savaient mieux que lui[8].

Le problème des sources et des influences paraît moins important que le fait que Degas et Manet furent tous deux attirés par les champs de courses comme image de la vie moderne. De plus, les voitures pleines de spectateurs, au second plan, pourraient illustrer ce passage où Baudelaire décrit « des campements de voitures nombreuses » au turf[9]. On sait que Degas et Manet eurent au moins une fois l'occasion de passer ensemble une journée aux courses, car Degas fit un dessin de Manet accompagné d'une femme regardant à travers des jumelles (New York, Metropolitan Museum ; fig. b) qu'on retrouve dans une esquisse à l'huile avec un chapeau et une robe à la mode entre 1869 et 1872[10]. Manet et Degas avaient-ils déjà fréquenté ensemble des champs de courses, et ont-ils échangé des idées sur ce motif ?

Manet ne devait plus entreprendre de tableau sur ce thème. En 1879, pourtant, il écrivit au préfet de la Seine, afin de lui proposer une série de toiles sur « la vie publique et commerciale de nos jours », destinées à décorer le nouvel Hôtel de Ville ; parmi les cinq thèmes qu'il proposait figurait « Paris - Courses et Jardins. »[11]

1. Tabarant 1947, p. 202.
2. [J. Rewald], *The John Hay Whitney Collection,* Londres, Tate Gallery, 1960-1961, n° 35.
3. Meier-Graefe 1912, p. 210.
4. Blanche 1925, p. 42 ; Richardson 1958, p. 124 ; Harris 1966, p. 81.
5. Rewald 1973, p. 160 ; Lemoisne 1946 II, p. 38, n°s 75-77.
6. Moreau-Nélaton 1926, I, p. 139.
7. Meier-Graefe 1912, p. 210 ; Bazin 1932, p. 175 ; Harris 1966, p. 81.
8. Cité Richardson 1958, p. 124.
9. Baudelaire 1976, p. 723.
10. Lemoisne 1946 II, pp. 128-29, n°s 168 et 169.
11. Lettre du 10 avril 1879, citée Proust 1913, p. 94.
12. Tabarant 1947, p. 202.
13. Callen 1974, pp. 171, 178 n° 85.
14. Huth 1946, p. 239, n° 22.
15. Lettre de Charles Durand-Ruel, 13 décembre 1982. New York, Metropolitan Museum, archives.
16. Rewald 1973, p. 108.

fig. b. Degas, *Manet aux courses*. Mine de plomb, vers 1869-1872. New York, Metropolitan Museum of Art

Historique
D'après Tabarant, ce tableau avait été commandé par un amateur de sport du nom de BARRET, qui le paya 3.000 Frs en octobre 1872[12]. Cette peinture entra un peu après dans la collection de FAURE (v. Hist., cat. 10), qui la vendit à DURAND-RUEL (v. Hist., cat. 118) le 12 mai 1893[13], bien qu'il lui ait peut-être déjà prêté le tableau pour une exposition commerciale à New York, en 1886[14]. Durand-Ruel le revendit le même jour pour $ 3.000 à un certain Whittemore du Connecticut[15], presque sûrement à HARRIS WHITTEMORE SR., de Naugatuck, fils du riche philanthrope John Howard Whittemore, et héritier de l'entreprise métallurgique de ce dernier. Aidé par Mary Cassatt, il avait été l'un des premiers Américains à réunir une collection remarquable de peinture française moderne[16], comprenant plusieurs autres Manet (RW 103 et 174), ainsi que *La jeune fille en blanc* de Whistler. Après la mort de Harris Whittemore Sr., *Les courses au bois de Boulogne* est resté dans la famille. Sa sœur, GERTRUDE B. WHITTEMORE († 1941) le prêta à une exposition en 1935, et l'année suivante, la J.H. Whittemore Company vendit le tableau à PAUL ROSENBERG et M. KNOEDLER & CO. (v. Hist., cat. 172) qui l'achetèrent à compte à demi ; ceux-ci le vendirent à l'actuel propriétaire en 1945.

C.S.M.

133 Le chemin de fer

1872-1873
Huile sur toile
93 × 114
Signé et daté b.d. *Manet 1873*

Washington, D.C., National Gallery of Art

La gare Saint-Lazare fut, dans l'iconographie impressionniste, le lieu privilégié du merveilleux industriel. Caillebotte en 1876, avec ses vues du pont de l'Europe (fig. a), et surtout Monet, avec sa série des *Gare Saint-Lazare* en 1876-1877 (fig. b), peindront la poésie nouvelle du métal et de la fumée ; mais c'est à Manet que revient d'avoir, le premier, plusieurs années auparavant, saisi dans un chef-d'œuvre à sa façon cette image moderne.

On sait précisément quand il peignit son tableau, par un article de Philippe Burty de l'automne 1872, sur ses visites d'ateliers : « Les hirondelles sont parties. Les artistes rentrent. [...Manet] a encore chez lui, et pas complètement terminé, un double portrait ébauché en plein soleil. Une jeune femme, habillée de ce coutil bleu qui a été de mode jusqu'à l'automne [...] Le mouvement, le soleil, l'air clair, les reflets, tout donne l'impression de la nature, mais de la nature saisie par un délicat, et traduite par un raffiné. »[1]

Sa vision est, comme toujours, directe et subtile à la fois. Ce n'est pas comme chez Monet (fig. b), l'image lyrique et atmosphérique de nouveaux objets de beauté — la fumée des locomotives, et la verrière de la gare — qui l'attire. La scène a été organisée, réglée par Manet dans un deuxième temps, après l'impression d'enthousiasme éprouvé au spectacle ferroviaire souvent contemplé de l'atelier qu'il occupait depuis deux ans, tout près de là, 4, rue de Saint-Pétersbourg. Il avait déjà fait poser son ami Guillaudin à cheval sur un fond esquissé (RW 160) dans ce petit jardin attenant à l'atelier de son ami Alphonse Hirsch[2], enclos situé à l'intersection de la rue de Rome et de la rue de Constantinople, au départ du Pont de l'Europe, qui domine la gare Saint-Lazare. Il y installe ses modèles, comme toujours à la fois présents et absents, l'une par son expression réservée, l'autre nous tournant le dos : il s'agit de Victorine Meurent, dix ans après l'*Olympia* (cat. 64), et de la petite fille d'Hirsch. Elles sont séparées de la voie ferrée en contrebas par des grilles qui découpent en douze sections tout le fond de la composition.

La critique hostile ou railleuse ne vit que ce motif : « En prison pour avoir manqué au respect qu'on doit au public », ou, sous le titre « La dame au phoque » : « Ces malheureuses se voyant peintes de la sorte ont voulu fuir ! mais lui, prévoyant, a placé une grille qui leur a coupé toute retraite » (fig. c), ou encore : « Deux folles atteintes de Monomanétie incurable regardent passer les wagons à travers les barreaux de leur cabanon », disent les légendes des caricatures de Cham et de Lemand[3]. Les grilles insistantes créent une limite entre deux mondes comme dans *Le balcon* (cat. 115), mais les trois élégants et énigmatiques personnages étaient alors, par rapport à nous, de l'autre côté de la barrière. Ici, nous sommes du côté des protagonistes, conviés à partager les sensations d'un monde nouveau avec Victorine et la petite fille.

A droite, l'enfant, élégamment vêtue et coiffée, observe ce que Manet suggère être le passage d'un train qui entre en gare. Un peu épaissie, mais fidèle à son ruban noir autour du cou, Victorine lève un regard indifférent d'un livre ouvert sur ses genoux, qu'elle serait bien en peine de lire, avec un jeune chiot

Expositions
Paris, Salon de 1874 n° 1260 ; Beaux-Arts 1884 n° 68 ; New York, Durand-Ruel 1895 n° 25 ; Washington 1982-83 n° 10.

Catalogues
D 1902, 152 ; M-N 1926 II, fig. 181 ; cat. ms. 176 ; T 1931, 185 ; JW 1932, 231 ; T 1947, 210 ; RO 1970, 181 ; RW 1975, 207.

fig. a. Caillebotte, Le pont de l'Europe, 1876. Genève, Musée du Petit Palais

fig. b. Monet, La gare Saint-Lazare, 1877. Paris, Musée Marmottan

340

133

endormi sur son bras droit, lequel est la réplique exacte du petit chien au pied de la *Vénus d'Urbin,* elle-même modèle de l'*Olympia* (cat. 64). Hasard ? Allusion ? Son chapeau fleuri, son costume marin et la grappe de raisin sur le muret, en bas à droite, indiquent une chaude journée de septembre. C'est une image on ne peut plus paisible, une églogue sur fond de bruit et de fumées, témoignant, comme l'a très justement senti Gay[4], d'une vision harmonieuse et sereine du monde industriel, tant par son sujet que par sa facture claire et ses couleurs brillantes — le bleu, les touches de rouge, et surtout les vapeurs blanches, joyeusement scandées par les grilles.

Il n'est pas impossible de voir avec Dorival[5], dans cette division de l'espace par des barreaux, un souvenir des estampes japonaises qui se plaisent à montrer, chez Utamaro en particulier, des paysages en perspective derrière les légers claustra de bois des maisons (fig. d). Rien pourtant de japonais dans cette frontalité stricte, adhérant au plan même du tableau, que l'on retrouve avec tant d'insistance tout au long de l'œuvre de Manet.

Bien qu'il ait sans doute peint son tableau directement, en plein air, cette grille délimite, au sens propre comme au sens figuré, les relations de

Manet avec l'univers impressionniste : le peintre ne s'absorbe pas dans le paysage, fut-il urbain, mais le fait contempler par des personnages de son propre univers : à la ville et fort vêtue, c'est l'héroïne du *Déjeuner sur l'herbe* (cat. 62) que l'on retrouve ici, et la petite fille au ruban bleu est la sœur picturale de celle qui joue au premier plan de *La musique aux Tuileries* (cat. 38). Cette sorte de « mise au carreau » qui organise si précisément l'espace est, de surcroît, fort éloignée des prises de vue impressionnistes.

Pourtant, et bien que présent au Salon l'année même de la première exposition dissidente de ceux qu'on va baptiser à cette occasion d'Impressionnistes, Manet sera, grâce à ce tableau, ressenti comme leur chef de file, leur représentant aux cimaises officielles. « [...]je me demande, en vérité, » écrit Jules Clarétie, « si M. Manet continue une gageure, lorsque j'aperçois, au Salon, des esquisses comme celle qu'il nomme *le Chemin de fer*. [...] M. Manet est de ceux qui prétendent qu'on peut, en peinture, et qu'on doit se contenter de l'*impression*. [...] Car voilà tout le secret de ces *impressionnalistes,* ils se contentent d'indications rapides qui suppriment le travail et le style. »[6]. La critique fut, malgré tout, généralement assez élogieuse, en particulier Castagnary[7], qui avait toujours été si sévère pour Manet.

D'ailleurs, seul cette année-là, le tableau fut accepté par le jury, alors que le *Polichinelle* (RW 213) et *Le bal masqué à l'Opéra* (cat. 138) étaient refusés. Il est difficile de savoir pourquoi celui-ci fut admis, et non les autres ; peut-être faut-il voir l'écho d'une nuance difficile à comprendre aujourd'hui, dans un texte de J. de Biez, qui fit la première étude consacrée à Manet après sa mort : « Je sais les reproches qu'on fait à ce tableau. Les poses en sont un peu académiques. L'allure générale, disent les passionnés, s'y éloigne un peu trop des attitudes naturelles pour confiner au poncif. [...] Puisque je fais de ce *Chemin de fer* le morceau d'entrée dans la manière définitive, je suis disposé à vous consentir cette concession. »[8]

C'est en effet le moment où, encore contesté d'un côté par le jury et la critique, Manet l'est déjà de l'autre par les « radicaux » de la peinture claire ; ceux-ci perçoivent les limites que leur aîné fixe à son engagement dans la nouvelle peinture à laquelle il a lui-même ouvert la voie.

fig. c. Caricature de Cham, « Le Salon pour rire », dans *Le Charivari* 15 mai 1874

fig. d. Utamaro, Jeunes femmes dans l'auberge — triptyque (détail). Bois gravé, vers 1795

Historique
Sitôt achevé, le tableau fut acheté par le chanteur FAURE[9] (v. Hist., cat. 10), qui en fut le prêteur au Salon de 1874. Il le vend après 1890 à DURAND-RUEL (v. Hist., cat. 118)[10]. Ce dernier le vend en 1898 pour 100.000 Frs à MR ET MRS HAVEMEYER de New York (v. Hist., cat. 33) :

« nous l'avons acheté parce que nous pensions que c'était un tableau superbe, et l'un des meilleurs de Manet. »[11]. Il est donné en 1956 par HORACE HAVEMEYER en souvenir de sa mère, Louisine Havemeyer, à la National Gallery (inv. 1454).

F.C.

1. Burty 1872, I, p. 220.
2. Tabarant 1931, p. 237.
3. Cham, *Le Salon pour rire,* 1874.
4. Gay 1976, pp. 104-05.
5. Dorival 1975, pp. 35-36.
6. Clarétie (1874) 1876, p. 260.
7. Castagnary 1874.
8. Biez 1884 ; cité Courthion 1953, I, p. 170-171.
9. Callen 1974, pp. 163-64.
10. Meier-Graefe 1912, p. 314.
11. Havemeyer 1961, p. 240.

134 Le chemin de fer

1873-1874
Photographie rehaussée d'aquarelle et de gouache
Cachet de l'atelier sur le montage b.g. *E.M.*
18 × 22

Paris, Collection Durand-Ruel

Manet s'est servi d'une photographie faite par Godet d'après son tableau (cat. 133) comme base d'une véritable aquarelle[1]. On peut supposer qu'ayant

134

Expositions
Paris, Berès 1978 n° 13 ; Washington 1982-83, n° 11.

Catalogues
T 1931, 52 (aquarelles) ; T 1947, 599 ; RW 1975 II 322.

1. Tabarant 1931, p. 535.
2. Communication orale de Julie Rouart-Manet à Mrs. M. Curtiss, citée Farwell 1973, p. 297 n. 61.
3. Scharf 1975, p. 62 et ss.

très vite vendu son tableau, il tenait à en garder un souvenir précis. Les relations de Manet avec la photographie sont très différentes de celles de Degas, lui-même photographe, qui cherche à recréer dans ses mises en page et dans les attitudes de ses personnages les effets de l'instantané photographique. L'attitude de Manet, chez qui tout est posé et construit, est très différente. Grâce à son amitié avec Nadar, plus qu'aucun autre il était à même de s'intéresser à cette nouvelle technique et il semble qu'il ait fait des photographies de sa famille[2]. Mais, malgré les ingénieuses hypothèses de Scharf[3] qui voit dans les procédés mis au point par Nadar pour photographier ses modèles une des sources possibles, chez Manet, des éclairages très contrastés et centrés sur les visages, il faut bien reconnaître que, pour le peintre, la photographie n'est pas une source nouvelle d'inspiration ; il ne l'utilise que comme substitut à l'observation vécue pour élaborer les diverses versions de *L'exécution de Maximilien,* par exemple (cat. 104, 105), ou graver ses portraits de Poe ou de Baudelaire (cat. 56 à 60), ou encore comme moyen de report pour l'exécution d'un dessin ou d'une gravure. Elle lui sert, surtout, plus traditionnellement, d'aide-mémoire pour une œuvre d'art, qu'elle soit d'un autre ou de lui-même, même si, comme ici, il la retravaille à l'aquarelle, en faisant de nouveau, œuvre originale.

Historique
Le cachet de l'atelier posé au moment de la succession indique que Manet conserva cette photographie aquarellée jusqu'à sa mort. La famille la céda ensuite à CAMENTRON (v. Hist., cat. 50), qui l'a revendue à DURAND-RUEL (v. Hist., cat. 118).   F.C.

135

135 Sur la plage

1873
Huile sur toile
59,6 × 73,2
Signé b.d. *Manet*

Paris, Musée d'Orsay (Galeries du Jeu de Paume)

Ce tableau fut peint l'été 1873, sans doute sur le vif — sable dans la peinture — au cours des trois semaines passées par Manet et sa famille à Berck-sur-Mer. Les deux personnages assis sur la plage sont Suzanne Manet, lisant, le visage protégé du vent et du sable par une mousseline couvrant son chapeau, et Eugène, frère du peintre et bientôt (1874) époux de Berthe Morisot, dans la même position que, dix ans plus tôt, dans *Le déjeuner sur l'herbe* (cat. 62). Manet

Expositions
Paris, Beaux-Arts 1884 n° 71 ; Orangerie 1932 n° 53 ; Marseille 1961 n° 15 ; Washington 1982-83 n° 155.

Catalogues
D 1902, 161 ; M-N 1926 II, p. 5 ; cat. ms. 158 ; T 1932, 188 ; JW 1932, 224 ; T 1947, 197 ; RO 1970, 167 ; RW 1975, 188.

avait peint, ce même été, plusieurs scènes de plein air, et c'est *Les hirondelles* (RW 190), montrant également Mme Manet, cette fois assise dans un champ, qu'il décide d'envoyer au Salon de 1874 — où il fut d'ailleurs refusé. La perspective en était plus traditionnelle, mais la facture impressionniste plus marquée. Ici la composition, très remontée vers le ciel, soulignée en haut par une bande bleue, rappelant les bandes d'ancrage en haut des estampes japonaises, et le premier plan occupé par les deux triangles gris et noirs, en à-plat, des deux personnages, font de cette peinture une des plus japonisantes de Manet.

Le thème de Parisiens sur la plage n'était pas une nouveauté : Boudin s'en était fait une spécialité. Mais les prises de vue de Boudin sont très différentes et montrent ses personnages de beaucoup plus loin, minuscules et colorés entre ciel et sable.

Si Manet devait s'être inspiré d'une œuvre analogue d'un autre artiste, ce serait plutôt de celle de Claude Monet, avec qui il était particulièrement lié à cette époque, et il n'est pas exclu que la série récente des scènes de plage de Monet, comme *La plage de Trouville* (Londres, National Gallery) ou *Sur la plage à Trouville* (Paris, Musée Marmottan), toutes deux de 1870, aient inspiré le motif à Manet.

Pourtant, les différences sont éloquentes. Par les positions spontanées dans une mise en page arbitraire, le jeu des ombrelles, les reflets, le ciel dégagé, Monet donne une impression d'air marin, d'instantané. Manet offre de la scène une vision plus monumentale et plus concentrée, repoussant le ciel en un mince bandeau sans respiration, rythmé de voiles noires qui mettent en valeur les bandes bleu outre mer et vert émeraude de l'eau. Aucune frivolité balnéaire dans cette image forte de la mer, à laquelle répondent, dans la gravité, les deux silhouettes méditatives.

1. Duret, *Auguste Renoir,* Paris 1924, p. 67.
2. Carnet de Manet, Paris, BN Estampes, fonds Moreau-Nélaton *(Copie... de documents, p. 75).*
3. Vente H. Rouart, Paris, Manzi-Joyant 1912, n° 237.
4. J.F. Revel, «Jacques Doucet, Couturier et Collectionneur », *L'Œil* n° 84, déc. 1961.

Historique

Duret raconte comment HENRI ROUART (v. Hist., cat. 129), ne possédant pas de Manet, l'avait chargé de lui en procurer un dans l'atelier de l'artiste : « Je choisis *Sur la plage,* et comme je voulais venir le plus possible en aide à Manet, je le montai à ce que je jugeai un gros prix, à 1.500 francs. » Ce fut pourtant accepté : « Je les remis à Manet qui fut fort satisfait. Lorsqu'ils connurent le prix que j'avais obtenu pour ce tableau, les amis de Rouart dirent que j'avais abusé de sa bienveillance. »[1]. L'achat eut lieu le 8 novembre 1873[2]. Le tableau fit partie de la vente Rouart en 1912[3] et fut acheté 92.000 Frs par M. FAJARD.

C'est le couturier et mécène, JACQUES DOUCET (1853-1929), qui l'acquiert ensuite et lui fait faire, au début des années 1920, un cadre en laque « arts déco », rouge et noir, sans doute par Legrain, qui avait exécuté d'autres reliures et cadres pour son appartement de l'avenue du Bois, décoré par Iribe. On voit déjà cet encadrement dans une exposition de peinture française au musée des Arts décoratifs où le tableau fut montré, en mai 1925. On sait que Jacques Doucet avait vendu en 1913 sa fameuse collection du XVIIIe siècle pour acheter de l'art contemporain. Avant d'acquérir *Les demoiselles d'Avignon* de Picasso, *La charmeuse de serpents* de Rousseau ou *Les poissons rouges* de Matisse, il passa par une étape intermédiaire où il acquit des impressionnistes, sans doute avant 1919, date à partir de laquelle il se fit conseiller par André Breton. « J'ai successivement », disait Doucet à la fin de sa vie, « fait la collection de mon grand-père, celle de mon père et la mienne ». Le Manet faisait sans aucun doute partie de la collection « de son père. »[4]

Le tableau passe ensuite par héritage à M. J.T. DUBRUJEAUD qui le donne au Louvre en 1953 (inv. RF 1953. 24), avec usufruit sur son fils, M. ANGLADON-DUBRUJEAUD, qui y renonce en 1970. Il entre ainsi au musée du Jeu de Paume avec, par la même donation, un important Degas, *Madame Jeantaud au miroir.*

F.C.

136 Exposition de tableaux

1876 ?
Lavis et aquarelle sur mine de plomb
14 × 9

P   Paris, Musée du Louvre, Cabinet des Dessins

Intitulé « Au Salon » par Leiris et daté de 1873 par Rouart et Wildenstein, ce charmant croquis n'est sans doute pas fait au Salon, puisque le tableau reconnaissable en haut et à gauche est très probablement *Sur la plage* (cat. 135), qui n'y figura pas, et qui a été peint l'été suivant. Il s'agit probablement d'un croquis fait par Manet au moment de l'exposition organisée en avril 1876, dans son propre atelier — exposition si fréquentée qu'on a parlé de quatre mille visiteurs — dont les témoignages rappellent en tout cas qu'on devait faire la queue pour entrer. Il est bien vraisemblable que Manet avait entouré les tableaux refusés au Salon, *L'artiste* (cat. 146) et *Le linge* (RW 237), d'un choix d'œuvres des années précédentes, dont certaines n'avaient pas été exposées jusque-là, ou ne lui appartenaient plus (*Sur la plage* appartenait déjà à Henri Rouart). De légères touches jaunes indiquent les encadrements dorés. Le chevalet à gauche et le plafond sombre, correspondant aux descriptions de l'atelier : « Une vaste pièce boisée, lambrissée en vieux chêne noirci, avec plafond de poutrelles alternant avec des caissons de couleur sombre »[1], incitent à penser qu'il s'agit bien de l'atelier de Manet, 4 rue de Saint-Pétersbourg.

Catalogues
L 1969, 411 ; RW 1975 II 355.

1. Fervaques, cité Moreau-Nélaton 1926 II, p. 8.
2. Vente Pellerin 1954, album n° 5.

Historique
Ce dessin appartint à AUGUSTE PELLERIN (v. Hist., cat. 100) et fit partie de l'album n° 5 de sa vente en 1954[2], où il fut acheté par les Musées Nationaux et entra au Louvre (inv. RF 30528).

F.C.

136

137 La dame aux éventails
Portrait de Nina de Callias

1873-1874
Huile sur toile
113 × 166
Signé b.d. *Manet*

Paris, Musée d'Orsay (Galeries du Jeu de Paume)

Expositions
Paris, Beaux-Arts 1884 n° 77 ; Salon d'automne
1905 n° 11 ; Orangerie 1932 n° 54 ;
Philadelphie-Chicago, 1966-67 n° 122.

Catalogues
D 1902, 182 ; T 1931, 213 ; T 1947, 224 ; RO
1970, 194 ; RW 1975, 208.

La dernière mais non la moins étourdissante d'une longue série de « dames sur canapé » peintes par Manet (cat. 27, 29, 64, 143), était une femme fantasque : douée, généreuse, alternativement exaltée et neurasthénique, d'un tempérament névrotique que l'alcool conduisit bientôt à la folie et à une mort prématurée à trente-neuf ans, un an après Manet. De son vrai nom Marie-Anne Gaillard, dite Nina de Villard (1844-1884), elle est paradoxalement connue sous le nom d'un époux très transitoire, Hector de Callias, écrivain et journaliste au *Figaro*.

A l'époque de ce portrait, Nina avait à peine trente ans, et tenait un des salons littéraires et artistiques les plus brillants de Paris, où se côtoyaient des poètes, — les parnassiens, les premiers symbolistes, — des musiciens, et des peintres. Elle était elle-même excellente musicienne, pianiste et compositeur. Mais laissons à un témoin, Baude de Maurecelay, le soin de nous décrire une maison que Manet, introduit chez elle par Charles Cros[1], fréquenta avec beaucoup d'amusement : « Quand [Catulle] Mendès et moi [...] arrivâmes chez Nina, on était à table. [...] Les convives, qui étaient au nombre d'une vingtaine, se serrèrent pour nous laisser place et les conversations reprirent, plus joyeuses, plus bruyantes. Mme Gaillard, très noble, très digne, était assise en face de sa fille. A gauche de Nina — côté du cœur — brillait Charles Cros, qui succéda à Bazire dans les faveurs de la maîtresse de maison, puis Léon Dierx, Germain Nouveau, Raoul Ponchon, Forain, Maurice Talmeyr, Jean Cabaner, musicien excentrique. Du côté des dames Augusta Holmès, Mme Manoël de Grandfort, de *La Vie parisienne,* Marie L'Héritier, du théâtre Ventadour, Henriette Hauser, favorite du prince d'Orange, dite *Citron.* [...]

« Le café pris, ce fut une bousculade vers l'escalier pour monter au salon du premier étage. Nina s'installe au piano et joue de tout son cœur une composition de César Franck, tandis que tous les hommes grillent des cigarettes. Raoul Ponchon, acclamé, nous dit ses derniers vers, ainsi que Léon Dierx et Charles Cros. Bientôt arrivèrent les invités d'après diner : François Coppée, Anatole France, Léon Valade, Camille Pelletan, Coquelin cadet, Marcelin Desboutin, Jean Richepin, Léon Boussenard. Enfin, la porte s'ouvre et Villiers de l'Isle-Adam apparaît. Il baise la main de Nina et s'assied auprès d'elle. »[2] Parmi les familiers, il convient d'ajouter Verlaine, Leconte de Lisle, Maurice Rollinat, Mallarmé, et naturellement Manet.

Manet s'est amusé à reconstituer, dans son atelier[3], le bric-à-brac japonisant du petit hôtel qu'elle habitait, 82 rue des Moines ; Nina a posé dans un de ses costumes « à l'algérienne » qu'elle aimait à porter pour recevoir. La tenture est tout simplement celle d'un des murs de l'atelier, que l'on retrouvera dans *Mallarmé* (cat. 149) et dans *Nana* (cat. 157), avec, dans ce dernier cas, le même oiseau brodé. On a souvent vu, dans cette prétendue grue, qui d'ailleurs est peut-être un ibis, une allusion possible de Manet à la situation de

137

demi-mondaine de son modèle[4] ; or, Manet n'aurait pas fait cette erreur. Nina de Callias avait sans doute une vie qu'on peut qualifier de libre, mais était le contraire d'une « grue ». Vivant de rentes fort confortables, elle entretenait au contraire à sa table, à longueur d'année, une colonie désargentée d'écrivains et d'artistes ; et les amants qu'on lui connait — Bazire, Villiers de l'Isle-Adam, Charles Cros — étaient tous plutôt près de la misère.

Le choix des éventails japonais ne semble pas avoir un but emblématique. En les épinglant pour la circonstance autour de Nina, Manet ne vise qu'à créer un décor devenu presque banal, comme ceux que, déjà dix ans auparavant, avaient peints Whistler ou James Tissot et, plus récemment, Renoir, dans un portrait de *Mme Monet lisant,* 1872 (Williamstown, Clark Art Institute). On sait le parti systématique que tirera bientôt Monet de ce motif, dans *La Japonaise,* 1876 (Musée de Boston).

Faut-il voir, dans ce tableau, comme le suggère Reff, un écho de l'*Olympia ?* Dix ans seulement séparent les deux figures, mais en dehors du fait qu'elles sont allongées, appuyées sur un bras, avec un animal à leur pied (ici un petit chien griffon), tout les sépare évidemment, tant le style, la touche, que l'esprit. Le visage, en particulier, est un des plus expressifs de Manet : il dit l'amusement, la complicité, la curiosité aussi, avec un rien de mélancolie et

348

1. Lettre de Cros à Manet ; cité Tabarant 1947, p. 229.
2. Baude de Maurecelay, cité J. Bertaut in *Le Figaro Littéraire* 9 fév. 1957.
3. Tabarant 1947, pp. 229-30.
4. Reff 1976, pp. 83-84.
5. Charles Cros, *Coffret de santal,* 1873-1875.
6. Écrit sur l'album de Nina de Villars ; cité Tabarant 1947, p. 228.
7. Rouart et Wildenstein 1975, I p. 27, « Tableaux et études » n° 10.
8. Vente Manet 1884, n° 13 ; Bodelsen 1968, p. 344.
9. R. Bernier in *L'Oeil* mai 1959.

d'égarement de celle que Charles Cros appelait « la reine des fictions »[5] et dont Verlaine a célébré « [...un] esprit d'enfer / Avec des rires d'alouettes / [...] Ses cheveux noirs, tas sauvage où / Scintille un barbare bijou / La font la reine et la font fantoche. »[6]

Historique
Estimé 1.200 Frs dans l'inventaire après décès[7], ce tableau fut acheté 1.300 Frs à la vente de l'atelier Manet en 1884[8], par Jacob pour le compte d'EUGÈNE MANET, (v. Hist., cat. 3), époux de Berthe Morisot. Leur fille JULIE MANET se souvient l'avoir toujours vu dans son enfance dans la salle à manger avec *L'enfant aux cerises* (RW 18) et le portrait des parents de l'artiste (cat. 3)[9]. Son mari ERNEST ROUART et elle-même en firent don au Louvre en 1930 (inv. RF 2850) à l'occasion de l'achat par le Musée du *Berceau* de Berthe Morisot.

F.C.

138 Bal masqué à l'Opéra

1873-1874
Huile sur toile
60 × 73
Signé b.d. sur le carnet de bal *Manet*

Washington, D.C., National Gallery of Art

Expositions
Paris, Beaux-Arts 1884 n° 69 (Le bal masqué) ; New York, Durand-Ruel 1895 n° 29 ; Washington 1982-83 n° 39.

Catalogues
D 1902, 153 ; M-N 1926 II pp. 7, 9-12, 47, 114, 129 ; cat. ms. 170 ; T 1931, 203 ; JW 1932, 219 ; T 1947, 219 ; RO 1970, 190A ; RW 1975, 216.

Le 20 mars 1873 eut lieu, comme tous les ans à la mi-carême, le fameux bal costumé et masqué de l'Opéra. Dix jours plus tard ce fut un nouveau bal masqué, le Bal des artistes : « Figurez-vous [...] la salle de l'Opéra pleine jusqu'aux combles, les loges garnies de tout ce qu'il y a à Paris de jolies actrices, le foyer plein de charmantes femmes en costumes charmants. »[1]. Manet assista, semble-t-il, à la scène, prit des croquis et eut l'idée d'un tableau qu'il mit plusieurs mois à réaliser. Un chroniqueur du temps, Fervacques, nous décrit la toile encore dans l'atelier : « Entre les colonnes épaisses, le mur des loges où les gommeux sont collés, en espaliers, et les entrées du foyer séparées par les légendaires tablettes de velours rouges, un flot d'habits noirs taché çà et là d'une pierrette ou d'une débardeuse, ondule sans avancer. Des dominos discrets, à la figure masquée par la quadruple barbe de dentelle, circulent au milieu de cet océan humain, pressés, bousculés, serrés de près, auscultés par cent mains indiscrètes. Les pauvrettes passent la douane de ce cap périlleux, laissant ici un fragment de dentelle, là une branche de lilas blanc de leur bouquet [...].

Les groupes se forment dans les attitudes les plus diverses. Gavroche effronté, fleur du ruisseau poussée entre deux pavés, et pourtant belle comme les plus pures statues antiques, — mystère inexpliqué et inexplicable, — une fille décolletée jusqu'au sixième commandement de Dieu, pantalonnée d'un morceau de velours rouge grand comme la main, avec beaucoup de boutons, il est vrai, et coiffée d'un bonnet de police fiché à quarante-cinq degrés sur sa tignasse poudrée, tient tête à un groupe de railleurs à cravate blanche. Ils sont là tous, l'œil allumé par les truffes et le Corton du dîner, la lèvre humide, l'œil sensuel, avec des chaînes d'or épaisses au gilet et des bagues aux doigts. Le chapeau est incliné en arrière d'un air vainqueur : ils sont riches, cela se voit ; ils ont des louis pleins leurs poches et ils sont venus pour s'amuser. Et ils s'amusent. Ils tutoieraient leur sœur si elle passait par là.

Leur adversaire sent cela. Elle les regarde en face, fièrement, bien décidée à riposter haut et ferme, en alliant Rabelais à Hervé et Gavarni à

Molière. Forte en gueule, pas bégueule, cette descendante de la Mère Angot ne se rendra que contre des raisons sonnantes et, en attendant, vli, vlan, les mots salés pleuvent de son bec effilé [...].

Peut-être n'y a-t-il pas tout cela dans ce tableau ; peut-être aussi y a-t-il autre chose encore ? En tout cas, c'est une œuvre de haut mérite, vécue, pensée et admirablement rendue. Nous verrons, au prochain Salon, si le public est de mon avis. »[2]

La scène se passe à l'Opéra de la rue Le Peletier, — l'Opéra actuel était encore en travaux, — et il est très significatif que Manet ait choisi dans le bâtiment un lieu qui lui permette de retrouver son habituelle construction rigoureusement horizontale, sous un balcon qui traverse toute la longueur de la toile : « La scène ne se passe pas dans la salle, lieu de la danse, mais dans le pourtour derrière les loges. »[3]. Mallarmé, décrivant longuement le tableau l'année suivante, interprète le choix de ce lieu précis comme le moyen d'individualiser une foule qui aurait été indistincte dans la grande salle : « Le tapage discordant de costumes qui ne sont pas des toilettes et la gesticulation ahurie qui n'est celle d'aucun temps et d'aucun lieu, et n'offre pas à l'art plastique un répertoire d'attitudes authentiquement humaines. Les masques ne font donc, dans le tableau, que rompre, par quelques tons de frais bouquets, la monotonie possible du fond d'habits noirs ; et ils disparaissent suffisamment pour qu'on ne voie en ce stationnement sérieux de promeneurs au foyer qu'un rendez-vous propre à montrer l'allure d'une foule moderne, laquelle ne saurait être peinte sans les quelques notes claires contribuant à l'égayer. »[4]

La prise de vue du lieu était visiblement inspirée, comme E. de Goncourt le note lui-même dans son journal[5], de la scène du premier acte — un bal masqué — de la pièce des frères Goncourt, *Henriette Maréchal,* qui avait fait scandale en 1865. E. Darragon a retrouvé récemment des documents sur ce décor, qui appuient la remarque de Goncourt ; par ailleurs, il souligne justement la sympathie qu'avait pu ressentir Manet, au moment même du scandale de l'*Olympia* (cat. 64), pour des auteurs d'une pièce presque aussi huée que son tableau, pour le réalisme « moderne » des dialogues et du sujet[6].

En fait, après des croquis pris sur place[7], dont il ne reste pas trace, à vrai dire, sauf un lavis (RW II 503) et deux esquisses peintes (RW 214 et 215), Manet élabore longuement son tableau en atelier. Comme dans *La musique aux Tuileries* (cat. 38) auquel ce tableau fait penser par plus d'un trait, Manet a fait poser dans les groupes masculins ses amis, plus nombreux à venir le visiter dans son atelier de la rue d'Amsterdam que rue Guyot, comme en témoigne Duret : « Il ne se trouvait plus là à l'écart, mais en plein Paris. Aussi la solitude dans laquelle il avait précédemment vécu et travaillé prit-elle fin. Il reçut des visites plus rapprochées de ses amis. Il fut aussi fréquenté par un certain nombre d'hommes et de femmes, faisant partie du Tout-Paris, qui, attirés par son renom et l'agrément de sa société, venaient le voir et, à l'occasion, consentaient à lui servir de modèles. Avec son désir de rendre la vie sous tous ses aspects, il put alors aborder de ces sujets absolument parisiens qui lui étaient interdits dans son isolement de la rue Guyot. C'est ainsi qu'il peignit en 1873 son *Bal masqué* ou *Bal de l'Opéra,* un tableau de petites dimensions, qui lui prit beaucoup de temps. »[8]. L'auteur de ces lignes posa, ainsi que le compositeur Emmanuel Chabrier, Paul Roudier, le collectionneur Albert Hecht, les peintres Guillaudin et André[9]. A vrai dire, il est fort difficile de les identifier précisément : on suppose que le Polichinelle, à l'extrême gauche, aurait été posé par André, mais les visages masculins, curieusement assez caricaturaux, rendent l'identification difficile. On sait que Duret était grand ; il s'agit peut-être du premier

fig. a. Le Greco, *L'enterrement du comte d'Orgaz* (détail). Tolède, Santo Tomé

138

personnage de profil à gauche. A côté de lui, de face, avec une barbe en collier, on a vu Chabrier [10] mais celui-ci serait plutôt, sous le pilier de droite, l'homme de face, sur l'épaule de qui un domino féminin pose la main[11]. L'homme au centre, le visage penché sur le bouquet de la femme masquée, serait Guillaudin. Le deuxième personnage à partir de la droite, à la barbe blonde, serait Manet lui-même, juste au-dessus du petit carnet de bal tombé au sol qui porte sa signature[12].

Aucune des cinq femmes n'est identifiable. Manet s'est visiblement amusé du contraste entre les hommes et les femmes. Les costumes sombres masculins sont surmontés par un ballet serré de chapeaux hauts-de-forme, radicalisant un effet décoratif déjà sensible dans *La musique aux Tuileries* (cat. 38), soudant par le haut l'assistance masculine en un seul bloc. Les femmes, piquantes, colorées, enjouées et caressantes dans cet univers guindé, sont pourvues de ces accessoires de toilette aussi comiques que charmants affectionnés par Manet : bas rayés de Colombine, petits souliers lacés, culottes frangées de militaire de comédie. La quintessence de leur silhouette se retrouve dans la jambe coupée par l'angle supérieur du tableau, appartenant, on l'imagine, à une « pierreuse » à cheval sur la balustrade du balcon du foyer. On retrouvera plus tard certains éléments de ce tableau dans l'œuvre de Manet : la femme de profil aux botillons lacés évoque déjà *Nana* (cat. 157), et les petites jambes suspendues trouveront un écho dans celles du trapéziste du *Bar* (cat. 211). Seul le polichinelle, violemment coloré, vu de dos, semble faire partie, avec les fleurs du bouquet central, de cet univers féminin pétulant et joyeux, seule indication de l'atmosphère de fête de ces fameux *bals* de l'Opéra.

Cet alignement masculin évoque en effet plus un enterrement qu'un tourbillon endiablé. Et, en peignant cette scène, sans l'avoir prévu, Manet commémorait le deuil d'un lieu célèbre. L'Opéra de la rue Le Peletier fut totalement détruit dans un incendie en octobre 1873, au moment même où Manet travaillait à son tableau.

Leiris voit d'ailleurs une source possible du tableau dans le célèbre *Enterrement du comte d'Orgaz* par le Gréco (fig. a)[13], que Manet avait vu avec Duret à Tolède l'été 1865. Il voit de multiples analogies entre la ligne des têtes à collerettes au-dessus du corps d'Orgaz et celle du *Bal,* le prêtre de dos à droite, vêtu de clair, correspondrait au polichinelle et à la petite jambe de l'ange du Gréco au-dessus de l'alignement des personnages, répondrait la piquante jambe d'une pierreuse sur le tableau : *Le bal* serait une version moderniste et ironique d'un sujet sacré. Les comparaisons terme à terme de ces éléments peuvent paraître excessives, et l'on pourrait tout aussi bien trouver des sources possibles dans les innombrables dessins et aquarelles faits d'après le bal de l'Opéra par Gavarni sous le Second Empire, qui montrent en général des scènes plus mouvementées, plus colorées, moins statiques.

En choisissant le foyer de l'Opéra, Manet choisissait délibérément un endroit calme, déjà décrit comme tel vingt ans plus tôt par E. Texier dans sa description du bal de l'Opéra : « Vous venez d'assister à une scène qui rappelle les bacchanales antiques et qui se prolonge depuis minuit jusqu'à cinq heures du matin. Quittez la salle et transportez-vous vers le foyer. Là, plus de pierrettes court vêtues, plus de débardeuses décolletées, vous êtes au beau milieu d'un océan de dominos et d'habits noirs : le foyer est l'antithèse de la salle. Des messieurs graves comme des notaires et sombres comme des croque-morts se promènent pendant plusieurs heures à la recherche de l'intrigue. »[14]. Déjà aussi, en 1865, dans le prologue qui était récité avant la scène du bal de l'Opéra, au lever de rideau d'*Henriette Maréchal*, Théophile Gautier soulignait la disparition des déguisements masculins chatoyants des bals romantiques : « Bientôt il nous faudra pendre au clou dans l'armoire/Ces costumes brillants de velours et de moire/Le carnaval déjà prend pour déguisement/L'habit qui sert au bal comme à l'enterrement. »[15]

1. Anonyme in *Le Figaro,* 1er avril 1873 ; cité Tabarant 1947, p. 204.
2. Fervacques in *Le Figaro,* 25 décembre 1873 ; cité Moreau-Nélaton 1926, II, pp. 9-10.
3. Duret 1902, p. 88.
4. Mallarmé (1874), 1945, p. 697.
5. Journal des Goncourt, 20 novembre 1873.
6. E. Darragon, « Le bal de l'Opéra, espace et réalité post-romanesques chez Manet en 1873 », *L'Avant-Guerre sur l'art* n° 3, 1983.
7. Tabarant 1931, p. 251 ; 1947, p. 231.
8. Duret 1902, p. 88.
9. Bazire 1884, p. 139 ; Duret 1906, pp. 110-11.
10. Reff 1982, n° 39.
11. Delage, *Iconographie musicale,* 1982, p. 62.
12. Leiris 1980, p. 98.
13. *Ibid.,* pp. 95-96, 99.
14. Texier, *Tableau de Paris,* 1852, Ch. V., « Le Carnaval », p. 47.
15. J. et E. de Goncourt, *Henriette Maréchal,* prologue par T. Gautier (1865), éd. 1879, p. 28.
16. Tabarant 1931, p. 250.
17. Vente Faure 1878, n° 40.
18. Tabarant 1947, p. 234.

Historique
Ce tableau, intitulé par Manet dans son carnet de comptes « Bal masqué à l'Opéra », faisait partie du premier lot d'œuvres achetées à l'artiste par le chanteur FAURE (v. Hist., cat. 10), le 18 novembre 1873. Il paya le *Bal,* encore inachevé, 6.000 Frs, le même prix que le célèbre « Bon bock »[16]. Il passe à la vente Faure en 1878[17] où il n'est pas vendu. C'est encore Faure le propriétaire à l'exposition posthume en 1884. Il le cède en 1894 à DURAND-RUEL[18] (v. Hist., cat. 118) qui le vend en 1895 à MR. ET MRS. HAVEMEYER (v. Hist., cat. 3). L'œuvre n'a pas bougé pendant près d'un siècle de la famille et vient d'être offerte en 1982 par les héritiers de Mrs. H. Havemeyer à la National Gallery à Washington, D.C.

F.C.

139 Argenteuil

1874
Huile sur toile
149 × 115
Signé et daté b.d. *Manet 1874*

P Tournai, Musée des Beaux-Arts

Expositions
Paris, Salon de 1875 n° 1412 ; Beaux-Arts 1884
n° 75 ; Exposition Universelle 1889 n° 490 ;
Orangerie 1932 n° 55.

Catalogues
D 1902, 171 ; M-N 1926, II p. 23 ; cat. ms. 183 ;
T 1931, 214 ; JW 1932, 241 ; RO 1970, 195 ;
RW 1975, 221.

Manet n'avait pas voulu exposer avec les peintres « Indépendants », dont la première exposition de groupe s'était ouverte le 15 avril 1874, deux semaines avant le Salon. Mais il n'en paraît pas moins le chef de ceux que l'on appellera bientôt les impressionnistes et qui sont pour l'instant connus comme « la bande à Manet ». L'été qui suivit ces événements, Manet partit passer ses vacances dans la maison familiale de Gennevilliers, près de Monet, qui habitait Argenteuil (voir cat. 141), et de Caillebotte, au Petit-Gennevilliers ; Renoir se joignait souvent au petit groupe. C'est dans cette atmosphère estivale qu'il peignit ce tableau, peut-être le plus véritablement impressionniste de toute sa carrière. Manet fit d'abord poser Monet et sa femme dans le bateau-atelier de son ami, dans un tableau sans doute destiné au Salon, ce qui aurait été une manifestation si l'on peut dire « militante » en faveur des impressionnistes. Les deux versions de ce projet (RW 218 et 219) ne furent pas terminées, Manet ayant scrupule à faire poser longtemps ses amis[1]. Il fit donc venir de Paris d'autres modèles pour un nouveau tableau.

Un canotier et sa compagne sont assis sur un ponton d'amarrage, des voiliers au repos accotés au ponton et une Seine très bleue les séparent d'Argenteuil, sur l'autre rive, où l'on aperçoit des maisons et une petite usine. Fait relativement rare dans l'œuvre de Manet, une certaine intimité semble exister entre les deux personnages, au moins dans le regard du jeune homme, posé par Rudolph Leenhoff, beau-frère de Manet ; le visage de la femme — on ne sait qui en fut le modèle — est remarquablement inexpressif, si ce n'est d'une torpeur estivale ou d'un grand ennui. D'ailleurs le modèle se serait plaint que « poser pour M. Manet n'était point une plaisanterie : de rudes séances. »[2]. Toute la verve de Manet, joyeusement et fermement distribuée sur la toile, exprimée en particulier dans l'extraordinaire traitement de la robe et du bouquet, semble s'être retirée des visages. « Les canotiers venaient de mondes différents », écrit Duret, témoin contemporain, « mais les femmes qu'ils emmenaient avec eux n'appartenaient qu'à la classe des femmes de plaisir de moyenne condition. Celle de l'*Argenteuil* est de cet ordre. Or comme Manet, serrant la vie d'aussi près que possible, ne mettait jamais sur le visage d'un être autre chose que ce que sa nature comportait, il a représenté cette femme du canotage, avec sa figure banale, assise oisive et paresseuse. Il a bien rendu la grue que l'observation de la vie lui offrait. »[3]

Aucun document ne le prouve, mais il est probable que ce tableau ait été partiellement peint par Manet en plein air, ce qu'il aurait, selon Rewald, fait ici pour la première fois : « C'est là, en regardant Monet, que Manet se laissa définitivement gagner par ce travail en plein air. »[4]

Dans *Argenteuil*, Manet maîtrise du premier coup le chatoiement de touche impressionniste, et la distribution violente de la lumière qu'offre une scène estivale en plein air. Les visages à l'ombre des chapeaux sont plus délicatement modelés que dans la plupart de ses portraits précédents, et Manet sait en virtuose rendre d'emblée, par des moyens simples, la vibration colorée

du paysage et des vêtements, comme s'il avait jeté à ses amis impressionnistes un défi sur leur propre terrain.

Et pourtant, la couleur vive et la lumière papillotante du tableau n'excluent pas, comme toujours, une grande rigueur de composition, qui organise autour du bleu vif de l'eau, un système de verticales, — mât du bateau de gauche, frontalité de la femme, cheminée de l'usine, — et d'horizontales, — parapet, parasol roulé tenu par le canotier, quai d'Argenteuil, — parallèles aux côtés de la toile. Les délicates rayures de la robe opposées à celles du maillot du canotier reprennent subtilement à l'intérieur de la toile ce cadrage rigoureux. Manet semble s'attarder sur de savoureux détails colorés : le bouquet de coquelicots et de marguerites que tient la « canotière », son chapeau de paille noire ornée de mousseline blanche, les touches rouges du lacet de l'espadrille du jeune homme, répondant au ruban de son chapeau de paille, identique à celui que porte alors Monet (cat. 142). C'est une scène de plein air, dans ce que le style de ses jeunes amis a de plus vif et de plus éblouissant, mais en même temps réfléchi, composé : un tableau destiné au Salon suivant.

La critique l'y accueillit avec les sarcasmes habituellement provoqués par Manet (fig. a), redoublés de ceux que son impressionnisme suscitait. Ainsi Gaillardon : « [...] nous avons eu une lueur d'espoir après le *Bon bock,* mais il est trop évident que les *Canotiers d'Argenteuil* sont une banqueroute. M. Manet n'est décidément qu'un excentrique »[5], et Rousseau : « une marmelade d'Argenteuil sur un fleuve d'indigo. Le maître passe à l'état d'étudiant de vingtième année. »[6]. Chesneau, en revanche, prit la défense de Manet : « Depuis trois ans je le trouve d'année en année en progrès sur lui-même... Il a peint l'eau bleue. Voilà le grand grief. Cependant, si l'eau est bleue à de certains jours de grand soleil et de vent, fallait-il qu'il la peignît de la couleur vert d'eau traditionnelle ? [...] On le siffle, j'applaudis. »[7]. Castagnary confirme que la critique commence à reconnaître les mérites de Manet, même s'il scandalise toujours et il oppose son tableau à celui de Cabanel qui était le succès de ce Salon : « Ce que peint Manet, c'est la vie contemporaine. A cela, j'imagine, on n'a rien à dire : *les Canotiers d'Argenteuil* valent bien *Thamar chez Absalon ;* en tous cas, il nous intéresse davantage. »[8]. Tout en estimant, quant à lui, qu'il ne s'agit que d'une pochade, le chroniqueur Claretie se fait l'écho d'une opinion qui circulait dans l'avant-garde : « Les *impressionnistes* procèdent de Baudelaire [...] M. Édouard Manet [...] donne le ton, il marque le pas. C'est le chef de file. Le peintre du *Bon bock* a exposé, cette année, un tableau qu'il appelle *Argenteuil,* et que l'école du plein air proclame tout haut un chef-d'œuvre. »[9]

1. Moreau-Nélaton 1926 II, pp. 22-23.
2. Anonyme, *La Gironde* (Bordeaux) 21 avril 1876.
3. Duret 1902, p. 107.
4. Rewald 1975, II, p. 10.
5. Gaillardin in *Le Soir,* 6 mai 1875 ; cité Tabarant 1947, p. 263.
6. Rousseau in *Le Figaro* 2 mai 1875 ; cité Tabarant 1931, p. 264.
7. Chesneau in *Paris-Journal,* 11 mai 1875 ; cité Tabarant 1947, p. 264.
8. Castagnary in *Le Siècle,* 29 mai 1875 ; cité Tabarant 1947, p. 265.
9. Claretie 1875-1876, p. 337.
10. Moreau-Nélaton 1926, II p. 30.
11. P. Eudel 1884, p. 2.
12. Mallarmé [1962], pp. 70-72.
13. Rouart et Wildenstein 1975, I p. 27, « Tableaux et études » n° 7.
14. Vente Manet 1884, n° 4 ; Bodelsen 1968, p. 342.
15. Tabarant 1947, pp. 266-67.
16. S. Pierron, *collection Henri van Cutsem,* Paris 1926, sp.
17. Reçus autographes de Mme Manet à Henri van Cutsem, archives du musée de Tournai, aimablement communiqués par le baron S. Le Bailly de Tilleghem, conservateur du musée.

fig. a. « Nous remercions... M. Manet d'avoir jeté une note gaie dans ce salon un peu triste... »

Historique
Le père de Moreau-Nélaton écrivit à Manet pour lui acheter le tableau, et le prix proposé par Manet (6.000 Frs) lui parut excessif[10] et peut-être destiné à décourager tout achat : en effet un contemporain témoigne que Manet ne voulut jamais se séparer de ce tableau[11], bien qu'il ait voulu l'exposer à Londres[12]. Estimé 1.800 Frs dans l'inventaire après décès[13], il fut racheté 12.500 Frs par MME MANET à la vente de 1884[14]. Elle le vendit à peine plus cher, 15.000 Frs (et non 14.000 Frs comme le dit Tabarant[15]) en 1889, au peintre, mécène et collectionneur belge, HENRI VAN CUTSEM (1839-1904), forte personnalité dont on nous dit que « dans ses acquisitions, Henri van Cutsem n'écouta jamais que son instinct, se refusant à recevoir le moindre conseil. »[16]. Il fut un des souscripteurs de l'achat de l'*Olympia* (v.

Hist., cat. 64). Il acheta ce tableau à « tempérament », et le régla en huit fois, entre le 26 septembre 1889 et le 28 février 1890[17]. Le premier reçu montre que van Cutsem avait retenu le tableau et effectué un premier paiement alors que celui-ci était encore à l'Exposition Universelle de 1889.
La collection van Cutsem, qui comportait une importante section de peinture française de la deuxième moitié du siècle (Fantin-Latour, Monet, Seurat, etc.) fut léguée à la ville de Tournai par l'intermédiaire de son héritier, le sculpteur GUILLAUME CHARLIER (1854-1925). A partir de 1905, la collection, dont *Argenteuil* et *Chez le père Lathuille* (RW 291), fut présentée à l'Hôtel de Ville, puis installée en 1928 dans un musée destiné à l'accueillir, spécialement dessiné à cet effet par l'architecte art-nouveau Horta (inv. 438).

F.C.

140 En bateau

1874
Huile sur toile
97,2 × 130,2
Signé b.d. *Manet*

New York, The Metropolitan Museum of Art

En bateau fut peint l'été 1874, au cours d'un séjour à Gennevilliers (voir cat. 139). Monet vivait à Argenteuil, dans une maison que Manet, pense-t-on, l'avait aidé à trouver en 1871 (voir cat. 141). Les deux peintres se virent souvent cet été-là et Manet essaya à deux reprises de peindre Monet et sa femme, Camille, tandis que Monet travaillait dans son atelier flottant (RW 218 et 219 ; voir cat. 142, fig. b). Selon Moreau-Nélaton, après avoir abandonné le second tableau, Manet se procura d'autres modèles et peignit *Argenteuil* (cat. 139) et *En bateau*[1]. Le modèle masculin des deux œuvres est Rodolphe Leenhoff, le beau-frère de Manet ; la femme n'a pas été identifiée. Elle porte le même chapeau que celui de Mme Manet dans *Sur la plage* (cat. 135) et *Les hirondelles* (RW 190) et de Camille Monet dans *La famille Monet au jardin* (cat. 141) mais ne ressemble à la femme ni de l'un ni de l'autre peintre.

Bien qu'on ait souvent cité *En bateau* comme un témoignage de l'adhésion de Manet à l'Impressionnisme, la composition et le thème en sont neufs. La palette plus claire et ce type de sujet de plein-air permettent de penser que, même si Manet a été influencé par les œuvres de Monet et de Renoir, ici cette influence est plus subtile et moins facile à déterminer que ce qu'on a pu en dire. La palette, la touche et les sujets de Renoir et Monet, étaient très différents, et aucun des deux n'avait jamais peint une œuvre ainsi structurée. On perçoit davantage les affinités qui existent entre leur œuvre et celle de Manet dans un tableau moins ambitieux, comme *Bords de la Seine à Argenteuil* (RW 220), peint lui aussi l'été 1874. Par son format, son thème, sa technique soignée, *En bateau* était peut-être destiné au Salon de 1875 où fut exposé *Argenteuil* (cat. 139). Mais Manet n'exposa pas *En bateau,* sauf dans son atelier en 1876, avant le Salon de 1879. Selon Tabarant, il hésita sur le choix du tableau à présenter au jury du Salon avec *Dans la serre* (cat. 180) ; en revoyant des œuvres antérieures il estima que *En bateau* faisait le meilleur effet[2], et aurait placé le tableau sur un chevalet pour le contempler pendant quinze jours avant de se décider à l'envoyer au jury.

La réaction des critiques fut hostile, comme c'était d'ailleurs prévisible. On regretta que Manet n'eut pas « appris qu'on peut dessiner les formes qu'on a devant soi au lieu de les colorier ; il aurait su que nous avons derrière notre œil qui voit un cerveau qui pense, et qu'il vaut mieux se servir des deux au lieu de ne se rapporter qu'au premier »[3]. L'article de Zola fut très sévère : « [...] il est resté l'écolier enthousiaste qui voit toujours distinctement ce qui se passe dans la nature mais qui n'est pas assuré de pouvoir rendre ses impressions de façon complète et définitive. C'est pourquoi, lorsqu'il se met en route, on ne sait jamais comment il arrivera au terme ni même s'il y arrivera seulement. Il agit au jugé. Lorsqu'il réussit un tableau, celui-ci est hors ligne : absolument vrai et d'une habileté peu ordinaire ; mais il lui arrive de s'égarer — et alors ses toiles sont imparfaites et inégales. Bref, depuis quinze ans on n'a pas vu de peintre plus subjectif. Si le côté technique chez lui égalait la justesse des perceptions, il serait le grand peintre de la seconde moitié du XIXe siècle. »[4]

Expositions
Paris, atelier de Manet 1876 ; Salon de 1879 n° 2011 ; Exposition Universelle 1889 n° 498 ; New York, Durand-Ruel 1913 n° 13 ; Philadelphie-Chicago 1966-67 n° 125.

Catalogues
D 1902, 181 ; M-N 1926 II pp. 24-57 ; cat. ms. 188 ; T 1931, 215 ; JW 1932, 244 ; T 1947, 226 ; RO 1970, 196 ; RW 1975, 223.

140

Huysmans ne partageait pas les doutes de Zola et Baignères : « Son autre toile, *En bateau,* est également curieuse. L'eau très bleue continue à exaspérer nombre de gens. L'eau n'a pas cette teinte-là ? Mais pardon, elle l'a, à certains moments, comme elle a des tons verts et gris, comme elle a des reflets de scabieuse, de chamois et d'ardoise, à d'autres. [...] M. Manet n'a, Dieu merci ! jamais connu ces préjugés stupidement entretenus dans les écoles ! Il peint, en abrégeant, la nature telle qu'elle est et telle qu'il la voit. La femme vêtue de bleu, assise dans une barque coupée par le cadre comme dans certaines planches des Japonais, est bien posée, en pleine lumière, et elle se découpe énergiquement ainsi que le canotier habillé de blanc, sur le bleu cru de l'eau. Ce sont là des tableaux comme, hélas ! nous en trouverons peu dans ce fastidieux Salon ! »[5] Plus tard, Louis Gonse devait être plus catégorique encore que Huysmans : « On peut encore soumettre ces tableaux de plein air à une autre épreuve, celle de la photographie. Dépouillés de leur enveloppe colorée, les valeurs restent justes, les lointains sont à leur place, les formes ont une aération naturelle qui donne l'illusion d'une photographie prise sur nature. »[6]

Bien sûr *En bateau* n'est pas « photographiquement » exact, ce que Gonse d'ailleurs n'aurait pas pu savoir avant l'invention de l'instantané.

L'image coupée brutalement, l'eau traitée comme un motif à répétition, derrière le bateau et, au fond, le plan qui remonte, suggèrent que l'allusion de Huysmans aux estampes japonaises est plus juste que celle de Gonse sur la photographie. De plus, la position de la baume par rapport au reste du bateau est invraisemblable, et la courbe de la poupe semble légèrement déformée par rapport au babord.

Plusieurs détails indiquent que Manet souhaitait surtout diminuer l'effet de profondeur. Ainsi, le fond remonte, parallèle au plan du tableau, et bouche l'horizon ; on a l'impression qu'il y a peu ou pas d'espace entre les éléments du premier plan et l'eau ; et malgré l'angle du bateau, la femme apparaît, en parfait profil, perpendiculaire au plan du tableau, comme un portrait découpé. D'autre part, les repentirs et les rayons X montrent qu'à l'origine Leenhoff tenait la corde de la main droite ; en la déplaçant vers la droite, Manet a réduit l'angle et rendu la profondeur plus difficile à évaluer. Enfin, la voile, la baume et la corde semblent parallèles au plan du tableau, mais l'angle du bateau et la position du taquet indiquent qu'il doit en être autrement.

Si l'on considère les nombreuses ambiguïtés de composition et d'espace, on comprend les objections de Zola, Baignères et autres critiques. Mais Zola se trompait en prenant pour des erreurs techniques ce qui était en fait une démarche calculée de Manet et une expérience formelle très neuve. *En bateau* annonçait en effet la simplification de l'art du début des années quatre-vingt dix.

1. Moreau-Nélaton 1926 II, pp. 23-24.
2. Tabarant 1947, p. 345.
3. Baignères 1879, p. 564.
4. Zola (1879) 1959, p. 227.
5. Huysmans 1883 pp. 35-36.
6. Gonse 1884, p. 146.
7. Moreau-Nélaton 1926 II, p. 57.
8. Rewald 1973, p. 106.
9. Rouart et Wildenstein 1975 I, p. 186.
10. Havemeyer 1961, p. 225.

Historique
En bateau fut acheté 1.500 Frs au Salon de 1879, par VICTOR DESFOSSÉS[7], important collectionneur parisien qui possédait *L'atelier* de Courbet et des œuvres de Monet, Pissarro et Sisley[8]. Desfossés prêta ce tableau à l'Exposition Universelle de 1889, à Paris. DURAND-RUEL l'acheta en 1895[9], et le revendit immédiatement à MR ET MRS HENRY O. HAVEMEYER (v. Hist., cat. 33). Dans ses mémoires, Mrs Havemeyer se souvient que son amie Mary Cassatt, qui la conseillait souvent dans ses achats de tableaux, disait d'*En bateau* que c'était le ne plus ultra en peinture[10]. Mrs Havemeyer a légué ce tableau au Metropolitan Museum of Art en 1929 (inv. 29.100.115).

C.S.M.

Expostions
Paris, Toul 1878 ; Exposition Universelle 1900 n° 45 ; Bernheim-Jeune 1910 n° 6 ; Berlin, Cassirer 1910 ; Munich, Moderne Galerie 1910 n° 8.

Catalogues
D 1902, 176 ; M-N 1926 II pp. 24-25, 116 ; cat. ms., 186 ; T 1931, 222 ; JW 1932, 245 ; T 1947, 233 ; RO 1970, 199 ; RW 1975, 227.

141 La famille Monet au jardin

1874
Huile sur toile
61 × 99,7
Signé b.d. *Manet*

New York, The Metropolitan Museum of Art

Manet ne participa à aucune des expositions du groupe impressionniste qui eurent lieu à partir de 1874, mais fut très lié à plusieurs d'entre eux, en particulier Monet, qu'il aida parfois financièrement. Il se peut que, lorsque Monet rentra d'Angleterre en 1871, après la guerre et la Commune, Manet l'ait aidé à trouver sa première maison à Argenteuil, ainsi que le suppose Tucker[1]. Monet vécut donc à Argenteuil, 2 rue Pierre Guienne, de l'hiver 1871 à fin septembre 1874. Le 27 mai 1874, Monet écrivit à Manet qu'il allait déménager,

141

mais ne signa pas le bail de la seconde maison avant le 18 juin, pour n'y habiter qu'en octobre[2].

En juillet et août 1874, Manet passa plusieurs semaines dans sa famille à Gennevilliers, de l'autre côté de la Seine (voir cat. 139). Le 23 juillet, Zola peut écrire à Guillemet : « Je ne vois personne, je n'ai pas la moindre nouvelle. Manet, qui fait une étude à Argenteuil, chez Monet, est introuvable. »[3]. Tandis que Manet peignait la famille Monet, Monet le représentait à son chevalet dans un tableau aujourd'hui disparu[4] (fig. a). Ce même jour, Renoir arriva quand ses amis travaillaient, décida de se joindre à eux et peignit Mme Monet et son fils dans le jardin (Washington, D.C. National Gallery ; fig. b) : « J'arrivai précisément chez Claude Monet au moment où Manet s'apprêtait à faire ce même sujet et pensez si j'aurais laissé échapper une si belle occasion d'avoir des modèles tout prêts. »[5]

Le récit de Monet est probablement le plus précis de ceux qui décrivent ce qui se passa ce jour-là : « Ce délicieux tableau de Renoir, que je suis si heureux de posséder aujourd'hui, est un portrait de ma première femme. Il a été peint dans notre jardin d'Argenteuil, un jour que Manet, séduit par la couleur, la lumière, avait entrepris de faire un tableau en plein air avec des personnages sous les arbres. Pendant la séance arrive Renoir. A son tour le charme de l'heure l'emballe. Il me demande ma palette, une brosse, une toile et le voilà peignant aux côtés de Manet. Celui-ci le surveillait du coin de l'œil et, de temps à autre, s'approchait de la toile. Alors il esquissait une grimace, passait discrètement près de moi pour me souffler dans l'oreille en désignant Renoir : 'Il n'a aucun

fig. a. Monet, Manet peignant dans le jardin de Claude Monet, 1874. Collection inconnue

360

fig. b. Renoir, Mme Monet et son fils, 1874.
Washington, D.C., National Gallery of Art

talent, ce garçon-là! Vous qui êtes son ami, dites-lui donc de renoncer à la peinture!...' C'est drôle, hein, de la part de Manet?»[6]

Bien que plusieurs auteurs aient laissé entendre le contraire, la réflexion de Manet au sujet de Renoir fut probablement faite par plaisanterie. Tabarant estime d'ailleurs qu'il s'agit d'une invention de Vollard[7], mais il est peu probable que Elder eût publié une conversation inexacte avec Monet du vivant de ce dernier. Rewald émet l'hypothèse que, même si la chose est exacte, elle ne reflète qu'une irritation momentanée, car Manet aimait beaucoup Renoir et particulièrement quand il avait poussé Fantin à le placer près de lui dans l'*Atelier aux Batignolles*[8]. De plus, la remarque de Manet devait être ironique, puisque l'été 1874 son œuvre avait commencé à refléter l'influence de ses jeunes collègues, sa palette s'était éclaircie, et il s'intéressait davantage aux sujets de plein air, dont *Argenteuil* (cat. 139), *En bateau* (cat. 140) et *La famille Monet au jardin* sont des exemples caractéristiques.

Les trois œuvres réalisées par Manet, Monet et Renoir furent évidemment peintes très rapidement, d'une peinture légère, fluide, appliquée avec force et rapidité. Mais le tableau de Manet est plus réfléchi et plus ambitieux que les deux autres.

Manet n'a pas la spontanéité de Renoir, et la figure de Mme Monet semble délibérément faire un rappel à la figure assise à l'avant plan des *Femmes au jardin* de Monet, de 1866-67 (Musée d'Orsay, Jeu de Paume). Manet connaissait très bien le tableau de Monet, qui lui appartint un temps. La surface du tableau fut également travaillée avec soin : à certains endroits la peinture, délayée, fut grattée et essuyée pour ne laisser qu'une légère préparation verte et transparente, sur laquelle, de part et d'autre une couche plus épaisse, plus opaque, est posée. Notons également la finesse des touches de rouge qui se répondent sur la crête du coq, les fleurs, l'éventail, ainsi que les chapeaux et les chaussures de Camille et de Jean. Il est amusant d'observer que Manet aimait beaucoup le chapeau que porte Mme Monet, qui appartenait, en fait, à sa femme et que l'on retrouve dans plusieurs tableaux (voir cat. 140).

A deux autres reprises pendant l'été 1874, Manet essaya de faire poser Claude et Camille Monet (RW 218 et 219), mais Monet était, semble-t-il, trop occupé[9] (voir cat. 140). Manet avait peut-être espéré utiliser les Monet comme modèles pour un tableau qu'il aurait présenté au Salon, et *La famille Monet au jardin*, comme les deux versions de Monet peignant dans son bateau, pourraient représenter une première étape vers la réalisation de son projet.

1. Tucker 1982, p. 18-19.
2. Walter 1966.
3. Zola 1959 pp. 25-26.
4. Wildenstein 1974, I, n° 342.
5. Vollard 1920, p. 74.
6. Elder 1924, p. 70.
7. Tabarant 1947, p. 252-257.
8. Rewald 1973, p. 342.
9. Moreau-Nélaton 1926, II, p. 23.
10. Poulain 1932, p. 103.
11. Carnet de Manet, Paris, BN Estampes fonds Moreau-Nélaton (*Copie... de documents,* p. 76).
12. Jeanniot 1907, p. 847.
13. Moreau-Nélaton 1926, II, p. 45.
14. Meier-Graefe 1912, p. 316.

Historique
En 1876, les parents du peintre Bazille (1841-1870), qui avait été tué pendant la guerre de 1870, firent avec Manet un échange du portrait de leur fils par Renoir (1867) contre une peinture importante de Monet, les *Femmes au jardin* de 1866 (Paris, Orsay, Jeu de Paume). Connaissant la pénible situation financière de Monet, Manet provoqua une petite brouille comme prétexte pour lui retourner ses *Femmes au jardin,* en échange du petit tableau peint par lui dans le jardin d'Argenteuil, et aussitôt donné à MONET. Comme le dit Monet : «Manet était délicieux, mais fantasque et si susceptible![...] Il revint de son humeur par la suite et tout fut oublié.»[9]. D'après Poulain, ils se réconcilièrent au bout d'une semaine, mais entre temps Manet avait déjà vendu *La famille Monet au jardin*[10]. En fait, le carnet de Manet indique que c'est en 1878 qu'il vendit cette peinture 750 Frs au marchand TOUL[11], chez qui elle était exposée dès octobre[12]. Si la brouille entre Manet et Monet s'est produite à cette dernière date, l'échange de tableaux a pu se produire au moment du déménagement de Manet dans un atelier plus petit, qui l'obligeait à se défaire d'objets aussi encombrants[13]. Par la suite, *La famille Monet au jardin* fut achetée par AUGUSTE PELLERIN (v. Hist., cat. 109). Acquis avec toute sa collection par un groupe de marchands en 1910, c'est PAUL CASSIRER (v. Hist., cat. 13), qui effectua la vente de ce tableau et de *L'artiste* (cat. 146), pour 300.000 DM[14] à EDUARD ARNHOLD, de Berlin (v. Hist., cat. 146). M. KNOEDLER & CO. (v. Hist., cat. 172), l'achetèrent à un collectionneur suisse en février 1964, et le revendirent le même mois à MRS CHARLES S. PAYSON (v. Hist., cat. 5) qui le légua au Metropolitan Museum en 1975 (inv. 1976.201.14).

C.S.M.

142

fig. a. Portrait de Claude Monet. Encre de chine, 1879-1880. Collection particulière

142 Claude Monet

1874 ?
Lavis d'encre de Chine
17 × 13,5

Paris, Musée Marmottan

Un portrait de Monet par Manet illustre la liste des œuvres de Claude Monet exposées à la galerie de *La Vie moderne* en 1880 (RW II 486 ; fig. a). Le dessin exposé rappelle le portrait de Monet de profil, dans le tableau où Manet le montre en 1874, en train de peindre dans son atelier flottant (RW 219 ; fig. b). Le chapeau est le même, au détail près que le bord en est relevé dans ce dessin. On le retrouve peut-être encore dans le lavis utilisé pour le catalogue, mais il est difficile de l'affirmer ; en revanche, le col relevé et la cravate nouée de façon lâche dans celui-ci sont assez similaires dans la toile. Il est donc très probable que les deux dessins furent exécutés l'été 1874, quand Monet et Manet travaillaient ensemble à Argenteuil.

Catalogue
RW 1975 II 485.

fig. b. Monet peignant dans son atelier, 1874. Munich, Bayer. Staatsgemäldesammlungen

Historique
Probablement donné par Manet à CLAUDE MONET (il ne porte pas le cachet d'atelier de l'inventaire après décès de Manet), ce dessin porte le n° 36 de l'inventaire posthume de la collection de son fils MICHEL MONET, fait à Sorel-Moussel le 25 février 1966. Il fut légué, avec toute sa collection, à l'Institut de France, déposée au Musée Marmottan (inv. 5036).

C.S.M.

143 Mme Manet sur un canapé bleu

1874
Pastel sur papier marouflé sur toile
65 × 61
Signé b.d. par Suzanne Manet *E. Manet*

P   Paris, Musée du Louvre, Cabinet des Dessins

Expositions
Paris, Orangerie 1932 nº 89 ; Orangerie 1952,
sans nº.

Catalogues
D 1902, 1 (pastels) ; M-N 1926 II p. 50 ; cat. ms.
351 ; T 1931, 3 (pastels) ; JW 1932, 311 ; T 1947,
455 ; RO 1970, 239 ; RW 1975 II 3 (pastels).

Il est difficile de préciser quand Manet aborda la technique du pastel, — à son apogée au XVIIIe siècle et assez peu pratiquée depuis, — si ce n'est, généralement dans des paysages, par Boudin, Delacroix ou Millet. Il semble qu'il y ait eu dans le milieu impressionniste un renouveau d'intérêt pour le pastel, sans que l'on sache très bien qui commença : ce sujet important reste d'ailleurs un champ de recherches ouvert. Faut-il ici, par exemple, voir

143

l'influence de Degas, qui avait alors déjà fait quelques portraits au pastel, comme *Thérèse De Gas* 1869, ou *Mme René De Gas* 1873[1] ?. C'est en tout cas ce que laisse entendre Degas lui-même, plus tard[2].

Que ce soit ou non sous l'influence de son ami, Manet utilisa surtout ce moyen pour des portraits, entre 1879 et 1883, en en produisant, d'après Bazire, premier historiographe et témoin, un nombre beaucoup plus important que ceux qui ont été retrouvés et répertoriés : « La liste [en] est interminable. [...] les modèles multiples se sont multipliés, et pour un seul qui s'asseyait vis-à-vis de l'interprète, il y a trois, quatre, six interprétations. »[3]. Bazire en évoque plus de 130, alors que le catalogue raisonné de Rouart et Wildenstein en recense 89.

Ici, Manet traite comme une peinture cette admirable image de sa femme allongée, couvrant entièrement le support, mais usant de la vivacité du pastel pour faire jouer les matières et les couleurs de la jupe blanche, du canapé bleu vif et du fond roux, avec une intensité et un velouté que l'huile sur toile ne peut atteindre, retrouvant la qualité des plus beaux pastels intimistes du XVIIIe siècle, de Chardin ou de Liotard.

Il est amusant de voir comment Manet, délibérément ou non, a repris pour son épouse bourgeoisement vêtue — qui semble revenir d'une promenade avec ses petits souliers vernis et son chapeau clair à brides — la position même de l'*Olympia* (cat. 64), en tout cas pour le buste et les bras.

On date généralement ce pastel conformément aux assertions de Théodore Duret : « Son premier pastel date de 1874. C'est un portrait de sa femme étendue sur un canapé. »[4]. Mais Rewald propose l'année 1878[5], ce qui serait stylistiquement également plausible. Pourtant ce même chapeau à brides noires, peint souvent par Manet (cat. 135), se trouve aussi dans un pastel représentant Mme Manet de profil (RW II 2) qui aurait été daté par le modèle lui-même de 1873-1874. Et notre pastel, très « pictural », reprend un thème que ses amis impressionnistes avaient souvent traité au tout début des années soixante-dix : une femme en costume de ville ou d'intérieur, reposant familièrement sur un canapé : *Mme Monet sur un canapé,* 1871, par Monet (Louvre) ou *Mme Monet lisant,* 1872 (Williamstown, Clark Art Institute), ou encore Renoir, *Mme Monet sur un canapé,* 1872 (Lisbonne, Musée Gulbenkian ; fig. a). Dans ce pastel, plus encore que dans ses toiles contemporaines, Manet joue paradoxalement moins sur les effets lumineux et le moelleux des matières que sur des contrastes colorés, énergiques, sans reflets, et les plages de couleur franche.

fig. a. Renoir, Mme Monet sur un canapé, 1872. Lisbonne, Musée Gulbenkian

1. Lemoisne 1946, n°s 255 et 318.
2. Halévy 1960, p. 110.
3. Bazire 1884, p. 120.
4. Duret 1902, p. 175.
5. Rewald 1947, p. 42.
6. Rouart et Wildenstein 1975, I, p. 26.
7. Vollard 1937, p. 71.
8. Vente Coll. Degas, Paris, Georges Petit, 26-27 mars 1918, n° 221.

Historique
On trouve trace de ce pastel dans l'inventaire après décès de Manet, comme « portrait de Mme Manet, au pastel » dans la liste des œuvres de l'appartement de Suzanne Manet[6], mais il ne fait pas partie de la vente de 1884.
C'est EDGAR DEGAS (v. Hist., cat. 26) qui l'acheta, sans que l'on sache précisément quand, probablement à VOLLARD (v. Hist., cat. 98) après 1894, comme le laisse entendre le marchand

lorsque celui-ci commente la vente Degas : « A cette même vente, on pouvait voir aussi, entre autres œuvres de Manet, *Le Jambon* et une *Mme Manet en blanc sur une canapé bleu* ; c'est deux pièces exceptionnelles qui en 1894, c'est-à-dire plus de dix ans après la mort du peintre, étaient encore chez sa veuve à attendre un acquéreur »[7]. C'est précisément à la vente de la collection Degas[8] que le Louvre l'achète pour 62.000 Frs (inv. RF 4507).

F.C.

144

144 Portrait de Berthe Morisot au chapeau de deuil

1874
Huile sur toile
62 × 50

P   Zurich, Collection particulière

Catalogues
D 1902, 185 ; M-N 1926 I p. 140 ; cat. ms. 151 ;
T 1931, 186 ; JW 1932, 238 ; T 1947, 223 ; RO
1970, 192 ; RW 1975, 228.

Ce portrait, extraordinaire d'intensité dramatique, à la limite de la caricature, nous montre Berthe Morisot aux traits creusés, en grand deuil — chapeau et voile noir — peu après la mort de son père, Tiburce Morisot, le 29 janvier 1874. Ce deuil suivait des années de maladie, qui avaient beaucoup affecté Berthe ; un an plus tard elle peut écrire à son frère : « C'est aujourd'hui 24 janvier, un triste jour, l'anniversaire de la mort de mon pauvre père. Quel serrement de cœur à la

367

pensée de ces dernières années si atroces, de ses souffrances si longues et quels regrets de n'avoir pas su assez lui adoucir ses derniers moments. »[1]

Manet a capté une expression — poussée ici au paroxysme — qui sous tend toujours le beau visage de Berthe Morisot, quelque chose de farouche, une tristesse et une inquiétude qui étaient sans doute des traits profonds de son caractère, comme une ombre de mort sur sa beauté, qui en font la véritable héroïne baudelairienne de l'œuvre de Manet. Son destin fut d'ailleurs fort mélancolique, ponctué jusqu'à sa propre mort prématurée (à cinquante-quatre ans, en 1895), d'une longue série de deuils, celui de son père en 1874, de sa mère en 1876, d'Édouard Manet qui l'affecta tout particulièrement et qu'elle ressentit comme la fin de sa jeunesse[2], et de sa rivale et amie Eva Gonzalès en 1883, enfin de son époux Eugène en 1892.

Elle appuie la tête sur son poing ganté de noir. On ne sait pas très bien comment interpréter ces sortes de lanières noires autour du bras : c'est probablement tout simplement le dessin de la manche d'une robe. Son visage marqué la fait paraître beaucoup plus âgée que ne le laisseraient supposer les deux ans qui séparent ce portrait de celui au chapeau noir (cat. 130), mais l'image aquarellée suivante (cat. 145) permet de retrouver son visage habituel.

Ce portrait, tendu, angoissé et comme furieux est tout à fait exceptionnel dans la carrière de Manet, et contredit par son expressionnisme tous les visages absents qui parsèment son œuvre.

1. Morisot 1950, p. 80.
2. *Ibid.* pp. 114-15.
3. Rouart et Wildenstein 1975 I, p. 27.
4. Tabarant 1947, p. 238.
5. 1re vente Coll. Degas 1918, n° 76 ; Tabarant 1947, p. 236.

Historique
Ce portrait figure au n° 45 de la liste des « Tableaux et études » de l'inventaire après décès de Manet[3] ; sa veuve en fait don au DR GEORGES BELLIO (1828-1894) pour les soins donnés à Manet au début de sa maladie, l'été 1883[4] ; Il passe ensuite chez sa fille et son gendre, M.. ET MME DONOP DE MONCHY et est acquis ensuite par EDGAR DEGAS (v. Hist., cat. 23). Degas non seulement aimait et collectionnait la peinture de Manet, mais était très attaché à Berthe Morisot dont il avait sans doute été amoureux. On peut supposer qu'il obtint ce portrait après la mort de Berthe Morisot en 1889, qui l'affecta beaucoup. L'œuvre passe à la vente Degas en 1918[5] où il est adjugé 27.600 Frs à BERNHEIM-JEUNE (v. Hist., cat. 31), puis VOLLARD (v. Hist., cat. 98) l'acquiert. C'est à Vollard que le grand collectionneur suisse d'impressionnistes et de Nabis, ÉMILE HAHNLOSER, l'achète alors, avant 1931, puisqu'il apparaît déjà comme propriétaire dans le catalogue de Tabarant, paru cette année-là.

F.C.

145 Berthe Morisot à l'éventail

1874
Aquarelle
20,3 × 16,5

Chicago, The Art Institute of Chicago

Cette aquarelle est très certainement une étude pour un charmant et vigoureux portrait de Berthe Morisot (RW 229), sans doute le dernier que Manet fit d'elle, peu avant qu'elle ne devint sa belle-sœur[1].

Il est difficile de le dater précisément ; l'année 1874 est décisive dans la vie de Berthe. Trois événements majeurs la ponctuent : elle perd son père en janvier, participe activement à la première exposition impressionniste au printemps, et épouse le frère de Manet, Eugène, en décembre.

Exposition
Philadelphie-Chicago 1966-1967 n° 110.

Catalogues
T 1931, 59 ; T 1947, 611 ; L 1969, 434 ; RW 1975 II 391.

145

L'aquarelle, comme le tableau, date vraisemblablement de l'automne, et montre Berthe, encore en deuil, en tenue de soirée de mousseline noire.

Le fond vert ici indique les plantes qui apparaissent dans le tableau — des palmiers — derrière le canapé clair où Berthe est assise, ouvrant de la main gauche l'éventail qu'elle tient de la main droite. A la différence des autres portraits pris de face, celui-ci la montre de trois-quart, soulignant d'un trait léger la finesse de ce visage énergique. Comme dans tous les portraits de Berthe, Manet souligne l'élégance des longues mains.

1. Tabarant 1947, p. 258.
2. *Ibid.*

Historique
Cette feuille apparaît, en 1910, chez le marchand
PAUL CASSIRER à Berlin[2], où elle entre dans la
collection de MME MARGARETE OPPENHEIM ;
on la retrouve à New York après la guerre chez
le marchand et collectionneur J.K. THANNHAUSER
(v. Hist., cat. 156). Elle est donnée par la Joseph
and Helen Regenstein Foundation à l'Art Institute
en 1963 (inv. 1963.812).

F.C.

146 L'artiste – Portrait de Marcellin Desboutin

1875
Huile sur toile
192 × 128
Signé et daté b.d. *Manet 1875*

NY   São Paulo, Museu de Arte

Le peintre et graveur Marcellin Desboutin (1823-1902) a posé pour *L'artiste* en 1875, probablement dans l'atelier de Manet. Nous ignorons à quelle date les deux artistes se rencontrèrent, mais il est possible que ce fut au café Guerbois, que Desboutin avait commencé à fréquenter vers 1870[1]. Desboutin lui préféra ensuite le café de la Nouvelle Athènes, où il fut bientôt rejoint par d'autres habitués du Guerbois, dont Manet et ses amis. C'est là qu'en 1876 Desboutin et l'actrice Ellen Andrée devaient poser pour *L'absinthe* de Degas (Orsay, Jeu de Paume), l'année même où le « portrait » de Desboutin par Manet fut refusé au Salon avec *Le linge* (RW 237).

    Ce double refus fut un choc pour Manet, qui avait exposé à tous les Salons depuis 1868. Le jury était composé de quinze artistes dont treize votèrent contre lui ; Henner et Bonnat furent les seuls à prendre sa défense[2]. On suppose que les difficultés rencontrées par Manet seraient dues à ses propos acerbes sur certains peintres académiques, notamment Meissonier, membre du jury cette année là[3]. Cependant, un article anonyme de l'époque montre que Manet était victime d'une hostilité accumulée pendant plusieurs années : « L'un des membres du jury s'est écrié, quand on a passé à l'examen des tableaux de Manet : ‹ Il n'en faut plus. Nous avons donné dix ans à M. Manet pour s'amender ; il ne s'amende pas ; il s'enfonce au contraire ! Refusé ! › — ‹ Refusons-le ! Qu'il reste seul avec ses tableaux ! » s'écrient les autres jurés. Seuls, deux peintres essayèrent de défendre le père du *Bon Bock*. ›[4]

    Manet répliqua en exposant les deux tableaux dans son atelier pendant la quinzaine précédant l'ouverture du Salon, avec des invitations ornées de la divise : *Faire vrai et laisser dire*[5].

    L'exposition remporta un grand succès, en dépit de nombreux commentaires désobligeants portés sur le livre que les visiteurs étaient invités à signer[6]. On y venait en foule, et après avoir vu *Le linge* et *L'artiste,* plusieurs critiques contestèrent la décision du jury. Ainsi, Armand Silvestre, jugeait que « M. Manet a, de l'avis de tout le monde, peint des morceaux d'une incontestable maestria, et l'un de ses deux tableaux de cette année, le *Portrait* [*L'artiste*], en contient un, le grand lévrier qui boit, que Velasquez n'eût pas renié. Est-ce enfin parce qu'on a jugé que le public ne s'intéressait pas à ces tentatives ? Son affluence à l'exposition libre de M. Manet prouve assurément le contraire. »[7]

    Quant au célèbre critique Castagnary : « Refuser M. Manet n'est pas une bonne chose. [...] Il occupe dans l'Art contemporain une place autrement grande que M. Bouguereau, par exemple, que je vois parmi les membres du jury. [...] Son portrait de cette année, ce portrait de M. Desboutin que vous lui avez refusé, eût été une des puissantes toiles du Salon. Mais le succès du *Bon bock* vous avait alarmés ; vous n'avez pas voulu qu'il se reproduisît sur une plus grande échelle. Folie ! Le public qui ne se fie à vous qu'à demi, a couru chez le peintre, et ces visites empressées l'ont amplement dédommagé de votre brutal refus. »[8]

Expositions
Paris, atelier de Manet 1876 ; Beaux-Arts 1884, nº 78 (L'artiste) ; Exposition Universelle 1900 nº 446 ; Bernheim-Jeune 1910 nº 8 ; Berlin, Cassirer 1910 ; Munich, Moderne Galerie 1910 nº 1.

Catalogues
D 1902, 189 ; M-N 1926 II p. 36 ; cat. ms. 202 ; T 1931, 225 ; JW 1932, 259 ; T 1947, 236 ; RO 1970, 202 ; RW 1975, 244.

146

Le succès remporté par le *Bon bock* en 1873 inquiétait, mais moins que l'autorité donnée à Manet dans le mouvement impressionniste. Le succès du *Bon bock* avait créé cette espèce de légitimité que redoutaient le jury du Salon et les critiques conservateurs tels que Junius, pour qui Manet était « le spirituel fauteur » de « cette école de hasard. »[9]

Les impressionnistes avaient ouvert leur deuxième exposition en avril, ce qui incita le critique Bernadille à demander ironiquement à propos de Manet : « Mais pourquoi n'avoir pas favorisé de ses deux tableaux l'exposition de ses frères et amis les impressionnistes ? Pourquoi faire bande à part ? C'est de l'ingratitude. Quel éclat la présence de M. Manet n'eût-elle point donné au cénacle de ces renards de la peinture [...]. »[10]

Il paraissait naturel que Manet, « Chef » des rebelles, exposât avec les impressionnistes qui d'ailleurs l'avaient invité à le faire. Il est clair, cependant, que *L'artiste* renoue avec les portraits des années 1860. Bien qu'ici Manet dépende moins directement de Vélasquez, il cherchait toujours à peindre des équivalents modernes de la peinture espagnole du XVIIe siècle. Réaliste, impressionniste et peintre de la vie moderne, Manet était aussi délibérément un artiste de la grande tradition, défiant et recherchant tout à la fois l'admiration de la société en place.

L'artiste ressemble en bien des points à *L'acteur tragique* (cat. 89). Les formats sont presque semblables, les personnages ont des attitudes analogues, leur regard contemplatif fixe l'espace dans la même direction, et le sol se confond avec le fond, selon la manière habituelle de Manet depuis le début des années soixante. Toutefois, dans *L'artiste,* Manet a surmonté son allégéance à la peinture espagnole qui caractérise ses premières œuvres. Les bleus et les bruns ont remplacé les noirs et les gris profonds, la facture est plus libre et plus nerveuse, plus improvisée aussi, que celle de *L'acteur tragique* ou d'autres figures des années soixante, comme le *Philosophe* (cat. 90). Dans une peinture exécutée à cette époque là, on n'aurait jamais vu cette exubérance de touches blondes et ocres dans la peinture du chien.

L'artiste est plus expressif que la plupart des portraits précédents de Manet. Il nous présente un personnage éminemment sympathique et digne. Degas avait probablement choisi Desboutin pour *L'absinthe* pour son apparence tandis que Manet semble l'avoir peint parce qu'il l'admirait. Issu d'une famille aristocratique, Desboutin avait fait des études de droit avant d'entrer à l'École des Beaux-Arts en 1845, avait beaucoup voyagé et avait vécu à Florence pendant deux ans environ, avant de revenir vivre à Paris ; en 1875, il n'était que l'un des nombreux artistes vivant péniblement, associés au mouvement impressionniste[11]. C'est l'année même où les impressionnistes, déjà désargentés, ont vu échouer la vente aux enchères de leurs œuvres. La pauvreté décente des vêtements de Desboutin devait caractériser le groupe. Grave et digne, Desboutin est le type même de ces artistes que Manet admirait, qu'il rencontrait tous les jours, et auxquels il s'identifiait. D'après Antonin Proust, Manet disait : « Je n'ai pas eu la prétention d'avoir résumé une époque, mais d'avoir peint le type le plus extraordinaire d'un quartier. J'ai peint Desboutin avec autant de passion que Baudelaire. »[12]

Manifestement, cette peinture a subi les changements et retouches typiques de la technique de Manet. J.E. Blanche se souvient avoir vu, adolescent, dans l'atelier de Manet, sur ce tableau « à droite du personnage, une chaise de jardin verte, un X qui m'avait beaucoup frappé et dont il n'y a plus de trace dans la toile réexposée depuis. »[13]. Une aquarelle représentant le buste de Desboutin serait la « première pensée » de ce tableau (RW II 474 ; fig. a).

fig. a. Portrait de Desboutin, 1875. Cambridge (Mass.), Fogg Art Museum

1. Rewald 1973, p. 235.
2. Tabarant 1947, p. 279.
3. Laran et Le Bas [1911,] p. 85.
4. Article anonyme in *Le Bien Public,* 6 avril 1876.
5. Moreau-Nélaton 1926 II, p. 37.
6. Tabarant 1947, p. 28 et 55.
7. Silvestre 1876 ; cité Tabarant 1947, p. 285.
8. Castagnary 1876 ; cité Tabarant 1947, p. 287.
9. Junius 1876 ; cité Tabarant 1947, p. 286.
10. Bernadille 1876 ; cité Tabarant 1947, p. 285.
11. Weisberg 1980, p. 28.
12. Proust 1897, p. 206.
13. Blanche 1912, p. 154.
14. Manet 1979, p. 213.

Historique
L'artiste fut prêté à la rétrospective Manet de 1884 par HUBERT DEBROUSSE, qui prêta également *Le buveur d'eau* (RW 43). Il l'avait acheté, sans aucun doute, peu après l'exposition privée dans l'atelier de Manet, en 1876. Nous n'avons pas le carnet de comptes de Manet de cette année là, et aucune transaction concernant cette peinture ne figure à une date postérieure. Julie Manet a vu *L'artiste* le 29 janvier 1899[14], lorsqu'elle a visité la collection d'AUGUSTE PELLERIN (v. Hist., cat. 109). Les tableaux de Pellerin ont tous été vendus à un consortium de marchands, en 1910, et cette même année, EDUARD ARNHOLD, de Berlin (v. Hist., cat. 29) a payé 300.000 DM *L'artiste* et *La famille Monet au jardin* (cat. 141). La galerie WILDENSTEIN (v. Hist., cat. 119) acheta cette peinture en 1954 et la revendit la même année au musée de São Paulo.

C.S.M.

147 Le Grand Canal à Venise

1875
Huile sur toile
57 × 48
Signé b.g. sur la barque *Manet*

Collection particulière

Expositions
Paris, Durand-Ruel 1896 ; Durand-Ruel 1906 n° 19 ; Londres, Sulley's 1906 n° 17 ; New York, Wildenstein 1937 n° 21 ; Philadelphie-Chicago 1966-67 n° 126.

Catalogues
D 1902, 205 ; M-N 1926 II p. 25, n° 191 ; T 1931, 239 ; JW 1932, 246 ; T 1947, 243 ; RO 1970, 208 ; RW 1975, 230.

Début septembre 1875, Manet et Tissot décidèrent de faire un voyage à Venise[1]. Ce dernier, qui avait quitté Paris en 1871, sous la Commune, pour vivre à Londres, décida de rejoindre Manet et sa femme à Paris, pour voyager avec eux. Le voyage de Manet dépendait d'une vente. Le 29 septembre, Manet fit savoir à Mallarmé que « le riche seigneur » n'était pas venu, mais il dût certainement arriver peu de temps après, car le peintre se rendit à Venise deux semaines plus tard. Le séjour paraît avoir duré un mois, car Tissot revint à Londres aux alentours de la mi-novembre. Le 15 de ce même mois, il écrivit à Manet à Paris, mentionnant la vue du grand canal (cat. 148) qu'il avait acquise auprès de son ami, et emportée avec lui à Londres.

Le séjour de Manet à Venise n'est décrit que par le court récit du peintre Charles Toché, rapporté par Vollard. Toché fit la connaissance de Manet par hasard, au café Florian, mais par la suite, il le rencontra souvent : « A Venise, j'allais le rejoindre presque tous les jours. Les lagunes, les palais, les vieilles maisons décrépites et patinées par le temps lui offraient des motifs inépuisables. Mais, de préférence, il recherchait les coins peu connus. Je lui avais demandé si je pourrais le suivre dans ma gondole. 'Tant que vous voudrez !, me dit-il. Quand je travaille, je ne m'occupe que de mon sujet.' »[2].

Bien que Toché laisse entendre que Manet aurait peint plusieurs vues de Venise, les seules que l'on connaisse de lui, sont les deux tableaux exposés qui, précisément, n'illustrent pas véritablement des « coins peu connus ». Toché assista, semble-t-il, à au moins une séance de travail de Manet pour le Grand Canal de Venise : « Et l'enthousiasme de Manet pour ce motif ! L'escalier de marbre blanc qui s'enlevait sur le rose fané des briques de la façade, sur le cadmium et les verts des soubassements ! Dans l'eau agitée au passage des barques, des oscillations d'ombre et de lumière qui faisaient s'écrier à Manet : 'Ce sont des culs de bouteilles de champagne qui surnagent'. Un jour que je l'accompagnais dans sa gondole, comme nous admirions, à travers la rangée de pieux gigantesques et tordus, bleus, blancs, les dômes de l'incomparable Salute, chère à Guardi : 'Je mettrai là-dessus', s'écria Manet, 'une gondole conduite par

147

un batelier en chemise rose, au foulard orangé, un de ces beaux gars, brun comme un Abencérage.' ».[3]

Le gondolier ne porte pas d'écharpe orange, soit que Manet ne l'ait jamais peinte, ou qu'il ait modifié son tableau. Les repentirs et des traces de grattage, révèlent des changements et des reprises. Toché, en réponse à cette observation de Vollard que : « 'Devant un tableau de Manet, on a la sensation de la touche posée d'emblée, définitivement', rétorque : 'Attendez ! C'était aussi mon opinion avant de l'avoir vu au travail. Je n'ai su que plus tard combien, au contraire, il peinait pour obtenir ce qu'il voulait. Pour ne parler que des *Pieux du Grand Canal,* Manet recommença sa toile, je ne sais combien de fois. La gondole et son batelier l'arrêtèrent un temps inimaginable'. C'est le diable, disait-il, pour arriver à donner la sensation qu'un chapeau tient bien sur la tête du modèle, ou qu'un bateau a été construit avec des bois coupés et ajustés suivant des règles géométriques. »[4]

On voit bien aussi que Manet a gratté et repeint le dôme de la Salute dans le fond, qui était plus haut vers la droite, et qu'il a supprimé le dôme plus petit, dont le repentir est encore visible plus à droite. Si les pieux bleus et blancs sont bien les mêmes que ceux qui apparaissent dans l'autre tableau (cat. 148), la gondole de Manet devait être amarrée près du Rio del Santissimo. Du point précis où Manet travaillait, il devait percevoir le dôme à l'arrière de la Salute. Son absence suggère que, de retour à Paris, il a dû retravailler le tableau, en fonction de la composition, comme il l'a également fait pour l'autre *Canal* (cat. 148) — démarche typique tout au long de sa carrière.

1. Tabarant 1947, p. 270.
2. Vollard 1937, pp. 163.
3. *Ibid.* pp. 160-161.
4. *Ibid.* p. 162-163.

Historique

FAURE (v. Hist., cat. 10) a sans doute acheté cette peinture à l'artiste peu de temps après qu'il eut achevée, en 1875, année pour laquelle nous n'avons pas le carnet de ventes de Manet. A la suite d'une exposition de la collection Faure chez DURAND-RUEL (v. Hist., cat. 118) en 1906, le marchand acheta le tableau 35.000 Frs, le 10 août, et le revendit le même jour, à ETHEL SPERRY CROCKER de San Francisco. Son mari, WILLIAM H. CROCKER (1861-1937), était le fils de Charles Crocker, l'un des « quatre grands » de San Francisco, qui avait financé la construction des Central and Southern Pacific Railroads, et le neveu d'Edwin B. Crocker, juge à la Cour Suprême de Californie, et fondateur de la Crocker Art Gallery de Sacramento. Ce tableau, resté dans la famille, fut acquis plus tard par la PROVIDENT SECURITY COMPANY, à San Francisco, et passa ensuite à son actuel propriétaire.

C.S.M.

148 Le Grand Canal à Venise (Venise bleue)

1875
Huile sur toile
58 × 71
Signé au bas du pieu de droite *Manet*

NY   Shelburne (Vermont), Shelburne Museum

Expositions

Paris, Beaux-Arts 1884 n° 79 ; New York, Durand-Ruel 1895 n° 16 ; Durand-Ruel 1913 n° 15 ; Paris, Orangerie 1932 n° 56 ; Philadelphie-Chicago 1966-67 n° 127.

Catalogues

D 1902, 204 ; M-N 1926 II p. 25 ; cat. ms. 190 ; T 1931, 238 ; JW 1932, 247 ; T 1947, 242 ; RO 1970, 207 ; RW 1975, 231.

Malgré l'affirmation de Charles Toché selon laquelle Manet aurait beaucoup peint pendant son séjour à Venise[1] on ne connaît que deux tableaux, les deux vues du Grand Canal (cat. 147 et 148) dont celle-ci aurait été peinte, d'après Mary Cassatt, au cours des deux derniers jours. Mrs Havemeyer, qui appela ce tableau *Venise bleue,* a rapporté ses propos : « Manet m'a dit être resté longtemps à Venise. Je crois qu'il y a passé l'hiver, et son insatisfaction dans le travail l'ayant totalement découragé et déprimé, il était sur le point d'abandonner et de rentrer à Paris le dernier après-midi de son séjour. Il prit une assez petite toile, et sortit sur le Grand Canal, pour faire une esquisse en souvenir de son séjour ; il fut, me dit-il, tellement heureux du résultat de ce travail, qu'il décida de rester un jour de plus pour le terminer »[2].

Cette information est, du moins en partie, assez douteuse. Richardson fait remarquer que les bâtiments du fond à gauche, semblent peints de mémoire, car ils n'ont pas un caractère vénitien, et s'accordent mal avec le reste de la scène[3]. Ceux que l'on aperçoit au fond à droite, correspondent à l'angle du palais inachevé Venier dei Leoni (actuellement musée Peggy Guggenheim), datant du XVIIIᵉ siècle, puis à un bâtiment moderne qui était jusqu'à tout récemment le siège du consulat américain, enfin au Palais Dario datant du XVᵉ siècle. A gauche de ce dernier succèdent, en réalité, de petits palais auxquels Manet a substitué des constructions imaginaires.

Quand ce tableau parut pour la première fois dans l'exposition de 1884, Louis Gonse y vit l'une des œuvres les plus réussies de l'artiste : « On peut soumettre ces tableaux de plein-air à une autre épreuve, celle de la photogra-

148

phie. Dépouillés de leur enveloppe colorée, les valeurs restent justes, les lointains sont à leur place, les formes ont une aération naturelle qui donne l'illusion d'une photographie prise sur nature »[4].

Péladan a également compris les « effets de ce malheureux épris du clair », mais il met l'accent sur l'irréalisme de l'œuvre : « Une singulière petite toile représente un coin du *Grand Canal de Venise,* l'eau est indigo, le ciel indigo, et les pilotis d'amarre blancs sont enguirlandés d'une bande bleue : cette symphonie en bleu majeur n'est ni absurde ni fausse ; j'ai vu des après-midi vénitiennes de cette teinte là, mais Manet a exaspéré une impression juste jusqu'au chimérique. A voir au fond des efforts de ce malheureux épris du clair, il y a un désir de la lumière, d'une idéalité singulière. Tous les prétendus naturalistes sont des 'farceurs', Courbet un bolonais, Zola un bœuf qui voit les pavés à l'état de tours St Jacques, et Manet est un coloriste chimérique. »[6]

1. Vollard 1937, p. 160 et ss.
2. Havemeyer 1961, p. 226.
3. Richardson 1958, p. 126, n° 51.
4. Gonse 1884, p. 146.
5. Zola 1867, *Revue,* p. 51 ; (Dentu) p. 24.
6. Péladan 1884, p. 114.
7. Moreau-Nélaton 1926, II, p. 25 et ss.
8. Lettre du 15 nov. 1875 ; citée Tabarant 1931, p. 29.
9. Havemeyer 1961, p. 226.

Historique

Une indication portée sur une photographie de ce tableau indique que Manet l'a vendu à TISSOT, le 24 mai 1875, pour 2.500 Frs[7]. Cette date est manifestement erronée et le prix élevé est suspect, étant donné que Tissot était un ami qui s'occupait activement de trouver des clients pour Manet. Le peintre James Jacques Joseph Tissot (1836-1902) avait été le condisciple de Degas à l'École des Beaux-Arts et il est resté lié aux artistes des Batignolles, même après son installation à Londres, en 1871. Après son séjour avec Manet à Venise, il lui écrivit de Londres : « Je viens de faire de jolies affaires avec un jeune marchand de tableaux qui d'après votre tableau de Venise, que j'ai ici, désire vous être présenté »[8]. Cette peinture apparaît d'abord dans les livres de stock de DURAND-RUEL à Paris, à la date du 25 août 1891, bien que Paul Durand-Ruel (v. Hist., cat. 118) l'ait probablement acquis auparavant.

La succursale de la galerie à New York la vend à Mr et Mrs HENRY O. HAVEMEYER le 8 avril 1895 (v. Hist., cat. 33), achat dont les mémoires, de Mrs Havemeyer nous apprennent que Mary Cassatt fut ravie[9]. A la mort de Mrs Havemeyer, en 1929, sa fille, Mrs J. WATSON WEBB (v. Hist., cat. 122) hérita du tableau qui entra avec son legs, en 1960, au Shelburne Museum.

C.S.M.

149 Portrait de Stéphane Mallarmé

1876
Huile sur toile
27 × 36
Signé et daté b.g. *Manet 76*

Paris, Musée d'Orsay (Galeries du Jeu de Paume)

Expositions
Paris, Beaux-Arts 1884 n° 87 ; Orangerie 1932
n° 61 ; Londres 1954 n° 13 ; Marseille 1961 n° 20 ;
Ingelheim 1977 s.n°. (p. 32).

Catalogues
D 1902, 220 ; M-N 1926 II p. 48 ; cat. ms. 226 ;
T 1931, 244 ; JW 1932, 265 ; T 1947, 265 ; RO
1970, 225 ; RW 1975, 249.

C'est à un écrivain, Georges Bataille, que revient d'avoir défini la merveilleuse réussite de ce portrait du poète : « Dans l'histoire de l'art et de la littérature, ce tableau est exceptionnel. Il rayonne l'amitié de deux grands esprits ; dans l'espace de cette toile, il n'y a nulle place pour ces nombreux affaissements qui alourdissent l'espèce humaine. La force légère du vol, la subtilité qui dissocie également les phrases et les formes marquent ici une victoire authentique. La spiritualité la plus aérée, la fusion des possibilités les plus lointaines, les ingénuités et les scrupules composent la plus parfaite image du jeu que l'homme est en définitive, ses lourdeurs une fois surmontées. »[1]

Les relations entre Mallarmé et Manet datent au moins de 1873, année de l'arrivée du poète à Paris : une lettre de John Payne à Mallarmé, datée du 30 octobre, rappelle une récente visite commune à l'atelier du peintre[2]. La rencontre s'était faite quelques mois plus tôt, soit par Philippe Burty, soit par Nina de Callias (cat. 137). Les relations furent vite étroites et suivies, au point que Mallarmé a pu écrire dans sa mini-biographie à Verlaine : « J'ai dix ans vu tous les jours mon cher Manet dont l'absence aujourd'hui me paraît invraisemblable. »[3]. En effet, en rentrant chez lui du Lycée Fontane (aujourd'hui Condorcet), où il enseignait l'anglais, Mallarmé allait, à peu près quotidiennement, bavarder en fin d'après-midi avec Manet et son petit cercle d'amis. L'atelier de Manet fut par excellence le lieu de rencontres importantes, voire essentielles pour Mallarmé : celles de Zola, Monet, Berthe Morisot, par qui il allait entrer en contact avec tout le milieu impressionniste, et en particulier avec ceux qui lui seront les plus proches après Manet, Degas et Renoir. Enfin, c'est chez Manet qu'il rencontre Méry Laurent (voir cat. 215).

La date du portrait est connue par une lettre de Mallarmé à Arthur O'Shaughnessy du 19 octobre 1876 : « Manet fait un petit portrait de moi en ce moment. »[4]. Le poète pose ici sur le canapé de l'atelier de la rue de Saint-Pétersbourg, adossé à la même tenture japonaise ou japonisante que l'on voit dans *Nina de Callias* (cat. 137) et *Nana* (cat. 157). Manet l'a saisi dans une conversation familière, fumant un de ses chers cigares dont il fera plus tard un poème[5]. Ici, tenu à la main, il est l'image de la rêverie intellectuelle.

Le Mallarmé de ce portrait a trente-quatre ans, dix ans de moins que Manet. Pour le jeune poète, le peintre est non seulement un héros de l'avant-garde depuis quinze ans, mais il est surtout investi du prestige d'avoir été l'intime de l'écrivain que Mallarmé vénérait le plus : Charles Baudelaire. La vive amitié entre les deux hommes tenait d'abord aux quelques traits communs qui reviennent à propos de chacun d'eux dans toutes les descriptions : le don de conversation, le charme raffiné, la distinction d'esprit, et, disons, une certaine « situation d'incompris [...] l'attitude de Manet lui était un encouragement fraternel », comme l'écrit Henri de Regnier dans ses souvenirs sur Mallarmé : « Sensible au génie de l'artiste, il ne l'était pas moins au charme de l'homme, [...]

149

Toute l'âme résumée
Quand lente nous l'expirons
Dans plusieurs ronds de fumée
Abolis en d'autres ronds

Atteste quelque cigare
Brûlant savamment pour peu
Que la cendre se sépare
De son clair baiser de feu

Mallarmé[5]

je l'ai toujours entendu parler de Manet avec une profonde admiration et une tendre amitié[6] ».

Quelque chose aussi liait l'ancien «boulevardier» et le parisien de fraîche date : une commune admiration des femmes et de leur élégance vestimentaire. L'élégance, voire la coquetterie, de Manet était proverbiale, son intérêt pour la toilette féminine ne l'est pas moins : du *Déjeuner* (cat. 109) à la *Serre* (cat. 180) et à *L'Automne* (cat. 215) en passant par le *Balcon* (cat. 115), tout l'œuvre en témoigne. Quant à Mallarmé, on le sait, il tenait à l'époque une chronique de mode, sous l'étonnant pseudonyme de «Miss Satin» qui devait beaucoup amuser Manet, un peu son initiateur en matière de raffinement parisien.

Leurs relations ne sont d'ailleurs pas tout à fait d'égal à égal ; d'après Thadée Natanson, à qui Mallarmé parla beaucoup de Manet : «Pendant les dix années d'une intimité, de la part de Mallarmé toujours aussi fervente, d'Edouard Manet, presque condescendante, c'est Mallarmé qui aime davantage, qui donne plus de soi [...]. C'est toujours Mallarmé qui vient rue de Saint-Pétersbourg et je ne sais si Manet a jamais été rue de Rome. Le peintre sait gré de ses articles à l'écrivain, mais pas plus que Delacroix à Baudelaire, des siens.»[7]. Cette interprétation peut être nuancée par une lettre de Suzanne

Manet à Mallarmé, quelques mois après la mort du peintre, où elle lui dit : «Vous étiez réellement son meilleur ami, aussi il vous aimait tendrement.»[8]

Mallarmé, grand admirateur de la peinture de Manet, venait au moment de ce portrait de lui consacrer deux longs articles, le premier sur le *Jury de peinture pour 1874 et M. Manet,* lorsque le jury refusa deux des trois tableaux envoyés, article qui lui valut en remerciement un billet de Manet : «Mon cher ami. Merci. Si j'avais quelques défenseurs comme vous, je me f... absolument du jury.»[9]

Le second, de loin le plus important, *Les impressionnistes et Edouard Manet,* ne parut à l'époque que dans sa traduction anglaise au moment même du portrait, et fut retraduit en français un siècle plus tard, le texte original ayant disparu[10]. Mallarmé lui demande à plusieurs reprises sa collaboration pour illustrer ses propres poèmes ou ses traductions de Poe où Manet fait à plusieurs reprises le portrait de son jeune ami (voir cat. 151-152).

Des nombreux portraits peints ou gravés de Mallarmé par d'autres artistes — Gauguin, Munch, Renoir, Whistler, — les contemporains s'accordaient à trouver celui de Manet le plus ressemblant, même ceux qui n'ont connu Mallarmé que plus tard, un peu durci par l'âge. Le plupart des écrivains de la génération symboliste connaissaient cette image de Mallarmé, puisque c'est ce portrait que Verlaine fit reproduire en frontispice du chapitre «Mallarmé» des *Poètes Maudits* en 1886.

1. Bataille 1955, p. 25.
2. Mondor 1942, p. 344.
3. Mallarmé 1965 II, p. 303 (à Verlaine, 16 novembre 1885).
4. *Ibid* p. 130 (à O'Shaughnessy, 19 oct. 1876).
5. Mallarmé 1945, p. 73.
6. Henri de Régnier, *Faces et profils,* Paris 1931, p. 73 et ss.
7. Natanson 1948, p. 101.
8. Paris, Bibliothèque d'Art et Archéologie, fonds Manet (Suzanne Manet à Mallarmé, 21 oct. 1883).
9. Anc. coll. Sicklès (Manet à Mallarmé, avril 1874) Paris, Berès 1978, n° 105.
10. Mallarmé 1876.

Historique
Ce portrait fut donné par Manet à MALLARMÉ ; il était suspendu dans sa salle à manger de la rue de Rome, proposé pendant plus de vingt ans à l'admiration des habitués des fameux Mardis du poète. Après sa mort en 1898, il reste dans la famille, à Valvins, chez MME MALLARMÉ, puis chez leur fille GENEVIÈVE MALLARMÉ (1864-1919), épouse du DR EDMOND BONNIOT, jusqu'à ce que le Louvre l'acquiert en 1928 à ce dernier grâce au concours des Amis du Louvre et de M. David-Weill (inv. RF 2661). Un détail : le portrait de Mallarmé fut exposé alors avec une autre acquisition du même Conseil des musées, une tête dite «tête Laborde», provenant du Parthénon. La compagnie n'eut sans doute déplu ni à Manet, ni à Mallarmé, auteur de l'adaptation d'une mythologie illustrée, *Les dieux antiques,* en 1880. Le portrait de Mallarmé est exposé pour la première fois aux États-Unis.

F.C.

150 Chat sous un banc

1875-1882
Mine de plomb et lavis d'encre sur papier quadrillé
11,9 × 12

Paris, Bibliothèque littéraire Jacques Doucet

Catalogue
RW 1975 II 626

Ce charmant dessin d'un chat blotti sous un banc de jardin en pierre, représenterait le «chat de Mallarmé» selon la tradition de ses possesseurs (voir Historique). La chose est curieuse car il semble que Manet ne soit jamais allé à Valvins, dans la maison de campagne de Mallarmé : ce dessin contredirait-il une tradition fausse ? ou s'agit-il d'un chat vu et apprécié par Mallarmé chez Manet, au cours d'un des étés passés par le peintre près de Paris — à Bellevue en 1880 ou à Versailles en 1881 ?

Notons que les chats de Manet ont toujours un lien quelconque avec ses amis écrivains — Baudelaire (cat. 64) ou Champfleury (cat. 114, 117), par exemple.

150

Historique

Ce dessin (non catalogué par Leiris) aurait appartenu à MÉRY LAURENT (v. cat. 215), qui l'aurait donné au poète symboliste GEORGES RODENBACH (1855-1898), en lui indiquant qu'il s'agissait du « chat de Mallarmé ». C'est le biographe de Mallarmé, HENRI MONDOR, qui le posséda ensuite, l'ayant probablement acheté à Mme Rodenbach. Selon un renseignement aimablement communiqué par M. Chapon, Mme Rodenbach lui aurait confirmé cette tradition sur Mallarmé. Il est légué avec le fonds Henri Mondor à la Bibliothèque littéraire Jacques Doucet en 1968 (inv. 113).

F.C.

151 Le Corbeau (The Raven)

1875

Autographies pour l'affiche et la couverture, l'ex-libris et les quatre illustrations pour LE CORBEAU THE RAVEN poëme par EDGAR POE traduction française de STÉPHANE MALLARMÉ avec illustrations par EDOUARD MANET. Paris, Richard Lesclide, éditeur, 61, rue de Lafayette, 1875.

P   Paris, Bibliothèque Nationale
NY   New York, The New York Public Library

Tête de profil. Affiche et couverture 16,2 × 15,8 (sujet)
Le corbeau volant. Ex-libris 6 × 24 (sujet)
Sous la lampe 27,5 × 37
A la fenêtre 38,5 × 30
Le corbeau sur le buste 47,5 × 31,6
La chaise 29 × 27,6

Planches signées b.g. E.M.

LE CORBEAU

(THE RAVEN)

Poème d'Edgar POE

Traduit par Stéphane MALLARMÉ

Illustré de cinq Dessins de MANET

TEXTE ANGLAIS ET FRANÇAIS

Illustrations sur Hollande ou sur Chine

AU CHOIX

Couverture et Ex-Libris en parchemin. — Tirage limité.

PRIX 25 FRANCS

Avec Épreuves doubles sur Hollande et Chine : 35 francs.

Cartonnage illustré, en sus : 5 francs.

151 Affiche

151 Tête de profil. Détail de l'affiche

Publication
Lesclide 1875.

Expositions
Philadelphie-Chicago 1966-67 nᵒ 133 ; Ingelheim 1977 nᵒˢ 95-100 ; Londres, BM 1978 nᵒˢ 25-29 ; Paris, Berès 1978 nᵒ 89.

Catalogues
M-N 1906, 90-94 ; G 1944, 85-86 ; L 1969, 440, 441, 443-446 ; H 1970, 83 ; LM 1971, 82, 84 ; W 1977, 95-100 ; W 1978, 89.

Affiche
Avec la *Tête de profil* et la lettre en rouge et noir. Sur parchemin. Paris : coll. Moreau-Nélaton. New York : coll. Avery.

Ex-libris
Sur parchemin mince. Paris : coll. Moreau-Nélaton. New York : avec dédicace à O'Shaughnessy ; coll. O'Shaughnessy, D.G. Rossetti, Avery.

Illustrations
Épreuves sur chine. Paris : coll. Moreau-Nélaton. New York : coll. O'Shaughnessy, D.G. Rossetti, Avery.

Le 27 mai 1875, Manet écrit à Mallarmé : « Mon cher ami, venez donc ce soir à 5 h à l'atelier pour signer vos exemplaires. »[1]. Il s'agissait des exemplaires d'auteur du livre auquel avaient collaboré le jeune poète et l'artiste au cours des mois précédents, l'un y ayant contribué par sa traduction en prose du célèbre poème *The Raven* d'Edgar Allan Poe[2] ; l'autre par ses grands dessins à l'encre. Le livre a été achevé d'imprimer le 20 mai, et le 2 juin, Mallarmé écrivait à Léon Cladel dans l'espoir d'obtenir une réclame pour *Le Corbeau,* « présentant cette publication comme la chose à la mode, parisienne, etc. »[3]. Un des exemplaires exposé ici, porte sur l'ex-libris une belle inscription de la main de Mallarmé : « A M. O'Shaughnessy/Exemplaire offert par MM. S. Mallarmé et E. Manet », chacun signant son nom. Cet exemplaire dédicacé (voir Historique) passa au peintre pré-Raphaélite, D.G. Rossetti, qui en donna son opinion dans une lettre écrite en 1881 : « [...] moi-même, j'ai reçu en souvenir d'O'S. [O'Shaughnessy] un énorme folio d'esquisses lithographiées d'après le Corbeau, par un idiot français qui s'appelle Manet, qui est de toute évidence le plus fier et orgueilleux imbécile qui ait existé. On devait en acheter un exemplaire pour chaque salle d'hypocondriaques dans les asiles de fous. Il est impossible de ne pas s'esclaffer en le regardant. »[4]

Cette réaction fut-elle générale, en dehors d'un petit cercle d'initiés ? Chose curieuse, il semble que déjà, au moment de la publication, Rossetti avait reçu, par John Payne, un des exemplaires que Mallarmé fit remettre à ses amis poètes. Swinburne l'en remercia, le 7 juillet, dans une lettre où il évoque le souvenir de sa visite à Manet en 1863 et dit son plaisir devant « ces pages

151 Ex-libris avec dédicace à O'Shaughnessy. New York Public Library

merveilleuses où le premier poète américain se trouve deux fois si parfaitement traduit, grâce à la collaboration de deux grands artistes. »[5]. Le 1er septembre, O'Shaughnessy annonce qu'une petite note sur *Le Corbeau* paraîtra dans l'*Athenæum*[6], et le 9 Manet écrit à Mallarmé, en regrettant son absence de Paris, car un éditeur américain a écrit en proposant de prendre une édition de 500 à 1000 exemplaires. Manet voit dans cet éditeur « une poule aux œufs d'or pour nous », car les deux amis avaient projeté toute une série de publications[7], dont Lesclide annonça au dos de la couverture du *Corbeau*, « Pour paraître prochainement : La cité en la mer Poème d'Edgar Poe illustré et traduit par MM. Édouard Manet et Stéphane Mallarmé » — projet qui n'aboutit pas, — alors que l'exquise édition de *L'après-midi d'un faune* par Mallarmé, illustré de bois gravés de Manet (H 84), devait paraître chez Derenne, en avril 1876[8].

151 Sous la lampe

151 A la fenêtre

151 Le corbeau sur le buste

Pour Mondor et Jean Aubry, l'insuccès de ce grand livre était inévitable : « Les proportions volumineuses de l'ouvrage, les illustrations d'Édouard Manet, fort discuté encore en 1875, la singularité, pour le gros des lecteurs, du poème d'Edgar Poe, le nom encore à peu près inconnu de Mallarmé, tout concourut à éloigner les acquéreurs possibles d'un ouvrage publié pourtant à petit nombre (240 exemplaires) et à un prix qui semble aujourd'hui modique. »[9]

Tel Baudelaire poursuivant des années durant ses projets de publication des œuvres de Poe (voir cat. 59 et 60), Mallarmé projetait également depuis 1862, celle de ses traductions de l'œuvre poétique de Poe. La collaboration de Manet semble dater de fin 1874, début 1875, moment où l'on trouve un « essai » pour la tête de corbeau (H 83g)[10]. Les deux amis étaient sans doute aussi exigeants et « difficiles » que Baudelaire vis-à-vis de l'édition. En 1881, lorsque Mallarmé projetait une édition de l'ensemble de ses traductions des poèmes de Poe, illustrée de « huit très belles compositions du peintre Manet, mon ami, dont plusieurs sont célèbres ayant paru dans une traduction [...] du *Corbeau* [...] », il se qualifiait de « bibliophile forcené (et, je dois le dire, difficile, mais sûr de m'entendre avec vous pour faire quelque chose de très particulier) »[11].

Dans le cas du *Corbeau,* l'éditeur, Lesclide, dut se plier aux goûts raffinés du poète et de l'artiste : « [...] très effrayé de la soie noire que vous avez

151 La chaise

l'intention de mettre au dos du carton », Manet exigea « Un parchemin, un papier vert ou jaune tendre, se rapprochant du ton de la couverture. »[12]. La publication parut, suivant les indications de l'affiche, avec la traduction en prose de Mallarmé face au vers de Poe en anglais, et les illustrations de Manet sur Hollande ou sur Chine, avec la couverture et l'ex-libris sur parchemin, et le « cartonnage illustré, en sus : 5 francs », évoqué dans la lettre à Lesclide, également en parchemin.

      Manet se servit de la technique dite, par Moreau-Nélaton, de l'autographie, déjà essayée l'année précédente (voir cat. 168), et qui convenait parfaitement au style de son dessin au pinceau développé et maîtrisé à partir de cette époque (voir cat. 154, 155, 159-163). Sur des feuilles de papier report, il jeta ses dessins au pinceau et à l'encre autographique, qui furent ensuite reportés sur zinc et tirés par Lefman, le spécialiste de cette technique. On connaît des épreuves d'état qui montrent des différences notables dans le dessin[13], et bien que l'on ignore les détails techniques de la lithographie sur zinc à cette époque, il semble que Manet suivit de très près le travail du report et put intervenir pour apporter des changements à son dessin.

      Entre les doubles pages du texte, furent insérées ces feuilles d'images, où Manet répond aux évocations du texte de Poe par des images de Mallarmé lui-même, dans le rôle du poète qui parle de sa Lénore perdue. La première strophe décrit la scène, « par un minuit lugubre », où le personnage plongé, somnolent, dans la lecture de « maint curieux et bizarre volume de savoir oublié » lève tout à coup la tête en croyant entendre « quelqu'un frappant à la porte de ma chambre ». Ici, le dessin est assez précis, et détaille la scène du poète à sa table, sous la lampe, avec même une pointe d'humour dans la présence sur une chaise d'une canne et d'un haut-de-forme, qui ne peuvent être, semble-t-il, que ceux de l'artiste qui observe et crée l'image.

Vient ensuite l'illustration du passage impressionnant où « avec maints enjouement et agitation d'ailes, entra un majestueux corbeau des saints jours de jadis ». Manet joue ici avec les termes exacts du poème : au lieu de pousser au large le volet comme il est dit dans le poème, le poète ouvre sa porte-fenêtre vers l'intérieur, et l'oiseau se voit en silhouette contre un ciel clair où se profilent des toits et des cheminées bien parisiens. Nul effet de ce « minuit lugubre [...] en le glacial décembre », bien que Manet ait, comme nous l'avons signalé, retravaillé cette planche pour rendre le paysage à la fois plus sombre et plus triste. Il est rendu par une touche large et vibrante qui, comme les ombres qui enveloppent la figure du poète, contribuent à créer l'impression du mouvement inéluctable et menaçant de l'oiseau fatidique.

Dans la troisième planche, le corbeau est toujours perché sur le buste de Pallas, à répéter son sinistre « Jamais plus », et Manet, en suivant ici de très près le texte, a inventé une image extraordinaire pour exprimer la confrontation entre le corbeau et le poète : « [...] je roulai soudain un siège à coussins en face de l'oiseau, et du buste, et de la porte ; et m'enfonçant dans le velours, je me pris à enchaîner songerie à songerie pensant à ce que cet augural oiseau de jadis — à ce que ce sombre, disgracieux, sinistre, maigre et augural oiseau de jadis signifiait en croassant : ‹ Jamais plus ›. [...] cela et plus encore, je m'assis pour le deviner, ma tête reposant à l'aise sur la housse de velours des coussins [...] housse violette de velours qu'*Elle* ne pressera plus, ah ! jamais plus ». Ici, en plus de l'exacte représentation des éléments réels du poème, oiseau, buste, porte, chaise à la housse de velours, Manet évoque par le jeu des ombres portées et les larges coups de pinceau qui traverse l'espace, l'impression d'étouffement, de présence envahissante, qui saisit le poète : « L'air, me sembla-t-il, devient alors plus dense, parfumé selon un encensoir invisible [...]. »

La dernière image est presque illisible dans sa densité à la fois abstraite et réelle. Le bas de la porte, une chaise vide, des ombres devenues présences vivantes, maléfiques, sont brossés avec une force suggestive qui défie toute description et rejette toute analogie avec des œuvres contemporaines : « Et le Corbeau [...] siège encore sur le buste pallide de Pallas [...] et la lumière de la lampe [...] projette son ombre à terre : et mon âme, de cette ombre qui gît flottante à terre, ne s'élèvera — jamais plus ! »

1. Mallarmé (1945), 1979 p. 1519.
2. *Ibid.* pp. 190-93.
3. *Ibid.* p. 1519.
4. *D.G. Rossetti and Jane Morris, their correspondence*, ed. J. Bryson, Oxford 1976, p. 174 ; cit. Londres, British Museum 1978, n°s 25-29.
5. *The Letters of Algernon Charles Swinburne*, Londres 1918, I, p. 226 ; cité Mallarmé 1979, pp. 1521-22.
6. Mallarmé 1979, p. 1521.
7. Paris, Berès 1978, n° 105.
8. *Ibid.* n° 90.
9. Mallarmé 1979, p. 1521.
10. Wilson 1977, n° 93.
11. Mallarmé 1979, pp. 1519-20.
12. Wilson 1978, n° 89.
13. Guérin 1944, n° 86 b et c, 1er et 2e états ; Harris 1970, n° 83, fig. 163 c-e ; Ingelheim 1977, n° 98, 1er et 2e états.
14. Mallarmé 1965, II, p. 72, n. 3.
15. Paris, Bibliothèque d'Art et d'Archéologie (O'Shaughnessy à Manet, 20 mai 1876).

Historique

Paris. L'affiche et l'exemplaire de MOREAU-NÉLATON (v. Hist., cat. 9) proviennent d'une source inconnue, et l'ex-libris ne porte aucune indication permettant de l'identifier.

New York. L'exemplaire est celui offert par Mallarmé et Manet à ARTHUR O'SHAUGHNESSY (1844-1881), poète anglais qui travailla pendant sa courte vie au British Museum, d'abord comme sous-bibliothécaire et ensuite au département de la zoologie. Disciple et imitateur de Swinburne, il fut très actif dans le monde littéraire et artistique, et travailla pour la revue l'*Athenæum*[14].

En 1876 il écrit à Manet pour le remercier de la visite de son atelier, où il fut très impressionné par *L'exécution de Maximilien* (v. cat. 104 et 105), et de l'envoi d'un exemplaire de *L'après-midi d'un faune*[15].

Après sa mort prématurée, c'est DANTE GABRIEL ROSSETTI (1828-1882), peintre et poète pré-Raphaélite, qui reçut cet exemplaire en souvenir de lui et en fit la description désobligeante déjà citée. On doit supposer qu'il s'est débarrassé d'une œuvre qu'il appréciait si peu, et S.P. AVERY (v. Hist., cat. 17) dut l'acquérir, à Londres ou à Paris.

J.W.B.

152 Annabel Lee
Jeune femme au bord de la mer

1879-1881
Mine de plomb et lavis d'encre de Chine
46,2 × 29
Inscr. b.d. (de Manet ?) *Edouard Manet/Étude pour Jeanne*

Rotterdam, Museum Boymans-van Beuningen

Ce dessin à servi de projet pour une illustration de la traduction par Mallarmé du poème de Poe, *Annabel Lee*[1]. En fait, Manet ne s'est pas donné beaucoup de mal pour transcrire graphiquement le poème traduit par son ami Mallarmé, et s'est contenté de reprendre pour l'illustration une étude dessinée pour une toile déjà peinte, dans un autre contexte, d'après Jeanne Gonzalès, jeune sœur d'Eva. Cette étude porte l'inscription *Étude pour Jeanne,* et la mise au carreau pour Manet laisse supposer qu'il s'agit de celle de *Jeune femme dans un jardin,* de 1879 (RW 315 ; voir fig. a). Le tableau est précisément coupé là où Manet a arrêté la numérotation des carreaux : 14 en hauteur et 10 en largeur.

Il existe deux autres versions de ce dessin, sans mise au carreau, et, semble-t-il, faites après celle-ci, puisqu'elles sont cadrées là où Manet cesse sa numération, sous le pouf de la jupe en bas (RW II 436 et 437). Au moment où il

Catalogues
T 1947, 671 ; L 1969, 591 ; RW 1975 II 435.

152

fig. a. Jeune femme dans un jardin, 1879. Merion, The Barnes Foundation

pensait à une illustration des traductions de Poe par Mallarmé, il a sans doute tout simplement tiré de ses cartons un dessin qu'il pensait pouvoir adapter au thème du poème, en extrayant peut-être une phrase de Poe comme : « elle était un enfant dans ce royaume près de la mer », et en ajoutant un vague fond maritime. Il dit lui-même à Mallarmé sa fatigue quand il s'agit de faire ces illustrations : « [...] vous savez si j'aime m'embarquer avec vous pour un travail quelconque mais aujourd'hui c'est au-dessus de mes forces, je ne me sens pas capable de faire proprement ce que vous me demandez je n'ai pas de modeles, et surtout point d'imagination [...] »[2].

1. Mallarmé, 30 juillet 1881, cité par Tabarant, 1947, p. 417.
2. Anc. coll. Sicklès (Manet à Mallarmé, 30 juillet 1881). Paris, Berès 1978, n° 105.

Historique
On ne sait quand ce dessin sortit du fonds d'atelier. On le retrouve d'abord à Paris chez A. DE BURLET, puis à Berlin chez PAUL CASSIRER (v. Hist., cat. 13) enfin à Haarlem en Hollande en 1926, chez F. KOENIGS (v. Hist., cat. 13). Il est acheté en 1941 pour le Musée Boymans (inv. F II 20) par D.G. VAN BEUNINGEN (v. Hist., cat. 13).

F.C.

153 Annabel Lee

1879-1881
Lavis d'encre de Chine
30,1 × 40,9
Cachet de l'atelier b.d. *E.M.*

Copenhague, Statens Museum for Kunst

Exposition
Paris, Beaux-Arts 1884 n° 173.

Catalogues
T 1947, 672 ; L 1969, 593 ; RW 1975 II 438.

Ce dessin, comme le précédent, se rattache assez artificiellement à l'illustration de l'*Annabel Lee* de Poe, traduit par Mallarmé, dans la mesure où il a été reproduit, après la mort de Manet, dans la deuxième édition, chez Vanier, en 1889. La charmante jeune sœur d'Eva Gonzalès, Jeanne, deuxième fille de l'ami

153

de Manet, l'écrivain Emmanuel Gonzalès, pose ici dans la même robe que dans le dessin où on la voit debout (cat. 152), et ces lavis ont certainement été faits la même journée. Elle était toute jeune, et il n'était pas absurde que Manet pense à ses croquis d'elle en recherchant dans des dessins récents l'évocation de la jeune fille de Poe dans un « royaume près de la mer ». Ce n'est pourtant pas la petite sauvageonne romantique du poète mais une élégante jeune parisienne aux bains de mer.

Le dernier séjour de Manet au bord de la Manche se place en 1873 à Berck et ces dessins ne semblent pas avoir été faits sur place à ce moment là. On peut imaginer que Manet, en 1879-1881, dessine la jeune fille dans son jardin, et lui adjoint une mer de fantaisie, comme il le fait dans d'autres croquis ou lettres en 1880 : *Jeune fille au bord de la mer* (RW II 414) ou *Isabelle plongeant* (cat. 192).

1. Vente Manet 1884, nº 143 ; Bodelsen 1968, p. 342.

Historique
Ce beau dessin fut acheté pour 105 Frs à la vente Manet en 1884[1] par MARCEL BERNSTEIN, père d'Henry (voir cat. 209). On le retrouve ensuite chez FIQUET, puis GUIOT, à qui l'achète le Musée de Copenhague en 1927 (inv. 10.280).

F.C.

154 A la fenêtre

1875
Mine de plomb et lavis d'encre noire
27 × 18,8

NY   Paris, Musée du Louvre, Cabinet des Dessins

Il faut évidemment mettre ce dessin en relation avec les illustrations de Manet

154

Catalogues
L 1969, 378 ; RW 1975 II 402.

pour *Le Corbeau* de Poe, traduit par Mallarmé, en particulier avec la lithographie *A la fenêtre* (voir cat. 151). Au début des années soixante-dix, Manet utilisera souvent le lavis, d'un pinceau libre, expressif, dans le travail du noir étalé rapidement, laissant des réserves de blanc, toujours éloquentes et significatives : ici la lune et la silhouette au balcon mettant en valeur la seule nuit. Les catalogues raisonnés y ont vu « une femme assise » ; rien n'est moins sûr. Il s'agirait plutôt d'une première étude pour l'autographie, qui représentera un homme, non plus au bord de la mer, comme on peut l'imaginer ici, mais devant une silhouette des toits de Paris. Des dessins ultérieurs montreront la prédilection de Manet pour cette libre technique du lavis et ce puissant travail du pinceau (voir cat. 159, 163).

Historique
Ce dessin a passé de MME MANET à PELLERIN
(v. Hist., cat. 100). Il fut acheté par le musée à
sa vente en 1954 et faisait partie de l'album nº 4
(inv. RF 30.465).

F.C.

155 Marine au clair de lune

1875
Mine de plomb et lavis d'encre noire
19,8 × 17,9

P   Paris, Musée du Louvre, Cabinet des Dessins

Catalogues
L 1969, 377 ; RW 1975 II 246

Manet avait déjà été particulièrement intéressé par une marine nocturne, observée d'après nature (cat. 118) ; ici il est possible d'imaginer qu'il s'agit d'un

155

lavis fait peu après une vision fugitive, de bateaux partant de nuit à la pêche, l'été 1873 passé à Berck-sur-mer ; mais il est bien plus probable que ce soit une feuille exécutée d'imagination, au moment où il travaillait à ses illustrations pour *Le corbeau* (cat. 151). En effet, comme dans le personnage au clair de lune esquissé (cat. 154), on trouve le même emportement du pinceau, le même usage des noirs généreusement jetés et des blancs gardés en réserve.

Historique
Même historique que le numéro précédent
(inv. RF 30.504).

F.C.

156 Devant la glace

1876-1877
Huile sur toile
92,1 × 71,4
Signé b.d. *Manet*

New York, The Solomon R. Guggenheim Museum

Quand Manet montre ce tableau lors de l'exposition particulière que lui consacre la galerie de *La Vie Moderne,* soutenue par Georges Charpentier, l'éditeur des naturalistes et amateur des impressionnistes, c'est dans un contexte « moderniste » très particulier. Si l'implication galante du sujet — une femme en corset — s'est évaporée depuis un siècle, il avait alors un contenu érotique chargé de toute une tradition dans la gravure du XVIIIe siècle et dans la lithographie romantique (comme chez Vallou de Villeneuve, fig. a, Bassaget ou Tassaert, par exemple). A l'époque, l'iconographie du corset était abondamment déployée dans les publications populaires comme *La Vie Parisienne,* mais plutôt sous forme caricaturale, et fournissait par ailleurs de multiples motifs à l'imagerie pornographique[1].

Dans cette transposition en peinture d'un thème populaire, Manet préfigure *Nana* (cat. 157), mais dans une mise en page qui tient encore du prototype des estampes romantiques, où la femme qui se déshabille — ou s'habille ? — est observée de dos. Manet a insisté ici sur la nuque et les épaules blanches et grasses, telles que son temps les appréciait. La psyché en pied est du même modèle que celles des lithographies romantiques, mais cela ne fait que souligner les différences, d'une part dans le cadrage, centré ici sur les éléments essentiels, dos, corset, chignon, miroir, — ce qui donne une spontanéité, un caractère vécu, instantané, très éloigné de ces « scènes de genre » 1830 qui ont l'air jouées complaisemment pour un voyeur. D'autre part, et surtout, dans la technique : jamais peut-être jusqu'ici Manet n'avait exposé une toile où le caractère d'esquisse soit préservé à ce point, et n'avait joué avec autant de brio et de désinvolture sur la touche hâchée, comme agitée, ne prenant même plus la peine de lui faire servir une forme. Il faut chercher longtemps le sens de ces traits de couleurs dans le haut du miroir à gauche, pour comprendre que, le haut de la psyché étant légèrement basculé en avant, il renvoie l'image à peine indiquée de la gorge, du corset et du bras qui le délace. La chevelure relevée devient un motif tourbillonnant, frotté comme dans les monotypes galants de son ami Degas à la même époque. La tenture du fond et le rideau ne sont que

Expositions
Paris, La Vie Moderne 1880 nº 8 ; Vienne, Miethke 1910 nº 6 ; Berlin, Thannhauser 1927.

Catalogues
D 1902, 213 ; M-N 1926, II p. 43 ; cat. ms. 216 ; T 1931, 246 ; JW 1932, 278 ; T 1947, 255 ; RO 1970, 217 ; RW 1975, 264.

fig. a. Vallou de Villeneuve, Le corset.
Lithographie, vers 1829

156

1. D. Kunzle, « The Corset as Erotic Alchemy :
   From Rococo Galanterie to Montaut's
   Physiologies », *Art News Annual*, 1972,
   XXXVIII, pp. 90-166.
2. Schneider 1972, pp. 8-9.
3. Huysmans 1883, p. 157.
4. Rouart et Wildenstein 1975, I, p. 27 : « Tableaux
   et études », nº 20.
5. Vente Manet 1884, nº 43 ; Bodelsen 1968,
   p. 342.

prétextes à une euphorie « gestuelle » et colorée, à propos de laquelle on peut comprendre qu'un critique d'art puisse y voir aujourd'hui une quintessence de la modernité picturale de Manet, une euphorie de peinture pure[2]. A vrai dire, on observe ici, comme souvent chez Manet, une facture fouettée aux limites de la facilité, que seul son grand goût retient d'une certaine vulgarité, aux limites que ses imitateurs ne sauront toujours respecter.

En 1880, quand cette toile fut montrée à La Vie Moderne, les critiques parlèrent plutôt des deux tableaux du Salon, inauguré quelques semaines plus tard, où figuraient *Le portrait d'Antonin Proust* (cat. 187) et *Le déjeuner chez le Père Lathuille* (RW 291), mais J.K. Huysmans pourrait faire allusion à cette toile lorsque, en rendant compte de l'exposition où était montré *Devant la glace*, il évoque son « [...] œuvre claire, débarbouillée des terres de momie et des jus de pipes qui ont crassé si longtemps les toiles, [...] une touche souvent caline, sous son apparence bravache, un dessin concisé mais titubant, un bouquet de taches vives dans une peinture argentine et blonde »[3].

La datation de ce tableau, montré en 1880, reste assez hésitante : dans un flou prudent chez Duret (toutes les œuvres de 1855 à 1877 sont classées pêle-mêle), il est tantôt placé en 1876, tantôt en 1877. Il faut le situer, semble-t-il à la même époque que *Nana,* commencé fin 1876, d'autant plus que le modèle ressemble beaucoup à Henriette Hauser (voir cat. 157).

Historique
Resté dans l'atelier de Manet où il apparaît dans l'inventaire après décès[4], ce tableau est acheté à la vente posthume pour 700 Frs par le DR ALBERT ROBIN[5]. Le célèbre histologiste (1847-1928) fut un collectionneur de peinture moderne, ami de Manet, de Méry Laurent, de Mallarmé, et du Dr Proust, père de Marcel[6]. Le Dr Robin habitait le même immeuble que Manet, ainsi qu'en témoigne une enveloppe en vers de Mallarmé :
« Prends ta canne à bec de corbin
Vieille Poste (ou je vais t'en battre)
Et cours chez le docteur Robin
Rue, oui, de Saint-Pétersbourg 4. »[7]
Notons au passage qu'il acheta à cette même vente *La Viennoise* (cat. 217) une *Chanteuse de café concert* (RW 281), *Nana* (cat. 157) et *Une allée de jardin* (cat. 219) qui fera partie de son legs important d'œuvres de Manet au Musée de Dijon en 1929. Il dut vendre ce tableau, qui resta sur le marché une vingtaine d'années : BERNHEIM-JEUNE, PAUL CASSIRER, GÉRARD

(1901), DURAND-RUEL (1902), KNOEDLER (1910), DURAND-RUEL (1916) (v. Hist., cat. 13, 31, 81, 118, 172). Il est acheté par le collectionneur FLANAGAN en 1917. Il fut vendu $ 12.500 à la vente Flanagan[8]. On le retrouve à Munich chez le marchand J.K. THANNHAUSER où il est déjà en tout cas en 1925, comme en témoigne le prêt chez Bernheim-Jeune, à Paris, en février 1926. Justin K. Thannhauser (1892-1965) avait été, avant la guerre de 1914, tout jeune homme, le plus moderniste marchand de Munich, montrant après Picasso, Gauguin, Manet (la collection Pellerin, v. Hist., cat. 109, en 1910), la première exposition du Blaue Reiter en 1911. Après la guerre, dans ses galeries de Berlin, Lucerne et Munich, il défendra Picasso, les cubistes, les peintres du Bauhaus, et Matisse. En 1933, le nazisme le chasse à Paris, et en 1941, aux États-Unis. *Devant la glace* était l'une des toiles de la superbe collection qu'il devait donner sous forme de fondation, au musée Guggenheim en 1965 (inv. 78.2514 T 27)[9].

F.C.

6. Painter, *Marcel Proust,* Paris, 1966, I, p. 280.
7. Mallarmé 1945, p. 92.
8. Vente Flanagan, New York, 14 janv. 1920, n° 65.
9. V.E. Barnett, *The Guggenheim Museum : Justin K. Thannhauser Collection,* New York 1978.

157 Nana

1877
Huile sur toile
154 × 115
Signé et daté b.g. *Manet 77*

P Hambourg, Kunsthalle

C'est pendant l'hiver 1876-77, que Manet reprend, sur le mode naturaliste et sans référence au passé, le thème de la courtisane, près de quinze ans après l'*Olympia* (cat. 64).

  Le titre et le sujet pourraient faire croire que ce tableau est une illustration de la *Nana* de Zola ; or, les premiers chapitres du roman n'ont été rédigés qu'un an et demi plus tard, à l'automne 1878, et la première parution ne commence qu'en octobre 1879, en feuilleton dans *Le Voltaire.* Le personnage de Nana apparaît cependant dans les dernières livraisons de *L'assommoir,* dans *La République des lettres,* à l'automne 1876. Nana, fraîche et rousse, est au tout début de sa vie galante : « Dès le matin, elle restait des heures en chemise devant le morceau de glace accroché au dessus de la commode [...] elle sentait bon la jeunesse, le nu de l'enfant et de la femme ».[1] Et « le vieux » qui, chez Manet, attend Nana sa badine à la main, préfigure le comte Muffat dans le roman.

  A vrai dire, le sujet était dans l'air. C'était un des thèmes naturalistes auquel tous les écrivains et peintres, de Goncourt à Degas, de Zola à Manet, travaillaient ou songeaient à la même époque, et il est fort possible que Manet ait commencé son tableau avant même d'avoir lu *L'assommoir,* ou d'avoir

Expositions
Paris, Giroux 1877 ; New York, Durand-Ruel 1895 n° 2 ; Paris, Durand-Ruel 1896 ; Bernheim-Jeune 1910 n° 10 ; Berlin, Cassirer 1910 ; Munich, Moderne Galerie n° 9 ; Saint-Pétersbourg, Institut Français 1912 n° 402 ; Hambourg 1973.

Catalogues
D 1902, 217 ; M-N 1926 II pp. 43, 52, 107, 117 ; cat. ms. 215 ; T 1931, 247 ; JW 1932, 275 ; T 1947, 270 ; RO 1970, 230 ; RW 1975, 259.

entendu Zola parler de son roman. Mais que Zola lui ait inspiré en tout cas l'idée du titre au moment du Salon, en mai 1877, est évident. Manet admirait beaucoup *L'assommoir* : une lettre de la duchesse de Castiglione-Colonna, datée du 28 avril, remercie Manet de lui avoir envoyé un exemplaire du roman qu'il lui a fait dédicacer par l'auteur[2]. Or, nous sommes dans les semaines mêmes qui précèdent le Salon.

Un contemporain, Félicien Champsaur, également lié au peintre et à l'écrivain, résumera quelques années plus tard ce qu'il faut penser des influences réciproques de Zola et de Manet à propos de Nana : « Quand parut le roman de M. Zola *l'Assommoir,* M. Manet peignit, en se conformant à l'impression donnée par le livre, une Nana à l'âge de dix-huit ans, grandie et déjà garce. C'est essentiellement une Parisienne, une de ces femmes, devenues grassouillettes avec le bien-être, de taille frêle, élégante ou excitante (...). Depuis Nana a grandi. Elle s'est transformée dans le cerveau de son père, M. Zola, en une fille opulente, blonde, plantureuse, superbe, d'une fraîcheur paysannesque, ressemblant peu à la Nana de M. Manet. Qui a raison de l'impressionniste ou du naturaliste ? »[3]

Reprise du thème de la courtisane, la Nana de Manet n'est plus la prostituée baudelairienne, fatale, de l'*Olympia,* mais une cocotte contemporaine à sa toilette dont le regard en coulisse — laissant en suspens un coup de houppette et un trait de rouge à lèvres — nous dit l'amusement, et la piètre estime en laquelle elle tient le « protecteur » qui l'attend, assis. Toute la composition tourne autour du centre du tableau : la croupe juponnée, sertie dans le bleu vif du corset et des bas brodés. A son corps tout en rondeurs répond le dessin du canapé, l'enserrant dans un jeu de courbes et contre-courbes féminines qu'accentue le moelleux de deux coussins blanc et vert[4]. Mais cette figure centrale est serrée, selon l'habitude de Manet, dans un schéma implacable de verticales et d'horizontales, l'homme sombre au chapeau haut-de-forme, à demi coupé par le châssis, sert de repoussoir à sa féminité épanouïe et ironique : Comment les hommes peuvent-ils être aussi bêtes ! a-t-elle vraiment l'air de nous dire avec Manet.

Non sans humour, d'ailleurs, le pot de fleurs avec son cache-pot vert véronèse vif répond symétriquement au visage masculin surmonté de son haut-de-forme, et le jupon posé sur la chaise, au genou plié du pantalon où s'appuie la badine. A la gouaille du visage de Nana en haut répond le bas brodé bien tendu au-dessus de l'escarpin que nous verrons inspirer Manet à plusieurs reprises dans ses dessins et notes aquarellées (cat. 198, 199).

D'après Bazire, le personnage masculin aurait été ajouté après coup[5]. Le découpage insolite de sa silhouette tranché par le bord du tableau, a pu faire penser à une influence de l'estampe japonaise[6]. Il avait déjà souvent adopté ce type de composition, caractéristique dans son œuvre dès les années soixante — par exemple dans *Le vieux musicien* (RW 52), la figure de l'extrême droite. Ces figures coupées deviendront un leit-motiv dans l'œuvre de Degas.

Manet avait fait poser Henriette Hauser, une jeune actrice sans doute rencontrée chez Nina de Callias (voir cat. 137). Alors maîtresse du prince d'Orange, qui l'avait surnommée « Citron », c'était une figure populaire du boulevard. Comme dans le portrait de Nina, certains historiens[7] ont interprété la grue — ou l'ibis — (voir cat. 137) sur la décoration, sans doute un tissu, derrière le canapé comme une allusion aux mœurs du modèle, le mot « grue » désignant déjà, à l'époque, une prostituée de haut vol. On comprend que l'hypothèse puisse être tentante, mais elle est peu vraisemblable. Remarquons d'abord que le tissu faisait partie du décor habituel de l'atelier de Manet ; on le retrouve dans plusieurs tableaux dont, nous l'avons vu, *Nina de Callias,* et, sans l'oiseau il est vrai, derrière le portrait de Mallarmé (cat. 149). Surtout, il est plus que douteux que Manet, malicieux mais galant homme et parisien accompli, ait fait une allusion si directe envers une femme qu'il rencontrait fréquemment dans le monde — fut-ce le demi-monde.

Que Manet ait cependant organisé toute une mise en scène est certain. A la fin de sa vie, des visiteurs de son atelier, comme J. E. Blanche, repèrent parmi d'autres accessoires le miroir à pied de *Nana*[8]. Ce miroir, Suzanne Manet le donna d'ailleurs à Jeanne Gonzalès, sœur d'Eva, en souvenir du peintre[9].

Sur la composition en croix du tableau, s'applique une technique de touche très libre et emportée, qui souvent suit le modelé ou le dessin, et qui associait Manet à l'impressionnisme dans l'esprit du public. Ces raisons, tout comme le sujet jugé leste, firent refuser ce tableau au Salon — mais le public put le voir un certain temps, à la vitrine de chez Giroux, magasin de « bimbeloteries, tableaux, éventails », 43, boulevard des Capucines, où, dit-on, il provoqua presque des émeutes : « Matin et soir, l'on s'entasse devant cette toile, et (...) elle soulève des cris indignés et les rires d'une foule abêtie par la contemplation des stores que les Cabanel, Bouguereau, Toulmouche et autres croient nécessaire de barbouiller et d'exposer sur la cimaise au printemps de chaque année », écrit Huysmans, qui associe clairement Manet à Zola : « Manet a eu absolument raison de nous présenter dans sa Nana l'un des plus parfaits échantillons de ce type de filles que son ami et que notre cher maître, Émile Zola, va nous dépeindre dans l'un de ses plus prochains romans. »[10] Dans la presse parisienne, seul Jules de Marthold prend la défense de *Nana*, au nom du naturalisme littéraire. Marthold compare la démarche de Manet à celle de Flaubert, et, surtout de Balzac : « La grande condition pour durer est d'*être du temps dont on est*. [...] On les compte, les modernistes éternisateurs d'époques, mais chaque temps, cependant a le sien. Ce siècle, jusqu'ici, en a deux. Le premier s'appelle Balzac ; le second se nomme Manet. [...] le grand crime de M. Manet n'est pas encore tant de peindre la vie moderne, que de la peindre *grandeur nature*. [...] il n'y a que les Romains qui aient droit à ça. Néron, mais pas Maximilien ; Roscius, mais pas Rouvière ; Lesbie, mais pas Nana. [...] des casques, mais pas de chapeaux ! »[11] En fait, le véritable succès de ce tableau exposé en vitrine, fut, dans tous les sens du terme, un succès de boulevard, ainsi qu'en témoigne la caricature de Robida dans *La Vie Parisienne* du 12 mai 1877 (fig. a).

Dans une exposition suivie d'une monographie, Hofmann[12] a multiplié, autour du tableau et du personnage de Zola, une abondante série de références textuelles et iconographiques reliant le sujet du tableau aux représentations traditionnelles et populaires du thème de la séductrice, souvent à sa toilette, accompagnée d'un admirateur, généralement plus âgé qu'elle. Nana se trouve alors située dans une riche lignée iconographique, à mi-chemin de Baldung Grien et de Munch. Rapprochements fort intéressants et souvent suggestifs mais qui, toutefois, s'accordent mieux au personnage de Zola qu'à celui de Manet. Chez Zola, comme devait le remarquer Thomas Mann, Nana, « cette Astarté du Second Empire » est haussée au « symbole » et au « mythe » ; son nom même « — un des antiques balbutiements voluptueux de l'humanité — rappelle l'Ishtar Babylonienne[...] »[13].

Rien de tel chez Manet ; sa cocotte parisienne n'a rien de véritablement fatal : « Citron » n'était pas « l'ange bleu ». Sans connotation amère ou tragique, le peintre reprend ici, en la magnifiant jusqu'au chef-d'œuvre, la tradition galante et ironique qu'avaient exploitée la gravure leste du XVIIIe

fig. a. Caricature de Robida dans *La Vie parisienne,* 12 mai 1877

siècle ou l'illustration romantique de Gavarni, Guys ou Tassaert, et qui, de son temps, alimentait la caricature populaire d'un Bertall ou d'un Robida.

A la même époque, vers 1877-1879, Degas réservait ses observations sur la vie galante à l'intimité de ses monotypes : des scènes de maisons closes plus crues, où l'on retrouve le même monsieur assis en haut-de-forme, qui attend, mais plutôt une prostituée nue de bas étage écroulée sur un canapé. La postérité immédiate du thème, c'est dans la vulgarité d'un Forain qu'on peut la suivre, mais surtout chez Lautrec, sur le mode acide, en 1896, avec la série de lithographies « Elles », dont, en particulier, *La conquête de passage*.

En montrant ainsi, sans moraliser, mais avec franchise et humour, une scène de la vie galante contemporaine réservée jusque-là à la caricature ou à la photo pornographique, Manet savait qu'il provoquait le jury. Il cumulait tous les motifs de scandales : le thème, les dimensions disproportionnées au sujet dit « de genre », le choix d'un modèle bien reconnaissable dont tout Paris jasait, et pour faire bonne mesure, une technique large et un coloris clair et violent qui l'associait directement aux scandales de l'impressionnisme.

Historique
Après son refus au Salon de 1877, le tableau est resté dans l'atelier de Manet[14]. A la vente posthume il est acquis pour 3.000 Frs par le DR ROBIN[15], (v. Hist., cat. 156). Celui-ci le vend 8.000 Frs à DURAND-RUEL (v. Hist., cat. 118), qui le revend la même année 15.000 Frs à HENRI GARNIER[16]. *Nana* passe en 1894 dans la vente Garnier[17], achetée 9.000 Frs par DURAND-RUEL qui le revend 20.000 Frs au collectionneur AUGUSTE PELLERIN (v. Hist., cat. 109)[18]. Le tableau fait partie des Manet achetés en bloc en 1910 par DURAND-RUEL, BERNHEM-JEUNE et PAUL CASSIRER (v. Hist., cat. 13 et 31), et après l'exposition intinérante organisée par les marchands en Allemage, est vendu par Cassirer pour 150.000 Frs au collectionneur hambourgeois TH. BEHRENS (sans lien avec l'architecte) à qui Gustav Pauli (1866-1938), directeur de la Kunsthalle de Hambourg depuis 1914, l'achète en 1924 pour le musée (inv. 2376).

Cet achat ne se fit pas sans mal — il s'agissait de 150.000 DM — et Pauli suscita une campagne de presse pour en convaincre la ville de Hambourg. Comme l'explique Hofmann, des résistances venaient du côté des nationalistes allemands ; Pauli leur fit valoir la tradition francophile de Frédéric le Grand, et aux négociants de la ville, le Conseiller d'État Lipmann adressa l'argument économique, qu'un tel investissement pourrait permettre une revente avantageuse plus tard. Une campagne d'artistes et de critiques, dont Liebermann, Meier Graefe, Adolph Goldschmidt, soutinrent l'acquisition, qui fut enfin votée[19]. Pendant le nazisme, c'est encore grâce à la fermeté du conservateur de l'époque (Pauli ayant été démissionné pour ses achats d'artistes contemporains), et surtout du maire de la ville, Krogman, que le tableau n'a pas fait partie des ventes d'« art dégénéré ».

F.C.

1. Zola, 1962, t. II, p. 710.
2. Paris, Bibliothèque d'art et d'archéologie, archives Manet.
3. Champsaur, in *Les Contemporains,* 16 juin 1881, p. 29.
4. Hopp 1968, p. 81.
5. Bazire 1884, p. 100.
6. Weisberg 1975, p. 120.
7. Reff 1964, p. 120 ; Hanson 1977, p. 87 et 130.
8. Blanche 1912, p. 160.
9. Paris, BN Estampes, fonds Moreau-Nélaton *(Carnet de notes).*
10. Huysmans, in *L'artiste,* Bruxelles, 13 mai 1877 ; cité Tabarant 1947, pp. 305-306.
11. Marthold, in *La Vie moderne,* 15 avril 1877 ? (d'après citation par l'auteur in *La lithographie* octobre 1900).
12. Hofmann 1973.
13. Thomas Mann, *L'artiste et la société,* Paris 1973, pp. 286-288.
14. Rouart et Wildenstein 1975, I, p. 27 « Tableau et études », n° 6.
15. Vente Manet 1884, n° 11 ; Bodelsen 1968, p. 342.
16. Meier-Graefe 1912, p. 314.
17. Vente Garnier, Paris, Georges Petit, 3-4 décembre 1894.
18. Meier-Graefe 1912, p. 314.
19. Hofmann 1973.

158 La rue Mosnier aux paveurs

1878
Huile sur toile
64 × 80
Signé b.g. *Manet*

P   Cambridge, Fitzwilliam Museum (prêt anonyme)

De 1872 au début juillet 1878, Manet occupe un atelier au premier étage du 4 de la rue de Saint-Pétersbourg (aujourd'hui rue de Léningrad), dont les fenêtres donnaient sur la rue Mosnier (depuis 1884, rue de Berne), nouvellement construite et précisément décrite dans *Nana* par Zola, quelques mois après ce tableau, comme une rue plutôt mal famée : « Madame Robert demeurait rue Mosnier, une rue neuve et silencieuse du quartier de l'Europe, sans une

Exposition
Paris, Salon d'Automne 1905 n° 21.

Catalogues
D 1902, 243 ; M-N 1926 II pp. 46-57 ; cat. ms. 222 ; T 1931, 227 ; JW 1932, 291 ; T 1947, 290 ; RO 1970, 248 ; RW 1975, 272.

158

fig. a. La rue Mosnier aux drapeaux, 1878.
Upperville (Va.), collection Mellon

boutique, dont les belles maisons, aux petits appartements étroits, sont peuplés de dames. Il était cinq heures, le long des trottoirs déserts, dans la paix aristocratique des hautes maisons blanches, des coupés de boursiers et de négociants stationnaient, tandis que des hommes filaient vite, levant les yeux vers les fenêtres, où des femmes en peignoirs semblaient attendre. Nana refusa d'abord de monter. »[1]. Nana passant dans la rue sous les yeux de Manet derrière les vitres de son atelier, comme si la fiction retournait chez son premier créateur ! Est-ce que ce passage du roman de Zola ne serait pas tout simplement inspiré par des descriptions amusées que Manet lui aurait faites ?

Peu avant de quitter cet observatoire de « tranche de vie », Manet peignit deux vues de la rue Mosnier aux drapeaux (RW 270, fig. a, et 271). Ces drapeaux étaient déployés dans tout Paris à l'occasion de la fête nationale de l'Exposition Universelle, le 30 juin 1878, et le même jour Monet fixa des images analogues : *Rue Montorgueil* (Musée d'Orsay-Jeu de Paume) et *Rue Saint-Denis* (musée de Rouen). Notre tableau est le troisième de la « série » de Manet : *La rue Mosnier,* dit *aux paveurs,* catalogué par Rouart et Wildenstein à la suite des deux autres. En fait, il s'agit plutôt ici du premier de la séquence ; d'après l'éclairage et le vert acide des feuillages des balcons ou de l'arbre au fond de la rue, il s'agirait plutôt du printemps, ou du tout début de l'été ; ces paveurs terminent de construire la rue — travail achevé au moment de la fête nationale. De toute façon, Manet n'avait pas attendu la veille de son départ (les dessins suivants le prouvent) pour s'intéresser à la vue plongeante qu'il découvrait de sa fenêtre.

Par sa technique et son sujet, Manet est ici très proche des impressionnistes. Monet avait déjà peint une série de paysages parisiens, en 1867 et 1873. Mais chez Monet — comme chez Pissarro dans ses *Boulevards* des années quatre-vingt — la vue est prise, soit de plus haut et donne un effet panoramique avec un grouillement humain indistinct en bas et une ouverture sur le ciel en haut, soit du sol, et le ciel prend une place plus grande encore sans que les passants soient pour autant plus discernables. Chez Manet, dans ce tableau comme dans les deux autres, la scène est prise quasiment de plain-pied, et l'accent mis sur les personnages, plus individualisés, saisis comme au cours d'une promenade. On a fort justement insisté sur la signification de l'invalide dans le tableau « aux drapeaux » (RW 270)[2], dont le dessin est exposé ici (cat. 163) ; il ne serait pas absurde de porter ici également une plus grande attention au sujet lui-même.

Remarquons d'abord l'absence de ciel (analogue dans les deux autres rue Mosnier), parti pris très différent de celui des impressionnistes. Pour Manet, la rue n'est pas un motif de paysage citadin, elle est le lieu d'une vie urbaine, et il ne s'est jamais intéressé à la ville que dans cette perspective. Il est probable que le thème lui a été inspiré par Monet, le seul, avec Renoir, parmi ses cadets « impressionnistes », pour qui il avait une vive admiration. Mais il demeure totalement lui-même dans la mesure où un paysage, marin ou urbain, ne sollicite son attention qu'à l'occasion d'un événement. Il n'y a aucune contemplation bucolique ou unanimiste dans son cas : s'il peint une vue du Trocadéro (RW 123), c'est au moment de l'Exposition Universelle ; une vue du Panthéon, c'est à l'occasion d'un enterrement (cat. 98) ; et il faut qu'on l'anime de drapeaux ou qu'on la pave pour qu'il fasse d'une rue le sujet d'un tableau.

C'est que pour lui, profondément citadin, badaud, flâneur, Paris n'est pas un paysage, mais un lieu de vie, d'étonnement, d'intérêt. Pendant les années soixante, les Parisiens, comme Manet, ont vécu les travaux d'Haussmann, des scènes de destruction, de construction, de travaux de voirie. Paris était un chantier permanent, et les modestes paveurs de la rue Mosnier attestent dans l'histoire de la peinture cette ville en train de se refaire que Manet avait sous les yeux depuis quinze ans. Il n'y a pas dans cette image du travail la moindre sentimentalité, la plus petite intention moralisante, comme aurait pu le faire à la même époque un Béraud ou un Raffaelli, dans un contexte anecdotique ou misérabiliste, mais la marque d'un intérêt allant au delà du motif de la scène de genre, d'une curiosité qui se porte aussi aux vives silhouettes noires des fiacres — qui, si l'on en croit Zola, attendaient des messieurs en visite galante — aux becs de gaz, à cette pancarte de réclame en haut et à gauche, engageant à vêtir « sur mesure les enfants au goût du jour », ou à la petite scène de déménagement derrière le fiacre à droite.

La vie de Paris sollicite Manet d'ailleurs de plus en plus ; on connaît le projet qu'il soumet l'année suivante au préfet de Paris pour décorer le nouvel Hôtel de Ville, non par des allégories le Paris historique monumental, mais le Paris quotidien : « Peindre une série de compositions représentant, pour me

servir d'une expression aujourd'hui consacrée et qui peint bien ma pensée, 'le Ventre de Paris ', avec les diverses corporations se mouvant dans leur milieu, la vie publique et commerciale de nos jours. J'aurais Paris-Halles, Paris-Chemins de fer, Paris-Port, Paris-Souterrains, Paris-Courses et Jardins. Pour le plafond, une galerie autour de laquelle circuleraient dans des mouvements appropriés tous les hommes vivants qui, dans l'élément civil, ont contribué ou contribuent à la grandeur et à la richesse de Paris. »[3]. On peut fort bien imaginer, grâce à *La rue Mosnier aux paveurs,* quel aurait été le projet de Manet, qui ne vit pas le jour, et semble-t-il, n'obtint pas de réponse.

1. Zola 1962, p. 1299.
2. Collins 1975, p. 710.
3. Lettre du 10 avril 1879, citée Bazire 1884, p. 142
4. Carnet de comptes de Manet, Paris, BN Estampes, fonds Moreau-Nélaton (*Copie... de documents,* p. 79).
5. Vente Chocquet, Paris, Georges Petit, 1-4 juil. 1899, n° 70, 10.500 Frs ; J. Rewald, « Chocquet et Cézanne », *Gazette des Beaux-Arts,* juil.-août 1969, pp. 33-96.
6. Gimpel 1963 (28 mai 1924).

Historique
Vendu 1.000 Frs en 1879 par Manet à l'amateur ROGER DE PORTALIS (mort en 1912)[4], qui le vendit au collectionneur des impressionnistes, VICTOR CHOCQUET (1821-1891). Chocquet, fonctionnaire important à la Direction des Douanes, collectionneur enthousiaste des impressionnistes, posséda une superbe série de Cézanne (32 à sa vente), de Delacroix (22), et plusieurs beaux Manet dont *Monet dans son atelier* (RW 219) et une *Branche de pivoines* (cat. 78).

Les paveurs passent en 1899 à la vente Chocquet[5], à partir de quand il reste près de vingt-cinq ans dans le commerce, chez DURAND-RUEL, BERNHEIM-JEUNE, PAUL ROSENBERG (v. Hist., cat. 31, 118) à Paris et PAUL CASSIRER (v. Hist., cat. 13) à Berlin, qui le vend à G. HOENTSCHEL. Selon Gimpel, les marchands GEORGES BERNHEIM et BARBAZANGES, qui avaient acheté le tableau à Hoentschel, en demandaient 850.000 Frs en 1924[6]. Par l'intermédiaire des marchands BIGNOU à Paris et REID & LEFÈVRE (v. Hist., cat. 216) à

Londres, il entre la même année dans la prestigieuse collection de SAMUEL COURTAULD (v. Hist., cat. 211). Par succession, il entre ensuite chez le RT. HON. LORD BUTLER.
Il faut remarquer que les deux grands collectionneurs qui ont eu ce tableau, Chocquet à Paris et Courtauld à Londres, ont en commun de s'être surtout intéressés au Manet des dix dernières années, celui de la phase dite impressionniste.

F.C.

159 La rue Mosnier

1878
Mine de plomb et lavis d'encre de Chine
19 × 36

Budapest, Szépmüvészeti Múzeum

Sans être une véritable étude pour *La rue Mosnier aux paveurs* (cat. 158), ce dessin pris sur le vif se rapproche beaucoup de la partie inférieure de la composition, sans les paveurs. Manet a encore accentué par le format en largeur cette vue de la rue, comme ressentie par un passant qui avance rapidement, tête baissée sous la pluie, en n'emportant que des visions rapides et fugitives. C'est un instantané de la vie de la rue sous une pluie légère, avec les passants sous leurs parapluies, les fiacres, le « trottin » traversant la rue au

Catalogues
T 1947, 251 ; L 1969, 503 ; RW 1975 II 328

159

1. S. Meller, *Handzeichnungen des XIX Jahrunderts aus der Sammlung Pál von Majovszky.* *Graphische Künste,* 1919, p. 11.

premier plan, allant livrer son carton à chapeau. Le trait allusif et les hachures nerveuses évoquent le dessin japonais et les croquis parisiens que, quinze ans plus tard, fera Pierre Bonnard.

Historique
Ce dessin, suivant les indications du musée, a appartenu à ROGER MARX (v. Hist., cat. 35) ; il n'apparaît pas dans la vente Roger Marx en 1914, mais est déjà en 1919 chez le PAL VON MAJOVSZKY[1], également possesseur de *La barricade* (cat. 124) et entre au musée de Budapest en 1935 (inv. 1935.2735).

F.C.

160 La rue Mosnier au bec de gaz

1878
Mine de plomb et lavis d'encre de Chine
27,6 × 44,2
Cachet de l'atelier b.d. *E.M.*

Chicago, The Art Institute of Chicago

Expositions
Philadelphie-Chicago 1966-1967 n° 142 ;
Washington 1982-1983 n° 87.

Catalogues
T 1947, 292 ; L 1969, 502 ; RW 1975 II 327.

C'est la partie gauche de la rue Mosnier qui est ici présentée avec la palissade d'où la vue plonge sur le chemin de fer à gauche. On voit une locomotive en contrebas. Les personnages sont indiqués par leurs mouvements plus que par leurs formes, ainsi la passante au premier plan est-elle dessinée de quelques coups de pinceau rapides, montrant sa marche vers le fiacre. Un rémouleur, au centre, est indiqué au crayon. Ce dessin ne correspond précisément à aucune des toiles de la rue Mosnier, mais il jette peut-être l'idée d'une version non réalisée, qui aurait été plus panoramique et peuplée. Mais Manet aimait mieux des compositions plus centrées, et ce petit instantané de sa fenêtre, fait sentir quel travail se faisait chez lui entre les croquis préliminaires et le choix définitif de l'angle de vue dans son tableau (cat. 18).

Historique
Le premier collectionneur où l'on retrouve la trace de ce dessin après Manet est JACQUES DOUCET (v. Hist., cat. 135). Il fut donné en 1945 à l'Art Institute par MRS. ALICE H. PATTERSON, en souvenir de Tiffany Blake (inv. 4515).

F.C.

160

D
161

161 Le fiacre

1878
Mine de plomb
16,8 × 13
Cachet de l'atelier b.d. *E.M.*

NY   Paris, Musée du Louvre, Cabinet des Dessins

Ce nerveux petit croquis au crayon d'un fiacre arrêté a peut-être été pris par Manet de son atelier, d'où la vue plongeait sur la rue Mosnier. Il s'agit sans doute d'une étude pour le fiacre de face que l'on voit au centre droit de *La rue Mosnier aux paveurs* (cat. 158), sauf qu'ici le cocher a encore son fouet à la main.

      Un autre croquis très proche, plus sommaire que celui-ci, fut sans doute fait peu avant sur le même carnet (RW II 326).

Exposition
Marseille 1961 n° 44.

Catalogues
L 1969, 482 ; RW 1975, II p. 323.

1. Vente Pellerin 1954, album n° 4.

Historique
Ce dessin, hérité par SUZANNE MANET (v. cat.12), fut acquis par AUGUSTE PELLERIN (v. Hist., cat. 100) et fut acheté à la vente Pellerin[1] par le Musée du Louvre en 1954 (inv. RF 30.350).

                      F.C.

162

162 Le fiacre vu de dos

1877-1878
Crayon noir et lavis d'encre bleue
11,2 × 8,3
Signé (?) b.g. *E.M.*

P   Paris, Bibliothèque Nationale

Exposition
Paris, Orangerie 1932 n° 114.

Catalogues
L 1969, 481 ; RW 1975 II 326.

Dessin rapide au pinceau — peut-être comme le précédent, pris dans l'atelier de la rue d'Amsterdam — d'un fiacre à capote semi-ouverte, dit « Victoria » ; on retrouve cette même voiture de dos, au premier plan à droite dans une des deux versions de *La rue Mosnier aux drapeaux* (RW 271).

Historique
Ce dessin se trouvait chez le collectionneur
ALFRED BARRION (v. Hist., cat. 40) et passe à sa vente en 1904, dans le lot 1512 : « Voiture, vue de dos. Signé E.M. ». Acquis par
MOREAU-NÉLATON (v. Hist., cat. 9), il est légué à la Bibliothèque Nationale en 1927.

F.C.

163

163 L'homme aux béquilles

1878
Lavis d'encre de Chine
27,1 × 19,7
Signé b.c. de l'initiale *M*

New York, The Metropolitan Museum of Art

Cet invalide, un habitué du quartier de l'Europe, était sans doute un mutilé de la guerre de soixante-dix. On le retrouve de dos dans *La rue Mosnier aux drapeaux* (voir cat. 158, fig. a) où, comme Collins l'a justement suggéré, il fait, avec le déploiement joyeux des pavois de la fête nationale, une image de contraste, montrant les deux vérités d'une guerre, et semble exprimer le scepticisme de Manet par rapport au triomphalisme national de l'époque symbolisé par les drapeaux[1]. Dans ce dessin, il est vu de face, vêtu de sa blouse bleue d'ouvrier et coiffé d'une casquette. Aucun pittoresque, ni expression particulière dans le visage, mais le trait concis et puissant, la mise en page monumentale, proposent une image forte du personnage.

Un dessin proche le représente marchant de dos, dans la position plus accablée du tableau de la collection Mellon. Ce dessin était un projet de

Expositions
Paris, Beaux-Arts 1884 n° 174 ; New York, Wildenstein 1948 n° 51 ; Philadelphie-Chicago 1966-1967 n° 113 ; Washington 1982-1983 n° 88.

Catalogues
M-N 1926, II p. 46 ; T 1931, p. 235 ; T 1947, 293 ; L 1969, 505 ; RW 1975 II 479.

1. Collins 1975, pp. 709-714.
2. Wilson 1978, nº 14.
3. Vente Manet 1884, nº 154 ; Bodelsen 1968, p. 343.
4. Vente anonyme, Paris, 21 avril 1944.

couverture illustrée pour *Les mendiants,* une chanson de son ami Cabaner sur des paroles de Jean Richepin (RW II 478). Il semble que l'estampe pour laquelle ce dessin était destiné n'ait jamais été exécutée, en tout cas elle n'a pas été retrouvée jusqu'à présent[2].

Historique
Ce dessin, resté dans l'atelier, est vendu pour 46 Frs à la vente Manet en 1884 à Jacob,[3] expert, pour le compte d'un collectionneur ; on perd sa trace jusqu'en 1944; il réapparaît dans une vente parisienne[4], acheté par M. GUIOT. Il est acquis par le Metropolitan Museum en 1948 (Dick Fund, inv. 48.10.2).

F.C.

164 Autoportrait à la palette

Vers 1879
Huile sur toile
83 × 67

New York, Collection particulière

Expositions
Paris, Bernheim Jeune 1910, nº 16 ; Berlin, Cassirer 1910 ; New York, Wildenstein 1937, nº 25 ; Philadelphie-[Chicago] 1966-67, nº 144 ; Washington 1982-83, nº 1.

Catalogues
D 1902, 245 ; M-N 1926 II pp. 50-51 ; cat. ms. 236 ; T 1931, 299 ; JW 1932, 294 ; T 1947, 320 ; RO 1970, 274 ; RW 1975, 276.

fig. a. Autoportrait à la calotte, 1878-1879. Tokyo, Bridgestone Museum of Art

fig. b. Vélasquez, Les ménines (détail). Madrid, Musée du Prado

Les autoportraits sont rares dans l'œuvre de Manet. Il existe une caricature controversée des années 1856-58[1] et Manet se représenta dans *La pêche* (cat. 12), *La musique aux Tuileries* (cat. 38) et *Le bal masqué* (cat. 138), mais les seuls véritables autoportraits ont été peints en 1878 ou 1879 : cet autoportrait en buste et un autre en pied (R.W. 277 ; voir fig. a). Duret et Moreau-Nélaton affirment que l'artiste peignit d'abord l'*Autoportrait à la calotte*[2] mais Tabarant affirme que le portrait en buste, « que tous ses amis seront appelés à voir », est antérieur[3].

Mme Manet considérait ces deux autoportraits comme des « ébauches »[4] mais, dans celui-ci, seuls la main et le bras gauches de l'artiste, les pinceaux, et peut-être la palette semblent esquissés. L'autoportrait en pied mérite cependant plus d'être qualifié d'ébauche. Aujourd'hui on considère l'*Autoportrait à la palette* plus intéressant et plus important que celui en pied, mais jusqu'à une époque récente c'est l'opinion contraire qui prévalait. En 1926, Moreau-Nélaton écrivait : « [...] une certaine froideur entache ce morceau comme aussi l'autre tentative [*Autoportrait à la calotte*]. Trop de feu emportait la main qui s'y est donné carrière pour que sa pétulance s'astreignît sérieusement à la pose devant elle-même. »[5]. Mais, plus récemment, Hamilton y voit une « analyse pénétrante »[6].

Reff a récemment souligné la signification particulière de la démarche de Manet exécutant des autoportraits pour la première fois à la fin des années 1870[7], « au moment même », comme l'avait remarqué Duret, « où Manet était au sommet de sa carrière. Il avait atteint le genre de renom qui devait lui appartenir de son vivant. C'était un des hommes les plus en vue de Paris »[8].

On a remarqué qu'il existe des similitudes entre la pose de Manet et celle de Vélasquez dans *Les ménines* (Prado, Madrid ; voir fig. b)[9]. Manet semble se présenter comme un équivalent moderne du maître élégant et mondain de la cour espagnole du XVIIᵉ siècle. Cependant, l'*Autoportrait à la palette* est autant la peinture d'un sujet de la vie moderne qu'un autoportrait illustration du dandy tel que le définit Baudelaire.

Les rayons X révèlent les traces d'un portrait de sa femme, de profil, comme dans *Mme Manet au piano* (cat. 107).

164

1. Tabarant 1947, p. 24.
2. Duret 1902, p. 256 ; Moreau-Nélaton 1926, II, p. 50.
3. Tabarant 1947, p. 355.
4. *Ibid.,* p. 357.
5. Moreau-Nélaton 1926, II, p. 51.
6. Hamilton 1966, p. 104.
7. Reff 1982, n° 1.
8. Duret 1902, p. 119.
9. Mauner 1975, pp. 149-150.
10. Bazire 1884, pp. 132-133.
11. Rouart et Wildenstein 1975, I, p. 27, « Tableaux et études », n° 29.
12. New York, Morgan Library, archives Tabarant.
13. Tabarant 1947, p. 357.
14. Carnet d'adresses de Manet, Paris, BN Estampes, fonds Moreau-Nélaton (*Copie... de documents,* p. 137).
15. Waldmann 1923, p. 99.
16. Tabarant 1931, p. 349, n° 299.
17. Londres, Sotheby's, 15 oct. 1958, n° 1.
18. Tabarant 1947, pp. 356-358, 524-527.

Historique

Bazire a vu cette peinture dans l'atelier de Manet, tout de suite après la mort de l'artiste[10]. Cette toile et l'autoportrait en pied (RW 277) étaient accrochés de part et d'autre de l'*Hamlet* (RW 257). Cet autoportrait figure sur l'inventaire de l'atelier, estimé 300 Frs[11]. Chose curieuse, ce portrait ne fut pas retenu pour la rétrospective de 1884 et, sans doute pour des raisons sentimentales, sa veuve ne le mit pas à la vente de l'atelier. Manifestement, elle ne commença à envisager de se séparer des deux autoportraits (qu'elle désignait ébauches), que vers 1897, sans doute sous l'influence de Proust (v. cat. 187). Le 12 février 1897, celui-ci lui écrivait que ni Faure (v. Hist., cat. 10), ni Pellerin (v. Hist., cat. 109) n'étaient intéressés, et lui conseillait d'encadrer ces deux peintures[12]. Le 10 mai 1897, Proust lui annonçait la visite de Pellerin à Asnières pour voir un *autoportrait,* sans que nous sachions auquel des deux il se réfère. Étant donné le manque d'intérêt des acheteurs pour ces deux autoportraits, il est difficile de comprendre pour quelles raisons Mme Manet a cédé ses droits de propriété sur ces deux œuvres à sa sœur, MARTIENA LEENHOFF, qui était veuve, bien que Tabarant explique que celle-ci était dans une gêne profonde[13]. Néanmoins, fin 1899, Mme Manet et Proust renouvelèrent leurs efforts pour vendre ces autoportraits : Pellerin n'était intéressé que par la version en pied, et nullement par celui-ci que Proust conseillait de proposer au marchand allemand Paechter. Plus tard, il écrit que Vollard pourrait être intéressé par la version en buste. Une note du carnet de 1899 de Mme Manet nous apprend l'issue des tractations : elle vendit les deux à PAECHTER (v. Hist., cat. 27), celui en pied pour 6.000 Frs, et celui-ci pour

1.000 Frs seulement. Chose bizarre, dans son catalogue de 1902, Duret donne PELLERIN comme propriétaire du portrait en buste, et lui donne une signification particulière en le reproduisant en couleurs. Cette toile fut prêtée, en mai 1910, à une exposition à la galerie Georges Petit, à Paris, par la MARQUISE DE GANAY, probablement Émilie, marquise douairière de Ganay, dont le mari, Étienne, figurait dans le carnet d'adresses de Manet[14]. Le tableau figurait encore, en juin 1910, à l'exposition de la collection Pellerin organisée par DURAND-RUEL, BERNHEIM-JEUNE et CASSIRER, qui venaient d'acheter conjointement les œuvres de Manet de cette collection (v. Hist., cat. 109). Pellerin a dû vendre l'*Autoportrait à la palette* à la marquise, peu de temps avant de vendre ses autres Manet aux trois marchands ; ceux-ci ont sans doute voulu l'inclure dans l'exposition pour donner une vue d'ensemble de son extraordinaire collection. La marquise possédait encore cette œuvre au début des années 1920[15]. En 1931 il est déjà chez le Dr JAKOB GOLDSCHMIDT, de Berlin[16], président de la Darmstaedter und Nationalbank, que Hitler a qualifié un jour d'« ennemi public numéro un ». Goldschmidt a fui les nazis en 1936, emportant avec lui sa belle collection de peinture française du XIXe siècle, et s'est installé à New York, où il mourut en 1955. A sa vente en 1958, l'*Autoportrait à la palette* fut acheté £ 65 000 par J. SUMMERS[17].
Au début du siècle, on trouve sur le marché une copie de ce portrait vraisemblablement peinte par Édouard Vibert, neveu de Mme Manet, qui mourut le 18 août 1899, à l'âge de trente-deux ans. Vibert a copié un grand nombre d'œuvres de Manet pour sa tante qui désirait garder le souvenir des originaux vendus[18].

C.S.M.

165 La prune

1878
Huile sur toile
73,6 × 50,2
Signé à g. sur la table *Manet*

Washington, D.C., National Gallery of Art

Expositions
Paris, La Vie Moderne 1880 n° 4 ; Beaux-Arts 1884 n° 86 ; Orangerie 1932 n° 64 ; Venise, Biennale 1934 n° 10 ; New York, Wildenstein 1948 n° 23.

Catalogues
D 1902, 227 ; MN 1926, II p. 53 ; cat. ms. 243 ; T 1931, 256 ; JW 1932, 293 ; T 1947, 279 ; RO 1970, 234 ; RW 1975, 282.

Nana (cat. 157) était, selon Tabarant, le premier tableau d'« une série ‹naturaliste› » où Manet représentait « les plus saisissants caractères » parisiens du début de la Troisième République, époque où « la vie devenait facile et prenait un visage de bonheur, une saveur acide et canaille. La vogue des beuglants florissait, de Montmartre au Point-du-Jour. La galanterie souriait partout. »[1]. *La prune* appartiendrait à cette « série ». On a suggéré que le décor de *La prune* est celui de la Nouvelle-Athènes, le café que Manet, Degas, Monet et les autres préféraient depuis le début des années soixante-dix[2]. Reff, cependant, remarque que le fond du tableau de Manet diffère de celui de *L'absinthe* de Degas, 1876, et de *Au Café de la Nouvelle-Athènes,* de Zandomeneghi, 1885, deux œuvres qui montrent l'intérieur de ce café. Il en conclut que Manet a inventé le fond de son tableau pour des raisons purement picturales[3].

La composition a peut-être été inspirée d'une scène réelle de café, mais la peinture fut certainement exécutée en atelier où, selon George Moore, Manet avait « une table de marbre sur un pied en fer comme celles que l'on voit dans les cafés. »[4]. En fait, la table est probablement celle à laquelle s'accoude l'écrivain dans son portrait (cat. 175).

Reff suggère que la femme qui servit de modèle pour *La prune* serait l'actrice Ellen Andrée[5], qui apparaît aussi dans *L'absinthe* de Degas, mais la ressemblance entre la figure de *La prune* et d'autres représentations de Mlle Andrée n'est pas évidente. Apparemment indifférente à sa cigarette non allumée, à la prune à l'eau-de-vie devant elle, la jeune femme semble perdue dans des pensées mélancoliques. Comme Reff, Richardson la qualifie de prostituée[6], mais elle ressemble peu au personnage dépravé, ravagé de *L'absinthe* de Degas. Les femmes rêveuses et renfermées qui apparaissent si souvent dans l'œuvre de Manet ont en elles des significations qui vont au-delà des limites de la situation précise dans laquelle elles sont représentées. Celle de *La prune* correspond bien à ce type de personnage qui devint de plus en plus répandu dans l'art de la fin du XIXe siècle.

Ce tableau est généralement daté de 1877 ou 1878. En effet, le grand intérêt pour les scènes de café qui apparaît dans l'œuvre de Manet en 1878 (voir cat. 169), permet de penser que le tableau a pu être peint cette année-là, mais il n'est pas documenté avant 1880, date où il est exposé à La Vie Moderne, dans un ensemble d'œuvres consacrées à des scènes de la vie contemporaine, dont *Nana* (cat. 157).

1. Tabarant 1947, p. 314.
2. Moreau-Nélaton 1926, II, p. 53.
3. Reff 1982, n° 18.
4. Moore 1898, p. 31.
5. Reff 1982, n° 18.
6. Richardson 1958, p. 127, n° 55.
7. Carnet de comptes de Manet, Paris, BN Estampes, fonds Moreau-Nélaton (*Copie... de documents*, p. 80).
8. Venturi 1939, pp. 152-55.
9. Gimpel 1966, p. 121.
10. Walker 1976, pp. 31-34, 45-46.

Historique
CHARLES DEUDON avait commencé à acheter des tableaux impressionnistes au début des années 1870, dont le plus célèbre est *La gare Saint-Lazare* de Monet (Fogg Art Museum, Cambridge, Mass.) ; il acheta *La prune* directement à Manet, en 1881, pour 3.500 Frs[7]. En 1899, on proposa à Deudon d'en offrir son prix. Pour décourager, il cita le prix de 100.000 Frs[8]. PAUL ROSENBERG, le marchand parisien, qui avait acheté la collection Deudon en 1919, considérait *La prune* comme son fleuron, et il en fixa le prix à 500.000 Frs[9]. En 1928 il se trouvait déjà chez Mr et Mrs ARTHUR SACHS, qui le possédaient encore en 1955. En 1966, le tableau se trouvait dans la collection de Mr et Mrs PAUL MELLON. Le père de Mr Mellon, Andrew W. Mellon (1885-1937), dont l'immense fortune provenait du charbon de Pittsburgh, de propriétés immobilières et d'affaires bancaires, était le fondateur de la National Gallery of Art à Washington, D.C., inaugurée en 1941.

Paul Mellon (né en 1907) a hérité de son père son goût de collectionneur ; il a commencé par acquérir des peintures impressionnistes et post-impressionnistes dont, des Manet superbes ; *Sur la plage de Boulogne*, (RW 148) *La rue Mosnier aux drapeaux* (RW 270 ; voir cat. 158, fig. a) et le *Portrait de George Moore* (RW 297). Il poursuit le soutien efficace que son père apportait à la National Gallery, remplissant les fonctions de trustee et de président, et finançant la construction de l'aile est, inaugurée en 1978[10]. Mr et Mrs Mellon ont fait don de *La prune* à la National Gallery en 1971 (inv. 25.85).

C.S.M.

166 Un café, place du Théâtre Français

1877-1881
Mine de plomb et lavis d'encre de Chine sur papier quadrillé
14,1 × 18,7
Cachet de l'atelier b.d. *E.M.*
Indications manuscrites des couleurs

P Paris, Musée du Louvre, Cabinet des Dessins

Manet était très actif au cours de l'automne 1881, dès son retour à Paris en octobre, après un été passé à Versailles[1]. Il rendait visite à des amis et

166

fréquentait de nouveau les cafés, comme pour dissiper la rumeur qui faisait de lui un artiste sur le déclin, de santé défaillante. Tabarant, comme la plupart des critiques, place ce dessin dans cette période d'activité, mais sans preuves à l'appui.

C'est la notice du catalogue de la vente de la collection Armand Doria (voir Historique), qui fournit une identification du thème. Le dessin y est intitulé *La place du Théâtre Français vue à travers la glace d'un café*[3]. C'est visiblement un croquis rapide, pris sur le vif, exécuté sur une double page de carnet. Il s'agit certainement d'un croquis préparatoire, avec des indications de couleurs, pour un pastel (RW II 64 ; fig. a). Dans le pastel, il a modifié la femme du premier plan, ajouté à gauche un fumeur en chapeau haut-de-forme, agrandi la composition à droite, et modifié le fond où l'on voit une scène assez semblable à l'intérieur des Folies-Bergère.

Même s'il n'y a aucune parenté de style entre le croquis de Manet et les œuvres de Degas, le pastel rappelle celui de Degas (fig. b) que Manet a pu voir en 1877, à la troisième exposition impressionniste. Ce rapprochement suggère que l'intérêt de Manet pour le thème du café, qui se manifeste seulement à partir de 1878, a donc peut-être son origine dans les œuvres de Degas, entrevues l'année précédente. Ce croquis serait donc peut-être antérieur à la date généralement admise.

Historique
Ce croquis fut acquis par le comte ARMAND DORIA (1824-1896) qui acheta des tableaux impressionnistes, dont *La maison du pendu* de Cézanne (Paris, Musée d'Orsay - Jeu de Paume). A la vente Doria en 1899[3], ce dessin fut acquis par AUGUSTE PELLERIN (v. Hist., cat. 100) pour 350 Frs. Il faisait partie du dernier des cinq albums de la collection Pellerin, acquis par le Musée du Louvre (inv. RF 30.527).

C.S.M.

1. Tabarant 1947, p. 421.
2. Tabarant 1947, p. 432.
3. Vente Doria, Paris, Georges Petit, 5 mai 1899, n° 296.

Exposition
Marseille 1961 n° 45.

Catalogues
T 1931, 114 (aquarelles) ; T 1947, 677 ; L 1969, 520 ; RW 1975, II 528.

fig. a. Un café de la place du Théâtre Français. Pastel, 1881. Glasgow Art Gallery

fig. b. Degas, Femmes devant un café. Pastel, 1877. Paris, Musée du Louvre, Cabinet des Dessins

167

167 Scène de café

Vers 1878
Mine de plomb sur papier quadrillé
14,2 × 18,7
Cachet de l'atelier b.d. *E.M.*
Indications manuscrites des couleurs

NY   Paris, Musée du Louvre, Cabinet des Dessins

Catalogues
Leiris 1969, 465 ; RW 1975 II 500.

Ce croquis au crayon, pris sur le vif dans un café, sur la double page d'un carnet de poche, est l'un des rares dessins de Manet sur ce thème.

Le croquis représente une femme avec un petit chien, attablée face à un homme en haut-de-forme, dont la silhouette est évoquée de façon succinte. La femme est à peine détaillée : quelques accents suffisent à caractériser son visage au menton levé. La technique « sténographique » est celle que Manet a développé très tôt dans sa carrière, dans des dessins qu'il est souvent difficile de dater. Par son sujet, ce croquis appartient au groupe de dessins sur le même thème, généralement placé vers 1878 (voir cat. 166).

Historique
Ce croquis provenant de l'héritage de la veuve Manet, passa dans la collection d'AUGUSTE PELLERIN (v. Hist., cat. 100). A la vente Pellerin, ce croquis se trouvait dans le troisième des cinq albums, acquis par le Musée du Louvre (inv. RF 30.403).

C.S.M.

168

168 Au café
Intérieur du café Guerbois?

1874
Autographie
26,3 × 33,4
Signé b.d. *Manet*

Boston, Museum of Fine Arts

Le café joua, comme on le sait, un rôle capital dans la vie artistique et littéraire à l'époque de Manet, mais on ne saisit les rapports de l'artiste avec ce milieu, où il passa tant d'heures, que par quelques témoignages : les récits de quelques amis, quelques croquis dans son carnet de poche (cat. 61, fig. a, 166 et 167) et les tableaux évoquant ses amis (cat. 175 et 176) et les cadres de leurs rencontres (cat. 165 et 172-174). Si la brasserie Reichshoffen fournit le point de départ pour deux scènes d'intérieur (cat. 172 et 173), l'idée du portrait de George Moore (cat. 175) vint d'une rencontre au café de la Nouvelle-Athènes, en 1879. Le café Guerbois, fréquenté dix ans plus tôt par les peintres et les écrivains de l'avant-garde, n'est connu que par de très rares descriptions ou représentations, dont semble-t-il, cette estampe de Manet.

  Une épreuve d'une autre version de la composition (H 67, New York Public Library) porte la mention : « Intérieur du café Guerbois » de la main d'Henri Guérard ou de George Lucas[1]. Reff cite un conte de Duranty, écrit en 1869, où la description de ce café évoque la salle de billard au fond[2]. Toutefois, si l'identification du lieu par l'inscription sur l'estampe de Manet paraît vraisemblable, elle n'est pas prouvée pour autant. Un dessin à la plume, signé et daté de la même année que le conte de Duranty, 1869 (RW II 502 ; fig. a), proviendrait de la collection du critique Jules Castagnary (1830-1888).

Publication
Périodique non identifié 1874.

Expositions
Philadelphie-Chicago 1966-67 n° 93 ; Ingelheim 1977 n° 64 et Addenda ; Paris, Berès 1978 n° 85 ; Washington 1982-83 n° 23.

Catalogues
M-N 1906, 88 ; G 1944, 81 ; H 1970, 66 ; LM 1971, 76 ; W 1977, 64 ; W 1978, 85.

L'une des sept ou huit épreuves connues. Sur papier vélin. Coll. Marx, Bliss.

Ce dessin et les deux versions de l'estampe posent plusieurs problèmes. Comme les illustrations du *Corbeau* (cat. 151), les estampes sont des autographies, c'est-à-dire des lithographies effectuées par le report sur pierre, ou (plus probablement ici) sur zinc, de dessins à l'encre dite « autographique » ; l'une des autographies est à la plume, comme le dessin, et l'autre au pinceau (H 67). La première fut publiée dans un périodique qui reste à identifier ; l'une des épreuves connues est découpée dans une page de journal avec, au verso, une illustration de Bertall intitulée « Plus de Carnaval » (avec l'indication « Lefman sc 16 février 74 ») et un texte intitulé « Le Troubadour Carnavalesque », daté « Paris, 21 février 1874 »[3].

Cette version de l'estampe est très proche du dessin, mais on peut se demander si Manet n'aurait pas plutôt commencé avec l'autographie au pinceau, moins réussie (l'épreuve de la New York Public Library, citée plus haut, a subi des grattages)[4]. Dans ce cas, on peut s'interroger sur le rôle du dessin. Aucune étude semblable, dessinée à la plume, n'est connue dans l'œuvre de Manet, à l'exception de celle de *L'intérieur à Arcachon* (cat. 128), de 1871, et de celle d'après le *Portrait de Pertuiset* de 1881 (voir cat. 208). Pour les croquis pris sur le vif — l'homme assis au centre de cette composition, par exemple (RW II 501 ; fig. b), il se servait plutôt de son crayon. Il utilisait aussi son pinceau, trempé dans l'encre ou dans l'aquarelle, dès le début des années soixante (cat. 23 et 28) et, à partir de 1870, surtout à l'encre de Chine (cat. 159, 160, 163).

fig. a. Intérieur de café. Plume et encre, d. 1869. Cambridge (Mass.), Fogg Art Museum

L'autographie au pinceau fut sans doute suivie de celle-ci, dessinée à la plume et bien plus « lisible » et mieux adaptée à l'impression. Ici, le trait est vif et incisif, à la fois très libre et très sûr. Malgré la date inscrite sur le dessin, la facture de l'estampe paraît plus proche de celle des œuvres graphiques des années soixante-dix : les autographies du *Corbeau* (cat. 151), de 1875, le lavis pour *Le bouchon* (RW II 510), de 1878, et le croquis au pinceau (RW II 524) et l'autographie (H 87) qui se rapportent aux deux tableaux de 1879 représentant une serveuse de bocks (cat. 172 et 173).

Il faut cependant noter qu'il nous reste si peu d'échantillons de l'œuvre dessinée de Manet de date certaine, entre les années 1862 (voir cat. 39) et 1882 (voir cat. 214, fig. a), qu'il est souvent très difficile de situer telle ou telle œuvre graphique.

La première apparition, chez Manet, d'une scène de café semble être celle du fond de *La chanteuse des rues* (cat. 32) ; on y aperçoit, par la porte ouverte, la silhouette d'un tablier blanc de garçon, le dos d'une chaise, des têtes avec un chapeau haut-de-forme. Puis, après les variations brodées autour du thème de la brasserie Reichshoffen (cat. 172 et 173 ; RW 278), de 1879, la dernière grande image est celle du *Bar aux Folies-Bergère* (cat. 211), 1881-1882. L'autographie du *Café* — le Guerbois ou un autre — publiée en 1874, tient une place intermédiaire, à mi-chemin entre le « réalisme » des années soixante et l'« impressionnisme » des dernières années. Cette partie de cartes, observée avec intérêt et amusement par le garçon de café, se joue sur une table dont la perspective paraît prolongée à l'infini par celle des tables de billard et des suspensions dans le fond ; on se demande un instant s'il ne s'agit pas d'une scène reflétée dans un miroir. Un manteau et un haut-de-forme accrochés au mur marque la fin de cette ouverture au loin, et les plans parallèles, à droite, évoquent les murs, les portes, un bout d'escalier peut-être, contre lesquels se détachent les trois hommes debout, saisis dans des poses très vivantes, dont celle du garçon, de profil, renvoie au lointain joueur de billard qui attend son tour.

fig. b. Scène de café. Mine de plomb, vers 1868-1874. Paris, Musée du Louvre, Cabinet des Dessins.

413

Manet crée ici un jeu complexe dans une composition à plusieurs personnages, aux effets de profondeur étonnants, équilibrés par le graphisme qui ramène tous les éléments en surface. Certainement composée à partir de croquis pris sur le vif (fig. b), cette scène est drôle et vivante, et l'on souhaiterait savoir à quelle occasion elle fut créée.

1. V. Hist., cat. 16 et 17.
2. Reff 1982, n° 23.
3. Ingelheim 1977 n° 64 - v. Addenda.
4. Harris 1970, n° 67, fig. 140.
5. Vente Roger Marx 1914, n° 914.
6. Lugt 1921, n° 265 ; 1956, p. 41.

Historique
Cette épreuve apparaît à la vente de la collection ROGER MARX (v. Hist., cat. 35)[5]. Elle passa chez F.E. BLISS (1847-1930), américain vivant à Londres, grand collectionneur d'estampes du XIXe siècle[6]. L'épreuve fut acquise par W.G. RUSSELL ALLEN (v. Hist., cat. 128), qui en fit don au musée (inv. 27.1319).

J.W.B.

169 Café-concert

1878
Huile sur toile
47,5 × 39,2
Signé b.g. *Manet*

P   Baltimore, The Walters Art Gallery

Selon Tabarant, ce tableau représente une scène de café-concert à la brasserie Reichshoffen, boulevard Rochechouart[1], comme le *Coin de café-concert* (cat. 172), *La serveuse de bocks* (cat. 173) et *Au Café* (RW 278).

A l'exception du monsieur en haut-de-forme, toutes les figures du tableau sont, soit coupées par le bord de la toile, soit cachées en partie par au moins une figure voisine. Les seuls objets vus intégralement sont le haut-de-forme et l'objet bleu posé sur la table. Bref, la composition consiste presque exclusivement en personnages ou en objets vus partiellement. Cette peinture pourrait servir d'illustration aux descriptions de Duranty en 1876 : « Si l'on prend à son tour le personnage soit dans la chambre, soit dans la rue, il n'est pas toujours à égale distance de deux objets parallèles, en ligne droite ; il est plus resserré d'un côté que de l'autre par l'espace ; en un mot il n'est jamais au centre de la toile, au centre du décor. Il ne se montre pas constamment entier, tantôt il apparaît coupé à mi-jambe, à mi-corps, tranché longitudinalement »[2].

Bien que l'essai de Duranty concerne une exposition impressionniste où Manet ne figurait pas, et que l'on pense généralement que ce passage se rapporte à l'œuvre de Degas, cet essai décrit la « nouvelle peinture » dans les termes les plus larges, et Duranty n'a pas voulu mentionner l'œuvre d'un artiste en particulier. En abordant le sujet de cette manière, le critique visait probablement à ce que ses remarques s'appliquent aussi à l'œuvre de Manet. Malgré le refus de celui-ci d'exposer avec ses amis, Manet n'en était pas moins reconnu tacitement comme leur chef, fait que Duranty ne pouvait ignorer en 1876. Bien qu'il ait continué d'exposer ses œuvres au Salon, il semble qu'en 1880, Manet ait consenti à courir le risque d'une identification implicite avec les impressionnistes en organisant une exposition particulière dans les locaux de l'hebdomadaire *La Vie Moderne*, où ce *Café-concert* fut exposé. Cette galerie était dirigée par Edmond Renoir, le frère du peintre, et l'un des artistes dont l'exposition devait avoir lieu peu après celle de Manet, était justement Monet (voir cat. 142).

Expositions
Paris, La Vie Moderne 1880 n° 2 (Café-concert) ; New York, National Academy of Design 1886 n° 223 (L'Assommoir) ; Paris, Durand-Ruel 1906 n° 18 ; London, Sulley 1906 n° 16 ; New York, Wildenstein 1948 n° 25 ; Philadelphie-Chicago 1966-67 n° 174 ; Washington 1982-83 n° 21.

Catalogues
D 1902, 230 ; M-N 1926 II p. 50 ; cat. ms, 237 ; T 1931, 286 ; JW 1932, 303 ; T 1947, 300 ; RO 1970, 267 ; RW 1975, 280.

169

Les figures qui se recoupent, la composition fragmentée, sont peut-être le reflet de l'admiration que Manet portait de longue date aux estampes japonaises, et l'agencement apparemment fortuit des personnages et des objets pourrait être aussi l'indice d'une influence de la photographie. Toutefois, la manière dont les figures sont disposées, et leurs attitudes, semblent vouloir souligner l'absence de relations entre des gens appartenant à des classes différentes. Les lieux publics tels que ces brasseries fournissaient, sans nul doute, une rare occasion à des individus de statut social différent de se mêler sans aucune gêne, comme on le voit dans *Le Moulin de la Galette* de Renoir, 1876 (Musée d'Orsay-Jeu de Paume). Du reste, dans ce *Café-concert,* la femme de gauche, la serveuse, le monsieur et le couple d'ouvriers, à l'extrême droite, regardent tous dans des directions différentes. Aucun d'eux ne paraît s'intéresser à la chanteuse, « la belle Polonaise », et chacun semble avoir son attention attirée ailleurs. La seule tentative de communication semble celle qui s'établit par le regard entre la femme du premier plan à gauche et le spectateur, femme dont Moreau-Nélaton dit que c'est une personne « de mœurs faciles[3] ».

Le *Café-concert* est peint dans une gamme réduite de noirs, de gris et de bruns, mais toute la composition est parsemée de touches de couleurs vives, comme celles du dessus de la table et de la main de la femme, à l'extrême gauche. Encore très controversés en 1878, des morceaux de peinture comme ceux-ci sont considérés maintenant comme des merveilles de la technique impressionniste. Chaque coup de brosse rend compte d'une observation et sert une intension descriptive, mais agit aussi à un niveau plus abstrait. En effet, la surface peinte conserve son unité propre, soulignée par la facture libre, comme on peut le voir, par exemple, sur le visage de la femme, à gauche, les verres de bière, l'objet bleu posé sur la table, et la figure de l'homme. De toute évidence, Manet se délecte de la manipulation des couleurs sur la surface picturale. Le chevauchement des figures et des objets souligne cette insistance sur le plan du tableau — insistance qui, à travers l'œuvre de Cézanne, deviendra le point de départ de la peinture du vingtième siècle.

1. Tabarant 1931, pp. 334, 336.
2. Duranty 1876, p. 29.
3. Moreau-Nélaton 1926, II, p. 52.
4. Carnet de Manet, Paris, BN Estampes (*Copie... de documents*, p. 79).
5. Vente Boussaton, 5 mai 1891, n° 61.
6. Rewald 1973, p. 107.
7. Lettre de Charles Durand-Ruel, 13 décembre 1982, New York, Metropolitan Museum, archives.

Historique

D'après le livre de comptes de Manet, ce tableau fut vendu pour 1.800 Frs en 1881[4] au marchand BOUSSATON, dont la collection d'œuvres du XIXᵉ siècle fut vendue en 1891[5]. MONTAIGNAC acheta la toile 1.100 Frs[6]. Par la suite, elle entra dans la collection du célèbre fabricant de porcelaine CHARLES HAVILAND (1839-1921), dont le fils fut portraituré par Renoir en 1884 (Kansas City, Nelson Gallery-Atkins Museum).
Aux alentours de 1902, le tableau se trouvait dans la collection de FAURE (v. Hist., cat. 10). Ce dernier le vendit à DURAND-RUEL (v. Hist., cat. 118) le 13 mars 1907, pour la somme de 25.000 Frs. Le marchand en obtint le même prix le 25 mai 1909, d'HENRY WALTERS (1848-1931), originaire de Baltimore[7]. Fils du collectionneur, magnat des chemins de fer William T. Walters (1820-1894), Henry Walters vécut en France où sa famille avait dû s'exiler durant la guerre civile américaine, étant donné les sympathies sudistes du père. Il fit la connaissance de Durand-Ruel au lycée et leur amitié dura toute la vie. A la mort de son père, Henry Walters hérita de la collection, et consacra une grande partie de sa fortune à l'enrichir. Il créa pour l'abriter, la Walters Art Gallery où ce tableau est exposé depuis l'inauguration du musée en 1934 (inv. 893).

C.S.M.

170 Dans la salle

1878-1879
Mine de plomb sur papier quadrillé
13,1 × 16,6
Cachet de l'atelier b.d.

NY   Paris, Musée du Louvre, Cabinet des Dessins

171 Dans la salle

1878-1879
Lavis d'encre de Chine
21,5 × 27,9
Cachet de l'atelier b.c.

NY   Paris, Musée du Louvre, Cabinet des Dessins

Ces deux dessins sont passionnants car ils nous font toucher de près la façon de travailler de Manet. Le croquis au crayon a été pris sur place, au concert, sur deux pages d'un petit calepin, Manet étant juste derrière les premiers rangs

170
Catalogues
L 1969, 490 ; RW 1975 II 523.

170

171
Exposition
Paris, Vollard 1895.

Catalogues
L 1969, 492 ; RW 1975 II 524.

d'orchestre. Ce sont des indications brèves et précises, qui lui ont permis d'exécuter ensuite le deuxième, plus grand, au crayon et au pinceau, avec une mise en place plus élaborée, mais on retrouve les musiciens dans la même position, au delà des trois rangées d'auditeurs.

Il se servira ensuite de ces notes dans plusieurs œuvres exécutées dans des techniques variées. On retrouve, en effet, dans une autographie dite *La belle Polonaise* (H 87) placés dans le bas, au niveau de l'orchestre, l'archet de violon à gauche et deux profils d'hommes tirés de ces croquis, celui de l'extrême gauche en haut et le petit profil barbu de l'extrême droite du lavis. Enfin, il reprendra ces mêmes figures dans la version de Londres de *Coin de café-concert* (cat. 172) : on retrouvera en effet, coupé par l'épaule gauche de la serveuse de bocks, le profil barbu et la contrebasse, la même mise en place de la rampe de la scène, et la silhouette du trombone à gauche.

171

On saisit donc comment, en atelier, Manet recompose, avec des modèles placés au premier plan, des scènes qu'il « meuble » à partir de dessins faits sur le vif ou retravaillés en atelier, comme ceux-ci. Ce sont des matériaux de travail, mais aussi, au moins pour le lavis d'encre de Chine, un brillant exemple de la nervosité de trait et du sens de la concision propre au graphisme de Manet.

Ainsi, dans son tableau de Londres, il ne s'agit plus d'une représentation réaliste d'une scène de la brasserie de Reichshoffen comme on l'a souvent pensé, mais d'une recomposition structurée en atelier, intégrant des observations diverses : scènes de théâtre et de brasserie.

1. Registre de comptes de Mme Manet, New York, Morgan Library, archives Tabarant ; Vollard 1937, p. 68.
2. Proust 1897, pp. 168, 180.

Historique 170-171
Ces dessins font sans doute partie du groupe acquis début 1894 par le marchand VOLLARD (v. Hist., cat. 98) auprès de MME MANET[1] et, pour le n° 171, exposé en 1895. Vollard était encore en possession de ce dernier dessin en 1897, quand il fut reproduit dans un article consacré à Manet[2]. Quelque temps après, ces deux dessins furent acquis par PELLERIN (v. Hist., cat. 100). Le croquis au crayon (RF 30.526) provient de l'album n° 5 et le lavis (RF 30.523) de l'album n° 4, tous deux acquis par le Louvre en 1954.

F.C.

172 Coin de café-concert

1879
Huile sur toile
98 × 79
Signé et daté b.g. *Manet 1879*

P   Londres, The Trustees of the National Gallery

Selon Tabarant, Manet avait commencé un grand tableau intitulé le *Café-concert de Reichshoffen,* en août 1878[1]. Cet établissement, que l'on voit également dans *Café-concert* (cat. 169), était connu sous des noms divers : Brasserie de Reichshoffen, Au Cabaret de Reichshoffen, A Reichshoffen, ou simplement Reichshoffen[2]. On pense qu'il devait être situé boulevard Rochechouart ou boulevard de Clichy, mais il ne figure à aucune de ces deux adresses dans *le Bottin* de 1879[3]. Avant d'avoir achevé le *Café-concert de Reichshoffen,* Manet coupa sa toile en deux parties inégales, qu'il termina comme deux œuvres indépendantes. La partie gauche, approximativement les deux tiers de la composition, est devenue *Au café* (RW 278 ; voir fig. a). Manet ajouta ensuite sur le côté droit de l'autre partie une bande de toile d'environ 19 cm de large, pour achever ce *Coin de café-concert.*

Dans *Au café,* ce sont des amis de Manet, le graveur Henri Guérard et l'actrice Ellen Andrée, qui posèrent pour le couple de l'homme en haut-de-forme, et de la femme tournée vers le spectateur[4]. Quant au modèle de la serveuse de bière du *Coin de café-concert,* c'est évidemment l'une des serveuses du Reichshoffen. Duret et Moreau-Nélaton nous apprennent que lorsque Manet demanda à celle-ci de poser, elle accepta d'aller dans son atelier (à cette époque Manet était confortablement installé dans l'atelier en forme de serre du peintre suédois J.H. Rosen, rue d'Amsterdam) à condition d'être accompagné par son protecteur, c'est le jeune homme qu'on voit fumant la pipe au premier plan du tableau[5]. « Manet avait remarqué » nous dit Duret, « le mouvement des servantes qui, en posant d'une main un bock sur la table, devant le

Expositions
Paris, La Vie Moderne 1880 n° 3 (Coin de Café-Concert) ; Lyon 1883 ; Paris, Beaux-Arts 1884 n° 88 (La Servante de bocks) ; Londres, Tate Gallery 1954 n° 14.

Catalogues
D 1902, 228 ; M-N 1926, II p. 52 ; cat. ms. 238 ; T 1931, 284 ; JW 1932, 335 ; T 1947, 298 ; RO 1970, 266 A ; RW 1975, 311.

consommateur, savaient en tenir plusieurs de l'autre, sans laisser tomber la bière [...] Manet s'adressa à celle du café qui lui parut la plus experte.[6] ». Un intervalle de plusieurs mois se serait écoulé, selon Tabarant, entre l'achèvement des deux peintures[7]. *Au café* est clairement signé et daté 1878, mais en ce qui concerne le *Coin de café-concert,* Davies constate que le chiffre final pourrait être un 8 ou un 9[8]. Il semble qu'*Au café* a exigé moins de remaniements que le *Coin de café-concert.* Dans *Au café* le fond, par exemple, paraît représenter la conception initiale de Manet, tandis que celui de notre toile a été entièrement transformé. Davies remarque que les radiographies de *Coin de café-concert* révèlent une tache sur la gauche, juste au-dessus du haut de la carafe posée sur la table, qui pourrait être un reste du prolongement de la fenêtre qui occupe l'arrière-plan dans *Au café*[9]. Ce renseignement, et le fait que Manet a ajouté une bande de toile sur la droite du tableau, montre clairement que le *Coin de café-concert* a été largement modifié. Le travail a très bien pu s'étendre jusqu'en 1879. En outre, l'existence d'une reprise de la composition (cat. 173) donne à penser que ce projet l'a préoccupé pendant une période relativement longue.

Richardson soutient que cette autre version pour laquelle nous retiendrons le titre *La serveuse de bocks* (cat. 173), est le fragment découpé dans le *Café-concert de Reichshoffen,* qui, de ce fait, constitue la « moitié manquante » de l'œuvre de *Au café*[10]. Toutefois, Davies fait observer que les ombres de certains objets posés sur la table à gauche de notre tableau, paraissent se prolonger sur la table de droite, dans *Au café*[11]. Au surplus, comme Reff l'indique, bien que *Au café* et *La serveuse de bocks* aient la même hauteur, ils sont peints de manière différente ; les styles de notre tableau et de *Au café* concordent, alors que le style de *La serveuse de bocks* est plus libre[12]. D'ailleurs, étant donné qu'il est en fait possible de raccorder le dessus de la table de *Au café* avec celui du *Coin de café-concert,* les disparités d'échelle et de position entre les diverses figures que Richardson a notées en comparant les deux œuvres, paraissent dues à une réduction en hauteur de *Au café,* d'environ 21 cm. Bref, il n'y a rien dans la peinture de *La serveuse de bocks* qui puisse l'identifier comme l'autre fragment du *Café-concert de Reichshoffen,* tandis que les radiographies et les repentirs montrent nettement que *Coin de café-concert* a été soumise à diverses modifications et révisions.

Reff a aussi proposé de dater le *Coin de café-concert* en 1877 (et non en 1878 ou 1879, comme on le fait généralement), suivant l'identification par Callen de *La serveuse de bocks* avec une œuvre connue sous le nom de *L'Assommoir,* que Jean-Baptiste Faure avait achetée à Manet en 1877[13]. (Bien

1. Tabarant 1947, p. 328.
2. Tabarant 1931, p. 330 ; Bazire 1884, p. 130 ; Moreau-Nélaton 1926, II, p. 52.
3. Davies 1970, p. 100, n° 6 ; Reff 1982, n° 20.
4. Eudel (1884) 1885, pp. 173-74.
5. Duret 1902, pp. 107-108 ; Moreau-Nélaton, 1926 II, p. 52.
6. Duret 1902, p. 107-108.
7. Tabarant 1947, p. 328.
8. Davies 1970, pp. 98-99.
9. *Ibid.,* p. 99.
10. Richardson 1958, p. 129.
11. Davies 1970, p. 99.
12. Reff 1982, n° 20.
13. Callen 1974, p. 163.
14. Fénéon in *Revue Libre,* janvier 1884, p. 188 ; Duret, 1902, pp. 249-50.

fig. a. Au café, 1878. Winterthur, Fondation Oskar Reinhart

15. Tabarant 1947, p. 327.
16. Proust 1897, p. 311.
17. Carnet de comptes de Manet, Paris, BN Estampes, fonds Moreau-Nélaton (*Copie... de documents*, p. 79).
18. Tabarant 1931, p. 333.
19. Rouart et Wildenstein 1975, I, p. 27 « Tableaux et études » n° 21, prisé 300 Frs.
20. Eudel 1884, pp. 173-74 ; Bazire 1884, p. 71.
21. Vente Manet 1884, n° 10 ; Bodelsen 1968, p. 342.

Historique

D'après Antonin Proust, c'est Méry Laurent (v. Hist., cat. 188) qui aurait amené FERNAND BARROIL à l'atelier de Manet en 1879[16]. Barroil, dont on ne sait rien sauf qu'il habitait Marseille, a payé 1.500 Frs pour le tableau « Reischoffen », selon le carnet de comptes de l'artiste[17]. Tabarant identifie « Reischoffen » avec ce *Coin de café-concert*. Il semble que Barroil rapporta le tableau à Manet presque aussitôt, sur les instances de sa femme à qui il déplaisait[18] (anecdote fournie par Tabarant comparable à celle qu'il relate à propos de la provenance d'un autre tableau,

cat. 94). Barroil acheta à la place, d'après le carnet de comptes du peintre, « Un coin de café » pour 2.500 Frs (RW 278).
En ce qui concerne « Reichshoffen », le tableau retourné, il s'agit sans doute de la toile intitulée « Café-concert » dans l'inventaire de l'atelier de Manet[19]. A la vente de l'atelier, on reconnut dans ce tableau un fragment d'une grande toile que Manet aurait scindée en deux et dont l'autre moitié se trouvait alors à Marseille (RW 258)[20]. DURAND-RUEL (v. Hist., cat. 118) acheta le tableau dont il est question ici, au cours de la vente de l'atelier, pour la somme de 2.500 Frs[21], et le

vendit au collectionneur HAVILAND (v. Hist., cat. 169). Le 30 octobre 1917, GEORGES BERNHEIM (v. Hist., cat. 20) le vendit à M. KNOEDLER & CO. de New York. Fondée à New York en 1846 par Goupil, la maison Knoedler a accueilli les premières expositions des impressionnistes, organisées dès 1886 par Durand-Ruel. La National Gallery de Londres en fit l'acquisition (inv. 3858), auprès de Knoedler en novembre 1923, grâce aux fonds accordés par les Trustees du Courtauld Fund (v. Hist., cat. 25).

C.S.M.

avant lui, Fénéon et Duret avaient déjà supposé que *La serveuse* avait été exécutée en 1877, mais sans s'appuyer sur la moindre documentation)[14]. Toutefois, cette hypothèse est improbable : l'affiche posée sur la vitrine, à l'arrière-plan de *Au café,* est une annonce pour Hanlon Lees, célèbres clowns, dont le numéro débuta aux Folies-Bergère le 24 mai 1878[15]. Bref, le *Café-concert du Reichshoffen* n'a pas pu être achevé en 1877, et *L'Assommoir,* acheté par Faure doit être une œuvre différente.

173 La serveuse de bocks

1879
Huile sur toile
77,5 × 65
Signé b.d. par Suzanne Manet *E. Manet*

Paris, Musée d'Orsay (Galeries du Jeu de Paume)

Expositions
Marseille 1961 n° 22 ; Philadelphie-Chicago 1966-67 n° 195 ; Washington 1982-83 n° 20.

Catalogues
D 1902, 229 ; M-N 1926 II p. 52 ; cat. ms. 239 ; T 1931, 285 ; JW 1932, 336 ; T 1947, 299 ; RO 1970, 266 B ; RW 1975, 312.

La composition de cette peinture est en relation directe avec celle du *Coin de café-concert* (cat. 172). Elle est souvent considérée comme la seconde version, mais la nature exacte du rapport entre les deux œuvres n'a jamais été établie de façon probante. Si ce tableau a été peint en 1877, comme Reff l'a récemment suggéré[1], il pourrait s'agir d'une œuvre préliminaire du *Coin de café-concert.* Par contre, s'il a été exécuté après ce dernier, il faut le considérer comme une nouvelle version de cette composition.

Reff soutient que cette *Serveuse de bocks* a été peinte après le découpage du *Café-concert de Reichshoffen* (voir cat. 172), mais avant que les deux fragments aient été retravaillés, pour devenir *Au café* (RW 278) et *Coin de café-concert* (cat. 172). Selon lui il s'agirait ici d'une étude pour ce dernier.

Cependant, il paraît tout aussi plausible que la *Serveuse de bocks* en soit la version ultime. La composition de la *Serveuse de bocks* indique un processus de raffinement plutôt que d'expérimentation. Manet a rapproché son point de vue des figures principales, éliminé la table, supprimé les musiciens, abaissé la scène qui est repoussée vers la gauche, et considérablement simplifié l'arrière-plan.

Les différences entre les deux versions sont du même ordre que celles qui caractériseraient deux photographies d'une même scène, l'une prise avec un objectif normal, l'autre avec un téléobjectif. Ici, dans la *Serveuse de bocks,*

nous avons l'impression que les figures sont plus proches à cause d'une profondeur de champ sensiblement réduite. En outre, Manet a modifié et éliminé de nombreux détails ; et, le fait que la serveuse tourne vers le spectateur son regard, contribue également à créer un rapport plus intime avec lui.

Le caractère relativement dispersé du *Coin de café-concert* est sans doute dû en partie, à sa tentative de créer, à partir d'un fragment dont l'échelle des figures et l'agencement de l'espace étaient prédéterminés, une œuvre indépendante. Ce n'est peut-être qu'en voyant cette première version une fois achevée que Manet comprit qu'il pouvait l'améliorer. Il semblerait donc que le fragment original développé dans le *Coin de café-concert,* trouvât son aboutissement dans *La serveuse de bocks* et non l'inverse.

1. Reff 1982, n° 20.
2. Vente Manet 1884, n° 10 ; Bodelsen 1968, p. 342.
3. Davies 1970, pp. 98-101.
4. Duret 1902, n° 229.
5. J. Manet 1979, pp. 213-14.
6. Rouart et Wildenstein 1975, I, n° 312.
7. Vollard 1937, pp. 124-29, 226-27, 349.
8. Vente Cochin, Paris, Georges Petit, 26 mars 1919, n° 18 ; cité Tabarant 1931, p. 334.
9. Gimpel 1966, pp. 170-71 (13 oct. 1921).

Historique

La provenance de ce tableau pose des problèmes. On a généralement identifié l'œuvre avec celle qui fut achetée à Manet en 1879 par FERNAND BARROIL, mais les examens en laboratoire et les dimensions données par le catalogue de la vente Manet[2] prouvent qu'il s'agit de l'autre version (cat. n° 172)[3]. Le tableau dont il est question ici, fut d'abord catalogué par Duret comme faisant partie de la collection PELLERIN[4] (v. Hist., cat. 109). Il n'apparaît ni dans l'inventaire après décès, ni dans la vente de l'atelier ; de plus, la signature ajoutée à postériori par la veuve de l'artiste, fait penser que le tableau s'était égaré au moment de sa mort. Manet n'aurait pas manqué de signer son œuvre s'il l'avait vendue lui-même, et aurait fait état de cette transaction dans son carnet de comptes. Malheureusement, les livres de comptes de Mme Manet n'indiquent rien non plus concernant la vente de ce tableau. Pellerin ne possédait certainement pas le tableau en 1899, puisque Julie Manet n'en fait pas mention dans son récit d'une visite chez celui-ci, le 27 janvier[5]. D'après Rouart et Wildenstein, le tableau passa de la collection Pellerin à celle de BERNHEIM-JEUNE (v. Hist., cat. 20) en 1907[6]. Quoiqu'il en soit, il devint sans aucun doute la propriété du baron DENYS COCHIN, dont les excentricités de collectionneur ont été décrites de façon savoureuse par Vollard[7]. A la vente Cochin en 1919, l'œuvre, estimée 100.000 Frs, fut rachetée 73.000 Frs[8]. Le manque d'intérêt pour ce tableau est étonnant si l'on songe qu'à la même époque, Rosenberg évaluait une peinture comparable (cat. 165) 500.000 Frs. Par la suite, Cochin revendit *La serveuse de bocks* à BERNHEIM-JEUNE, et la galerie la négocia au prince KOJIRO MATSUKATA à Tokyo qui, selon Gimpel, s'abattit sur l'Europe en 1921 et dévalisa les marchands de la peinture moderne, pour créer un musée à Tokyo. Il dépensa 800.000 Frs chez Georges Bernheim, et même davantage chez Durand-Ruel[9]. Il rapporta une grande partie de sa collection au Japon au cours des années suivantes, mais les œuvres demeurées en France furent mises sous séquestre durant la Seconde Guerre mondiale. A la restitution des biens de Matsukata en 1959, ce tableau revint à la France et entra au musée du Louvre (inv. RF 1959.4). La même année, quelque quatre cents toiles appartenant à Matsukata furent restituées au Japon et entrèrent dans la collection du Musée national d'art occidental de Tokyo.

C.S.M.

174 Liseuse ou La lecture de l'illustré

1879
Huile sur toile
61,7 × 50,7
Signé b.g. *Manet*

Chicago, The Art Institute of Chicago

Expositions
Paris, Beaux-Arts 1884 n° 92 (Tête de femme) ; Bernheim-Jeune 1928 n° 25 ; New York, Wildenstein 1937 n° 29 ; Philadelphie-Chicago 1966-67 n° 161 ; Washington 1982-83 n° 22.

Catalogues
D 1902, 255 ; M-N 1926 II p. 53 ; cat. ms. 242 ; T 1931, 293 ; JW 1932, 334 ; T 1947, 297 ; RO 1970, 262 ; RW 1975, 313.

La *Liseuse* est la moins caractéristique des scènes de café peintes par Manet. Dans les autres, l'atmosphère est moins amicale, et les modèles d'un niveau social inférieur à celui de la figure que nous voyons ici. Par exemple, à la différence de la jeune femme abattue, elle aussi assise à une table du café, dans *La prune* (cat. 165), la femme élégante de la *Liseuse* paraît tout à fait à l'aise. Un bock à portée de sa main, elle lit attentivement un périodique, emprunté au porte-journaux du café, du genre de *La Vie moderne*[1], chronique de la vie artistique, littéraire et mondaine de Paris, qui paraissait depuis peu.

Le charme de cette peinture est grandement le fait de son exécution pleine de verve. Dans certaines parties, la facture libre, rapide, produit un effet décoratif quasi abstrait qui fait ressortir très efficacement les champs d'un noir intense, relativement unis, créés par le chapeau et les vêtements. A vrai dire, le traitement du fond est si peu illusionniste, que les objets représentés sont difficiles à identifier. Tabarant y voit « une glace et son encadrement » ; Hanson suppose qu'il pourrait s'agir d'une fenêtre ouvrant sur un jardin, et Reff y voit, pour sa part, un tableau ou une tenture murale[2]. En outre, ce fond pourrait très bien être une stylisation de quelque aspect de l'atelier en forme de serre, du peintre suédois J.H. Rosen, occupé par Manet de l'été 1878 à fin mars 1879 (voir cat. 180). Le modèle non identifié a dû poser soit dans cet atelier, soit dans l'atelier proche que Manet a occupé dès le début avril 1879. On sait que certains aspects dans des scènes de café par Manet (voir cat. 169) sont approximatifs ou imaginaires, et il en est probablement de même ici.

La facture du col de tulle de la jeune femme illustre l'exubérance d'exécution chère à Manet qui a indiqué les plis diaphanes du tissu par des touches rapides et relativement sèches. Étant donné sa prédilection pour les surfaces bien travaillées, souplement articulées, ce morceau de peinture est quelque peu surprenant. Il est donc évident que Manet était aussi adepte du style impressionniste que de la technique plus traditionnelle, utilisée dans d'autres œuvres de la même époque. Hanson a remarqué que, à part l'évidente justesse de la disposition des plages de couleur et des lignes de force, Manet n'a pas essayé de « finir » ce tableau dans le sens conventionnel du mot[3].

D'après Tabarant, le modèle était connu sous le nom de « Trognette »[4]. Que Trognette soit bien, ou non, le sobriquet du modèle, Manet nous présente une femme cossue, l'image d'une Parisienne moderne.

1. Reff 1982, n° 22.
2. Tabarant 1947, p. 327 ; Hanson 1966, p. 173 ; Reff 1982, n° 22.
3. Hanson 1966, p. 173.
4. Tabarant 1947, p. 327.
5. Paris, BN Estampes, fonds Moreau-Nélaton (*Copie... de documents*, p. 81).
6. Callen 1974, p. 168.
7. Tabarant 1931, p. 341.
8. Hanson 1966, n° 161.

Historique

Dans le carnet de comptes de Manet[5], ce tableau, « Liseuse », fut vendu à Faure (v. Hist., cat. 10) en 1882 pour 500 Frs — un prix « bon marché » selon Eugène Manet[6]. A la mort de Faure en 1914, le tableau revint à son fils MAURICE FAURE[7]. Plus tard le tableau apparaît chez le marchand HOWARD YOUNG à New York[8], puis dans l'importante collection impressionniste d'ANNIE SWAN COBURN, léguée en 1933 à l'Art Institute comme la Memorial Collection de Mr et Mrs Lewis Larned Coburn (inv. 33.435).

C.S.M.

175 George Moore au café

1879
Huile sur toile
65,4 × 81,3

New York, The Metropolitan Museum of Art

Le critique et romancier irlandais, George Moore (1852-1933), voulait d'abord être peintre, et arriva à Paris en mars 1873 pour étudier la peinture à l'École des Beaux-Arts, chez Cabanel, puis à l'Académie Julian. Cependant, vers 1876, il abandonne la peinture pour la littérature. Ce que Moore appela « le grand tournant » de son séjour à Paris se produisit lorsque Mallarmé lui donna un exemplaire de *L'après-midi d'un faune* illustré par Manet, dont il fut très ému. Par la suite, le poète suggéra au peintre que le jeune irlandais ferait un bon modèle[1].

Expositions
Paris, Salon d'automne 1905 n° 31 ;
Bernheim-Jeune 1928 n° 35 ; Orangerie 1932 n° 68 ; Philadelphie-Chicago 1966-1967 n° 145.

Catalogues
D 1902 (non mentionné) ; M-N 1926, II p. 54 ; cat. ms. 248 ; T 1931, 290 ; JW 1932, 337 ; T 1947, 304 ; RO 1970, 252 ; RW 1975, 296.

174

175

George Moore décrivit lui-même sa première rencontre avec Manet :
« [...] ce fut un grand événement dans ma vie quand Manet me parla au café de
la Nouvelle-Athènes. Je savais que c'était Manet, on me l'avait montré [...]
J'engageai avec passion une conversation avec lui, et le lendemain je me rendis à
son atelier. C'était un endroit plutôt simple [...] Il y avait très peu de choses dans
son atelier à part ses peintures : un divan, un rocking-chair, une table pour ses
couleurs, et une table de marbre sur un support en fer, semblable à celles des
cafés. Comme j'étais un jeune homme au teint frais et aux cheveux blonds, du
type qui convenait le mieux à la palette de Manet, il me demanda tout de suite
de poser. Son intention première était de me peindre dans un café ; il m'avait
rencontré dans un café, et il pensait pouvoir recréer l'impression qu'il avait eu
de moi dans le premier cadre où il m'a vu. »[2]

Dans les passages de *Modern Painting* qui suivent, Moore décrit son
grand étonnement lorsque, quelques jours après avoir commencé son tableau,
Manet gratta la peinture et recommença : « Il le peignit et le repeignit ; chaque

fois le résultat était plus lumineux et plus clair, et la peinture ne sembla jamais rien perdre de sa qualité. »

Évidemment lié à ce projet, *George Moore au café,* abandonné à l'état d'esquisse, a l'aspect d'un dessin de grand format et révèle le talent considérable de l'artiste en tant que dessinateur au pinceau. Comme l'a remarqué Hanson, après avoir détruit le tableau décrit dans *Modern Painting,* Manet commença une autre étude de Moore au café qui resta au stade d'esquisse. De tels « dessins » sont les rares survivants qui témoignent de la manière de travailler de Manet qui jette le personnage directement sur la toile, au pinceau, sans aucun dessin préliminaire au crayon ou au fusain[3].

Cette esquisse, le portrait au pastel (cat. 176), et un autre portrait inachevé de Moore (RW 297) furent sans doute tous peints au printemps 1879. Pickvance a remarqué que dans *Avowals,* Moore donne l'adresse de l'atelier de Manet au 73 de la rue d'Amsterdam. Il s'agit sans doute de l'atelier de la rue d'Amsterdam — en fait le 77 — dans lequel Manet s'installa en avril 1879[4].

1. "The Vase and the Wash-Tub", *Apollo,* CIII, mars 1976, p. 168.
2. Moore 1898, pp. 30-31.
3. Hanson 1977, p. 159 ; voir ici, p. 20 et ss., son article « La technique de Manet ».
4. Pickvance 1963, p. 279.
5. Vente Manet 1884, n° 58 « Au café, ébauche » ; Bodelsen 1968, p. 344.
6. Vente Chabrier, Paris, 26 mars 1896, n° 14.
7. Vente Chéramy, Paris, 5-7 mai 1908, n° 218.
8. Hanson 1966, p. 158.

Historique

Ce tableau fut acheté 110 Frs à la vente Manet en 1884, par le compositeur ALEXIS EMMANUEL CHABRIER (1841-1894 ; v. Hist., cat. 112)[5]. Lors de la vente de sa collection[8], *George Moore au café* fut acheté 750 Frs par PAUL CHÉRAMY (v. Hist., cat. 1). Lorsque la collection de ce dernier fut mise en vente[7], AMBROISE VOLLARD (v. Hist., cat. 98) acquit le tableau pour la somme de 625 Frs. Par la suite, on retrouve le tableau chez ALBERT S. HENRAUX à Paris, qui en demeura propriétaire entre 1929 et 1946 environ, et peut-être même au-delà de cette date[8]. M. KNOEDLER & CO (v. Hist., cat. 172) de New York, en firent l'acquisition auprès du marchand suisse WALTER FEILCHENFELDT, en février 1951, et le revendirent en 1954 à MRS RALPH J. HINES (née Mary Elizabeth Borden, 1909-1961) qui en fit don au Metropolitan Museum en 1955 (inv. 55.193).

C.S.M.

176 Portrait de George Moore

1879
Pastel sur toile
55,3 × 35,3
Signé b.g. *Manet*

NY   New York, The Metropolitan Museum of Art

Expositions
Paris, La Vie Moderne 1880 n° 15 (Portrait de M.G.M.) ; Beaux-Arts 1884, n° 153 (Portrait du poète George Moore).

Catalogues
D 1902, 67 (pastels) ; M-N 1926 II p. 65 ; cat. ms. 362 ; T 1931, 30 (pastels) ; JW 1932, 365 ; T 1947, 475 ; RO 1970, 278B ; RW 1975 II 11 (pastels).

La technique du pastel semble avoir permis à Manet de surmonter les difficultés rencontrées en essayant de faire le portrait peint de Moore (voir cat. 175). D'après Proust, Manet exécuta le pastel en une seule séance, et se plaignait de Moore qui exigeait des changements : « Voilà le portrait du poète Moore. En une séance ça y était pour moi, mais, pas pour lui. Il est venu m'embêter, en réclamant un changement ici, une modification là. Je ne changerai rien à son portrait. Est-ce ma faute à moi si Moore a l'air d'un jaune d'œuf écrasé et si sa binette n'est pas d'ensemble ? Ce qui est d'ailleurs le fait de toutes nos binettes, car la plaie de notre temps, c'est la recherche de la symétrie. Il n'y a pas de symétrie dans la nature. Un œil ne fait jamais pendant à l'autre, il est différent. Nous avons tous le nez plus ou moins de travers, la bouche toujours irrégulière. »[1]

Selon Blanche, le pastel, exposé en 1880, suscita « les moqueries du public ; l'artiste et son modèle avaient acquis le nom de caricaturiste et de caricature, ce qui ne plût à aucun des deux. Les moqueurs appelaient le *le Dandy des Batignolles*' le noyé repêché '. Dans cette peinture [sic], les yeux bleu pâle de Moore, qui s'harmonisaient avec la couleur de son visage, et sa moue bien dessinée firent rire [...] ».[2]. Moore lui-même laissa entendre que le pastel de Manet le déconcertait mais il s'en servit néanmoins pour le frontispice de *Modern Painting,* paru en 1893[3].

Tandis que l'esquisse peinte (cat. 175) montre un habitué blasé de la Nouvelle-Athènes, le pastel insiste sur la jeunesse du modèle que Duret qualifia de « dandy aux cheveux d'or, esthète d'avant l'époque de Wilde ». Degas, qui dessina lui aussi un portrait de Moore en 1879 (Oxford, Ashmolean Museum), donna l'impression au cours d'une conversation avec Daniel Halévy en 1890 que Moore était assez respecté au sein du cercle de la Nouvelle-Athènes. Lorsque Halévy demanda à Degas s'il connaissait Zola au moment de la publication de *L'Œuvre,* en 1886, celui-ci répondit : « Non [...] c'était avant, avec Manet, Moore, à la Nouvelle-Athènes. Nous discutions à n'en plus finir »[4].

1. Proust 1897, pp. 306-307.
2. Blanche 1937, pp. 136-137.
3. Pickvance 1963 ; Cooper 1945.
4. Halévy, cité Pickvance 1963, p. 279.
5. Vente Manet, 1884, n° 96 ; Bodelsen 1968, p. 342.
6. Duret 1902, n° 67.

Historique
Dans la vente de l'atelier ce pastel se vendit 1,800 Frs à Jacob[5], pour le compte d'un collectionneur inconnu. En 1902, Duret le mentionne dans la collection de MR ET MRS HENRY O. HAVEMEYER de New York (v. Hist., cat. 33)[6]. Mrs Havemeyer en fit don au Metropolitan Museum en 1929 (inv. 29.100.55).

C.S.M.

177 Portrait de jeune femme blonde aux yeux bleus

1878
Pastel sur carton
61,5 × 50,5
Cachet de l'atelier b.d. *E.M.*

P   Paris, Musée du Louvre, Cabinet des Dessins

Catalogues
D 1902, 54 ; M-N cat. ms. 418 ; JW 1932, 354 ; T 1947, 470 ; RO 1970, 259 ; RW 1975 II 9 (pastels).

Ce portrait, dont on ne saurait nier la grâce facile et la complaisance, est un des rares, dans la superbe production de Manet dans cette technique, qui évoque les propos de Duret ; celui-ci voyait dans la forte production de pastels à la fin de la vie de l'artiste, l'effet d'une fatigue l'empêchant de se livrer à la peinture : « [...] le pastel lui permettait de se livrer à un travail relativement facile, qui le distrayait, en lui obtenant la société des femmes agréables qui venaient poser. »[1] D'après ses amis, Blanche et Duret, Manet espérait atteindre un succès mondain, qu'il ne pouvait s'empêcher d'envier amèrement au peintre Chaplin[2]. Mais en dehors de ses amies proches, comme Méry Laurent, ou de témoignages enthousiastes de ses modèles, évoqués par des lettres comme celles de la fille de Madeleine Lemaire[3], ou de Valtesse de la Bigne (RW II 14), le succès ne vint pas pour autant : « Il exposa cependant au journal la *Vie moderne,* en avril 1880, une série d'œuvres où les pastels tenaient la plus grande place, et le plus grand nombre était à vendre. On lui acheta tout juste deux. »[4]

177

On a pensé (ainsi que Léon Leenhoff l'a indiqué sur la photo d'une esquisse de ce pastel (RW II 8) que ce portrait à la limite du « chic parisien » représenterait l'actrice Ellen Andrée[5], le modèle qui avait posé pour *Chez le père Lathuille* (RW 291) et dont l'effigie la plus célèbre est celle de *L'absinthe* de Degas auprès de Marcellin Desboutin (Louvre).

Sur la photo du pastel montré ici, Léon Leenhoff indiquait « très effacé »[6] ce qui laisse à supposer qu'une restauration sur le visage en a accentué l'aspect « poupée ».

Historique
Ce pastel passé à la vente posthume en 1884, est acheté pour 225 Frs, par M. LASQUIN[7]. Il reste ensuite à Paris dans la même famille GROULT-MOTTARD ; l'œuvre est léguée au Louvre par MME PAUL MOTTARD en 1945 (inv. RF 29.470).

F.C.

1. Duret 1926, p. 175.
2. Blanche 1924, p. 49.
3. Paris, Bibliothèque d'art et d'archéologie, archives Manet.
4. Duret 1926, p. 176.
5. Tabarant 1947, p. 336.
6. *Ibid.,* p. 337.
7. Vente Manet 1884 n° 117 ; Bodelsen, 1968, p. 343.

178

fig. a. Tintoret, Dame qui découvre sa gorge.
Madrid, Musée du Prado

Expositions
Paris, Orangerie 1932 n° 60 ; Orangerie 1952
sans n°.

Catalogues
D 1902, 254 ; M-N 1926 II p. 35 ; cat. ms. 200 ;
T 1931, 270 ; JW 1932, 257 ; T 1947, 286 ;
RO 1970, 240 ; RW 1975, 287.

178 La blonde aux seins nus

1878 ?
Huile sur toile
62 × 51,5
Signé b.g. *EM*

P   Paris, Musée d'Orsay (Galeries du Jeu de Paume)

Plus peut-être qu'aucune autre, cette œuvre prouve la virtuosité de Manet dans une peinture de pure délectation, gardant, mieux que Renoir qu'il semble défier ici sur son propre terrain, de l'élégance dans le « charnel ».

Ce tableau n'est pas sans analogie avec un Tintoret de dimension semblable que Manet avait pu admirer au cours de sa visite au Prado, *La dame qui découvre sa gorge* (fig. a), montrant une jeune femme blonde aux cheveux relevés, tournée dans l'autre sens, dévoilant son opulente poitrine de la même façon, en laissant un peu de linge en cerner le galbe. Pourtant rarement Manet a été aussi proche des impressionnistes, Renoir, en particulier, qu'il évoque ici. La technique est fluide et rapide ; l'analyse radiographique montre un savoureux modelage des formes par le pinceau, en particulier son sein gauche qui est « sculpté » en rond.

D'après le carnet de comptes de Mme Manet, au moment de la vente[1], le modèle en serait « Amélie-Jeanne », la même jeune femme qui posa sans doute pour les pastels de femme à leur toilette (RW II 22 et 23). Selon Tabarant, il s'agirait ici d'un autre modèle, Marguerite[2]. La date en est aussi hypothétique : si Tabarant et Wildenstein placent le tableau en 1878, Moreau-Nélaton le date de 1875, comme la *Brune aux seins nus* (voir cat. 129). Moreau-Nélaton se réfère à la date de 1875 par analogie avec *La parisienne* (RW 236), qu'il pense être posée par le même modèle. Mais d'après Mme Manet[3], c'est Ellen Andrée qui a posé pour *La parisienne*. Le style, de toute façon permet de le situer entre 1875 et 1879. Le chapeau paraît, d'ailleurs, plutôt à la mode de la fin des années soixante-dix ou du début des années quatre-vingt.

1. New York, Morgan Library, archives Tabarant.
2. Tabarant, 1947, p. 290.
3. Carnet de Mme Manet ; v. note 1.

Historique
Cette œuvre a été vendue par SUZANNE MANET (v. cat. 12) à VOLLARD (v. Hist., cat. 98) le 26 mars 1894 : « Amélie-Jeanne, buste nue [sic] P. 500 fr »[3], ce qui semble un prix très bas pour l'époque.

Elle est acquise ensuite par MOREAU-NÉLATON (v. Hist., cat. 62), léguée par lui en 1927, exposée provisoirement avec la collection au Musée des Arts Décoratifs, pour entrer au Louvre en 1934 et dans les salles du Jeu de Paume à partir de 1947 (inv. RF 2637).

F.C.

179 Femme dans un tub

1878-1879
Pastel sur carton
55 × 45
Signé b.d. *Manet*

P Paris, Musée du Louvre, Cabinet des Dessins

Manet fit quatre superbes nus à leur toilette, au pastel. Tabarant pense qu'il s'agit du même modèle, juvénile et plantureux, dénommé Marguerite[1], et qui d'après lui aurait posé pour *La blonde aux seins nus* (cat. 178). En réalité dans ce cas, l'identité du modèle semble être tout autre que celle d'un modèle professionnel : de fortes présomptions font penser que ce nu aurait été posé par Méry Laurent. Un poème d'Henri de Régnier, écrit à l'occasion d'un accrochage d'œuvres de Manet, difficile à identifier, mais qui se situe peu avant 1900, chez Durand-Ruel ou Bernheim-Jeune, est intitulé *Edouard Manet,* et dédié « à une dame qui connut Manet »[1].

Expositions
Paris, Salon d'Automne 1905 n° 29 ;
Bernheim-Jeune 1928 n° 39.

Catalogues
D 1902, 66 (pastels) ; MN 1926, II p. 68 ; cat. ms. 380 ; T 1931, 9 ; JW 1932, 424 ; T 1947, 462 ; RO 1970, 244 ; RW 1975, II 24 (pastels).

Madame, je vous ai connue
Un peu plus tard et celle qui n'est
Déjà plus la baigneuse nue
Qu'avait peinte jadis Manet

Entre des murs tendus de perse
Sous la rosace du plafond
Et qui, de l'éponge, se verse

Aux épaules l'eau du tub rond

Les deux portraits où, son modèle,
Vous offrites à son pinceau
Votre manière d'être belle
Étaient la gloire du panneau :

L'un vous montrait avec la toque
S'abaissant jusques aux sourcils...

Outre la « baigneuse nue » du poème, on retrouvera ici l'un des portraits cités (cat. 214) qui représente bien Méry Laurent.

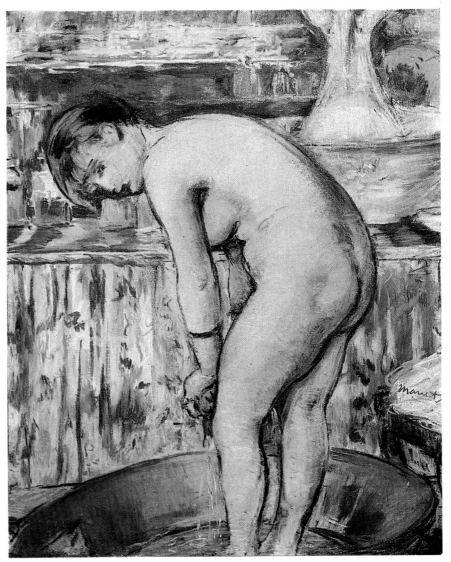

179

fig. a. Degas, Le tub. Pastel vers 1886. Paris,
Musée du Louvre, Cabinet des Dessins

Henri de Régnier avait été fort lié à Méry dans les années quatre-vingt dix, et elle lui a certainement dit elle-même qu'elle avait posé pour Manet cette scène intime. Méry Laurent, qui avait commencé dans la galanterie en apparaissant quasi nue sur plusieurs scènes de la capitale au Second Empire, n'aurait pas hésité, même devenue cocotte nantie, à se déshabiller et à poser pour Manet, son ami, que de nombreux témoins affirment avoir été son amant (voir cat. 215).

Quel qu'en soit le modèle, ce pastel est l'un des plus beaux de Manet sur ce thème avec celui de Copenhague, *Femme penchée en avant ajustant sa jarretelle* (RW II 22). Il offre toutes les caractéristiques de l'art de Manet : un mélange très particulier de spontanéité, de fraicheur — de gentillesse dans la vision pourrait-on dire — avec une composition rigoureuse et le goût d'inscrire des lignes courbes et claires sur un fond d'horizontales qui découpent en tranches l'arrière-plan de l'œuvre : miroir, table de toilette, cretonne fleurie en bandes subtilement colorées.

Degas utilisera systématiquement cette grande forme de tub qui occupe ici déjà tout le bas du pastel, mais comme un large présentoir aux déploiements de ses sortes de beaux « animaux humains » que sont ses modèles, comme vus à leur insu (fig. a) ; ici, la femme qui pose regarde sans crainte vers le peintre, sachant que sa nudité pourtant imparfaite ne provoque qu'un regard amical, voire attendri.

Ce nu dans son tub ouvre toutes les interrogations sur les priorités artistiques entre Manet et Degas. Ce dernier développe, après la mort de Manet, son étonnante série de femmes à leur toilette, au tub, prises en général dans des perspectives plongeantes et des positions moins simples. Même si les relations de Degas et de Manet n'étaient pas très étroites dans les années 1876-1880, Degas avait vu toute la série exposée en 1880, et ils ont pu lui donner l'idée du thème. Mais c'est pourtant lui le premier qui exécuta, dans des monotypes rehaussés de pastel, des scènes de toilettes — moins innocentes, faites dans des maisons closes — dès 1877. Manet les avait-il vues ? On ne sait. D'après Degas, certainement : « Ce Manet ! il imitait toujours [...]. Dès que j'ai fait des danseuses, il en a fait. »[2] En réalité, au delà des femmes à leur toilette de Degas, dont les vues plongeantes sont plus sophistiquées, grandioses ou sarcastiques, c'est la douceur des scènes de toilette de Bonnard que préfigure cette *Femme au tub*.

1. Tabarant 1931, p. 451 ; 1947, p. 321.
2. H. de Régnier *Vertigia Flammae* 1922, pp. 233-234.
3. Halévy 1960, p. 110.

Historique
Ce pastel ne fait pas partie de la vente de 1884 ; il est vendu sans doute par la famille à EDMOND DECAP, important amateur rouennais de peinture impressionniste. Il se retrouve dans la collection BERNHEIM-JEUNE (v. Hist., cat. 31) dès 1905, puisque M. J. BERNHEIM en est le prêteur à la rétrospective du Salon d'Automne. Il ne quitte pas la famille jusqu'à son acquisition par le Musée du Louvre en 1973 (inv. RF 35.739).

F.C.

180 Dans la serre

1879
Huile sur toile
115 × 150
Signé et daté b.g. *Manet 1879*

Berlin, Staatliche Museen Preussischer Kulturbesitz, Nationalgalerie

Une dizaine d'années après *Le balcon* (cat. 115), Manet reprend un thème apparemment assez analogue : ce sont d'élégants personnages posant à mi-chemin du plein air et de l'intérieur ; viennent-ils d'arriver ? S'apprêtent-ils à partir ? On ne sait. Ils sont pris dans une composition géométrique où la colonnade légère du banc joue le même rôle que les ferrures vertes du *Balcon*. Si la technique hachée et la couleur claire ont pu paraître impressionnistes, rien n'est plus classique et rigoureux que la structure linéaire du tableau : les figures s'organisent en un carré dont trois côtés seraient l'épaule droite de la femme, l'ombrelle, et le bras gauche de l'homme, et le centre, les deux mains baguées d'alliances familières et proches, qui nuancent l'apparente distraction des visages. Il s'agit en effet du portrait d'un couple, M. et Mme Jules Guillemet, propriétaires d'un magasin de mode réputé, au 19 rue du Faubourg Saint-Honoré, et amis du peintre[1]. Jules Guillemet n'a semble-t-il rien à voir avec le peintre Antoine Guillemet, du *Balcon*.

Expositions
Paris, Salon de 1879 n° 2010 ; Beaux-Arts 1884 n° 90 ; New York, Durand-Ruel 1885 n° 12 ; Berlin, Matthiesen 1928 n° 50 ; Paris, Orangerie 1932 n° 67 ; Philadelphie-Chicago 1966-67 n° 13.

Catalogues
D 1902, 251 ; M-N 1926, II p. 56 ; cat. ms. 26 ; T 1931, 295 ; JW 1932, 296 ; T 1947, 312 ; RO 1970, 268 A ; RW 1975, 289.

180

D'origine américaine, sa femme était célèbre pour sa beauté et son élégance parisienne, que confirment ici le petit chapeau, recouvert de plumes d'autruche, et la robe à la coupe raffinée dont Manet a souligné complaisamment le plissé au premier plan. A son teint clair et légèrement maquillé répond le laurier rose qui, sur la gauche, développe la texture et la couleur de la bouche. Les ravissants croquis-aquarellés que Manet fit de Mme Guillemet et l'amusement avec lequel, dans les lettres qu'il lui adresse, il décrit de son pinceau les divers accessoires de sa toilette — en particulier ses bottines — montre qu'il était très sensible à sa féminité étudiée et mutine (voir cat. 198). Quant à Jules Guillemet il est décrit avec sympathie — une certaine ressemblance avec Manet lui-même a frappé ses contemporains — comme un intime saisi dans une pause de la conversation, fumant le cigare comme l'homme du *Déjeuner dans l'atelier* (cat. 109) ou Mallarmé dans son portrait (cat. 149).

La scène se passe dans une serre, la pièce à laquelle le Second Empire a donné ses lettres de noblesse, et dont huit ans plus tôt, Zola, dans *La Curée,* avait

435

fait, dans un morceau d'anthologie un peu lourd — et qui avait fait scandale — le lieu des débordements sensuels de la femme du financier et promoteur immobilier, Saccard. Malgré le caractère très convenable du tableau, les visiteurs du Salon ne manquaient sans doute pas de faire le rapprochement. Les caricatures de l'époque le montrent bien, comme celle de Stop dans *Le Journal amusant* (fig. a) qui redessine le tableau, mais en plaçant la dame derrière le banc avec cette légende : « Une jeune personne innocente est prise dans la serre d'un perfide séducteur »[2].

DANS LA SERRE
Une jeune personne innocente est prise dans la serre d'un perfide séducteur (Salon de 1879)

fig. a. Caricature de Stop dans *Le Journal amusant,* 1879

Ce jardin d'hiver était celui d'un atelier que Manet avait loué, de juillet 1878 à avril 1879, à un peintre suédois, le comte Otto Rosen, 70 rue d'Amsterdam, un peu plus haut dans la rue que l'atelier qu'il allait bientôt occuper de l'été 79 à sa mort. On ne sait s'il s'agissait d'une véritable serre, ou si Rosen avait aménagé une partie de son atelier à la façon d'un jardin d'hiver[3].

Pour Manet, à l'évidence, le décor a une fonction moins littéraire et érotique, que proprement picturale. La nature est présente sans être de plein air ; les visages gardent donc un caractère plus individualisé, moins tributaire de la lumière extérieure, et ce fond de verdure s'assimile à une tapisserie moderne dont Manet s'est appliqué à détailler plus que de coutume le feuillage. D'autre part, celui-ci lui permet de jouer du contraste entre cette exhubérance un peu étouffante et la délicatesse réservée de la tête de la jeune femme, contraste plastique qui répond à un contraste psychologique. Elle lui donne aussi l'occasion de faire jouer les touches de rose, de jaune et de rouge, avec une particulière vivacité.

En montrant au Salon *La serre* avec *En bateau* (cat. 140) Manet jouait très certainement sur l'opposition : couple « populaire » en plein air, couple « bourgeois » et citadin, l'un sur un large fond bleu, l'autre vert. En dehors du portrait de *Faure dans le rôle d'Hamlet* du Salon de 1877 (RW 257), Manet, refusé aux Salons, n'avait rien montré depuis *Argenteuil* (cat. 139) en 1875, qui en avait fait « l'impressionniste » du Salon. Cette fois-ci, Renoir avec le *Portrait de Mme Charpentier et ses enfants* (New York, Metropolitan Museum) et Manet avec *La serre* et *En bateau,* font entrer la couleur vive et le plein air sur les cimaises officielles. Manet reste même plus contesté que Renoir, en particulier par l'irréductible Wolff, qui le traite à cette occasion de « tzigane de la peinture »[4].

Mais un nouveau défenseur lui vient alors encore une fois du monde des Lettres, J.K. Huysmans, qui défend le tableau dans le *Voltaire* : « Ainsi posée, dans un abandon de causerie, cette figure est vraiment belle : elle flirte et vit. L'air circule, les figures se détachent merveilleusement de cette enveloppe verte qui les entoure. C'est là une œuvre moderne très attirante, une lutte entreprise et gagnée contre le ponctif appris de la lumière solaire, jamais observée sur la nature. »[5] Ce sont des arguments plus formalistes qui, paradoxalement portent l'apôtre du réalisme, Castagnary, vers plus de bienveillance qu'auparavant : « Rien n'est plus simple que la composition, ni plus naturel que les attitudes. Une chose cependant mérite d'être louée davantage, c'est la fraîcheur des tons et l'harmonie de la coloration générale [...]. Les visages et les mains sont dessinés avec plus de soin que d'ordinaire : Manet ferait-il des concessions ? »[6]

Une lettre inédite de Manet au sous-secrétaire d'État aux Beaux-Arts, du 6 juin 1879, montre son désir qu'un des deux tableaux exposés au Salon — *En bateau* (cat. 140) et celui-ci — soit acheté par l'État : « J'ai eu l'honneur d'être reçu par vous en audience vers le milieu de mai dernier et sans me donner

436

1. Tabarant 1947, p. 340.
2. Stop in *Le Journal amusant.*
3. Tabarant 1947, p. 326.
4. Wolff 1879 ; cité Tabarant 1947, p. 347.
5. Huysmans 1883, p. 35.
6. Castagnary 1879 ; partiellement cité Tabarant 1947, p. 348.
7. Paris, Archives nationales (AN-F[21] 308).
8. Callen 1974, pp. 168-169.
9. Meier-Graefe 1912, p. 314.
10. *Ibid.*
11. Max Aubry «Camps de concentration pour œuvres d'art », *Arts,* 4 janvier 1946.

grande espérance au sujet de l'achat d'un de mes tableaux du Salon, vous aviez bien voulu me promettre de le revoir et de me répondre vous-même aussitôt. Aussi, je prends, Monsieur le S. Secrétaire d'État, la liberté de vous rappeler que vous ajoutiez vouloir bien acheter pour le Luxembourg un tableau de moi pris dans une galerie particulière tel que Le bon bock ou tout autre ayant eu la consécration du Salon. J'ai donc l'honneur de me rappeler à votre souvenir et confiant en votre promesse je vous prie [...] »[7]. L'État, inutile de le préciser, n'acheta ni *Le bon bock* (RW 186), ni aucun des deux tableaux du Salon.

Historique
Vendu directement par Manet à FAURE[8] (v. Hist., cat. 10) le 1er janvier 1883, semble-t-il, pour 4.000 Frs[9]. Celui-ci le céda à DURAND-RUEL (v. Hist., cat. 118) en 1896 ; acheté 22.000 Frs[10], il est donné sur le conseil de Hugo von Tschudi (v. Hist., cat. 109), alors conservateur du Musée de Berlin, par les collectionneurs Arnhold (v. Hist., cat. 29), Ernest et Robert von Mendelssohn et H. Oppenheim au musée de cette ville (inv. 683). C'est la première œuvre de Manet achetée par un musée. Elle ne fait pas partie des œuvres des musées, vendues comme « art dégénéré » sous le régime nazi, et fut retrouvée par des soldats américains en 1945, cachée dans une mine de sel[11].

F.C.

181 Mme Manet dans la serre

1879
Huile sur toile
81 × 100
Signé b.g. *Manet*

Oslo, Nationalgalleriet

Expositions
Berlin, Matthiesen 1928 n° 50 ; Paris, Orangerie 1932 n° 66.

Catalogues
D 1902, 252 ; M-N 1926 II p. 57, 262 ; T 1931, 296 ; JW 1932, 297 ; T 1947, 213 ; RO 1970, 269 ; RW 1975, 290.

Suzanne Manet ne vint quasiment jamais dans les divers ateliers de son mari ; mais elle était très liée aux Guillemet, et assistait aux séances de pose pour *Dans la serre* (cat. 180)[1]. Ainsi Manet eut-il envie de la faire poser également, et brossa un tableau plus familier, qui lui était destiné, et non au Salon, ce qui explique son style très différent.

Depuis *La lecture* (cat. 97), Mme Manet s'était alourdie, et son bon visage placide et un peu rougeaud ne s'était pas affiné. C'est avec réalisme mais affection que Manet la montre : « Mme Manet avait une chose très particulière : une grâce de bonté, de simplicité, de candeur dans l'esprit : une sérénité que rien n'altérait. On sentait, dans ses moindres mots, la passion profonde qu'elle avait pour son enfant terrible et charmant de mari », raconte de Nittis. « [...] Un jour, il suivait une jolie fille, mince et coquette. Sa femme tout à coup le joignit et lui dit, avec son bon rire : 'Cette fois, je t'y prends.' — 'Tiens, dit-il, c'est drôle ! Je croyais que c'était toi !' Or, Mme Manet, plutôt un peu forte, Hollandaise placide, n'avait rien d'une frêle Parisienne. Elle racontait la chose elle-même, avec sa bonhomie souriante »[2].

Manet ne laissait pas au hasard le fond de ses portraits : son épouse est apparemment assise au même endroit que l'élégante Mme Guillemet, mais, soit que Manet ait déplacé le banc devant d'autres plantes soit qu'il ait installé autrement les pots, l'arrangement est très différent dans chacun des deux tableaux. Il a peint Mme Guillemet sur un fond de feuillage aigu, griffu, piqueté de fleurs roses, bien adapté à son visage de « parisienne piquante » ; et sa

181

femme coiffée et vêtue avec une bourgeoise simplicité, est peinte sur un fond de feuilles larges traitées à grands traits de pinceau comme le vêtement et les mains. Manet lui a réservé une harmonie de gris et de bleus dans le châle et les fleurs, qui reprend celle de la lingerie et de son regard.

Historique
« Mme Manet accrocha ce portrait dans la chambre à coucher conjugale, et après la mort de son mari, dans sa chambre de veuve » écrit bizarrement Tabarant[3]. Un besoin pressant d'argent força SUZANNE MANET (v. cat. 12) à le vendre à MAURICE JOYANT le 16 août 1895, pour 6.000 Frs[4]. Joyant (1864-1930), ami d'enfance de Lautrec, et son premier biographe, était entré en 1871 chez le marchand Boussod et Valadon, pour remplacer Théo Van Gogh qui venait de mourir. Il était lui-même assez riche, et avait une collection personnelle, aussi peut-on penser que ce tableau reste chez lui et que ses familiers,

Lautrec et les peintres de *La Revue Blanche,* les « Nabis », purent l'y voir.
En juillet 1911, il céda la toile à GEORGES BERNHEIM (v. Hist., cat. 20)[5]. La Société des Amis du musée d'Oslo lui acheta le tableau en 1918 (inv. 1286).
Duret et Jamot ont tenu compte dans leurs catalogues d'une deuxième version de ce portrait qui, vendu par Léon Koëlla Leenhoff en 1910 (quatre ans après la mort de sa mère) a circulé en Allemagne entre les deux guerres. En réalité il s'agit d'une copie faite par Vibert (v. Hist., cat. 122), au moment de la vente du tableau en 1895, et destinée à remplacer l'original[6].

F.C.

1. Tabarant 1947, p. 341.
2. Nittis 1895, p. 189 ; cité Moreau-Nelaton 1926, II, p. 50.
3. Tabarant 1947, p. 341.
4. Carnet de comptes de Mme Manet. New York, Morgan Library, archives Tabarant.
5. Tabarant 1931, p. 345.
6. Tabarant 1947, p. 342.

182 Sur le banc

1879
Pastel sur toile
61 × 50

NY   Collection particulière

Expositions
Paris, Beaux-Arts 1884 n° 143 ; Londres, Grafton
1905 n° 94 ; Paris, Orangerie 1932 n° 90 ;
New York, Wildenstein 1948 n° 32.

Catalogues
D 1902, 39 (pastels) ; M-N cat. ms. 407 ; T 1931,
12 (pastels) ; JW 1932, 361 ; T 1947, 467 ;
RO 1970, 258 a ; RW 1975 II 19.

Sur quatre-vingt huit pastels catalogués par Rouart et Wildenstein, plus de soixante-dix sont des images de femmes, portraits en buste ou à mi-corps, sur des fonds neutres (voir cat. 217, 218) ou parfois devant un décor précis. La ressemblance de cette figure de profil, avec celle de la jeune actrice Jeanne Demarsy dans *Le Printemps* (RW 372 ; voir cat. 214) incite à voir ici le même modèle. Mlle Demarsy apparaît assise sur un banc, dans une serre, sans doute l'atelier du peintre Rosen, provisoirement occupé par Manet (voir cat. 180).

     Malgré l'absence de signature et l'exécution très large de certaines parties, la facture en est aussi élaborée que dans de nombreux portraits au pastel

182

439

qu'il a signés. Ce pastel se distingue par l'expression pensive du modèle. Comme les modèles de *La prune* (cat. 165), *La blonde aux seins nus* (cat. 178) ou *Dans la serre* (cat. 180), Jeanne paraît songeuse et contemplative.

Historique

A la vente Manet en 1884, ce pastel fut acheté 1.250 Frs par CHARLES DEUDON (v. Hist., cat. 165)[1]. DURAND-RUEL (v. Hist., cat. 118) l'avait en sa possession en 1899[2]. Dans les années trente, il faisait partie de la collection de l'auteur dramatique HENRY BERNSTEIN (v. cat. 209), qui le prêta lors de l'exposition à l'Orangerie en 1932. En 1938, il passa dans les galeries de DURAND-RUEL et CARROLL CARSTAIRS[3] à New York. MR. ET MRS. MARSHALL FIELD III en étaient les propriétaires lors d'une exposition à la galerie Carstairs en 1945. Financier, Mr. Field avait hérité de la fortune amassée par son grand-père, fondateur du grand magasin à Chicago. Vers 1967, le pastel était entre les mains de REID & LEFEVRE, à Londres[4].

C.S.M.

1. Vente Manet 1884, n° 111 ; Bodelsen 1968, p. 342.
2. Rouart et Wildenstein 1975 II n° 19 (pastels).
3. *Ibid.*
4. Rouart et Orienti 1967, n° 257 A.

183 Portrait de Mme Émile Zola

1879
Pastel sur toile
52 × 44
Signé b.g. *Manet*

P   Paris, Musée du Louvre, Cabinet des Dessins

Gabrielle Alexandrine Melay (1839-1925) partageait la vie d'Émile Zola depuis 1865, un an avant la rencontre de Zola et de Manet. Une ombre sérieuse

183

Expositions
Paris, La Vie Moderne 1880 n° 11 (Portrait de
Mme E.Z***.) ; Beaux-Arts 1884 n° 130 ; Salon
d'Automne 1905 n° 27.

Catalogues
D 1902, 3 (pastels) ; M-N 1926 II p. 64 ; cat. ms.
360 ; T 1931, 24 ; JW 1932, 448 ; T 1947, 447 ;
RO 1970, 304 ; RW 1975 II 13 (pastels).

1. V. Annexe, Correspondance Manet-Zola n° 36.
2. *Ibid.* n° 37.
3. Walter 1961.

intervint dans les relations du peintre et de l'écrivain quand Zola fit paraître un article dans *Le Messager de l'Europe* de Saint-Pétersbourg, en partie traduit dans *Le Figaro* du 26 juillet 1879, que Manet prit comme une trahison[1]. Zola ayant présenté une mise au point à Manet qui le rassura, cette demande de portrait est peut-être un gage amical de réconciliation, dans sa commande, comme dans sa réalisation (voir Historique). Il faudrait donc le dater de l'été ou l'automne 1879, puisque peu avant avril 1880, une lettre de Manet à Mme Zola lui redemande le pastel pour « l'exposer avec d'autres à la Vie moderne ». Il est déjà souffrant puisqu'il ajoute : « Excusez-moi si je ne vais pas moi-même faire ma demande, mais on me défend de monter les escaliers. »[2]

Mme Zola avait été fort belle et Zola, jeune homme, l'aurait « enlevée » à Guillemet (voir cat. 115)[3]. La correspondance de Zola nous révèle une femme hypocondriaque, neurasthénique, particulièrement affectée de n'avoir pas d'enfant. Elle compensait ses malheurs privés par son importance dans la vie domestique et mondaine de Zola.

Manet a reproduit, en la flattant peut-être, l'image d'une femme estimable et charmante à sa façon, mais dépourvue de la grâce piquante de celles dont il aimait à l'époque fixer les traits à l'huile ou au pastel. D'où le caractère un peu conventionnel de ce portrait.

Historique
Dans une lettre à Zola, Manet accepte de faire le portrait de sa femme (v. note 1). La lettre semble indiquer que Zola lui avait demandé un double portrait, mais on ne trouve pas trace du sien. Ce portrait de MME ZOLA reste toujours chez son modèle, qui le légua avec usufruit en 1918 au Louvre (inv. RF 4519), où il entra à sa mort en 1925.

F.C.

184 Jeune femme au chapeau rond

1879
Huile sur toile
56 × 47
Signé b.d. *Manet*

NY   The Henry and Rose Pearlman Foundation

Expositions
Paris, Bernheim-Jeune 1910 n° 11 ; Munich,
Moderne Galerie 1910 n° 19 ; Londres, Grafton
1910-1911 n° 4 ; New York, Durand-Ruel 1913
n° 14 ; Wildenstein 1948, n° 29 ; Philadelphie
[Chicago] 1966-1967 n° 168.

Catalogues
D 1902, 221 ; M-N cat. ms. 250 ; T 1931, 261 ;
JW 1932, 340 ; T 1947, 281 ; RO 1970, 236 ;
RW 1975, 305.

1. Hanson 1966, p. 179.
2. Tabarant 1947, p. 314.
3. Rouart et Wildenstein 1975, I, p. 27 « Tableaux

Hanson a qualifié ce tableau d'un des plus beaux portraits de Manet[1]. Toutefois, il ne s'agit pas d'un portrait dans le sens conventionnel, car le visage du modèle est à demi caché par la voilette et l'ombre projetée du bord de son chapeau. Il serait donc plus juste de l'inclure parmi les tableaux dits par Tabarant de la « série 'naturaliste' » — dont *Nana* (cat. 157), *La prune* (cat. 165) et *Skating* (RW 260) — qui dépeint la Parisienne moderne[2]. Tous ces tableaux sont généralement datés entre 1877 et 1879.

Bien que le modèle soit posé presque de profil, Manet évoque une impression de spontanéité, comme si cette femme passait devant nos yeux. Cette impression est soulignée par la vibration des touches jetées çà et là autour du chapeau, évoquant le halo flou que l'on trouve à l'époque sur les photographies instantanées, bien que de tels effets n'étaient possibles à l'époque que dans les sujets extérieurs. Par exemple, Manet a pu être influencé par des scènes de rue, très répandues sous la forme de cartes postales en relief.

184

Jeune femme au chapeau rond peut être mis en rapport avec le portrait inachevé de Mme Manet (RW 117). Tournée dans l'autre sens, présentée de trois quarts, l'effet recherché dans son portrait est tout à fait comparable. Comme ici, l'épouse du peintre est en tenue de sortie : gantée, coiffée d'un chapeau, une ombrelle à la main. C'est l'image d'une femme habillée pour paraître en public qui semble avoir attiré le peintre. Comme Degas, qui était passionné par le rituel des magasins de mode, Manet, dans ses tableaux de femmes vêtues en fonction d'un certain type d'activité sociale, révèle des aspects de « la vie moderne ».

et études » n° 36 « Femme en bleu et chapeau rond ».
4. Vente Manet 1884, n° 36 ; Bodelsen 1968, p. 342
5 Meier-Graefe 1912, p. 316.
6. J. Zilczer, « The Noble Buyer » : John Quinn, Patron of the Avant-Garde, Hirshhorn Museum and Sculpture Garden, Washington D.C. 1978.
7. B.L. Reid, The man from New York : John Quinn and His Friends, New York 1868, pp. 91-94 ; lettre de Charles Durand-Ruel, 13 décembre 1982 (Metropolitan Museum of Art, archives).

Historique
Estimé 100 Frs dans l'inventaire posthume[3], ce tableau fut acquis 200 Frs à la vente Manet par un certain SAMSON[4]. Le catalogue Duret (1902) cite PELLERIN (v. Hist., cat. 109) comme propriétaire. Les toiles de Manet réunies par celui-ci, furent revendues en bloc en 1910 aux marchands BERNHEIM-JEUNE, PAUL CASSIRER et DURAND-RUEL[5].
Durand-Ruel céda le tableau le 3 avril 1911, contre la somme de $4,000, à JOHN QUINN (1870-1924), homme de loi new-yorkais, amateur

de l'art d'avant-garde, qui prit la direction de l'organisation de l'Armory Show en 1913.
L'énorme et extraordinaire collection rassemblée par Quinn devait s'enrichir du *Cirque* de Seurat, qui fut légué au Musée du Louvre, du *Nu bleu* de Matisse (Baltimore Museum of Art) etc.[6]. *Jeune femme au chapeau rond* est le premier achat important effectué par Quinn. Le 9 novembre 1911, il échangea le tableau avec DURAND-RUEL, contre une partie du prix d'un Puvis de Chavannes[10]. Le 24 avril 1912, Durand-Ruel le vendit à MARTIN A. RYERSON (1856-1932),

industriel du bois et philanthrope, principal bienfaiteur de l'Art Institute de Chicago dont la bibliothèque porte le nom. L'œuvre se trouvait aux alentours de 1948, dans les galeries E. & A. SILBERMAN, qui la possédaient toujours en 1955. Puis elle fut acquise par MR ET MRS HENRY PEARLMAN, originaires de New York, dont les collections comptent un groupe d'œuvres importantes de Cézanne, Van Gogh et Toulouse-Lautrec.

C.S.M.

185 Portrait de Clemenceau à la tribune

1879-1880
Huile sur toile
116 × 94

Forth Worth, Kimbell Art Museum

Exposition
New York, Wildenstein 1948 n° 36.

Catalogues
D 1902, 262 ; M-N 1926, II pp. 65-98 ; cat. ms.,
267 ; T 1931, 298 ; JW 1932, 371 ; T 1947, 323 ;
RO 1970, 276 B ; RW 1975 I 329.

Manet avait eu de multiples occasions de croiser le chemin de Georges Clemenceau (1841-1929) : en 1875, par l'intermédiaire de son jeune frère Gustave, Conseiller Municipal de Paris quand Clemenceau en était Président, et qui devait en 1876 lui succéder à cette présidence — ou, plus tôt même, chez les Paul Meurice, avec qui les Manet étaient fort liés, et dont un frère de Clemenceau allait épouser la fille, Marthe — ou encore par Zola. Deux lettres de Clemenceau à Manet, remettant, puis fixant des séances de pose[1], ont généralement fait dater les deux portraits de cet hiver où, précisément, le député radical allait fonder le journal républicain, La Justice, avec Camille Pelletan.

Il est probable que Manet exécuta deux portraits à la même époque (cat. 186). Celui-ci paraît être le premier. Gustave Geffroy, très lié plus tard à Clemenceau, pense même qu'il a pu être peint en 1872[2]. La tribune, dans le portrait, serait celle du Luxembourg, où se tenait le Conseil Municipal de Paris (Clemenceau y siégea jusqu'en 1876), l'Hôtel de Ville ayant été incendié pendant la Commune.

En fait, il n'est pas exclu de penser que les séances de pose, souvent interrompues, ont fait que ce tableau, jamais terminé, est resté plusieurs années « en chantier ». Clemenceau, d'une part avait peu de temps pour poser et n'était jamais satisfait des portraits qu'on faisait de lui : « Je n'ai pas un seul portrait de moi, tout est mauvais »[3], et, en fait, les séances de pose chez Manet, se passaient surtout en bavardages : « J'avais tant de plaisir à causer avec Manet ! Il était si spirituel ! »[4]

C'est peut-être à cause de ces diverses difficultés que ce portrait, comme le suivant, ne fut pas complètement terminé ; ce qui est particulièrement sensible dans la redingote et dans le visage, aux traits un peu hésitants. Le fait que le bas du tableau soit en revanche si précis laisse penser que cette partie, d'ailleurs lourdement peinte, a été ajoutée postérieurement et sans doute pas par Manet.

Il est curieux que lorsque Tabarant rendit visite à Clemenceau, en avril 1929, et lui montra la photographie de son tableau, celui-ci s'écria : « Mais je ne le connaissais pas ! C'est le plus beau ! »[5]

1. Lettre du 9 décembre 1879, Archives Manet, Bibliothèque d'art et d'archéologie, Paris. Lettre du 8 janvier 1880, coll. particulière.
2. Geffroy 1918.
3. Entretien avec R. Godard, septembre 1929, cité par G. Wormser, Clemenceau vu de près, Paris 1979.
4. Tabarant 1947, p. 358.
5. Ibid.
6. Agenda 1883, Paris, BN Estampes, fonds Moreau-Nélaton (Copie... de documents, p. 144).
7. Tabarant 1947, pp. 358-359.
8. Vente des Séquestres Rothenstein, Goetz, etc., Paris, 23-24 février 1922, hors cat.
9. Tabarant 1947, pp. 359-360.

Historique
Après la mort de Manet, Mme Manet fit, semble-t-il, cadeau de ses deux portraits à CLEMENCEAU, le 11 juillet 1883 : « Don à Clemenceau. 2 portraits » ; celui-ci serait l'un des deux, à moins qu'il ne s'agisse du portrait au pastel de Mme Clemenceau (RW II 33), dont on trouve trace également, le 13 juillet « Reçu de Clemenceau 500 Frs pour le pastel de sa femme »[6]. Clemenceau le vendit au bas prix de 1.000 Frs à VOLLARD (v. Hist., cat. 98) à qui Mary Cassatt, ayant fait acheter le tableau suivant (cat. 186) à MRS HAVEMEYER, lui aurait, selon lui, signalé l'existence d'une deuxième version. Selon Vollard[7], cette transaction aurait eu lieu en 1896, mais la date est discutable (v. Hist., cat. 186). Le tableau est rentoilé avant que Vollard ne le vende au collectionneur hongrois MARCZELL DE NEMES (1866-1930). Le tableau est revendu avec sa collection chez Manzi-Joyant le 18 juin 1913, estimé 5.000 Frs — ce qui est très peu pour l'époque — ; il ne trouva pas acquéreur.
En 1922, on le retrouve dans la vente des biens séquestrés de ROTHENSTEIN toujours estimé à 5.000 Frs et adjugé à 5.800 Frs à GEORGES BERNHEIM[8] (v. Hist., cat. 31).
Clemenceau, entre-temps, était devenu le « Père la victoire » et on peut s'étonner que l'État français ne se soit pas porté acquéreur. Le tableau passe bientôt à Oslo (chez WALTER HALVORSEN)[9]. Plus tard, acheté par le marchand berlinois THANNHAUSER (v. Hist., cat. 156), émigré à New York, il s'y retrouve sur le marché dans les années 1960. Il a été récemment acquis par le Musée de Fort Worth (inv. AP 81.1).

F.C.

444

186 Portrait de Clemenceau

1879-1880
Huile sur toile
94 × 74

Paris, Musée d'Orsay (Galeries du Jeu de Paume)

« Mon portrait par Manet ? Très mauvais, je ne l'ai pas, et cela ne me peine pas. Il est au Louvre, je me demande pourquoi on l'y a mis »[1]. Telle était l'opinion du modèle. On sait que les amitiés artistiques de Clemenceau étaient, d'ailleurs après le moment de ce portrait, Rodin et surtout Monet : c'est sans doute sous l'influence de Monet que Clemenceau fera en 1907 transporter d'autorité l'*Olympia* de Manet, du Musée du Luxembourg au Louvre (voir Historique, cat. 64).

La force de ce portrait est d'autant plus évidente si on le compare aux autres effigies de Clemenceau, celle de Raffaelli *(Clemenceau tenant une réunion électorale au cirque Fernando,* 1883, Musée de Versailles), déclamatoire et anecdotique, ou celles que peignit Eugène Carrière (par exemple celui du Musée de Troyes), où le visage est penché et fantômatique[2]. Ici, Manet réduit au minimum les traits et le mouvement, soulignant le côté asiatique du visage, qui s'accentuera avec le temps. La radiographie révèle de légers repentirs autour de la tête, et un regard différent, aux paupières tombantes, ce qui accentue le type « Kalmouke » du modèle. Le visage semblait alors plus réaliste, plus las, plus hésitant. Connaissant les difficultés que Manet avait à faire poser son modèle (lequel se plaignait pourtant d'avoir posé « quarante fois »[3]), il est probable qu'il a utilisé une photographie. La plus plausible est celle le représentant en pied, par Benque, faite en 1876, dont il se rapproche beaucoup par la netteté des plans du visage, et la position des bras. Il a pu se servir également d'une petite photo de la tête de Clemenceau (faite par Truchelet) qui se trouve aujourd'hui dans l'album de photos de la famille Manet[4].

Manet transpose ici en peinture les qualités allusives de son dessin à la plume ou au pinceau de la même époque. Il a su, en quelques traits et cernes japonisants, concentrer dans le visage et le torse aux bras croisés toute l'énergie, la détermination, la dureté, et également l'humour qui expriment physiquement la formidable personnalité de Clemenceau.

Ce tableau n'avait pas été exposé avant son entrée au Louvre en 1927, et pourtant de nombreux portraits fauves et expressionnistes au début du siècle nous semblent aujourd'hui dériver de ce modèle : par sa concision, sa réduction à l'essentiel, son absence totale de commentaire (accentué par la suppression de la Tribune (voir Historique et fig. a), ce portrait est, un quart de siècle avant l'heure, un des premiers grands portraits du XXe siècle. La puissance picturale a pu même effacer pour certains critiques la vérité de la représentation. « Pour que Manet puisse peindre le portrait de Clemenceau, il faut qu'il ait résolu d'oser y être tout, et Clemenceau, presque rien » a pu écrire André Malraux[5]. Or, trente-cinq ans après ce moment particulièrement formaliste de la critique, ce portrait nous apparaît aujourd'hui, non seulement un triomphe de modernité picturale, mais d'une grande vérité psychologique, la présence de Manet n'annulant absolument pas celle de Clemenceau — équilibre qui fait les grands portraits.

Exposition
Paris, Orangerie 1952 sans n°.

Catalogues
D 1902, 261 ; M-N 1926, II pp. 65-98 ; cat. ms., 268 ; T 1931, 297 ; JW 1932, 372 ; T 1947, 322 ; RO 1970, 276 A ; RW 1975, 330.

fig. a. Photographie par Lochard de l'état original du tableau, vers 1883. New York, Morgan Library

1. Entretien avec R. Godard, septembre 1929, Wormser *op. cit.,* cat. 185, n. 3.
2. Voir *Georges Clemenceau,* Musée du Petit Palais, Paris, 1979-1980.
3. Havemeyer 1931, p. 230.
4. Benque : v. *supra,* Hanson, « La technique de Manet », fig 15. Album de photos de la famille Manet, Paris, BN Estampes, fonds Moreau-Nélaton.
5. Malraux, 1957, p. 54.
6. Tabarant, 1947, p. 359.
7. Havemeyer 1931, p. 231.

a eu l'amabilité de nous communiquer, permettent de fixer cet achat à l'automne 1905.
Comme on le voit dans la photographie prise par Lochard (New York, Morgan Library ; fig. a) le tableau était plus grand à l'origine (114 × 94) et le bas, pourvu d'une esquisse de tribune, était inachevé. Dans ses mémoires, Mrs Havemeyer explique ce qu'il advint : « Agissant sur le conseil de Mary Cassatt, je pris un autre châssis et repliai en arrière la partie du tableau sur laquelle Manet

avait indiqué la table et la nature morte. La chose était facile car le tableau était long [...] presque la moitié du tableau original est reprise au dos »[7]. Aujourd'hui ces parties retournées (20 cm en bas et 10 cm de chaque côté) ont disparu, ayant été coupées à une date indéterminée.
Mrs Havemeyer fit le don généreux du tableau au Musée du Louvre en 1927 (inv. RF 2641).

F.C.

187 Portrait de M. Antonin Proust

1880
Huile sur toile
129,9 × 95,9
Signé, daté et dédicacé b.g. *à mon ami Antonin Proust/1880/Manet*

NY   Toledo, The Toledo Museum of Art

Manet et Antonin Proust (1832-1905) étaient amis d'enfance. Dans les années 1850, ils fréquentaient ensemble l'atelier de Couture, mais Proust, au lieu de poursuivre une carrière de peintre, est devenu journaliste, critique et homme politique. Gambetta le prit pour secrétaire à la chute de l'Empire, et Proust fit fonction de ministre de l'Intérieur pendant le siège de Paris. Dix ans plus tard, il fut ministre des Beaux-Arts dans le cabinet Gambetta, de novembre 1881 à janvier 1882, période au cours de laquelle il fit décorer Manet de la Légion d'honneur. En 1884, Antonin Proust fut l'un des organisateurs de l'exposition posthume des œuvres de Manet à l'École des Beaux-Arts. Il a fait le récit de sa longue amitié avec Manet dans une série d'articles publiés en 1897, dans *La Revue Blanche,* révisée et rééditée en volume en 1913, qui reste une des principales sources d'information sur la vie et l'œuvre de Manet.

    Le critique Bertall laisse entendre que Manet a peint le portrait d'Antonin Proust pour gagner les bonnes grâces de son puissant et influent ami. Anticipant d'un an sur la nomination de Proust au poste de ministre des Beaux-Arts, Bertall écrit : « C'est M. Manet qui a été chargé de reproduire les traits de la redingote et du chapeau du futur ministre des Beaux-Arts, de même que ce sera lui qui, dit-on, prendra la direction de l'École des Beaux-Arts et jalonnera la nouvelle route assignée à l'art français. »[1]. Cependant, l'intérêt porté par Manet au modèle n'était pas nouveau. Tabarant prétend que Manet avait déjà fait son portrait au milieu des années cinquante[2] (RW 12), et deux ébauches attestent son effort de le peindre en 1877 (RW 262, 263). Incontestablement, sa silhouette de boulevardier élégant avait tout pour séduire Manet. En vérité, le célèbre portrait de Manet par Fantin-Latour, où on le voit en dandy parisien, coiffé d'un haut-de-forme et portant une canne (Art Institute of Chicago ; fig. a) montre qu'en matière d'élégance et de tenue, Manet ne le cédait en rien à son ami. En outre, la similitude de la présentation du portrait à mi-jambes et le type de la composition, donnent à penser que son portrait par Fantin a aisément pu influencer Manet pour la conception du portrait de Proust.

    « Pendant le cours de cette année 1879 », nous dit Proust, « Manet était hanté par deux idées fixes, faire une œuvre de plein air, mais de complet plein

fig. a. Fantin-Latour. Portrait de Manet, 1867. Chicago, The Art Institute of Chicago

air [...] et enlever mon portrait sur une toile blanche, non préparée, en une seule séance. Il entreprenait donc en même temps le *Père Lathuille* [...] et mon portrait. »[3]. D'après Tabarant, Manet commença le portrait de Proust dans les dernières semaines de 1879, en faisant plusieurs dessins[4]. Plus tard, Jacques-Émile Blanche évoquait ce souvenir : « Un chapeau haut de forme, c'est ce qu'il y a de plus difficile à dessiner, disait Manet. Celui d'Antonin Proust fut bien recommencé vingt fois en ma présence ! »[5]. Tabarant signale que si Manet a pu essayer « les premiers accents de l'huile » à la fin de 1879, le portrait ne fut exécuté qu'en janvier 1880, et Proust nous dit qu'après plusieurs faux départs, Manet réussit à terminer presque tout le tableau en une seule séance : « Après avoir usé sept ou huit toiles, le portrait venait d'un seul coup. Les mains et certaines parties du fond étaient seules réservées. Le soir où il termina ce portrait, il le retourna, ne voulant le montrer à personne avant qu'il fût encadré. 'Il faut le cadre, répétait-il, en se promenant gaiement dans son atelier. Sans le cadre, la peinture perd cent pour cent. Voici, ça y est, cette fois, et comme cela tourne dans le fond ! Je terminerai demain. La main dans le gant n'est qu'indiquée. Avec trois coups, pique, pique, pique, on la sentira'. »[6]

Le portrait d'Antonin Proust fut envoyé en même temps que *Chez le Père Lathuille* (RW 291) au Salon de 1880. Le jury du Salon, présidé par Bouguereau, songeait, semble-t-il, lui accorder une médaille mais finalement lui refusa cette récompense. Le tableau fut bien accueilli par plusieurs critiques dont Burty, Mantz et surtout Silvestre, dans *La Vie moderne*, pour qui le portrait était « [...] un des plus remarquables du Salon. Quelle modernité vaillante dans la physionomie et dans le costume ! Quelle exécution brillante dans une gamme claire et juste ! Je n'ai jamais compris les hésitations du public devant une peinture dont le premier effet est de caresser l'œil par une admirable fraîcheur de ton. »[7]

Néanmoins, des voix dissidentes se firent entendre, et, trois semaines après l'inauguration, Manet écrivit à Proust pour lui dire que son portrait était médiocrement accroché et n'avait pas été bien accueilli : « Ah ! le portrait au chapeau où tout, disait-on, était bleu ! Eh bien, je les attends. Je ne verrai pas cela, moi. Mais après moi on reconnaîtra que j'ai vu juste et pensé juste. Ton portrait est une œuvre sincère par excellence. Je me souviens comme si c'était hier de la façon rapide et sommaire dont j'ai traité le gant de la main dégantée. Et quand tu m'as dit à ce moment : 'Je t'en prie, pas un trait de plus', je sentais que nous étions si parfaitement d'accord que je n'ai pu résister au désir de t'embrasser. » Et il ajouta : « Ah ! pourvu que plus tard on n'ait pas la fantaisie de coller ce portrait dans une collection publique. »[8]

De fait, le *Portrait de M. Antonin Proust* avait été attaqué par des critiques dont l'hostilité était prévisible, comme Bertall et Wolff[9], qui l'estimaient inachevé et grossièrement exécuté, jugement typique de la critique conservatrice depuis le début des années soixante. Cette opinion fut résumée par l'ex-directeur de l'École des Beaux-Arts, dont l'article dans la *Gazette des Beaux-Arts* est signé « Marquis de Chennevières, membre de l'Institut ». Il écrit : « Le portrait de M. Antonin Proust a fait cette année grand bien à M. Manet. Chacun est convenu que cette peinture est une excellente préparation d'un bon ouvrage, et qu'il s'en fallait de peu que l'artiste n'amenât son œuvre juste à point [...]. Mais c'est là le malheur et l'infirmité de l'école des impressionnistes, dont M. Manet est le porte-drapeau. »[10]

Il faut croire, néanmoins, que c'était les articles de ses avocats d'autrefois — Zola et Huysmans — qui ont dû le mortifier le plus. Huysmans affirma que Manet, après s'être constitué en chef reconnu de l'avant-garde,

1. Bertall in *Paris-Journal,* 10 mai 1880 ; cité Tabarant 1947, p. 379.
2. Tabarant 1947, p. 374.
3. Proust 1897, p. 308.
4. Tabarant 1947, p. 374.
5. Blanche 1919, p. 146.
6. Proust 1897, p. 308.

n'avait fait que marquer le pas alors que les artistes qui l'avaient suivi l'avaient maintenant dépassé[11]. Quant à Zola, qui avait lutté pour sa « nouvelle manière en peinture », dans les années soixante, l'importance de Manet en 1880 résidait surtout dans « l'influence qu'il a eue sur tous les jeunes peintres qui sont venus après lui. »[12]

Deux ans plus tard Proust lui-même s'éleva contre le fait choquant, et blessant pour l'artiste, que « M. Manet n'a pas une seule œuvre dans nos collections publiques, et l'on pourrait citer, à côté des peintres qui ont un réel talent et qui ont mis à profit les enseignements qu'il a donnés, des hommes qui ont simplement agrémenté ses études, et qui tiennent la cimaise de nos musées »[13].

7. Silvestre 1880.
8. Proust 1913, pp. 102-103.
9. Tabarant 1947, pp. 378-79.
10. Chennevières 1880 ; cité Tabarant 1947, p. 381-382.
11. Huysmans 1880.
12. Zola 1880.
13. Proust 1882.
14. Lettre de Proust à Mme Manet ; cité Tabarant 1947, p. 357.
15. D. Sutton, « Quality the criterium », Apollo, LXXXVI, 1967, pp. 414-417.
16. Museum News, The Toledo Museum of Art, n° 68, juin 1934, n.p.

Historique
PROUST garda son portrait jusqu'à sa mort en 1905. L'œuvre entra par la suite dans la collection de JOSEPH RAPHAËL BARON VITTA, (1860-1942) collectionneur italien, qui souhaitait, avec l'aide de Proust, « faire dans [sa] ville d'Évian une galerie spéciale pour les esquisses de Manet. »[14]. Vitta finit par réunir quatre œuvres de l'artiste (RW 73, 243, 367, 413), ainsi que ce portrait que l'on ne peut guère qualifier d'« esquisse ». On le retrouve par la suite dans la galerie SCOTT & FOWLES de New York ; en 1925, il fut acquis par le grand fabricant en verre et collectionneur EDWARD DRUMMOND LIBBEY, qui l'acheta pour le musée de Toledo (inv. 25.108), fondé par lui en 1901[15]. Le portrait fut exposé au musée pour la première fois le 5 janvier 1926[16].

C.S.M.

188 L'asperge

1880
Huile sur toile
16 × 21
Signé h.d. de l'initiale *M*

Paris, Musée d'Orsay (Galeries du Jeu de Paume)

On connaît la charmante histoire de ce tableau : Manet avait vendu à Charles Ephrussi *Une botte d'asperges* (RW 357 ; fig. a) pour 800 Frs. Ephrussi lui en

188

Exposition
Berlin, Matthiesen 1928 n° 85.

Catalogues
D 1919, 13 (supplément) ; M-N cat. ms. 296 ; T
1931, 335 ; JW 1932, 388 ; T 1947, 360 ; RO
1970, 321 ; RW 1975, 358.

fig. a. Une botte d'asperges, 1880. Cologne,
Wallraf-Richartz-Museum

1. Tabarant 1931, p. 381.
2. Bataille 1955, p. 104.

envoie mille, et Manet, qui n'était pas en reste d'élégance et d'esprit, peignit cette asperge et la lui envoya avec ce petit mot : « Il en manquait une à votre botte. »[1]. Le tableau « mère » est peint sur fond noir, un peu à la façon des natures mortes hollandaises du XVIIe siècle, mais par sa mise en page, son fond clair, Manet ne retient ici, en jouant avec une grande délicatesse des bleus et des gris de l'asperge avec la couleur du marbre sur lequel elle est posée, et en donnant quelques touches de couleurs vives sur la pointe, que le plaisir de peindre en toute liberté, prouvant dans l'ouvrage d'un instant sa prodigieuse habileté, son goût parfait, et son humour. « Ce n'est pas une nature morte comme les autres », écrit Georges Bataille, « morte, elle est en même temps enjouée. »[2]

De plus en plus dans les années quatre-vingt, Manet va ainsi exécuter des natures mortes de petites dimensions, représentant un seul objet, ou en nombre très restreint, composant de sortes d'extraits, des quintescences de peinture. Ce sont souvent des envois amicaux, un cadeau intime où l'on pourrait chaque fois trouver des allusions plaisantes ou des signaux d'affection et de tendresse. C'est ainsi qu'il faut voir le délicieux *Bouquet de violettes* envoyé à Berthe Morisot (cat. 131), les *Trois pommes* envoyées à Méry Laurent (RW 359) ou les diverses lettres aquarellées comme la *Mirabelle* d'Isabelle Lemonnier (cat. 194). Ces dons « de fruits, de fleurs, de feuilles et de branches » répondent en peinture ou à l'aquarelle aux petits poèmes de circonstance de Mallarmé à la même époque — adresses, éventails, envois d'anniversaire, etc. ; le peintre et le poète se retrouvent dans ces modestes et merveilleux envois.

Historique
Offert par Manet à CHARLES EPHRUSSI (v. Hist., cat. 99), ce tableau passe ensuite chez BERNHEIM-JEUNE, (v. Hist., cat. 31). Il est acquis ensuite par SAM SALZ (1894-1981), d'origine viennoise, collectionneur et marchand de tableaux, surtout impressionnistes, à Paris et à New York. Il posséda plusieurs Manet dont le très beau pastel *Méry Laurent à la fourrure* (cat. 216). Il perpétua la tradition de cadeau et d'élégance attachée à ce petit tableau, puisqu'il l'offrit en 1959 au Musée du Louvre (inv. RF 1959-18).

F.C.

189 Le citron

1880-1881
Huile sur toile
14 × 21
Signé b.d. par Suzanne Manet *E. Manet.*

Paris, Musée d'Orsay (Galeries du Jeu de Paume)

Expositions
Paris, Orangerie 1932 (sans n°) ; Marseille 1961
n° 29.

Catalogues
D 1902, 315 ; M-N 1926, cat. ms. 302 ; T 1931,
344 ; JW 1932, 409 ; T 1947, 370 ; RO 1970, 329 ;
RW 1975, 360.

Le citron a joué un grand rôle dans la peinture de Manet dans les années 1860, évidemment dans les natures mortes, en particulier de poissons ou d'huîtres, selon une convention bien établie depuis le XVIIe siècle hollandais, mais aussi comme une sorte d'emblème dans ses figures (cat. 94, 96, 108, 109). Quelques interprétations récentes forcent la symbolique de ce fruit dans certains portraits, comme celui de Duret (cat. 108). Il faut plutôt voir dans ces citrons un signal plastique, l'introduction d'une couleur pure qui va, peu à peu, prendre son autonomie dans l'œuvre, et aussi un hommage répété aux deux traditions picturales dont il se réclame et où le citron est très souvent présent : la peinture hollandaise et la peinture espagnole.

189

A la fin de sa vie, voici le citron de Manet, réduit à sa plus simple expression, occasion d'harmonie grise et jaune, pur objet de peinture : « Tout peintre qui ne sait pas enlever un citron sur une assiette du Japon n'est pas un coloriste délicat », rappelait l'ami de Manet, Alfred Stevens[1], peut-être en hommage à Manet.

Historique
Ce citron a appartenu au plus vieil ami de Manet, PROUST (voir cat. 187). Il semble que Mme Manet le lui donna, après la mort du peintre, comme le montre la signature apposée par elle sur le tableau. On le retrouve, ensuite, chez FÉLIX GÉRARD (v. Hist., cat. 81) passant à la vente de ce marchand[2] et acheté alors par LECLERCQ (800 Frs)[3], puis par CAMONDO (v. Hist., cat. 50). Il entre, avec le legs Camondo, au Louvre en 1908, exposé en 1914 (inv. RF 1977).

F.C.

1. Cité par Lemonnier 1906, p. 42.
2. Paris, vente Félix Gérard, 28-29 mars 1905, n° 81.
3. Tabarant 1931, p. 386.

190 Isabelle Lemonnier au manchon

1879-1882
Huile sur toile
82 × 73

P   Dallas, The Dallas Museum of Fine Arts

Un des six portraits que Manet fit de celle qui fut, avec Méry Laurent (voir cat. 215), le modèle préféré des dernières années. La plupart ont été peints dans son nouvel atelier de la rue d'Amsterdam, entre 1879 et 1882. Fille d'un grand joaillier de la place Vendôme, Isabelle Lemonnier était la jeune sœur de Mme Georges Charpentier, femme de l'éditeur des naturalistes, qui tint, des débuts de la Troisième République à l'affaire Dreyfus, un des plus brillants salons parisiens. Les Charpentier demeureront dans l'histoire de la peinture comme les premiers grands bourgeois à avoir soutenu les impressionnistes, Manet, et en particulier Renoir, à qui l'on doit le célèbre portrait de *Madame Charpentier et ses enfants* (New York, Metropolitain Museum). Non content de

Catalogues
D 1902, 177 ; M-N cat. ms. 276 ; T 1931, 312 ; JW 1932, 375 ; T 1947, 330 ; RO 1970, 203 ; RW 1975, 302.

les aider par des commandes, des achats, G. Charpentier ouvrit une galerie pour les défendre, *La Vie moderne,* à l'entrée du passage des Princes, donnant sur le boulevard des Italiens. La première exposition, au printemps 1880, était consacrée à Manet.

Renoir se disait en plaisantant « le peintre ordinaire » de Mme Charpentier, mais c'est à la jeune sœur « ravissante », comme nous le rapporte dans ses souvenirs son petit-fils, Michel Robida, que Manet s'intéressait. « Les séances de pose auxquelles se prêtait ma grand-mère, pour faire plaisir à Manet alors très malade, étaient fatigantes. 'Manet ne savait pas dessiner' nous contait-elle avec sa verve habituelle, 'il recommençait sans cesse mes portraits. Il en a détruit devant moi je ne sais combien d'études. Si je les lui avais demandées, il me les aurait certainement données. Mais j'avais déjà tant de portraits'... »[1]. On connaît surtout *Isabelle au fichu blanc* (RW 229) et le pastel *Isabelle à la rose* (RW II 15).

On sait que Manet avait demandé à Isabelle des photographies d'elle-même pour travailler ses portraits[2]. Mais il ne semble pas que celui-ci, qui

190

a gardé toute sa vivacité d'esquisse, ait été peint d'après une photographie, mais bien pris sur le vif au cours d'une visite hivernale. Par sa technique brillante, un peu rapide, à la limite de la facilité, il est caractéristique des portraits de la fin de la vie de Manet, dont on peut suivre la postérité dans la peinture mondaine de J.E. Blanche.

L'été 1880 Manet devait envoyer à Isabelle une série de lettres illustrées (cat. 191 à 197 et 205) qui manifestent à l'égard de la jeune fille une attention particulière mêlée de nostalgie, devant son insouciance, sa mondanité, sa jeunesse.

1. Robida 1958, p. 119.
2. Scharf 1968, p. 65.
3. Rouart et Wildenstein 1975, p. 27.
4. Vente Manet 1884, n° 16 ; Bodelsen 1968, p. 343.
5. Vente Hazard, Paris, Georges Petit, 1er déc. 1919, n° 199.
6. Vente Santamarina, Londres, Sotheby's, 2 avril 1974, n° 18.

Historique
Resté dans l'atelier de Manet, où on le retrouve dans l'inventaire après décès sous la rubrique « Études peintes »[3], ce tableau passa à la vente Manet (à la place de l'*Exécution de Maximilien* [RW 187] retiré au dernier moment par Mme Manet) et y est acheté (175 Frs) par N.A. HAZARD (v. Hist., cat. 57)[4]. A la vente Hazard en 1919[5], il est acquis par GEORGES BERNHEIM (v. Hist., cat. 20), qui le vend au sénateur et collectionneur argentin ANTONIO SANTAMARINA (1880-1974). Le tableau reste un demi-siècle en Argentine, puis fait partie de la vente Santamarina[6]. Il est donné par MR ET MRS A.H. MEADOWS et la MEADOWS FOUNDATION INC. en 1978 au musée de Dallas (inv. 1978.1). Le tableau n'a pas été vu à Paris depuis 1919.

F.C.

191-205 Lettres et feuilles aquarellées de 1880

Série de lettres ou de feuilles aquarellées, envoyées par Manet à Isabelle Lemonnier (cat. 191-197 et 205), Mme Guillemet (cat. 198) et Méry Laurent (cat. 204). Quatre aquarelles se trouvaient dans la collection du Dr. Robin, également ami de Manet (cat. 200-203).

191 Femme en robe bleue

Aquarelle
20 × 12,5

P   Paris, Musée du Louvre, Cabinet des Dessins

L'été 1880, l'absence d'Isabelle Lemonnier (cat. 190) alors en vacances en Normandie, faisait ressentir tout particulièrement à Manet son isolement à Bellevue. Il lui exprima son amitié jalouse par une série de charmantes lettres aquarellées, où il la représente souvent, recréée d'imagination. Ici il l'imagine en toilette d'été, « jeune fille en fleurs » en promenade, son ombrelle coincée derrière le dos par son coude, ce qui lui donne une jolie tenue décidée. Les aquarelles ornant ses lettres sont l'occasion pour Manet d'exprimer la spontanéité de ses élans affectueux comme celle de son dessin rapide.

Catalogues
L 1969, 572 ; RW 1975 II 567.

Historique
Ces sept lettres illustrées et aquarelles (cat. 191-197) sont extraites de l'album rassemblant les lettres à ISABELLE LEMONNIER (voir également cat. 205). Elles furent vendues à E. MOREAU-NÉLATON (v. Hist., cat. 62) et font partie du legs Moreau-Nélaton au Louvre en 1927 (inv. RF 11.173).

F.C.

191

192

192 Isabelle plongeant

Aquarelle
20 × 12,3

NY   Paris, Musée du Louvre, Cabinet des Dessins

Manet exprime souvent, avec l'humour qui le caractérisait, sa tendre affection pour Isabelle. Ici, Manet lui envoie ce qu'il imagine être sa silhouette avantageuse, en train de plonger dans l'amusant costume de bain de l'époque.

F.C.

Catalogues
T 1947, 64 ; L 1969, 577 ; RW 1975 II 569.

Historique
Voir catalogue 191 (inv. RF 11.175).

193 Mirabelle

Lettre aquarellée
20 × 12,5

P   Paris, Musée du Louvre, Cabinet des Dessins

Les lettres illustrées de Manet évoquent les « œuvres de circonstance » que Mallarmé distribuera à ses amis, surtout dans les années quatre-vingt-dix[1]. On pense aux « haikai » japonais, dont la délicatesse enchantait les « japonisants », à ce moment-là. Modestes et précieux, comme les enveloppes rimées, les

Catalogues
L 1969, 542 ; RW 1975 II 574.

1. Mallarmé 1945, pp. 81-181.

éventails en vers, les galets ou les œufs de Pâques pourvus d'inscriptions chez Mallarmé, les fruits ou les fleurs de saison envoyés par Manet, illustrant en général une lettre, procèdent du même esprit, quelques années semble-t-il avant le poète. Ici, c'est un quatrain en honneur d'Isabelle qui accompagne la prune du jardin : « à Isabelle / cette mirabelle / et la plus belle / c'est Isabelle. »

F.C.

Historique
Voir catalogue 191 (inv. RF 11.180).

194 Isabelle au chapeau à brides

Lettre aquarellée
20 × 12,5

NY   Paris, Musée du Louvre, Cabinet des Dessins

Ici Manet fait, en en-tête d'une lettre à Mlle Lemonnier, le portrait chapeauté, vivant et ressemblant, de la destinataire. Il lui parle du portrait de sa voisine de l'été à Bellevue, la cantatrice Émilie Ambre dans le rôle de Carmen (RW 334).

F.C.

Catalogues
L 1969, 569 ; RW 1975 II 578.

Historique
Voir catalogue 191 (inv. RF 11.184).

195 Lampions

Lettre aquarellée
18 × 11

P   Paris, Musée du Louvre, Cabinet des Dessins

Il est difficile de décider si cette lettre a été écrite à l'occasion du 14 juillet : « J'attends chère demoiselle une relation de la fête », fête qui peut être, soit la fête nationale, soit une fête privée donnée à cette occasion à Luc-sur-Mer, en Normandie, chez les Lemonnier ou les Georges Charpentier. Le compte rendu mondain qu'il a lu dans les journaux devait avoir fait ressentir au malheureux Manet son absence d'un monde estival auquel il était habitué : « Je ne comprends rien à votre silence. » Ces charmants lampions expriment tout naïvement son envie d'avoir été « de la fête ».

F.C.

Catalogues
L 1969, 587 ; RW 1975 II 568.

Historique
Voir catalogue 191 (inv. RF 11.174).

196 Pêche

Lettre aquarellée
20 × 12,5

NY   Paris, Musée du Louvre, Cabinet des Dessins

« Ce n'est pas de ma faute si les pêches sont laides à Bellevue, mais la plus jolie fille ne peut donner que ce qu'elle a », écrit Manet à Isabelle. Ce même été, outre les petites natures mortes de fruits peintes à la même époque, il envoie souvent des prunes et des pêches à ses amis en en-tête de son courrier : à Bracquemond, une pomme (RW II 581) ; à Mme Guillemet, une prune (RW II 586), ainsi qu'à Nadar (RW II 590) ; à Hecht, une pomme et des cerises (RW II 591) ; à Marthe Hoschedé, une châtaigne entrouverte (RW II 594).

F.C.

Catalogues
L 1969, 139 ; RW 1975 II 565.

Historique
Voir catalogue 191 (inv. RF 11.171).

Bellevue

à Isabelle
cette mirabelle
et la plus belle
c'est Isabelle

É. Manet

193

Bellevue

Chère mademoiselle
Si vous voulez nous voir comme
je l'espère bien, venez plutôt
le dimanche je fais en
ce moment le portrait de
ma voisine Émilie Ambre
et je vais tous les jours après
déjeuner aux Montalais

194

195

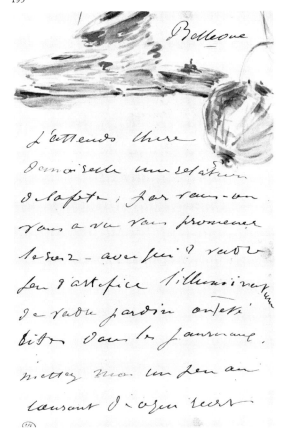

Bellevue

J'attends chère
Demoiselle une relation
de la fête ; par vous-en
vous a-t-on vu vous promener
le soir - avec qui ? votre
feu d'artifice Villennisurap...
de votre jardin on l'a été
dit dans les journaux.
mettez moi un peu au
courant d'ajouter...

196

Bellevue

Chère mademoiselle,
ce n'est pas de ma faute si
les pêches sont laides à Bellevue
mais la plus jolie fille ne
peut donner que ce qu'elle a -
racontez moi les événements
de la plage de Luc et d'ailleurs
rien ne m'étonne et faut

457

197 Philippine

Aquarelle
20 × 12,5
Titre manuscrit à la plume

P   Paris, Musée du Louvre, Cabinet des Dessins

On connaît la coutume française qui veut que la première des deux personnes
ayant trouvé un fruit jumeau, en général dans une amande, et qui s'écrie :
« Philippine ! » à la première rencontre le lendemain doive recevoir un cadeau
de l'autre. Cette charmante aquarelle montrant deux morceaux du fruit est un
discret appel de Manet à Isabelle pour recevoir, sans doute, ce qu'il lui réclame
constamment : une réponse.   F.C.

Catalogues
L 1969, 547 ; RW 1975 II 579.

Historique
Voir catalogue 191 (inv. RF 11.185).

198 Lettre à Mme Guillemet

Lettre aquarellée
20 × 12,5 (chaque feuille)

P   Paris, Musée du Louvre, Cabinet des Dessins.

Sur la première page de cette lettre illustrée des quatre côtés, Manet évoque
certainement les jambes de Mme Guillemet, jointes au repos, sous la jupe plissée
analogue à celle dont Manet avait récemment détaillé l'élégance dans *La serre*
(cat. 180). On les retrouve, croisées avec des petites guêtres au verso et sous le
jupon hardiment relevé, sous un guéridon, comme dans *Au café* (cat. 199) ;
enfin, sur la dernière page, elle marche à petits pas. Un portrait de profil de
Mme Guillemet orne le bas, sous la signature.   F.C.

Catalogues
L 1969, 583 ; RW 1975 II 580.

Historique
De MME JULES GUILLEMET cette lettre passe
chez ETIENNNE MOREAU-NÉLATON et, par son
legs au Musée du Louvre (v. Hist., cat. 62) en
1927 (inv. RF 11.186).

199 Au café, étude de jambes

Vers 1880
Aquarelle sur papier quadrillé
18,5 × 11,9

NY   Paris, Musée du Louvre, Cabinet des Dessins

Il s'agit ici, contrairement aux objets précédents, d'une page de carnet
aquarellée. Le motif des jambes féminines croisées sous un guéridon où est
posée une tasse de café, a pu faire penser qu'il s'agissait d'une scène prise sur le
vif au moment où Manet peignait ses tableaux de café et de café-concert (cat.
165, 172, 173), vers 1878. La grande ressemblance de ce motif avec celui de la
lettre illustrée (cat. 198) fait plutôt penser que Manet a éxécuté ce dessin l'été
1880, et qu'il s'agit d'une table de son jardin de Bellevue.   F.C.

Catalogues
L 1969, 585 ; RW 1975 II 518

Historique
Ce dessin a appartenu à PELLERIN (v. Hist. cat.
100) et fut acquis à la vente Pellerin en 1954[1],
par le Musée du Louvre (inv. RF 30.521).

1) Vente Pellerin, Paris, 10 juin 1954, album n° 5.

197

198

199

200 Trois têtes de femmes

Aquarelle
19 × 11
Signé c. g. des initiales *E.M.*

P   Dijon, Musée des Beaux-Arts

On connaît le goût de Manet pour les chapeaux, dont témoigne le tableau dit *La modiste* (cat. 214). Plus qu'aux visages, qui rappellent ceux des lettres illustrées à Isabelle Lemonnier (cat. 191-197), Manet s'est évidemment surtout intéressé à ces trois coiffures d'été, l'une ornée d'une voilette, l'autre, une capote de paille à bride, et la troisième, une capeline de paille ornée d'un gros ruban.   F.C.

Catalogue
RW 1975 II 406

Historique
Les quatre aquarelles (cat. 200-203) ont été léguées par le DR ROBIN (v. Hist., cat. 156), au Musée de Dijon en 1930 (inv. 2959 A).

201 Deux chapeaux

Aquarelle
19 × 12
Signé b. d. des initiales *E.M.*

P   Dijon, Musée des Beaux-Arts

Deux chapeaux d'été, dessinés comme des modèles de magazine de mode de l'époque ; seuls, et avec un grand souci de détail et de couleur. En haut, une sorte de « charlotte » en tissu vert, ornée de fleurs mauves qui sont sans doute des violettes artificielles piquées de pensées. En bas, de profil, une capote en paille ornée devant d'une légère visière bleue ciel, ourlée de rose, agrémentée d'une guirlande de roses roses, et tenue par un large ruban rose noué autour d'un cou imaginaire.   F.C.

Exposition
Marseille 1961 n° 52

Catalogues
L 1969, 582 ; RW 1975 II 675

Historique
Voir catalogue 200 (inv. 2959 C).

202 Trois prunes

Aquarelle
19 × 12
Signé dans l'ombre de la prune jaune b. c. *E. Manet*

P   Dijon, Musée des Beaux-Arts

Des quatre aquarelles du Dr Robin (cat. 200 à 203), celle-ci, par sa mise en page, est la plus plausible comme en-tête de papier à lettres. Curieusement répertoriée jusqu'ici comme représentant trois pommes, il s'agit pourtant de prunes, deux quetches mauves en haut et une petite mirabelle jaune en bas. Manet s'est amusé à peindre une abeille bourdonnant au dessus des prunes, avec d'énormes yeux noirs.   F.C.

Catalogue
RW 1975 II 613.

Historique
Voir catalogue 200 (inv. 2959 B).

200

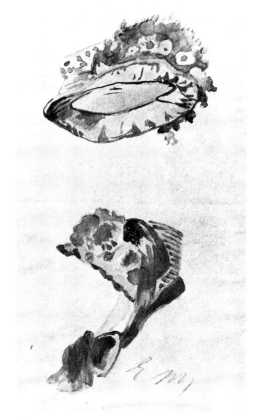

201

202

461

203 Amandes

Aquarelle
19 × 12
Signé dans l'ombre de l'amande *Manet*

P   Dijon, Musée des Beaux-Arts

Cette aquarelle, est exécutée sur une feuille de papier à lettres, comme si elle était destinée à servir de première page pour une future correspondance, semblable à celles qu'il aimait envoyer à ses amis l'été 1880 (cat. 192 à 197). Le fait que Manet ait signé celle-ci, comme une œuvre originale, fait douter de sa destination d'en-tête de lettre ; mais, avec ou sans écriture de Manet, ces œuvres de délassement étaient certainement destinées à faire des petits cadeaux à ses amis. Il est probable ainsi que ces amandes ont été faites pour son ami le docteur Robin. La spontanéité du dessin n'exclut pas l'élégance de la mise en page, sensible aussi dans la signature accompagnant le dessin de l'amande et la délicatesse chinoise de l'amande ouverte en bas. On notera le bleu inattendu de l'écorce.

Exposition
Marseille 1961 n° 51.

Catalogue
RW 1975 II 614

Historique
Voir catalogue 200 (inv. 2959 D).
F.C.

204 Lettre à Méry Laurent

Lettre aquarellée
19 × 12,2

Paris, Bibliothèque littéraire Jacques Doucet

Dans cette missive ornée adressée à Méry Laurent (cat. 215), Manet répond à une lettre s'inquiétant — à juste titre, Manet est déjà malade — de son absence de Paris. Un léger liseron à l'aquarelle orne la feuille où il affirme que son « séjour prolongé à Bellevue ne veut pas dire que je me porte plus mal, au contraire, je vais de mieux en mieux ». Manet dans une lettre précédente[1], se confiait à elle : « pour être en pénitence ma chère Méry, j'y suis et comme je n'y ai jamais été de ma vie. Enfin, si cela a un bon résultat... ».

Il existe d'autres lettres aquarellées à Méry, dont l'une, datée du 8 septembre (RW II 603), n'est pas localisée, alors que celle-ci a échappé aux catalogues raisonnés de Leiris et de Wildenstein.

Catalogues
Non mentionné.

1. Paris, Bibliothèque littéraire Jacques Doucet, MNR 1630.

Historique
Après la mort de sa destinataire, MÉRY LAURENT, cette lettre demeura longtemps chez ses héritiers, puis fut offerte à HENRI MONDOR (v. Hist., cat.150) le 15 avril 1950. Elle est entrée avec le fonds Mondor par legs en 1968, à la Bibliothèque littéraire Jacques Doucet (inv. 132).
F.C.

203

204

205 Vive l'amnistie

Lettre aquarellée
18 × 11,2

P   Paris, Musée du Louvre, Cabinet des Dessins

Cette lettre est datée du 14 juillet, date qui venait un an plus tôt d'être proclamée fête nationale. On venait d'annoncer que la loi amnistiant les communards allait être votée ; Gambetta devait la faire adopter à la chambre la semaine suivante, le 20 juillet. Cette amnistie allait d'ailleurs ramener Henri Rochefort en France, et donner à Manet l'idée de faire son portrait (cat. 206). Le même jour Manet dessine un drapeau sur un billet signé et non adressé : *Vive la République* (RW II 596).

Ces deux feuilles enluminées illustrent bien les sentiments républicains de Manet, déjà exprimés avant l'Empire si l'on en croit cette lettre écrite à son père, à seize ans, de Rio de Janeiro : « [...] tâchez de nous garder pour notre retour une bonne république, car je crains bien que L. Napoléon ne soit pas très républicain ».[1]

Ce court billet dépité est adressé à Isabelle Lemonnier (cat. 190) comme plusieurs exposés ici (cat. 191 à 197).

Catalogues
T 1947, p. 393 ; L 1969, 586 ; RW 1975 II 577.

1. Lettre du 22 mars 1849, citée dans Manet 1928, p. 67.

Historique
Comme les lettres (cat. 191 à 197) adressées à ISABELLE LEMONNIER, cette aquarelle fit partie de son album vendu à E. MOREAU NÉLATON (v. Hist. cat. 62) et fait partie de son legs au Louvre en 1927 (inv. RF 11.183).

F.C.

205

206 Portrait de M. Henri Rochefort

1881
Huile sur toile
81,5 × 66,5
Signé et daté b.d. *Manet 1881*

P   Hambourg, Hamburger Kunsthalle

Expositions
Paris, Salon de 1881 n° 1516 ; Beaux-Arts 1884
n° 108 ; New York, 1886 n° 21 ; Durand-Ruel
1895 n° 5 ; Paris, Durand-Ruel 1906 n° 22 ;
Berlin, Cassirer 1906 n° 22 ; Matthiesen 1928
n° 70 ; Paris, Bernheim-Jeune 1928, n° 48 ;
Philadelphie Chicago, 1966-1967 n° 72.

Catalogues
D 1902, 283 ; M-N 1926, II, 78-9, 84, 91 ; cat.
ms., 312 ; T 1931, 352 ; JW 1932, 459 ; T 1947,
378 ; RO 1970, 347 ; RW 1975, 366.

Henri de Rochefort (1830-1913) — dit Henri Rochefort — s'était rendu célèbre sous le Second Empire par ses talents de pamphlétaire contre le régime impérial et surtout contre Napoléon III. C'est à lui que l'on doit la fameuse formule : « La France compte 25 millions de sujets sans compter les sujets de mécontentement. » Après avoir fondé *La Lanterne* en 1868, journal bientôt interdit et édité à Bruxelles, il joua un rôle dans la Commune, fut déporté en 1873, et s'enfuit du bagne de Nouvelle-Calédonie, en 1874 (cat. 207) ; il rentre à Paris le 21 juillet 1880, après la loi d'amnistie. Il crée alors le journal *L'Intransigeant,* tribune radicale et socialiste. Quelques années après son portrait, et la mort de Manet, il prit position pour le Général Boulanger, qu'il suivit dans sa fuite en Belgique en 1889, et, de retour en France, mit sa plume au service d'un nationalisme et d'un antisémitisme virulents, tout particulièrement au moment de l'affaire Dreyfus.

Mais, quand Manet le représenta, il incarnait un républicanisme radical et patriote, et était auréolé du souvenir romantique de son évasion. Manet avait pu le voir déjà chez Nina de Callias (cat. 137), dont c'était un habitué du Salon, mais il le retrouva ou le rencontra à l'automne 1880, par l'intermédiaire de Marcellin Desboutin (cat. 146) qui était un parent du pamphlétaire[1].

En fait, Manet et lui ne furent jamais très liés. Manet lui demanda de faire son portrait, ce que Rochefort accepta de fort mauvaise grâce[2]. D'ailleurs, d'après Duret, il devait le refuser le jugeant « déplaisant » quand Manet lui proposa de le lui donner[3]. Ses goûts artistiques étaient des plus traditionnels ; il devait plus tard écrire un article au moment de la vente Zola en 1903, intitulé *L'Amour du laid,* où sa hargne se déploie surtout contre Cézanne.

D'ailleurs, son portrait lui déplut et il le refusa. Peut-être apprécia-t-il mieux celui que Boldini avait fait de lui l'année précédente et les deux bustes éloquents que Dalou et Rodin sculptèrent en 1888 et en 1897, et qui firent partie de sa collection, par ailleurs essentiellement constituée d'œuvres du XVIIIe siècle, souvent fausses[4].

Le portrait n'avait pourtant rien de particulièrement révolutionnaire, c'est d'ailleurs le modèle et non l'artiste qui justifia les réticences du jury du Salon de 1881, comme l'indique une lettre à Manet d'un de ses membres influents, Alphonse de Neuville : « Je ne vous cache pas que je n'aurais pas fait le portrait de Rochefort, cela m'a d'abord indisposé contre vous. »[5] Les deux tableaux que Manet proposait, celui-ci et le portrait de Pertuiset (cat. 208) furent cependant acceptés au Salon, et Manet obtint même une deuxième médaille, ce qui le mettait enfin « hors concours ». Étape capitale, puisqu'il n'avait plus désormais à se présenter devant le jury et pouvait exposer automatiquement.

Le portrait de Manet nous le montre sur un fond uni, dans l'attitude traditionnelle d'un actif au repos que la pose ennuie, les bras croisés, comme Clemenceau (cat. 185-186). Le visage, mais surtout la célèbre chevelure en

Un coup de vent, souvenir de Rochefort.
Pourquoi, aussi, le mettre en plein courant d'air ?

fig. a. Caricature de Stop dans *Le Journal amusant,*
1881

1. Lettre de Desboutin à Manet, citée
   Moreau-Nélaton 1926, II, p. 78.
2. Tabarant 1947, p. 405.
3. Duret 1918, p. 149-153.
4. H. Rochefort, « La Collection de M. Henri
   Rochefort », *Les arts,* juillet 1905.
5. Lettre d'A. de Neuville à Manet, Paris,
   Bibliothèque d'Art et d'Archéologie.
6. A. Daudet, in *Le nouveau temps,* 1879, repris
   dans *Trente ans à Paris,* 1888, p. 193.
7. Huysmans 1883, p. 181-182.
8. Callen 1974, p. 169.

toupet faisaient la joie des caricaturistes de l'époque (fig. a) : « Vous connaissez cette tête étrange », écrit Alphonse Daudet qui le connaissait depuis sa jeunesse « ses cheveux en flamme de punch » déployés « sur un front trop vaste, à la fois boîte à migraine et réservoir d'enthousiasme, ces yeux noirs et creux luisant dans l'ombre, le nez sec et droit, cette bouche amère, enfin toute cette face allongée par une barbiche en pointe de toupie, et qui fait songer invinciblement à un Don Quichotte sceptique ou à un Méphistophélès qui serait doux »[6].

Manet traite le visage, légèrement marqué par la petite vérole, en touches impressionnistes, avec quelques pointillés de gris et de bleus, qui firent horreur à J.K. Huysmans : « Comme un vin vert et un peu rêche, mais d'un goût singulier et franc, la peinture de cet artiste était engageante et capiteuse. La voilà sophistiquée, chargée de fuschine, dépouillée de tout tanin, de toute fleur. Son *portrait de Rochefort,* fabriqué d'après des pratiques semi-officielles, ne se tient pas. On dirait de ces chairs, du fromage à la pie, tiqueté de coups de bec, et de ces cheveux une fumée grise. Nul accent, nulle vie ; la nerveuse finesse de cette originale physionomie n'a nullement été comprise par M. Manet »[7].

La réserve de Huysmans n'est pas totalement dénuée de fondement. S'il est peint avec l'habituel brio technique de Manet, le portrait reste un des plus conventionnels de l'artiste, comme s'il s'était laissé impressionner par ce célèbre visage. Le caractère un tantinet cabotin de son modèle ne lui a toutefois pas échappé : l'appareil pileux soigneusement étudié, du toupet à la petite barbiche, pour signifier l'éloquence, la « terribilità » et l'intransigeance. Le matamore perce sous le héros, et le boulangiste sous le républicain.

Historique
Manet vendit ce tableau à FAURE (v. Hist., cat. 10) en 1882 dans un lot de cinq œuvres payées globalement 11.000 Frs, dont *La musique aux Tuileries* (cat. 38) et *Dans la serre* (cat. 180)[8].

DURAND-RUEL (v. Hist., cat. 118) l'acquit en 1907 et le vendit la même année, par l'intermédiaire du marchand PAUL CASSIRER (v. Hist. cat. 33), au Musée de Hambourg (inv. 1564).

F.C.

207 L'évasion de Rochefort

1880-1881
Huile sur toile
146 × 116

Zurich, Kunsthaus

Exposition
Philadelphie-Chicago, 1966-1967, 170.

Catalogues
D 1902, 290 ; M-N 1926 II 78 ; cat. ms., 314 ;
T 1931, 350 ; JW 1932, 456 ; T 1947, 375 ; RO
1970, 346 b ; RW 1975, 369.

L'amnistie, qui venait de ramener Rochefort en France, (21 juillet 1880) avait ravivé le souvenir de son évasion spectaculaire en 1874 du bagne français de Nouvelle-Calédonie. Il s'était enfui avec quatre compagnons (Granthille, Jourde, Pascal Grousset, Olivier Pain), d'après lui sur une baleinière, pour rejoindre un bateau australien qui les attendait et les déposa en Amérique, d'où ils rentrèrent en Europe, hors de France, jusqu'à l'amnistie[1]. Manet demanda à voir Rochefort pour avoir tous les détails en vue de son tableau, et le graveur Marcellin Desboutin, peint par Manet en 1875 (cat. 146), se fit l'intermédiaire : « La proposition a été accueillie *avec enthousiasme.* La perspective d'une mer *à l'Alabama* a tout emporté !! Vous aurez à votre disposition, quand vous voudrez, non seulement Robinson-Rochefort, mais aussi Olivier Pain-Vendredi [...] Les voies sont larges ouvertes à votre nom et à votre talent par/Votre tout dévoué/Desboutin. »[2]. Le 4 décembre, Mallarmé reçoit de Manet la lettre suivante : « [...] j'ai vu Rochefort hier. L'embarcation qui leur a servi était une baleinière. La couleur en était gris foncé. Six personnes, deux avirons. »[3] Le 9, Monet écrivait à Théodore Duret : « J'ai vu Manet, assez bien portant, très occupé d'un projet de tableau à sensation pour le Salon, l'évasion de Rochefort dans un canot en pleine mer »[4].

Ces témoignages permettent d'une part — ce qui est rare — de dater précisément ce tableau : il a été peint fin décembre 1880, ou début janvier 1881, et de connaître les intentions de Manet : refaire une « marine » à thème actuel, comme l'avait en son temps été *Le combat du Kearsarge et de l'Alabama* (cat. 83), enfin un tableau à « sensation » pour le Salon, toujours désireux d'y être présent, mais dans la provocation.

E. Darragon a retracé les circonstances de l'évasion et montre que Manet s'est fié un peu naïvement au récit de Rochefort, en représentant l'embarcation — pour le modèle de laquelle, d'après Léon Leenhoff, il avait fait porter une barque dans son jardin de la rue d'Amsterdam[5] — comme s'il était en pleine mer, ce qui est plus spectaculaire que dans une rade, près d'une île, comme dans les faits. Le bateau qui emporta les six compagnons était tout simplement dans le port de commerce de l'île et non au large. La barque servit à l'y rejoindre, du lieu de l'évasion ; enfin Manet fait tenir le gouvernail à Rochefort, alors que c'était Jourde. L'évasion[6] s'était produite de nuit, une « nuit phosphorescente » comme le décrivait Rochefort dans son récit romancé *L'évadé, roman canaque,* publié quelques mois avant le tableau[7]. Dans le tableau de Manet, la lumière est assez indéterminée, et fait plutôt penser aux premières lueurs du jour ; les touches violentes de blanc au premier plan ; sont destinées sans doute à évoquer la phosphorescence de l'eau.

Il fit deux versions du thème, celle-ci et une autre (RW 370 ; fig. a) pour finalement n'en présenter aucune, et proposer au Salon le portrait de l'évadé lui-même (cat. 207). Peut-être en effet qu'aucune des deux versions ne le satisfit vraiment. La première semble être celle-ci, généralement considérée comme une étude[8], bien plus grande pourtant que la seconde (RW 370), mais non signée. Dans cette première version, la barque des évadés est plus proche, et les physionomies de Rochefort à droite et d'Olivier Pain (1845-1885), à gauche, sont très reconnaissables. Ce dernier, journaliste déporté pour avoir participé à la Commune, travaillait avec Rochefort dans son journal *L'Intransigeant* au moment de la conception du tableau et Manet avait peint une petite étude préparatoire de son profil (RW 367). La mer, peinte de mémoire dans l'atelier de la rue de Saint-Pétersbourg, est plus agitée dans la première version que dans la seconde. La composition radicalise celle du *Combat du Kearsarge et de l'Alabama* ; la mer occupe cette fois presque toute la surface de la toile, laissant une bande mince et assez indécise de ciel en haut. La deuxième version, où la barque est vue un instant plus tard, plus éloignée du rivage, et les personnages plus indiscernables, plus solitaires, plus en danger, fait penser que Manet la conçut comme le deuxième plan d'une séquence cinématographique. On devine chaque fois, tout en haut, la silhouette du trois-mâts australien qui recueillit Rochefort et ses amis.

Dans chaque version, Manet a voulu exprimer l'isolement et la précarité du sort des évadés ; ici, en insistant par une technique fouettée sur l'agitation de la mer, dans la seconde, en calmant les vagues, mais en éloignant l'embarcation qui n'est plus qu'une coque de noix porteuse de personnages

fig. a. L'évasion de Rochefort, 1880-1881. New York, Coll. particulière

indistincts, comme dans certains tableaux de Delacroix admirés dans sa jeunesse — dont la *Barque de Dante* qu'il avait lui-même copiée (cat. 1).

Une des raisons qui expliquerait l'insatisfaction relative de Manet vis-à-vis d'une composition prévue pour le Salon, et qui n'y fut pas présentée, tient sans doute à la difficulté de rendre vraisemblable dramatiquement un événement vieux de six ans, que la seule présence des protagonistes aux premières loges de la vie parisienne réduisait à un souvenir pittoresque. Il dut, qui sait, ressentir un malaise à représenter une évasion romanesque qui se terminait en belles paroles aux terrasses des cafés du Boulevard. Cette scène d'actualité à retardement ôtait au tableau son prétexte à polémique, sauf à une polémique qui pouvait se retourner contre Rochefort ou contre Manet, sur les circonstances réelles de l'évasion, plus prosaïques et moins flatteuses pour le héros du jour[9] vérité qu'il comprit peut-être au cours de son travail, en parlant avec Olivier Pain. Il n'est pas exclu qu'il sentit le risque de passer pour « jobard » et de faire sourire ceux — ils étaient nombreux, surtout dans la presse — à savoir que Rochefort n'était pas tout à fait le héros romantique, hugolien, minuscule dans l'immensité ou la pleine mer, présenté par le tableau de Manet. Il a préféré fort judicieusement en faire, tout simplement, le portrait contemporain (cat. 206).

Enfin cette mer qu'il aimait tant et dont il était privé depuis sa maladie, il avait tout simplement eu envie de la peindre. Proust rapporte que, malade, un de ses sujets favoris de conversations était ses voyages, à Cherbourg comme en Italie ou en Espagne[10], et en particulier au bord de la mer, symbole de sa propre évasion dans une maladie qui consistait précisément en l'immobilisation.

Dans son affectation de négligence — dans la touche, le travail zigzagué et gratuit de cette mer qui « plume » — il y avait matière à la fois à choquer les membres du jury, par son caractère d'esquisse, dans cette version-ci tout comme dans la version finale, et à embarrasser ses amis « modernistes » ou impressionnistes par une peinture « de chic » à la Boldini, qui n'évitait pas la facilité.

Aujourd'hui le tableau reste impressionnant précisément par cet extraordinaire travail de la toile, qu'on aurait qualifié d'informel ou de gestuel il y a quelques années, mais qui prouve en tout cas une sorte d'ivresse picturale, où la fascination de la peinture elle-même rejoint, et pour la dernière fois, celle que la mer exerça toujours sur Manet.

1. Tabarant 1931, n° 350 ; 1947, p. 403 ; E. Darragon « Manet, l'évasion », *La Revue de l'art*, 1982, n° 56, pp. 25-40.
2. Moreau-Nélaton 1926, II, p. 78.
3. Lettre de Manet à Mallarmé, citée Tabarant, 1947, p. 403.
4. Lettre de Monet à T. Duret, Paris, Archives du Louvre, citée Tabarant 1947, p. 403.
5. Paris, BN Estampes, fonds Moreau-Nélaton (*Carnet de notes*).
6. Darragon *op. cit.* p. 33.
7. *Ibid.*
8. Tabarant 1931, p. 393.
9. Darragon *op. cit*, p. 34.
10. Proust 1897, p. 313.
11. Jamot et Wildenstein 1932, n° 456.
12. Tabarant 1947, p. 404.

Historique

Porté dans l'inventaire après décès, sans doute dans la liste des esquisses peintes, ce tableau ne se trouve ni dans la rétrospective de 1884, ni dans la vente. Il est, selon Jamot et Wildenstein[11], acquis par le courtier PORTIER (v. Hist. cat. 122), mais plus probablement[12] par PAECHTER (v. Hist. cat. 27) intermédiaire courant entre Madame Manet et le marché allemand. On le retrouve en effet bientôt dans la collection de MAX LIEBERMANN (1847-1935) à Berlin. Le peintre allemand posséda la *Botte d'asperges* après Charles Ephrussi (v. Hist. cat. 99) et de nombreux tableaux qui ont en commun d'être presque tous des années 1880, et très esquissés (RW 359, 379, 400, par exemple). Liebermann — qu'on a pu décrire comme un impressionniste allemand — avait séjourné cinq ans à Paris de 1873 à 1878, et peut-être rencontré Manet.

Ce tableau appartient ensuite à la fille et au gendre de l'artiste, M. et MME KURT RIEZLER, puis au DR FEILCHENFELDT de Zurich. Il est offert au musée de cette ville en 1955 par l'Association des amateurs d'art zurichois, grâce aux fonds legués par le Dr Ad. Jöhr (inv. 1955.9).

F.C.

208 Portrait de M. Pertuiset, le chasseur de lions

1880-1881
Huile sur toile
150×170
Signé et daté sur le tronc d'arbre *Manet 1881*

São Paulo, Museu de Arte

Expositions
Paris, Salon de 1881 n° 1517 ; Beaux-Arts 1884 n° 104 ; Salon d'Automne 1905 n° 23 ; Orangerie 1932 n° 76 ; New York, Wildenstein 1948 n° 32.

Catalogues
D 1902, 282 ; M-N 1926 II pp. 77-78 ; cat. ms. 311 : T 1931, 348 ; JW 1932, 454 ; T 1947, 373 ; RO 1970, 345 ; RW 1975, 365.

Manet connaissait de longue date Eugène Pertuiset, figure parisienne déjà populaire sous le Second Empire, par ses apparitions chez Tortoni, entre deux expéditions en Algérie ou en Patagonie. Aventurier, chasseur émérite, peintre à ses heures — quelques titres de ses œuvres à la vente en 1888 sont éloquents : *Le réveil du lion, Une nuit d'Afrique, Cap Horn, effet de lune*[1], marchand d'armes et collectionneur de peinture, en particulier de Manet (voir Historique, cat. 90 et 220), il amusait beaucoup le peintre par ses récits. Il l'impressionnait sans doute un peu. « Le chasseur de lions » était un type d'aventurier très populaire dans les années soixante. *L'Illustration* reproduit en pied deux images de quelques fameux prédécesseurs de Pertuiset, toujours avec l'épithète homérique reprise par Manet : « Jules Gérard, le tueur de lions » ou « Bourbonnel, le tueur de lions et de panthères », par exemple[2]. Comme l'a rappelé Darragon : « Libérateur, pacificateur, le tueur de lions est avec l'officier, le médecin, le missionnaire une des figures de la civilisation européenne. Après la conquête militaire, l'élimination des fauves devient le symbole même de la colonisation. »[3]

Antonin Proust raconte l'anecdote cocasse de Pertuiset allant, accompagné de lui-même et de Manet, offrir une dépouille de lion à l'Empereur aux Tuileries : « [...] on est venu nous dire que nous ne pouvions être reçus, qu'il fallait revenir. Ce que Pertuiset a ragé ! Il fallait le voir rouler sa peau ! »[4]. Quelques années après, en 1872, paraît *Tartarin de Tarascon* d'Alphonse Daudet, satire du « tueur de lions » hâbleur et démystification de la vogue d'exotisme héroïque des années précédentes. Ce mélange d'admiration et d'ironie sous tend évidemment le portrait de Pertuiset.

Manet fit poser, en atelier, son ami en costume de chasse « à l'allemande », apparemment plus propice à la chasse au sanglier qu'à celle du roi des animaux. Il semble qu'il se soit servi pour le paysage du jardin de Pertuiset, 14 passage de l'Élysée des Beaux-Arts à Montmartre[5]. L'arbre peut également fort bien être repris de croquis aquarellés faits l'été précédent à Bellevue, tel celui que Manet reproduit dans une lettre à Zacharie Astruc (RW II 601). Le fusil était une arme redoutable récemment mise au point, la carabine Devisme « à balle explosible » ou « foudroyante », arme dont Rimbaud faisait trafic ces mêmes années en Somalie. Quant à la dépouille du lion, c'est sans doute le fameux trophée proposé quinze ans plus tôt à l'Empereur, et montré de nouveau au Palais algérien du Trocadéro à l'Exposition Universelle de 1878[6].

Plusieurs historiens inscrivent le tableau de Manet dans la série de ses œuvres tragiques marquées par la mort des années soixante (cat. 73 et 74), et, plus près chronologiquement, *Le suicidé* (RW 258). Ils y voient la trace, alors que Manet souffre déjà de la maladie qui va l'emporter, d'une hantise de l'inéluctable qu'incarnerait à sa façon le bon Pertuiset[7]. Gageons qu'en

208

peignant son tableau, l'humour de Manet l'a de loin emporté sur le sentiment
de la mort. Le lion est ici une dépouille empaillée à l'œil de verre, version
parodique des fauves romantiques et musclés de Delacroix. L'année de la
conception de *Pertuiset,* est également celle de la souscription nationale pour le
Lion de Bartholdi à Belfort, commémorant les héroïsmes des sacrifiés de la
guerre de soixante-dix[8]. A supposer que cette symbolique nationaliste était
présente à l'esprit de Manet, elle est ici dégonflée, et même ridiculisée. En
revanche, la force et la brutalité de Pertuiset ont sans doute impressionné
Manet, autant qu'amusé ainsi que l'indiquent la fixité de la pose conventionnelle, sorte de « cliché » pour photographe, le cou de taureau, encore élargi par
les gros favoris, et les énormes mains au premier plan. La rougeur du visage
accentue le côté « tueur de bœuf » et « gros mangeur » du personnage. Un

fig. a. Caricature de Stop dans *Le Journal amusant,* 1881

fig. b. Pertuiset le chasseur de lions. Plume et encre, 1881. Coll. particulière

1. Vente Pertuiset 1888 (nᵒˢ 14, 20, 16).
2. *L'Illustration,* 7 janvier et 11 février 1865.
3. E. Darragon, « Manet et la mort foudroyante », *L'avant-guerre sur l'art,* 1981, nᵒ 2, p. 23.
4. Proust 1897, p. 202.
5. Tabarant 1931, p. 390.
6. Darragon *op. cit.* pp. 21-23.

dessin à la plume (RW II 487) sans doute fait à l'époque du tableau, montre seulement la tête de Pertuiset sans chapeau, de trois quarts, tourné vers la gauche. La fixité du regard est la même, et l'impression d'animalité, avec le cou gonflé et les longs favoris, est encore plus caricaturale. Dans le tableau, la force du modèle est soulignée par le parallélisme du torse et du tronc d'arbre, coupant, de façon presque comique, toute la composition en deux parties, le chasseur et sa victime. Manet a signé au milieu, sur l'écorce, parodiant sans doute les initiales de noms d'amoureux sur les arbres, comme l'ont remarqué les caricaturistes (fig. a).

Le fond était d'une violence de couleurs qui s'est apparemment beaucoup atténuée. « J'ai vu peindre *le Pertuiset,* le tueur de lions », nous dit J.E. Blanche : « [...] la violence et la crudité des couleurs furent d'abord presque inharmoniques [...]. Les gris actuels du *Pertuiset* furent des violets fouettés de rose ; les chairs étaient rouges comme la tomate, le paysage était fait de carmin, de lilas vineux et de verts bleutés assez désagréables. Le temps travaille *pour* Manet et *contre* les autres peintres modernes »[9]. C'est l'époque même où, d'après George Moore, Manet disait qu'il avait « enfin trouvé la couleur vraie de l'atmosphère. C'est le violet ! Le plein air est violet ! »[10].

Ce tableau violacé ne manqua pas en effet de surprendre. Chose curieuse, c'est ainsi, avec un tableau qui déconcerta même ses amis, et le portrait d'un homme contesté, Rochefort (cat. 207), que Manet obtint en 1881 la première vraie reconnaissance officielle, — peu éclatante, puisque c'était une « deuxième médaille » — qui le mettait enfin « hors concours ». Selon Gervex, ce fut grâce à Cabanel : « [...] quand le jury du Salon (j'en faisais partie) se trouva en présence de Pertuiset... il y eut des hurlements de réprobation. Alors ce même Cabanel, mon professeur et qui n'était pas un aigle : ' Messieurs, il n'y en a pas un parmi nous qui soit fichu de faire une tête comme ça en plein air '. »[11]. On connaît le nom des artistes du jury qui votèrent pour Manet, par une lettre de Charles Ephrussi : « Voici les noms de 16 braves qui ont voté pour vous. Le 17ᵉ me manque. On croit que c'est Cabanel : Lavieille, Vollon, Duez, Cazin, Gervex, Carolus Duran, Bin, Roll, Feyen-Perrin, Vuillefroy, Guillemet, Eug. [Émile] Lévy, Lansyer, Lalanne, Henner, Neuville. »[12]. Cabanel en fait s'était abstenu et le nom qui manquait fut ajouté au crayon par Manet sur la lettre : c'était Guillaumet.

S'il était enfin admis au Salon, avec les honneurs, l'accueil général fut sévère. Retenons surtout le compte rendu de Huysmans : « Quant à son *Pertuiset* à genoux, braquant son fusil dans la salle où il aperçoit sans doute des fauves, tandis que le jaunâtre mannequin d'un lion est étendu, derrière lui, sous les arbres, je ne sais vraiment pas quoi en dire. La pose de ce chasseur à favoris qui semble tuer du lapin dans les bois de Cucufa est enfantine et, comme exécution, cette toile n'est pas supérieure à celle des tristes rapins qui l'environnent. Pour se distinguer d'eux, M. Manet s'est complu à enduire sa terre de violet ; c'est d'une nouveauté peu intéressante et par trop facile »[13].

Un autre dessin à la plume, plus probablement fait d'après le tableau que croquis préparatoire (RW II 488 ; fig. b), insiste surtout sur l'arbre et le personnage, le lion étant à peu près inexistant. Manet lui-même a écrit sous sa signature « Pertuiset, le chasseur de lions », titre analogue à celui donné au Salon.

Il est difficile de ne pas rester perplexe devant cet étonnant tableau, ambitieux, — le plus grand format depuis son *Maximilien* (cat. 104), c'est-à-dire depuis quatorze ans — provocant, à la limite d'une naïveté volontaire, cherchant à éveiller deux sentiments apparemment contradictoires, le saisissement et l'ironie. Tout Paris connaissait Pertuiset et les anecdotes un peu comiques au sujet de sa peau de lion, et avait *Tartarin* en mémoire : « On ne comprenait pas que Manet avait voulu se moquer du chasseur de lions avec cette peau naturalisée et le fusil à tuer les moineaux [...] »[14].

S'il n'y a pas dans le portrait la « terribilità » mortelle que certains y ont vue, il n'en reste pas moins qu'il s'agit d'une œuvre énergique, drôle, violente, dérisoire, bref sans doute d'un portrait très exact de son héros.

Historique
Ce tableau appartenait à PERTUISET qui posséda jusqu'à neuf toiles de Manet. Sans doute fait à sa demande, le portrait ne figura pas à la vente qu'il fit d'une partie de sa collection en 1888. On le retrouve à la fin du siècle chez A. LÉVY, puis chez DURAND-RUEL (v. Hist. cat. 118) en

1898, où il est encore en 1905 puisque c'est lui qui le prête à l'exposition Manet au Salon d'Automne, où sa couleur violente dut peu détonner en ce lieu où triomphait le fauvisme. En 1911, il était dans la collection Oppenheim. On le retrouve à Berlin chez GERSTENBERG (v. Hist. cat. 23) en 1912[15]. Ensuite dans les

collections KATZENELLENBOGEN, puis SILBERBERG à Breslau[16]. PAUL CASSIRER et ETIENNE BIGNOU (v. Hist., cat. 13, 216) le prêtèrent à l'exposition de 1932[17]. Enfin, il est donné au Musée par GASTON VIGIDAL et GÉRÉMIA LUNARDELLI.

F.C.

7. Mauner 1975, p. 148 ; Darragon *op. cit.*
8. Darragon *op. cit.,* p. 30.
9. Blanche 1919, pp. 140-41.
10. Moore 1898, p. 87.
11. Fénéon 1970, I, p. 379. Interview de Gervex.
12. Charles Ephrussi à Manet, cité Tabarant 1931, p. 390.
13. Huysmans 1883, p. 182.
14. Renoir cité Vollard 1938, p. 186.
15. Meier-Graefe 1912, pl. 180.
16. Jamot et Wildenstein 1932, n° 454.
17. Tabarant 1947, p. 411.

209 Portrait d'Henry Bernstein enfant

1881
Huile sur toile
135 × 97

P   ·   Collection particulière

Le futur dramaturge parisien, Henry Bernstein (1876-1953) avait cinq ans lorsque Manet peignit ce portrait délicieux. Son père, l'homme d'affaires et collectionneur Marcel Bernstein, avait indiqué à Manet, déjà souffrant cette maison à louer, pour l'été, avenue de Villeneuve-l'Étang à Versailles, près de la sienne[1]. Cet été 1881, Manet (nous dit Tabarant, d'après le modèle, sans doute[2]) avait été charmé par la vivacité et l'assurance de son petit voisin, qualités transmises dans son tableau, rapidement fait, et légèrement peint. Autant que le frais visage, on sent bien que le costume marin blanc, enchante Manet par son contraste avec le nœud et le chapeau rond noir. L'uniforme estival des enfants de l'époque rappelle à Manet ce costume porté dans sa jeunesse, sur le vaisseau-école où il servit en 1848 et qu'il décrit fièrement dans une lettre à sa mère[3].

Ce portrait qui a le charme de la spontanéité est en réalité nourri de tout un passé chez Manet. Il faut évoquer l'enfant en blanc à la Watteau du *Vieux musicien* (RW 52), coiffé d'un même chapeau relevé en auréole. Manet avait également beaucoup fait poser son fils supposé, à peu près au même âge que le petit Bernstein (cat. 14), ou d'autres enfants : ce tableau est, vingt ans après, comme une version en négatif d'un portrait goyesque de petit garçon en manteau noir avec un col blanc, coiffé du même chapeau rond basculé en arrière, le *Petit Lange* (RW 61 ; fig. a), peint également grandeur nature sur un fond esquissé.

Renoir, ces mêmes années, peignait également de nombreux portraits d'enfants, surtout attentif au moelleux et soyeux de leurs cheveux ou de leur robes. Aucune tentation de ce genre ici. Aucune sensualité ni sentimentalisme, pour un sujet qui n'en inspire que trop généralement — surtout à l'époque, en particulier avec Bastien-Lepage, et ses œuvres du genre *Le petit cireur de bottes à*

Expositions
Paris, Orangerie 1932 n° 77 ; New York, Wildenstein 1948 n° 43 ; Philadelphie-[Chicago], 1966-67 n° 155.

Catalogues
D 1902, 288 ; M-N 1926, II p. 91 ; cat. ms. 396 ; T 1931, 360 ; JW 1932, 468 ; T 1947, 385 ; RO 1970, 355 ; RW 1975, 371

fig. a. Portrait du petit Lange, 1862. Karlsruhe, Kunsthalle

474

209

Londres (Paris, Musée des Arts Décoratifs) ou *Pas mèche* (National Gallery of Scotland) — mais de l'amusement, de la tendresse, des souvenirs superposés de tous ordres qui font de ce portrait rapide le chef-d'œuvre d'un après-midi.

Historique

Ce tableau fut donné par Manet à MARCEL BERNSTEIN banquier et directeur d'une grande compagnie forestière[4]. Il était un collectionneur de Manet à qui il acheta en 1882 le *Moine en prières* (RW 104). Sa femme, née Weisweiller, était très ouverte à l'art d'avant-garde, et ce tableau était particulièrement critiqué dans son milieu[5]. Henry Berstein en hérita, et il passe ensuite chez sa fille, MME GRUBER, épouse du peintre Francis Gruber (1912-1948) dont l'inspiration expressionniste et misérabiliste a marqué un courant de l'art français autour de la Première Guerre.

F.C.

1. Tabarant, 1947, p. 415.
2. *Ibid.*, p. 419.
3. Lettre du 7 décembre 1848, citée Courthion, 1953, p. 42.
4. Tabarant, 1947, p. 419.
5. Propos d'Henry Bernstein à Mme C. Lefort en 1951, qui nous l'a aimablement communiqué.

210 Mon jardin ou Le Banc

1881
Huile sur toile
65,1 × 81,2
Signé b.d. *Manet*

Collection particulière

Manet partit de Paris pour suivre une cure, et s'installa au 20 de l'avenue de Villeneuve-l'Étang, à Versailles, pendant la dernière semaine de juin (voir cat. 209). Tout à fait alerte au début, il faisait de longues promenades, mais bientôt, il ne put guère faire autre chose que recevoir des amis de temps en temps, jouer au croquet, peindre dans le jardin. Dans une lettre de fin juillet il confia à Mallarmé : « Je ne suis pas très content de ma santé depuis que je suis à Versailles. Est-ce le changement d'air ou les variations de températures, mais il me semble que je vais moins bien qu'à Paris ; je prendrai peut-être le dessus [...]. »[1]

Le 23 septembre, Manet écrivait à Eva Gonzalès Guérard, « [...] Comme vous, hélas, nous avons eu à supporter un temps horrible. Car je crois qu'il y a bien un mois et demi qu'il pleut ici - aussi parti pour faire des études dans le parc dessiné par Lenôtre, j'ai du me contenter de peindre simplement mon jardin qui est le plus affreux des jardins - quelques natures mortes et voilà tout ce que je rapporterai ; sans compter que j'ai été un peu éprouvé par ce déluge, et que nous n'avons pu profiter de toutes les avances que nous faisait un voisinage charmant. »[2]

Malgré son découragement, cette vue du jardin, évidemment peinte pendant une des rares périodes de beau temps, est aujourd'hui considérée comme un chef-d'œuvre de l'impressionnisme. C'est surtout à cause du sentiment d'intimité qui s'en dégage, que *Mon jardin* diffère des jardins peints par bon nombre de ses contemporains. La plupart des peintures impressionnistes sont caractérisées par des qualités moins personnelles. Ici, le chapeau jaune et le vase de fleurs semblent évoquer la présence d'un monde privé. Même dans sa banalité ce jardin séduit par sa simplicité, son naturel, et Manet semble s'être délecté de chaque coup de brosse, chaque tache, chaque touche de couleur. Le jeu subtil de la lumière et de la couleur sur le chemin et sur le banc a

Expositions
Paris, Beaux-Arts 1884 n° 106 ; Exposition Universelle 1889 n° 494 ; Berlin, Berliner Secession 1903 ; Paris, Salon d'Automne 1905 n° 24 ; Orangerie 1932 n° 79.

Catalogues
D 1902, 299 ; M-N 1926 II p. 85 ; cat. ms. 316 ; T 1931, 357 ; JW 1932, 460 ; T 1947, 382 ; RO 1970, 353 ; RW 1975, 375.

210

1. Tabarant 1947, p. 47.
2. Moreau-Nélaton 1926 II, p. 85 ; Paris, Berès 1978, n° 107.
3. J. Rewald, « The Impressionist Brush », *The Metropolitan Museum Art Bulletin,* XXXII, n° 3, 1973-74, p. 20.
4. Paris, BN Estampes, fonds Moreau-Nélaton (*Copie... de documents,* p. 81).
5. Lettre de Charles Durand-Ruel, 13 déc. 1982, (New York, Metropolitan Museum of Art, archives).
6. Rewald 1973, pp. 105-106.

rarement été égalé dans la peinture impressionniste. Chaque brin d'herbe, chaque feuille, chaque fleur sont différents ; en aucun endroit l'exécution n'est maniérée ou répétitive. Ainsi que l'a dit Rewald : « Chaque touche de pinceau reste indépendante, apportant à l'ensemble son accent essentiel et précis. Tourbillons et taches de couleurs, coups énergiques d'une brosse chargée de pigment, dessin impétueux des lignes, brèves virgules, et points éparpillés, apparaissent comme des nécessités inéluctables. »[3]

Historique

Manet consigna la vente de ce tableau dans son livre de comptes en 1881 : « Durand-Ruel - Jardin - 2000 »[4]. Les archives DURAND-RUEL (v. Hist., cat. 118) font état de cette transaction à la date du 18 novembre[5]. Le marchand revendit la toile le 10 mai 1882, pour la somme de 2.500 Frs à LÉON CLAPISSON (1837-1894), agent de change parisien, qui forma, dans les années 1870, une collection d'œuvres de Renoir, Monet, Picasso, Sisley et Gauguin[6]. Le 21 avril 1892 Clapisson revendit le tableau 6.000 Frs à DURAND-RUEL qui le garda jusqu'en 1945.

C.S.M.

211 Un bar aux Folies-Bergère

1881-1882
Huile sur toile
96 × 130
Signé et daté sur une étiquette de bouteille b.g. *Manet 1882*

Londres, Home House Trustees, Courtauld Institute Galleries

A la mélancolie du regard absent de la serveuse du *Bar des Folies-Bergère* répond celle du dernier chef-d'œuvre d'un artiste qui n'a pas atteint cinquante ans. Il ne nous reste qu'à imaginer la série d'œuvres passionnantes où, comme ici, Manet aurait pu fusionner son propre univers poétique, son goût de l'œuvre composée, réfléchie, et la peinture claire, la technique « impressionniste » de ses dix dernières années.

Le premier plan propose une de ses plus éblouissantes natures mortes, comme récapitulative de ses petites peintures de fruits et de fleurs de la fin de sa vie. Posés sur un comptoir de marbre que Manet s'était fait porter dans son atelier[1], des bouteilles de champagne, de bière anglaise « Pale ale » à l'étiquette ornée d'un triangle rouge, un flacon de Pippermint, un compotier d'oranges ou plutôt de mandarines, et un bouquet de roses, qui joue délicieusement sur le velours bleu-noir du casaquin de la serveuse. Derrière elle, le miroir au cadre doré reflète la salle du café-concert sous les grands lustres évoquée par Maupassant : « Une vapeur de tabac voilait un peu, comme un très fin brouillard, les parties lointaines [...] cette brume légère montait toujours, s'accumulait au plafond, et formait, sous le large dôme, autour du lustre, au-dessus de la galerie du premier chargée de spectateurs, un ciel ennuagé de fumées. »[2]. Les spectateurs semblent ignorer un numéro de trapéziste, dont on aperçoit les petits pieds chaussés de vert vif, en haut et à gauche de la toile. La femme en blanc, accoudée sur le balcon, est Méry Laurent (reprise d'après un pastel, RW II 51) et, derrière elle, en beige, Jeanne Demarsy (reprise d'après un portrait, RW 374).

Elles incarnent le brillant milieu de demi-mondaines, qui attirait tout Paris aux Folies-Bergère, un café-concert très en vogue (fig. a), où se mêlaient des sociétés les plus variées, pour s'amuser et s'encanailler : lieu de rencontres autant que de spectacle[3]. Ce trait n'avait d'ailleurs fait que s'accentuer entre le moment où Manet conçoit son tableau, en 1881, et celui où écrivent les témoins naturalistes du lieu, Huysmans et Maupassant, en 1885-1886, quand ils décrivent « Le seul endroit à Paris qui pue aussi délicieusement le maquillage des tendresses payées et les abois des corruptions qui se lassent »[4] et « La promenade circulaire, où [...] un groupe de femmes attendait les arrivants devant un des trois comptoirs où trônaient, fardées et défraîchies, trois marchandes de boissons et d'amour. »[5]

Ces textes ont pu conduire T. Clark à interpréter la toile de Manet comme l'image de la prostitution triste, et l'expression de la serveuse comme celle de l'aliénation[6]. Or, Manet n'a certainement pas voulu peindre la transaction d'une fille vénale, l'image de la corruption d'une fille du peuple par la bourgeoisie ; c'est là un mirage idéologique, plaqué sur une œuvre bien malgré elle. La serveuse du bar, certes engagée pour sa beauté et sa fraîcheur, destinées à attirer la clientèle, reste debout, appuyée à son comptoir, spectatrice de ce tourbillon de plaisirs à vendre. Bien sûr, il devait être facile de glisser d'un métier à l'autre, pourvu qu'on fût jolie, mais le modèle, au moment du tableau

Expositions
Paris, Salon de 1882 n° 1773 (Un bar aux Folies-Bergère) ; Beaux-Arts 1884 n° 112 ; New York, Durand-Ruel 1895 n° 3 ; Paris, Durand-Ruel 1896 ; Exposition Universelle 1900 n° 448 ; Bernheim-Jeune 1910 n° 20 et Munich n° 2 ; Londres 1910-11 n° 7 ; Saint-Pétersbourg 1912 n° 405 ; Paris, Orangerie 1932 n° 82 ; Londres, Tate Gallery 1954 n° 16.

Catalogues
D 1902, 293 ; M-N 1926 II pp. 91, 92, 95 ; cat. ms. 329 ; T 1931, 369 ; JW 1932, 467 ; T 1947, 396 ; RO 1970, 361 A ; RW 1975, 388.

fig. a. Affiche de Jules Chéret pour les Folies-Bergère, 1875

211

au moins, est bien fermement de l'autre côté du comptoir, observatrice indifférente.

On sait fort bien qui était cette « liquoriste, coiffée à la chien. »[7]. Pour une fois, il ne s'agit pas d'un modèle déguisé : Manet a fait poser la véritable serveuse du bar des Folies-Bergère, qui s'appelait Suzon[8]. Il fit d'elle un superbe pastel (RW II 651) où il la montre sans son uniforme de serveuse, « en visite, en ville », avec un profil sensuel, boudeur et légèrement porcin, éclairé d'un teint rose éclatant (RW II 65).

Dans le tableau, son regard est absent, las, mélancolique. Manet a délibérément exprimé une idée de solitude dans cette grande figure immobile, isolée au centre d'une animation élégante et de lumières étincelantes. Son visage de campagnarde, fraîchement débarquée à Paris, est plus endormi que proposé, plus solitaire qu'aguichant. Elle exprime le contraire de la promiscuité, et atteint une sorte de grandeur simple où Hofmann va jusqu'à voir des analogies, dans sa frontalité, avec une déité antique[9]. Son dos reflété — dans une position qui paraît légèrement plus penchée que ne le suggère la position de face, digne, droite devant nous — semble plus « à votre service », comme le remarque justement T. Clark[10], que de face, comme s'il s'agissait d'une

deuxième barmaid. L'homme moustachu, la canne à la main, qu'elle écoute, aurait, selon l'intéressé, été posé par le peintre Gaston Latouche[11].

Il n'est pas exclu que l'idée d'une composition devant un miroir ait été inspirée à Manet par un tableau de Caillebotte : *Dans un café,* montré à l'exposition impressionniste de 1880 (fig. b). Un homme, debout, coupé aux genoux — composition elle-même sans doute dérivée du *Déjeuner dans l'atelier* de Manet (cat. 109) — s'appuie contre une table devant un miroir où se reflète une scène de café[12]. Et d'autres peintres avaient même avant lui eu l'idée de peindre le Bar des Folies-Bergère : par exemple Boldini, *Le café-concert,* 1878[13], où une barmaid semblable, penchée en avant, propose ses boissons à un couple, tableau où la vulgarité du trait rejoint celle des expressions complices des trois protagonistes.

Mais il est certainement une source littéraire plus éloquente pour l'imagination de Manet. Il s'agit d'un passage du roman de Zola, *Le Ventre de Paris,* (dont le peintre possédait un exemplaire dédicacé[14]), où le héros admire la belle charcutière du quartier des Halles devant un amoncellement de victuailles : « La belle Lisa resta debout dans son comptoir [...]. Florent la contemplait, muet, étonné de la trouver si belle [...]. Ce jour-là elle avait une fraîcheur superbe, la blancheur de son tablier et de ses manches continuait la blancheur des plats jusqu'à son cou gras, à ses joues rosées où revivaient les tons tendres des jambons et les pâleurs des graisses transparentes [...]. Florent finit par l'examiner à la dérobée, dans les glaces [...]. Elle s'y reflétait de dos, de face, de côté [...]. C'était toute une foule de Lisa montrant la largeur des épaules, la poitrine arrondie, si muette et si tendre, qu'elle n'éveillait aucune pensée charnelle, et qu'elle ressemblait à un ventre. »[15]

C'est la première fois dans son œuvre que Manet utilise l'effet de miroir, si plausible dans un portrait — déjà employé par Ingres ou Degas en particulier — mais au contraire du procédé traditionnel, Manet n'utilise pas les possibilités qu'il donne, d'offrir plusieurs angles du même modèle. Chez lui, le miroir prend son autonomie ; pour la première fois il s'étend quasiment sur toute la toile, sur toute la longueur et la plus grande partie de la hauteur. Il est traité d'une part en à-plat, accusant la surface de la toile, en particulier par toutes les touches grises dont Manet l'a ponctué et qui insistent sur une surface qui se veut plus liée à la peinture même qu'à l'effet illusionniste. D'autre part, l'image renvoie en un lieu où nous, spectateurs, nous tiendrions en réalité. Tout se passe comme si la toile même n'était que le reflet de notre monde, et que seule la serveuse s'interpose entre la peinture et nous ; sa présence physique affirmée entre deux lieux absents, celui où nous place son regard, et un reflet. La présence de la femme gagne à ce jeu visuel, une force et une émotion singulières. Le miroir nous renvoie la scène : bouteilles, lumières et personnages, dans une perspective renversée, totalement artificielle, où la désinvolture et la liberté du peintre n'entrent pas seules en jeu. Cette image tremblée et lumineuse de la réalité est particulière à la vie nocturne parisienne : « La ville se reflète dans mille yeux, mille objectifs », écrivait W. Benjamin à propos de Paris : « La beauté des parisiennes est sortie de ces miroirs. [...] Une débauche de miroirs entoure aussi l'homme, surtout au café [...] les miroirs sont l'élément spirituel de cette ville, son emblème, à l'intérieur duquel sont venus s'inscrire les emblèmes de toutes les écoles poétiques. »[16]

On a remarqué dès l'origine l'artifice de perspective qui fait que, bien que le miroir soit rigoureusement plan et parallèle au bar (ainsi qu'en témoigne la bordure dorée qui file de chaque côté des poignets de la serveuse) les reflets sont décalés comme si la glace était posée de biais ; celui de la table et des bouteilles, à gauche, et surtout celui du dos de la serveuse, dont la parfaite frontalité fait qu'on ne devrait qu'à peine le voir. Enfin, l'homme à droite qui lui adresse la parole, devrait s'interposer entre elle et nous, nous séparer d'elle en partie ou en totalité. Ce parti pris de décalage avait déjà été celui de l'esquisse (cat. 212), mais de façon bien plus plausible, la serveuse regardant vers la droite, en surplomb, vers un homme situé plus loin et plus bas qu'elle, qui serait juste à droite hors du champ du tableau. Ici, cette « faute de perspective », cet irréalisme est évidemment délibéré, mais en tout cas de moindre importance pour Manet que l'abondante littérature sur le sujet ne le laisserait supposer.

Cette fausse perspective, si riche d'implications poétiques, qui substitue le spectateur du tableau à l'interlocuteur de la « liquoriste », par exemple a évidemment surpris dès le début. En témoignent une caricature faite au moment du Salon par Stop (fig. c), qui replace l'absent sur son dessin, ou le compte rendu de Huysmans : « *Le Bar des Folies-Bergère* de M. Manet stupéfie les assistants qui se pressent, en échangeant des observations désorientées sur le

fig. b. Caillebotte, Dans un café, 1880. Rouen, Musée des Beaux-Arts

UNE MARCHANDE DE CONSOLATION AUX FOLIES-BERGÈRES. — (Son dos se reflète dans une glace ; mais sans doute par suite d'une distraction du peintre, un monsieur avec lequel elle cause et dont on voit l'image dans la glace n'existe pas dans le tableau. — Nous croyons devoir réparer cette omission. Salon 1882).
Caricature de Stop *(Journal amusant)*.

fig. c. Caricature de Stop dans *Le Journal amusant*, 1882

mirage de cette toile, [...] dont l'optique est d'une justesse relative. Le sujet est bien moderne [...] mais que signifie cet éclairage ? Ça, de la lumière du gaz et de la lumière électrique ? Allons donc, c'est un vague plein air, un bain de jour pâle. »[17]

Et, de fait, le *Bar* fut peint en atelier, « sans que Manet », nous dit Blanche, « prétendit même de donner l'illusion d'un effet du soir [...]. C'est que, Manet n'est pas un peintre réaliste mais un peintre classique ; dès qu'il met une touche de couleur sur une toile, il pense toujours à des tableaux, plus qu'à la nature. »[18]. Le tableau ne représente évidemment pas un vrai comptoir de bar : le miroir nous renvoie le reflet de la simple table empruntée et les bouteilles sont placées tout autrement que dans un bar — ne serait-ce que le champagne tiédissant dans la pose.

Cette reconstitution nous est décrite par le jeune peintre G. Jeanniot, qui visite l'atelier en janvier 1882. « Il peignait alors *Le Bar aux Folies-Bergère* et le modèle, une jolie fille, posait derrière une table chargée de bouteilles et de victuailles. Il me reconnut de suite, me tendit la main et me dit : ' C'est ennuyeux, excusez-moi, je suis obligé de rester assis, j'ai mal au pied. Mettez-vous là. '. Je pris une chaise derrière lui et le regardai travailler. Manet, bien que peignant ses tableaux d'après le modèle, ne copiait pas du tout la nature ; je me rendis compte de ses magistrales simplifications ; la tête de la femme se modelait, mais son modelé n'était pas obtenu avec les moyens que la nature lui montrait. Tout était abrégé ; les tons étaient plus clairs, les couleurs plus vives, les valeurs plus voisines, les tons plus différents. Cela formait un ensemble d'une harmonie tendre et blonde. Il entra quelqu'un, je reconnus mon ami d'enfance le docteur Albert Robin. [...] D'autres personnes vinrent et Manet cessa de peindre pour aller s'asseoir sur le divan, contre le mur de droite. C'est alors que je vis combien la maladie l'avait éprouvé [...] il restait tout de même gai et parlait de sa guérison prochaine. »[19]

On sait que Manet, déjà très souffrant, peignait alors lentement. Tous les visiteurs ont évoqué « les séances laborieuses, mais courtes » où Manet « vite fatigué, allait s'étendre sur un canapé bas, à contre-jour sous la fenêtre et contemplait ce qu'il venait de peindre »[20], c'est-à-dire son dernier chef-d'œuvre, représentation ultime d'objets voluptueux, reposoir mélancolique de l'univers parisien qui avait été une partie de sa vie, entre un miroir que la fumée ternit, et un regard regardé dont l'insondable mélancolie est comme un adieu à la peinture.

1. Blanche 1919, p. 145.
2. G. de Maupassant, *Bel Ami*, Paris (1885) 1973, p. 43.
3. F. Caradec et A. Weil, *Le café concert*, Paris 1980, p. 62.
4. J.K. Huysmans, « Les Folies-Bergère en 1879 », (1880) rééd. in *Croquis parisiens*, Paris 1886, p. 24.
5. Maupassant *op. cit.*
6. T.J. Clark, « The Bar at the Folies-Bergère », in *Popular culture in France*, Saratoga (Calif.), 1977, pp. 233-252.
7. Eudel 1884.
8. Tabarant 1931, p. 412.
9. Hofmann 1973, p. 181.
10. Clark *op. cit.*, p. 236.
11. Latouche 1884.
12. J.K.T. Varnedoe, *Caillebotte*, Houston 1976, p. 146.
13. C.L. Ragghianti, *Boldini*, Milan 1970, n° 58.
14. Liste des ouvrages de la bibliothèque de Manet, New York, Morgan Library, archives Tabarant.
15. Zola 1960, I, p. 667.
16. W. Benjamin, « Paysages urbains ; Paris, la ville dans le miroir » (1929) trad. franç. *Sens unique* Paris, 1978, p. 307.
17. Huysmans 1883, pp. 277-78.
18. Blanche 1919, p. 136.
19. Jeanniot 1907, pp. 853-54.
20. Blanche 1919, p. 141.
21. Vente Manet 1884, n° 7 ; Bodelsen 1968, p. 343.
22. R. Myers, *E. Chabrier and his circle*, Londres 1969, p. 152.
23. *Ibid.* p. 5.
24. *Ibid.* p. 149.
25. Vente Chabrier, Paris, 26 mars 1896, n° 81 ; Myers *op. cit.* p. 160.
26. Renseignement aimablement communiqué par Mr et Mme Roussakov.
27. F. Rutter, « Manet's Bar aux Folies-Bergère », *Apollo*, mai 1934, pp. 246-47.

Historique

Dans la vente posthume en 1884 le tableau est adjugé à Chabrier pour 5.850 Frs[21], c'est-à-dire près du double du *Balcon* (cat. 115) ou de *Nana* (cat. 157). Le musicien EMMANUEL CHABRIER (1841-1894) était un des plus vieux amis de Manet, le seul présent au moment même de sa mort. Chabrier était un homme au grand goût, lui-même peintre amateur, et sa collection de peinture impressionniste était remarquable. Outre Sisley et Cézanne, il possédait trois Renoir, six Monet, dont *La rue pavoisée*, peinte en même temps que les rues Mosnier de Manet (cat. 158 à 160) et sept toiles de ce dernier, dont *Le skating* (RW 260). Sa femme aimait beaucoup la peinture, et c'est semble-t-il avec l'héritage qu'elle venait de faire que le musicien put acquérir ce tableau en 1884[22]. Chabrier posa pour Manet pour deux portraits (RW 364 ; II 209 pastel), ainsi que pour le *Bal masqué à l'Opéra* (cat. 138). Jusqu'à sa mort *Un bar aux Folies-Bergère* fut exposé dans son appartement, au-dessus de son piano[23].

A la vente Chabrier, le tableau n'atteignit pas le prix de réserve (23.000 Frs) et fut retiré[24]. MME CHABRIER le vendit à DURAND-RUEL (v. Hist. cat. 118) en mai 1897 ; le tableau entre ensuite dans la collection de PELLERIN (v. Hist. cat. 109).

Il semble qu'en 1912, ce tableau, exposé à Saint-Pétersbourg était à vendre, à un prix élevé. Il ne fut pas acheté, car les amateurs Tchoukine et Morozov étaient absents ; la presse déplora le fait à l'époque[26]. Il passa sur le marché parisien et berlinois (BERNHEIM-JEUNE, DURAND-RUEL,

PAUL CASSIRER, v. Hist., cat. 13, 31, 118) et entre dans la collection ARNHOLD (v. Hist. cat. 29) à Berlin. On le retrouve à Budapest chez le BARON HATVANY en 1919, chez le marchand THANNHAUSER en 1925 (v. Hist. cat. 156) à Munich et à Lucerne, après un bref passage chez ERICH GŒRITZ à Berlin. P.M. TURNER (v. Hist., cat. 120) l'achète vers 1924, puis il entre en 1926 dans la collection de SAMUEL COURTAULD (1876-1957), grand industriel de la soie. Sa collection fut divisée entre quelques héritiers, la National Gallery à Londres, la Tate Gallery, et l'Institut Courtauld (fondé par lui en 1931), auquel il donna ce tableau. Venu à Paris pour la rétrospective de 1932, c'est peut-être le premier tableau du monde transporté en avion[27].

F.C.

212 *Etude pour* Un bar aux Folies-Bergère

1881
Huile sur toile
47 × 56

Amsterdam, Stedelijk Museum (prêt de F.R. Kœnigs)

Expositions
Bruxelles, La Libre Esthétique 1904 ; Vienne,
Miethke 1910 nº 3 ; Berlin, Matthiesen 1928
nº 73 ; Paris, Orangerie 1932 nº 81 ; Marseille
1961 nº 37 ; Philadelphie-Chicago, 1966-1967
nº 177.

Catalogues
D 1902, 294 ; M-N 1926 II p. 91 ; cat. ms. 330 ;
T 1931, 370 ; JW 1932, 466 ; T 1947, 397 ; RO
1970, 361 B ; RW 1975, 387.

Esquisse pour le tableau précédent ; la photographie prise par Lochard en 1883 porte la note manuscrite : « Peint d'après des croquis pris aux Folies-Bergère. Henry Dupray (le peintre militaire) cause avec la fille du comptoir. Peint dans l'atelier de la rue d'Amsterdam », notes certainement prises par Léon Leenhoff[1]. D'après Tabarant cette toile aurait été altérée, et, en particulier, la partie inférieure repeinte[2] ; il se base sur la photographie Lochard où le bas de la toile n'apparaît pas, ni dans la reproduction dans la monographie de Meier-Graefe. Mais un examen plus approfondi montre qu'aucune addition de toile n'a été faite ; pourtant la manière dont le bar lui-même est peint, de la main de Manet ou non, n'a pas la sûreté de touche du reste de la toile[3].

Comme à plusieurs reprises dans l'œuvre de Manet — dans ses séries de *Marines* (RW 144, cat. 119 et RW 146-147), ses divers *Maximilien* (voir cat. 104 et 105) — on voit le travail effectué entre l'esquisse et le tableau final, destiné au Salon. Entre la vivacité d'une petite toile comme celle-ci et l'œuvre définitive,

212

s'opère une transformation qui va vers la logique du tableau plus que de la scène ; la réalité est transposée, comme infléchie par un besoin d'ordre, de simplification, au détriment de l'apparence visuelle. Les reflets des deux personnages dans l'esquisse deviennent invraisemblables dans le tableau, où ils proposent une vérité poétique plus complexe. Le personnage principal qui ne semble pas être le modèle définitif n'a pas encore ici sa présence mythifiée. D'un croqueton de la vie quotidienne, Manet dans l'étape finale fait une icône du Paris contemporain ; d'une note impressionniste, il fait un grand « morceau de peinture ».

Il existait, semble-t-il, un croquis aquarellé préparatoire pour le *Bar,* que Manet avait donné à Antonin Proust[4] (RW II 527, non reproduit). On ne sait où il se trouve aujourd'hui.

1. Paris, BN, Estampes, fonds Moreau-Nélaton.
2. Tabarant, 1947, p. 424.
3. Hanson, 1966, p. 187.
4. Tabarant, 1947, p. 423.
5. Rouart et Wildenstein 1975, I, p. 27.

Historique
Ce tableau était dans l'inventaire d'atelier (n° 92, estimé 200 Frs.)[5], puis fut donné par SUZANNE MANET (v. cat. 12) en 1885 à EDMOND BAZIRE (1846-1892), ami de Manet, qui venait d'écrire la première monographie sur lui (1884). Après avoir été acquis par CAMENTRON (v. Hist., cat. 50), il passe ensuite chez DURAND-RUEL (v. Hist., cat. 118), puis en 1912 à Vienne dans la collection du DR GOTTFRIED EISSLER (1862-1924) ; on le retrouve à Haarlem dans la collection FRANZ KOENIGS (v. Hist., cat. 13) prêteur à l'exposition chez Matthiesen à Berlin en 1928 et à Paris en 1932. Il est en dépôt au musée Stedelijk (inv. B 209).

F.C.

213 La modiste

1881
Huile sur toile
85,1 × 73,7
Signature apocryphe b.g. *E. Manet*

San Francisco, The Fine Arts Museums of San Francisco

Le titre de « modiste », donné à l'œuvre à la vente Manet en 1884, ne correspond sans doute pas à la vérité de cette scène, Il s'agit, en effet, d'une femme qui essaie des chapeaux, soit chez elle, soit plus probablement chez une modiste qu'on imaginerait mal recevoir sa clientèle dans cette tenue dénudée.

Sur un fond fleuri — papier peint ou tenture — comme dans *L'Automne* (cat. 215), une femme en profil strict, les épaules nues, vêtue d'un châle posé sur ce qui paraît être un corset et un jupon, vient de prendre un chapeau noir d'un des « champignons » qui le proposait, On voit à gauche, coupé par le cadre, un deuxième chapeau perché, en paille, celui-ci avec un ruban rouge.

Manet s'interessait beaucoup à la toilette et a toujours peint les chapeaux féminins avec une certaine délectation. *La musique aux Tuileries* (cat. 38) où il détaille les capotes d'été à larges rubans clairs du Second Empire, inaugure une amusante série de chapeaux au fil des modes du temps, de la toque fleurie de Mlle Claus dans *Le balcon* (cat. 115), à tous les chapeaux de paille couverts de mousseline, comme en portaient les femmes de l'époque pour protéger leur teint du soleil (cat. 135 et 201) au coquet « bibi » jaune de Mme Guillemet dans *La serre* (cat. 180) et aux extravagants chapeaux de Berthe Morisot (cat. 130), de Méry Laurent (RW II 73) ou d'Irma Brunner

Expositions
Paris, Bernheim 1910 n° 18 ; Berlin, Cassirer 1910 ; New York, Wildenstein 1937 n° 28 ; 1948 n° 26 ; Philadelphie-Chicago, 1966-1967 n° 165.

Catalogues
D 1902, 273 ; M-N cat. ms. 254 ; T 1931, 356 ; JW 1932, 322 ; T 1947, 394 ; RO 1970, 360 ; RW 1975, 373.

213

(cat. 218) dont le noir intense met en valeur l'éclat de la peau. A la même époque, on sait qu'il était allé choisir tout spécialement un chapeau chez une modiste de la rue de la Paix, pour un portrait (cat. 214, fig. b), après une visite chez une couturière, où Proust nous raconte qu' « Il passa une journée en extase devant des étoffes que déroulait devant lui Mme Decot. Le lendemain, c'étaient les chapeaux d'une modiste célèbre, Mme Virot, qui l'enthousiasmaient. Il voulait composer une toilette pour Jeanne [...] »[1]. On sait, d'après le récit de Proust, que la modiste en question avait les cheveux blancs, ce qui exclut qu'elle soit le modèle du tableau, comme certains catalogues le supposent[2].

Manet aimait sûrement aussi accompagner ses belles amies — comme Méry Laurent — chez les couturiers, les fourreurs ou les modistes ; la coquetterie féminine, on le voit dans ses lettres (cat. 194 et 198 par exemple) l'enchantait et, visiblement, l'amusait.

Ce sujet de la vie contemporaine allait devenir un des thèmes favoris de Degas, à partir de 1882 environ, mais la prise de vue d'un motif analogue sert surtout à souligner les différences entre les deux artistes : l'un, Degas, utilisant toutes les ressources décoratives et scéniques d'un déploiement de chapeaux, généralement en contre-plongée (fig. a), l'autre, Manet, allant au plus simple, au plus direct, et créant une image moderne, vraie, et cependant énigmatique, à partir de la plus banale image de la frivolité.

Ce tableau n'est pas terminé. Le fond fleuri, les chapeaux, le trait nerveux du châle sont la signature même de Manet, et le prix de vente (voir Historique), à peu près le même que pour *Devant la glace* (cat. 156), indique un tableau d'une finition analogue. Pourtant, il n'est pas exclu qu'une main étrangère lui ait fait subir quelques repeints — en particulier à la tête, dont le profil et la coiffure ont ce quelque chose d'indéfinissable, lié aux années 1890, qui sera poussé chez Lautrec : une pointe de caricature dans la simplification. Mais sans examen approfondi, il est difficile de vérifier s'il s'agit de la main de Manet, attentive à une mode et un style féminin qui se développera un peu plus tard, ou d'un artiste ayant un peu « terminé » le tableau — comme le fit, on le suppose, en particulier le neveu de Manet, Edouard Vibert[3]. Le *Journal* de Julie Manet rapporte les inquiétudes sur la toilette post-mortem qui, la famille laissant faire, s'opérait sur les esquisses de l'atelier de Manet, pour rendre commerciales à la fin du siècle, des œuvres qui avaient déjà pris de la valeur[4].

fig. a. Degas, Chez la modiste. Pastel, 1885. Chicago, The Art Institute of Chicago

1. Proust 1897, p. 310.
2. Rouart et Orienti 1970, n° 360.
3. Tabarant 1947, pp. 520 et 55. V. Hist., cat. 122.
4. J. Manet 1979, p. 230.
5. Rouart et Wildenstein, 1975, I, p. 27.
6. Vente Manet 1884, n° 51 ; Bodelsen 1968, p. 343.

Historique
Fait partie des « études peintes » dans l'inventaire après décès de Manet[5] ; il est vendu à la vente Manet pour 720 Frs à M. VAYSON[6]. On le retrouve ensuite chez PELLERIN (v. Hist., cat. 109) ; il est sans doute vendu, peu après la « tournée » de l'exposition des Manet de la collection Pellerin (achetés par les marchands BERNHEIM-JEUNE, DURAND-RUEL et PAUL CASSIRER, v. Hist., cat. 13, 31, 118), au collectionneur O. SCHMITZ de Dresde (v. Hist. cat. 119) ; l'œuvre se retrouve aux États-Unis, chez WILDENSTEIN (v. Hist. cat. 119), puis dans la collection E.C. VOGEL à New York. Il est acquis en 1957 pour le California Palace of the Legion of Honor sur le fonds de Mr. et Mrs. H.K.S. Williams.

F.C.

214 Jeanne - Le Printemps

1882
Eau-forte et aquatinte
24,9 × 18,4 (cuivre) ; 15,8 × 10,9 (sujet)
Signé b.g. sous le trait carré *Manet*

Paris, Bibliothèque Nationale (estampe et cuivre)

Le portrait de la jeune actrice Jeanne Demarsy, figurant le Printemps, fut peint en 1881 (RW 372), sans doute en réponse à la commande de quatre tableaux par Antonin Proust (voir cat. 215). L'idée des quatre saisons représentées par de jolies femmes est une notion bien japonaise et un thème constant dans les estampes *ukiyo-e,* que l'on retrouve chez Utamaro, par exemple, dans les portraits de courtisanes, vues en buste ou à mi-corps, généralement de trois-quarts, et découpées sur un fond uni. Là, l'allusion — le *mitate* — se décrypte dans le jeu de mots du titre ou dans les détails décoratifs. Ici, Jeanne en Printemps est une image immédiatement évocatrice, par l'étoffe fleurie de sa robe, la dentelle frou-froutante de l'ombrelle, les fleurs de son chapeau et le ciel bleu entrevu derrière le feuillage qui sert de fond frémissant à cette évocation de jeunesse et de beauté.

Expositions
Ingelheim 1977 n° 107 ; Paris, Berès 1978 n° 72.

Catalogues
M-N 1906, 47 ; G 1944, 66 ; H 1970, 88 ; LM 1971, 66 ; W 1977, 107 ; W 1978, 72.

2e état (sur 4). Avec l'aquatinte. Sur papier vergé. Épreuve peut-être tirée avant les éditions posthumes. Coll. Moreau-Nélaton.

Cuivre. Percé d'un trou en haut et en bas. Marque du planeur Eugène Leroux au dos. Coll. Mme Manet, Dumont, Strölin.

fig. a. Jeanne ou Le Printemps. Encre de Chine, 1882. Cambridge (Mass.), Fogg Art Museum (verso fig. b)

Le tableau fut exposé, avec le *Bar aux Folies-Bergère* (cat. 211) au Salon de 1882 ; les deux œuvres obtinrent un grand succès, et Manet semble avoir reçu plusieurs demandes de reproduction pour les revues. Le 29 avril, il écrivit au critique Gustave Goetschy, auteur d'un long article sur son œuvre (paru au moment de son exposition à *La Vie moderne* en 1880)[1], et dont le compte rendu du Salon devait paraître le lendemain, 30 avril, dans *Le Soir*[2] : « Il est impossible de faire un dessein [sic] du Bar avec un procédé qui exclue les demies-teintes — je vous ferai l'autre tableau *Jeanne*. Si cela vous va un mot à la poste et amitiés. »[3]

On ne connaît qu'une seule reproduction de *Jeanne* faite par « un procédé qui exclue les demies-teintes. » Il s'agit du « Dessin de l'artiste d'après son tableau », paru dans la *Gazette des Beaux-Arts* du 1er juin[4], qui est la reproduction au trait d'un dessin au pinceau et à la plume, à l'encre de Chine (RW II 439 ; fig. a). Comme Chiarenza l'a clairement démontré, ce dessin, tracé en transparence au verso d'une photographie du tableau (fig. b), a sans doute été fait pour accompagner le compte rendu du Salon par Antonin Proust[5]. Celui-ci aurait affirmé dans l'exposition, en parlant à Burty, que la

214

fig. b. Le Printemps. Photographie 1882. Cambridge (Mass.), Fogg Art Museum (recto fig. a)

toile lui appartenait « depuis longtemps » (bien qu'il ne l'ait payée à Manet que début 1883)[6].

C'était donc un choix tout naturel pour l'illustration de son article, d'autant plus que le *Bar* aurait présenté des difficultés techniques de reproduction sans doute insurmontables pour Manet. Au cours des années soixante-dix et en 1880, il avait pris le parti d'exécuter soit des lithographies de report, dites autographies (cat. 151 et 168), pour ses illustrations « originales », soit des dessins au pinceau et encre de Chine destinés à être reproduits par des procédés mécaniques, de cliché au trait (voir cat. 142, fig. a)[7], ou encore des dessins sur bois qui seraient gravés par un praticien, comme dans le cas des illustrations pour *L'après-midi d'un faune* (H 84) de son jeune ami Stéphane Mallarmé en 1876[8]. A part *La queue devant la boucherie* de 1870-1871 (cat. 123) et le portrait manqué de Théodore de Banville de 1874 (H 81 et 82), Manet avait presque abandonné la pratique de l'eau-forte à cette époque et surtout de l'eau-forte de reproduction ; les petits cuivres qui illustrent, en 1874, le poème *Le fleuve* (H 79)[9], de son ami Charles Cros — à l'époque où Nina de Callias (cat. 137) tenait son salon et inspira poètes et peintres — témoignent de sa capacité de rendre, avec sa pointe d'aquafortiste, l'impression de ses sensations devant la nature.

Quant à *Jeanne,* il a bien voulu la reproduire à l'eau-forte, pour accompagner l'article de Proust, et fit faire le tirage photographique inversé de son tableau (fig. b), sans doute dans ce but. Toutefois, le 2 mai, il écrit à Henri Guérard qui l'aidait pour la partie technique : « Merci mon cher Guérard — décidément l'eau-forte n'est plus mon affaire — labourez moi cette planche d'un bon coup de burin et amitiés. »[10]. Michel Melot nous a fait remarquer que ce billet, avec la phrase « labourez [...] d'un bon coup de burin », signifie sans doute une instruction à Guérard non pas de renforcer ou de terminer la planche, comme nous avions pu penser, mais au contraire de la détruire en la rayant par des lignes profondes pour empêcher à tout jamais l'impression.

Guérard n'en fit rien et le cuivre fut tiré après la mort de Manet, en 1890 et 1894, puis en 1902, enfin, dans *La Gazette des Beaux-arts*[11] (voir Historique). Si l'on comprend un peu le dégoût de Manet devant une planche qui est charmante mais loin d'être une réussite brillante, et qui s'avéra difficile à tirer (les belles impressions sont rares), il fut sans doute très intéressé par la photographie en couleurs réalisée par Charles Cros d'après sa peinture. Celle-ci fut faite selon un procédé inventé par Cros vers 1867 (et au même moment par Ducos du Hauron)[12]. La reproduction en couleurs du tirage trichrome[13] — une 'première' réalisée par l'imprimeur Tolmer — orne la couverture d'une plaquette par Ernest Hoschedé, *Impressions de mon voyage au Salon de 1882* (fig. c). Le tirage en couleurs, qui inverse l'image du tableau, fut réalisé à partir de la toile originale. Dans une lettre non datée à Manet, sans doute écrite peu avant l'ouverture du Salon, Cros lui envoie « Mille remerciements pour le prêt obligeant de l'exquise personne peinte. L'opération a réussi au-delà du prévu. Je suis bien heureux d'avoir *étrenné* mes travaux définitifs d'après une de vos œuvres. Vous verrez les épreuves dans quelques jours »[14]. Jeanne Demarsy, « l'exquise personne peinte », dont l'image se multiplia grâce aux divers procédés de reproduction de l'époque, fut ainsi le chant du cygne de Manet aquafortiste.

fig. c. Couverture de la plaquette d'Ernest Hoschedé, avec la reproduction en couleurs de la photographie trichrome de Charles Cros d'après le tableau de Manet. Paris, Bibliothèque nationale.

1. Goetschy 1880.
2. Goetschy 1882.
3. Paris, BN Manuscrits, Coll. M. Guérin, n.a.f. 24839, f. 395 : Manet à Goetschy, 29 avril 1882.
4. *Gazette des Beaux-Arts,* 1er juin 1882, p. 545.
5. C. Chiarenza, « Manet's use of photography in the creation of a drawing », *Master Drawings,* VII, I, printemps 1969, pp. 38-45, pl. 27.
6. Agenda de Manet, 1883, Paris, BN Estampes, fonds Moreau-Nélaton (*Copie... de documents,* p. 143) ; Tabarant 1947, pp. 439, 442.
7. V. également les reproductions dans *La Vie moderne :* 10 avril 1880, p. 239 ; 8 mai 1880, p. 303 (RW 1975 II non cité et 517).
8. Ingelheim 1977, nos 101-104.
9. *Ibid.* nos 82-87.
10. J. Adhémar 1965, pp. 234-35 ; Wilson 1978, nos 72 et 109.
11. *Gazette des Beaux Arts,* XXVIII, 1902, face p. 248.
12. R. Lecuyer, *Histoire de la photographie,* Paris 1945, pp. 235-37. Voir aussi A. Isler-de Jongh, « Edouard Manet, Charles Cros et 'Jeanne' : une photographie en couleurs méconnue », *Nouvelles de l'Estampe,* no 68, mars-avril 1983.
13. Charles Cros, *Œuvres complètes,* Paris 1964, h.t., face p. 528.
14. Paris, Bibliothèque d'Art et d'Archéologie ; cité Courthion 1953, I, p. 146.

Historique
Épreuve ne portant aucune indication de sa provenance antérieure à MOREAU-NÉLATON (v. Hist., cat. 9).

Cuivre. Ayant fait partie des tirages faits pour SUZANNE MANET, puis par LOUIS DUMONT et ALFRED STRÖLIN (v. Hist., cat. 11 : cuivre), le cuivre fut remis au Cabinet des Estampes parmi les vingt-deux planches en 1923.

J.W.B.

215 L'Automne

1881
Huile sur toile
73 × 51

Nancy, Musée des Beaux-Arts

Expositions
Paris, Beaux-Arts 1884 n° 113 ; Marseille 1961
n° 53

Catalogues
D 1902, 295 ; MN 1926 II pp. 97-98 ; cat. ms.
333 ; T 1931, 372 ; JW 1932, 480 ; T 1947, 399 ;
RO 1970, 378 ; RW 1975, 393.

Méry Laurent (Anne-Rose Louviot, dite, 1849-1900) fait la connaissance du peintre fin avril 1876, quand Alphonse Hirsch l'amène à l'atelier, visiter l'exposition organisée par Manet « pour venir voir ses tableaux refusés par le Jury de 1876 », ainsi que l'indiquait le carton d'invitation[1].

Il semble qu'au cours de cette visite, Méry s'enthousiasma pour la peinture de Manet, et Manet pour sa visiteuse, qui allait devenir sa plus proche amie des dernières années, ainsi que le prouvent les quelques lettres au tutoiement tendre qui ont été conservées[2]. Le fait de savoir s'il eut ou non une liaison avec elle — ainsi que l'insinue George Moore[3] importe peu ; elle fut en tout cas une amie fidèle, s'occupant de lui trouver des amateurs, l'égayant d'une présence que tous les contemporains décrivent comme incarnant la gaîeté, le bonheur de vivre, la gourmandise et la générosité. Tout au long de la maladie de Manet, elle lui faisait porter des fleurs et des friandises, et George Moore prétend qu'elle portait régulièrement du lilas sur sa tombe pour l'anniversaire de sa mort[4].

Méry était ce qu'il est convenu d'appeler une femme entretenue — par le général de Canrobert, puis par le docteur Evans, riche dentiste américain de l'Empereur. Elle aimait s'entourer d'artistes et d'écrivains, eut une liaison avec François Coppée, fut le grand amour de Mallarmé — bien que Huysmans affirme qu'elle ne fut jamais sa maîtresse — et dans les dernières années de sa vie, tendrement liée au jeune musicien Reynaldo Hahn, elle en fit son exécuteur testamentaire. C'est par lui que Marcel Proust la connaît et, après avoir inspiré à Mallarmé de nombreux poèmes et envois, elle entre aussi dans la littérature comme un des modèles d'Odette Swann, pour sa façon de vivre, le décor de sa maison et certains détails vestimentaires[5].

Son élégance enchantait également Manet, autant que son rire et son célèbre teint de rose, qu'il a immortalisé ici. George Moore la compare à une « rose-thé » et Mallarmé avait écrit ce quatrain, qu'elle avait fait graver au-dessus de la porte de son hôtel particulier : « Ouverte au rire qui l'arrose / Telle sans que rien d'amer y / Séjourne, une embaumante rose / Du jardin royal est Méry. »[6]. Dans les nombreux portraits au pastel qu'il fit d'après elle (dont les superbes *Méry au grand chapeau* (RW 73) et *La femme à la fourrure* (cat. 217), Manet se plaît à détailler le raffinement un rien tapageur des vêtements de Méry.

Antonin Proust rapporte des propos de Manet, peut-être légèrement arrangés, mais certainement justes et sans doute en partie tirés d'une lettre : « elle a consenti à se laisser faire son portrait par moi. Je suis allé lui parler de cela hier. Elle s'est fait faire une pelisse chez Worth. Ah ! quelle pelisse, mon ami, d'un brun fauve avec une doublure vieil or. J'étais médusé. Et pendant que j'admirais cette pelisse, et que je lui demandais de poser, Elisa [sa femme de chambre] est entrée annonçant le prince Richard de Metternich. Elle ne l'a pas reçu. Je lui en ai su gré. Ah ! les gêneurs ! J'ai quitté Méry Laurent en lui disant : Quand cette pelisse sera usée, vous me la laisserez. Elle me l'a promis. Cela me fera un rude fond pour des affaires que je rêve »[7].

215

Il semble que Manet avait reçu d'Antonin Proust la commande d'une
série de quatre portraits féminins en allégorie des saisons[8]. Seuls *Le Printemps*
(RW 372) et *L'Automne* ont été exécutés. Anne Hanson émet l'idée que
L'amazone (RW 394 ou 395) serait un projet pour *L'été*[9]. Cette idée, assez
traditionnelle, de peindre des ensembles décoratifs, semble préoccuper peu ses
jeunes amis impressionnistes au même moment.

Méry, dans tout l'éclat de ses trente-deux ans, ne s'était certes pas
offensée de poser pour l'Automne, titre dont la seule pelisse était l'occasion. On
retrouve ses traits de blonde un peu plantureuse, aux sourcils très hauts qui lui
donnaient un air perpétuellement émerveillé, et son visage d'une fraîcheur un

1. New York, Morgan Library, archives Tabarant.
2. Paris, Bibliothèque littéraire Jacques Doucet.
3. Moore 1941, p. 74.
4. *Ibid.* p. 73.
5. Painter 1965, I, p. 279-281.
6. Mallarmé 1945, p. 145.
7. Proust 1897, p. 311.
8. Paris, BN Estampes, fonds Moreau-Nélaton (*Carnet de notes*, p. 20).
9. Hanson 1973, p. 86.
10. Montesquiou 1923, p. 175.
11. Paris, BN Estampes, fonds Moreau-Nélaton (*Carnet, op. cit.*).
12. Rewald 1947, p. 50.
13. Rouart et Wildenstein 1975, I, p. 27 « Tableaux et études » n° 76 « Laurent en marron ».
14. Vente Manet 1884 n° 21 ; Bodelsen 1968, p. 343.
15. Paris, B.N. Estampes, fonds Moreau-Nélaton (*Carnet, op. cit.*).

peu campagnarde, dont Robert de Montesquiou disait qu'il arborait un « sourire de bébé anciennement primé »[10].

Manet a joué de l'effet de contraste entre la grande masse sombre du vêtement bordé de fourrure — du singe ? — qu'accompagne un manchon noir, et la tenture fleurie sur fond très bleu (une robe japonaise prêtée par Antonin Proust[11]), pour mettre en valeur le teint de Méry.

John Rewald émet à propos de ce tableau l'hypothèse vraisemblable que Manet aurait transcrit en peinture certains éléments dans la composition et la couleur, qu'il avait expérimentés depuis quelque temps avec le pastel[12]. N'excluons pas que Manet, devant l'élégante Méry, ait aussi pensé au *Portrait d'une princesse d'Este* par Pisanello (Paris, Musée du Louvre), dont le profil clair tourné vers la gauche se dégage aussi d'un semis de fleurs. D'ailleurs, ce type d'effigies féminines de profil, plus ou moins inspirées par la Renaissance italienne, intéressa beaucoup les peintres dans les années quatre-vingt, quatre-vingt-dix.

Historique

Estimé 400 Frs dans l'inventaire après décès[13], ce tableau fait partie de la vente Manet, où il est acheté 1.550 Frs par Jacob[14], probablement pour le compte de MÉRY LAURENT.
La collection de Méry était assez inégale, mais elle possédait plusieurs dessins et pastels de Manet, la plupart sans doute donnés par lui-même : par exemple une très jolie étude de pommes dédicacée (RW II 613), et surtout la petite version de *L'exécution de Maximilien* (RW 125). Ajoutons qu'elle fut une des rares acheteuses de Gauguin à sa vente en 1891.
Méry Laurent légua *L'Automne* au musée de sa ville natale, Nancy, où il est entré en 1905 (inv. 1071). Grâce à sa fidélité et à sa générosité, c'est ainsi le premier Manet à entrer dans un musée de province français.
Le tableau récemment nettoyé, a subi quelques repeints, peut-être de la main même de Manet, en particulier autour du visage. Une radiographie aux rayons X faites en 1953 au Rijksmuseum d'Amsterdam, aimablement communiquée par Mlle Guillaume, conservateur du Musée de Nancy, montre un état antérieur, où une fleur de la tenture était placée sous le menton, le regard de Méry plus relevé, et le visage légèrement plus lourd. D'après des notes de Léon Leenhoff, la main qui tient le manchon aurait été terminée « par le peintre de chez Kievert en vue de l'exposition de l'École des Beaux-Arts [sic] »[15].

F.C.

216 La femme à la fourrure
Portrait de Méry Laurent

1882
Pastel sur toile
54 × 34
Signé b.d. *Manet*

NY   Collection particulière

Expositions
Paris, Beaux-Arts 1884 n° 148 (La Femme à la fourrure) ; Munich, Moderne Galerie 1910 n° 24.

Catalogues
D 1902, 26 (pastels) ; M-N cat. ms. 367 ; T 1931, 68 (pastels) ; JW 1932, 537 ; T 1947, 523 ; RO 1970, 384 ; RW 1975 II 72 (pastels).

La séduisante Méry Laurent (voir cat. 215) venait souvent rendre visite à Manet, dans son atelier, en voisine, puisqu'elle habitait rue de Rome. Elle a posé pour sept portraits au pastel entre février et juin 1882[1], période de son activité la plus intense dans cette technique. Il est évident que celui-ci fut exécuté par un froid jour d'hiver où elle garda son chapeau et son manteau à col de fourrure et tenait ses mains au chaud à l'intérieur du manchon. Comme Tabarant, on peut imaginer que « Manet plaçait sur son chevalet un papier ou une toile, et sans que sa visiteuse posât, sans même, peut-être, qu'elle y prît garde, il la 'pigeait' tout en donnant la réplique à son amusant bavardage »[2].

216

1. Tabarant 1947, p. 443.
2. *Ibid.*
3. Paris, Beaux-Arts 1884, n° 148.
4. Tabarant 1931, n° 68 (pastels).
5. Livres de stock chez Knœdler et Reid & Lefèvre.
6. D. Cooper, A. *Reid & Lefèvre, 1926-1976,*
   Londres 1976, p. 9.

Historique

Exposé en 1884, sans nom de prêteur, ce pastel appartenait sans doute encore à la famille de Manet[3], mais ne figura pas à la vente de l'atelier. Il apparaît en 1910 dans l'exposition des Manet de la collection PELLERIN (v. Hist., cat. 109) achetés par DURAND-RUEL, BERNHEIM-JEUNE et PAUL CASSIRER (v. Hist., cat. 13, 31, 118). Il passe chez ALFRED CASSIRER, frère de Paul, le marchand parisien ÉTIENNE BIGNOU[4] et les associés londoniens de ce dernier, ALEX REID & LEFÈVRE, qui l'ont eu à plusieurs reprises (Rouart et Wildenstein ajoutent le nom de David W.T. Cargill, collectionneur écossais, mais il y a peut-être eu confusion avec un autre pastel (RW II 52), acheté à Bignou). En 1931, M. KNOEDLER & CO. (v. Hist., cat. 172)., de New York, a acheté ce pastel à J.K. THANNHAUSER (v. Hist., cat. 156), en compte à demi, semble-t-il, avec ALEX REID & LEFÈVRE[5] qui, en 1937, le vendent à WILLIAM BURRELL (v. Hist.,cat. 31), pour le reprendre en 1943[6]. Acheté cette même année, puis à nouveau retourné en 1955 par « S.K. », comme l'indiquent leurs livres de stock, REID & LEFÈVRE le partagèrent en compte à demi avec le marchand new-yorkais SAM SALZ (v. Hist., cat. 188). Il le vendit à MR. ET MRS. HENRY ITTLESON JR., en décembre 1955. Mr. Ittleson (mort en 1973) était président d'une société de services financiers et donateur au Metropolitan Museum, dont il fut élu trustee honoraire en 1968.

C.S.M.

217 La Viennoise
Portrait d'Irma Brunner

Vers 1880
Pastel sur carton
54 × 46
Signé b.g. *Manet*

P   Paris, Musée du Louvre, Cabinet des Dessins

Expositions
Paris, Beaux-Arts 1884 n° 137 ; Orangerie 1932 n° 99 bis.

Catalogues
D 1919, supplément n° 17 ; M-N 1926 II p. 98 ; cat. ms. 383 ; T 1931, 76 ; JW 1932, 531 ; T 1947, 531 ; RO 1970, 392 ; RW 1975 II 78 (pastels).

Manet fit, entre 1879 et 1882, une éblouissante série de portraits de femmes, à propos desquels J. Rewald note que, si « dans ses portraits peints, Manet avait à combattre une tendance dangereuse à 'faire joli' dans ses pastels, il n'en était rien »[1] : d'où son grand succès auprès de ses modèles. Le pastel lui permettait, en effet, une fraîcheur, un coloris gai, une matière poudrée qui, plus que la peinture, flatte le visage et transmet une sorte de maquillage dans la technique même. Les belles personnes du monde ou du demi-monde — Mme Guillemet, Mme Michel Lévy, Valtesse de la Bigne, Irma Brunner, et surtout Méry Laurent qui posa alors le plus régulièrement — étaient enchantées de leurs effigies. Manet choisissait de faire poser ses amies dans leurs vêtements les plus élégants, souvent avec un grand chapeau sombre ou une toque, cernant de noir leur teint clair. Le plus éblouissant de cette série étant le *Méry Laurent au chapeau noir* (RW II 73) trop fragile pour être présenté dans notre exposition.

Contrairement aux portraits au pastel de Degas — comme par exemple ceux de *Mme Gobillard* (cca 1869, coll. Mellon) ou *Mlle Malo* (cca 1878, musée de Birmingham) aucune intention psychologique, aucune curiosité pour leur personnalité et la trace d'un caractère sur le visage. Manet peint au pastel ses visiteuses comme des fleurs, attentif à leur élégance et à leur raffinement : ce sont avant tout des « Parisiennes ». Irma Brunner, amenée chez Manet par Méry Laurent, incarne ici ce que la galanterie supérieure des années 1880 offrait de plus raffiné et de plus éclatant. Sa beauté provocante et son profil parfait furent saisis par Manet comme une effigie décorative de l'art primitif italien (cat. 215). Ici tout est contrasté et silhouetté : le profil du visage et de la

493

217

coiffure noire veloutée, le corsage rose découpé sur le fond gris. La touche rouge des lèvres pimente et acidule cette harmonie élégante.

Manet fit de la belle Viennoise un autre superbe pastel, *Irma Brunner à la voilette* (RW II 79), également de profil avec un grand chapeau noir.

1. Rewald 1947, p. 45.
2. Vente Manet 1884, n° 100 ; Bodelsen 1968, p. 342.
3. Tabarant 1931, n° 76.

Historique
Ce pastel acheté 310 Frs par le DR ROBIN (v. Hist., cat. 156) était dans la vente Manet[2]. Comme les mesures (61 × 51) sont souvent alors prises avec cadre, il doit s'agir de celui-ci.

Donné par Tabarant comme faisant partie de l'ancienne collection WENCKER[3], il entre ensuite chez CAMONDO (v. Hist., cat. 50) qui le lègue au Louvre (inv.RF 4101) avec sa collection en 1911.

F.C.

218 La maison de Rueil

1882
Huile sur toile
78 × 92

Berlin, Staatliche Museen Preussicher Kulturbesitz, Nationalgalerie

Expositions
Paris, Beaux-Arts 1884, h.c. ; Berlin, Secession
1903 ; Paris, Orangerie 1932, n° 84.

Catalogues
D 1902, 300 ; M-N 1926 II pp. 92, 93 ; cat. ms.
317 ; T 1931, 376 ; JW 1932, 493 ; T 1947, 401 ;
RO 1970, 397A ; RW 1975, 407.

Manet avait loué une maison à Rueil où il devait passer son dernier été, en 1882.
Le propriétaire de la maison s'appelait Labiche, et la plupart des auteurs ont
pensé qu'il s'agissait d'Eugène Labiche, célèbre auteur de comédie, d'autant
plus qu'il connaissait suffisamment le peintre pour venir signer le registre des
visiteurs le lendemain de la mort de Manet[1] ; une lettre du propriétaire, André
Labiche, au sujet de cette location, prouve qu'il s'agissait soit d'un homonyme
obscur, ou soit d'un parent de l'auteur du *Voyage de M. Perrichon*[2].

C'était une maison de style Restauration, charmante, où Manet, déjà
quasi immobilisé par son ataxie locomotrice, pouvait s'installer dans le jardin à

218

l'ombre d'un arbre (un accacia, d'après les notes de Léon Leenhoff[3]), pour peindre.

Il fit deux versions de mêmes dimensions de la façade sur jardin, l'une en hauteur (RW 406), et celle-ci en largeur, qualifiée de réplique dans le catalogue de la collection du chanteur Faure qui possédait la première. Le seul argument qui soutienne cette hypothèse est que la version de Melbourne est signée, et non celle de Berlin. Mais elles sont également abouties, et précédées de six études préparatoires (RW 400 à 405), les deux plus importantes étant aux Musées de Berne et de Dijon (cat. 220).

C'est un sujet typiquement impressionniste plein de lumière ; la disposition des couleurs et des ombres bleues de l'allée sont très proches de celle d'œuvre contemporaines de Monet ou Pissarro et d'une touche vibrante et libre (v. cat. 210). Pourtant, la prise de vue et la disposition en croix si chère à Manet, en font une œuvre très différente de ce qu'en auraient fait ses amis.

Comme la plupart des paysages de Manet, il est dépourvu de ciel. Jusqu'au bout, il était un citadin, peignait ce qu'il voyait comme au cours d'une promenade ou d'une conversation, dans une nature de pure villégiature, où le jardinier est plus présent que le Créateur. De toute façon, Manet étouffait dans les jardins clos de l'Ile-de-France où la maladie le clouait, « en pénitence »[4].

1. New York, Morgan Library, archives Tabarant.
2. *Ibid.*, cité Tabarant, 1931, p. 450.
3. Paris, BN Estampes, fonds Moreau-Nélaton *(carnet de notes)*.
4. Lettre de Manet à Méry Laurent, Paris, Bibliothèque littéraire Jacques Doucet, fonds Mondor.
5. Moreau-Nélaton 1926, II, fig. 352.

Historique
Dans l'atelier au moment de la mort de Manet, et exposée hors catalogue aux Beaux-Arts en 1884 (on le sait par la photo de l'exposition publiée par Moreau-Nélaton[5]), cette toile ne fit pas partie de la vente. Elle est achetée à SUZANNE MANET (v. cat. 12) par DURAND-RUEL (v. Hist., cat. 118), passe chez PAUL CASSIRER (v. Hist., cat. 13) à Berlin, qui l'exposa à la *Berliner Secession* de 1903. Elle fut achetée par le banquier collectionneur KARL HAGEN, qui en fit don à la Nationalgalerie en 1906 (inv. A.I. 970.952).

F.C.

219 Une allée dans le jardin de Rueil

1882
Huile sur toile
61 × 50

P   Dijon, Musée des Beaux-Arts

Paysage fait dans le jardin de la maison de Rueil louée pour l'été 1882 (v. cat. 218). Manet brossa alors quelques petits paysages, qui ne sont pas à proprement parler des études pour les tableaux plus importants, mais où il s'attache à peindre le papillottement de couleur des feuillages au travers desquels on devine la maison. Le paysage n'est plus qu'un prétexte à l'organisation d'une structure colorée peinte librement. D'ailleurs, on l'a vu (cat. 218), Manet n'aimait pas la campagne qui « n'a de charme que pour ceux qui ne sont pas forcés d'y rester »[1]. Il est déjà très malade, mais toute sa vigueur reste intacte. Cette pochade où dominent l'impression et le pur plaisir de peindre laisse imaginer, par son « tachisme » et l'éclatement des formes, une direction possible dans l'œuvre de Manet que la mort interrompra.

Expositions
Marseille 1961 n° 34 ; Philadelphie-Chicago 1966-1967 n° 179.

Catalogues
D 1902, 303 ; M-N cat. ms. 320 ; JW 1932, 404 ; RO 1970, 398 B ; RW 1975, 403.

1. Lettre du 5 juin 1880 à Zacharie Astruc, Paris, Bibliothèque d'Art et d'Archéologie.
2. Rouart et Wildenstein, 1975, I, p. 27.
3. Vente Manet 1884, n° 73 ; Bodelsen, 1968, p. 342.

Historique
L'inventaire après décès de Manet en 1883, semble ranger cette œuvre sous le n° 41 car c'est la plus terminée de cinq ébauches du même sujet, et dont deux seules sont incluses[2] ; elle est achetée par le DR. ROBIN (v. Hist. cat. 156) pour 340 Frs[3]. Elle est léguée par lui au musée (inv. 2963) en 1929.

F.C.

219

220 Pomme sur une assiette

Vers 1880-1882
Huile sur toile
21 × 26
Signé b.g. *Manet*

Lausanne, Collection particulière

Expositions
Paris, Bernheim-Jeune 1928 h.c.; Orangerie 1932
n° 86

Catalogues
JW 1932, 489; T 1947, 417; RO 1970, 405;
RW 1975, 408.

Généralement, dans ses petites natures mortes, Manet dispose quelques fruits — de trois à cinq — sur une table qui partage en deux tranches la composition dans la longueur. Ici, comme dans *Le citron* (cat. 190) il pose un seul fruit sur une assiette, faisant jouer la couleur vive du champi par rapport au jaune de la pomme — qui est d'ailleurs peut-être un coing — la rendant tout à la

497

220

fois modeste et précieuse. Elle représente la nature sous la seule forme qu'il aimait : cultivée, cueillie, présentée, devenue, par la peinture surtout, pur objet de délectation.

C'est avec humour que Manet joue avec les formes circulaires du fruit et de l'assiette — thème si sérieusement travaillé à la même époque par Cézanne — où le petit plat semble l'auréole de la pomme dorée. Ne disait-il pas qu'il voudrait être le « Saint-François de la nature-morte » ?[1]

1. Vollard 1936, p. 164.
2. Paris, BN, Estampes, fonds Moreau-Nélaton.
3. New York, vente Vogel, 17 octobre 1979.

Historique
L'historique de la plupart des petites natures-mortes est très délicat à déterminer. Le carnet de comptes de Manet[2] en cite plusieurs, mais sans précision. Dans les catalogues cette nature-morte est située chez PERTUISET (v. Hist., cat. 208), qui acheta en effet de nombreux petits tableaux de ce genre. Mais celui-ci ne faisait pas partie de sa vente en 1888. On trouve ce tableau dans les collections FREUND-DESCHAMPS, HOENTSCHEL, (prêteur à l'exposition de 1932) et MALHERBE, puis après la guerre à New York chez le collectionneur et marchand d'impressionnistes SAM SALZ (v. Hist. cat. 188), puis chez E.C. VOGEL ; enfin, à la vente de sa collection[3].

F.C.

221 Oeillets et clématites dans un vase de cristal

Vers 1882
Huile sur toile
56 × 35
Signé b.d. *Manet*

Paris, Musée d'Orsay (Galeries du Jeu de Paume)

Dans un vase de verre à pied carré, orné de motifs dorés — qu'il a souvent utilisé : *Deux roses* (RW 381), *Roses et lilas* (RW 417), *Lilas blanc* (RW 418) —

221

Manet a peint un petit bouquet de fleurs toutes simples de jardin. Il a planté telles quelles dans le vase les tiges liées, sans aucun souci d'arrangement et de mise en scène, en faisant valoir le rose des œillets de Chine sur un fond gris bleu, dans une harmonie subtile tonifiée par la clématite violette.

Ce charmant tableau ferait partie, d'après Tabarant[1], de la série des tableaux peints au cours des derniers mois de sa vie, quand, avant de s'aliter définitivement le 6 avril 1883, Manet peignait les fleurs que ses amis, dont Méry Laurent, lui portaient, ou lui faisaient parvenir, le sachant très souffrant. Malheureusement cette touchante histoire ne peut s'appliquer comme on le fait généralement à ce tableau précis : les fleurs représentées ne poussent pas avant l'été. L'œuvre a donc été peinte en 1882, à Rueil, sans doute en juillet.

Expositions
Berlin, Matthiesen 1928 ; Paris, Orangerie 1952 ; Marseille, 1961 n° 35

Catalogues
T 1931, 403 ; JW 1932, 506 ; T 1947, 444 ; RO 1970, 423a ; RW 1975 I, 423.

1. Tabarant 1947, p. 467.
2. *Ibid.*
3. Tabarant 1931, n° 403.

Historique
Ce bouquet aurait été acheté pour 1.500 Frs par MLLE WEILL vers 1883.[2] Il reste longtemps ensuite dans la collection d'ÉMILE STAUB, en Suisse (où il est encore en 1931[3], puis passe à Milan dans la collection CARLO FRUA DE ANGELI, et à Zurich chez G. TANNER. On le retrouve à Paris chez le marchand A. DABER, chez qui il est exposé en 1937 ; acheté peu avant la guerre par GEORGES RENAND, il est vendu à VON RIBBENTROP en 1941 et part pour Berlin. Récupéré à la Libération, il est attribué au Musée du Louvre (inv. MNR 631) par l'office des biens privés (Ministère des Affaires étrangères) en 1951.

F.C.

Manet dans Paris

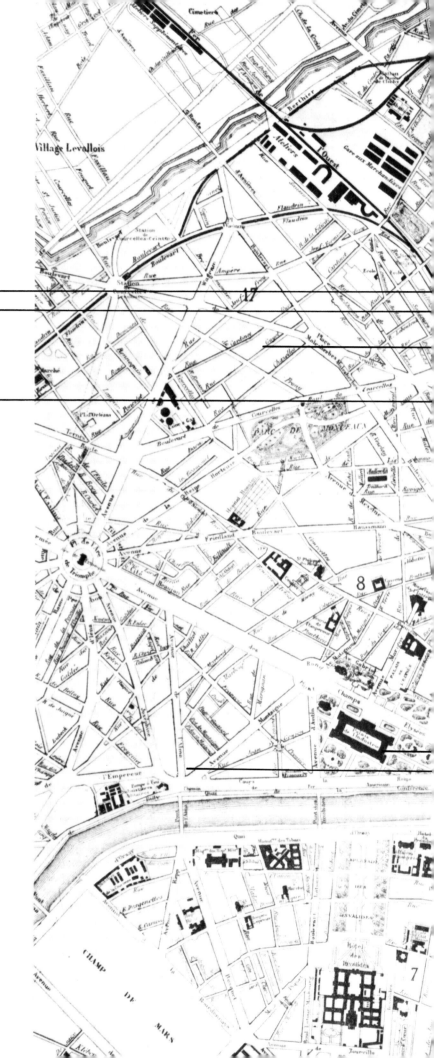

Cafés

Café de la Nouvelle-Athènes. 9, pl. Pigalle

Café Guerbois, 11, Grande rue des Batignolles
(9, av. de Clichy)

rue Mosnier (de Berne)

Détail du *Nouveau plan de Paris divisé en 20 arrondissements,*
publié par A. Chaix, 1870 (Paris, Bibliothèque nationale), avec
indications approximatives des lieux concernant Manet.

502

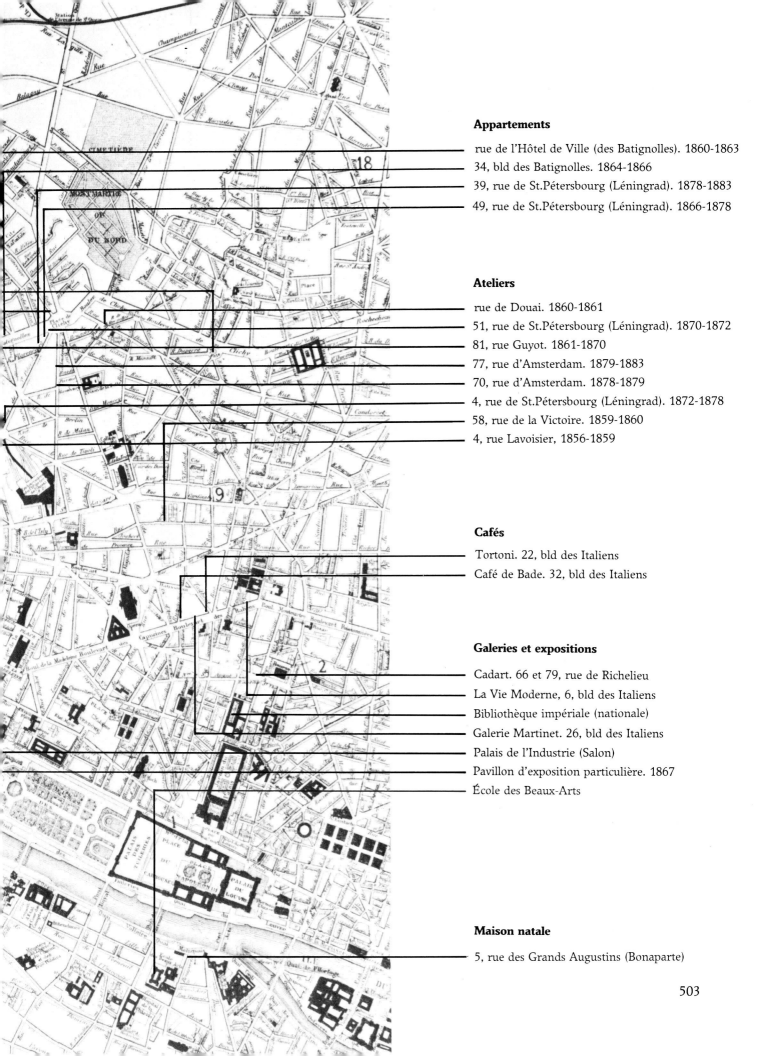

Appartements

rue de l'Hôtel de Ville (des Batignolles). 1860-1863

34, bld des Batignolles. 1864-1866

39, rue de St.Pétersbourg (Léningrad). 1878-1883

49, rue de St.Pétersbourg (Léningrad). 1866-1878

Ateliers

rue de Douai. 1860-1861

51, rue de St.Pétersbourg (Léningrad). 1870-1872

81, rue Guyot. 1861-1870

77, rue d'Amsterdam. 1879-1883

70, rue d'Amsterdam. 1878-1879

4, rue de St.Pétersbourg (Léningrad). 1872-1878

58, rue de la Victoire. 1859-1860

4, rue Lavoisier, 1856-1859

Cafés

Tortoni. 22, bld des Italiens

Café de Bade. 32, bld des Italiens

Galeries et expositions

Cadart. 66 et 79, rue de Richelieu

La Vie Moderne, 6, bld des Italiens

Bibliothèque impériale (nationale)

Galerie Martinet. 26, bld des Italiens

Palais de l'Industrie (Salon)

Pavillon d'exposition particulière. 1867

École des Beaux-Arts

Maison natale

5, rue des Grands Augustins (Bonaparte)

Chronologie

1832   23 janvier

Naissance à Paris, 5, rue des Petits-Augustins, du fils aîné d'Auguste Manet (1797-1862), haut fonctionnaire au Ministère de la Justice, et d'Eugénie-Désirée Fournier (1811-1895), fille d'un diplomate en poste à Stockholm (cat. 3 et 4).

Acte de naissance d'Édouard Manet : Moreau-Nélaton 1926, I, p. 1. Une plaque marque l'immeuble à l'actuel 5, rue Bonaparte.

1833   21 novembre

Naissance de son frère, Eugène (1833-1892) (voir cat. 38, 62, 63, 135).

Moreau-Nélaton 1926, I, p. 4.

1835   16 mars

Naissance de son frère, Gustave (1835-1884) (cat. 72).

Moreau-Nélaton 1926, I, p. 4.

1838-1840

Études à l'Institut Poiloup à Vaugirard.

1844-1848   octobre

Études au Collège Rollin où il rencontre Antonin Proust (1832-1905) (cat. 187) dont les souvenirs sont précieux pour la connaissance de l'artiste. Pendant ces années scolaires, il se serait rendu souvent au Louvre en compagnie de Proust sous la conduite de l'oncle maternel de Manet, le capitaine Édouard Fournier. Celui-ci encourage le talent naissant pour le dessin de son neveu.

Proust 1897, 1901 et 1913.

1848   fin juillet

Quitte le Collège Rollin et propose à son père d'entrer à l'École Navale, mais il échoue au concours d'entrée.

Moreau-Nélaton 1926, I, p. 7.

    9 décembre

S'embarque sur le bateau-école *Havre et Guadeloupe* pour Rio de Janeiro où Pontillon (futur beau-frère de Berthe Morisot) est un de ses camarades pilotins. Durant ce voyage, il exécute des caricatures de l'équipage, officiers et camarades.

Manet, *Lettres de Jeunesse, 1848-1849, Voyage à Rio,* 1928 *passim* ; Meier-Graefe 1912, pp. 11-12.

1849   4 février

Arrivée à Rio de Janeiro.

    13 juin

A son retour au Havre, il échoue de nouveau au concours d'entrée à l'École Navale et sa famille consent à ce qu'il poursuive une carrière artistique.

Tabarant 1931, p. 11.

Rencontre Suzanne Leenhoff (1830-1906), jeune hollandaise qui donne des leçons de piano aux frères Édouard et Eugène.

Paris, BN Estampes, fonds Moreau-Nélaton (*Copie... de documents,* p. 71).

1850   29 janvier

S'inscrit comme élève de [Couture] sur le registre des copistes du Louvre.

Reff 1964, p. 556.

    septembre

Entre, avec Proust, dans l'atelier de Thomas Couture (1815-1879), rue Laval. L'atelier rival était celui de Picot (1786-1868), membre de l'Institut. Couture, peintre très en faveur depuis le succès obtenu en 1847 par les *Romains de la décadence,* est aussi un chef d'atelier dont l'enseignement pouvait paraître très novateur dans certains de ses principes.

Alazard 1949, pp. 213-218 ; Couture 1867 ; Boime 1971 et 1980.

Manet y reste six années, jusqu'en février 1856, malgré de nombreuses querelles.

« Je ne sais pas pourquoi je suis ici, disait-il. Tout ce que nous avons sous les yeux est ridicule. La lumière est fausse, les ombres sont fausses. Quand j'arrive à l'atelier, il me semble que j'entre dans une tombe. Je sais bien qu'on ne peut pas faire déshabiller un modèle dans la rue. Mais il y a les champs et, tout au moins l'été, on pourrait faire des études de nu dans la campagne, puisque le nu est, paraît-il, le premier et le dernier mot de l'art ». Proust 1897, p. 126.

1851 2 décembre

Coup d'État à l'occasion duquel Proust et Manet descendent dans la rue en spectateurs.

Proust 1897, p. 130.

[4] décembre

Se rend avec des camarades d'atelier au cimetière Montmartre où étaient réunies les victimes de Louis-Napoléon.

Proust 1897, p. 130.

1852 29 janvier

Naissance de Léon-Édouard Koëlla, dit Leenhoff (1852-1927) (cat. 2, 12, 14-18, 102, 109, 110, 127-128), fils naturel de Suzanne Leenhoff.

Tabarant 1947, p. 480-485.

25 février

Commence à copier la *Diane au bain* de Boucher au Louvre.

Reff 1964, p. 556.

19 juillet

Premier voyage en Hollande.
Son nom figure sur le registre du Rijksmuseum, Amsterdam.

J. Verbeek in *Bulletin van het Rijksmuseum, Gedenkboek,* 1958, p. 64 ; cité Ten Doesschate Chu 1974, p. 43, n. 1.

1853

Voyage présumé à Cassel, Dresde, Prague, Vienne et Munich.

Bazire 1884, p. 10.

Fait des études d'après nature pendant un voyage à pied avec l'atelier Couture en Normandie. Retrouve A. Dumas fils à Sainte-Adresse.

Proust 1897, p. 130.

17 septembre

Parti en Italie avec son frère Eugène, ils rencontrent Émile Ollivier à Venise et lui servent de guide.

Émile Ollivier, *Journal,* publié par Zeldin, Paris, 1961, p. 168 (17 septembre 1853).

7-15 octobre

Retrouve Ollivier à Florence et y séjourne une semaine. Y copie les maîtres, rapportant une *Vénus d'Urbin* d'après le Titien et une *Tête de jeune homme* d'après Lippi aux Offices.
Départ présumé pour Rome.

Lettre d'E. Ollivier à Eugène Manet, 15 octobre 1853. Paris, B.N. Estampes, fonds Moreau-Nélaton (*Copie... de documents,* p. 26).

1855 (?)

Fait la connaissance des artistes Devéria et Raffet. Avec Proust, rend visite à Delacroix (dans l'atelier de la rue Notre-Dame de Lorette qu'il occupa jusqu'en 1857) et lui demande l'autorisation de copier *La barque de Dante* au musée du Luxembourg (voir cat. 1).

Proust 1897, pp. 128-129.

1856 février

Quitte l'atelier de Couture et s'installe rue Lavoisier en compagnie du peintre animalier, le comte de Balleroy (1828-1873).

Proust 1913, p. 31.

1857

Rencontre Fantin-Latour au Louvre, devant les tableaux vénitiens.

Duret 1902, p. 63.

21 août

Commence à copier le *Portrait d'Hélène Fourment et ses enfants* de Rubens au Louvre.

Reff 1964, p. 556.

| | novembre-décembre | Voyage en Italie avec Eugène Brunet. Copie les fresques d'Andrea del Sarto au cloître de l'Annunziata (RW 1975, II, nᵒˢ 1-8, 13-15, 24-25, 28, 30). |

| | novembre-décembre | Voyage en Italie avec Eugène Brunet. Copie les fresques d'Andrea del Sarto au cloître de l'Annunziata (RW 1975, II, n⁰ˢ 1-8, 13-15, 24-25, 28, 30). |

novembre-décembre — Voyage en Italie avec Eugène Brunet. Copie les fresques d'Andrea del Sarto au cloître de l'Annunziata (RW 1975, II, nᵒˢ 1-8, 13-15, 24-25, 28, 30).

Lettre du 19 novembre 1857 au président de l'Académie de Florence : « Messieurs. Eugène Brunet et Édouard Manet de Paris ont l'honneur de demander à Mr. Le Président de l'académie la permission de travailler pendant 30 jours dans le cloître de L'Annunziata. » Wilson 1978, nᵒ 1.

1858 — 26 novembre — S'inscrit sur le registre du cabinet des Estampes de la Bibliothèque Impériale.

J. Adhémar 1965, p. 230.

1859 — avril — Apprend le refus au Salon du *Buveur d'absinthe* (RW 19), malgré l'avis favorable de Delacroix, en présence de Baudelaire.

« Ah ! il m'a fait refuser. Ce qu'il a dû en dire, devant les bonzes de son acabit. Mais ce qui me console, c'est que Delacroix l'a trouvé bien. Car on me l'a affirmé, Delacroix l'a trouvé bien. C'est un autre lapin que Couture, Delacroix. Je n'aime pas son métier. Mais c'est un Monsieur qui sait ce qu'il veut et qui le fait comprendre. C'est quelque chose cela. » Proust 1897, p. 134.

« Nous étions assis chez lui avec Baudelaire quand l'avis du refus lui parvint. » Proust 1897, p. 134.

Commence un grand tableau, *Moïse sauvé des eaux*.

Proust 1897, p. 168.

Quitte l'atelier de la rue Lavoisier, vers le mois de juillet ; s'installe rue de la Victoire.

Proust 1897, p. 168 (au nᵒ 38) ; Reff 1964, p. 556, et n.55 (au nᵒ 52 : carte d'artiste, le 1ᵉʳ juillet).

1ᵉʳ juillet — S'inscrit comme artiste sur le registre des copistes du Louvre.

Reff 1964, p. 556, n.55.

Rencontre au Louvre Degas en train de graver directement sur cuivre *L'infante Marguerite* de Vélasquez.

« Vous avez de l'audace de graver ainsi, sans aucun dessin préalable, je n'oserais en faire autant ! » Delteil, t. IX, 1919, nᵒ 12.

Exécute probablement ses copies d'après ce même portrait (voir RW II 69) et d'après *Les petits cavaliers* (RW 21 ; voir cat. 37).

Reff 1964, p. 556 et n.58.

1860 — Quitte son atelier à la suite du suicide de son assistant qui posa pour *L'enfant aux cerises* (RW 18). Cet incident inspire un poème en prose à Baudelaire, « La corde », dédicacé à Manet dans *Le Spleen de Paris* (voir cat. 9).

Proust 1897, p. 168 ; Baudelaire (7 février 1864), 1975, pp. 328-331.

14 avril — Portrait-charge lithographique d'Émile Ollivier (H 1).

Reproduit dans *Diogène*.

été — Installe son atelier rue de Douai et prend un logement rue de l'Hôtel de Ville, aux Batignolles, avec Suzanne et Léon.

Moreau-Nélaton 1926, I, p. 30 ; Paris, BN Estampes, fonds Moreau-Nélaton (*Copie... de documents*, p. 71).

1861 — mai — Expose au Salon le *Portrait de M. et Mme Auguste Manet* (cat. 3) et le *Chanteur espagnol* (cat. 10) qui reçoit une mention honorable.

Deux eaux-fortes de son père, d'après le portrait de ses parents, portent les dates 1860 et 1861 (H 6 et 7 ; voir cat. 3).

Un groupe de jeunes peintres (Fantin, Legros, Carolus-Duran et Bracquemond) et d'écrivains (Baudelaire, Champfleury et Duranty) vient manifester au peintre leur admiration commune pour *Le chanteur espagnol*.

Desnoyers 1863, pp. 40-41 ; Alexis 1879, p. 1.

Installe son atelier au 81, rue Guyot (jusqu'en 1870).

Moreau-Nélaton 1926, I, p. 33.

	15-31 août	Met en vente, dans l' « Exposition permanente » à la Galerie Martinet, 26, boulevard des Italiens, *Le liseur* (RW 35), le portrait du peintre Joseph Gall, un de ses voisins de la rue Guyot. *Le Courrier artistique*, vol. I, n° 6, 1er septembre 1861, p. 22.
	1er-30 septembre	*L'enfant aux cerises* (RW 18) remplace *Le liseur* chez Martinet. *Le Courrier artistique*, vol. I, n° 8, 1er octobre 1861, p. 30.
	18 septembre	Présente *La nymphe surprise* (cat. 19) à l'exposition de l'Académie Impériale à Saint-Pétersbourg. Barskaya 1961, pp. 61-68 (v. cat. 19, n. 4).
	1er-15 octobre	*Le chanteur espagnol* exposé chez Martinet (sans être mis en vente). *Le Courrier artistique*, vol. I, n° 9, 15 octobre 1861, p. 34.
1862	avril	Estampes de Manet, en exposition chez Cadart au 66, rue de Richelieu, vues par Baudelaire. « MM. André Jeanron, Ribot, Manet viennent de faire aussi quelques essais d'eau-forte, auxquels M. Cadart a donné l'hospitalité de sa devanture ». Baudelaire (La Revue anecdotique, 15 avril 1862), 1976, p. 735.
	31 mai	Fondation de la Société des Aquafortistes par Alfred Cadart et Félix Chevalier dans le but de promouvoir le renouveau de l'eau-forte ; Manet en est un membre fondateur aux côtés de Bracquemond, Fantin, Jongkind, Legros et Ribot. Bailly-Herzberg 1972, I, pp. 38-42.
		Fait des études en plein air aux Tuileries (cat. 38). Fréquente le Café Tortoni. Proust 1897, pp. 170-171.
	12 août-2 novembre	La troupe de danseurs espagnols à l'Hippodrome. Camprubi, Lola de Valence et d'autres posent pour Manet dans l'atelier d'Alfred Stevens (cat. 49-52). Tabarant 1947, p. 52.
	1er septembre	Première publication par la Société des Aquafortistes de cinq eaux-fortes dont *Les gitanos* par Manet (cat. 48). Bailly-Herzberg 1972, II, pp. 52-55, 72.
		Annonce de la publication de *8 Gravures à l'eau-forte par Édouard Manet* (cat. 7, 9, 11, 25, 35-37, et voir cat. 45).
	25 septembre	Mort de son père, Auguste Manet.
		Rencontre Victorine Meurent, modèle professionnel, et lui demande de poser (cat. 31-35, 62-69, 133). Goedorp 1967, p. 7.
1863	1er mars	Expose à la Galerie Martinet 14 tableaux, dont 11 sont identifiés : *Portrait de Mme Brunet* (cat. 5), *Le gamin au chien* (cat. 6), *L'enfant à l'épée* (cat. 14), *Jeune femme couchée en costume espagnol* (cat. 29), *La chanteuse des rues* (cat. 32), *La musique aux Tuileries* (cat. 38), *Lola de Valence* (cat. 50), *Le liseur* (RW 35), *Les gitanos* (RW 41), *Le vieux musicien* (RW 52), *Le ballet espagnol* (RW 55, v. cat. 49) ; et au moins une eau-forte *Les gitanos* (cat. 48). Mantz 1863, p. 383 ; Feyrnet 1863 ; Saint-Victor 1863 ; Zola 1867, *Revue,* p. 55 ; Paris, BN Estampes, fonds Moreau-Nélaton *(Expositions Martinet).*
	7 mars	Publication de la sérénade d'Astruc, illustrée par Manet, *Lola de Valence* (cat. 53). Date du Dépôt légal de la lithographie. Wilson 1978, n° 73.
	fin mars	Whistler présente Swinburne à Fantin et Manet. Lettre de Baudelaire à Fantin-Latour, 22 mars 1864 : Baudelaire 1973, II, p. 845, n.4.

	15 mai	Ouverture du Salon des Refusés (dans les salles annexes du Palais de l'Industrie) où il expose *Le déjeuner sur l'herbe* (cat. 62), *Mlle Victorine en costume d'espada* (cat. 33) et *Jeune homme en costume de majo* (cat. 72), et trois eaux-fortes : *Philippe IV* (cat. 36), *Les petits cavaliers* (cat. 37) et *Lola de Valence* (cat. 52).
	17 août	Assiste avec Baudelaire à l'enterrement de Delacroix. Tabarant (1942) 1963, p. 375.
	1er octobre	Publication par la Société des Aquafortistes de l'eau-forte *Lola de Valence* (cat. 52). Bailly-Herzberg 1972, I, pp. 93, 109.
	28 octobre	Épouse Suzanne Leenhoff à Zalt-Bommel en Hollande ; ils y restent un mois. Tabarant 1947, p. 80 ; Paris, BN Estampes, fonds Moreau-Nélaton *(Copie... de documents,* pp. 71, 72).
1864	janvier	Manet pose pour l'*Hommage à Delacroix* que Fantin-Latour présente au Salon. Druick et Hoog 1982, no 57.
	4 février	Ouverture chez Martinet, boulevard des Italiens, de la « Première exposition inédite » de la Société nationale des Beaux-Arts, fondée par Louis Martinet en 1862. *Le Courrier artistique,* 7 février 1864 ; *(ibid,* 1er avril 1862).
	fin février	Demande un délai supplémentaire de 8 à 10 jours pour présenter ses tableaux au jury du Salon. Lettre inédite au comte de Nieuwerkerke, reçue le 1er mars 1864. Paris, Archives du Louvre.
	mai	Expose au Salon, *Épisode d'une course de taureaux* (voir cat. 73) et *Le Christ mort et les anges* (cat. 74).
	19 juin	Combat au large de Cherbourg entre navires américains, le *Kearsarge* et l'*Alabama,* auquel Manet a peut-être assisté. Expose son tableau d'après cet épisode de la Guerre de Sécession chez Cadart, 79, rue de Richelieu (cat. 83). *La Presse,* 18 juillet 1864, cité Moreau-Nélaton, 1926, I, p. 60 ; Hanson 1977, pp. 121-122.
	novembre	S'installe dans un appartement 34, boulevard des Batignolles. Tabarant 1931, p. 128 ; Paris, BN Estampes, fonds Moreau-Nélaton *(Copie... de documents,* p. 72).
	entre décembre 1864 et août 1866	Les frères Goncourt rendent visite à son atelier pour prendre des notes en vue d'établir le caractère de Coriolis dans *Manette Salomon.* Proust 1901, p. 75.
1865	janvier	Détruit plusieurs de ses œuvres. « Manet découragé déchire ses meilleures études. » Lettre de Mme Meurice à Baudelaire, 5 janvier (?) 1865 : Lettres à Baudelaire, 1973, p. 263
	19 février	Ouverture d'une exposition de la Société nationale des Beaux-Arts chez Martinet, où deux tableaux de Manet sont présentés (dont une nature morte, perdue de vue après sa vente à Chesneau) ; il projetait d'en exposer d'abord neuf, puis six ; déçu, il décide de quitter la société. Lettre de Manet à Martinet : Moreau-Nélaton, 1926, I, p. 62. Lettres de Manet à Baudelaire, 14 [février] 1865 ; de Lejosne à Baudelaire, 21 février 1865 ; de Manet à Baudelaire, [25 mars] 1865 : Lettres à Baudelaire, 1973, pp. 220, 215, 232.
		Sert d'agent littéraire à Baudelaire qui est à Bruxelles. Lettres de Baudelaire à Lemer, 15 février et 4 juillet 1865 : Baudelaire 1973, II, pp. 463-464, 510.
	mai	Pose pour *Le toast : Hommage à la Vérité* de Fantin-Latour, présenté au Salon. Druick et Hoog 1982, pp. 179-190.
		Expose chez Cadart (voir cat. 77, 80 et 81). « [...] des tableaux de nature inanimée », Bürger 1865.
		Expose au Salon *Jésus insulté par les soldats* (cat. 87) et *Olympia* (cat. 64).

	printemps	Très déprimé par les critiques et par le fait qu'on lui avait attribué une marine envoyée au Salon par Monet.

printemps

Très déprimé par les critiques et par le fait qu'on lui avait attribué une marine envoyée au Salon par Monet.

Lettre de Baudelaire à Champfleury, 25 mai 1865 : Baudelaire 1973, II, p. 502. Proust 1897, p. 175 ; Wildenstein 1974, p. 29.

Refus de ses tableaux à l'Exposition de la Royal Academy, Londres.

Lettre de Manet à Baudelaire (début mai 1865) : Lettres à Baudelaire, 1973, p. 237.

Fréquente le café de Bade, 32, boulevard des Italiens.

Lettre de Baudelaire à Lemer, 9 août 1865 : Baudelaire 1973, II, p. 523.

août

Part pour l'Espagne. Voyage attendu, préparé par Zacharie Astruc (cat. 94). Visite Burgos, Valladolid, Tolède, Madrid où il séjourne une semaine et rencontre Duret (cat. 108) à l'hôtel à la Puerta del Sol.

« Lettres d'Édouard Manet sur son voyage en Espagne », *Les Arts,* 16 mars 1945 ; Flescher 1978, p. 145 ss ; Duret 1902, pp. 35-36.

13 septembre

Rejoint sa famille en vacances au château de Vassé, dans la Sarthe.

Lettre de Manet à Baudelaire, 24 septembre 1865 : Lettres à Baudelaire 1973, p. 236.

octobre

Tombe malade pendant une épidémie de choléra.

Lettre de Manet à Baudelaire, 25 octobre 1865 : Lettres à Baudelaire 1973, p. 237 ; lettre de Baudelaire à Ancelle, 26 octobre 1865 : Baudelaire 1973, II, p. 537.

1866 avril

Le jury du Salon refuse *Le fifre* (cat. 93) et *L'acteur tragique* (cat. 89).

Rencontre Cézanne

A. Barr, « Cézanne d'après les lettres de Marion à Morstatt », *Gazette des Beaux-Arts,* 6e pér., t. XVII, 1937, pp. 51-52.

7 mai

Dans son compte rendu du Salon, Zola prend la défense de Manet, ce qui entraîne sa démission du journal, *L'Événement.*

« Mon Salon », *L'Événement,* 7 mai 1866 : Zola 1979, pp. 64-69 ; p. 79 : son dernier article, 20 mai 1866, «Adieu d'un critique d'art ».

Écrit à Zola, en souhaitant une rencontre.

« Où pourrais-je vous rencontrer ? Si cela vous allait, je suis tous les jours au Café de Bade de 5 1/2 à 7 heures ». Lettre de Manet à Zola, lundi 7 mai [1866] : v. annexe, Correspondance Manet-Zola, no 1.

Le public confond les œuvres de Monet avec celles de Manet.

« [Manet] est d'ailleurs très tourmenté par son concurrent Monet. De sorte qu'on dit qu'après l'avoir *manétisé* il voudrait bien le *démonétiser* ». Lettre de Duranty à Legros (début octobre 1866), cité Crouzet 1964, p. 232.

13 mai

Publication d'une caricature d'après la *Femme à la robe verte* de Monet avec la légende : « Monet ou Manet ? — Monet. Mais, c'est à Manet que nous devons ce Monet ; bravo ! Monet ; merci, Manet. »

André Gill, « La découverte d'une nouvelle peinture », *La Lune,* 13 mai 1866.

Présentation de Monet par l'intermédiaire d'Astruc.

Wildenstein 1974, I, p. 32 et n.227.

mai-juin

Expose à Bordeaux (voir cat. 97).

Burty 1866, p. 564.

5 juillet

Après une visite à son atelier, Thoré-Bürger décrit dans *L'Indépendance belge* ses tableaux récents (dont cat. 96).

« [...] un grand portrait d'homme en noir, dans le sentiment des portraits de Velazquez, et que le jury lui a refusé. Il y avait là aussi, outre un ' paysage de mer ', comme dit Courbet, et des fleurs exquises, une étude de jeune fille en robe rose, qui sera peut-être refusée au prochain Salon. Ces tons rosés sur fond gris défieraient les plus fins coloristes. Ébauche, c'est vrai, comme est, au Louvre, l'*Ile de Cythère,* par Watteau. » Bürger (Thoré) 1870, II, p. 318.

	15 septembre	Publication de la *Plainte moresque* (cat. 95), pièce pour guitare par J. Bosch. Date du dépôt légal : Wilson 1978, n° 74.
		A cette époque le café Guerbois, 11, Grande rue des Batignolles (aujourd'hui 9, avenue de Clichy), devient le rendez-vous préféré de Manet et ses amis Astruc, Desboutin, Belot, Duranty, Zola, Cladel, Burty, Vignaux, Babou, etc. Duret 1902, pp. 63-64. Voir Moffett, « Manet et l'impressionnisme », pp. 29-34.
	automne	La famille Manet quitte l'appartement du boulevard des Batignolles et va loger avec Mme Manet mère, 49, rue de Saint Pétersbourg. Lettre de Manet à Zola, 15 octobre [1866] : v. annexe, Correspondance Manet-Zola, n° 2.
		Projette l'illustration des *Contes à Ninon* de Zola. *Ibid.*
1867	1er janvier	Zola publie une étude biographique et critique de Manet dans *La Revue du XIXe siècle.*
	2 janvier	Décide d'organiser une exposition particulière avec « au moins une quarantaine de tableaux [...] près du Champ de Mars. » Voir annexe, Correspondance Manet-Zola, n° 4.
	février	Fantin travaille au portrait de Manet qu'il expose au prochain Salon. The Art Institute of Chicago. Druick et Hoog 1982, n° 68.
	mercredi 22 ou vendredi 24 mai	Ouverture de son exposition particulière avec cinquante tableaux, dans un pavillon spécialement construit à grands frais (Mme Manet mère avance l'argent pour la construction — 18.305 Frs) près du pont de l'Alma, en marge de l'Exposition Universelle. Courbet avait également son propre pavillon. « Manet ouvre dans deux jours et il est dans des transes affreuses. Courbet, lui, ouvre d'aujourd'hui en huit, c'est-à-dire, lundi prochain. » Lettre de Monet à Bazille, 20 mai 1867. Wildenstein 1974, I, p. 423. « [...] Manet a ouvert, depuis vendredi, son exposition particulière ». Lettre de Zola à Valabrègue, 29 mai 1867. Voir annexe, Correspondance Manet-Zola, n° 5, n. 1. Paris, BN Estampes, fonds Moreau-Nélaton, *Copie de... documents,* p. 12.
		Fait la publicité de son exposition dans le catalogue de l'Exposition Universelle. Paris, BN Estampes, fonds Moreau-Nélaton, (*Copie de... documents,* p. 13 : facture) ; Krell 1982, pp. 109-115.
		Publication d'une brochure reprenant l'article de Zola publié le 1er janvier, accompagné d'un portrait de Manet par Bracquemond et de l'eau-forte d'après l'*Olympia* (cat. 69). Zola 1876 (Dentu). Voir annexe, Correspondance Manet-Zola, n° 5.
		Randon consacre deux pages de caricatures au pavillon de Manet et aux principaux tableaux. Randon in *Le journal amusant,* 29 juin 1867.
	19 juin	Exécution de l'empereur Maximilien au Mexique. Manet entreprend une série de toiles (voir cat. 104).
	août	Passe quelques jours avec Proust à Trouville. Retour à Paris fin août-début septembre. Proust 1897, p. 174.
	2 septembre	Assiste à l'enterrement de Baudelaire (voir cat. 98). Mauner 1975, p. 120.
	novembre	Zola lui envoie *Thérèse Raquin.* Voir annexe, Correspondance Manet-Zola, n° 7.
1868	février	Zola pose pour son portrait (cat. 106) dans l'atelier de la rue Guyot. Lettre de Zola à Duret, 29 février 1868 : Paris, Musée du Louvre, Cabinet des Dessins ; cité Rewald 1936, p. 61 (avec une erreur de date en note).

	mai	Expose au Salon le *Portrait de Zola* (cat. 106) et *Jeune dame en 1866* (cat. 96).
	28 juin	Projet de publication de *Sonnets et Eaux-fortes*. Lettre de Burty à Manet : Paris, Bibliothèque d'Art et d'Archéologie. Weisberg 1970, p. 299.
	été	Séjour en famille à Boulogne-sur-Mer. Proust 1897, p. 175.
		Court voyage à Londres où il espère exposer l'année suivante. Lettre à Fantin-Latour, publiée dans Moreau-Nélaton 1926, I, p. 104. Lettre à Zola, voir annexe, Correspondance Manet-Zola, nᵒ 10.
	15-30 juillet	Expose au Havre *L'homme mort* (cat. 73) qui reçoit une médaille d'argent. Voir annexe, *ibid.* ; Tabarant 1931, p. 121.
		Fantin présente Berthe Morisot et sa sœur à Manet au Louvre. Prins 1949, p. 26.
	1ᵉʳ septembre	Zola lui dédie *Madeleine Férat*. Voir annexe, Correspondance Manet-Zola, nᵒ 11.
	septembre	Berthe Morisot pose pour *Le balcon* (cat. 115).
	17 octobre	Publication de l'affiche pour *Les chats* de Champfleury avec la lithographie de Manet, *Rendez-vous de chats* (cat. 114). Date du Dépôt légal : Wilson 1978, nᵒ 78.
	25 octobre	*La Chronique illustrée* reproduit la lithographie avec un article annonçant la parution du livre de Champfleury (voir cat. 111-114).
		Au café de Londres (coin de la rue Duphot), fait la connaissance de Gambetta qui venait volontiers aux conférences de la rue de la Paix, organisées par Lissagaray. Proust 1897, p. 175.
	1ᵉʳ décembre	Expose deux toiles, *Le chanteur espagnol* (cat. 10) et *L'enfant à l'épée* (cat. 14), à la Société artistique des Bouches-du-Rhône, à Marseille, dans l'espoir de les vendre. Voir annexe, Correspondance Manet-Zola, nᵒ 13.
	décembre	Publication de *Sonnets et Eaux-fortes,* avec *Fleur exotique* (H 57) par Manet.
1869	janvier-février	On lui fait savoir que *L'exécution de Maximilien* (RW 127 ; voir cat. 104) serait refusé au Salon et que la publication de sa lithographie (cat. 105) serait interdite. Zola prend sa défense dans *La Tribune* du 4 février. Voir annexes, Correspondance Manet-Zola, nᵒ 12, et Documents concernant... Maximilien.
	février	Eva Gonzalès, amenée à l'atelier par Alfred Stevens, devient son élève et pose pour lui. Lettres de Manet à Eva Gonzalès : Wilson 1978, nᵒ 107 ; Tabarant 1947, p. 158.
	mai	Expose au Salon *Le balcon* (cat. 115), *Le déjeuner dans l'atelier* (cat. 109) et cinq eaux-fortes (voir cat. 37).
	juillet-septembre	Prend des vacances avec sa famille à l'hôtel Folkestone à Boulogne-sur-Mer (voir cat. 118, 119). Moreau-Nélaton 1926, I, p. 111.
1870	18 février	Expose au Cercle de l'Union artistique, place Vendôme, le *Philosophe* (cat. 90), et l'aquarelle, *Le Christ mort et les anges* (cat. 75). Tabarant 1947, p. 173.

	23 février	Contrarié par un article de Duranty dans *Paris-Journal,* Manet le gifle. Un duel s'ensuit au cours duquel Duranty est blessé. Bazire 1884, p. 32 ; Tabarant 1947, p. 173 ; Crouzet 1969, p. 291.
	mars	Fait partie d'un comité, organisé par l'animalier Jules de La Rochenoire, dans le but de changer la sélection du jury du Salon. Prépare un manifeste et une liste de candidats avec les noms de peintres d'avant-garde. Seul Millet est élu. « [...] Pourriez-vous faire passer dans le *Rappel* et la *Cloche* une note courte et conçue à peu près dans ces termes : ' Le projet émanant du comité qui présente la liste suivante pour le jury, était absolument libéral. Tous les artistes voteront pour les noms suivants ' [...] ». Lettre de Manet à Zola, [2 mars 1870] ; voir annexe, Correspondance Manet-Zola, n° 16. Lettre de Manet à La Rochenoire, 19 mars 1870 : Paris, Musée du Louvre, Cabinet des Dessins ; Moreau-Nélaton 1926, I, pp. 119-120.
		Invité à poser par Bazille qui fait un tableau représentant son nouvel atelier, rue de la Condamine, Manet prend le pinceau de son ami et brosse son portrait, mais à une échelle nettement démesurée. Musée d'Orsay - Jeu de Paume. Moreau-Nélaton 1926, I, p. 117.
		Manet reprend pour l'améliorer le tableau que Berthe Morisot va envoyer au Salon. « [...] pour mon compte je trouvais atroce les améliorations que Manet avait fait subir à ma tête. La voyant en cet état, elle me disait qu'elle préférait être au fond de la rivière que d'apprendre que son tableau était reçu. » Lettre de Mme Morisot, 22 mars 1870 : Morisot 1950, pp. 36-38.
	mai	Expose au Salon *La leçon de musique* (RW 152) et le *Portrait d'Eva Gonzalès* (RW 154) ; Fantin-Latour présente *Un atelier aux Batignolles,* portrait de Manet entouré de ses amis. Musée d'Orsay - Jeu de Paume. Druick et Hoog 1982, cat. 73.
	été	Séjour chez le peintre de Nittis à Saint-Germain-en-Laye (voir cat. 122). Proust 1897, p. 175.
	septembre	Envoie sa famille à Oloron-Sainte-Marie, dans les Pyrénées, devant la menace de l'armée prussienne. Moreau-Nélaton 1926, I, p. 121 ; E. Manet 1935, *passim.*
	16 septembre	Ferme son atelier et dépose treize tableaux en lieu sûr chez Duret. « Mon Cher Duret, je vous envoie les tableaux que vous avez l'obligeance de me mettre à l'abri pendant le siège. En voici la liste : *Olympia*, le *Déjeuner*, le *Joueur de guitare*, le *Balcon*, l'*Enfant à l'épée*, *Lola de Valence*, *Clair de Lune*, *Liseuse*, *Lapin*, *Nature morte*, *Danseuse espagnole*, *Fruits*, *Mlle B*. Je vous serre la main. » Et en post-scriptum : « Au cas où je serais tué, je vous donne *à votre choix*, le *Clair de lune* ou la *Liseuse*. Vous pourrez demander si vous *préférez* l'*Enfant aux bulles de savon*. » Lettre de Manet à Duret, jeudi 16 septembre 1870. New York, Morgan Library, archives Tabarant ; publié E. Manet 1935, p. 6 ; Tabarant 1947, pp. 182-183.
		Contrait de quitter son atelier de la rue Guyot, il s'installe provisoirement au 51, rue Saint Pétersbourg. Moreau-Nélaton 1926, I, p. 136 ; Paris, BN Estampes, fonds Moreau-Nélaton (*Copie... de documents,* p. 67).
	30 septembre	De Paris, assiégé depuis le 19 septembre, les lettres partent par ballon. Lettres à sa femme, sa mère, Eva Gonzalès : E. Manet 1935, p. 12 ss. ; Wilson 1978, n° 107.
	7-19 novembre	S'engage comme Degas dans l'artillerie de la garde nationale avec le grade de lieutenant. Lettre à Suzanne, 7 novembre 1870 : E. Manet 1935, p. 20 ; Tabarant 1947, p. 183. Lettre à Eva Gonzalès, 19 novembre 1870 : Wilson 1978, n° 107.
	décembre	«Je quitte l'artillerie pour entrer dans l'état-major. Le premier métier était trop dur. » Lettre de Manet à sa femme, 7 décembre 1870 : E. Manet 1935, p. 22.
1871	12 février	Part pour rejoindre sa famille réfugiée à Oloron-Sainte-Marie. Moreau-Nélaton 1926, I, p. 128.

21 février		Séjourne huit jours à Bordeaux avec sa famille et y rencontre sans doute Zola.
		Tabarant 1947, p. 186 ; voir annexe, Correspondance Manet-Zola, n° 18.
1er mars		Départ pour Arcachon où il reste un mois (voir cat. 127, 128).
		Tabarant 1947, p. 187 ; Wilson 1978, n° 107.
15 avril		Le *Journal officiel de la Commune* publie un manifeste pour la formation d'une fédération des artistes.
		A. Dancel, « Les musées, les arts et les artistes pendant la Commune », *Gazette des Beaux-Arts* 6e pér., LXXIX, janvier 1972, p. 50.
17 avril		Est élu délégué en son absence, avec quinze peintres et dix sculpteurs.
		Ibid.
		Décide de rentrer le 1er avril, mais l'insurrection parisienne (déchaînée le 18 mars) rend le retour impossible. Passe par Royan (deux jours), Rochefort (deux jours), La Rochelle (un jour), Nantes (deux jours), Saint-Nazaire (deux jours) et séjourne au Pouliguen (un mois).
		Tabarant 1947, p. 189 ; Paris, BN Estampes, fonds Moreau-Nélaton (*Copie de... documents,* p. 68).
10 mai		A Tours pour huit jours.
fin mai-début juin		Retourne à Paris, probablement tout de suite après la « semaine sanglante » (21-28 mai).
		Morisot 1950, pp. 58-59. Voir cat. 124, 125.
		Ayant dû quitter l'atelier de la rue Guyot, il s'installe provisoirement 51, rue de Saint-Pétersbourg.
		Moreau-Nélaton 1926, I, p. 136 ; Paris, BN Estampes, fonds Moreau-Nélaton (*Copie... de documents,* p. 67).
juillet		Va souvent à Versailles après les élections qui avaient amené Gambetta à l'Assemblée Nationale. Désire faire son portrait mais «Gambetta ne put donner à Manet les heures de pose qui lui étaient nécessaires ».
		Proust 1897, p. 177.
août		Souffrant d'une dépression nerveuse, son médecin recommande un voyage. Séjour à Boulogne avec sa famille.
		E. Manet 1935, p. 33 ; Tabarant 1947, p. 191.
1872	janvier	Durand-Ruel achète 24 tableaux de Manet (voir cat. 118, historique) et en présente 14 dans différentes expositions de la Society of French Artists à Londres, au cours de l'année (6, 10, 74, 77, 90, 93, 96, 118).
		Paris, BN Estampes, fonds Moreau-Nélaton (*Copie... de documents,* pp. 130-131) ; Meier-Grafe 1912, pp. 310-316 ; Moreau-Nélaton 1926, I, pp. 132-133 ; Venturi 1939, II, 189-192 ; Cooper et Blunt 1954, pp. 21-22.
	mai	Expose au Salon *Le combat du « Kearsarge » et de l' « Alabama »* (cat. 83).
		La Nouvelle-Athènes, sur la place Pigalle, avait remplacé le café Guerbois comme lieu de rencontre de ses amis (Degas, Renoir, Monet, Pissarro, etc.). Marcellin Desboutin (cat. 146), peintre et graveur, entre dans le groupe à son retour d'Italie.
		A. Lepage, *Les cafés politiques et littéraires de Paris,* Paris, 1874, pp. 81-82.
		Se rend une nouvelle fois en Hollande.
		Proust 1897, p. 178.
	26 et 27 juin	Visite, avec Ferdinand Leenhoff, le musée Frans Hals, récemment ouvert à Haarlem, et le Rijksmuseum, à Amsterdam.
		J. Verbeek in *Bulletin van het Rijksmuseum, Gedenkboek,* 1958, p. 64 : cité Ten Doesschate Chu 1974, p. 45, n. 4.

	1er juillet	Installe son atelier 4, rue de Saint-Pétersbourg, au 1er étage, tout près de la tranchée du chemin de fer de l'Ouest (cat. 133, 134) et en face de la rue Mosnier en construction (cat. 158-160). Paris, BN Estampes, fonds Moreau-Nélaton (*Copie... de documents*, p. 67). Moreau-Nélaton 1926, I, p. 136. Voir annexe, Correspondance Manet-Zola, n° 21.
1873	mai	Expose au Salon *Le bon bock* (RW 186) et *Le repos* (cat. 121).
	juillet	Départ avec sa famille pour Étaples, près de Berck-sur-Mer (cat. 120, 135). Tabarant 1947, p. 215. Voir annexe, Correspondance Manet-Zola, n° 24.
	septembre	Retour à Paris. Tabarant 1947, p. 221.
		Rencontre avec Mallarmé (cat. 149). Lettre de John Payne à Mallarmé, 30 octobre 1873 ; publiée par Mondor 1942, p. 344.
	octobre-décembre	Assiste, au Grand Trianon à Versailles, au procès en conseil de guerre du maréchal Bazaine pour sa capitulation à Metz en 1870 (cat. 126). Proust 1897, p. 179 ; Duret 1902, p. 174.
	18 novembre	Vend cinq tableaux à Faure, le célèbre baryton (voir cat. 10, historique). Moreau-Nélaton 1926, II, pp. 10-11.
	25 décembre	Le romancier Fervacques publie une description de sa visite à l'atelier de Manet dans *Le Figaro*. Moreau-Nélaton 1926, II, pp. 8-10.
1874	20 février	Publication de deux lithographies, *Le gamin* (cat. 8) et *Guerre civile* (H 72 ; voir cat. 125, fig. b). Date du Dépôt légal. Wilson 1978, n°s 75, 79.
	12 avril	Le jury du Salon ayant accepté *Le chemin de fer* (cat. 133) et l'aquarelle *Polichinelle* (RW II 563), mais refusé *Les hirondelles* (RW 190) et le *Bal masqué à l'Opéra* (cat. 138), Mallarmé publie son article « Le Jury de Peinture pour 1874 et M. Manet », dans *La Renaissance artistique et littéraire*.
	15 mai	Ouverture de la première exposition organisée par la Société anonyme des artistes peintres, sculpteurs, graveurs, chez Nadar, boulevard des Capucines. Malgré une invitation de participer à cette manifestation « Impressionniste », Manet reste à l'écart. Bazire 1884, pp. 84-85 ; Moffett, Manet et l'impressionnisme, pp. 29-34.
		Manet demande à ses amis de fournir des vers pour accompagner sa lithographie *Polichinelle* et choisit le distique envoyé par Banville. Tabarant 1947, p. 235.
	16 juin	Publication de la lithographie en couleurs du *Polichinelle* (H 80). Date du Dépôt légal. Wilson 1978, n° 83.
	juillet-août	Tentative d'illustration à l'eau-forte pour *Les Ballades* de Banville (H 81, 82). « *TOUT ARRIVE* même de manquer la gravure à l'eau-forte qu'on désirerait le plus réussir. Je suis désolé et honteux, mais forcé de partir ces jours-ci. » Lettre à Banville, 2 août [1874], publiée par Moreau-Nélaton 1926, II, pp. 15-16.
	août	Vacances dans la maison familiale de Gennevilliers, près d'Argenteuil où habitent Monet et Caillebotte ; visites de Renoir (cat. 139 à 142). Wildenstein 1974, I, pp. 72-73.
	septembre	Retour à Paris.

	décembre	*Le Fleuve,* poème de Charles Cros, édité avec huit eaux-fortes de Manet (H 79).
	22 décembre	Mariage d'Eugène Manet et de Berthe Morisot.
1875	janvier	Collabore avec Mallarmé pour l'illustration de sa traduction française du *Corbeau* d'Edgar Poe (cat. 151). Wilson 1978, nᵒˢ 89 et 105.
	mai	Expose au Salon *Argenteuil* (cat. 139).
	20 mai	Publication du *Corbeau* (cat. 151).
		Projet de voyage à Londres. Lettre d'Eugène Manet à sa femme : Morisot 1950, p. 92.
	octobre	Voyage à Venise avec sa femme et Tissot (cat. 147 et 148). Tabarant 1947, p. 270.
1876	avril	*L'après-midi d'un faune,* poème de Mallarmé, édité avec des illustrations (bois gravés) de Manet (H 84). Wilson 1978, nᵒ 90.
		Le jury du Salon refuse *Le linge* (RW 237) et *L'artiste* (cat. 146).
	15 avril-1ᵉʳ mai	Ouvre son atelier au public, de 10 h à 17 h, pour présenter les tableaux refusés et d'autres œuvres. Parmi les nombreux visiteurs, Méry Laurent (cat. 215). Bazire 1884, pp. 90-98 ; Proust 1897, pp. 179-180 ; Tabarant 1947, pp. 282-288. Voir annexe, Correspondance Manet-Zola, nᵒ 6.
	juillet	Passe une quinzaine de jours, avec sa femme, à Montgeron chez Ernest Hoschedé (voir cat. 32, historique), où il peint plusieurs tableaux (RW 246, 247). Wildenstein 1974, I, p. 82.
1877	19 mars	Soutient ses amis impressionnistes lors de leur troisième exposition et deuxième vente. « Vous n'aimez pas encore cette peinture-là, peut-être. Mais vous l'aimerez ». Lettre de Manet à Wolff, publiée dans Moreau-Nélaton 1927, II, p. 41. « A l'atelier de la rue Saint-Pétersbourg, il ne songeait, quand on venait le voir le dimanche, qu'à faire l'éloge de tous les fidèles de l'école des Batignolles. Il mettait leurs toiles en bonne lumière, s'inquiétant de leur trouver des acquéreurs et oubliant ses œuvres propres. » Proust 1897, p. 178.
	avril	Présente au jury du Salon, *Faure dans le rôle d'Hamlet* (RW 257), accepté, et *Nana* (cat. 157), refusé.
	1ᵉʳ mai	*Nana* exposée en vitrine chez Giroux, un commerçant de luxe du boulevard des Capucines. Tabarant 1947, p. 305.
1878		Répugnant à se soumettre au jury de l'Exposition Universelle, il projette une exposition particulière de cent œuvres, qu'il aurait cataloguées sous la devise : *Il faut être mille ou seul.* Bazire 1884, pp. 102-103 ; Tabarant 1947, pp. 317-318.
	29 avril	Trois tableaux présentés dans la deuxième vente Faure, dont un mal vendu (RW 213) et deux rachetés (RW 186 et cat. 138). Callen 1974, pp. 166-167.
	5 juin	Cinq tableaux, présentés sans prix de réserve, dans la vente judiciaire lors de la faillite de Hoschedé, n'obtiennent que des prix très bas (cat. 32, 72 et 96 ; RW 137 et 147). Bodelsen 1968, p. 339.

		Déménagement de la famille Manet du 49 au 39 rue de Saint-Pétersbourg. Tabarant 1947, p. 319.
	juillet	Obligé de quitter l'atelier au 4, rue de Saint-Pétersbourg, il s'installe provisoirement au 70, rue d'Amsterdam (atelier loué « pour trois termes » au peintre suédois Rosen). Tabarant 1947, p. 319 ; Paris, BN Estampes, fonds Moreau-Nélaton. (*Copie...de documents*, p. 67).
1879	février	Mariage d'Henri Guérard et d'Eva Gonzalès.
	1er avril	S'installe dans son dernier atelier, au 77, rue d'Amsterdam. Tabarant 1947, p. 326.
	10 avril	Soumet au Préfet de la Seine un projet pour la décoration de la salle des séances du Conseil Municipal du nouvel Hôtel de Ville : « Peindre une série de compositions représentant, pour me servir d'une expression aujourd'hui consacrée et qui peint bien ma pensée « le Ventre de Paris », avec les diverses corporations se mouvant dans leur milieu, la vie publique et commerciale de nos jours. J'aurais Paris-Halles, Paris-Chemins de fer, Paris-Port, Paris-Souterrains, Paris-Courses et Jardins. « Pour le plafond, une galerie autour de laquelle circuleraient dans des mouvements appropriés tous les hommes vivants qui, dans l'élément civil, ont contribué ou contribuent à la grandeur et à la richesse de Paris. » Lettre publiée dans Bazire 1884, p. 142 ; Proust 1897, pp. 414-415.
	mai	Expose *En bateau* (cat. 140) et *Dans la serre* (cat. 180) au Salon.
		Audience avec le sous-secrétaire d'État au sujet de l'achat d'un des tableaux du Salon, ou du *Bon bock*. Lettre de Manet, 6 juin 1879 : Paris, Archives nationales (voir cat. 180).
	printemps	Rencontre George Moore (cat. 175, 176). Pickvance 1963, p. 279.
	juin	Article de Zola, sur l'art contemporain à Paris, dans *Viestnik Europi (Le Messager de l'Europe)*, revue éditée à Saint-Pétersbourg. Traduction française : Zola 1959, pp. 225-230.
	26 juillet	Annonce dans *Le Figaro* d'une brouille entre Zola et Manet : Adolphe Racot cite, en traduction de l'article russe de Zola, un passage où le nom de Monet dans l'original est remplacé par celui de Manet - erreur qui provoque un échange de lettres entre les personnes concernées. Moreau-Nélaton 1926, II, pp. 58-59 ; Tabarant 1947, pp. 350-351 ; Wildenstein 1974, I, p. 97. Voir annexe, Correspondance Manet-Zola, n° 36. Paris, BN Estampes, fonds Moreau-Nélaton (*Copie... de documents*, pp. 40-41).
	septembre-octobre	Repos et cure à Bellevue. Rencontre avec la cantatrice Émilie Ambre, dont il fait le portrait (RW 334). Tabarant 1947, pp. 364-365.
	décembre	Exposition à *La Vie moderne* de tambourins peints, dont un par Manet (RW 324). *La Vie moderne* 20 décembre 1879 ; Tabarant 1947, p. 372.
1880	décembre-janvier	Exposition à New York et à Boston de *L'exécution de Maximilien* (RW 127), organisée par Émilie Ambre. Moreau-Nélaton 1926, II, pp. 74-76 ; Tabarant 1947, p. 373.
		Nette détérioration de sa santé. Moreau-Nélaton 1926, II, p. 68.
	mars	Exposition à *La Vie moderne* d'œufs d'autruches décorés, dont un par Manet représentant Polichinelle. *La Vie moderne*, 27 mars 1880.

	8-30 avril	Exposition particulière « Nouvelles œuvres d'Édouard Manet », organisée par Charpentier, dans les salons de *La Vie moderne* (cat. 156, 165, 169, 172, 174, 176, 183).

La Vie moderne, 10 et 17 avril 1880 ; Moreau-Nélaton 1926, II, pp. 66-67 ; Tabarant 1947, pp. 376-377.

mai   Expose au Salon le *Portrait de M. Antonin Proust* (cat. 187) et *Chez le Père Lathuille* (RW 291).

Proust 1897, p. 308.

juillet-septembre octobre   Le docteur Siredey ayant prescrit un traitement hydrothérapique et le repos à la campagne, il loue une petite maison à Bellevue, 41, route des Gardes. Se distrait en envoyant lettres et aquarelles à Eva Gonzalès, Isabelle Lemonnier, Zacharie Astruc, etc. (cat. 191-205).

Proust 1913, p. 129 ; Moreau-Nélaton 1926, II, p. 68.

20 août   Annonce à Proust l'envoi de deux tableaux « assez importants » dans une exposition à Besançon.

Lettre à A. Proust, publiée dans *Le Journal des curieux*, 10 mars 1907, p. 4 ; cité Rouart et Wildenstein 1975, I. p. 22.

octobre-novembre   Expose un tableau à Marseille, qu'il espère faire acheter par la municipalité.

Deux lettres de E. Lockroy à Manet, 5 et 11 novembre 1880. Paris, BN Estampes, fonds Moreau-Nélaton (*Copie... de documents*, pp. 1, 5).

1881   mai   Expose au Salon le *Portrait de M. Pertuiset* (cat. 208) et le *Portrait d'Henri Rochefort* (cat. 206) pour lequel on lui accorde une médaille de 2e classe.

Bazire 1884, p. 108 ; Proust 1897, p. 313 ; 1913, p. 110 ; Moreau-Nélaton 1926, II, p. 84.

fin juin   Part de Paris pour suivre une cure et s'installe 20, avenue de Villeneuve-l'Étang à Versailles, où il passe l'été (cat. 209, 210).

Tabarant 1947, p. 415.

octobre   Retour à Paris. Grande activité au cours de l'automne.

Tabarant 1947, p. 421.

22 octobre   E. Mayer, ingénieur en chef, donne à Manet la permission de faire « une étude d'après une machine-locomotive montée par son mécanicien et son chauffeur », au dépôt des Batignolles de la Compagnie des Chemins de Fer de l'Ouest.

Paris, BN Estampes, fonds Moreau-Nélaton (*Copie... de documents*, p. 33).

14 novembre   Antonin Proust nommé ministre des Beaux-Arts par Gambetta.

fin décembre   Manet devient Chevalier de la Légion d'honneur.

Bazire 1884, p. 108 ; Proust 1897, p. 313 ; Duret 1902, pp. 152-153.

1882   décembre-janvier   Son état de santé s'aggrave.

mai   Expose au Salon *Un bar aux Folies-Bergère* (cat. 211) et *Jeanne* (RW 372, voir cat. 214).

juillet-octobre   Séjour à Rueil (cat. 218, 219).

Tabarant 1947, p. 450.

30 septembre   Rédige son testament en désignant Suzanne comme légataire universelle et son héritier, après elle, Léon Leenhoff. Il nomme Duret exécuteur testamentaire avec la responsabilité de mettre en vente ou de détruire les œuvres de son atelier.

Testament publié dans Rouart et Wildenstein 1975, I, p. 25.

1883	février-mars	Expose *Coin de café-concert* (cat. 172) au Salon des Beaux-Arts à Lyon. Tabarant 1947, pp. 328-329.
	avril	Demande à Francis Defeuille de lui donner des leçons de miniature. Tabarant 1931, p. 443.
	20 avril	Amputation de sa jambe gauche. Bazire 1884, p. 121.
	30 avril	Mort de Manet.
	3 mai	Enterrement au cimetière de Passy. « Les cordons du poêle [étaient] tenus par Antonin Proust, Émile Zola, Philippe Burty, Alfred Stevens, Duret, Claude Monet. » *Le Figaro,* 4 mai 1883 ; cité Tabarant 1947, p. 477.

Annexe I

Lettres de Manet à Zola

Voici, publiés pour la première fois, grâce à l'aimable autorisation de M. Jean-Claude Le Blond-Zola, cinquante lettres ou billets que Manet adressa à Zola, de 1866 à 1882. Entre la première lettre, par laquelle, le 7 mai 1866, Manet, qui ne connaît pas encore celui qui vient de le défendre chaleureusement, lui donne rendez-vous, et le dernier mot, bref remerciement pour l'envoi de *Pot-Bouille*, ce sont dix-sept années d'amitié et d'estime réciproque, qui nous sont données à imaginer, dix-sept années aussi de lutte pour un même combat : le triomphe, en peinture comme en littérature, d'un art nouveau.

Il ne s'agit pas de « belles lettres », de morceaux dignes de figurer dans des anthologies. Ce sont, le plus souvent quelques lignes — l'équivalent d'un coup de téléphone — écrites au fil de la plume, sans ponctuation, dans un style parlé, parfois chaotique, la plume ayant du mal à suivre la pensée. Manet fixe un rendez-vous à son ami, lui pose une question, lui annonce un événement de sa vie quotidienne, le remercie de l'envoi d'un livre, le félicite d'un article... Et pourtant, malgré leur brièveté et leur caractère allusif, ces mots nous sont précieux : d'abord, parce que nous ne possédons, à l'heure actuelle, que cinq des lettres que Zola adressa à Manet. Ensuite, parce qu'ils font partie de la vaste correspondance qu'échangea un groupe d'amis, Zola, Manet, Guillemet, Pissarro, Cézanne, Marion, Valabrègue, etc., grâce à laquelle nous pouvons imaginer ce que furent les années 1860-1880, si riches pour la création artistique.

Ces lettres, en effet, ne nous donnent pas seulement quelques précisions sur la vie et les œuvres de Manet ou de Zola. Elles évoquent, bien plus largement, le groupe des peintres, romanciers, critiques, hommes politiques, dont ils faisaient partie, les réunions quasi quotidiennes du café de Bade ou du Guerbois, les jeudis de Manet ou ceux de Zola, le salon Charpentier, la *Vie Moderne*. Zola visita le Salon dès 1859. Jusqu'en 1872, ses amis sont essentiellement des peintres, aixois venus à Paris, ou peintres connus par l'intermédiaire de Cézanne et avec lesquels il passait ses vacances dans les environs de Paris : Pissarro, Guillemet, Monet, Béliard, Sisley...

Ils forment un groupe bouillonnant d'idées et particulièrement attachant, qu'évoque, en particulier, *L'Œuvre*. Ils défendent tous, à leur manière, — il ne s'agit pas d'une école, comme l'indique bien le titre du tableau de Fantin-Latour, *Un atelier aux Batignolles* et non L'Atelier aux Batignolles —, le présent et l'avenir contre le passé. Ils font front uni contre l'académisme et les gloires consacrées. Aussi s'entr'aident-ils, et ces lettres en sont un bon exemple, de toutes les façons possibles. Zola demande à Manet, le 6 avril 1868, de lui prêter 600 francs ; il aidera, à son tour, un peu plus tard, Cézanne et Monet. Les romanciers mettent leur plume au service des peintres ; ils les prennent pour héros de leurs nouvelles ou de leurs romans ; les peintres mettent les écrivains sur leurs toiles, ils lisent et commentent leurs œuvres, s'en inspirent. Ils assistent à leurs premières. Ils rivalisent, chacun avec sa technique propre, à traiter les mêmes sujets. Tous se réjouissent du succès de l'un ou de l'autre, car la victoire de l'un est victoire de tous, comme ne cesse de le répéter Zola.

Aussi ces lettres, qui nous restituent quelques pans de leur vie, qui nous donnent quelques instantanés de leur combat, sont-elles le meilleur des témoignages et une approche utile pour qui s'intéresse à cette période.

Colette Becker

Dans l'édition de ces lettres, nous avons supprimé la signature de Manet et rétabli :

— la ponctuation d'usage courant, Manet ne ponctuant pratiquement pas ;
— l'orthographe, les quelques fautes commises ne présentant aucun intérêt ;
— la totalité des mots abrégés : ainsi, « tout à vous », au lieu de «t.a.v. », souvent utilisé.

Nous faisons souvent référence à deux publications :

— Émile Zola, *Correspondance,* CNRS-Presses de Montréal, en cours de publication sous la direction de B.H. Bakker, éditrice associée, Colette Becker, conseiller littéraire, Henri Mitterand : t. I : 1858-1867 ; t. II : 1868-mai 1877 ; t. III : juin 1877-mai 1880 ; t. IV : juin 1880-1883 (à l'impression). Nous utilisons l'abréviation *Corr.* pour la désigner.
— Émile Zola, *Œuvres Complètes,* Cercle du livre précieux, édition en 15 volumes, publiée sous la direction d'Henri Mitterand, Paris 1966-1969. Abréviation *O.C.*

519

1   Lundi 7 mai [1866]

Cher monsieur Zola,

Je ne sais où vous trouver pour vous serrer la main et vous dire combien je suis heureux et fier d'être défendu par un homme de votre talent. Quel bel article ! Merci mille fois[1].

Votre avant-dernier article (« Le moment artistique ») était des plus remarquables et a fait un grand effet[2]. J'aurais un avis à vous demander. Où pourrais-je vous rencontrer ? Si cela vous allait, je suis tous les jours au Café de Bade de 5 $\frac{1}{2}$ à 7 h[3].

A bientôt, cher monsieur. Veuillez, je vous prie, agréer l'assurance de ma vive sympathie et me croire votre très obligé et reconnaissant.

1. Dans cette lettre — la première de celles qu'il écrivit à Zola —, Manet remercie l'écrivain pour l'article « M. Manet », qui avait paru le 7 mai dans *L'Événement* (voir cat. 93). Zola rendait compte, dans le journal, du Salon. Voir *O.C.*, t. XII, pp. 785 à 818.
2. « Le moment artistique » est le troisième des articles retentissants de Zola. Il avait paru le 4 mai. Il y affirmait en particulier : « Ce que je cherche avant tout dans un tableau, c'est un homme et non pas un tableau. »
3. Le café de Bade, probablement situé 26, boulevard des Italiens, près du Tortoni. C'est là que se retrouvaient Manet et ses amis avant d'adopter le café Guerbois, 11, Grande Rue des Batignolles (aujourd'hui 9, avenue de Clichy).

2   Lundi 15 octobre [1866]

Mon cher Zola, en effet, voilà un ami dont je ne me doutais pas, j'en vois surgir de nouveaux tous les jours et j'en attribue une bonne partie à votre courageuse initiative[1].

Je ne vous ai pas écrit plus tôt parce qu'à mon retour de la campagne je me suis trouvé au milieu d'un déménagement et quel ennui c'est, mon dieu, mais me voilà à peu près débarrassé[2]. Voulez-vous venir jeudi à l'atelier à 1 h - 2 heures, comme vous voudrez ? Vendredi, si jeudi vous est incommode. Nous avons à causer à propos des « Contes à Ninon »[3].

Tout à vous.

1. Zola a probablement fait part à Manet d'une des réactions qui suivirent la publication de son « Salon ».
2. Il doit s'agir du déménagement par lequel Manet quitta son appartement du 34, boulevard des Batignolles pour aller habiter 49, rue de Saint-Pétersbourg.
3. D'après une lettre de Guillemet à Zola du 2 novembre 1866, nous savons que Zola avait projeté une nouvelle édition in-8º de son premier livre, les *Contes à Ninon,* avec des illustrations de Manet et qu'il cherchait un éditeur.
   Il proposa l'affaire à Lacroix en mai 1867, en insistant sur la publicité que le libraire en retirerait : « Mon dessinateur va faire grand bruit, dans quelques semaines d'ici. Ce serait, pour votre maison, une véritable publicité. » Voir *Corr.*, t. I, pp. 494-497. Le projet n'aboutit pas.

3   Samedi [fin 1866]

Mon cher Zola, je suis horriblement ennuyé de cette coïncidence de jeudi qui vous empêche de venir à la maison. Les personnes qui viennent sont étonnées de ne pas vous y voir et l'on m'a souvent dit : montrez-moi donc M. Zola. Tâchez donc de venir jeudi prochain, vous nous feriez grand plaisir[1].

Je suis chargé de vous demander de la part de Burty si vous avez reçu son livre. Il vous l'a envoyé au *Figaro* ne sachant votre adresse et voudrait bien savoir si vous en parlerez quelque part[2]. Enfin, il le désire — et d'une. Vous avez décidément la réputation d'un homme puissant : mon ami Zacharie Astruc me prie de vous demander si vous pouvez lui faciliter dans la maison Hachette l'édition d'un livre de poésie ?[3].

Je vous serre la main et suis tout à vous.

1. Curiosité provoquée par le « Salon » de Zola — ce qui nous permet de dater cette lettre de 1866.
2. Zola, qui avait tenu la chronique « Livres d'aujourd'hui et de demain » dans *L'Événement* jusqu'au 6 novembre, collaborait au *Figaro*. Il y publiait deux séries : « Marbres et Plâtres » et « Dans Paris ».
   Manet fait probablement allusion au livre que Burty publia en novembre 1866, *Chefs-d'œuvre des arts industriels.*
3. Zola avait été chef de la publicité chez Hachette du 1er mars 1862 au 31 janvier 1866. Nous n'avons trouvé aucune trace de publication d'un livre d'Astruc par cet éditeur. Astruc publia, en 1883, chez Charpentier, *Romancero de l'Escorial, poèmes d'Espagne.*

4   Mercredi 2 janvier [1867]

Mon cher Zola, c'est de fameuses étrennes que vous m'avez donné là et votre remarquable article m'est très agréable[1]. Il arrive en temps opportun car on m'a jugé indigne de profiter comme tant d'autres des avantages de l'envoi sur liste. Aussi, comme je n'augure rien de bon de nos juges, je me garderai bien de leur envoyer mes tableaux. Ils n'auraient qu'à me faire la farce de ne m'en prendre qu'un ou deux et voilà pour le public les autres bons à jeter aux chiens[2].

Je me décide à faire une exposition particulière. J'ai au moins une quarantaine de tableaux à montrer. On m'a déjà offert des terrains très bien situés près du Champ de Mars[3]. Je vais risquer le paquet et, secondé par des hommes comme vous, je compte bien réussir. A bientôt.

Je vous serre la main et suis tout à vous.

Tout le monde chez moi est enchanté de l'article et me charge de vous remercier.

1. L'article de Zola : « Une nouvelle manière en peinture Édouard Manet », avait paru dans la *Revue du XIXe siècle* du 1er janvier 1867. Voir *O.C.*, t. XII, pp. 821-845.
2. Les règles du choix des toiles exposées au Salon avaient été modifiées. Les peintres avaient dû envoyer avant le 15 décembre 1866 une liste indiquant la grandeur, le sujet des tableaux et, s'il y avait lieu, la date de l'année où ils avaient déjà été exposés. Le jury devait choisir les toiles d'après ces listes.
   « Manet », écrivait Duranty à Legros, « veut faire feu des quatre fers. Il a étalé toutes ses toiles dans son atelier et va convoquer tout Paris, Niewerkerke [sic] en tête, à venir admirer. Il est d'ailleurs très tourmenté par son concurrent Monet. De sorte qu'on dit qu'après l'avoir *manétisé*, il voudrait bien le *démonétiser* » (cité dans Crouzet, 1964, p. 232).
3. L'exposition se fit dans un baraquement élevé aux frais du peintre (il dépensa, selon Zola, 15 000 francs), sur un jardinet appartenant au marquis de Pomereaux, à l'angle des avenues Montaigne et de l'Alma.

5   [entre janvier et mai 1867]

Mon cher Zola, je vous avoue que cela ne peut que m'être agréable de voir votre brochure sur moi se vendre dans mon exposition[1]. Je voudrais même qu'il s'en vendît beaucoup, cela se peut très bien et enfin qui ne risque rien n'a rien.

Je vous proposerais même, si toutefois vous le trouvez bon, de faire pour le mettre en tête mon portrait à l'eau-forte[2]. Dites-moi votre avis et envoyez le format de la brochure que je puisse faire faire le tirage de la gravure.

Je vous serre la main et suis tout à vous.

Voulez-vous que nous fassions l'affaire à nous deux ?

Je rouvre ma lettre. Je pense que j'ai fait dernièrement d'après *Olympia* un bois qui était destiné au *Paris-guide* de Lacroix[3]. Si cela pouvait ne pas nous coûter trop cher nous pourrions l'intercaler. Du reste le bois nous appartient, on peut toujours à un moment donné le placer ailleurs avantageusement. Je vais écrire à un graveur assez habile pour en faire quelque chose de bien[4].

1. L'exposition ouvrit le 24 mai 1867. Dans une lettre à son ami Valabrègue datée du 29 mai, Zola précise : «Je vous enverrai ces jours-ci une brochure que je publie ici, et qui n'est autre chose que mon article sur Manet. Elle contient deux eaux-fortes : un portrait de Manet et une reproduction de l'*Olympia*. Vous devez savoir que Manet a ouvert, depuis vendredi, son exposition particulière. Le succès d'argent est maigre jusqu'à présent. L'affaire n'est pas lancée. J'espère que ma brochure va mettre le feu aux poudres » (*Corr.*, t. I, p. 500). Cette brochure, éditée par Dentu, reprenait l'article paru dans la *Revue du XIXᵉ siècle* en le remaniant légèrement. Elle comprenait trois parties : I L'homme ; II Les œuvres ; III Le public. Voir *O.C.*, t. XII, pp. 821-845.
2. Il s'agit du portrait de l'artiste par Bracquemond.
3. Publié par A. Lacroix, Verboeckhoven et Cie, Librairie internationale, *Paris-Guide*, est, écrit et dessiné par « les principaux écrivains et artistes de la France », un guide de Paris, en 1867. Il est divisé en deux tomes, I : La science, l'art ; II : La vie.
4. Sur ce bois gravé voir la notice *Olympia* cat. 68.

6   Dimanche soir [entre janvier et mai 1867 ?][1]

Mon cher ami, toute réflexion faite, je crois qu'il serait de mauvais goût et user nos forces gratuitement que de rééditer et de vendre chez moi un éloge aussi parfait de moi-même[2]. J'ai encore trop besoin de votre amitié et de votre vaillante plume pour ne pas en user vis-à-vis du public avec le plus grand discernement. Il faut penser que je puis être violemment attaqué, ne vaut-il pas mieux faire quelque chose et ménager vos forces pour ce moment-là ?

Nous réaliserons le projet de la première brochure pour la fin après une réussite. S'il y en a, ce sera affaire de dilettantisme.

Je compte aller vous voir du reste et vous mettre au courant de mes différents projets.

Tout à vous.

1. La date de cette lettre n'est pas évidente. Elle se réfère, peut-être, aux hésitations de Manet vis-à-vis de la publication de l'article de Zola, sous forme de brochure illustrée, à vendre dans son exposition de l'Alma en 1867 (voir lettre n° 5). Mais il n'est pas exclu qu'elle date de 1876 et qu'elle se réfère à un projet de republication de cette brochure pour l'exposition organisée par Manet dans son atelier.
   En effet, le jury du Salon de 1876 avait refusé *Le linge* (RW 237) et le *Portrait de Marcellin Desboutin* (voir cat. 146). Manet invita donc le public à venir voir ses tableaux dans son atelier du 15 avril au 1ᵉʳ mai, de 10 h à 5 h, 4, rue de Saint-Pétersbourg, au rez-de-chaussée (voir cat. 136).
2. Manet fait allusion soit à la réédition de l'article de Zola du 1ᵉʳ janvier 1867, sous forme de brochure illustrée (voir lettre n° 5, n. 1), soit à la réédition de cette brochure pour l'exposition de 1876. En 1875-1876, Zola essayait de reprendre tous ses textes en vue de les rééditer chez Charpentier. En 1879, l'éditeur fit paraître *Mes haines, Causeries littéraires et artistiques - Mon Salon (1866) - Ed. Manet. Étude biographique et critique*, ce dernier titre étant celui de la brochure de 1867.

7   [fin 1867]

Mon cher ami,
Je viens de terminer *Thérèse Raquin* et vous envoie tous mes compliments[1]. C'est un roman très bien fait et très intéressant.

Tout à vous.

1. *Thérèse Raquin* parut à la Librairie internationale à la fin de novembre 1867.

8   [fin avril-mai 1868]

Bravo, mon cher Zola, voilà une rude préface et ce n'est pas seulement pour un groupe d'écrivains que vous y plaidez mais pour tout un groupe d'artistes[1]. Du reste, quand on peut se défendre comme vous savez le faire, ce ne peut être qu'un plaisir d'être attaqué.

Amitiés

1. Il s'agit probablement de la préface qui accompagne la deuxième édition de *Thérèse Raquin*, datée du 15 avril 1868. Zola, qui se compte au nombre des « écrivains naturalistes », se compare aux « peintres qui copient des nudités, sans qu'un seul désir les effleure, et qui restent profondément surpris lorsqu'un critique se déclare scandalisé par les chairs vivantes de leur œuvre » (*O.C.*, t. I, pp. 519-523).

9   [avril-mai 1868 ?]

Mon cher Zola, j'ai oublié de vous envoyer l'adresse de Champfleury. C'est rue de Boulogne 20[1]. Venez donc vendredi au Café Guerbois, pas trop tard surtout.

Tout à vous.

1. Champfleury était un très ancien ami de Manet (voir cat. 114) qui le représenta dans *La musique aux Tuileries*, (cat. 38), en 1862, parmi ses amis. Il déménagea après son mariage, le 17 juillet 1867, pour aller habiter 20, rue de Bruxelles (Lacambre 1973, p. 41).
   Peut-être Zola voulait-il lui adresser la deuxième édition de *Thérèse Raquin* dont Champfleury le remercia le 30 mai 1868 (Paris, BN Manuscrits, n.a.f. 24517, f. 51).

10   Boulogne-sur-Mer
          [juillet-août 1868]

Mon cher Zola, je serais bien aise d'avoir de vos nouvelles, de savoir ce que vous faites. Dites-moi aussi ce que devient notre jeune ami Guillemet[1]. S'il pouvait savoir par Monet quelque chose de mon exposition au Havre[2], cela me ferait plaisir.

Je suis allé il y a quelques jours à Londres et suis enchanté de mon excursion. J'y ai été très bien reçu. Il y a quelque chose à faire là-bas pour moi, je crois et je vais le tenter à la saison prochaine[3].

J'ai vu quelques artistes fort aimables qui m'ont fort engagé à me produire ! il n'y a pas chez eux cette espèce de jalousie ridicule qu'il y a chez nous, c'est presque tous des gentlemen.

Je voulais vous écrire de Londres mais je n'y suis resté que deux jours qui ont été si remplis que je n'ai pas trouvé un moment pour mettre ce projet à exécution.

Adieu, mon cher Zola, écrivez-moi le plus tôt possible.

Jusqu'au 17, rue Napoléon 2 bis ; à partir de cette époque, 156 rue de Boston.

Tout à vous.

Je crois qu'à un moment donné on pourra écouler la brochure là-bas.

1. D'après ses lettres à Zola, Guillemet passa la plus grande partie de l'été à Bonnières, à l'exception d'une dizaine de jours, à partir du 6 août, durant lesquels il séjourna à Pontoise.
2. Monet avait quitté Bonnières, où il avait laissé sa femme et son fils, chez l'aubergiste Dumont, en juillet, pour se rendre au Havre. Manet y expose *L'homme mort* (voir cat. 73 et la Chronologie).
3. Manet exprime la même satisfaction dans une lettre à Fantin-Latour : « J'ai été enchanté de Londres, de la bonne réception que j'y ai reçue, de tous les gens chez qui j'ai été. Legros a été aimable et très complaisant. L'excellent Edwards a été charmant... Whistler n'était pas à Londres et je n'ai pu le voir » (cité par Moreau-Nélaton, 1926, I, p. 104).
4. La brochure éditée par Zola à l'occasion de l'exposition Manet de 1867. Voir la lettre n° 5.

11 [décembre 1868]

Mon cher ami, je suis en plein *Madeleine Férat*[1] et ne veux pas attendre que j'aie fini pour vous faire mon compliment. Vous peignez la femme rousse[2] à en rendre jaloux, et vous trouvez pour rendre les scènes d'amour des expressions à dépuceler une vierge rien qu'en les lisant.

Tout à vous.

1. *Madeleine Férat*, paru en feuilleton dans *L'Événement illustré* du 2 septembre au 20 octobre 1868, fut publié à la Librairie internationale en décembre. Le roman porte une dédicace à Manet, datée du 1er septembre (voir cat. 106). Zola expédia de nombreux exemplaires de l'œuvre le 7 décembre.
2. Madeleine Férat, l'héroïne, a d' « admirables cheveux d'un roux ardent, aux reflets fauves », comme l'étaient ceux de Victorine Meurent, le modèle préféré de Manet (voir cat. 31).

12 [fin janvier 1869]

Mon cher Zola, lisez un peu la lettre ci-incluse et renvoyez-moi la sous pli avec votre avis[1].

Il me semble que l'administration veut me faire tirer parti de ma lithographie dont j'étais fort embarrassé. Je croyais qu'on pouvait empêcher la publication mais non l'impression. C'est du reste une bonne note pour l'œuvre car il n'y a en dessous aucune légende. J'attendais un éditeur pour faire écrire sur la pierre — mort de Max. etc.[2].

Je crois que dire un mot de ce petit acte d'arbitraire ridicule ne serait pas mal. Qu'en pensez-vous ?[3]

Tout à vous.

1. Nous ne possédons ni la lettre dont parle Manet ni celle de Zola.
2. Il s'agit de la lithographie de Manet faite d'après son tableau *L'exécution de Maximilien*. Voir cat. 104 et 105, et l'annexe II, « Documents concernant *L'exécution de Maximilien* ».
3. Zola s'insurgea contre l'interdiction qu'on avait faite à Manet de faire tirer la lithographie (voir cat. 105), le 4 février 1869, dans sa chronique « Coups d'épingle » de *La Tribune*. Voir *O.C.*, t. XIII, p. 222, et l'annexe II citée ci-dessus.

13 [début 1869]

Mon cher ami,
Vous seriez bien aimable d'écrire à *Bournat,* député au corps législatif, président de la société artistique des Bouches-du-Rhône[1].

Je vais écrire à Ollivier[2] de me recommander à lui.
J'ai envoyé le Chanteur espagnol et L'enfant à l'épée[3].
Tout à vous.

1. François-Joseph Calixte Bournat (1814-1886), conseiller général des Bouches-du-Rhône, avait été élu député contre Thiers, le 1er juin 1863. Il le resta jusqu'en 1870. Il était président de la très active Société Artistique des Bouches-du-Rhône qui organisait des expositions importantes à Marseille.
C'est ainsi que F.A. Marion rendit compte à son ami Zola le 2 janvier 1869, de l'exposition qui ouvrit le 1er décembre 1868. Manet avait envoyé trois toiles : « Vous les connaissez du reste. L'impression produite par le Joueur de guitare est incroyable. Chose étonnante pourtant, la toile plaît par les côtés qui nous intéressent le moins. Je veux dire même au point de vue artistique. Mais en définitive les personnes d'une éducation artistique que je vois quelquefois admirent réellement et sans complaisance. Je veux parler de Saporta et de ses alentours » (Paris, BN manuscrits, n.a.f., 24522, f. 12).
C'est par une autre lettre de Marion, datée de « mercredi soir », que nous savons que Manet avait envoyé des toiles à Marseille pour essayer de les faire acheter par la Société Artistique des Bouches-du-Rhône. Raison pour laquelle il écrivit cette lettre à Zola. Marion précisait : « Vous devez en ce moment connaître par Manet la

fâcheuse fin de son affaire. On lui a signifié déjà depuis plusieurs jours le retour de ses toiles ». Et il ajoute : « La société artistique a acheté à la place des Manet une infâme toile de Millet » (*ibid.*, f. 18). Cette toile est *La bouillie*, qui était montrée à l'exposition de la Société Artistique de 1868, et fut achetée au début de 1869 (Marseille, musée des Beaux-Arts).
Marion dans sa lettre parle du futur Salon de Paris, d'un cours à préparer pour le baccalauréat, etc. Il l'a donc écrite avant mai 1869. D'où la date que nous donnons à cette lettre de Manet.
2. Émile Ollivier était né à Marseille. Manet, par ailleurs, le connaissait depuis longtemps. Il l'avait rencontré, le 17 septembre 1853, alors qu'il était à Venise avec son frère Eugène. Les deux frères avaient servi de guide à E. Ollivier à Venise, et Édouard l'avait rejoint à Florence. Voir E. Ollivier, *Journal*, 1961, p. 168, et la Chronologie.
3. Cat. 10 et 14.

14 Mardi [1868-1869 ?]

Mon cher Zola, je vous remercie et vous retourne la lettre Lavertujon qui est très aimable[1].

Il me semble que je pourrais plutôt à l'occasion le remercier. Venez donc un instant ce soir au café.

Tout à vous.

1. Nous ne possédons pas cette lettre. André Lavertujon (1827-1914) fut, en 1868, avec Duret, Pelletan, Hérold et Glais-Bizoin, un des fondateurs de *La Tribune*, journal d'opposition républicain auquel collabora Zola. Le premier numéro parut le 14 juin. Zola semble avoir connu Lavertujon, par Duret, à ce moment-là.

15 Samedi [1868-1870 ?]

Mon cher Zola, je voulais vous voir ce matin, je m'en trouve empêché — je crois que vous gardez vos journaux. Trouvez-moi donc le numéro du Gaulois ou de la Cloche[1] qui donne la relation de l'attaque des Anglais dans les plaines de Marathon[2], et demain matin dimanche à 10 h. je vous attends au Café Guerbois, j'aurais à vous entretenir de quelque chose.

Tout à vous.

1. Le premier numéro du *Gaulois* parut le 5 juillet 1868 ; *La Cloche* parut du 15 août 1868 au 21 décembre 1872.
Zola collabora au *Gaulois* du 22 septembre 1868 au 30 septembre 1869, et à *La Cloche* du 2 février au 17 août 1870, puis du 19 février 1871 au 20 décembre 1872.
2. Nous ne savons pas à quoi Manet fait allusion.

16 Samedi [12 mars 1870]

Mon cher Zola, le comité d'artistes qui a voté la liste que je joins à ma lettre me prie d'agir de mon côté pour la proposer. Pourriez-vous faire passer dans le *Rappel* et la *Cloche* une note courte et conçue à peu près dans ces termes :

« Le projet émanant du comité qui présente la liste suivante pour le jury, était absolument libéral. Tous les artistes voteront pour les noms suivants » — suivait la liste[1].

Je reçois une lettre de convocation pour ce soir, à une réunion de 150 artistes qui me porte. Les candidats sont invités à venir exprimer leurs idées d'organisation ou de désorganisation artistiques.

Je n'ai pas une minute à moi. Très en retard.
Tout à vous.

A la Cloche c'est Montrosier qui traite la question d'art ; il est très gentil[2].

1. Cette lettre a probablement été écrite le 12 mars 1870. Zola, en effet, collabora au *Rappel* du 15 mai 1869 au 13 mai 1870, et à *La Cloche* du 2 février au 17 août 1870 ; Manet lui donne, dans la lettre n° 17 qui suit de peu celle-ci, rendez-vous pour le samedi 19 ; or, en 1870, il n'y eut de samedi 19 qu'en février ou en mars. Enfin, Manet écrivit le 19 mars à La Rochenoire une lettre qui rappelle celle qu'il écrit ici à Zola.

De quoi s'agit-il ? Manet fait allusion aux nouvelles conditions selon lesquelles la totalité des membres des jurys du Salon devait être élue par les artistes reçus. Il se constitua, à côté de la liste « officielle », une liste « dissidente », dirigée par le peintre animalier Jules de La Rochenoire ; elle se signalait par l'absence de tout membre de l'Institut. Manet en faisait partie, avec, entre autres, Corot, Daubigny, Courbet, Daumier, Bonvin, etc. A l'exception de Corot, Daubigny et Millet, portés en même temps sur les deux listes rivales, aucun des candidats de cette liste ne fut élu. Elle ne parut ni dans *La Cloche* ni dans *Le Rappel*.
2. Montrosier consacra au Salon six articles dans *La Cloche* du 12 mai au 13 juin 1870.

17   [entre le 12 et 19 mars 1870]

Mon cher ami, cela se trouve très bien. J'allais vous écrire de ne pas agir. Le comité me fait savoir que la liste est incomplète. Ce que vous me dites est très juste et du reste rien ne s'oppose à ce que je m'adresse à ces messieurs avec lesquels je suis très bien[1].

A vous.

Je compte sur votre visite samedi 19 dans l'après-midi.

1. Voir la lettre précédente.

18   Paris, 9 février 1871

Mon cher ami, je suis bien aise d'avoir de vos nouvelles et de bonnes. Vous n'avez pas perdu votre temps[1]. Nous avons bien souffert ces derniers temps à Paris[2]. J'apprends d'hier seulement la mort du pauvre Bazille, j'en suis navré[3]. Hélas ! nous avons vu mourir bien du monde ici de toutes les façons. Votre maison a été habitée un moment par une famille de réfugiés, le rez-de-chaussée au moins. On avait mis tous les meubles dans les pièces du haut. Je crois que vous n'avez pas de dégâts à déplorer[4]. Je pars ces jours-ci pour retrouver ma femme et ma mère qui sont à Oloron dans les Basses-Pyrénées[5]. J'ai hâte de les revoir. Je passerai par Bordeaux[6]. J'irai peut-être vous voir. Je vous raconterai ce qu'on ne peut écrire. Mes amitiés à votre femme et à votre mère.

Tout à vous.

1. Après la défaite de Sedan, et la capitulation de Napoléon III, la République fut proclamée le 4 septembre. Les troupes allemandes progressèrent jusqu'à Paris, qu'elles encerclèrent le 19 septembre. Une délégation du gouvernement de la Défense Nationale se replia à Tours, puis à Bordeaux à partir du 6 décembre. Zola, qui était dégagé de toute obligation militaire comme fils de veuve et myope, quitta Paris avec sa mère et sa femme. Il s'installa d'abord à l'Estaque, puis à Marseille. Il y créa un journal politique, *La Marseillaise*. Il partit à Bordeaux le 11 décembre. Le 22 il était nommé Secrétaire particulier de Glais-Bizoin, un des membres du gouvernement. A partir du 12 février, il rendit compte, dans *La Cloche,* des séances de l'Assemblée qui se réunit à Bordeaux.
2. Sur les difficultés énormes que rencontrèrent les Parisiens pendant le Siège, on peut lire, entre autres récits, la lettre que le peintre Solari envoya à Zola le 18 février (*Corr.,* t. II, p. 278, n. 2) ou les « Carnets » de V. Hugo (*O.C.,* édition Jean Massin, Paris, 1970, t. XVI) et les lettres de Manet à sa famille (voir cat. 123).
3. Frédéric Bazille, qui s'était engagé dans les zouaves, fut tué à Beaune-la-Rolande, le 28 novembre 1870. Bazille figure, avec Manet et Zola, sur la toile de Fantin-Latour, *Un atelier aux Batignolles* (Musée d'Orsay - Jeu de Paume).
4. Zola habitait depuis juin 1869 un petit pavillon dans le jardin arrière du 14, rue de la Condamine, aux Batignolles.
Paul Alexis rassura, de son côté, Zola : « La toile de Manet [cat. 106], votre

argenterie, divers objets que vous avez laissés étalés sur les tables ont été montés au premier étage par mes soins. J'ai plusieurs fois donné mon coup d'œil en passant. » (*Corr.,* t. II, p. 276, n. 5).
5. Profitant de l'armistice signé à Versailles le 28 janvier, Manet, qui avait servi dans la Garde Nationale comme officier d'état-major, gagna Oloron (voir Chronologie).
6. Fin février, les Manet séjournèrent une semaine à Bordeaux (voir Chronologie). Manet dut alors rencontrer Zola.

19   Mercredi [après juin 1871]

Mon cher ami,
Je ne pourrai pas aller cette semaine chez de Goncourt. Nous pourrions, si vous voulez, remettre cela à samedi en huit.
   Amitiés.

1. Cette lettre a été écrite après le retour de Zola à Paris, en juin 1871 ; il était allé pour la première fois chez les deux frères Goncourt le 14 décembre 1868. Jules mourut le 20 juin 1870.

20 *TOUT ARRIVE*   [après juin 1872 ?]

Mon cher Zola, je reçois enfin une réponse de Duquesnel[1]. Je vous la transmets. Il m'arrive ce matin une lettre de Guillemet qui m'annonce que son tableau vient d'être acheté par l'administration des Beaux-Arts[2].
   A vous.

20

1. Après avoir été associé à sa direction, Henri-Félix Duquesnel fut lui-même directeur du théâtre de l'Odéon de juillet 1872 à 1880.

Nous ne possédons pas la lettre dont parle Manet. Peut-être était-il intervenu pour aider Zola qui voulait faire jouer une pièce (si cette lettre date bien de 1872, il pourrait s'agir de *Thérèse Raquin*), ou pour aider Flaubert qui voulait faire jouer une pièce de son ami Bouilhet récemment disparu. (Voir la *Correspondance* de Flaubert (1871-1872 *passim* ;) et, sur *Le Sexe faible*, la *Correspondance* de Zola, t. II, lettre nº 186, n. 6).

2. *Mer basse à Villerville*, 1872, acheté par l'État le 14 juin 1872 (date de l'arrêté) et déposé au musée de Grenoble.

---

21   Jeudi [4 ? juillet 1872]

Mon cher Zola, me voilà complètement installé ou à peu près 4 rue de Saint Pétersbourg[1]. Venez m'y faire une petite visite.

Tout à vous.

1. Manet s'installa dans son atelier du 4, rue de Saint-Pétersbourg, le lundi 1er juillet 1872.

---

22   Mercredi 4 décembre [1872]

Mrs Mrs Pissarro, Sisley, Monet et Manet vous prient de leur faire le plaisir d'accepter à dîner le mercredi 11 courant[1].

7 h. Café Anglais[2]

R.S.V.P.

1. Entre 1866 et 1883, le 4 décembre ne tomba un mercredi qu'en 1867, 1872 ou 1878. Zola était à Médan en décembre 1878. D'où notre choix. Les relations de Zola avec les peintres étaient alors encore très étroites. Il alla rejoindre, par exemple, Béliard et ses amis, à Pontoise fin juillet 1872.

2. 13, boulevard des Italiens.

---

23   *TOUT ARRIVE*   Vendredi [fin avril 1873]

Mon cher Zola, ma femme devait aller voir Madame Zola hier et se charger de nos remerciements pour le *Ventre*[1] mais elle s'est trouvée souffrante. Aussi je m'empresse de vous accuser réception de ce dernier livre qui a fort bonne mine et exhale des parfums de primeurs.

J'ai rencontré il y a une quinzaine Aubryet qui m'a demandé votre adresse et m'avait chargé de vous remercier pour lui d'un article que vous veniez de faire sur sa pièce[2].

Mon amitié à tous.

1. Le *Ventre de Paris* avait paru en volume chez Charpentier le 19 avril 1873. Les descriptions de Zola frappèrent beaucoup Manet (voir cat. 211).

2. Zola, alors chroniqueur théâtral à l'*Avenir National*, avait rendu compte du *Docteur Molière*, pièce en un acte et en vers, de Xavier Aubryet, dont la première avait eu lieu à l'Odéon le 7 avril, dans sa « Causerie dramatique » du 10 avril. Voir O.C., t. X, pp. 1096-1097.

---

24   Dimanche [début juillet 1873]

Mon cher ami, je pars demain pour Étaples à 6 h ½ du matin[1]. J'aurais voulu aller vous serrer la main ce soir, mais je n'ai pas encore fait ma malle. Mes compliments sur la préface[2]. Elle est écrite de main de maître. L'arrivée de votre livre m'a appris que vous étiez encore à Paris, car à mon retour d'une petite absence

---

que j'ai fait la semaine dernière[3], la concierge de mon atelier m'a dit qu'un Monsieur de mes amis et sa *dame* étaient passés chez moi et qu'ils l'avaient chargée de me dire qu'ils partaient pour les eaux. Au portrait qu'elle m'avait fait des visiteurs, j'avais cru vous reconnaître. Vous auriez eu ma visite autrement.

Tout à vous et mes amitiés à Madame Zola.

1. Étaples est situé, dans le Pas-de-Calais, dans l'arrondissement de Montreuil-sur-Mer, à proximité de Berck (voir cat. 135).

2. Il s'agit de la préface dont Zola a fait précéder l'édition de pièce de théâtre, *Thérèse Raquin*, publiée chez Charpentier avec la date du 25 juillet 1873. La pièce avait été jouée pour la première fois au théâtre de la Renaissance le 11.

3. Manet avait passé quelques jours à Argenteuil en juin.

---

25   [quelques jours avant le 11 mars 1874]

Mon cher ami,

J'aimerais bien avoir un fauteuil, même payant, pour la première de samedi « Flaubert »[1]. Êtes-vous à même de m'en faire avoir un ?

Amitiés

1. Il s'agit de la comédie de Flaubert, *Le Candidat*, dont la première représentation eut lieu au théâtre du Vaudeville le 11 mars 1874, en présence de la princesse Mathilde. Zola écrira plusieurs articles pour défendre cette pièce que Flaubert retira après quatre représentations, dans le *Sémaphore de Marseille*, de janvier à avril 1874 (voir *Corr.*, t. II, p. 352, nº 2).

---

26   Samedi 7 [1872-1878]
                                      4 RUE SAINT-PÉTERSBOURG

Mon cher ami, je ne puis aller vous voir, étant très occupé pour le moment. Mais écrivez-moi donc si vous avez l'intention de vous absenter, et quand ? Je voudrais vous avoir à dîner tous deux avec quelques ménages amis et il faut s'y prendre à l'avance pour avoir tout son monde.

Amitié à votre femme et à vous.

Nous voulons profiter de ce que nous sommes maîtres de maison[1].

1. Manet eut un atelier 4 rue de Saint-Pétersbourg de 1872 à 1878 (voir la Chronologie). Il fait probablement allusion dans son P.S. à une absence de sa mère qui vivait avec lui, au 49 de la même rue.

---

27   Paris, Mercredi [fin juillet-août 1876]

Mon cher Zola, j'apprends en même temps qu'il vous est arrivé un accident qui aurait dû être fatal et que vous vous en êtes tiré tous le mieux possible — heureusement[1]. Vous allez recevoir une lettre de Flor qui est venu me demander de vous le présenter. Trop tard, vous veniez de partir. Il est à la tête d'une très belle publication[2]. Donnez-lui tous les renseignements qu'ils vous demande. Mes amitiés pour vous et votre femme et rappelez-moi au souvenir de vos aimables compagnons Charpentier. Je commence vendredi le portrait de Mlle Isabelle[3].

A vous.

Je viens de lire le dernier numéro de l'Assommoir dans la République des lettres[4] — épatant !

1. Manet a appris l'accident survenu le 18 juillet aux Zola et aux Charpentier, près de Piriac, en Bretagne, où les deux familles séjournèrent de la mi-juillet au 6 septembre 1876. Zola en fit le récit dans une lettre à Roux, datée du 11 août (*Corr.*, t. II, p. 478).
2. Charles Flor, dit Flor O'Squarr, qui fit en particulier pour *Le National* le Salon de 1880, favorable à Manet. Nous ne savons pas à quelle publication Manet fait ici allusion.
3. Isabelle Lemonnier (voir cat. 190).
4. *L'Assommoir* parut en feuilleton dans le *Bien public* du 30 avril au 7 juin 1876, puis dans la *République des lettres* du 9 juillet au 7 janvier 1877.

---

28   Jeudi [après 1876 ?]

Mon cher Zola,
Je vous adresse un des mes amis Mr. de Marthold[1] grand admirateur de votre talent — écrivain lui-même, il voudrait utiliser sa bonne plume. Pourriez-vous le caser quelque part soit pour faire une correspondance pour la province soit pour toute autre besogne rétribuée dans un journal ? Il vous serait personnellement reconnaissant.
    Amitiés.

1. Peut-être s'agit-il de Jules de Marthold qui loua le tableau de Manet, *Nana* (voir cat. 157). Jules de Marthold a écrit de très nombreuses œuvres, comédies, drames, ouvrages de vulgarisation historique, etc.

---

29   Mardi 31 [avril 1877]
                                    4 RUE SAINT-PÉTERSBOURG

Mon cher ami,
Je sais que vous avez opéré votre déménagement ou à peu près[1]. Voulez-vous que je passe prendre votre portrait[2] pour le faire nettoyer ? Vous ferez bien de votre côté d'envoyer le cadre à restaurer chez Nivard[3]. En attendant un mot de vous,
    Amitiés.

1. Manet a occupé son atelier du 4 rue de Saint-Pétersbourg de 1872 à 1878 (voir lettre n° 26, n. 1). Durant cette période, Zola a déménagé le 1er avril 1874 pour aller du 14 rue de la Condamine au 21 rue Saint-Georges et le 20 avril 1877 pour aller 23 rue de Boulogne où il resta jusqu'en septembre 1889. Ce qui nous pousse à dater cette lettre du « mardi 31 » d'avril 1877.
2. Voir cat. 106.
3. Fabricant et restaurateur de cadres.

---

30   mardi 4 Décembre [1877][1]

Mon cher Zola, nous allons rester chez nous le jeudi soir. J'aimerais avoir quelques amis. Tâchez donc de venir jeudi prochain, vous nous feriez grand plaisir. C'est sans cérémonies.
    Tout à vous.

49, rue de Saint-Pétersbourg.

1. Le 4 décembre tombant un mardi, en 1866 ou 1877, et Manet ayant habité 49 rue de Saint-Pétersbourg à partir de 1867 (voir Chronologie), nous datons cette lettre de 1877.

---

31   21 Août [1878]

Mon cher Zola,
Cette lettre vous sera remise par un architecte de mes amis, M. Vielard [?], qui est votre voisin de campagne, a beaucoup bâti par là et que je vous recommande de toutes façons si vous avez l'intention de bâtir comme le bruit en court[1].
    Amitiés à vous et à Madame Zola.

1. Zola avait acheté le 28 mai 1878, à Médan, une petite maison, une « cabane à lapins », pour la somme de 9 000 Frs. Il y fit faire, dès l'été de 1878, de gros travaux d'agrandissement, qui se poursuivirent pendant des années. Il acquit les terrains voisins. Il passa désormais à Médan une grande partie de l'année.

---

32   Lundi [9 décembre 1878][1]

Mon cher Zola,
Bergerat m'a demandé de lui faire pour sa publication[2] deux dessins sur une nouvelle de vous intitulée Jean-Louis[3]. Faire des paysans, à Paris et l'hiver me semble impossible. Vous n'auriez pas plutôt un rien qui se passe à Paris ? Ce serait plus dans mes moyens et de saison.
    Amitiés.

1. Zola répondit à Manet le mardi 10 décembre 1878. Voir *Corr.*, t. III, p. 245.
2. Il s'agit de *La Vie moderne*, journal illustré hebdomadaire, dont le premier numéro parut le 10 avril 1879. Le directeur-gérant était E. Bergerat, l'administrateur-éditeur, G. Charpentier. Bergerat avait demandé à Zola « quelque chose », « une ou deux pages de vos études sur le peuple ».
3. Manet fait ici allusion à la cinquième partie de « Comment on meurt », la mort du paysan Jean-Louis Lacour. Ce texte ne parut pas dans *La Vie moderne*.

---

33   15 Janvier [1879]

Mon cher ami, nous irons ensemble si vous voulez chez Charpentier[1]. Il n'est pas nécessaire d'y arriver avant *11 h*. Prenez une voiture et venez me prendre à 10 h ½, 11 h. moins ¼. Tout à vous.

1. L'éditeur Charpentier qui voulait rééditer les *Salons* de Zola et la brochure sur Manet, réclama les textes à Zola, le 8 janvier 1879 (*Trente années d'amitié. Lettres de l'éditeur Charpentier à Émile Zola 1872-1902*, Paris, 1980, pp. 46-47). Zola, qui séjournait à Médan, devait venir à Paris à partir du 15 pour assister à la première de *L'Assommoir* (voir la lettre suivante).

---

34   Jeudi matin [après le 18 janvier 1879]

Mon cher Zola,
Si vous avez par hasard la bonne idée de venir nous voir ce soir, remettez cela à Jeudi prochain. Nous sommes obligés de nous absenter. Compliments sur le succès de l'Assommoir[1] et à vous.

1. La première du drame *L'Assommoir*, tiré du roman par W. Busnach et Zola, eut lieu le vendredi 18 janvier 1879. La pièce remporta un succès triomphal. Elle fut jouée à l'Ambigu, sans discontinuer, jusqu'au 18 janvier 1880 — 254 fois pour la seule année 1879 — et fut reprise, par la suite, plusieurs fois, en particulier à partir du 22 septembre 1881. On la joua à Paris, en province et à l'étranger.

35   Mardi 8 [avril ? juin ? 1879 ?]

Mon cher Zola, je suis enchanté de pouvoir faire quelque chose qui vous fasse plaisir et suis tout entier à votre disposition. Voulez-vous que la première séance soit pour *Lundi prochain*, midi ½ au plus tard ? Nous prendrons alors les jours de Madame et les vôtres[1].

    Tout à vous.

1. Il s'agit peut-être du pastel d'Alexandrine Zola que Manet exécuta en 1879 (voir cat. 183). Si l'hypothèse est la bonne, cette lettre daterait donc du mardi 8 avril ou 8 juin. Il semble, d'après cette lettre, que les Zola auraient souhaité être tous deux représentés. On ne connaît que le portrait de Zola exécuté en 1868 (voir cat. 106).

36   Lundi [28 juillet 1879]

Mon cher ami, votre lettre me fait le plus grand plaisir[1] et vous ne trouverez, j'espère, pas mauvais que j'en demande l'insertion au *Figaro*[2].

    Je vous avoue que j'avais éprouvé une forte désillusion à la lecture de cet article et que j'en avais été très peiné.

    Amitiés.

1. « Je lis avec stupéfaction la note du *Figaro*, annonçant que j'ai rompu avec vous », avait écrit Zola le 27 juillet, « et je tiens à vous envoyer une bonne poignée de main.

La traduction du passage cité n'est pas exacte ; on force d'ailleurs le sens du morceau. J'ai parlé de vous en Russie, comme j'en parle en France, depuis treize ans, avec une solide sympathie pour votre talent et pour votre personne » (*Corr.*, t. III, pp. 355-356).

Dans sa correspondance de juillet de la revue russe *Le Messager de l'Europe* (voir la Chronologie), Zola avait en effet consacré quelques paragraphes à la quatrième exposition impressionniste, qui s'était tenue à Paris, 28 avenue de l'Opéra, du 10 avril au 11 mai 1879. Il y affirmait, en particulier : « Les impressionnistes sont [...], selon moi, des pionniers. Un instant ils avaient mis de grandes espérances en Monet ; mais celui-ci paraît épuisé par une production hâtive ; il se contente d'à-peu-près ».

L'article fut traduit et publié dans la *Revue politique et littéraire* du 26 juillet : Monet y devenait Manet, erreur reproduite par Alphonse Racot dans *Le Figaro* qui parut le dimanche 27 avec la date du lundi 28. D'où la lettre de Zola et la réponse de Manet.

On a souvent reproché à Zola d'avoir refusé à Monet, le 23 juillet 1889, de s'associer à la collecte faite pour acheter un tableau de Manet destiné au Louvre (voir Historique, cat. 64). Ce refus était bien motivé par une question de principe, et non par un manque d'admiration pour le peintre. Zola avait déjà affirmé dans un article paru dans le *Messager de l'Europe* de mars 1880, repris peu après par *Le Voltaire*, « L'argent dans la littérature » : « Tout talent de quelque puissance finit par se produire et par s'imposer. La question est là et pas ailleurs. On n'aide pas le génie à accoucher ; il accouche tout seul. Je prends un exemple parmi les peintres. Chaque année, au Salon de peinture, dans ce bazar de la fabrication artistique, nous voyons des tableaux d'élèves, des études de pensionnaires d'une insignifiance parfaite, et qui sont là par encouragement et tolérance ; cela n'importe pas, cela n'a que le grand tort de tenir inutilement de la place. [...] C'est le travailleur qui doit imposer lui-même son travail au public. Et s'il n'a pas cette force, il n'est personne, il reste inconnu par sa faute et en toute justice » (*O.C.*, t. X, p. 1281-1282).
2. Adolphe Racot rectifia son information dans *Le Figaro* du 30 juillet, en publiant les dernières lignes de la lettre de Zola.

37   Lundi [avant le 8 avril 1880]

Chère Madame,
Seriez-vous assez aimable pour me prêter votre pastel et m'autoriser à l'exposer avec d'autres à la Vie moderne[1]. Excusez-moi si je ne vais pas moi-même faire ma demande mais on me défend de monter les escaliers[2].

    Mes amitiés à Zola et à vous, Madame, mes meilleurs compliments.

1. Il s'agit du pastel de Mme Zola (cat. 183). *La Vie moderne* organisait dans ses salons des expositions. Selon Robida (1958), Charpentier avait fondé le journal sur l'initiative de sa femme « pour mieux protéger et lancer ses amis les peintres ». Une exposition des « Nouvelles œuvres d'Édouard Manet » eut lieu dans ce cadre du 8 au 30 avril 1880.
2. Le peintre commençait à subir les premières atteintes de son mal. Voir les lettres suivantes.

38   Mercredi [avant avril 1880]

Mon cher Zola, venez donc dîner avec Duranty et moi *Vendredi*. Rendez-vous à mon atelier à 5 h[1].

    Tout à vous.

1. Manet, Duranty, Champfleury figurent sur *L'Hommage à Delacroix* que Fantin-Latour exposa au Salon de 1864. On ne sait pas exactement quand débutèrent les relations entre les deux premiers. Duranty dut se joindre à la délégation de jeunes peintres qui, en 1861, alla féliciter Manet pour son *Chanteur espagnol* (voir cat. 10). Il mourut le 9 avril 1880.

39   Bellevue[1]
               15 Octobre [1880]

Merci, mon cher Zola, de l'envoi de votre livre.

    Mais quel attrapage depuis quelque temps ! Votre villégiature de cette année ne peut pas compter pour un repos. Enfin, vous avez bon dos et bonne plume[2].

    L'air de Bellevue m'a fait beaucoup de bien et je vais encore en profiter pendant quinze jours. Mais, hélas ! la peinture naturaliste est plus en défaveur que jamais.

    Ma femme et moi envoyons à vous et à Madame Zola nos meilleures amitiés.

1. Nous savons que Manet a séjourné à Bellevue, près de Meudon, où il suivit un traitement hydrothérapique, en 1879 et 1880. On ne sait quel livre lui a envoyé Zola qui n'a rien publié au mois de septembre ou d'octobre 1879 ou de 1880. L'état de santé dont fait état Manet et les précisions de date qu'il donne situent la lettre en 1880.
2. L'année 1880 a été marquée pour Zola par une grande campagne dans les journaux : d'abord au *Voltaire* dans lequel il écrivit jusqu'au 31 août, date à laquelle il se brouilla avec éclat avec Laffitte, le directeur du journal, puis au *Figaro*, où il commença à envoyer une chronique hebdomadaire le 20 septembre. Durant l'été, il avait participé à l'adaptation théâtrale que Busnach tirait de *Nana*.

40   Bellevue
               20 Octobre [1880]

Mon cher Zola,
Ma mère et ma femme se joignent à moi pour vous dire la part que nous prenons à la perte douloureuse que vous venez de faire et me chargent de vous l'exprimer[1].

    Amitiés.

1. La mère de Zola venait de mourir, à Médan, le 17 octobre.

41   21 Novembre [1880]

Mon cher Zola, Burty vient de m'apporter son livre et désirerait beaucoup que vous lui en fassiez mettre un extrait dans le Supplément du Figaro. Cela vous serait facile, je crois, et comblerait de joie le nouveau romancier[1].

Quel réveil ce matin pour maître Floquet ! Décidément il aura payé cher sa conférence à l'Ambigu[2].

Amitiés à Madame Zola et à vous.

77 rue d'Amsterdam.

1. Burty venait de faire paraître, chez Charpentier, en novembre, *Une Grave imprudence*. Zola collaborait alors, régulièrement, au *Figaro*, depuis le 20 septembre. Il répondit à Manet le 28 novembre : « Je n'ai aucune influence au *Figaro*, et je ne veux en avoir aucune », mais il proposait de recommander Burty à Gille. Aucun extrait du roman de Burty ne parut, semble-t-il, dans le *Supplément* du journal. (Voir *Corr.*, t. IV, 28 nov. 1880).

2. Le 28 novembre 1879, le député Charles Floquet avait fait une conférence au Théâtre de l'Ambigu sur « *L'Assommoir* et l'ouvrier de Paris ». Il avait très violemment attaqué Zola qu'il appelait un « faux républicain ». Voir *Corr.*, t. II, pp. 408-409.

Le romancier avait été très profondément ulcéré. Il profita de l'occasion qui lui était donnée dans *Le Figaro*, pour régler ses comptes. Il fit, dans son article paru le 21 novembre et daté du lundi 22, « Futur ministre », un portrait virulent de son accusateur, selon lui, « journaliste sans talent, avocat sans éloquence et sans autorité », « député sans grammaire et sans puissance, ce type de la médiocrité satisfaite ». Voir *O.C.*, t. XIV, pp. 471-475.

---

42 Mercredi [après le 29 janvier 1881]

Mon cher ami,
Un ménage d'artistes de mes amis me prie de vous demander deux bonnes places pour aller voir *Nana*. Vous seriez très aimable si vous pouviez leur procurer ce plaisir[1].

A vous.

43

---

1. La première de *Nana*, pièce en 5 actes et 7 tableaux, tirée du roman par William Busnach, avec la collaboration de Zola, eut lieu à l'Ambigu, le 29 janvier 1881. La pièce fut jouée jusqu'au 29 mai. Elle sera reprise le 21 octobre. Voir *Corr.*, t. IV, janvier 1881.

Le « ménage d'artistes » est peut-être Henri Guérard, graveur, et sa femme Eva Gonzalès, peintre et protégée de Manet.

---

43 Lundi matin [22 septembre 1881]

Mon cher Zola,
J'attendais avec impatience l'article de ce matin[1] et j'espère être un des premiers à vous féliciter. Vous avez été dans toute cette campagne l'homme crâne, franc, et honnête que j'aime depuis longtemps.

1. Il s'agit probablement du dernier des 39 articles que Zola publia chaque lundi dans *Le Figaro*, du 20 septembre 1880 au 22 septembre 1881, et qu'il recueillit peu après sous le titre *Une campagne*. Ces articles sont « non l'exposé d'une doctrine politique, mais l'accès de colère et d'impatience d'un homme qui aime la République d'un attachement jaloux et ne supporte pas de la voir livrée à l'encan du carriérisme [...]. A la vérité Zola professe moins une politique qu'une morale ». (H. Mitterand, *O.C.*, t. XIV, p. 430).

Manet, libéral et républicain, également déçu par la politique de Gambetta, dut suivre attentivement la campagne de son ami. Cette lettre a été écrite le jour même où parut la dernière chronique, « Adieux », le 22 septembre 1881.

---

44 Samedi [avril-mai 1882]

Mon cher ami, je viens de finir Pot-bouille. C'est étonnant[1]. Je ne sais pas si ce n'est pas le plus fort de tous.
Amitiés.

1. *Pot-bouille* (dixième de la série des vingt *Rougon-Macquart)* fut publié par Charpentier le 12 avril 1882.

---

45 [s.d.]

Impossible de rien faire de bien sur l'éventail que vous m'envoyez[1]. Il est en même temps trop beau et très laid. J'aurais voulu un éventail en bois blanc — de 1 fr et feuille de papier blanche. J'aurais peint manche et feuille. J'ai cherché tout ce matin dans le quartier, rien. Y en a-t-il comme je vous l'indique chez votre fournisseur ? envoyez chercher un si c'est possible. Il me faut 2 heures pour le faire.

1. Le début de cette lettre semble manquer. Nous ne savons rien sur cet éventail.

---

46 Jeudi [s.d.]

Mon cher ami, seriez-vous assez aimable pour me dire si vous acceptez pour *Mardi*. Je voudrais inviter un jeune ménage et il ne me reste que le temps.

A vous.

527

47   Jeudi [s.d.]

Mon cher ami,
Je voulais aller vous voir mais je ne puis dépasser l'atelier. Je me suis donné en déménageant[1] ce qu'on appelle un coup de fouet et ne puis beaucoup marcher.

Venez me voir. Je suis jusqu'à 5 h. chez moi.
Amitiés.

1. Juin-juillet 1878, ou mars-avril 1879 ? (Voir Chronologie).

48   Samedi [s.d.]

Mon cher Zola, ne venez pas dimanche. Je n'ai pas fini et suis obligé de m'enfermer, mais si vous avez un moment Lundi, à la fin de la journée, vous me ferez plaisir.

Amitiés.

Si Mme Zola veut bien vous accompagner, son opinion ne sera pas de trop.

49   [s.d.]

Mon cher ami, mes compliments pour l'article du théâtre d'hier[1]. Je le trouve très bien fait. Je m'empresse de vous le dire car je sais *entre nous* que le premier n'avait pas plu. S'il est fait dans le même esprit, tant pis pour [G.G. ?]

Amitiés.

1. Zola a consacré de très nombreuses chroniques au théâtre, dans plusieurs journaux, *L'Avenir national* (21 « Causeries dramatiques » du 25 février au 10 juin 1873), *Le Bien Public* (« Revue dramatique », puis « Revue dramatique et littéraire », hebdomadaire, du 10 avril 1876 au 24 juin 1878), *Le Voltaire* (« Revue dramatique et littéraire » du 9 juillet 1878 au 31 août 1880), etc.

50   Mardi [1872-1882]

Mon cher Zola, nous n'irons pas vendredi soir comme je vous l'avais dit chez les Charpentier[1]. Ma femme ira faire d'abord une visite dans la journée et nous n'irons alors [que] le soir de vendredi en huit. Je vous ai cherché hier au théâtre français — mais point de Zola, quel est donc ce mystère ? En revanche, j'ai rencontré Léonide Leblanc[2] qui m'a fait force amabilités et qui m'a dit qu'elle s'était enquis de votre adresse et de la mienne pour venir nous faire une visite — (je l'ai trouvé bien bonne) et je lui ai dit que cela nous ferait grand plaisir. Je compte sur l'amitié de Madame Zola pour me pardonner de vous avoir ainsi compromis.

Tout à vous.

1. Les Charpentier recevaient le vendredi. Se retrouvaient, dans leur salon très fréquenté, écrivains, peintres, hommes politiques. C'est le 22 juillet 1872 que Zola passa un traité avec Charpentier qui, dès lors, publia toutes ses œuvres et devint, selon ses mots « l'éditeur du naturaliste ».
2. Actrice célèbre qui joua sur de nombreuses scènes (Variétés, Vaudeville, Odéon) et qui était au premier plan de la galanterie parisienne.

51   Lettre d'Eugène Manet à Zola[1]   7 Mai [18]83

Mon cher Zola,
J'étais allé avec ma femme vous porter rue de Boulogne[2] les remerciements de ma belle-sœur et de toute notre famille pour le concours dévoué que vous nous avez donné dans la cérémonie funèbre de jeudi[3].

Exprimez à Madame Zola notre reconnaissance pour l'hommage touchant qu'elle a rendu avec vous à la mémoire de notre pauvre ami.

Votre tout dévoué.

J. Ferry sur la demande de Proust a donné l'école des Beaux-Arts pour faire une exposition des œuvres d'Édouard[4]. Cette exposition ne peut avoir lieu qu'au mois d'octobre, les salles n'étant libres que le 15 juin. Je vous prie de faire partie du comité d'organisation avec Proust, mon frère Gustave, L. Leenhoff, Duret, l'abbé Hurel, et vous demande en même temps de vous charger d'une petite notice biographique qui sera placée en tête du catalogue[5].

1. Cette lettre a été écrite par le frère cadet de Manet, Eugène.
2. Au domicile des Zola, 23, rue de Boulogne.
3. Lors des obsèques d'Édouard Manet, le 3 mai.
4. Jules Ferry était alors Ministre de l'Instruction publique et des Beaux-Arts. Il s'agissait d'organiser l'exposition qui se déroula du 5 au 28 janvier 1884, avant la vente aux enchères prévue par le peintre dans son testament. Le directeur de l'École des Beaux-Arts, Kaempfen, ayant refusé de prêter ses locaux, Antonin Proust, vieil ami de Manet et ancien ministre des Beaux-Arts, intervint auprès de Jules Ferry.
5. Zola écrivit cette notice. Voir *O.C.*, t. XII, pp. 1037-1043.

Documents concernant *L'exécution de Maximilien*

(cat. 104 et 105)

Nous présentons ici l'ensemble des documents connus à ce jour, relatifs à « l'affaire Maximilien ». Entre l'été 1867 et l'hiver 1868-1869, Manet consacre beaucoup de temps et d'énergie — sans parler de l'émotion et de l'engagement personnel que cela implique — à brosser trois très grandes toiles (voir cat. 104) et préparer une impressionnante lithographie (cat. 105) représentant l'exécution de l'empereur et de ses deux généraux mexicains.

En janvier 1869, Manet reçoit une lettre officieuse de « l'administration » — lettre qui nous est inconnue mais qui a dû émaner des bureaux du ministère de l'Intérieur qui s'occupait de la censure, et notamment celle des estampes et des imprimés par la voie du Dépôt légal. Elle lui fait savoir que son tableau serait refusé au prochain Salon, et l'impression ou la diffusion de sa lithographie interdite.

C'est surtout cette dernière question qui agita l'artiste, et les journalistes et critiques d'art. Grâce à la collaboration de Colette Becker, qui présente dans l'annexe I les lettres de Manet à Zola, de nouveaux documents sont venus s'ajouter à ceux déjà publiés : il s'agit d'une notice dans *La Tribune* du 31 janvier (certainement insérée à la suite de la lettre de Manet à Zola), suivie, quatre jours plus tard, d'un long texte de Zola qui relève, beaucoup plus nettement que les documents déjà connus, la portée politique, critique de l'affaire et les réactions du pouvoir. Cette mise au point éclaire de façon significative la démarche de Manet dans les trois versions de la peinture, ainsi que ses intentions analogues, au moment où il transforme l'exécution de Maximilien en une scène de fusillade pendant la répression de la Commune — scène qui semble également avoir été prévue comme un grand tableau et dont il a fait une lithographie (voir cat. 124 et 125).

Juliet Wilson Bareau

janvier 1869

Lettre de Manet à Zola, s.d.

Mon cher Zola, lisez un peu la lettre ci-incluse et renvoyez-moi la sous pli avec votre avis.

Il me semble que l'administration veut me faire tirer parti de ma lithographie dont j'étais fort embarrassé. Je croyais qu'on pouvait empêcher la publication mais non l'impression. C'est du reste une bonne note pour l'œuvre car il n'y a en dessous aucune légende. J'attendais un éditeur pour faire écrire sur la pierre — mort de Max. etc.

Je crois que dire un mot de ce petit acte d'arbitraire ridicule ne serait pas mal. Qu'en pensez-vous ?

Voir annexe I, Lettres de Manet à Zola, n° 12.

31 janvier (dimanche)

Note sous la rubrique « Faits divers », non signée, dans *La Tribune* du dimanche 31 janvier 1869, n° 34 (journal auquel Zola collabore régulièrement).

On vient de refuser à M. Manet l'autorisation de faire imprimer une lithographie représentant l'exécution de Maximilien. M. Manet ayant traité ce sujet à un point de vue exclusivement artistique, il est à penser qu'avant longtemps le gouvernement en arrivera à poursuivre les gens qui oseront seulement prétendre que Maximilien a été fusillé.

Document aimablement communiqué par Colette Becker.

4 février (jeudi)

Note de Zola, sous la rubrique « Coups d'épingle », dans *La Tribune* du jeudi 4 février 1869, n° 35.

J'ai lu, dans le dernier numéro de *La Tribune,* qu'on venait de refuser à M. Manet l'autorisation de faire tirer une lithographie représentant l'exécution de Maximilien.

C'est là une de ces mesures qui sauvent un gouvernement. Le pouvoir est donc bien malade que ses serviteurs croient devoir lui éviter les plus légères contrariétés ?

Les censeurs ont sans doute pensé : « Si nous laissons fusiller Maximilien en public, son ombre ira rôder, avec des plaintes sinistres, dans les corridors des Tuileries. Voilà un fantôme que notre devoir est de mettre au violon. »

Je sais bien quelle lithographie ces messieurs seraient enchantés d'autoriser, et je conseille à M. Manet, s'il veut avoir auprès d'eux un véritable succès, de représenter Maximilien, plein de vie, ayant à son côté sa femme, heureuse et souriante : il faudrait en outre que l'artiste fît comprendre que jamais le Mexique n'a été ensanglanté, et qu'il vit et vivra longtemps sous le règne béni du protégé de Napoléon III. La vérité historique, ainsi entendue, ferait verser à la censure des larmes de joie.

Au fond, je ne m'expliquais pas d'abord les rigueurs de la censure pour l'œuvre de M. Manet. Je me souvenais d'avoir vu, à toutes les vitrines des papetiers, une image d'un sou, sortie, je crois, des ateliers d'Épinal, qui représentait les derniers moments de Maximilien, avec une naïveté terrible. Pourquoi interdire à un artiste de talent ce que l'on avait permis à un industriel ? Je crois avoir trouvé aujourd'hui le mot de l'énigme, et ce mot est une véritable perle.

En examinant une épreuve de la lithographie incriminée, j'ai remarqué que les soldats fusillant Maximilien portaient un uniforme presque identique à celui de nos troupes. Les artistes fantaisistes donnent aux Mexicains des costumes d'opéra-comique ; M. Manet, qui aime d'amour la vérité, a dessiné les costumes vrais, qui rappellent beaucoup ceux des chasseurs de Vincennes.

Vous comprenez l'effroi et le courroux de messieurs les censeurs. Eh quoi ! un artiste osait leur mettre sous les yeux une ironie si cruelle, la France fusillant Maximilien !

A la place de M. Manet, je regretterais de n'avoir pas eu l'intention de l'épigramme sanglante, que la censure a dû lui prêter.

E. Zola, *Œuvres complètes,* Paris 1966-1969, t. XIII, p. 222. Document aimablement signalé par Colette Becker.

Début février ?

Lettre de Manet à Théodore Duret, s. d.

Mon cher Duret, je vous envoie la petite note que vous m'avez demander [sic] E.M.

Nous apprenons qu'on a refusé à Mr Manet l'autorisation de faire imprimer une lithographie qu'il vient de faire représentant [la mas(sacre) - barré] l'exécution de Maximilien, nous nous étonnons de cet acte de l'autorité, frappant d'interdit une œuvre absolument artistique.

Musée du Louvre, Cabinet des Dessins. Autographes.

7 février (dimanche)

Note dans la *Chronique des Arts et de la Curiosité.*

M. Édouard Manet a peint le tragique épisode qui a clos notre intervention au Mexique, la « Mort de Maximilien ». Il paraît que ce fait lamentable n'est point encore acquis à l'histoire, car on aurait fait officieusement savoir à M. Édouard Manet que son tableau, excellent d'ailleurs, avait toutes les chances de ne point être admis au prochain Salon, s'il insistait pour l'y présenter. Ceci est singulier, mais ce qui l'est plus encore, c'est que M. Édouard Manet ayant exécuté sur une pierre lithographique un croquis de ce tableau, lorsque le dépôt fut fait par l'imprimeur Lemercier, ordre fut immédiatement donné de ne point laisser mettre en vente cette composition, quoiqu'elle ne porte point de titre. »

Publié par A. Griffiths in *Burlington Magazine,* CXIX, novembre 1977, p. 777.

17 février (mercredi)

Manet envoie une « sommation par huissier » à Lemercier qui avait refusé de lui rendre la pierre (voir au 18 février).

18 février (jeudi)

Lettre de Manet à Burty.

Mon cher Burty, Mon affaire Maximilien se complique. L'imprimeur refuse maintenant de me rendre la pierre et me demande l'autorisation de l'effacer. Je refuse bien entendu aussi bien sûr de faire aucune démarche comme il me le conseille pour faire lever l'interdiction et je lui ai envoyé hier sommation par huissier. L'affaire en est là. Mais il me semble assez intéressant de savoir comment cela peut tourner. On ne peut détruire un cliché, pierre, etc. sans un jugement, il me semble, et il faut tout au moins la publication qui constitue le délit.

Je vous envoie ces nouveaux détails au cas où il vous semblerai[t] opportun d'en parler.

C'est de ces questions importantes à vider dans l'intérêt de tous les artistes, le même cas échéant.

Musée du Louvre, Cabinet des Dessins. Autographes.
Fac-similé in *La Vie moderne,* 12 mai 1883 ; publié par Guérin 1944, n° 73.

20 ou 27 février (samedi)

Lettre de Manet à Lemercier demandant que la pierre soit prête à emporter « lundi » (22 ou 29 février).

Samedi

Monsieur Je vous prie de tenir ma pierre prête pour *Lundi.* Je l'enverrai chercher.

Vous vous étonnez de la manière dont j'ai agi vis à vis de vous ; vous oubliez sans doute que vous aviez refusé de me livrer la pierre. Je ne pense pas que se soit la crainte de ne pas être payé qui vous ai fait agir ainsi, comme vous semblez vouloir le faire comprendre dans votre dernière lettre. Enfin, que ce soit pour un motif ou un autre, vous me demandez 3 f^rs 50 pour une pierre qui est du prix de 2 1/2 ^frs. Je vous prierais d'y voir.

J'ai eu trois épreuves d'essai. J'en avais demandé 4 mais appris qu'on en avait donné une à un Mr R. J'espère que vous ne me la compterez pas.

Musée du Louvre, Cabinet des Dessins. Autographes.

21 février (dimanche)

La *Chronique des Arts* publie, avec quelques infimes variantes, la lettre de Manet à Burty du 18, avec un commentaire de l'éditeur Galichon au sujet des « droits de la préfecture de police ».

UNE IMPORTANTE QUESTION DE DROIT
Nous recevons la lettre suivante :

Monsieur, « l'affaire Maximilien » dont vous avez bien voulu entretenir les lecteurs de la « Chronique » se complique.

L'imprimeur Lemercier refuse maintenant de me rendre la pierre lithographiée et me demande l'autorisation de l'effacer.

Je refuse, bien entendu, aussi bien que de faire aucune démarche, ainsi qu'il me le conseille, pour faire lever l'interdiction. Et je lui ai envoyé hier sommation par huissier.

L'affaire en est là. Mais il me semble assez intéressant de savoir comment cela peut tourner. On ne peut détruire un cliché, pierre, etc., sans un jugement, me semble-t-il, et il faut tout au moins la publication qui constitue le délit.

Je vous envoie ces détails au cas où il vous semblerait opportun de parler de nouveau de cette affaire. C'est une de ces questions les plus importantes à vider dans l'intérêt de tous les artistes.

Ed. MANET.

La question soulevée à propos de la saisie d'un dessin sur pierre lithographique est d'une gravité tout exceptionnelle et nous devons savoir le plus grand gré à M. Manet de la fermeté qu'il met dans cette affaire. Il importe à tous de connaître quels sont les droits de la préfecture de police sur la pensée d'un auteur ou d'un artiste.

Émile Galichon

Publié par A. Griffiths, *op. cit.*

22 ou 29 février (lundi)

Prise de la pierre chez Lemercier.

28 février (dimanche)

La *Chronique des Arts* publie une note informant ses lecteurs que Lemercier avait donné avis qu'il tenait la pierre à la disposition de Manet.

Nous apprenons avec plaisir que les réclamations de M. Manet ont été suivies de succès. L'imprimeur Lemercier lui a donné avis que sa pierre lithographique, représentant « L'Exécution de l'empereur Maximilien » ou, si l'on préfère rester dans le vague, une « Fusillade au Mexique », était tenue à sa disposition.

Publié par A. Griffiths, *op. cit.*

Publications des estampes

Sont citées ici les publications faites du vivant de l'artiste et le tirage posthume des lithographies en 1884 (citées en abrégé dans le catalogue, dont les numéros correspondants sont donnés entre parenthèses)1.

1862 *8 Gravures à l'eau-forte par Édouard Manet.* Recueil de neuf estampes, éd. Cadart, annoncé en septembre 1862 (7, 9, 11, 25, 35-37)

1er sept. *Les gitanos,* pl. 4, *Eaux-fortes modernes,* Société des Aquafortistes, 1re année, 1re livraison, éd. Cadart (48)

1862-1863 ? *L'enfant à l'épée.* Présumé petit tirage, éd. Cadart (18)

1863 7 mars *Lola de Valence,* couverture (imp. Lemercier). Chanson par Zacharie Astruc (53)

1er oct. *Lola de Valence,* pl. 67, *Eaux-fortes modernes,* Société des Aquafortistes, 2e année, 2e livraison, éd. Cadart (52)

Eaux-fortes par Édouard Manet. Petit tirage présumé, pour l'artiste, de 14 estampes sous couverture illustrée (7, 9, 11, 25, 35, 37, 47 couverture, 48, 52)

1866 15 sept. *Plainte moresque,* couverture (imp. Lemercier). Pièce pour guitare par J. Bosch (95)

1867 mai *Olympia,* in Émile Zola, *Éd. Manet,* éd. Dentu (69)

juillet *Le chanteur espagnol,* tirage hors texte, pour *L'Artiste* (11)

1868 17 oct. *Rendez-vous de chats.* Affiche pour *Les chats* par Champfleury (114)

1869 *Baudelaire en chapeau, de profil* II et *Baudelaire de face, tête nue* III, in Asselineau, *Charles Baudelaire, sa vie et son œuvre,* Paris, Lemerre, 1869 (55, 58)

1870 *Le chat et les fleurs,* in Champfleury, *Les chats,* « 2e édition de luxe », Paris, Rothschild, 1870 (117)

1872 *Les gitanos,* in *Cent eaux-fortes par cent artistes,* éd. Cadart (48)

1874 *Édouard Manet. Eaux-fortes.* Recueil de neuf estampes, éd. Cadart (7, 11, 25, 37, 47 couverture et 1re pl., 48, 52)

Le gamin et *Guerre civile* (imp. Lemercier). Deux lithographies, éd. inconnu (8 et voir 125, fig. a)

Au café, dans un périodique non identifié (168)

1875 *The raven — Le corbeau.* Affiche et couverture, ex-libris et quatre planches pour le poème de Poe avec la traduction de Mallarmé, Paris, Lesclide, 1875 (151)

1884 *L'exécution de Maximilien, Les courses,* deux portraits de *Berthe Morisot, La barricade* (?). Cinq lithographies (imp. Lemercier), éd. Suzanne Manet (101, 105, 125, et v. 130). Voir la description du tirage, cat. 105, p. 279

1. Pour la liste complète de la publication des estampes, voir Harris 1970, pp. 17-19, et Wilson 1977, pp. 137-138.

Expositions

La liste des expositions citées est complétée, pour celles du vivant de l'artiste, par les numéros des œuvres figurant au présent catalogue (entre parenthèses, à la suite du titre de l'exposition). Voir aussi les expositions citées dans la Chronologie.

Ne sont citées, parmi les expositions posthumes, que celles à caractère monographique ou ayant eu une section importante consacrée à Manet.

Pour les titres complets, se référer au catalogue Rouart et Wildenstein, 1975, II, p. 241 et ss. Les auteurs des catalogues récents sont cités entre parenthèses, à la suite du titre.

1861	1er mai	Paris	Palais des Champs-Élysées	Salon (3, 10)
	18 septembre	Saint-Pétersbourg	Académie impériale des Arts	Exposition annuelle (19)
1862	avril	Paris	Cadart, 66, rue de Richelieu	(Estampes en vitrine)
1863	1er mars	Paris	Galerie Martinet, 26, boulevard des Italiens	Exposition particulière (5, 6, 14, 29, 32, 38, 48, 50)
	15 mai	Paris	Salon annexe, Palais des Champs-Élysées	Salon des Refusés (33, 36, 37, 52, 62, 72)
	août	Bruxelles		Exposition des Beaux-Arts (14)
1864	4 février	Paris	Galerie Martinet, 26, boulevard des Italiens	Première exposition inédite de la Société nationale des Beaux-Arts
	1er mai	Paris	Palais des Champs-Élysées	Salon (73, 74)
	juillet	Paris	Cadart, 79, rue de Richelieu	(Tableau en vitrine) (83)
1865	19 février	Paris	Galerie Martinet, 26, boulevard des Italiens	Société nationale des Beaux-Arts (deux tableaux parmi 27, 77, 80, 81, 84, 86)
	printemps	Paris	Cadart, 79, rue de Richelieu	(Plusieurs tableaux) (77, 80, 81)
	mai	Paris	Palais des Champs-Élysées	Salon (64, 87)
1866	mai-juin	Bordeaux		Société des Amis des Arts de Bordeaux (97 ?)
1867	22 mai	Paris	Avenue de l'Alma	Exposition particulière (3,5, 6, 10, 12, 14, 19, 29, 32, 33, 37, 38, 48, 50, 62, 64, 72-74, 77, 80-84, 86, 87, 89, 90, 92-94, 96)
1868	1er mai	Paris	Palais des Champs-Élysées	Salon (96, 106)
	juillet (15-31)	Le Havre		Exposition maritime internationale du Havre (73)
	1er décembre	Marseille		Société des artistes des Bouches-du-Rhône (10, 14)
1869	mai	Paris	Palais des Champs-Élysées	Salon (39, 58, 109, 115)
	29 juillet	Bruxelles		Salon des Beaux-Arts (109, 115, 118)
1870	18 février	Paris	18, place Vendôme	Cercle de l'Union artistique (75, 90)
	mai	Paris	Palais des Champs-Élysées	Salon
1872	printemps	Londres	Durand-Ruel	Society of French Artists 3rd exhibition (6, 77, 90, 93, 118)
	1er mai	Paris	Palais des Champs-Élysées	Salon (83)
	été	Bruxelles		Salon des Beaux-Arts (6, 82)
		Londres	Durand-Ruel	Society of French Artists, 4th exhibition (10, 74)
	hiver	Londres	Durand-Ruel	Society of French Artists, 5th exhibition (96)
1873	été	Londres	Durand Ruel	Society of French Artists, 6th exhibition (115 ?)
	5 mai	Paris	Palais des Champs-Élysées	Salon (121)
1874	printemps	Londres	Durand-Ruel	Society of French Artists, 8th exhibition (72 ?)
	mai	Paris	Palais des Champs-Élysées	Salon (133)
1875	1er mai	Paris	Palais des Champs-Élysées	Salon (139)
1876	15 avril-1er mai	Paris	Atelier de Manet, 4, rue de Saint-Pétersbourg	Tableaux refusés au Salon et autres (99, 140, 146)

1877	1er mai	Paris	Boutique Giroux, boulevard des Capucines	(Un tableau en vitrine) (157)
1878	octobre	Paris	Galerie Toul	(Un tableau en vente) (141)
1879	12 mai	Paris	Palais des Champs-Élysées	Salon (140, 180)
1879-1880	déc.-janv. 1880	New York Boston	Clarendon Hotel, 757 Broadway Studio Building Gallery, Ipswich Street	L'exécution de Maximilien (voir 104) Idem
1880	8-30 avril	Paris	La Vie Moderne, 7, boulevard des Italiens	Exposition particulière « Nouvelles œuvres d'Édouard Manet » (97, 156, 165, 169, 172, 174, 176, 183)
	1er mai oct.-nov.	Paris Marseille	Palais des Champs-Élysées	Salon (187) (Un tableau)
1881	2 mai	Paris	Palais des Champs-Élysées	Salon (206, 208)
1882	1er mai	Paris	Palais des Champs-Élysées	Salon (211)
1883	février-mars	Paris Lyon New York Boston	École nationale des Beaux-Arts Palais des Beaux-Arts National Academy of Design	Portraits du siècle (3, 106) Salon des Beaux-Arts (172) Pedestal Fund Art Loan Exhibition (96) American Exhibition of Foreign Products, Arts and Manufactures
1884	6-28 janvier 2-3-février	Paris Paris	École nationale des Beaux-Arts Hôtel Drouot	Exposition rétrospective Vente Manet (exposition)
1885		New York	Durand-Ruel	
1886		New York	National Academy of Design	Works in Oil and Pastel by the Impressionists of Paris
1889		Paris	Exposition Universelle	Centennale de l'Art français
1893		Chicago	Worlds's Columbian Exhibition	Loan Collection : Foreign Works from Private Collections in the United States
1894		Paris	Durand-Ruel	
1895	janvier	Paris New York	Vollard Durand-Ruel	Paintings by Edouard Manet
1896		Paris	Durand-Ruel	Œuvres de Manet
1900		Paris	Exposition Universelle	Centennale de l'Art français
1903		Berlin	Berlin Kunstlerhaus	Siebente Kunstausstellung der Berliner Secession
1904		Berlin Bruxelles	Paul Cassirer La Libre Esthétique	Exposition des Peintres Impressionnistes
1905	18 oct.-25 nov.	Londres Paris	Grafton Gallery Grand Palais	Salon d'Automne
1906		Paris Berlin Londres	Durand-Ruel Paul Cassirer Sulley Gallery	La collection Faure Idem Idem
1910	1er-17 juin	Paris Munich Berlin Vienne	Bernheim-Jeune Moderne Galerie Paul Cassirer Miethke	Les Manet de la collection Pellerin Idem Idem Manet-Monet
1910-1911		Londres	Grafton Gallery	Manet and the Post-Impressionists

1912		Saint-Pétersbourg	Institut français	Centennale de l'Art français
1913		New York	Durand-Ruel	
1925		Paris	Bernheim-Jeune	
1927		Berlin	Thannhäuser	
1928	printemps 14 avril-4 mai	Berlin Paris	Matthiesen Galerie Bernheim-Jeune	
1929-1930		Berlin	Paul Cassirer	
1930	7-19 avril	Paris	Edmond Sagot	Dessins et estampes de Manet
1932	juin-juillet	Paris	Orangerie des Tuileries	Rétrospective Manet
1933-1934		Philadelphie	Pennsylvania Museum of Art	Manet et Renoir
1934		Venise	Biennale Internazionale d'Arte	Rétrospective Manet
1937		New York	Wildenstein	
1940		New York	World's Fair	Masterpieces of Art
1946-1947		New York	Paul Rosenberg	
1948	26 févr.-3 avril	New York	Wildenstein	
1952	janvier	Paris	Orangerie des Tuileries	
1954		Londres	Tate Gallery	Manet and his circle
1961	16 mai-31 juil.	Marseille	Musée Cantini	Rétrospective Manet
1966-1967	3 nov.-11 déc. 13 janv.-19 fév.	Philadelphie Chicago	Museum of Art Art Institute of Chicago	Rétrospective Manet (Anne C. Hanson) *Idem*
1969		Ann Arbor	Museum of Art, University of Michigan	Manet and Spain. Prints and Drawings (J. Isaacson)
1973	19 janv.-1er avril	Hambourg	Hamburger Kunsthalle	Nana-Mythos und Wirklichkeit (W. Hofmann)
1974		Paris	Bibliothèque nationale	L'estampe impressionniste (M. Melot)
1977	6 avril-8 mai 30 avril-19 juin	Santa Barbara Ingelheim am Rhein	University of California Villa Schneider	The Cult of Images (B. Farwell *et* al) Édouard Manet. Das graphische Werk (J. Wilson)
1978	6 juin-13 juil.	Paris Londres	Galerie Huguette Berès, 25, quai Voltaire British Museum	Manet (J. Wilson) From Manet to Toulouse-Lautrec (F. Carey et A. Griffiths)
1981	21 févr.-22 mars	Providence, R.I.	Bell Gallery, List Art Center, Brown University	Édouard Manet and the « Execution of Maximilian » (K.S. Champa *et* al.)
1982-1983	5 déc.-6 mars	Washington, D.C.	National Gallery of Art	Manet and Modern Paris (T. Reff)

Bibliographie

Ouvrages cités en abrégé dans le catalogue

About, E.
Le Salon de 1864, Paris, 1864.

Ackerman, G.
« Gérôme and Manet », *Gazette des Beaux-Arts*, 6ᵉ pér., LXX, sept. 1967, pp. 163-176.

Adhémar, H.
« La donation Kahn-Sriber », *Revue du Louvre*, XXVI, 1976, pp. 99-104.

Adhémar, J.
« Le portrait de Baudelaire gravé par Manet », *Revue des Arts*, II, déc. 1952, pp. 240-242.

Adhémar, J.
« Notes et documents. Manet et l'estampe », *Nouvelles de l'estampe*, VII, 1965, pp. 230-235.

Alazard, P.
« Manet et Couture », *Gazette des Beaux-Arts*, 6ᵉ pér., XXXV, mars 1949, pp. 213-218.

Alexis, P.
« Marbres et plâtres, Manet », *Le Voltaire*, 25 juillet 1879.

Alexis, P.
« Manet », *La Revue Moderne et Naturaliste*, Paris, 1880, pp. 289-295.

Alston, D.
« What's in a name ? Olympia and a minor Parnassian », *Gazette des Beaux-Arts*, 6ᵉ pér., XCI, avril 1978, pp. 148-154.

Andersen, W.
« Manet and the Judgement of Pâris », *Art News*, LXXII, fév. 1973, pp. 63-69.

Angoulvent, M.
Berthe Morisot, Paris, 1933.

Astruc, Z.
« Le Salon des Refusés », *Le Salon*, 20 mai 1863, p. 5.

Babou, H.
« Les dissidents de l'exposition. Mr Edouard Manet », *Revue libérale*, II, 1867, pp. 284-289.

Baignières, A.
« Le Salon de 1879 », *Gazette des Beaux-Arts*, XIX, juin 1879, pp. 549-572.

Bailly-Herzberg, J.
L'eau-forte de peintre au dix-neuvième siècle. La Société des aquafortistes 1862-1867, 2 vol., Paris 1972.

Banville, T. de
in *Le National*, 15 mai 1873.

Barbey d'Aurevilly
« Un ignorant au Salon », *Le Gaulois*, 3 juillet 1872.

Bataille, G.
Manet, Lausanne, 1955 (rééd. 1983).

Baticle, J., et Marinas, C.
La Galerie espagnole de Louis-Philippe, 1838-1848, Paris, 1981.

Baudelaire, C.
Baudelaire. Œuvres posthumes, éd. E. Crépet, Paris, 1887.

Baudelaire, C.
Correspondance, éd. Claude Pichois et Jean Ziegler, 2 vol., Paris, 1973.

Baudelaire, C.
Lettres à Baudelaire, Neuchâtel, 1973.

Baudelaire, C.
Œuvres complètes, éd. Claude Pichois, Paris, t. I, 1975, t. II, 1976.

Baudelaire, C.
v. Crépet, J.

Bazin, G.
« Manet et la tradition », *L'Amour de l'Art*, XIII, mai 1932, pp. 153-164.

Bazire, E.
Manet, Paris, 1884.

Bazire, E.
v. E. Manet *et al.*

Beraldi, H.
Les graveurs du XIXᵉ siècle, t. III « Bracquemond », t. VIII « Manet », Paris, 1885-1892.

Bernardille, V. Flournel, dit
« L'Atelier de Mr. Manet », *Le Français*, 21 avril 1876.

Bertall
« L'Exposition de Monsieur Manet », *Paris-Journal*, 30 avril 1876.

Bertall
« Le Salon de 1880 », *Paris-Journal*, 10 mai 1880.

Biez, J. de
E. Manet. Conférence faite à la Salle des Capucines, le mardi 22 février 1884, Paris, 1884.

Blanc, C., *et al.*
Histoire des peintres de toutes les écoles. Paris, 1861-1876 : « École hollandaise », 2 vol., 1861 ; « École flamande », 1864 ; « École vénitienne », 1868 ; « École espagnole », 1869. (Fascicules parus à partir de 1849.)

Blanche, J.E.
Essais et portraits, Paris, 1912.

Blanche, J.E.
Propos de peintre — De David à Degas, Paris, 1919.

Blanche, J.E.
Manet, Paris, 1924 (trad. angl., Londres et New York, 1925).

Blanche, J.E.
« Les pastels de Manet », *Formes*, XXIV, avril 1932, pp. 254-255.

Blanche, J.E.
Portrait of a life, Londres, 1937.

Blot, E.
Histoire d'une collection de tableaux modernes, Paris, 1934.

Bodelsen, M.
« Early impressionist sales 1874-1894 in the light of some unpublished ' Procès verbaux ', *Burlington Magazine*, CX, juin 1968, pp. 331-348.

Bodkin, T.
« Manet, Dumas, Goya and Titian », *Burlington Magazine*, L, 1927, pp. 166-167.

Boime, A.
The Academy and French Painting in the Nineteenth Century, Londres, 1971.

Boime, A.
Thomas Couture and the eclectic vision, New Haven et Londres, 1980.

Bouillon, J.P.
Félix et Marie Bracquemond (catalogue d'exposition), Chartres, 1972.

Bouillon, J.P.
« Bracquemond, Rops et Manet et le procédé à la plume », *Nouvelles de l'estampe*, mars-avril 1974, pp. 3-11.

Bouillon, J.P.
« Manet vu par Bracquemond », *Revue de l'Art*, n° 27, 1975, pp. 37-45.

Bowness, A.
« A note on Manet's compositional difficulties », *Burlington Magazine*, CIII, juin 1961, pp. 276-277.

Bürger, W. (Th.Thoré dit)
« Le Salon de 1863 à Paris », *L'Indépendance belge*, 11 juin 1863.

Bürger, W. (Th.Thoré dit)
in *Le Constitutionnel*, 16 mai 1865.

Bürger, W. (Th.Thoré dit)
Salons de W. Bürger 1861 à 1868, 2 vol., Paris, 1870.

Burty, P.
«Exposition de la Société des Amis des Arts de Bordeaux », *Gazette des Beaux-Arts*, juin 1866, p. 564.

Burty, P.
« Les ateliers », *La Renaissance littéraire*, I, 1872, pp. 220-221.

Callen, A.
« Faure and Manet », *Gazette des Beaux-Arts*, 6ᵉ per., LXXXIII, mars 1974, pp. 157-178.

Callias, H. de
« Le Salon de 1861 », *L'Artiste*, juillet 1861, pp. 1-11.

Callias, H. de
« Le Salon de 1864 », *L'Artiste*, 1ᵉʳ juin 1864.

Castagnary, J.
« Le Salon des Refusés », *L'Artiste*, 15 août 1863, p. 76.

Castagnary, J.
« Le Salon de 1868 », *Le Siècle*, 26 juin 1868.

Castagnary, J.
« Le Salon de 1868 », *Bilan de l'année 1868*, Paris, 1869.

Castagnary, J.
« Le Salon de 1869 », *Le Siècle*, 11 juin 1869.

Castagnary, J.
« Le Salon de 1873 », *Le Siècle*, 14 juin 1873.

Castagnary, J.
« Le Salon de 1874 », *Le Siècle*, 19 mai 1874.

Castagnary, J.
« Le Salon de 1875 », *Le Siècle*, 29 mai 1875.

Castagnary, J.
« Le Salon de 1879 », *Le Siècle*, 28 juin 1879.

Castagnary, J.
Salons 1857-1870, 2 vol., Paris, 1892.

Cézanne, P.
Conversations avec Cézanne, éd. P.M. Doran, Paris, 1978.

Champa, K.S.
Studies in Early Impressionism, New Haven et Londres, 1973.

Chaumelin, M.
« Le Salon de 1868 », *La Presse*, 23 juin 1868.

Chennevières, P. de
« Le Salon de 1880 », *Gazette des Beaux-Arts*, juillet 1880, pp. 41-70.

Chennevières, P. de
Souvenirs d'un directeur des Beaux-Arts, Paris, 1883-1889 (rééd. 1979).

Chesneau, E.
« L'Art contemporain », *L'Artiste*, 1ᵉʳ avril 1863,
pp. 148-149.

Chesneau, E.
*L'art et les artistes modernes en France et en
Angleterre*, Paris, 1864.

Chesneau, E.
« Le Salon de 1865, III, Les Excentriques », *Le
Constitutionnel*, 16 mai 1865.

Chesneau, E.
« Le Salon de 1875 », *Paris-Journal*, 1ᵉʳ mai, 4 mai,
14 mai 1875.

Chu
v. Ten Doesschate Chu

Claretie, J.
« Deux heures au Salon », *L'Artiste*, 15 mai 1865,
pp. 224-229.

Claretie, J.
« Échos de Paris », *Le Figaro*, 25 juin 1865.

Claretie, J.
« Le Salon de 1872 », *Le Soir*, 25 mai 1872.

Claretie, J.
L'art français en 1872, Paris, 1872.

Claretie, J.
Peintres et sculpteurs contemporains, Paris, 1873.

Claretie, J.
L'art et les artistes français contemporains, Paris,
1876.

Clark, T.J.
« Preliminaries to a possible treatement of 'Olympia' in 1865 », *Screen*, printemps 1980, pp. 18-
41.

Clément Janin, H.
La curieuse vie de Marcellin Desboutin, Paris,
1922.

Cogniat, R., et Hoog, M.
Manet, Paris, 1982.

Collins, B.R.
« Manet's 'Rue Mosnier decked with flags' and
the flâneur concept », *Burlington Magazine*,
CXVII, nov. 1975, pp. 709-714.

Collins, B.R.
« Manet's 'Luncheon in the studio' : an homage to
Baudelaire », *Art Journal*, XXXVIII, hiver 1978-79,
pp. 108-113.

Comte, P.
*Catalogue raisonné des peintures du Musée des
Beaux-Arts de la ville de Pau*, [Pau], 1978.

Connolly, J.P.
« Ingres and the erotic intellect », *Woman as sex
object, Art News Annual*, XXXVIII, 1972, pp. 17-
31.

Cooper, D.
« George Moore and modern art », *Horizon*, II,
1945, pp. 113-130.

Cooper, D., et Blunt, A.
The Courtauld Collection, Londres, 1954.

Copie...de documents
v. E. Manet *et al.*

Courthion, P.
Courbet raconté par lui-même et par ses amis,
Genève, 1950.

Courthion, P., et Cailler, P.
Manet raconté par lui-même et par ses amis, 2 vol.,
Genève, 1953.

Courthion, P.
Édouard Manet (Paris 1961), New York 1962.

Couture, T.
Méthode et entretiens d'atelier, Paris, 1867.

Crépet, E.
v. Baudelaire.

Crépet, J. (éd.)
*Charles Baudelaire : étude biographique d'Eugène
Crépet... suivie des Baudeleriana d'Asselineau*, Paris,
1906.

Crouzet, M.
Un méconnu du réalisme : Duranty (1833-1880),
Paris, 1964.

Curtiss, M.
« Manet caricatures : Olympia », *Massachussetts
Review*, VII, 1966, pp. 725-752.

Davidson, B.F.
« 'Le Repos', a portrait of Berthe Morisot by
Manet », *Rhode Island School of Design Bulletin*, 46,
décembre 1959, pp. 5-10.

Davies, M.
*National Gallery-French School ; Early 19th Centu-
ry, Impressionists, Post-impressionist, etc.*, Londres,
1970.

Delteil, L.
Le Peintre-Graveur illustré, t. IX, « Degas », 1919 ;
t. XX-XXVIII, « Daumier », 1925-1926.

Derième, F.
« Le Salon de 1865 », *Le Siècle*, 2 juin 1865.

Desnoyers, F.
Salon des Refusés, la peinture en 1863, Paris,
1863.

Doran
v. Cézanne

Dorival, B.
*Japon et Occident. Deux siècles d'échanges artisti-
ques*, Paris, (1976), 1977.

Druick, D., et Hoog, M.
Fantin-Latour, Paris, Grand Palais, 1982.

Duranty, E.
*La Nouvelle Peinture : à propos du groupe d'artistes
qui expose dans les galeries Durand-Ruel (1876)*, éd.
Guérin, Paris, 1946.

Duret, T.
Peintres français en 1867, Paris, 1867.

Duret, T.
Histoire d'Édouard Manet et de son œuvre, Paris,
1902 (rééd. 1906, 1919 avec suppl., 1926).

Duret, T.
« Les portraits peints par Manet et refusés par leurs
modèles », *Renaissance de l'art français*, I, juil.
1918, pp. 148-153.

Duret, T.
Renoir, Paris, 1924.

Duvergier de Hauranne, E.
« Le Salon de 1873 », *La Revue des deux mondes*,
1ᵉʳ juin 1873.

Elder, M., Tendron dit
A Giverny, chez Claude Monet, Paris, 1924.

Étienne, L.
Le Jury et les Exposants - Salon des Refusés, Paris,
1863.

Eudel, P.
« La vente Manet (1ʳᵉ journée) », *Le Figaro*, 5 février 1884 ; rééd. in *L'Hôtel Drouot et la curiosité en
1883-1884*, Paris, 1885.

Faison, S.L.
« Manet's 'Portrait of Zola' », *Magazine of Art*,
XLII, mai 1949, pp. 162-168.

Farwell, B.
« Manet's *Espada* and Marcantonio », *Metropolitan Museum Journal*, 2, 1969, pp. 197-207.

Farwell, B.
*Manet and the Nude : A Study in iconography in the
Second Empire* (Ph. D. thesis 1973), New York et
Londres, 1981.

Farwell, B.
« Manet's 'Nymphe surprise' », *Burlington Magazine*, CXVII, avril 1975, pp. 224-229.

Farwell, B., *et al.*
The Cult of Images, Santa Barbara, 1977.

Fels, F.
« Théodore Duret », *Jardin des Arts*, oct. 1963,
pp. 24-31.

Fénéon, F.
« Interview de De Nittis : Souvenirs sur Manet »,
Bulletin de la vie artistique, I, nᵒ 22, octobre 1920,
pp. 606-611.

Fénéon, F.
Œuvres plus que complètes, éd. J.U. Halperin,
Genève, 1970.

Fervacques
« Visite à l'atelier de Manet, *Le Figaro*, 25 décembre 1873.

Feyrnet, X.
in *L'Illustration*, 25 avril 1863.

Flaubert, G.
Œuvres complètes, Paris, 1952.

Flescher, S.
Zacharie Astruc, critic, artist and japonist, (Ph. D.
thesis 1977), New York et Londres, 1978.

Flescher S.
« Manet's 'Portrait of Zacharie Astruc' : A Study
of a friendship and new light on a problematic
painting », *Arts Magazine*, 52, juin 1978, pp. 98-
105.

Florisoone, M.
« Manet inspiré par Venise », *L'Amour de l'Art*,
XVIII, janv. 1937, pp. 26-27.

Fournel, U.
Les artistes français contemporains, Tours, 1884.

Francion
« Le Salon de 1873 », *L'Illustration*, 14 juin
1873.

Fried, M.
« Manet's sources. Aspects of his Art, 1859-1865 »,
Art Forum, VII, mars 1969, pp. 21-82.

Gasquet
v. Cézanne

Gautier, T.
Voyage en Espagne, Paris (1842), 1981.

Gautier, T.
Abécédaire du Salon de 1861, Paris, 1861.

Gautier, T.
« Le Salon de 1861 », *Le Moniteur Universel*,
3 juillet 1861.

Gautier, T.
« Le Salon de 1864 », *Le Moniteur Universel*,
25 juin 1864.

Gautier, T.
« Le Salon de 1865 », *Le Moniteur Universel*,
24 juin 1865.

Gautier, T.
« Le Salon de 1868 », *Le Moniteur Universel*,
11 mai 1868.

Gautier, T.
« Le Salon de 1869 », *L'Illustration*, 15 mai
1869.

Gautier, T., fils
« Le Salon de 1865 », *Le Monde illustré*, 6 mai
1865.

Gay, P.
*Art and act : on causes in history : Manet, Gropius,
Mondrian*, New York, 1976.

Geffroy, G.
« Olympia », *La vie artistique*, 1892, pp. 14-82.

Georgel, P.
« Les transformations de la peinture vers 1848,
1855, 1863 » *Revue de l'art*, XXVII, 1975, pp. 62-
77.

Gimpel, R.
Journal d'un collectionneur marchand de tableaux,
Paris, 1963.

Glaser, C.
*Edouard Manet, Faksimiles nach Zeichnungen und
Aquarellen*, Munich, 1922.

Goedorp, J.
« L'Olympia n'était pas montmartroise », *Journal
de l'amateur d'art*, 23 février 1967.

Goetschy, G.
« Édouard Manet », *La Vie Moderne*, 17 avril
1880, pp. 247-250.

Goetschy, G.
« Avant le Salon », *Le Soir*, 30 avril 1882.

Goncourt, E. et J. de
Journal, Monaco, 1956.

Gonse, L.
« Manet », *Gazette des Beaux-Arts*, XXIX, février
1884, pp. 133-152.

Griffiths, A.
« Execution of Maximilian », *Burlington Magazine,* CIXX, nov. 1977, p. 777.

Guérin, M.
L'œuvre gravé de Manet, Paris, 1944 (reprint Amsterdam et New York, 1969).

Gurevich, V.
« Observations on the iconography of the wound in the Christ's side with special reference to its position », *Journal of the Warburg and Courtauld Institutes,* XX, 1957, pp. 358-362.

Hadler, M.
« Manet's ' Woman with a parrot ' of 1866 », *Metropolitan Museum Journal,* VII, 1973, pp. 115-122.

Halévy, L.
Carnets, 2 vol., Paris, 1935.

Halévy, L.
Degas parle, Paris, 1960.

Halperin,
v. Fénéon

Hamilton, G.H.
Manet and his critics (New Haven et Londres, 1954), New York, 1969.

Hanson, A.C.
« A group of marine paintings by Manet », *Art Bulletin,* XLIV, décembre 1962, pp. 332-336.

Hanson, A.C.
Édouard Manet 1832-1883, Philadelphia Museum of Art, Philadelphie, 1966.

Hanson, A.C.
« Édouard Manet, 'Les gitanos', and the cut canvas », *Burlington Magazine,* CXII, 1970, pp. 158-166.

Hanson, A.C.
« Popular imagery and the work of Edouard Manet », in *French 19th Century Painting and Literature,* éd. U. Finke, Manchester, 1972, pp. 133-163.

Hanson, A.C.
Manet and the Modern Tradition, New Haven et Londres, 1977.

Hanson, A.C.
« A tale of two Manets », *Art in America,* décembre 1979, pp. 58-68.

Harris, J.C.
« A Little-known Essay on Manet by Stéphane Mallarmé », *Art Bulletin,* XLVI, décembre 1964, pp. 559-563.

Harris, J.C.
« Manet's Race Track Paintings », *Art Bulletin,* XLVIII, mars 1966, pp. 78-82.

Harris, J.C.
Edouard Manet : Graphic works, a definitive catalogue raisonné, New York, 1970.

Harris, T.
Goya. Engravings and lithographs, Oxford, 1964.

Haskell, F.
« Il ' Concerto campestre ' del Giorgone », *Arte illustrata,* déc. 1973, pp. 369-376.

Havemeyer, L.W.
Sixteen to Sixty. Memoirs of a Collector, New York, 1961.

Hédiard, G.
Fantin-Latour, Catalogue de l'œuvre lithographique du maître, Paris, 1906 (réimpr. dans Bourel et al., *Fantin-Latour, toute la lithographie,* Genève 1980).

Hoetink, H.R.
Franse Tekeningen uit de 19e. eeuw, Rotterdam, 1968.

Hofmann, W.
The Earthly Paradise (1959), trad. angl., Londres et New York, 1961.

Hofmann, W.
Nana. Mythos und Wirklichkeit, Cologne, 1973.

Hopp, G.
Edouard Manet. Farbe und Bildegestalt, Berlin, 1968.

Houssaye, H.
« L'Art français depuis dix ans », *L'Artiste,* décembre 1881, p. 514.

Howard, S.
« Early Manet and artful error : foundations of anti-illusionism in modern painting », *Art journal,* XXXVI, automne 1977, pp. 14-21.

Howe, W.E.
History of the Metropolitan Museum of Art, New York, t. I, 1913 ; t. II, 1946.

Huth, H.
« Impressionism comes to America », *Gazette des Beaux-Arts,* 6e pér., XXIX, avril 1946, pp. 225-252.

Huysmans, J.K.
in *L'Artiste* (Bruxelles), 13 mai 1877.

Huysmans, J.K.
« Le Salon de 1880 », *La Réforme économique,* 1er juillet 1880, p. 783.

Huysmans, J.K.
L'art moderne, Paris, 1883.

Huysmans, J.K.
« Manet », *Gazette des Beaux-Arts,* XXXIX, 1884.

Hyslop, L.B. et F.
« Baudelaire and Manet : a re-appraisal », in *Baudelaire as a love poet and other essays,* University Park (Pa), 1969, pp. 87-130.

Isaacson, J.
Manet and Spain. Prints and Drawings, The Art Museum, University of Michigan, Ann Arbor, 1969.

Ives, C.F.
The great wave, The Metropolitan Museum of Art, New York, 1974.

Jamot, P.
« Études sur Manet », *Gazette des Beaux-Arts,* 5e pér., XV, 1927, (janvier), pp. 27-50, (juin), pp. 381-390.

Jamot, P.
« Manet ' Le fifre ' et Victorine Meurend », *Revue de l'art ancien et moderne,* LI, mai 1927, pp. 31-41.

Jamot, P.
« Manet and ' Olympia ' », *Burlington Magazine,* L, janvier 1927, pp. 27-32, 35.

Jamot, P., Wildenstein, G., Bataille, M.L.
Manet, Paris, 2 vol., 1932.

Jeanniot, G.
« En souvenir de Manet », *La Grande Revue,* XLVI, août 1907, pp. 844-860.

Jedlicka, G.
Edouard Manet, Zürich, 1941.

Johnson, L.
« A new source for Manet's 'Execution of Maximilian' », *Burlington Magazine,* CXIX, août 1977, pp. 560-564.

Jones, P.M.
« Structure and meaning in the *Execution* series », in *Edouard Manet and the ' Execution of Maximilian ',* List Art Center, Brown University, Providence, 1981, pp. 10-21.

Junius
« Monsieur Édouard Manet », *Le Gaulois,* 25 avril 1976.

Kovacs, S.
« Manet and his son in ' Déjeuner dans l'atelier ' », *Connoisseur,* CLXXXI, nov. 1972, pp. 196-202.

Krauss, R.E.
« Manet's ' Nymph surprised ' », *Burlington Magazine,* CIX, nov. 1967, pp. 622-627.

Lacambre, G. et J.
Champfleury, Le Réalisme, Paris, 1973.

Lacroix
v. *Paris-Guide*

Lagrange, L.
« Salon de 1861 », *Gazette des Beaux-Arts,* juillet 1861, p. 51.

Lambert, E.
« Manet et l'Espagne », *Gazette des Beaux-Arts,* 6e pér., IX, juin 1933, pp. 369-382.

Laran, J., et Le Bas, G.
Manet, Paris [1910].

Leenhoff, L.
v. E. Manet et al.

Leiris, A. de
« Manet's ' Christ scourged ' and the problem of his religious paintings », *Art Bulletin,* XLI, juin 1959, pp. 198-201.

Leiris, A. de
The drawings of Edouard Manet, Berkeley, 1969.

Leiris, A. de
« Edouard Manet's ' Mlle V. in the costume of an espada ' ... », *Arts Magazine,* LIII, janv. 1979, pp. 112-117.

Leiris, A. de
« Manet and El Greco : the ' Opéra ball ' », *Arts Magazine,* LV, sept. 1980, pp. 95-99.

Leiris, M.
Le ruban au cou d'Olympia, Paris, 1981.

Lemoisne, P.A.
Degas et son œuvre, 4 vol., Paris, 1946-1949.

Lemonnier, C.
Alfred Stevens et son œuvre, Paris, 1906.

Leymarie, J., et Melot, M.
Les gravures des impressionnistes. Manet, Pissarro, Renoir, Cézanne, Sisley, Paris, 1971.

López-Rey, J.
Velázquez. A Catalogue Raisonné of his Œuvre, Londres, 1963.

Lowry, B.
Muse and ego. Salon and Independant artists of the 1880's, Pomona College Gallery, Claremont (Calif.), 1963.

Lucas, G.A.
The diaries of George A. Lucas : an american art agent in Paris, 1857-1909, Princeton, 1979.

Lugt, F.
Les marques de collection de dessins et d'estampes, Amsterdam, 1921 ; supplément, La Haye, 1956.

Mallarmé, S.
« The Impressionists and Edouard Manet », *Art Monthly Review,* 30 septembre 1876, pp. 117-122 ; trad. franç., P. Verdier in *Gazette des Beaux-Arts,* 6e pér., VI, nov. 1975, pp. 147-156.

Mallarmé, S.
Œuvres complètes, éd. H. Mondor et G. Jean-Aubry, Paris, 1945, rééd. 1979.

Mallarmé, S.
Correspondance, Paris, 5 vol., 1965-1973.

Manet, E.
Lettres de jeunesse. 1848-1849. Voyage à Rio, Paris, 1928.

Manet, E.
« Une Correspondance inédite d'Édouard Manet. Les lettres du siège de Paris (1870-1871) », éd. A. Tabarant, (*Mercure de France,* 1935 pp. 262-289) ; extrait, 33 pp.

Manet, E.
« Lettres d'Édouard Manet sur son voyage en Espagne », éd. J. Lassaigne, *Arts,* 16 mars 1945.

Manet, E.
« Lettres de Manet à Zola », éd. C. Becker, voir Annexe I, pp. 519-528.

Manet, E.
« Lettres de Manet à Bracquemond », éd. J.P. Bouillon, *Gazette des Beaux-Arts,* 1983, à paraître.

Manet, E. et al.
Notes et documents divers : « *Copie faite pour Moreau-Nélaton de documents sur Manet appartenant à Léon Leenhoff* » Y b³ 2401, et v. SNR Manet). « Expositions Martinet » (yb 2012 [18]). Carnet de

notes (de L. Leenhoff ?) sur des œuvres de Manet (SNR Manet). (Paris, Bibliothèque Nationale, Département des Estampes, fonds Moreau-Nélaton).

Manet, J.
Journal (1893-1899), Paris, 1979.

Mantz, P.
« Exposition du boulevard des Italiens », *Gazette des Beaux-Arts,* 15 avril 1863, p. 383.

Mantz, P.
« Le Salon de 1863 », *Gazette des Beaux-Arts,* 1er juillet 1863, p. 59.

Mantz, P.
« Le Salon de 1869 », *Gazette des Beaux-Arts,* juillet 1869, pp. 5-23.

Mantz, P.
« Le Salon », *Le Temps,* 24 mai 1873.

Mantz, P.
« Les Œuvres de Manet », *Le Temps,* 16 janvier 1884.

Marthold, J. de
« Édouard Manet », *Le Journal des Artistes,* 2 mars 1883.

Mathey, F.
Olympia, Paris, 1948.

Mathey, J.
in *Bulletin de la Société d'Études pour la Connaissance d'Édouard Manet,* no 1, juin 1967.

Matisse, H.
in *L'Intransigeant,* 25 janvier 1932 ; rééd. Hoog 1982, pp. 35-36.

Mauner, G.
Manet, peintre-philosophe. A study of the painter's themes, University Park (Pa) et Londres, 1975.

Maxon, J.
The Art Institute of Chicago, New York et Londres, 1970.

Meier-Graefe, J.
Édouard Manet, Munich, 1912.

Melot, M.
L'estampe impressionniste, Paris, Bibliothèque Nationale, 1974.

Melot
v. Leymarie et Melot

Mondor, H.
La vie de Mallarmé, 2 vol., Paris, 1941-1942.

Mongan, A.
Great drawings of all time, New York, 1962.

Monneret, S.
L'Impressionnisme et son époque, 4 vol., Paris, 1978-1981.

Montesquiou, R. de
Mémoires, Paris, 1923.

Moore, G.
Modern Painting, Londres et New York, 1898.

Moreau-Nélaton, E.
Manet graveur et lithographe, Paris, 1906.

Moreau-Nélaton, E.
Manet raconté par lui-même, 2 vol., Paris, 1926.

Moreau-Nélaton, E.
Catalogue manuscrit (Paris, Bibliothèque nationale, département des Estampes, SNR Manet).

Natanson, T.
Peints à leur tour, Paris, 1948.

Needham, G.
« Manet's ' Olympia ' and pornographic photography », *Woman as sex object. Art News Annual,* XXXVIII, 1972, pp. 81-89.

Morisot, B.
Correspondance de Berthe Morisot avec sa famille et ses amis, éd. D. Rouart, Paris, 1950.

Nittis, J. de
Notes et souvenirs, Paris, 1895.

Nochlin, L.
Impressionism and Post-Impressionism, 1874-1904 : Sources and Documents, Englewood Cliffs (N.J.), 1966.

Nochlin, L.
Realism, New York, 1971.

Otrange-Mastai M.L. d'
« ' Au jardin ' — Two Manet Versions in America », *Apollo,* LXIV, déc. 1956, pp. 168-173.

Painter, D.
Marcel Proust, Paris, 1966.

PARIS-GUIDE
Paris-Guide par les principaux écrivains et artistes de la France, éd. Lacroix, 2 vol., Paris, 1867.

Pauli, G.
« Raffael und Manet », *Monatshefte für Kunstwissenschaft,* I, janv.-fév. 1908, pp. 53-55.

Péladan, J.
« Le procédé de Manet d'après l'exposition de l'École des Beaux-Arts », *L'Artiste,* février 1884, pp. 101-117.

Perruchot, H.
La vie de Manet, Paris, 1959.

Peters, S.D.
« Examination of another source for Manet's ' The Balcony ' », *Gazette des Beaux-Arts,* 6e pér., XCVI, déc. 1980, pp. 225-226.

Pickvance, R.
« A newly discovered drawing by Degas of George Moore », *Burlington Magazine,* CV, juin 1963, pp. 276-280.

Pickvance, R.
«A model of modernism », *Times Literary Supplement,* 24 juin 1977, pp. 761-762.

Poulain, G.
Bazille et ses amis, Paris, 1932.

Prins, P.
Pierre Prins et l'époque impressionniste, sa vie, son œuvre, 1838-1913, par son fils, Paris, 1949.

Proust, A.
« Le Salon de 1882 », *Gazette des Beaux-Arts,* juin 1882, pp. 531-554.

Proust, A.
« Édouard Manet. Souvenirs », *La Revue Blanche,* février-mai 1897, pp. 125-135, 168-180, 201-207, 306-315, 413-424 (rééd. 1913).

Proust, A.
Édouard Manet. Souvenirs, Paris, 1913.

Randon, G.
« L'Exposition d'Édouard Manet », *Le Journal amusant,* 29 juin 1867, pp. 6-8.

Reff, T.
« The symbolism of Manet's Frontispiece Etchings », *Burlington Magazine,* CIV, mai 1962, pp. 182-186.

Reff, T.
« Copyists in the Louvre, 1850-1870 », *Art Bulletin,* XLVI, déc. 1964, pp. 552-559.

Reff, T.
« Manet's sources : a critical evaluation », *Art Forum,* VIII, sept. 1969, pp. 40-48.

Reff, T.
« Manet and Blanc's 'Histoire des peintres' », *Burlington Magazine,* CXII, juill. 1970, pp. 456-458.

Reff, T.
« Manet's ' Portrait of Zola ' », *Burlington Magazine,* CXVII, 1975, pp. 34-44.

Reff, T.
Manet : Olympia, New York et Londres, 1976.

Reff, T.
« Courbet and Manet », in *Malerei und Theorie. Das Courbet - Colloquium 1979,* Francfort 1980, pp. 9-22.

Reff, T.
Manet and Modern Paris, Washington, D.C., National Gallery of Art, 1982.

Rewald, J.
The History of Impressionism, New York (1946), 4e éd. 1973 ; trad. franç., Paris, 1975.

Rewald, J.
« Théo Van Gogh, Goupil and the Impressionists »,

Gazette des Beaux-Arts, 6e pér., LXXXI, janv. et fév. 1973, pp. 1-108.

Rey, R.
Manet, Paris, 1938 ; trad. angl., New York, 1938.

Richardson, J.
Edouard Manet. Paintings and Drawings, Londres, 1958, rééd. 1982.

Rishel, J., et al.
L'art en France sous le Second Empire, Philadelphia Museum of Art, 1978 ; Detroit Institute of Arts, 1979 ; Paris, Grand Palais, 1979.

Robida, M.
Le Salon Charpentier et les Impressionnistes, Paris, 1958.

Rosenberg, P.
Chardin, Paris, Grand Palais, 1979.

Rosenthal, L.
Manet aquafortiste et lithographe, Paris, 1925.

Rouart, D., et Orienti, S.
Tout l'œuvre peint d'Édouard Manet (1967), Paris, 1970.

Rouart, D., et Wildenstein, D.
Édouard Manet. Catalogue raisonné, 2 vol., Genève, 1975.

Saarinen, A.
The Proud Possessors, New York, 1958.

Saint-Victor, P. de
« Beaux-Arts », *La Presse,* 27 avril 1863.

Saint-Victor, P. de
« Le Salon de 1865 », *La Presse,* 28 mai 1865.

Sandblad, N.G.
Manet : Three Studies in Artistic Conception, Lund, 1954.

Scharf, A.
Art and photography, Londres (1968), 1975.

Schneider, P.
Dialogues du Louvre, Paris, 1967.

Seitz, W.C.
Monet, New York, 1960.

Silvestre, A.
« L'École de peinture contemporaine », *La Renaissance artistique et littéraire,* 28 septembre 1872.

Silvestre, A.
« Les deux tableaux de Monsieur Manet », *L'Opinion Nationale,* 23 avril 1876.

Silvestre, A.
« Le Monde des Arts, Le Salon de 1880, les portraits », *La Vie moderne,* 22 mai et 5 juin 1880, pp. 327, 356.

Silvestre, A.
Au pays des souvenirs, Paris, [1887].

Sloane, J.C.
« Manet and history », *Art Quarterly,* XII, été 1951, pp. 93-106.

Solkin, D.
« Philibert Rouvière : E. Manet's ' L'Acteur tragique ' », *Burlington Magazine,* CXVII, nov. 1975, pp. 702-709.

Spuller, E.
« Édouard Manet et sa peinture », *Le Nain jaune,* 8 juin 1867.

Sterling, Ch., et Salinger, M.M.
French Paintings. A Catalogue of the Collection of the Metropolitan Museum of Art, t. III, *XIX-XX Centuries,* New York, Metropolitan Museum, 1967.

Stuckey, C.
« What's wrong with this picture ? », *Art in America,* LXIX, sept. 1981, pp. 96-106.

Tabarant, A.
« Le peintre Caillebotte et sa collection », *Bulletin de la Vie artistique,* août 1921, pp. 405-413.

Tabarant, A.
« Les Manet de la collection Havemeyer », *La Renaissance de l'Art français,* XIII, fév. 1930, pp. 57-74.

Tabarant, A.
Manet. Histoire catalographique, Paris, 1931.

Tabarant, A.
Manet et ses œuvres, Paris, 1947.

Tabarant, A.
La vie artistique au temps de Baudelaire, Paris (1942), 1963.

Tabarant, A.
v. E. Manet (1935)

Thoré, T.
v. Bürger

Ten Doesschate Chu, P.
French Realism and the Dutch Masters, Utrecht, 1974.

Tendron
v. Elder

Tomkins, C.
Merchants and masterpieces. The story of the Metropolitan Museum of Art, New York, 1970.

Toussaint, H.
Courbet, Villa Médicis, Rome (Milan), 1969.

Tschudi, H. von
Édouard Manet, Berlin, 1902.

Tucker, P.
Monet at Argenteuil, New Haven et Londres, 1982.

Valéry, P.
« Triomphe de Manet », in *Manet*, Paris, Orangerie, 1932.

Valléry-Radot, J.
« Le dessin préparatoire de Greuze pour ' L'Oiseleur accordant sa guitare ' », *Gazette des Beaux-Arts*, 6ᵉ pér., LIV, oct. 1959, pp. 215-218.

Van Emde Boas, C.
« Le geste d'Olympia », in *Livre jubilaire offert au Dr Jean Dalsace*, Paris, 1966, pp. 127-135.

Van Gogh, V.
Verzamelde Brieven van Vincent Van Gogh, éd. Ir. V. W. Van Gogh, 4 vol., Amsterdam, 1954.

Van Gogh, V.
Correspondance complète de Vincent Van Gogh, éd. Georges Charensol, 3 vol., Paris, 1960.

Ventes
v. en fin de Bibliographie.

Venturi, L.
Archives de l'Impressionnisme, 2 vol., Paris, 1939.

Venturi, L.
« Manet, un créateur d'images », *Arts*, 5-11 juin 1953, sp.

Verdier, P.
v. Mallarmé (1876).

Vollard, A.
Renoir, Paris, 1920.

Vollard, A.
Degas, Paris, 1924.

Vollard, A.
Souvenirs d'un marchand de tableaux (1936), Paris, 1937.

Vollard, A.
En écoutant parler Cézanne, Degas et Renoir, Paris, 1938.

Walker, J.
The National Gallery, Washington, Londres, 1964.

Walker, J.
The National Gallery of Art, Washington, New York, 1975.

Walter, R.
« Émile Zola et Paul Cézanne à Bennecourt en 1866 », *Bulletin de la Société ' Les Amis du Mantois '*, n° 12, 1ᵉʳ mars 1961.

Walter, R.
« Les maisons de Claude Monet à Argenteuil », *Gazette des Beaux-Arts*, 6ᵉ pér., LXVIII, 4 déc. 1966.

Wechsler, J.
« An aperitif to Manet's ' Déjeuner sur l'herbe ' »,

Gazette des Beaux-Arts, 6ᵉ pér., XCI, janv. 1975, pp. 32-34.

Weisberg, G.P.
« Philippe Burty. A Notable Critic of the Nineteenth Century », *Apollo*, XCI, avr. 1970, pp. 296-300.

Weisberg, G.P.
Japonisme. Japanese Influence on French Art 1854-1910, Cleveland, 1975.

Weisberg, G.P.
The Realist Tradition ; French Painting and Drawing. 1830-1900, Cleveland, 1980.

Weitzenhoffer, F.
« First Manet Painting to enter an American Museum », *Gazette des Beaux-Arts*, 6ᵉ pér., XCVII, mars 1981, pp. 125-129.

Weitzenhoffer, F.
« The Creation of the Havemeyer Collection, 1875-1900 », Ph.D. thesis, City University of New York, 1982.

Welsh-Ovcharov, B.
Vincent Van Gogh and the Birth of Cloisonism, Art Gallery of Ontario, Toronto ; Rijksmuseum, Amsterdam, 1981.

Whitehill, W.M.
Museum of Fine Arts, Boston, 2 vol., Cambridge (Mass.), 1970.

Wildenstein, D.
Monet. Catalogue raisonné. 3 vol., Genève, 1974-1979 (en cours).

Wilson, J.
Edouard Manet. Das Graphische Werk, Ingelheim am Rhein, 1977. *(Édouard Manet. L'Œuvre gravé*, trad. franç. : préf. et intr.).

Wilson, J.
Manet : dessins, aquarelles, eaux-fortes, lithographies, correspondance, Paris, Huguette Berès, 1978.

Wolff, A.
« Le Salon », *Le Figaro*, 20 mai 1869.

Wolff, A.
« Le Calendrier parisien », *Le Figaro*, 11 et 28 mai 1879.

Wolff, A.
« Monsieur Manet », *Le Figaro-Salon*, 1ᵉʳ mai 1882.

Wright, W.H.
Modern painting, New York, 1915.

Yriarte, C.
Goya, Paris, 1867.

Zervos, C.
« Manet est-il un grand créateur ? », *Cahiers d'Art*, VII, 1932, pp. 295-296.

Zola, E.
« Mon Salon. M. Manet », *L'Événement*, 7 mai 1866.

Zola, E.
« Une nouvelle manière en peinture. Édouard Manet », *Revue du XIXᵉ siècle*, 1ᵉʳ janvier 1867 ; rééd. Dentu [mai] 1867.

Zola, E.
Ed. Manet. Étude biographique et critique, Paris, Dentu, 1867.

Zola, E.
« Mon Salon », *L'Événement illustré*, 2, 10, 23 mai 1868.

Zola, E.
Salons, éd. F.W.J. Hemmings et R.J. Niess, Genève, 1959.

Zola, E.
Œuvres complètes, Paris, 1960-1967.

Zola, E.
Correspondance, éd. B.H. Bakker, 3 vol., Montréal et Paris, 1978-1982.

Ventes

(Les numéros du catalogue qui s'y rapportent sont indiqués entre parenthèses. Voir aussi l'Index des noms cités à l'Historique des œuvres.)

American Art Association Sale
New York, 14 fév. 1902 (86).
American Art Association Sale
New York, 4-5 janv. 1923 (26).
André
Paris, Drouot, 18-19 mai 1914 (49).
Anonyme (de L*** et al.)
Paris, Drouot, 23 mars 1878 (83).
Anonyme
Paris, Drouot, 30 mars 1935 (65).
Anonyme
Paris, Drouot, 30 mars 1938 (120).
Anonyme
Paris, 24 avril 1944 (163).
Anonyme
v. [Edwards]
Barrion
Paris, Drouot (2e vente), 25 mai-1er juin 1904 (18, 39, 40, 43, 56, 58, 59, 66, 113, 162).
Baugnée
Bruxelles, 22 mars 1975 (82).
Beurdeley
Paris, G. Petit (9e vente), 30 nov.-2 déc. 1920 (70).
B[iron]
Paris, Drouot, 13 avril 1910 (v. 101).
Blot
Paris, Drouot, 10 mai 1906 (63).
Bodinier
Paris, Drouot, 17 févr. 1903 (1).
Boussaton
Paris, G. Petit, 5 mai 1891 (169).
Burty
Paris, Drouot, 4-5 mars 1891 (42, 47, 52, 58, 95).
Chabrier
Paris, Drouot, 26 mars 1896 (175, 211).
Champfleury
Paris, Drouot, 28-29 avril 1890 (78).
Chéramy
Paris, G. Petit, 5-7 mai 1908 (1, 2, 175).
Chocquet
Paris, G. Petit, 3-4 juill. 1899 (78, 158).
Cochin
Paris, G. Petit, 26 mars 1919 (173).
David-Weill
Paris, Drouot, 25-26 mai 1971 (v. 114).

Davis
New York, Chickering Hall, 19-20 mars 1889 (14, 96).
Degas
Paris, G. Petit, (1re vente Coll. Degas), 26-27 mars 1918 (23, 26, 126, 143, 144).
Degas
Paris, Drouot, (2e vente Coll. Degas), 6-7 nov. 1918 (15, v. 17, 18, v. 44, 47, 52, 58, 95).
Delteil
Paris, Drouot, 13-15 juin 1928 (11, 25).
Desfossés
Paris, Hôtel part., 26 avril 1899 (37).
Dollfus
Paris, Drouot, 4 mars 1912 (124).
Doria
Paris, G. Petit, 5 mai 1899 (166).
Dorville
Nice, 24 juin 1942 (30).
Doucet
Paris, Drouot, 28 déc. 1917 (65).
Duret
Paris, G. Petit, 19 mars 1894 (92, 121, 130).
[Edwards]
Paris, Drouot, 24 fév. 1881 (14).
Fantin-Latour
Paris, Drouot, 14 mars 1905 (53).
Faure
Paris, Drout, 29 avril 1878 (138).
Flanagan - Emmons... et al.
New York, Hotel Plaza, 14 janv. 1920 (156).
Garnier
Paris, G. Petit, 3-4 déc. 1894 (157).
Gérard
Paris, Drouot, 28-29 mars 1905 (81, 189).
Goldschmidt
Londres, Sotheby's, 15 oct. 1958 (164).
Goupy
Paris, Drouot, 30 mars 1898 (84, 122).
Guérin
Paris, Drouot, 9 déc. 1921 ; 19 mars 1952 (56).
Hazard
Paris, G. Petit, 1er déc. 1919 (190).
Hazard
Paris, Drouot, (3e vente), 12-13 déc. 1919 (57, 117).

Hoschedé
Paris, Drouot, 5-6 juin 1878 (32, 72, 96).
Koenigs
? 1939 (13).
Laperlier
Paris, Drouot, 11-13 avril 1867 (v. 102).
Manet
Paris, Drouot, 4-5 févr. 1884 (5, 12, 19, 23, 26, 37, 64, 71, 85, 87, v. 101, 115, 120, 124, 126, 137, 139, 153, 156, 157, 163, 172, 173, 175-177, 182, 184, 190, 211, 213, 215, 217, 219).
Marx
Paris, Drouot, 27 avril-2 mai 1914 (35, 168 ; v. 101).
N[adar]
Paris, Drouot, 11-12 nov. 1895 (29).
Nemes
Paris, Manzi-Joyant, 18 juin 1913 (185)
Parguez
Paris, Drouot, 22-24 avril 1861 (v. 44).
Pellerin
Paris, Drouot, 7 mai 1926 (24, 71).
Pellerin
Paris, Charpentier, 10 juin 1954 (111, 112, 136, 154, 155, 161, 166, 167, 199).
Pertuiset
Paris, Drouot, 6 juin 1888 (91, 208).
Picard
Paris, 26 oct. 1964 (47).
Pissarro
Paris, G. Petit, 3 déc. 1928 (13).
Rothenstein
Paris, Drouot, 23-24 fév. 1922 (185).
Rouart
Paris, Manzi-Joyant, 9 déc. 1912 (65, 129, 135).
Salamanca
Paris, Hôtel part., 3-6 juin 1868 (v. 115).
Santamarina
Londres, Sotheby's, 2 avril 1974 (190).
Saulnier
Paris, Drouot, 5 juin 1886 (77).
T[homas]
Paris, Drouot, 18 juin 1952 (11, 52).
Vogel
New York, 17 oct. 1979 (220).

Index des noms cités à l'historique des œuvres

Les chiffres renvoient aux numéros du catalogue
en gras : mention principale dans l'historique
en italique : mention dans la notice
en gras et en italique : mentions principales aux deux endroits
entre parenthèses : noms de personnes ayant joué un rôle dans l'histoire de l'œuvre sans l'avoir possédée

Index des collections

Maquette :
Bruno Pfäffli

Photogravure couleurs :
N.S.R.G.

Photocomposition en Breughel (première utilisation mondiale)
Photogravure noire
Impression :
Imprimerie Blanchard, Le Plessis-Robinson

Achevé d'imprimer en avril 1983
par l'Imprimerie Blanchard,
92350 Le Plessis-Robinson
Dépôt légal avril 1983

ISBN 2-7118-0230.2
8000-395

Catalogues d'expositions disponibles

Art moderne

L'Art moderne dans les musées
de Province
Grand Palais 1978 - 75 F
broché
Braque (Donation)
Louvre 1965 - 12 F
Braque
Orangerie 1973 - 38 F
Bryen
M.N.A.M. 1973 - 22 F
Cappiello
Grand Palais 1981 - 70 F
Derain
Grand Palais 1977 - 30 F
Donation Masurel
Musée du Luxembourg 1980
- 55 F
Donation Picasso
Pavillon de Flore 1978 - 35 F
Dunoyer de Segonzac
Orangerie 1976 - 35 F
Gris
Orangerie 1974 - 25 F
Hajdu
M.N.A.M. 1973 - 22 F
Laurens
M.N.A.M. 1967 - 50 F relié
Lévy Pierre (Collection)
Orangerie 1978 - 60 F
broché - 100 F relié
Marquet
Bordeaux et Orangerie 1975
- 35 F broché
Miró
Grand Palais 1974 - 30 F
broché - 55 F relié
Monet
Grand Palais 1980 - 80 F
broché - 130 F relié
Moore
Orangerie 1977 - 60 F
Mucha
Grand Palais 1980 - 65 F
broché - 125 F relié
Picasso
Grand Palais 1979 - 70 F
broché - 120 F relié
Pissarro
Grand Palais 1981 - 80 F
broché - 130 F relié
De Renoir à Matisse
Grand Palais 1978 - 20 F
Serizawa
Grand Palais 1976 - 30 F
Villon
Grand Palais 1975 - 35 F
broché
Walter Guillaume (Coll.)
Orangerie 1966 - Cat. 10 F
Charles Nègre
Musée du Luxembourg 1980
- 70 F

Peinture ancienne

Art européen à la Cour
d'Espagne au XVIIᵉ siècle
Grand Palais 1979 - 60 F
Caravage
La Diseuse de bonne
aventure
Louvre 1977 - 20 F

Chardin
Grand Palais 1979 - 68 F
broché
Courbet
Grand Palais 1977 - 60 F
- 100 F relié
Courbet
Dossier de « l'atelier du
peintre »
Grand Palais 1977 - 15 F
Fontainebleau (L'école de)
Grand Palais 1972 - 87 F
Fouquet
Louvre 1981 - 30 F
Gainsborough
Grand Palais 1981 - 70 F
Le Nain
Grand Palais 1978 - 65 F
broché
Le Louvre d'Hubert Robert
Louvre 1979 - 22 F
La Madone de Lorette
Musée Condé (Chantilly)
1979 - 30 F
Natoire
Compiègne - 20 F
La peinture flamande au XVIIᵉ
siècle
Musée du Louvre 1978 -
20 F
Rubens (Le siècle de)
Grand Palais 1977 - 68 F
broché, 100 F relié
Techniques de la peinture :
l'Atelier
Louvre 1976 - 20 F
Restauration des peintures
Louvre 1980 - 28 F
La peinture française du XVIIᵉ
siècle dans les collections
américaines
Grand Palais 1982 - 100 F
broché
Le XVIᵉ siècle florentin au
Louvre
Louvre 1982 - 32 F broché
J.B. Oudry
Grand Palais 1982 - 110 F
broché
La liberté guidant le peuple,
de Delacroix
Louvre 1982 - 34 F broché
Claude Gellée, dit Le Lorrain
Grand Palais - 115 F broché

Dessins anciens

Dessins d'architecture du XVᵉ
au XIXᵉ siècle au Louvre
Louvre 1972 - 15 F
Dessins français du XIXᵉ siècle
du musée Bonnat à Bayonne
Louvre 1979 - 35 F broché
Donations Claude Roger-Marx
Louvre 1980 - 45 F
Dessins de Darmstadt
Louvre 1971 - 18 F
Dijon (Dessins du musée de)
Louvre 1976 - 20 F broché
- 32 F relié
Fontainebleau (L'École de)
Grand Palais 1972 - 87 F

Montpellier (Dessin du musée
Atger à)
Louvre 1972 - 15 F
Rubens, ses maîtres, ses élèves
Louvre 1978 - 35 F
Maîtres de l'eau-forte des
XVIᵉ et XVIIIᵉ siècles
Louvre 1980 - 45 F
Dessins baroques florentins
Louvre 1981 - 85 F broché
Fouquet
Louvre 1981 - 30 F
Les collections du Comte
d'Orsay. Dessins du musée
du Louvre
Louvre 1983 - 90 F broché
L'atelier de François Desportes
à la Manufacture de Sèvres
Louvre 1982 - 60 F broché

Sculptures anciennes

Chevaux de Saint-Marc
Grand Palais 1981 - 80 F
broché - 130 F relié
Fontainebleau (L'école de)
Grand Palais 1972 - 87 F

Objets d'art anciens

Chefs-d'œuvre de l'art Juif
Grand Palais 1981 - 70 F
broché, 105 F relié
Faïences françaises
Grand Palais 1980 - 85 F
broché
Faïences de Rouen
Lille 1953 - 5 F
Romain (Jules)
Histoire de Scipion
Grand Palais 1978 - 55 F
Cimabue, le crucifix de Santa
Croce
Louvre 1982 - 65 F broché

Histoire de France

Campan (Mme)
Malmaison 1972 - 20 F
Cinq années d'enrichissement
du patrimoine national
Grand Palais 1980 - 90 F
broché - album 35 F
Défense du Patrimoine
National
Louvre 1978 - 50 F
La Comédie française
Versailles 1962 - 10 F
La vie mystérieuse des
chefs-d'œuvre
Grand Palais 1980 - 85 F
broché - 135 F relié
Le Roi René
Musée des Monuments
Français 1981 - 25 F
Les fastes du Gothique, le
siècle de Charles V
Grand Palais 1981 - 90 F
broché
Des burgondes à Bayard
Musée du Luxembourg 1983
- 55 F broché

Le temple, représentations de
l'architecture sacrée
Musée Chagall, Nice 1982
- 94,50 F broché

Arts et traditions populaires

Alsace, fouilles et acquisitions
récentes
A.T.P. 1976 - 20 F
L'instrument de musique
populaire
A.T.P. 1980 - 55 F
Mari et femme dans la France
traditionnelle
A.T.P. 1977 - 16 F
Paris, boutiques d'hier et
d'aujourd'hui
A.T.P. 1977 - 20 F
Religions et traditions
populaires
A.T.P. 1979 - 50 F
Hier pour demain
Grand Palais 1980 - 70 F
broché - 110 F relié
L'abeille, l'homme, le miel et
la cire
Musée des A.T.P. 1981 -
55 F broché - 90 F relié
Le fait divers
Musée des A.T.P. 1982 -
65 F broché

Civilisations

L'Amérique vue par l'Europe
Grand Palais 1976 - 35 F
Avant les Scythes
Grand Palais 1979 - 45 F
broché
Mer Égée, Grèce des Iles
Louvre 1979 - 65 F broché
Les mandala himalayens du
musée Guimet
Nice 1981 - 50 F
Soie (La route de la)
Grand Palais 1976 - 30 F
Trésors du Kremlin
Grand Palais 1979 - 65 F
broché - 110 F relié
Esprits et dieux d'Afrique
Nice 1980 - 50 F
Naissance de l'écriture
Grand Palais 1982 - 100 F
broché

En vente

- chez votre libraire
- au musée du Louvre
- par correspondance :
  **Service commercial
  de la RMN
  10, rue de l'Abbaye
  75006 Paris**